U0111493

香港金融史

1841－2017

馮邦彥————————著

責任編輯　李　安　趙　江
書籍設計　吳冠曼

書　　　名	香港金融史 1841-2017
著　　　者	馮邦彥
出　　　版	三聯書店（香港）有限公司 香港北角英皇道 499 號北角工業大廈 20 樓 Joint Publishing (H.K.) Co., Ltd. 20/F., North Point Industrial Building, 499 King's Road, North Point, Hong Kong
香港發行	香港聯合書刊物流有限公司 香港新界荃灣德士古道 220-248 號 16 樓
印　　　刷	美雅印刷製本有限公司 香港九龍觀塘榮業街 6 號 4 樓 A 室
版　　　次	2017 年 9 月香港第一版第一次印刷 2021 年 8 月香港第一版第三次印刷
規　　　格	大 16 開（210 × 260 mm）548 面
國際書號	ISBN 978-962-04-4224-7

© 2017 Joint Publishing (H.K.) Co., Ltd.

Published & Printed in Hong Kong

前　言

　　1987年9月，筆者受香港東南經濟信息中心副董事長兼總經理楊振漢先生之聘，從廣州赴香港，前往香港東南信息中心工作，任職經濟分析員，從事對香港經濟的研究。當時，恰逢1987年全球股災爆發，恆生指數從3,947.73點的歷史性高位大幅滑落至1,876.18點，短短兩個月跌幅高達52%。期間，香港聯合交易所罕有地停市4天，期貨交易市場瀕臨崩潰，震撼了整個金融市場及香港社會。這一驚心動魄的劇變，引起筆者對研究香港金融的濃烈興趣。

　　這一時期，香港正處於"九七"回歸的重要時刻，各種政治、經濟力量正在激烈角力，各種資本、財團積極部署集團的應變策略，尤其矚目的是老牌英資公司怡和遷冊海外、滙豐銀行結構重組、本地公司加快向海外發展等，種種變動引發了香港金融市場一系列的震盪，並催化了金融制度的變革。隨著英資的逐漸淡出，華資財團迅速崛起並開始主導香港經濟，而中資的紅籌股、H股則逐漸成為香港股市的一股新興勢力。目睹這一歷史性的轉變，筆者在感歎之餘，亦獲得了一個極其難得的機會，直接貼近並親身感受香港金融市場跳動的脈搏。

　　1994年9月，筆者結束在香港的工作，回到廣州暨南大學繼續從事教學和研究。在此後的6年間，筆者相繼撰寫了《香港英資財團（1841-1996）》、《香港華資財團（1841-1997）》、《香港商戰經典 —— 企業收購兼併個案實錄》以及《香港地產業百年》等著作。在此基礎上，筆者開始了《香港金融業百年》的寫作，時間前後接近兩年。2008年，受香港保險業聯會的邀請，筆者展開了《厚生利群：香港保險史（1840-2008年）》的寫作工作。在保險業聯會的安排下，我們走訪了香港主要的保險公司和資深的保險界從業人員，對香港金融業的一個重要分支 —— 保險業做了一次大規模的調查研究，從而進一步加深了對香港金融業的認識。

　　2009年，筆者主持了廣東省政府金融辦的一項課題《深化粵港澳金融合作專題研究》。2010年，筆者再承擔香港金融管理局金融研究中心課題《在國家金融開放和金融安全總體戰略下推進粵港澳金融合作"先行先試"專題研究》。我們先後走訪了香港、深圳、廣州、澳門等多地的相關金融機構，展開了廣泛的調研。在完成相關課題研究報告後，筆者撰寫出版了《香港：打造全球性金融中心 —— 兼論構建大珠三角金融中心圈》一書。其後，再出版了《香港金融與貨幣制度》（2015年）。根據上述的研究，筆者以《香港金融業百年》為基礎，展開了本書 ——《香港金融史1841-2017》的撰寫工作。

　　根據筆者的研究，從1941年開埠以來至今的176年間，香港金融業的發展大致經歷了六個歷史時期：

　　第一個時期從1841年香港開埠到1941年日軍佔領香港，為金融業的起步發展時期。香港金融業的發展，首先是從銀行業開始的。這一時期，香港的銀行業經歷了兩次發展高潮。第一次高潮由香港開埠初期東藩滙理銀行、有利銀行、渣打銀行等外資銀行相繼進入開始，到1865年香港首家本地註冊銀行 —— 滙豐銀行創辦達到高峰。第二次發展高潮發生於 19 世紀末至 20 世紀初。當時，香港的版圖擴展至新界，人口增加到 30 萬，香港確立了作為遠東貿易轉口商港的地位。隨著香港商業和貿易的發展，一批外資銀行包括美國的花旗銀行（當時稱為"萬國寶通銀行"）、運通銀行、大通銀行，英國的大英銀行，荷蘭的小公銀行、安達銀行，比利時的華比銀行等相繼進入香港。與此同時，一批華資銀行和銀號，如廣東銀行、東亞銀行、恆生銀號等相繼創辦，從而形成香港開埠以來銀行業發展的第二次高潮。這一時期，伴隨著銀行業發展的，還有保險業、早期的黃金市場等的發展。

第二個時期從 1945 年英國恢復對香港的管治到 1960 年代末，為金融業的業務蛻變發展時期。1950-1960 年代，香港從一個傳統的貿易轉口港迅速演變成為遠東地區的出口加工中心。隨著香港經濟的轉型，香港銀行業發生深刻的蛻變：銀行經營的主要業務，從過去戰前單純的貿易融資逐漸轉向為迅速發展的製造業和新興的房地產業提供貸款。為此，銀行展開激烈的"分行戰"和"利率戰"，銀行的信貸迅速擴張，貸款的用途趨向多元化，但銀行體系的安全性下降。這導致了 1960 年代初中期的銀行危機。在 1965 年危機高潮期間，香港最大的華資銀行恆生銀行控制權被轉移至滙豐手中。為抑制銀行間的惡性競爭，港英政府修訂了 1948 年通過的《銀行條例》，銀行業並簽署了"利率協定"。這一時期，保險業也發生相應的轉變：水險業務雖然有了進一步的發展，但是競爭更趨激烈；與水險業務經營的日見困難相比，火險業務獲得了蓬勃發展。此外，意外保險業務，特別是"汽車險"和"勞工保險"也獲得了發展。

第三個時期從 1960 年代末到 1980 年代初中期，為金融業多元化與國際化發展時期。1960 年代，香港經濟"起飛"，工業化進程接近完成，房地產價格穩步回升，工商業活動漸趨正常，許多公司都準備將股票上市以籌集資金。然而，當時香港證券交易所訂定的上市條件仍相當嚴格，不少規模頗大的華資公司的上市申請都被拒諸門外，於是有人倡議創辦新的證券交易所，這就導致了"遠東會"、"金銀會"和"九龍會"的誕生。證券市場的崛興刺激了市民大眾投資股票的興趣，加上當時政治環境轉趨穩定，外資金融機構介入股市，種種因素都推動了 1970 年代初期香港股市的上升，形成戰後以來所罕見的大牛市。這一時期，證券市場的發展，推動了投資銀行、財務公司等多種金融機構的迅速崛起，外滙市場、黃金市場得到進一步發展，使香港金融業進入多元化、國際化的發展新時期。這導致金融三級制度的建立。不過，1980 年代初中期香港再爆發新的銀行危機，包括恆隆銀行、海外信託銀行及一批中小銀行相繼倒閉或被接管。為解決危機暴露出的銀行業監管漏洞，香港政府頒佈 1986 年《銀行業條例》。

第四個時期從 1980 年代中期到 1997 年香港回歸，為金融業監管制度改革發展時期。1982 年 9 月，英國首相撒徹爾夫人訪問北京，中英關於香港前途問題的談判拉開序幕。談判期間，為穩定港元滙率，港英政府實施港元聯繫滙率制度。進入過渡時期後，為應對滙豐銀行淡出"準中央銀行"的國際化部署，為進一步鞏固港元聯繫滙率制度，保持港元的穩定性，港英政府相繼推行一系列金融制度改革，包括與滙豐達成"新會計安排"、發行外滙基金票據和債券、建立流動資金調節機制、建立即時支付結算系統等。與此同時，逐步擴大外滙基金功能，並成立香港金融管理局。進入過渡時期以後，香港證券市場經歷了 1987 年全球股災。為此，香港政府根據顧問公司報告對證券市場展開大刀闊斧的改革，將證券市場的發展提升到現代化、國際化水平。這一時期，銀行業還先後發生 1991 年國商銀行倒閉、滙豐銀行收購英國米特蘭銀行、滙豐業務重組、中國銀行參與發鈔等事件。

第五個時期從 1997 年香港回歸到 2003 年"非典"事件發生，為亞洲金融危機衝擊香港聯繫滙率制度時期。1997

年 7 月驟起於泰國的亞洲金融風暴，在其後一年多時間內曾四度襲擊香港，作為香港貨幣金融政策基石和核心的港元聯繫匯率制度受到嚴峻考驗。危機期間，香港最大的本地投資銀行百富勤倒閉、連串證券公司破產，紅籌公司粵海集團被迫債務重組。在這次空前的危機中，剛成立的香港特區政府雖然成功捍衛了聯繫匯率制度，但其簡單的"招式"卻遭到部分經濟學者和金融界人士的批評。期間，香港銀行同業隔夜拆息率一度攀升至 280 釐的歷史高位，致使在回歸初期攀上歷史大幅香港的股市、地產連番暴跌，形成整體經濟中的"負財富效應"，香港經濟陷入了戰後以來最嚴重的衰退和經濟不景。為改善港元聯繫匯率制度，特區政府先後推出 7 項改革措施和 30 項新措施。其後，更推出多項優化措施，以消除跟港元升值潛力有關的不確定性，改善和優化聯繫匯率制度的運作。

第六個時期從 2003 年香港與內地簽訂 CEPA 協議到現在，為金融業轉型發展時期。2003 年中央推出"自由行"政策及與香港簽署 CEPA 協議以後，香港整體經濟和金融業開始復甦。隨著大批紅籌股特別是大批內地大型國有企業（H 股）來香港上市集資，推動了香港證券集資功能的提升及規模的擴展。香港從一個主要為本地經濟服務的股票市場，逐漸轉型為內地經濟發展與企業融資服務的平台，成為"中國的紐約"。在銀行業方面，銀行業的業務從過去簡單的存貸款業務，發展到全方位的資金融通和理財業務，更重要地是人民幣離岸業務取得快速發展。在資產管理／基金業方面，回歸以來資產管理／基金業取得了長足的發展，推動香港成為亞洲區主要的基金管理中心和資產管理中心。另外，香港在保險業、債券市場等方面也有不俗的發展。香港與內地金融業的合作也進入一個更深入的發展階段，典型的例子是"滬港通"、"深港通"的開通。在 1997 年亞洲金融危機和 2009 年全球金融海嘯之後，為了配合金融業的轉型發展，香港特區政府進一步完善了對金融業的監管，使之進一步與國際接軌。這一時期，香港國際金融中心的地位得到進一步的鞏固和提升。

金融業是香港歷史最悠久的行業，也是現今香港經濟中最具戰略價值的產業。根據 2015 年的統計數字，金融業創造的增加值達 4,099 億港元，佔香港本地生產總值的比重達 17.6%，已成為香港經濟中僅次於進出口貿易業的第二大產業。香港作為亞太區主要的國際金融中心，聚集了大量的國際銀行機構。根據 2016 年的資料，在全球排名前 100 位的大銀行中，有 74 家在香港營運業務，總共在香港設立 84 家持牌銀行、13 家有限牌照銀行、5 家接受存款公司及 10 家辦事處。而全球排名前 500 位的銀行中，則有 194 家在香港營運業務。2008 年 1 月，美國《時代》週刊（亞洲版）發表一篇由該雜誌副主編邁克爾·伊里亞德（Michael Elliott）所寫的題為《三城記》（A Tale of Three Cities）的署名文章。該文章創造了一個新概念 ——"紐倫港"（Nylonkong），即世界上三個最重要城市紐約、倫敦及香港的合稱。文章認為，在金融全球化時代，香港金融業的重要性正迅速提升，香港有可能成為金融全球化總體格局中的重要一級。從香港金融業的發展優勢和潛力看，香港極有可能進一步發展成為與倫敦、紐約並駕齊驅的全球性國際金融中心，成為香港經濟轉型的最重要方向之一。

可以說，回歸 20 年來，香港經濟最矚目的"亮點"之一，就是她的金融業發展及其在金融全球化中的戰略地位。這是多種因素複合支持的結果。在歷史的長河中來看，香港金融業的發展不是一蹴而就的。它經歷了一個與時俱進的發展歷程。本書的寫作就是從歷史發展的視角，希望能夠為讀者提供香港金融業發展的一條粗略線索，從中瞭解它的崛起、發展、蛻變、轉型的全過程及其背後的深刻歷史原因，從中探索金融業發展的一般規律和未來發展趨勢。當前，中國正加快金融業的對外開放和人民幣的國際化進程，中國的金融業發展特別是金融監管制度仍然處於探索和轉型的關鍵時期，極需借鑒國際間特別是香港的實踐經驗。在中國金融對外開放的歷史進程中，香港肯定將扮演重要的角色，發揮戰略性的作用。因此，瞭解、研究香港金融業及其監管制度的發展演變，無疑具有重要的借鑒價值。

需要指出的是，本書錄有一批對香港金融業元老及資深人士的採訪記錄，該批記錄來自 1997 年由香港聯合交易所出資及委託、香港大學亞洲研究中心負責的"香港證券市場學院歷史研究計劃"，其中許多關於回歸前香港金融業發展的重要細節的描述，實在要感激李業廣先生、梁定邦先生、葉黎成先生、朱頌田先生、徐國炯先生、潘永祥先生、馬清忠先生及王啟銘先生，慨然答允准予轉載其口述歷史訪問紀錄。是項計劃前後歷時三載，並得到許多行內元老、精英的支持，充份表現出證券業內的凝聚力與組織能力。領導是項計劃的亞洲研究中心主任黃紹倫教授和副主任冼玉儀博士，訪問研究員莫健偉先生、鄭明珍小姐的專業和出色細緻的工作，使香港證券業"四會時期"的史料得以妥為保存。筆者在此一併鳴謝！

在木書即將出版之際，筆者要衷心感謝香港三聯書店多年來對筆者的支持和信任。衷心感謝當年（2002 年）為《香港金融業百年》作大量編輯工作、尋找珍貴歷史圖片的副總編輯李安女士。衷心感謝香港三聯書店總編輯侯明女士對本書出版的大力支持。衷心感謝出版二部經理梁偉基博士及本書責任編輯趙江小姐為本書的精美編輯所作的努力。沒有他們的全力支持、熱誠幫助和辛勤工作，本書實難以順利出版成現在這個模樣。

由於筆者見識所限，本書定有不少疵誤和錯漏之處，懇請讀者批評指出！

馮邦彥謹識

2017 年 2 月

李 序

香港由一個小漁村，逐漸發展為今天的世界大都會，得享國際金融中心的美譽，殊非倖致。香港今天的成就，是百多年來千萬人努力耕耘的結果。

自六、七十年代始，香港經濟起飛，本地工業開始興旺，地產和金融業相繼蓬勃發展。銀行為百業之母，為香港工商業提供信貸，促進貿易發展和經濟繁榮，與市民生活更是息息相關。

回顧二十世紀初的西方銀行與華人開辦的傳統銀號，各自服務不同的社會階層，繼後發展至華資銀行現代化的經營模式，到今天中資、外資和本地華資銀行同時並存，甚或非銀行的金融機構提供類似銀行的服務及產品，市場上可謂百花齊放，各領風騷。

一九四八年政府首次頒佈《銀行業條例》，至今該條例已作多次修訂，以配合經濟和社會轉變的需求。六十年代，香港一度出現銀行危機、擠提；七十年代，"銀行多過米舖"，是銀行業盛極一時的最佳寫照。從當年利率協議的產生、政府頒令實施"銀行三級制"、個別銀行倒閉事件，及至最近的利率協議解除和監管當局倡議存款保險制等等，無不印證香港銀行業的興替變遷，說明銀行業在整個香港經濟發展中扮演了舉足輕重的角色。

緬懷往昔，銀行業既有艱苦經營的日子，也有經濟興旺帶來的光輝歲月，這其實是每個行業發展歷程中必然發生的。重要的是我們能同時見到政府實行"積極不干預"政策，體認自由市場的可貴，這對於銀行業本身的發展，以至於整體金融業保持國際水平至為重要！

時代巨輪不斷向前，而轉變的過程可能很痛苦，近年香港經濟轉型就是一個例子。縱然痛苦，我們也得積極面對，努力求存。銀行界和其他各行業一樣，同業間競爭激烈，要在不斷變化的經營環境中尋求最佳效益，可說是挑戰重重。但最重要的，就是我們能隨時作好準備，化"危"為"機"，抓緊中國經濟開放和入世帶來的機遇，創造更繁榮的香港，亦要為中國的企業和金融發展作出貢獻。

三聯書店邀請為本書撰寫序文，至感榮幸。希望馮邦彥教授所著，能使各位讀者對香港過去百年金融業的歷史有更深的瞭解，後輩亦可借此為鑒，藉以增進知識，繼續發揮香港人勤奮進取、靈活變通的優點，為香港再創輝煌。

李國寶
東亞銀行主席兼行政總裁
2002 年 5 月

饒 序

　　最近三十年來，中外學者以中英文或其他外文發表的有關香港金融業的著作（包括書籍、論文、報告等在內），有日益增加的趨勢。為什麼有這一現象？香港是一主要的國際金融中心，本身便是一主因，另一因素是，香港金融業在其沿革和發展過程中，經歷了不少戲劇性，甚至是驚心動魄的危機和事件。當然，香港回歸祖國，又是劃時代的世界性大事。回歸後第二天，震驚中外的亞洲金融危機，在泰國爆發，迅即蔓延至香港，也引起全世界的關注。

　　現在關於香港金融的純學術性著作，性質較為專門，內容較為深奧，讀者對象的局限性較大（一般限於學術界和金融界），而且無可諱言，文字較為枯澀，難於適合廣大讀者的口味。

　　馮邦彥教授這部大作，具有幾個特色。第一，它是一通俗性的學術著作。作者以深入淺出的文筆，生動地描繪了香港金融一百五十年來的滄桑，趣味盎然，誠為一雅俗共賞的作品。第二，本書收集了大批珍貴的圖片，襯托文字，相得益彰，不但為本書生色不少，而且也更能吸引一般市民的興趣。第三，本書範圍上自開埠初期，下至亞洲金融風暴，涵蓋面極廣，香港金融業的大事均網羅其中。這些特色，都是現在文獻中所罕見的。

　　馮教授對香港經濟和金融，深有研究，他本人曾在香港工作多年，親身從事實地考察，對本港情況甚為熟悉和瞭解。由他來編寫《香港金融業百年》（編按：本書前身），是再適合不過的人選。

　　承作者及出版社邀請我在卷首說幾句話，盛情難卻，乃不揣譾陋，撰此短文為序。

饒餘慶

經濟學家

2002 年 6 月

胡 序

三聯書店這次出版《香港金融業百年》（編按：本書前身），可謂適時而有價值。今天香港的金融業一如整體經濟般正處於歷史轉型的關節口，若能適當把握契機，將可開創全新局面。在這個時候重溫香港金融業如何萌芽、摸索發展而至茁壯成長的過程，實在饒有意義。

我很幸運，有機會同時在證券和黃金這兩個擁有悠久歷史的行業服務和擔任公職，親身體驗兩個行業過去二十年的風雲幻變，以及在香港社會和經濟層面上所面對的各種機遇和挑戰。當中有許多艱辛歲月，如八七股災、香港前途問題、公司遷冊震盪、九七亞洲金融風暴、以至全球黃金市場持續淡靜等。也有令人振奮的時刻，如香港晉身全球第三大金市、四會合併、交易結算順利電子化、中國企業成功來港集資上市等。或順或逆，兩個行業不同崗位的從業員都能以專業態度，積極求變，把握時機，不言放棄。正是這股進取的香港精神，令證券和黃金業從本地打進國際市場，由眾多行業一員而演變為香港經濟的主要命脈。

今天，隨著中國經濟的迅速增長和開放，國際金融市場令人目眩的整合與競爭，科技發展的衝擊等，均迫使兩個行業和有關的從業員需要以新思維重新定位，並進行長遠而大膽的改革。在這個轉變的過程中，香港特區政府的引導和支持固然重要，但行內自強不息、積極面對的精神更是關鍵所在。

我相信透過重溫香港金融行業的百年發展歷程，回顧前人如何在困難處境中尋求突破，抱持遠大的理想，為這兩個行業開創佳績，必能有助今天的香港更好地迎戰未來！

胡經昌

香港證券經紀業協會永遠名譽會長

金銀業貿易場永遠名譽會長

2002 年 6 月

目 錄

CONTENTS

第三章　香港證券市場的發展與改革

第四章　金融業的多元化與國際化

第五章　過渡時期貨幣金融制度的演變

第六章　亞洲金融危機的衝擊與聯繫滙率制的完善

第七章　回歸後金融業的轉型與發展

第八章　特區政府的金融政策與金融監管

第九章　邁向全球性國際金融中心

香港金融業大事記

主要參考文獻資料

香港第一家銀行東藩滙理銀行發行的鈔票正面。

第一章
金融業的崛起與早期發展

1. 外資銀行進入與滙豐銀行創辦

香港金融業的發展

首先是從銀行業開始的。香港開埠之初，

隨著外資洋行進入香港，它們的主要業務也轉移到香港，

其中包括洋行的銀行業務部，

當時稱為代理店。這是香港最早的金融機構。

早期洋行對華貿易的資金，

主要就是由這些代理店提供的。

1.1 香港開埠初期的外資銀行

1860 年代的中區畢打街，右為怡和洋行在中區的辦事處，左是寶順洋行總部。

香港開埠初期最著名的代理店，是英資的怡和洋行（Jardine, Matheson & Co.）、寶順洋行（Dent and Co.）和美資的旗昌洋行（Russell and Co.）的代理店。這些代理店從廣州或澳門移設香港，便即辦理大部分銀行業務，主要是外滙買賣和貼現一流的滙兌票據。不過，這種狀況並不能滿足規模較小的洋行的需要，因為代理店同時又是這批小洋行業務上的競爭者，故並不樂於經常向它們提供所需資金。在這種背景下，香港發展經營全部業務的、獨立的銀行機構的條件漸趨成熟。[1]

當時，以印度為基地的一批英國資本銀行將其業務擴展到香港，侵蝕了這些代理店的活動領域。英資銀行的主要目標是奪取有利可圖的中國轉口貿易，它們普遍都有較廣泛的分行及代理行網絡，有較雄厚的資金和較豐富的專業知識，能在最短時間內報出優惠滙率，縮小買賣差

香港第一家銀行東藩滙理銀行發行的鈔票正面。

價和提供優良服務，因而很快便主宰了香港的銀行業務和外滙業務。這些銀行的業務以滙兌為主，押滙不佔重要地位，並且不招攬存款，對存款不僅不計利息，還要收取手續費。

第一家在香港開業的銀行是"東藩滙理銀行"（The Oriental Bank Corporation）。該行創辦於 1842 年，總行設在印度孟買，早期以鴉片押滙為主要業務。1845 年，東藩滙理銀行將總行遷往倫敦，同年 4 月在香港德己立街開設分行，成為第一家進入香港的外資銀行，也是第一家進入中國的外國銀行。東藩滙理先後在上海、廣州、福州等中國沿海城市設立分行。該銀行在中國各口岸的名稱頗不統一，在香港稱為金寶銀行，在福州稱為東藩滙兌銀行，在上海則稱作麗如銀行。

東藩滙理銀行在香港開業當年即發行鈔票，發行總額為 56,000 元的港鈔，惟於 1851 年才獲取發行港鈔的皇家特許狀。到 1857 年，東藩滙理銀行的鈔票被香港政府庫房接納為繳付政府費用的合法貨幣。東藩滙理作為香港首要銀行的地位保持了 20 年之久，到 1870 年代，它達到了極盛時期，當時連在香港開業多年的滙豐銀行和渣打銀行，也難望其項背。不過，此後該行每況愈下，1884 年 5 月 3 日，該行由於在錫蘭（斯里蘭卡）對咖啡作物大量貸款，並在一次咖啡歉收中被迫宣佈破產。

第二家進入香港的是"有利銀行"，全稱"印度倫敦中國三處滙理銀行"（Chartered Mercantile Bank of India, London & China），創辦於 1853 年，總行設於印度孟買，是英國皇

1941 年有利銀行發行的 5 元紙幣正背面，紙幣正面採用中國風景為圖，背面則採用西方神話人物，十分獨特。

1861 年的香港渣打銀行（左二）。

表1.1　渣打銀行及香港分行發展里程

年份	事項
1853	印度新金山中國滙理銀行成立，創辦人為威爾遜先生（James Wilson）。
1862	英國南非標準銀行（The Standard Bank of British South Africa Ltd.）於非洲註冊。
1956	印度新金山中國滙理銀行改稱為渣打銀行。
1962	英國南非標準銀行改稱為標準銀行有限公司（The Standard Bank Ltd.）。
1969	渣打銀行與標準銀行合併為標準及渣打銀行集團有限公司。
1984	"Standard Chartered" 正式成為銀行之英文名稱，而香港則繼續沿用渣打銀行為其中文名稱。

香港渣打銀行（1859-1990）

年份	事項
1859	渣打銀行在港開設首間分行。
1862	獲頒皇家特許狀，開始印發鈔票。
1933	購買德輔道中 4 至 4 號 A 地盤。
1959	銀行大廈落成，為當時香港最高的建築物。
1962	荃灣分行開幕，為現存分行中歷史最悠久的一間。
1967	推行電腦化，是香港首間採用電腦系統的銀行。
1973	率先推出自動櫃員機服務，即現時的 "萬里靈"。
1981	第一百間分行 —— 友愛分行開幕。
1984	發行港幣 20 元面額鈔票。
1985	除 500 元鈔票外，一系列面積較細的鈔票正式面世。
1986	舊銀行大廈拆卸。為配合銀行的新形象，分行裝修計劃展開。富善分行首先進行裝修。
1987	位於德輔道中的銀行大廈重建工程展開。聯線銀行服務 —— 電子銀行 —— 開始投入服務。"萬里靈" 與 "銀通" 聯網，成為全港最大的自動櫃員機網絡。
1988	各分行採用全新的客戶服務終端機（ISC Pinnacle）以改善服務速度及效率。
1989	推出面積較小的 500 元鈔票。新銀行大廈進行平頂儀式。
1990	渣打銀行新大廈開幕。

資料來源：香港渣打銀行

家特許銀行。該行於 1857 年在香港開業，1862 年獲准發行鈔票。有利銀行是香港銀行體系中起著重要作用的又一家英資銀行。在很長一段時間裏，它一直是香港三大發鈔銀行之一。1892 年，該行在改組中放棄發鈔特許，並改名為 "印度有利銀行"，次年以有限公司註冊。1912 年，有利銀行恢復發鈔，直至 1974 年後才停止。1959 年，有利銀行被滙豐銀行收購，其名稱中也刪去 "印度" 一詞。1984 年，有利銀行被轉予美國萬國寶通銀行（即今花旗銀行），1987 年再轉售予日本三菱銀行。

第三家進入香港的是 "渣打銀行"，當時稱 "印度新金山中國滙理銀行"（Chartered Bank

of Indian, Australia & China），在中國內地通稱"麥加利銀行"，創辦於 1853 年，總行設在英國倫敦，亦是英國皇家特許銀行。創辦人威爾遜（James Wilson）是著名的《經濟學人》雜誌的創辦者，它的董事局成員多數是在東方和與英國殖民地有密切利益的人。該銀行開業時，實收資本僅 32.2 萬英鎊，5 年後增加到 80 萬英鎊。

渣打銀行專門經營東方業務，主要是中國、英國、印度的三地滙兌，為印度棉花、鴉片貿易融通資金，從中賺取滙差。渣打銀行於 1859 年在香港開設分行，1862 年根據皇家特許證狀發行鈔票，在香港、廣州等地流通。1933 年渣打銀行購入港島德輔道中 4 至 4 號 A 地盤，於 1959 年建成渣打銀行大廈，當時是香港最高的建築物。1956

19 世紀末雲咸街與皇后大道中交界，圖左（轎旁）為呵加喇滙理銀行。

年，該行的中文名改為"渣打銀行"。1969 年，渣打銀行與創辦於 1862 年的標準銀行（The Standard Bank Ltd.）合併，成為"標準渣打銀行"（Standard Chartered Bank PLC）。長期以來，渣打銀行一直是香港銀行體系中最重要的銀行之一，地位僅次於滙豐銀行。在滙豐銀行成立前，香港政府的公款均寄存渣打銀行，成為該行資金的重要來源。[2]（見表 1.1）

繼東藩滙理、有利、渣打等銀行之後，法國的法蘭西銀行（Comptoir D'Escompte de Paris, 1860）、英國的呵加喇滙理銀行（The Agra & United Service Bank, 1862）、印度東方商

表1.2　香港的主要發鈔銀行

在香港成立年份	銀行	發鈔資料
1845	東藩滙理銀行	香港第一家發鈔銀行，1884 年倒閉。
1857	印度倫敦中國三處滙理銀行，即有利銀行	1859 年起發鈔，1892 年停止發鈔；1912 年恢復發鈔，至 1974 年後停止。1959 年被滙豐銀行收購，1984 年轉售予萬國寶通銀行，1987 年再轉售予日本三菱銀行。
1859	印度新金山中國滙理銀行，後易名渣打銀行	1862 年起發鈔至今。
1862	呵加喇滙理銀行，後易名為呵加喇馬士打文銀行	1863 年起發鈔，1866 年倒閉。
1863	印度東方商業銀行	1866 年起發鈔，1866 年倒閉。
1865	香港上海滙理銀行，1881 年易名為香港上海滙豐銀行	1865 年起發鈔至今。
1891	中華滙理銀行	1891 年起發鈔，1911 年倒閉。
1921	中國銀行	1994 年起發鈔至今。

資料來源：香港金融管理局

業銀行（Commercial Bank Corporation of India & the East,1863）等先後進入香港。其中，呵加喇滙理銀行及印度東方商業銀行先後於 1863 年及 1866 年獲准發行鈔票（見表 1.2）。這批銀行的進入，形成香港銀行業發展的第一次高潮。據統計，從香港開埠到 1865 年滙豐銀行成立，至少有 11 家銀行在香港開設分行或辦事處。〔3〕

　　當時，這些進入香港的外資銀行總部大多設在倫敦或印度，它們以經營貿易押滙和國際滙兌為主要業務，主要屬於從事資助轉口貿易的商人銀行類型，而不是為一般公眾服務的零售商業銀行。這些外資銀行持有明顯的外來偏見，對中國沿海一帶內部貿易、對香港本地公共事業等亦缺乏提供融資興趣，香港的主要洋行對它們都普遍感到不滿。因而導致了滙豐銀行的創辦，它是第一家以香港為基地的銀行，創辦時間比香港開埠僅僅遲了 23 年。這是香港銀行業的初創階段。

1.2 香港上海滙豐銀行的創辦

滙豐銀行創辦人托馬斯·蘇石蘭。

　　香港上海滙豐銀行的創辦，正值西方列強對華貿易進入大擴張時期。第二次鴉片戰爭後，中英簽訂《天津條約》和《北京條約》，規定繼五口之後，中國進一步開放沿海的牛莊、天津等 7 個口岸及長江流域的鎮江、南京等 4 個口岸，使通商口岸增加到 16 個。沿海及長江流域大片腹地的對外開放，為外商提供了廣闊的貿易前景。這時，香港洋行的大班們均迫切感到創辦一家本地銀行的需要，以便為商人提供及時、充足的信貸，應付急劇膨脹的對華貿易，同時可以照顧到香港政府對港口、碼頭等公用事業建設的需要。當時，洋行的代理店及幾家總行設在倫敦或印度的銀行，都無法適應客觀形勢的發展，滙豐銀行就是在這種背景下創立的。

　　滙豐銀行創辦的導火線，是 1864 年 7 月印度孟買的英國商人計劃開設一家在倫敦註冊、總部設在香港的"皇家中國銀行"。不過，他們只打算在總額 3 萬股、每股 200 印度盧比的銀行股份中，撥出 5,000 股給中國大陸和香港的投資者，這個消息激怒了香港的洋行大班們。7 月 28日，香港報刊報道了香港洋行大班籌辦一家本地銀行的計劃，並公佈了擬議中的這家銀行的招股計劃書和臨時委員會的名單，牽頭的是鐵行輪船公司監事托馬斯·蘇石蘭和寶順洋行。

　　托馬斯·蘇石蘭（Thomas Sutherland,1834-1922 年），蘇格蘭人，早年在蘇格蘭鴨巴甸文法學校接受教育，19 歲時前往倫敦，在鐵行輪船公司任初級職員。1855 年前往香港，任公司駐港監事，代表公司處理在中國和日本的事務。期間，他將鐵行輪船公司的業務，從香港、廣州拓展至汕頭、廈門、福州。1864
年初，他乘鐵行輪船公司的"馬尼拉
號"從香港駛往福州途中，閱讀了一
些介紹蘇格蘭銀行優點的文章，觸動
了根據蘇格蘭原則在中國開設一家銀
行的念頭。

數月後，蘇石蘭從一艘由渥太華
駛達香港的郵船船長處得知孟買準備
成立皇家中國銀行的消息，連夜起草
了一份滙豐銀行創辦計劃書。次日，
蘇石蘭將計劃書交給他的朋友——
當時香港著名律師波拉德。波拉德隨
即聯絡了香港所有的洋行，並獲得
了除怡和洋行之外的所有大洋行的支
持。不到一個星期，創辦銀行所需資
本即已籌足，這導致了皇家中國銀行
的夭折和滙豐銀行的誕生。當時，怡
和洋行沒有加入，主要是因為它不願
意與其主要競爭對手寶順洋行合作，
也無意放棄它經營的滙兌業務。直到
1877 年滙豐已奠定基礎、業務蒸蒸
日上時，怡和才加入滙豐銀行。

滙豐銀行創辦時資本共 500 萬
港元（簡稱"元"，下同），分成 2
萬股，每股 250 元。根據 1866 年 5
號法例實收 4 萬股，每股 125 元。
1864 年 8 月，由 15 人組成的滙豐
銀行臨時委員會正式成立。根據蘇石
蘭的提議，臨時委員會主席由寶順洋
行的代表喬姆利擔任，成員包括：寶
順洋行的喬姆利、瓊記洋行的赫德、
大英（鐵行）輪船公司監事托馬斯．

滙豐銀行（有限公司）計劃書

股本五百萬港元，分成二萬股，每股二百五十港元。
公司的組成將經由政府特許。

臨時委員會

喬姆利先生	寶順洋行
赫德先生	瓊記洋行
托馬斯．蘇石蘭先生	大英（鐵行）輪船公司監事
麥克萊恩先生	蘊也洋行
道格拉斯．拉潑來克先生	
尼森先生	禪臣洋行
萊曼先生	太平洋行
史密脫先生	吷禮查洋行
亞瑟．沙遜先生	沙遜洋行
羅伯特．布蘭特先生	公易洋行
巴朗其．弗萊姆其先生	廣南洋行
威廉．亞當遜先生	搬鳥洋行
赫蘭特先生	畢洋行
臘斯頓其．屯其肖先生	順章洋行

法律顧問

波拉德先生

長期以來，我們一直想要設立一個在中國多數主要城市都有分行的、本殖民地
自己的銀行。過去幾年來，在香港及其周圍的中國和日本各港口，當地貿易和對外貿
易增長迅速，因此需要有更多銀行的服務。目前在中國的銀行，都只是一些總行設在
英國或印度的銀行的分行，它們成立的目的，主要是為了經營這些國家與中國間的外
滙業務；對於已經發展得範圍廣、種類多的香港本地貿易就難以應付了。滙豐銀行將
補救這個不足，它同這塊殖民地的關係，事實上將如印度三大管區的銀行或澳大利亞
的銀行在各該地區所承擔的任務一樣。

在香港建立一個造幣廠以供應充足可靠的貨幣，也是必要的。

因此，創辦這樣一家銀行，有不少成功的把握。在中國，那些當地組織的公開
股份公司繁榮昌盛，利潤豐厚，顯然是因為它們的管理機構都在當地，並由一些與公
司利害攸關的業主或股東所組成，而這些人的支持自然成了公司盈利的主要因素。

滙豐銀行將在香港和上海同時開業。而且由於它在上海的業務最為重要，因此
擬在上海設立一個當地的董事會，以便更有效地進行工作。滙豐銀行並將根據情況的
需要，在其他地點設立分行。

在分配股額方面，香港和上海兩地的股數相等，同時還將保留若干股額給予中
國和日本的其他口岸以及居住在其他地區而與中國貿易有直接利害關係的人。

認股申請書可寄由寶順洋行轉交臨時委員會，有改變時當另行通知。

（資料來源：柯立斯著、中國人民銀行金融研究所譯《滙豐銀行百年史》，北京：中華書局，1979 年。）

圖左為獲多利大廈，滙豐創辦時即以該大廈（東側）為銀行總部。

蘇石蘭、瓊乜洋行的麥克萊恩、禪臣洋行的尼森、太平洋行的萊曼、吠禮查洋行的史密脱、沙遜洋行的亞瑟·沙遜、公易洋行的羅伯特·布蘭特、廣南洋行的巴朗其·弗萊姆其、搬鳥洋行的威廉·亞當遜、畢洋行的赫蘭特、順章洋行的臘斯頓其·屯其肖，以及道格拉斯·拉潑來克等，法律顧問為波拉德，可以説幾乎囊括了當時香港幾乎所有大洋行的代表。臨時委員會的組成顯示，滙豐銀行的股東包括了英國人、美國人、德國人、丹麥人、猶太人和印度人（帕西族人），他們大多屬於最早在廣州建立洋行的商人。不過，在其後的歲月裏，除英商外的其他主要股東陸續退出，滙豐逐漸演變成英國人管理的銀行。

　　1865 年 3 月 2 日，臨時委員會改組為滙豐銀行董事局。3 月 3 日，滙豐銀行正式開業，首任經理是法國人維克多·克雷梭（Victor Kresser, 正式職銜是香港分行經理，正經理的職銜一直到 1868 年才設立）。最初，滙豐銀行的名稱是 "香港上海滙理銀行"（Hongkong and Shanghai Banking Co., Ltd.），1881 年易名為 "香港上海滙豐銀行"（The Hongkong and Shanghai Banking Corporation），顯示滙豐銀行一開始，就以香港和上海為其主要業務基地，而總部則設在香港中區皇后大道中 1 號向沙宣洋行租借的獲多利大廈，該大廈前臨海港，地點甚佳。

1.3 19世紀下半葉滙豐銀行的發展

　　滙豐銀行在創辦之初，就經歷了香港第一次嚴重的金融危機。1866 年，歐洲經濟危機波及印度和中國，給香港的金融、貿易業帶來了災難性的衝擊，首先是印度的呵加喇銀行因印度工潮影響，出現財政困難，其香港分行發生擠提，銀行宣佈破產。當時，香港的洋行尚控制著轉口貿易中很大一部分金融業務，銀行在金融市場上的地位很不牢固，數家基礎薄弱的銀行在擠提風潮的衝擊下先後倒閉。風潮過後，原有的 11 家銀行僅存 5 家，它們是：滙豐銀行、東藩滙理銀行、渣打銀行、有利銀行和法蘭西銀行。

　　危機後期，英國倫敦一些與中國貿易有關的銀行都將英鎊滙票的習慣支付期限，從 6 個月縮短到 4 個月，但滙豐銀行拒絕參加這個協定。滙豐代表認為，在茶葉及其他產品通過海路運到歐美兩洲的情況下，維持 6 個月的滙票支付期限是頭等重要的目標。滙豐銀行的這種做法獲得了在中、日兩國進行貿易的眾多洋行的讚賞，並使它的主要競爭對手處於下風。這一行動大大地鞏固了滙豐的地位。

危機過後，滙豐銀行的業務獲得迅速發展，它不但與當時香港幾乎所有的大洋行保持業務往來，而且很快與香港政府建立了密切聯繫。1866 年，當資深的東藩滙理銀行還在猶豫時，滙豐銀行迅速向香港政府貸款 10 萬元。1872 年，它以提供優惠的條件，從東藩滙理銀行手中取得香港政府的往來帳戶。到1870 年代後期，滙豐已超過東藩滙理成為香港最大的銀行。1880 年，滙豐銀行經營的業務已佔香港全部業務的 50%。[4]

在經歷了第一個困難的 10 年後，從 1876 年起，傑出的銀行家托馬斯‧傑克遜（Thomas

滙豐銀行的傑出銀行家托馬斯‧傑克遜。

19 世紀末的香港上海滙豐銀行大廈。

早期設在上海外灘的滙豐銀行上海分行，1922 年拆卸。

Jackson, 1841-1915 年）出任滙豐銀行總經理，該行的業務進入了一個快速發展時期。這一時代，滙豐銀行的分行網絡從香港擴展到中國大陸的上海（1865 年）、漢口（1868 年）、廈門（1873 年）、福州（1877 年）、天津（1881 年）、北京（1885 年），以及海外的橫濱（1866 年）、神戶（1869 年）、西貢（1870 年）、馬尼拉（1875 年）、新加坡（1877 年）、怡朗（1883 年）、雅加達（1884 年）、曼谷（1888 年）、檳榔嶼（1890 年）和仰光（1891 年）等。滙豐銀行的政策是逐漸在與中國有貿易關係的東方各口岸建立分行網絡，這一政策對滙豐的發展極具意義。

滙豐銀行在創辦之初就積極向中國大陸擴展。1865 年，滙豐在香港創辦的同時，就在上海開設分行，首任經理是蘇格蘭人麥克萊恩（David Mclean）。"香港上海銀行"這個名稱，反映了滙豐對中國市場的高度重視。滙豐在中國的業務發展極為迅速，在當時英國政府以及擔任中國海關總稅務司的英國人赫德的支持下，滙豐銀行取得了對中國政府的貸款優先權，以及獨家保管中國關稅和鹽稅的特權，並將貸款領域伸延到重要的鐵路、礦山及工廠。它不但在相當程度上影響著中國的對外貿易，而且在相當長一段時期內左右著中國的滙兌市場，成為中國金融業中最具規模及影響力的外資銀行。

傑克遜在任期間，滙豐獲准增加鈔票發行量。1898 年經香港政府批准，滙豐銀行獲准超過其資本額發行鈔票，條件是滙豐須將與超額數量相等的鑄幣或金銀存於庫房作準備金。為此，滙豐撥出 100 萬銀元存入庫房。1902 年，傑克遜離任回倫敦出任滙豐銀行倫敦委員會主席。這時，滙豐銀行的資產已從 1876 年傑克遜上任時的 4,300 萬元增加到 2.8 億元，每年盈利從不足 50 萬元增加到接近 300 萬元，而銀行的資本額則增加到 2,500 萬元。滙豐成為了遠東著名的英資大銀行。

對於滙豐銀行早期的成功，銀行歷史學家巴克斯特曾有這樣的評論："它一開始就開闢了新園地。它是在中國的英商滙兌銀行中，以該行活動中心地區之一籌募資本、制定方針和取得法人地位的第一家。它和當地的緊密聯繫，可以部分地解釋它從 1865 年以來的驚人發展以及它現在在中國的卓越地位。在資本雄厚、基礎穩固並經歷過不少異常的多事之秋和重要歷史的英國同業中，它是享有無可爭議的領導地位的。"〔5〕

1.4 銀行業發展新高潮與中環銀行區形成

19 世紀末 20 世紀初，香港的版圖擴展至新界，人口增加到 30 萬人。其時，香港已確立為遠東的貿易轉口港，成為南方重要的門戶。隨著香港商業和貿易的發展，外國銀行到香港開

19 世紀末的港島北岸和維多利亞海港。

設分行者日多，計有法國的東方滙理銀
行，日本的正金銀行、台灣銀行，美國的
萬國寶通銀行、運通銀行、大通銀行，英
國的大英銀行，荷蘭的小公銀行、安達銀
行，比利時的華比銀行等。這些銀行與早
前進入的英資銀行都聘請華人買辦，辦理
存儲、按揭業務。它們與這一時期先後創
辦的一批華資銀行一起，形成香港開埠以
來銀行業發展的第二次高潮。

東方滙理銀行（Banque de L'Indo-
Chine）成立於 1875 年，即法國與安南簽
定條約的翌年，總部設在巴黎，是法國經
營東方貿易的唯一金融機構，早於 1876
年已在香港設有代理。該行於 1895 年正

19 世紀末的日本正金銀行。

式在香港開設分行，業務側重香港與安南之間的貿易。1885 年，該行聯合俄國道勝銀行向清政
府貸款 4 億法郎，年息 4 釐，期限為 36 年內分期償還。1900 年，八國聯軍侵華，強迫清政府
簽訂《辛丑條約》，賠款 4.5 億兩白銀，其中法國約佔 7,088 萬兩，該筆銀兩盡歸東方滙理銀行
管理。自此，凡外國銀行在華所享利益，該行無不利益均沾。

日本的正金銀行（Yokohama Specie Bank Co., Ltd.）創辦於 1880 年，總部設在日本橫濱，
在中國的上海、天津、青島、北京、牛莊、大連、長春、哈爾濱、廣州、漢口等地均設有分

1902 年美國萬國寶通銀行第一所辦公室，位於舊太子行（右）。

19 世紀末的獲利街，是銀行的集中地。

行。正金銀行於 1890 年在香港開設分行。1895 年甲午戰爭後，正金銀行成為日本政府在中國的代理。1900 年《辛丑條約》簽訂後，日本所得賠款約 3,479 萬兩白銀，通歸正金銀行管理。台灣銀行（Bank of Taiwan Co., Ltd.）於 1899 年由日本政府頒發特許證而成立，1901 年進入香港，目的是擴張日本對中國南部各地及南洋華僑中的經濟勢力。

美國萬國寶通銀行（National City Bank of New York），在中國大陸通稱 "花旗銀行"，總行設於紐約，是美國最具規模的商業銀行，分行遍設全球各主要貿易地區。萬國寶通銀行於 1900 年在香港開設分行，經營業務十分廣泛，除了一般商業銀行業務外，與中美之間的貿易關係極為密切。運通銀行（American Express Co., Inc.）由美國運通轉運公司創辦於 1840 年，於 1913 年在香港開設分行，除經營一般商業銀行業務外，還兼有海陸運輸的權能。大通銀行（Equitable Eastern Banking Corp.）由美國大通信託公司創辦於 1920 年，代理店遍佈世界各大城市，在中國上海、天津均設有分行，香港分行則開設於 1923 年。

荷蘭小公銀行（Netherlands Trading Society）創辦於 1824 年，其目的在於發展南洋荷蘭屬地的經濟，總部設於阿姆斯特丹。該行於 1905 年在香港開設分行，其業務重點除了溝通荷蘭及東印度屬地滙兌外，尚兼營礦山及承攬土木工程，以及海陸運輸業的融資。安達銀行（Netherlands India Commercial Bank）創辦於 1863 年，1906 年在香港開設分行。至於英國的大英銀行（P.& O. Banking Corporation, Ltd.），則由鐵行輪船公司於 1920 年創辦，同年在香港開設分行。不過，該行的業務主要集中在印度。

當時，這些先後進入香港的外資銀行，都集中設址在港島中環維多利亞城東以炙臣道為界，西至畢打街的範圍內，這個地區逐漸成為香港著名的銀行區，並獲得政府特許，凡是進入該區車輛一律不得任意鳴笛，以免影響各銀行的正常運作，故該區又有 "禁區" 之稱。銀行區內一棟棟大廈鱗次櫛比，其中，最著名的建築物就是建於 1886 年的滙豐銀行大廈。該大廈耗資 30 萬元，1882 年動工，4 年後在總行原址及毗鄰一幅土地上建成。新總行大廈充滿維多利亞時代仿古典結構的風格，坐落在中環最繁華地段，前臨日後擴展成的德輔道大

19 世紀末的荷蘭小公銀行（二樓）。

1886 年落成的滙豐銀行大廈，充滿維多利亞時代仿古典結構的風格，右為拱北行。

表1.3　戰前香港銀行利率表（1914－1932年）

年	月	日	利率	年	月	日	利率
1914	1	8	4.5%	1925	8	6	4.5%
		22	4%		10	1	4%
		29	3%		12	3	5%
	7	30	4%	1927	4	21	4.5%
		31	8%	1929	2	7	5.5%
	8	1	10%		9	26	6.5%
		6	6%		10	31	6%
		8	5%		11	21	5.5%
1916	7	13	6%		12	12	5%
1917	1	18	5.5%	1930	2	6	4.5%
	4	5	5%		3	6	4%
1919	11	6	6%			20	3.5%
1920	4	15	7%		5	1	3%
1921	4	28	6.5%	1931	5	14	2.5%
	6	23	6%		7	23	3.5%
	7	2	5.5%			30	4.5%
	11	3	5%		9	21	6%
1922	2	16	4.5%	1932	2	18	5%
	4	13	4%		3	10	4%
	6	15	3.5%			17	3.5%
	7	13	3%		4	21	3%
1923	7	5	4%		5	12	2.5%
1925	3	5	5%		6	30	2%

資料來源：*The Hong Kong Dollar Directory, 1939*, Hong Kong: The Newspaper Enterprise Ltd.

道，後面是繁華的皇后大道中，成為銀行區的標誌。

這一時期，香港銀行的同業組織和功能機構也先後成立。1897年，香港外滙銀行公會（Hong Kong Exchange Bankers' Association）宣告成立。該組織成為經營外滙業務銀行的最高聯合組織，其宗旨是調節香港外滙交易及其他有關事項，特別是確定外滙買賣的"公訂"滙率以及票據、信用證等業務的"公訂"手續費標準。當然，外滙銀行公會的規定並非是強制性的，而是具有"君子協定"性質的。

1923 年 9 月 9 日，作為香港銀行業及其他金融業的中央票據結算中心 ——"香港票據交換所"（Hong Kong Bankers' Clearing House）正式成立。該組織的章程規定，會員銀行資格以外滙銀行公會的會員銀行為限，而滙豐銀行則是票據交換的中心，所有會員銀行須於滙豐開設一無息存款戶口，以節省票據交換時現金"入倉"、"出倉"的麻煩。各交換會員銀行存款於滙豐銀行，為數甚鉅。據估計，在 1939 年 15 家會員銀行為此目的存入滙豐銀行的款項就達 1,600 萬元。滙豐銀行在香港銀行體系中的地位由此可見一斑。（見表 1.3）

2. 華商經營的金融機構：從銀號到西式銀行

早期外資銀行的業務，

主要是對從事對華貿易的外資洋行提供融資和滙兌服務，

本地客戶只限於規模較大的華資商行及少數殷商富戶，

與華人社會鮮有聯繫。華商經營的業務，

其信貸主要依靠由華人，

尤其是來自廣東南海、九江、順德、四邑及潮汕等地的華人經營的"銀號"，

即中國北方所謂的"錢莊"或"票號"。

2.1 早期華商經營的舊式銀號

錢莊、銀號、票號等均為中國舊式金融機構的名稱，朱彬元在《貨幣銀行學》中指出："錢莊與銀號實為一類。大抵在長江一帶名為錢莊，在北方各省及廣州、香港多呼為銀號。"鴉片戰爭以前，廣州作為最重要的對外通商口岸，已有眾多的銀號。當時，廣州已有銀號的公共組織——忠信堂。據記載，忠信堂建立於清朝康熙年間，它領導的銀業公市當時稱為銀業公所。乾隆十三年（1748 年），忠信堂已有銀號成員 36 家，到同治十二年（1873 年）增加到 68 家。

19 世紀末醬菜園前的銀錢兌換店。

當時，廣州的對外貿易處於公行壟斷時期，經營銀號的大多是與行商有密切聯繫的"銀師"，他們協助外商保管現金，鑒定銀兩和融通款項。鴉片戰爭後，情況開始發生變化，除少數銀號仍限於單純兌換銀錢業務外，大多數都與商行發生聯繫，它們辦理存貸業務，收受商人的存款，還發行錢票、銀票，配合當時的制錢和

戰前香港繁華的街道內銀號、金舖林立，攝於 1920 年代。

紋銀，發揮支付手段的作用。廣州的銀號業務大多限於本省，只有少數與省外的行號有業務聯繫，而在省外設立代理機構的更只有極少數幾家。

香港開埠後，隨著轉口貿易和商業的發展，香港與廣東各鄉及海外各埠的滙兌需求日增，由華人經營的銀號紛紛湧現。據考究，香港最早的銀號成立於 1880 年間。陳鏸勳的《香港雜記》記載：1890 年，香港已有"銀號約 30 餘間"。[6] 到 1930 年代初，香港各類銀號已發展至接近 300 家，規模大者資本約有數百萬元，多屬香港銀業行聯安公會；規模小者資本也有 4 至 5 萬元，業務以買賣為主，且多屬金銀業貿易場成員。這些銀號主要集中在港島文咸東街、文咸西街（南北行）及其鄰近的皇后大道中、德輔道西一帶。它們均在香港政府登記註冊，有獨資經營的，也有合股經營的，但作為股份有限公司者則極少。經營方式與當時中國的錢莊、銀號相似，多在廣州或其他各地設有聯號。

其中，著名的銀號有馮香泉和郭君梅的瑞吉銀號、鄧天福的天福銀號、潘頌民的滙隆銀號、周少岐兄弟的泰新銀號、余道生的余道生金舖、以及昌記銀號等。香港的銀號中，瑞吉銀號以資本雄厚、業務穩健見稱，創辦於 1884 年前後。該銀號經近半個世紀的經營，突然於 1931 年宣佈收盤，一時令同行吃驚。原來是該號股東馮香泉看見掌權者濫取濫支，擔心危及其他股東，因而力主收盤。據聞該銀號創辦時集股共十份，每份出銀 500 兩，經過數十年後收盤，每股分得港幣 10 萬元以上。[7]

當時，銀號的主持人多稱為"司理"或"在事"，在組織上雖然從屬於合夥人或董事會，但掌握大權。規模較大的銀號中，司理之下通常分若干部，包括：

（1）"內櫃" 1 人，掌管銀號的出納事務；

（2）"掌櫃" 4 人，分任外櫃出納、交收滙兌、訂立單據，以及登記客戶往來帳簿等事務；

（3）"行街" 1 人，負責外出招攬生意、吸收存款、推廣放款，以及信用調查等事項；

（4）"幫手行街" 1 人，作為"行街"的助手；

（5）"文件先生" 1 人，專責文件書信往來；

（6）"後生"若干人，負責收票、抄錄、傳遞等雜務。

規模較小的銀號，其組織並無如此周密，大抵人數減少，職務則多兼任。[8]

1930 年代小錢店的銀元兌換牌。

表1.4　1940年香港銀號一覽表

銀號名稱	地址	銀號名稱	地址
大正號	德輔道中 276 號	和源銀號	德輔道中 262 號
大昌	干諾道中 126 號	林棧榮銀號	乍畏街 81 號
大林	乍畏街 82 號	昌利銀號	永樂街 110 號
大源	德輔道中 262 號	昌記銀號	大道中 114 號
大益	大道西 53 號	明成銀號	干諾道西 51 號
中國建設銀公司	公主行	明昌銀號	大道中 106 號
仁泰	孖沙街 10 號	明泰銀號	大道中 161 號
仁發	畢打街 6 號	泗合銀號	德輔道西 52 號 2 樓
公信	永樂東街 121 號	信行金銀公司	德輔道中 53 號
公裕	大道中 249 號	信成	永樂街 46 號
天益銀號	文咸東街 100 號	恆生銀號	永樂街 70 號
天祥	永樂東街 121 號	恆昌銀號	大道中華人行
永記	永樂街 131 號	英源銀號	德輔道中 6 號
永隆	大道中 112 號	香港銀號	畢打街 4 號
生利	永樂東街 101 號	泰昌銀號	德輔道西 36 號
生祥	孖沙街 24 號	泰益	大道西 6 號
亦安銀號	文咸西街 79 號	真美銀公司	大道中 10 號
兆生	孖沙街 13 號	財興銀號	永樂東街 153 號
兆生隆	大南街 62 號	真德	畢打街 15 號
同益	乍畏街 124 號	國源	德輔道中 262 號
安泰銀號	文咸東街 73 號	祥棧	德輔道西 143 號
安盛銀號	文咸東街 73 號	港利發記銀號公司	德輔道中 299 號
成泰	德輔道西 31 號	陳成昌	德輔道西 44 號
何海記	弓弦巷 20 號	陳萬發	德輔道西 32 號
宏興	文咸東街 39 號	富記	孖沙街 15 號
兩榮銀號	大道中 14 號	榮興	大道中 177 號
發昌	德輔道中 118 號	福華	文咸東街 43 號
華渣銀號	德輔道中 169 號	綸昌	干諾道西 27 號
順成	文咸東街 57 號	德信	大道中 155 號
順昌泰	文咸東街 61 號	鄧天福銀號	大道中 171 號
順興	北河街 70 號	鴻德銀號	大道中 165 號
新棧	德輔道西 139 號	鴻興	德輔道西 4 號
源源興記銀號	德輔道中廣東銀行	麗源	永樂街 62 號
瑞和銀號	文咸東街 97 號	寶德	孖沙街 17 號
瑞昌銀號	德輔道西 10 號	寶豐銀業公司	文咸東街 45 號
萬昌	德輔道西 34 號	顯記	永樂街 82 號
裕隆	永樂東街 77 號	誠亨	德輔道西 22 號
誠信榮記	永樂街 48 號	道亨銀號	文咸東街 11 號

資料來源：《香港華僑工商業年鑑（1940）》，香港：協群公司，1940 年。

香港銀號的種類，按其經營的業務劃分大致有三種，分別是以按揭業務為主的，從事金銀找換、貨幣兌換的，以及以炒賣為主的。其中，以按揭銀號的規模最大，其業務也與銀行最相近，即以經營存款及放款為主，亦提供滙款及發信用證等服務，在貿易上則充當華商和外資銀行的中介；金銀找換銀號，雖然業務不大，但集腋成裘，年終盈餘也相當可觀；至於炒買銀號，多數從事貨幣、生金銀的買賣。當然，從事按揭及金銀找換的銀號也有兼營炒賣者。

在香港，銀號的一個重要資金來源是從外資銀行獲得由其華人買辦作擔保的短期"舖保貸款"。19 世紀末以後，外資銀行在對中國開展的存放款業務中，經常掌握大量流動資金，但由於它們主要只對從事對華貿易的外資洋行提供資金和滙兌服務，相當一部分資金需要有新的出路，這就促使它們與銀號發生所謂"拆款"關係。而銀號通過拆借，獲得更多資金，也加強了它們與南北行、金山莊、米行、藥材行、花紗行等華人行商的商業聯繫。也許正因為銀號與外資銀行的這種聯繫，1925 年香港銀號因工人大罷工而發生財務危機時，滙豐、渣打兩家銀行向它們提供了緊急貸款，助其渡過難關。可以說，銀號在補充外資銀行的不足和向華人社會提供必不可少的金融服務方面，扮演了重要的角色。

香港銀號最具規模的行業組織是香港銀業行聯安公會。該會的前身是銀業聯安堂，創辦於 1907 年，是當時銀號同業集思廣益、聯絡感情的機構。銀業聯安堂沒有固定的會址，會議主要在例假值歲的銀號中召開，同時以該值歲銀號的司理作為召集人。1932 年 12 月 12 日，香港銀業行聯安公會正式成立，會址設於乍畏街，並制定公會修正章程 18 條，呈交香港政府立案，其會員主要是一般按揭銀號。[9]（見表 1.4）

　　1930 年代初，香港政府曾考慮立法監管銀業。當時，香港的銀業主要建立在貿易信貸基礎之上，不少銀號一方面接受存款，另一方面又進行其他業務，使得銀號和商店之間缺乏明確的劃分，數間銀號尚未退還存款便突然歇業，令其他幾間銀號受到牽連而遭到擠提。1935 年 9 月，香港政府輔政司楊諾文（Norman Young）曾致函英國政府的香港事務專員諮詢："政府應否嘗試管制銀號東主與親友之間的小額存款及其用途？如果不加以管制，我們又應該怎樣把它們從存戶較廣的機構中劃分出來？"

　　1935 年初，香港政府成立特別小組，專門研究對接受存款的銀號的管制問題。翌年 3 月，該小組主席致函英國政府："本小組認為，無論政府實施任何銀管法例，皆不可將之引用於中國傳統銀號、一般商店或典當店舖。"至此，有關銀業管制的考慮被擱置，直到二次大戰結束後才再度被提到議事日程。[10]

2.2 恆生銀號的創辦與發展

　　香港銀號的發展，以恆生銀號最為矚目，它在成立初期不過是聚集在港島文咸街、永樂街眾多舊式銀號中並不起眼的一家，相信當日連它的創辦人亦絕未料及恆生日後蔚然壯觀的發展，成為香港僅次於滙豐的第二大持牌銀行。

　　恆生銀號創辦於 1933 年 3 月 3 日，初期實收資本僅 10 萬元，後來因新股東加入，股本增加到 12.5 萬元。恆生的創辦人是林炳炎、何善衡、梁植偉和盛春霖。銀號取名"恆生"，根據恆生銀行出版的紀念冊的解釋，是取其"永恆長生"之意。不過，據曾出任恆生副董事長何添的說法，"恆生"二字分別取自當日盛春霖開設的恆興銀號和林炳炎開設的生大銀號。

戰後遷入皇后大道中 181 號的恆生銀號。

　　恆生銀號的主要創辦人林炳炎，祖籍廣東清遠，早年在上海發迹，"一生充滿傳奇"，走遍大江南北，具有濃厚的江湖道德觀念，仗義輕財，從不計較一時的得失。他早年曾在上海開設生大銀號，專門買賣外滙黃金。1929 年，林炳炎在上海被綁架，獲釋之後決定到香港發展，於是聯同好友何善衡、盛春霖、梁植偉在香港創辦恆生銀號。

4 位創辦人中，對恆生銀號的發展影響最深遠的是何善衡。何善衡（1900-1997 年），祖籍廣東番禺，早年家境寒微，唯讀過幾年私塾，許多商業知識均靠日後自修得來，故此何氏發跡後極注重倡辦教育。何善衡 14 歲時便踏足社會，在廣州一間鹽館當雜工，稍後轉到一間金舖學做生意，因為做事勤快，22 歲便當上金舖司理，後來自立門戶當金融經紀。[11] 1933 年恆生銀號創辦時，他出資最少，僅 1,000 元。不過，何善衡參與創辦恆生，不但影響了他的一生，也影響了恆生的發展歷程。現時提起恆生銀號，相信定有不少市民聯想起其勤懇待人、服務周到的形象，這種作風的形成與何善衡待人之道有莫大關係。

恆生銀號最初開設於銀號、錢莊林立的永樂街 70 號一棟舊式建築物內，面積僅 800 方尺。據何善衡的回憶："舖面的設計十分傳統，顧客只需走上三步，便已碰上檯面。"[12] 當時，銀號的董事長由林炳炎出任，經理和副經理分別由何善衡和梁植偉出任，整間銀號職員僅 11 人，規模頗小。初期，恆生銀號的業務主要是買賣黃金、滙兌及找換，走的是傳統路線，如仍沿用算盤結算帳目，帳項也是用毛筆寫在帳簿上，並蓋上銀號的朱砂印。開業首年，恆生銀號獲利 10,389 元。

恆生銀號創辦不久，就以香港為基地將業務擴展到廣州、上海等內地大城市，董事長林炳炎經常往來於香港、廣州、上海三地，統籌策應，何善衡則較多專注廣州的業

1930 年代中的文咸東街，是香港金舖、銀號的集中地，圖中可見大隆銀號及金銀業貿易場的牌樓。

務。在林、何二人的領導下，恆生在首數年間已穩步發展，漸上軌道。1937 年，日本發動對華侵略戰爭，內地各大城市股商富戶或紛紛南下，或急於把銀元兌換成港幣，上海、廣州、漢口和香港之間的滙兌業務因而急增，恆生銀號早已在各地建立完善的業務網絡，故此生意滔滔不絕。據何添的回憶：當時，"貨車把一箱箱的大洋從內地運來，由於內地政府急需外滙支付抗日軍費，因此每隔兩天我們便獨家代理兌換的工作，把這些大洋換成港幣，並從中收取佣金，恆生因而賺了大錢"。[13]

1941 年，日本悍然發動太平洋戰爭，香港淪陷。面對急劇的變局，恆生銀號與其他同業

一樣,被迫暫停營業。林炳炎、何善衡等人將資金調往澳門,並帶同 18 位員工暫避澳門。當時,澳門因為葡萄牙在歐洲持中立態度而未被捲入戰火之中,得以偏安一隅。然而,其時澳門已開設一家恆生銀號,為區氏家族所擁有。林、何等遂以永華銀號的商號經營。永華的命名,體現了恆生銀號 4 位創辦人的愛國情懷,並沒有因為身處困境而改變。就這樣,恆生銀號在澳門度過了三年零八個月的黯淡日子。

1945 年香港光復後,林、何等人即返香港重整旗鼓,將恆生銀號從永樂街舊址遷入中環皇后大道中 181 號的自置物業。新店舖的規模已遠較舊舖為大。這一時期,利國偉加入了恆生銀行。利氏在戰前曾任職國華銀行,抗日戰爭期間曾在澳門協助恆生的股東處理業務,故此在 1946 年應邀加入恆生,負責處理海外黃金買賣。戰後,香港經濟迅速復元,南北物資交流和滙兌等業務蓬勃發展,恆生銀號及時把握時機,利用過去所建立的網絡,再度在黃金買賣、滙兌和找換市場中大顯身手,奠定了日後大展鴻圖的基礎。

2.3 早期華商創辦的西式銀行

20 世紀初葉,香港的轉口貿易和商業蓬勃發展,華人行商對使用押滙和信用證、支票的需求迅速增加,然而,傳統的銀號並不辦理此類業務,絕大多數銀號的資本額較小,利息高且信貸期短,存貸款極依賴固有的人際關係,具有較大的局限性。很明顯,傳統銀號已日益不能適應香港華商經濟發展的客觀需要。在這種歷史背景下,一批將西方銀行先進的經營方法與傳統銀號結合起來的華資銀行應運而生。

香港第一家華資銀行是中華滙理銀行,創立於 1891 年,創辦人潘士成是廣州有名的潘、盧、伍、葉四姓大家族中為首的潘姓家族成員。初期,該行董事會共有 7 名成員,其中華人佔 3 席,實際上是華洋合資的銀行。到 20 世紀初,中華滙理銀行實備 291 萬餘元,分支行及代理處"遍佈天下",並曾在香港發行過面值 5 元、10 元的鈔票。該行於 1911 年倒閉。

香港第一家華資銀行中華滙理銀行發行的 10 元鈔票正面。

另一家早期創辦的華資銀行是廣東銀行,創辦於 1912 年,創辦人是來自美國三藩市的華僑李煜堂、陸蓬山等人,總行設在香港中環德輔道 6 號,而非傳統銀號聚集的上環。初期資本額定為 200 萬元,後來擴充至 500 萬元,分為 20 萬股,每股 25 元。當時,廣東銀行的業務主要包括：滙兌、儲蓄、附貯（存款）、來往附貯、按揭（放款、押款）、保管箱等，後來在上海開設分行還獲發鈔權，從事鈔票發行業務。創辦初期，由於信用未孚，又缺乏經營銀行的經驗，廣東銀行的業務發展不快，"其營業狀況不過一大銀號而已"。[14]

第一次世界大戰期間，金價暴跌，廣東銀行司理陸蓬山認為機會難得，趁金銀比價巨大變動之際，請准香港政府改銀本位為金本位，按當時每英鎊兌換 4.8 港元的市價，將原已收取的港元資本全部轉為英鎊，資本總額則定為 120 萬英鎊，不足之數向社會招股。大戰結束後，金價回升到原位，廣東銀行的資本折合港幣已增加到 935 萬元，無形中資本增加了近一倍，躋身全國資本

嘉華儲蓄銀行創辦人林子豐。

較雄厚的銀行之列。這一時期，廣東銀行業務發展迅速，分行開至廣州、上海、台山、汕頭、漢口以至暹羅、曼谷、舊金山、紐約等地。其中廣州、上海的分行辦得有聲有色，十分活躍。這是廣東銀行的鼎盛時期。

廣東銀行創辦後，華資銀行相繼成立。早期的主要有：由華人買辦劉鑄伯、何福、何甘棠以及羅長肇、陳為明等創辦的大有銀行（1914 年），由支持孫中山的部分前 "仁社" 社員和同盟會會員集資創立的工商銀行（1917 年），由米商劉小焯、劉亦焯、劉季焯和安南華僑劉希成等合資創辦的華商銀行（1918 年），由銀行買辦簡東浦和華商李冠春、李子方等人創辦的東亞銀行（1919 年），由先施公司股東馬應彪、蔡興和退出大東銀行的王國旋等創辦的國民商業儲蓄銀行（1922 年）等。此後，相繼創辦的還有嘉華儲蓄銀行（1924 年）、永安銀行和廣東信託商業銀行（1931 年）、香港汕頭商業銀行（1934 年）等。

工商銀行創辦於 1917 年，總行設於香港，資本總額 500 萬元，實繳資本 80 萬元。工商銀行成立之初，主要作為孫中山與華僑聯絡的一個機關。1919 年以後，該行在總經理薛仙舟的主持下，業務有了較大發展，除從事一般銀行業務外，經營重點放在接受海外華僑滙款上。許多華僑都認為它是華僑銀行，把滙款轉到該行辦理，業務蒸蒸日上，分行設至廣州、漢口、上海、天津等地。可惜的是，1930 年薛仙舟去世，工商銀行受到外資銀行的排斥打擊，加上經營滙兌業務失敗，被迫停業倒閉。

華商銀行創辦於 1918 年，總行設於香港，資本額 500 萬元，實繳資本 500 萬元。該行創辦初期即在廣州開設分行，其後又先後

1925 年工商銀行的業務廣告。

在上海、紐約等地開設分行。華商銀行的業務重點是儲蓄存款，1922 年上海分行開業時為吸引儲蓄存款，不惜提高存款利息，規定"於開幕一星期內，新開各存戶永遠固息 8 釐起息"，結果市民踴躍前往儲蓄，開業第一天即吸收存款 50 餘萬元。可惜，1924 年，該行因總行難以維持而牽動各分行，被迫倒閉。

國民商業儲蓄銀行創辦於 1922 年，總行設於香港中環德輔道中，董事長為蔡興，監督馬應彪，正司理王國旋。該行初期實收資本 200 萬元，分為 20 萬股，每股 10 元。由於主持人都是當時香港的殷富巨商，信用甚高，該銀行業務發展迅速，獲利相當豐厚，每年盈利都在 20 萬元以上，分行亦很快開至香港九龍的油麻地、旺角，中國內地的廣州、漢口、上海、天津，以及海外的新加坡等地。當時，國民商業銀行雖然未能與廣東銀行、東亞銀行這兩家最重要的華資銀行並駕齊驅，但地位已日見重要，被稱為廣東省"華資經營之銀行中後起之健者"。不過，1930 年代以後，該行受到廣東銀行擠提風潮的影響，一度也被迫停業，後經改組於 1936 年復業，但業務已大不如前。抗日戰爭爆發後，該行自行清理停業。

嘉華儲蓄銀行創辦於 1922 年，當時稱為嘉華銀號，地址設於廣州市西濠口，"嘉華"二字即來自當時銀行的兩位股東"嘉南堂"的"嘉"及"南華公司"的"華"，創辦人是林子豐先生。其實，早在銀行創立之前，作為置業公司的嘉南堂和南華公司已設有銀業部。隨著公司業務的發展，銀業部的存款也不斷增加，兩家置業公司聯同廣西梧州的桂南堂、桂林的西南堂遂成立嘉華銀號，資本額為 200 萬元，實收資本 52 萬元，後增至 100 萬元。1924 年，嘉華銀號以"嘉華儲蓄銀行"之名在香港註冊成為有限公司，總行設於香港德輔道中 208-210 號，初期並不對外營業，真正營運的是其廣州分行。1926 年，嘉華儲蓄銀行改名為嘉華銀行公眾有限公司。嘉華銀行的業務方針以儲蓄為主，藉社會資金為 4 家置業公司的投資提供更好的融資條件。1929 年總行正式對外營業，廣州方面轉為分行。1935 年，受世界經濟大危機的影響，嘉南堂和南華公司相繼倒閉，波及銀行，該行被迫宣佈停業。1936 年復業後，香港、廣州兩行分離獨立，各自經營。

這一時期，內地一批中國資本銀行亦開始將業務拓展到香港，1917 年，中國銀行（當時稱

1935 年國民商業儲蓄銀行的業務廣告。

1935 年香港鹽業銀行的業務廣告。

表1.5　1940年香港銀行一覽表

銀行名稱	地址	司理
大通銀行	大道中 15 號	
中中交農 4 銀聯合辦事處香港分處	德輔道中 10 號	
中央銀行辦事處	上海銀行	
中南銀行	都爹利街 4 號	章淑淳
中國銀行	大道中 4 號	鄭壽仁
中國農工銀行香港通訊處	德輔道中亞歷山大	齊致
中國農民銀行廣州分行駐港辦事處	大道中友邦行	
中國國貨銀行	鐵行屋宇	
中國實業銀行	華人行	
友邦銀行	大道中 12 號	
四川省銀行沓港辦事處	遮打道聖佐治行	
四明銀行香港辦事處	國民銀行 7 樓	
四海銀行	文咸西街 36 號	
永安銀行	德輔道中 26 號	
永安銀行九龍分行	彌敦道 361 號	
交通銀行	雪廠街 5 號	李道南
安達銀行	中天行	
有利銀行	大道中 7 號	
金城銀行	雪廠街 7 號	
東方實業銀行	大道中 13 號	
和豐銀行	大道中 13 號	
東亞銀行	德輔道中 10 號	總理簡東浦、司理李子方
上海商業儲蓄銀行	大道中 6 號	
康年儲蓄銀行	德輔道中 186 號	
國民商業儲蓄銀行	干諾道中 8 號 A	
義昌放款銀行	大道中 5 號法國銀行	威力
東亞銀行九龍分行	廣東道 642 號	
法國東方滙理銀行	大道中 5 號	包德儒
南京商業儲蓄銀行香港分行	干諾道中 65 號	翟俊千
美國運通銀行	德輔道中 4 號	士天那臣
香港上海滙豐銀行	大道中 1 號	
香港汕頭商業銀行	文咸西街 48 號	
國華銀行	大道中 11 號	
荷蘭銀行	荷蘭行	
渣打寶源銀行	大道中 3 號	甘勿殊
華比銀行	德輔道中 4 號 A	畢來
華僑銀行	大道中 13 號	
新沙宣銀行	大道中 9 號	
義品放款銀行	大道中 5 號	
萬國寶通銀行	大道中 2 號	
嘉華銀行	永樂街 24 號	

表1.5　1940年香港銀行一覽表（續）

銀行名稱	地址	司理
福建省銀行	太子行	
聚興誠銀行	太子行	
台灣銀行	太子行	
廣州中國銀行駐港辦事處	大道中 4 號中國銀行	
廣西省銀行香港分行	大道中 10 號	張兆棠
廣利銀行	德輔道西 15 號	
廣東銀行	德輔道中 6 號	董事長宋子文、總司理鄧勉仁
廣東省銀行	遮打道 5 號皇后行	
橫濱正金銀行香港支行	德輔道中 1 號太子行	鹿野克
鹽業銀行	德輔道中 236 號	
鹽業銀行九龍支行	彌敦道 353 號	

資料來源：《香港華僑工商業年鑒（1940）》，香港：協群公司，1940 年。

為大清銀行）在香港設立分行。1918 年，鹽業銀行進入香港。1930 年代，日本發動侵華戰爭，一大批中國資本銀行相繼湧入香港，包括廣東省銀行（1929 年），廣西銀行（1932 年），交通銀行、上海商業儲蓄銀行、中南銀行（1934 年），金城銀行（1936 年），新華信託儲蓄商業銀行（1937 年），中國國貨銀行、聚興誠銀行、國華商業銀行、南京商業銀行（1938 年），中國實業銀行（1939 年）等，它們與早期進入的中國銀行、鹽業銀行等，構成香港銀行業中的一個新類別。此外，來自新加坡的四海通商銀行（1915 年）、和豐銀行（1923 年）、新加坡華僑銀行（1933 年）等亦先後進入香港。

隨著華資銀行的增加，華資銀行組織的同業團體也相應成立。1919 年，香港華商銀行同業公會（Chinese Bankers' Association, 簡稱 "香港華商銀行公會"）由中國銀行倡議成立，目的在於面對外資銀行的歧視時，如何保障華資銀行應有的利益。這一時期，華資銀行的創辦，成為 20 世紀上半葉香港銀行業一股令人矚目的發展趨勢，早在 1920 年代就有評論指出："華資銀行相繼創辦，一如雨後春筍。華人以其精明之特性，進軍本為外國人壟斷之金融領域，實為當時十分矚目之現象。"〔15〕

曾於 1917 年在香港開設分行的大清銀行位於上海外灘的辦事處。

到 1941 年日軍侵佔香港前夕，香港擁有的各類銀行已達 40 家左右。當時，由於內地遭受戰亂，政局動盪，大量資金湧入香港，香港銀行業呈現一片繁榮，1939 年出版的《香港華僑工商業年鑑》就載文指出：抗戰爆發以來，"吾人所有財力，多數集中本港，以致各大銀行營業，多有戶限為穿，拒而不納之勢"，"本港銀業，可謂極一時之盛"。[16] 戰前，香港各類銀行的業務多以滙兌、押滙、僑滙為主，以配合香港作為地區性商業中心和貿易轉口港的地位。（見表 1.5）

2.4 東亞銀行："華南最穩健、實力最強的華資銀行"

東亞銀行創辦人之一李冠春。

東亞銀行創辦人之一李子方。

東亞銀行創辦於 1919 年，創辦人主要是和發成船務公司老闆李冠春、李子方兄弟及德信銀號東主簡東浦。此外，尚有和隆莊的龐偉廷、殷商周壽臣、昌盛行的黃潤棠、有恆銀號的莫晴江、晉昌號的陳澄石以及南洋兄弟煙草公司的簡英甫。

李冠春、李子方兄弟，祖籍廣東鶴山。其父親李石朋早年在廣州經商，後來轉移到香港發展，經營和發成船務公司，並創辦南和行，在香港及安南經營食米、船務、銀號及地產等多種生意，成為富商。李石朋晚年曾有意創辦一家現代銀行，一度要其長子李冠春進入東方滙理銀行見習。可惜 1916 年李石朋逝世，其遺願只好由其子李冠春、李子方兄弟完成。

簡東浦（1887-1963 年），原籍廣東順德，出身於銀行業世家，其父簡殿卿是日本正金銀行香港分行買辦。簡東浦完成學業後曾在日本神戶的正金銀行及萬國寶通銀行任職。1916 年，簡東浦返港與曾任屈臣氏大藥房總行買辦的劉鑄伯合資開設德信銀號。簡東浦在實踐中積累了經營西式銀行和傳統銀號的豐富經驗。1918 年，簡東浦與李氏兄弟及其他 6 位華商合作，創辦東亞銀行。

1918 年 11 月 14 日，東亞銀行有限公司在香港註冊成立，法定資本 200 萬元，分成 2 萬股，每股 100 元，由 9 位創辦人各認股 2,000 股，其餘股份在社會公開發售。9 位創辦人成為東亞銀行董事局永遠董事。1921 年，東亞銀行因應業務發展的需要，將法定資本增加到 1,000 萬元，實收資本增至 500 萬元，其中，殷商馮平山、簡照南、郭幼廷、吳增祿、黃柱臣以每股 100 元各認購 2,500 股，也成為東亞銀行永遠董事。[17]

東亞銀行的創辦，情形與滙豐銀行頗為類似。滙豐銀行當年就是由香港最著名的外資洋行和大公司創辦的，得到這些洋行、大公司的充分支持，發展成為香港首屈一指的大銀行。無獨有偶，東亞銀行也是由當時香港最有實力的華商創辦的，這批人所主持的南北行、金山莊，包括李氏家族的和發成、南和行，龐偉廷的和隆莊，馮平山的兆豐行，吳增祿的

華資銀行創始人——簡東浦

早在第一次世界大戰期間,創立東亞銀行的構思就出現了。雖然銀行的創辦人共 9 位,但最初的推動力卻來自 3 人,即簡東浦先生、李冠春先生及其弟李子方先生,簡李兩家人投契,友誼遂發展成可貴而持久的商業關係。

簡東浦先生出任銀行的永遠總司理,直至 1963 年去世。他來自銀行世家,其父簡殿卿是正金銀行(東京銀行的前身)香港分行的買辦。要成為合資格的買辦,簡老先生想必家境富裕,才拿得出錢、所需抵押,同時還要對華人的商業及財務交易具真知灼見。至於簡東浦本人則畢業於極負盛名的皇仁書院,隨後前往神戶,就職埠之正金銀行,繼而在國際銀行(萬國寶通銀行的前身)工作了幾年。回港後,於 1916 年與當時立法局華人代表劉鑄伯先生開設德信銀號,而現代化銀行的構思就是創立德信後不久形成的。

簡東浦不僅是香港傑出的銀行家,更被譽為中華現代銀行業的鉅子。在 1920 及 1930 年代,公認為對國際滙兌銀行業務真正認識的華人銀行家只有 3 位,其一就是簡東浦,其餘兩位分別是中國銀行的貝祖詒及浙江工業銀行的李銘。

在東亞銀行創立期間,簡東浦審慎精明,處事嚴謹,具領導才華,對銀行的作風影響深遠,所以他去世後,東亞的職員一直把他看作是個典範。簡東浦把畢生精力全獻給了東亞,使銀行經歷了多少風雨之後仍堅持其方針向前發展。……

1963 年,簡東浦先生自床上跌下,因腦溢血逝世。……董事會新主席在 1964 年股東常會上報告簡東浦先生的逝世時說:"我們敬愛的董事會主席兼總經理簡東浦先生於 1963 年 11 月 23 日與世長辭了,我們懷著無比的沉痛記下這一天的哀思。簡先生是東亞的創辦人和永久董事之一,起先擔任總經理,自 1959 年起又兼任董事會主席,45 年來為東亞鞠躬盡瘁,成就卓著。他的逝世是東亞無可彌補的損失,我們悲痛地懷念他的英明教誨與領導。"

這些話絕非溢美之辭。東亞銀行能形成規模,獨具一格,信譽卓著,至今不衰,假若要論貢獻,誰也比不上簡東浦先生。他從零開始創立了東亞銀行,並憑他的穩健作風,度過了一次又一次的難關。當銀行界不顧後果地惡性競爭時,他力排眾議,頂住暗流。香港市民和銀行同業之所以將東亞銀行視為中流砥柱,是因為簡東浦自東亞創立之初,為該行建立了如斯之形象。在他領導下,東亞已成為本港具領導地位的銀行。這地位不單是資產總額多少的問題,也包括了該行在銀行同業心目中的地位。他在任期間,東亞銀行成為外滙銀行公會執委會之常務執委,直至 1962 年。本港華資銀行獲此殊榮者,僅東亞一家而已。……

我們必須注意到,作為銀行家,他的建樹遠遠超越創立東亞銀行這一層。我們不應忘記,他是把中國銀行業從銀號形式推進到現代商業銀行的先驅者之一,這等於是從中世紀一下子躍進到 20 世紀。因此,他和貝祖詒、陳光甫、李銘被並列為 1920 年代以來中國最偉大的銀行家。

無論他在國際上的聲望有多高,簡先生從來沒有忘記自己是位華人銀行家。讀者或許還記得他在《東亞銀行招股簡章》中提出堅定的理想:"為祖國策富強","組織一名實相符、信用穩固之銀行"。招股簡章中的這一理想絕非空泛的廣告宣傳,記得日本先是在 1931 年,其後在 1937 至 1938 年兩度發動對華侵略時,簡先生發揚愛國大義,帶領本港銀行界捐款數百萬元,支持中國抗日。

簡先生的個人榜樣為中國銀行業作出了無上貢獻。當初,華洋雙方都有許多人抱懷疑態度,認為中國人一定辦不好銀行,簡先生因此下定決心,要證明這些人是錯的。這也許可以說明,他為什麼會如此堅持審慎穩健的經營方針——假如本港有的銀行失敗了,東亞銀行仍會屹立不倒,證明華人一樣可以辦好銀行。在這一理想驅使下,他積極協助本港的華資銀行同業,幫他們解決實際困難,或與他們分享自己的寶貴經驗。香港的銀號在發展為現代商業銀行過程中的艱辛,華資銀行在殖民地所遭遇的不利處境,簡先生作為過來人,無不有切身體會,因此他毅然以指引同業為己任。在本港銀行界中,他被視為"大哥",備受尊崇,這固然因為他素重信用,又眼光獨到,但最主要是因為他樂於助人。自香港華商銀行公會於 1920 年代初期創辦以來,他出力不少,一心維護華資銀行的利益。對於個別的銀行,包括未加入公會的銀行,他不分彼此,同樣熱心相助。有道"同行如敵國",但簡先生對待本港的華資銀行就從來沒出現這現象。正如永隆銀行伍宜孫先生宣稱:

簡東浦先生視我如子弟,面命耳提,不遺餘力,不倦諄諄明教。因此,本行經營宗旨,向亦以簡先生之穩健作風為圭臬。今簡先生雖歸道山,而遺愛尚存,令人感佩。

伍宜孫先生的話可能也說出了很多華資銀行同業的心聲。時至今日,同業中仍有許多人對簡先生感戴不已。

向他徵詢意見的尚有許多不同的層面。在第二次世界大戰之前,他曾當國民政府的金融顧問。自 1949 年至他逝世為止,他是香港銀行業諮詢委員會中首位及唯一的華人委員。他以委員的身份,竭力使本港的銀行業朝著更理性的方向發展。就在他與世長辭之時,銀行業諮詢委員會正著手準備頒佈新的銀行條例,以防止銀行危機的發生。簡先生當時已十分肯定,風潮隨時會爆發。

他的長逝,使東亞銀行的發展告一段落。

(摘自冼玉儀著《與香港並肩邁進:東亞銀行 1919-1994》,東亞銀行,1994 年。)

東亞銀行總司理簡東浦。

1929 年東亞銀行創辦 10 周年紀念。

吳源興，黃潤棠的昌盛行、昌盛隆，陳澄石的晉昌號，以及周壽臣、簡英甫的南洋兄弟煙草公司。這些商行和公司"在香港各大行業，如大米、紡綢、金屬、航運、煙草及房地產等皆處於領先地位"，再配合馮平山的亦安銀號、維吉銀號，簡東浦的德信銀號，李冠春的同興銀號，莫晴江的有恆銀號，在香港形成龐大的商業網絡，為東亞銀行的成功奠定了堅固的基礎。

東亞銀行創辦之初，以"有意為祖國策富強"為宗旨，它在招股簡章中表示："同人等有鑒於此，擬原集鉅資，刺激良法，組織一名實相符，信用穩固之銀行，按切吾國社會之習慣，參以外國銀行之精神，斟酌損益，盡善盡美，庶幾勝券可操，而吾國商業也可期發展。"它反映了東亞銀行創辦人在當時外商勢力如日中天之際，試圖借西方先進的經商經驗發展國家經濟，抗衡西方經濟侵略的愛國熱忱。

東亞銀行首屆董事局主席由龐偉廷出任，1925 年起改由周壽臣出任，其時周氏已出任香港立法局非官守議員，翌年更出任香港行政局議員，是香港出任此職位的首位華人。東亞銀行的正、副司理則分別由簡東浦和李子方出任。開業首年，東亞銀行存、貸款已分別達 400 萬和 200 萬元。1921 年，東亞銀行向置地公司購入德輔道中 10 號及 10 號 A 一棟物業，經增建和裝修後自用，作為東亞銀行總行所在地。

東亞銀行創辦後，積極拓展業務，致力籌建國際性業務網絡。最初，李氏家族的南和行成為銀行在西貢和隄岸的代理，到 1920 年代末，東亞銀行的代理已遍及天津、北京、漢口、東京、橫濱、神戶、長崎、台北、馬尼拉、新加坡、檳城、孟買、加爾各答、墨爾本、悉尼、倫敦、巴黎、紐約、西雅圖、三藩市及檀香山。東亞銀行先後在上海（1920 年）、西貢（1921 年）、廣州（1922 年）及九龍廣東道和油麻地（1924 年）建立分行。1933 年，東亞銀行與東南亞華僑富商旗下的利華銀行在新加坡合資建立

東亞銀行廣告

啓者本銀行法定資本一千萬元收足資本五百萬元專營銀行一切事業務以利便海內外工商各界為宗旨於中外滙兌格外通融快捷茲將經有支行及分設代理各埠開列於下

上海　天津　廣州　安南　西貢　東京
星架坡　漢口　渣華　倫敦　紐約
舊金山　檀香山　橫濱　神戶　長崎
小呂宋　及斐律濱羣島

所有定期活期儲蓄存欵不論港幣英美日金均可任便利息從優交收敏捷　如蒙惠顧無任歡迎

茲將存欵息價列下

壹年期五厘　半年期四厘半
日息來往二厘　短期隨時酌議

俱週息計

一九二二年八月一號
總司理人簡東浦謹啓

1922 年東亞銀行的業務廣告。

外滙部，拓展東南亞業務。

　　東亞銀行在海外的分銷網絡中，以上海分行最重要。東亞上海分行以經營英鎊、美元等外滙業務為主，並設有錢莊，幾乎壟斷了當地廣東籍華商客戶業務，包括先施、永安紡織，以及規模宏大的茂和興、茂和昌糧油莊。其中最大客戶是經營化妝品的廣生行上海分行，該行老闆明令所有存款均存於東亞銀行。東亞銀行上海分行於 1920 年加入上海銀行公會，1924 年成為當地發鈔銀行。

　　隨著業務的發展，東亞銀行在香港銀行業也開始嶄露頭角。1921 年，東亞銀行加入香港華商銀行公會，當時公會會員還有廣東銀行、國民商業儲蓄銀行、中國銀行、華僑銀行及鹽業銀行。東亞銀行還先後加入香港外滙銀行公會和香港票據交換所。到 1930 年代末，票據交換所共有 16 家會員銀行，其中華資銀行僅 5 家，東亞銀行因而成為若干非會員銀行的票據結算代理，此舉奠定了東亞銀行日後在香港中央票據結算制度中的結算銀行地位。

1935 年落成的東亞銀行新廈大堂內景。

　　1929 年，即東亞銀行創辦 10 周年之際，董事局宣佈，銀行存款已從創辦初期的 400 萬元增加到 1,050 萬元，員工也從當初的 18 人增加到 200 人。1935 年，被譽為"現代化流線型建築之楷模"、樓高 14 層的東亞銀行總行大廈落成，標誌著東亞銀行已進入一個新階段。東亞銀行成為"華南最穩健、實力最強的華資銀行"。

2.5 1920-30年代華資銀行的擠提風潮

　　20 世紀上半葉，華資銀行在迅速發展的同時也遭遇到嚴重的危機。首先受到衝擊的是華商銀行。華商銀行是香港最早創辦的華資銀行之一，大股東是香港最富有的米商，所經營的主要業務是僑滙、對與安南做生意的米商貸款，以及外滙買賣等。1924 年 6 月，華商銀行因從事外滙炒賣遭到嚴重損失，觸發擠提風潮，被迫暫停支付款項，並最終倒閉。

　　華商銀行倒閉事件，嚴重地打擊了存戶對華資銀行的信心，大量存款從華資銀行流向外資銀行。當時，華資銀行開始成為外資銀行的競爭者，華商銀行事件正好為外資銀行提供了機會。同年 7 月，渣打銀行聯同數家外資銀行致函華資銀行，規定華資銀行購買外滙時須以現金支付，此舉無疑打擊了華資銀行的外滙業務。

　　1925 年，受到省港大罷工的影響，香港的華資銀行遭受了一次規模更大的擠提危機。大

約 1925 年的港島風貌。

批市民由於對政局動盪的恐慌，從華資銀行大量提取存款，從 6 月 19 日至 22 日的 4 日內，市民所提取並帶離香港的款項達 1,600 萬元。當時，香港政府下令，嚴禁銀行及銀號向存戶支付超過其存款總額一成的款項。這次擠提使大部分銀行被迫暫停營業，並導致部分銀行、銀號的倒閉。幸而兩家發鈔銀行 —— 滙豐和渣打向華資銀行墊款 600 萬元，使許多銀行得以周轉，避免遭受倒閉的厄運。

1935 年，受到西方經濟大蕭條的影響，部分過度向地產貸款、炒賣外滙的華資銀行遭受了更大的打擊。同年 1 月，嘉華銀行因其廣州分行過度發展物業按揭而無力支付存戶提款，被迫暫停營業。當時遭受打擊的還有廣東銀行。早在 1931 年，廣東銀行已一度發生擠兌風潮，存戶提款高達 390 多萬元，但當時該行實力雄厚，仍能從容應付，平安渡過難關。1934 年 9 月，廣東銀行再度遭到擠提，被提走的款項高達 1,000 萬元，總行及海內外 6 家分行被迫停業。後來，該行經國民黨政府插手改組，於 1935 年 11 月 23 日復業，由宋子文出任董事長，鄧勉仁出任總經理，雖然仍稱商辦，但人事組織已面目全非。

這次擠提風潮還波及到其他華資銀行，工商銀行被迫限制存戶只能提取二成存款，國民商業儲蓄銀行被迫宣佈暫停營業，該行的上海、天津、漢口、廣州等分行亦告結業。受擠提風潮影響，大批存戶湧到東亞銀行擠提，東亞銀行將一箱箱的銀元、金條搬到營業大堂堆放，才得以渡過危機。

這次銀行危機暴露了香港銀行制度的眾多問題，或者更準確地說，香港銀行缺乏基本的制度。當時，香港仍然沒有銀行法例，甚至沒有任何法律指引銀行如何組織，更不用說指引銀行如何運作了。香港政府對銀行危機的反應，僅是檢討引入銀行條例的可行性，結果是不了了之。

1915 年廣東銀行的業務廣告。

3. 保險業的早期發展

保險業是香港最古老的行業。

1840年香港開埠後，

從事鴉片走私的英資洋行紛紛從廣州、澳門遷移到香港發展，

它們因航運業而經營的保險業也在香港發展起來。

早期的外資保險公司根據英文Insurance Co.譯稱"燕梳公司"，

保險公會則稱"燕梳行"。

3.1 開埠初期的保險業：諫當與於仁

香港保險業最早可追溯到 1805 年在廣州創辦的諫當保險行（Canton Insurance Society）。該行是外商在中國創辦最早的一家保險公司，早期的發起者是英資的寶順洋行（Dent & Co.）、怡和洋行（Jardine, Matheson & Co.）、端拿洋行（Turner & Co.）和美資的旗昌洋行（Russell & Co.）。[18]根據《怡和洋行史略（1832-1932）》的記載，早期，諫當保險公司"似乎是由一些保險商組成的私人團體，……香港的所有知名洋行，每家都在裏面擁有一份或數份股份，而保險業務由怡和洋行經營。每年保險公司都向股東們提交一份有關這一年經營結果的書面報告，而且看起來總是有相當可觀的紅利可分。事實上，當時收到的保險費將使今天任何一位保險商垂涎三尺。"。[19]可惜的是，該公司早期的歷史記載在 1862 年寶順洋行破產時沒能保存下來。諫當保險行主要為外資洋行在對中國貿易（其中以鴉片貿易為最大宗）中的遠洋運輸貨物提供保險服務，其客戶就包括了它們的股東。該保險行每 5 年結算並改組一次，由寶順洋行和怡和洋行輪流負責經營，直到 1835 年這兩家洋行決定結束這一協定為

1882 年諫當保險公司簽發的股票。

止。1835 年，寶順洋行從諫當保險行撤出，另組建於仁燕梳公司（Union Insurance Society of

Canton, Ltd.）。

1836 年，怡和洋行將諫當保險行改組為 "諫當保險公司"（Canton Insurance Office Ltd.），其原始實收資本是 26,666 英鎊。當時，印度的代理商在爭取貨運時，就是 "利用怡和的海運和保險服務來招徠他們各自範圍內的鴉片出口商"。諫當保險在怡和的經營下，保險範圍逐漸擴展到倫敦、印度和其他各地。不過，當時在廣州，遠洋貨運的保險業務主要是由各大洋行代理。據記載，1838 年，設在廣州的外資洋行約有 55 家，從事代理保險業務的外籍人員有 20 人，代理 15 家外資保險公司，包括倫敦保險公司、聯盟海險公司、海上保險公司等的在華業務。[20]

1841 年英軍佔領香港後，諫當保險公司即從澳門遷往香港，並於 1842 年在香港註冊，成為香港最早的保險公司之一。該公司將總部遷入香港後，並沒有放棄其在中國大陸的業務。當

19 世紀末於仁燕梳公司的業務廣告。

時，中國被迫開放五口通商，西方各國開始在各開放口岸設立租界，引入現代貿易制度和現代化基礎設施。當時保險業發展迅猛，諫當保險率先投入到這一輪發展高潮中。1848 年，諫當保險在上海設立辦事處，承保範圍逐漸遍及擴大到福州、上海、天津、汕頭等地區。直到 1860 年，該公司仍是中國唯一的一家保險公司，當時它還在莫斯科設有代理點，為使用跨西伯利亞鐵路的客戶承保。到 1890 年，諫當保險公司已在大陸 10 多個城市設有辦事處或者代理點，其中包括廈門、廣州、煙台、福州、漢口、九江、寧波、上海、汕頭和天津。[21] 諫當保險因應當時華人商行迅速發展的趨勢，其分行 "在中國商人當中售出保單比在西方商人中售出的數量要多得多"。就連專門處理外商保險業務的泰西分行，向中國商人出售保單的情況也屢見不鮮。[22] 1881 年，諫當保險公司正式改組為一家主要經營海險業務的有限公司，總股本 250 萬元，股本共計 10,000 股，每股 250 元，已具備相當規模。

19 世紀後半葉（1850 年以後），諫當保險公司一直由一個顧問委員會控制，該委員會包括許多香港經濟界著名人物，如創辦香港置地公司的保羅‧遮打（Sir Paul Chater）和大買辦何東（Sir Robert Ho Tung）。[23] 對於英國及其殖民地的公司立法而言，1860 年代是關鍵性的時期。通過這時期的立法，公司的永久繼承權和有限責任制被確立下來，這種確立方式比現今的其他方式都更簡易與便利。因此在 1872 年，諫當保險公司成為正式法人公司，取代了以往的一系列合夥制關係安排。1881 年，諫當保險根據第一部公司法正式改組為一家有限責任公司，總股

本 250 萬美元，股本共計 10,000 股，每股 250 美元，已具備
相當規模。幾年後該公司更成為倫敦保險承保人協會（又稱 "倫
敦保險人協會"，Institute of London Underwriters）的創始會員。

圖為兩款怡和火險公司徽號之一。

　　香港早期另一家保險公司是於仁燕梳公司。1835 年，寶
順洋行退出諫當保險公司，在廣州成立於仁洋面保安行（Union
Insurance Society of Canton），獨立經營。據有關文獻記載，
寶順洋行創辦的於仁保險，其原始實收股本為 50,000 美元，
原始股東除了寶順洋行以外，還有英資的怡和洋行（Jardine
Matheson & Co.）、特納洋行（Turner & Co.）以及美資的旗昌
洋行（Russell & Co.）等。仁洋面保安行又稱友甯保險行。該行
在創辦之初就允許華商設股。

　　於仁保險創辦的初衷，是要讓各創辦人共同分擔各自向英國及世界各地運輸貨物的風險，
各股東每 3 年向公司清償所欠險款。這一做法自公司創辦時便開始採用，並且一直沿用到 1874
年。這反映出，於仁保險從一開始就是廣州 "自由商人" 相互保險的組織，公司的股東同時又是
公司的客戶，他們自籌互助金，共同運作，彼此受益。[24]於仁保險創辦初期，即在倫敦、加爾
各答、孟買、新加坡、馬尼拉等城市設立代理行。[25]資料顯示，在最初的 5 年，該公司的經營
十分成功。1841 年香港開埠後，於仁保安行即從澳門遷往香港，並於當年在香港註冊，成為最
早將公司總部設在香港的保險公司。

　　1860 年代，對於仁保安行的發展產生深遠影響的重大事件，是寶順洋行的破產。1866
年，印度發生棉業工潮，不少洋行和銀行因而破產、倒閉。其中，顯赫一時的寶順洋行亦在工
潮中倒閉，成為當時香港經濟中的重大事件。受到寶順洋行破產的影響，於仁保險的公司管理
權發生了重要的轉變。1862 年，G.D. 威廉斯（G.D. Williams）取代陷於破產的寶順洋行的顛
地，出任公司主管。1868 年，羅伯特·沃特莫爾（Robert Watmore）再接替威廉斯，擔任公司
主管這一職務，直到 1871 年。儘管受到連串內部管理權變動的影響，但由於期間香港的對外
貿易蓬勃發展，公司的業務仍然發展順利。1868 年，於仁保險在上海設立分支機構，並委派
塞繆爾·布朗（Samuel Brown）擔任公司駐上海的首席代表。這是於仁保險成立 30 多年來首次
向香港境外的業務拓展。1868 年至 1870 年期間，於仁保險的資產已達到 125 萬美元，共分為
250 股，每股 5,000 美元，每股實繳 1,000 美元。[26]這一時期，於仁保險的主要股東和公司董
事包括：怡和、仁記、沙遜、祥泰、華記、義記、禪臣等香港 7 大洋行。[27]

　　1871 年，對於仁保險的發展產生深遠影響的伊德家族首次進入公司。該年，納撒尼爾·伊
德（Nathaniel Ede）出任公司主管，直到 1897 年，時間長達 26 年。他上任初期，即著手對公

司的管理模式進行改革，制定了新的《公司章程》，放棄了傳統的每三年一次清算的原則，將公司從早期的共同分擔風險的臨時性商人互助組織，改組為一家永久性的無限責任制公司。不過，公司仍保留著一些舊式合夥制的特徵。如新《公司章程》就規定：對於不向公司提供支持的股東，公司董事會可撤消其股份，重新分配給能為公司帶來業務的其他人。1882 年 10 月 24 日，於仁保險根據 1865 年至 1881 年的《香港公司法》進行註冊，最終改組為一家股份有限責任制公司，額定資本為 125 萬美元，分為 500 股，每股 2,500 美元。

　　制度創新給公司發展注入新的動力。於仁保險展開了新一輪的業務擴張。1874 年 1 月，於仁在英國倫敦建立了分支機構，與倫敦眾多歷史悠久、實力雄厚的保險公司展開競爭；1883 年，於仁在澳大利亞的墨爾本設立分支公司，積極拓展大洋洲地區的業務。進入 20 世紀，於仁保險更展開連串的收購活動，以擴大業務。1904 年，於仁收購了 Russell & Sturgis，該公司代表於仁在馬尼拉開展業務，其前身就是公司創辦者之一的旗昌洋行。其後，於仁還先後收購了前身為中外保險公司的華商保險公司（China Trades' Insurance Company，1906 年）、中國火災保險公司（China Fire Insurance Company，1916 年）和揚子保險公司（1925 年）等。到 19 世紀後期，於仁保險成為"活動範圍遍及全球的一家人的專業保險公司"。[28]

　　19 世紀中後期，在香港創辦的外資保險公司還有：1865 年太古洋行創辦的香港保寧保險公司，1868 年怡和洋行創辦怡和火險公司（Hong Kong Fire Insurance Company Ltd.），1870 年由旗昌、沙遜、瓊記等洋行創辦的香港維多利亞保險公司（Victoria Insurance Co.）等等。其中，怡和火險公司成為香港最具聲譽的一家保險公司。

　　值得一提的是，這一時期各保險公司的業務仍主要由大洋行代理。如 1860 年代，怡和洋行代理諫當保險公司、怡和火險公司、於仁燕梳公司、孟買保險社、孟格拉保險社、特里頓保險公司、孟買海運保險公司等 8 家公司的保險業務；瓊記洋行代理美國 3 家保險公司。當時，香港保險業的發展仍與外資洋行從事的對華貿易密切相關，主要應用於保障船舶貨物及財產。大部分保險公司都以經營火險、意外保險及洋面保險等一般保險業務為主。香港早期的保險業中，人壽保險的發展遠落後於一般保險，第一張壽險保單要至 1898 年才出現。

　　19 世紀後期，香港華商亦開始投資保險業，初

1897 年怡和火險公司業務廣告。

期主要以附股形式投資於外資保險公司，僅限於收取股息，並無參與經
營。1870 年代，諫當保險徵集 100 股新股，結果 7 名華商成為該
公司股東。當時，諫當保險、怡和火險公司中，"中國股東的數
目有了增長"。[29] 1871 年 5 月，主要由華商創辦的華商保險
公司宣告成立，總部設在上海，在香港開設分公司，該公司股
本 150 萬元，其宗旨是 "把華商自己貿易的厚利收歸己有，在
公司股份之中，務欲華人居其大半"。[30] 1877 年，香港金山莊
和興號東主李陞與買辦何亞美等人合夥籌資 40 萬元創辦安泰保
險公司，按照西方企業經營方式去經營往來船隻的保險業務。該公
司於 1881 年加入香港總商會，成為總商會第一家華資企業。安泰
保險公司的創辦，被譽為 "19 世紀下半葉華人闖入洋商壟斷的商業
和金融領域的重要一步"。[31]

諫當保險及怡和火險董事局
成員 J·J·凱瑟克。

3.2 19世紀下半葉香港保險業的發展熱潮

1860 年代，香港作為新開闢的自由貿易商港，憑藉著得天獨厚的地理位置，獲得迅速的
發展。隨著 60 年代輪船時代的到來、1869 年蘇伊士運河的通航、以及 1871 年倫敦至遠東電
報線的架通等等所帶來的滙兌、航運及通訊等方面的便利，香港乃至整個遠東地區對外貿易的
經營方式都發生了重大變化，過去那種大一統的洋行經營體制逐步解體，洋行對那些 "對外貿
易的 '外圍經濟部門'，如航運、保險、條約口岸設施以及銀行業的關切，超過了對貨物買賣的
關切"，[32]他們深刻地認識到了 "保險業、銀行業如同航運業一樣，已發展成為這家洋行的至
關重要的職能部門"。[33]

正是在這種特定的歷史背景下，1860-70 年代，香港各大洋行掀起了第一輪投資、經營保
險業的熱潮。1861 年，美資瓊記洋行開始展開大規模的保險業務。在此之前，這家洋行只索取
保險傭金，並不擔任保險代理人。當年夏天，它成為美國 3 家大保險公司的代理行。瓊記在保
險業務的發展，讓同為美資的旗昌洋行感到惱火，因為它注意到瓊記洋行 "充當紐約 3 家保險
公司的代理，⋯⋯ 敢於承擔大風險 ⋯⋯ 適用於本地，適用於英國，也適用於印度。這說明紐約
的公司在政策方面已有所改變，因為它們不久前還曾拒絕指定代理人為貨主保險"。[34]

1862 年，旗昌洋行展開比瓊記洋行更大膽的投資策略，它在上海創辦揚子保險公司
（Yangtze Insurance Association），該公司總部設於上海，在香港註冊，實收資本 417,880 銀
元，並在香港、倫敦、紐約、新加坡設分公司，在中國各口岸建代理處 30 多家。旗昌洋行擔

任該公司的經理人，專營旗昌洋行旗下的船貨保險，特別是旗昌輪船公司所承運的長江航道的船貨保險，幾乎壟斷了長江的運輸險業務。1891 年旗昌洋行倒閉，揚子保險改制為一家英商獨立公司，資本金為 120 萬兩，實收 72 萬兩，成為當時外商在香港及上海早期保險業中頗具實力的公司之一。1941 年太平洋戰爭爆發，揚子保險被日軍勒令停業。

1865 年，瓊記洋行在香港創辦保寧保險公司（British Traders' Insurance Company Ltd.）。該公司又稱中外眾國保險公司，由瓊記洋行投資，並吸收華股，資本為 220 萬銀元，實收 60 萬銀元，經營水火及意外險業務。保寧保險公司業務發展很快，其分公司相繼擴展至上海、漢口、天津、廈門、廣州、福州、北京等城市，其後更"散佈在中國及太平洋沿岸各重要港口"。1906 年，保寧保險被於仁保險公司接管。1870 年，瓊記洋行與旗昌、沙遜、也者士、法銀行、密士波克等 6 家外資洋行聯合投資創辦香港維多利亞保險公司（Victoria Ins. Co.），資本額為 150 萬銀元。由瓊記洋行承辦該公司保險業務。

這一時期，英資洋行也展開對保險業的大規模投資。1857 年，怡和所屬的諫當保險公司率先在上海開設分支機構。開業初期，因應當時華人商行迅速發展的趨勢，諫當保險上海"分行的業務十分興旺。"。[35]為了進一步開拓諫當保險公司上海分公司的業務局面，該公司積極向其華商航運客戶招股。1868 年 12 月，上海怡和洋行經理 F.B. 詹森致函諫當保險公司的 W. 凱錫說："我以前曾提請你注意，給規模較小的航運公司及中國商號分配更多一點股份。這是解決這種令人不滿意的局面的唯一有效方法。我們若不加緊攏絡我們這裏的主顧們，恐怕我們在這裏要站不住腳。唐景星（注：怡和洋行駐華買辦）看來已在做最大的努力來拉攏華商。因此我殷切希望您能考慮把他為我們公司賺來的利潤，分一部分給他以及其他有影響的華商。"[36]

1868 年，由於公司承保的險種範圍擴大，怡和洋行在香港創辦香港火燭保險公司（Hong Kong Fire Insurance Company Ltd.）。該公司又稱"香港火災公司"，資本額為 200 萬港元，實收 40 萬港元。該公司"按其原來的目的，顧名思義，是為了承保火險"。這是第一家在香港本地經營運作的火險公司，並擁有香港殖民地第一輛消防車。如歐洲早期火險公司一樣，香港火燭保險公司自建並培訓自己的消防隊。[37]根據管理倫巴德公司倫敦檔案處的艾倫的回憶，1878 年聖誕節香港發生一場嚴重火災，當時乘著強勁的東北風，火勢蔓延迅速，消防隊不得不拆除大量建築物來防止火勢擴散。許多建築物使用濕毛毯和濕地毯來阻隔火勢，從而得以倖存。其後用於存放過年煙火的爆竹倉庫發生了大爆炸，許多人都看到了香港山邊冒起大火球的壯觀景象。

當時，菲利普作為查察並為投保財物估價的職員，對於為中藥材商店估價印象深刻。他回憶道：巡查這些藥材商行真是件可怕的工作，你必須和經紀人一起進入那些小巷，那裏用瓶子泡著各種可怕的東西，如烏龜頭和色彩斑斕的蛇，這些都能讓我們嘔吐得一塌糊塗。還有磨成粉狀的犀牛角,還有被風乾的老虎的什麼器官,看起來如同醃製的洋蔥一樣,但是卻能賣到很高的價錢。所以從保險的角度看,你必須清楚瞭解並牢記這些"秘方"的實際價值,從而才能準確判斷出應承保的價格。

香港火燭保險公司總行設在香港,分公司則迅速擴展至上海、廈門、廣州、漢口、北京、汕頭、青島、重慶等中國大陸城市。當時,保險公司為防止被保險人放火搬物,都在保戶門楣上懸釘一種銅質或鐵質火標,既便於警察查檢,又提醒救火人員奮勇搶救。一般中國保戶以懸掛保險商標為榮,因為非殷實商店住戶,外商大多不敢貿然承保。如今,在上海市歷史博物館裏尚收藏有一份 1924 年 6 月 12 日簽發的保險單,當時香港火燭保險公司在保單上的中文名稱為"香港火燭燕梳公司"。該公司業務發展迅速,獲利豐厚,每年所獲盈利相當於股本的50%,股票增值曾達到過 400%。當時甚少有與其匹敵的保險公司。香港火燭保險公司後來更發展成為香港最具聲譽的一家保險公司。

香港火燭保險公司還積極拓展海外市場,包括日本市場。1868-1870 年間,香港火燭保險公司在日本開始做市場推廣(1897 年英文版日本時報頭版刊登了該公司的廣告)。但是早期的這種對於日本風險的承保讓公司損失慘重,因為 1866 年在橫濱港發生大火災,1892 年東京也發生了大火災,而且當時日本地震災害頻繁。但是當時公司在日本與英國及香港間的聯繫還是很順暢的,一直到第二次世界大戰爆發。

19 世紀下半葉,香港保險業發展的第一次熱潮中,有幾個值得重視的特徵:第一,外資各大洋行相繼投資創辦了一批保險公司。這些保險公司以香港為總部,積極拓展中國大陸的保險業務,在其後的數十年間逐漸形成了一個以香港為重心、覆蓋中國主要城市的經營網絡。第二,各大洋行代理保險業務的經營方式仍然持續發展,洋行代理的經營形態還有相當大的發展。如 1867 年在上海成立的太古洋行,在 1875 年就取得了英國 3 家大保險公司的代理權。到 1900 年,太古洋行掌握的在華保險代理權已超過了其他大洋行,[38]甚至與怡和洋行旗鼓相當。第三,當時,香港保險業的發展仍主要與外資洋行從事的對華貿易密切相關,主要應用於保障船舶貨物及財產。第四,香港保險業的公會組織開始建立。在最早成立的公會組織是組建於 1895 年的香港火險公會(The Fire Insurance Association of Hong Kong,簡稱FIA),當時為代理機構。

19 世紀下半葉,,華商在保險業也取得迅速的發展。這一時期華商創辦的知名保險公司有:萬安保險公司(1891 年)、義安水火險公司(1899 年)、福安洋面火燭保險兼貨倉公司(1900 年)等。

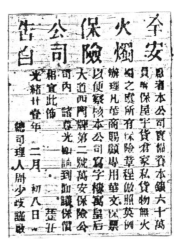

1895 年全安火燭保險的業務廣告。

此外，在報刊廣告上經常出現的還有宜安、全安、濟安、同安、普安、仁安等多家保險公司，主要經營洋面火災保險及按揭滙兌貨倉等。[39]

3.3 20世紀上半葉的保險業

進入 20 世紀，香港的保險業出現了一個空前的低潮。1911 年，中國爆發辛亥革命，清皇朝瓦解，整個大陸處於戰亂和分裂之中，世界運輸的隨機性也增加了，4 個月內不少於 41 艘輪船失蹤或沉沒，其中包括著名的泰坦尼克號，於仁燕梳為沉沒的泰坦尼克號支付了 4.2 萬英鎊。翌年，歐洲爆發戰爭，進入第一次世界大戰，商業陷入嚴重的困境。不過，直到 1915 年，於仁燕梳公司在年度報告説它仍然運作良好，並表示要給股東發放紅利。戰爭期間，於仁燕梳付出至少 2,000 萬元用於戰爭賠償，相當於（甚至高於）1914 年底公司的總資產。[40]

一次大戰後，保險業有了長足的發展。於仁燕梳加強了在中國內地的擴展，到 1920 年代，該公司在上海、漢口、北京、天津和廣州等地都設立了附屬機構，並控制了長江保險協會。這一時期，於仁燕梳的分支機構還擴展到倫敦、新加坡、悉尼、舊金山、西雅圖、多倫多、開羅、約翰內斯堡等世界各大城市，形成"遍佈世界的辦事網絡"，成為一家著名的跨國保險公司。

圖為約 1950 年的於仁行，位於干諾道中與畢打街交界。

20 世紀初葉，外資人壽保險公司開始進入香港發展，其中的佼佼者是加拿大資本的宏利人壽保險有限公司（The Manufacturers Life Insurance Company）。其實，早在 1897 年，宏利保險已開始在中國上海及香港經營業務。1898 年，宏利保險在香港成立代理公司布蘭得利公司（Bradley and Co.）。當年 12 月 23 日，布蘭得利有限公司的 A‧

1935 年宏利保險設於香港的辦公室。

1930 年代中先施人壽保險的業務廣告。

1950 年代永安人壽及水火保險的業務廣告。

H·艾利斯（A·H. Ellis）在華南地區售出宏利保險的第一張人壽保單，該份保單是一份 15 年的承兌保險，編號為 25042，投保者是一位 31 歲的中國男性，保險金額為 2000 港元，年金為 151.61 港幣。[41] 1931 年 5 月，宏利保險在香港開設南中國分公司，先後在廣東的汕頭、福建的廈門、福州以及澳門等地設立辦事處，並進軍團體退休金市場，成為當時香港及南中國最著名的人壽保險公司。戰前就來香港的外資人壽保險公司還有永明人壽。永明人壽與宏利保險一樣，都是加拿大保險公司，戰前已在上海及香港等地設有辦事處。

華商在保險業也有了進一步的發展。1915 年，永安公司創辦人郭氏兄弟在香港籌資 61 萬元，創辦了永安水火保險有限公司，該公司業務發展迅速。1925 年，郭氏兄弟再創辦永安人壽保險有限公司，將保險業擴展到人壽保險。到 1930 年代，永安水火保險公司的分支機構已遍設內地各大城市及東南亞各埠。同期，先施等多家華資公司都先後將投資領域擴大到保險業。

據估計，到 1940 年代初，香港的保險公司及其辦事處已發展至約有 100 家（表 1.6）。當時，外資保險公司實力雄厚，但在香港所設基本為分支機構，而華商保險公司則多將總部設在香港，"唯其中多屬數十萬或百餘萬資本者"。香港的保險業，基本由英資洋行主導，這些洋行只是在經營貿易及航運的同時，附帶做保險代理，因此險種較單一，以代理業務為主，主要從事有關航運和貨物保險，服務的對象也主要針對外國商人。

　　1935 年，在慶祝於仁燕梳成立 100 周年時，該公司董事長多德韋爾（S. H. Dodwell）指出："要從一個由商人在廣州創辦的小公司，發展成為由全球居民持股的跨國公司，需要預見和創造。我們今天的地位證明我們的先輩並不缺乏這種精神。"申頓（The Hon. Sir William Shenton）回應董事長發言時表示："沒有任何一種商業活動像保險一樣清晰地反映了商業活動的狀況，沒有其他哪種生意在國際貿易自由潮流中更加興盛。"[42]這番話也可以說是香港早期保險業的寫照。

表1.6　1940年香港保險公司名錄

名稱表	地址	聯繫電話
士葛治於仁梳燕公司	德輔道中 10 號	28008
大東方人壽保險公司	英國行	33581
中央信託局保險部	德輔道中 6 號	31215
中國仁濟和水火保險公司	干諾道西 15 號	28180
中國保險公司	國民銀行（香港德輔道中 8 號 A）	31018
中國保險股份公司	廣東銀行（香港德輔道中 6 號）	31215
中華公司	高陞街 84 號	
中華火險燕梳有限公司分局	永樂西街	
公益保險行	太子行	30823
友邦人壽保險公司	大道中 14 號	30234
太古洋面火燭保險分局	德輔道中 127 號	20125
太古洋行保險分局	乍畏街 125 號	27237
太平公司	永樂西街 204 號	24124
太平洋行	大道西 17 號	34017
太平保險公司	德輔道中 8 號 A	33331
太陽日球保險公司	英國行	33581
世界保險公司	東亞銀行（香港德輔道中 10 號）	21174
北美洲保險公司	德輔道中 10 號	21174
北美洲保險公司分局	德輔道中 74 號	20639
北美洲保險公司分局	大道中 249 號	
北美洲保險公司分局	永樂西街 209 號	27846
北美洲保險公司分局	永樂西街 120 號	30567
四海保險公司	大道中 14 號	27707、30234
四海保險公司分局	干諾道西 17 號	
四海保險公司分局	德輔道中 283 號	
四海保險公司華人辦事處	干諾道西 5 號	
四海通保險公司	南北行街 36 號	23593
平瀾保險公司	德輔道中 4 號 A	30965

表1.6　1940年香港保險公司名錄（續）

名稱表	地址	聯繫電話
永安梳燕公司	德輔道中 225 號	22017
永安人壽保險有限公司	德輔道中 26 號	23307
永明人壽梳燕公司	告羅士打行 16 號	31211
永樂公司	干諾道西 29 號	
先施人壽保險有限公司	德輔道中 173 號	25079
先施保險置業公司	德輔道中先施公司 5 樓	21821
先施燕梳公司分局	九龍上海街 489 號	
全安公司	大道西 8 號	27308
合眾人壽保險公司	德輔道中 10 號	31913
同安公司	大道西 15 號	27136
安平公司	永樂西街 120 號	30567
安泰保險公司華南分行	東亞銀行（香港德輔道中 10 號）	21174
伯安公司	文咸東街 98 號	24600
利華公司	永樂街 92 號	31084
冷架西燕梳公司	遮打道沃行	27922
均安燕梳公司	干諾道西 29 號	21195
宏利人壽保險公司	大道中亞細亞行	20601
免那日球燕梳分局	永樂街 50 號	23781
宜安保險公司	文咸西街 26 號	20260
於仁燕梳公司	必打街於仁行	28081
東泰公司	南北行街 43 號	24403
東興隆	德輔道西 25 號	27553
明發公司	乍畏街 71 號	24850
和發	永樂西街 209 號	27846
和祥	德輔道西 8 號	24571
金孖素於仁燕梳公司	皇后行	20153
金孖素於仁燕梳公司分局	大道中 304 號	20546
金孖素於仁燕梳公司分局	永樂西街	
南華公司	皇后街 20 號	22012
保太燕梳總公司	華人行	23583
保太燕梳總公司分局	乍畏街 71 號	24850
保慎燕梳公司	德輔道中 4 號 A	25921
信記	高陞街 54 號	24441
美亞水火保險公司	大道中 14 號	30234
美亞水火保險公司華人辦事處	干諾道西 5 號	
美國安康保險公司	華人行	24875
美國保險公會	德輔道中 10 號	22277
美國舊金山人壽保險公司	荷蘭行	31513

表1.6　1940年香港保險公司名錄（續）

名稱表	地址	聯繫電話
香安保險公司	國民銀行	
拿平燕梳分局	乍畏街 71 號	24850
修附畢啫燕梳公司	太子行	21134
修附畢啫燕梳公司分局	德輔道西 16 號	
祝平公司	德輔道中 171 號	
康年水火保險公司	德輔道中 168 號	20890
泰山保險股份有限公司	大道中 14 號	24743
康年人壽保險公司	德輔道中 168 號	
梨高公司	廣東銀行	27743
陸海通人壽保險總公司	德輔道中 297 號	26795
陸海通人壽保險總公司分公司	九龍彌敦道 374 號	
烏思倫保險總公司	德輔道中 10 號	28008
烏思倫保險總公司分局	德輔道西 6 號	
烏思倫保險總公司分局	文咸東街 44 號	
普安保險公司	德輔道中 288 號	20106
渣甸燕梳公司	永樂東街 171 號	26240
渣甸燕梳公司分局	大道西 7 號	27132
華安合業保壽爾廣分公司	娛樂行	25330
華僑保險公司	德輔道中 10 號	28008
新印度燕梳公司	干諾道中皇帝行	27791
意迪氏保險公司	太子行	30823
愛業人壽保險有限公司	德輔道中 63 號	26510
裕彰公司	德輔道西 61 號	
誠興公司	文咸東街 54 號	
萬安公司	大道西 4 號	27309
旗昌保險有限公司	德輔道中 4 號 A	28121
福華保險公司	文咸東街 43 號	21587
澳洲國民人壽保險均益會	德輔道中 6 號	27473
環球公司	大道西 73 號	33639
聯安保險公司	永樂東街 89 號	21869
聯保水火保險公司	德輔道中 269 號	
聯邦人壽保險公司	大道中 14 號	30143
聯益燕梳公司	德輔道中 313 號	21330
聯泰火險洋面燕梳有限公司	德輔道中 272 號	21131
禮記公司	德輔道西 29 號	21754
寶興保險公司	大道中 6 號	31116
顯發有限公司	干諾道中 17 號	22489

資料來源：《香港工商通訊錄》，龍文書店發行，1940 年 6 月。

4. 早期黃金市場：金銀業貿易場

香港的黃金市場有著悠久歷史。

根據金銀業貿易場創辦者及首任主席林癸生回憶，

早在19世紀末20世紀初，

香港已開始有人從事小規模的金銀買賣，

買賣的對象主要是一些碎銀碎金、銀幣、金幣等。

4.1 金銀業貿易場的創辦

19世紀末九龍城內一景，圖右為金銀首飾找換店。

當時從事金銀買賣生意的人，每天背著一個布袋沿街收買 "雙毫"（當時中國內地通用的銀幣，每枚二角，故稱 "雙毫"，又稱 "龍毫"，因其背面鑄著一條龍）及各國金銀紙幣等，其中尤以龍銀雙毫為大宗。

後來，沿街買賣發展成為錢銀櫃檯，錢銀櫃檯再發展為銀號，兼營內地的滙兌業務。香港初期的錢銀櫃檯，每天凌晨 4 時便開業，主要業務是銀毫找換銅錢。最盛行的買賣就是金仔和銀幣，一般採取暗盤交易，買賣雙方握手便算作實，常常引起爭執。因此，行內的有識之士都認為應該改為明買明賣，要有一個統一的機構。這是香港金銀業貿易場誕生的歷史背景。[43]

金銀業貿易場創辦於 1910 年。當時，一批錢銀找換商及買賣商創辦 "金銀業行"（The Gold and Silver Exchange Company），這是金銀業貿易場的前身。當時，交易仍由買賣雙方用握手形式暗中進行。"金銀業行" 曾有多少會員已不得

右圖為 1935 年文咸東街，乃金舖、銀號集中地，圖右可見金銀業貿易場招牌。

金銀業貿易場徽號。

而知，因為所有紀錄都在第一次世界大戰中散失。1920年，在香港政府華民政務司夏德里面諭下，金銀業行申請註冊為"金銀業貿易場"（The Chinese Gold & Silver Exchange Society）。貿易場成立初期，地址設在港島中環電車路永安公司對面的一棟三層樓高大廈的底層，會員超過 200 家。（見表 1.7）當時，貿易場內的交易員都是清一色男士，以口頭或手勢公開叫價（金價），第一個觸到賣家身體的人就獲得此次交易，這也就是為什麼沒有女交易員的原因。由於場內買賣熱鬧，門外擠滿人群，嚴重影響交通，香港政府遂要求貿易場另覓地點搬遷，貿易場於是輾轉遷移，十分不便。

1927 年，貿易場主席鍾達清、副主席馮德民作出決定，購入上環孖沙街 14 號店舖，作為永久性場址。1932 年，鍾達清再任貿易場主席時，聯同道亨銀號創辦人董仲禮、恆生銀號創辦人何善衡等，再購入孖沙街場址相連的 16、18 號店舖，拆卸重建。1935 年新大廈落成時，貿易場主席董仲禮主持開幕典禮，政府高官及華人社會名流均到場慶賀，金銀業貿易場在香港經濟中的地位初步奠定。

金銀業貿易場的會員以店號為單位，持牌人不過為該時的司理人而已，故會員又稱為"行員"。根據該貿易場的章程規定，行員少於 150 家時，才可以增加新會員。當行員數目超過此數時，新申請加入的行號只有向舊行員要求轉讓牌照，並需兩名理監事簽名介紹，經貿易場理監事會審查合格，張貼通告 10 天無人反對，然後全體投票通過，才可成為行員。牌照的原值僅 500 港元，其轉讓費在 1930 年代後期約為 3,000 元，戰後 1947 年升至 3 萬元，到 1970 年代後期則漲至約 40 萬元。（1970 年代銀號見表 1.8）

1927 年 10 月 1 日金銀業貿易場落成典禮職員合照。

1935 年金銀業貿易場新廈落成典禮，圖右至左：簡達材主席、郭少鎏紳士、潘錦鴻、曹善允紳士、李葆葵紳士、羅文錦律師、董幹文、郭贊。

表1.7　金銀業貿易場行員一覽表（1932年）

店名	司理人	入行日期	店名	司理人	入行日期
仁記	張毓南	民十三年九月十日	友記	楊必達	民十八年八月廿九日
宜記	羅樹銘	民十八年八月三十日	同記	梅卿雲	民十八年八月廿六日
昌記	黃平　林叔明		球記	曾成裘	民十八年八月廿六日
新記	譚光來	民六年八月十五日	卓記	程遠光	民十八年八月三十日
富記	林汝琛	民十七年八月十五日	華記	馮玉朋	民十八年九月二日
顯記	伍禧甫	民十八年八月廿六日	季記	曾叔逵	民十八年九月七日
裕記	關崇信		發記	張華袞	民十八年九月八日
財記	黃仲偉	民六年八月十五日	榮記	張達亨	民十八年九月六日
祐記	胡士康	民六年八月十二日	源記	馮禮畬	民六年八月十二日
合記	盧燊南	民十八年二月廿四日	公信	譚昌業	民十一年三月七日
明記	譚炯儔		德信	簡東浦	民六年八月十二日
永記	龔茂昌	民九年三月十八日	鉅信	李賢杏	民十二年五月三日
英記	麥子英	民十八年八月廿六日	誠信	湯焯文	民十七年十一月廿六日
謙記	羅偉民	民十八年八月廿六日	宏信	伍伯平	民十七年二月廿九日
公記	趙日	民八年十月廿五日	仁信	黃汝楫	民十八年八月八日
錦記	陳錦鏞	民十六年五月廿六日	英信	區卓凡	民十七年十一月十二日
騰記	馮少棠	民十七年八月十九日	景信	羅樹輝	民十八年八月廿六日
全記	呂渭文	民十八年八月廿五日	德榮	李哲如	民九年六月廿四日
鍇記	董壽鍇	民十八年八月廿六日	裕榮	吳香蘭	民十一年九月廿三日
昭記	尹士昭	民十年三月十七日	富榮	林子雲	民十一年六月廿六日
喬記	梁偉民		祐榮	楊繼	民十四年三月六日
扶記	鍾啟南　鍾壽南	民九年九月十七日	廣榮	彭賢	
林記	李林	民十八年八月七日	兩榮	陳煥均	民十八年八月廿五日
朝記	黃昌其	民十八年八月七日	協榮	黃昌泰	
祥記	譚禮時	民十八年八月廿四日	鴻德	程惠泉	民六年八月十日

表1.7　金銀業貿易場行員一覽表（1932年）（續）

店名	司理人	入行日期	店名	司理人	入行日期
阜德	梁少初	民十年十月卅一日	廣昌	陳炎	民十八年九月二日
存德	馮蘊之	民十二年元月七日	彤昌	黃瑞泰	民十八年九月八日
大德	潘達材	民十八年八月廿六日	連昌	李雲波	民十二年二月廿五日
寶德	張年溢	民十六年二月十三日	宏昌	朱敏餘	民十八年八月廿六日
厚德	盧香巖	民十八年九月二日	三昌	黎民頌	民十八年三月六日
祐德	鍾啟南	民廿一年三月廿六日	恆盛	簡達材	民十六年九月十日
真德	蘇伯權	民十八年五月十四日	同盛	簡得榮	民十六年五月十九日
裕德	黃景臣	民十八年八月廿六日	安盛	關業輝	民十八年八月廿五日
隆發	黃毓棠	民十八年八月六日	隆盛	簡典初	民十六年八月廿三日
駿發	彭榮袞	民十八年六月十二日	鎰誠	李醴泉	民九年二月五日
仁發	何槐庭	民十二年四月四日	永誠	胡蔭村	民十七年三月廿八日
德發	陳玉鳴	民十八年九月二日	天成	陸朝輝	民十八年八月廿六日
文發	李輝甫	民十七年三月十五日	德成	陳榮	
廣發	林煌	民十年四月廿一日	利成	郭馴來	民十九年八月四日
明發	朱殖源	民十四年一月廿三日	大成	陳伯康	民十八年八月廿四日
東發	黎東發	民十六年二月十二日	昆誠	陸伯涵	民七年四月卅日
達發	黃振基	民廿一年三月八日	天祥	朱家藩	民十七年十月八日
萬發	陳述之	民十五年十二月十二日	生祥	曾志德	民十八年四月廿四日
瑞福	陳瑞星	民六年八月十五日	廣祥	甘雨田	民十八年八月廿六日
景福	呂逸樵	民十八年八月廿六日	萬泰	陳元養	民十八年六月一日
天福	鄧志昂	民八年十月廿七日	宏泰	李光華	民十五年九月廿九日
富隆	朱德仁	民十四年十一月廿二日	謙泰	黃生	民十八年八月七日
寶隆	伍鴻南	民十七年九月五日	仁泰	伍棠	民十八年八月廿六日
百安隆	雷維治	民十八年八月廿六日	恆泰	鄧公壽　鄒日初	民十六年十月廿八日
順隆	潘曉初	民十年九月十五日	安泰	關堯熙	民六年八月十五日
裕隆	李荈樵	民十八年八月卅一日	協大	周頌明	
鎰隆	陳傑卿		生大	簡得光	民十八年八月廿六日
永隆	伍宜孫	民八年九月十七日	滙源	梅才	民十八年九月二日
大隆	黃禮蘭	民十八年八月廿五日	聚源	鄧緒林	民十八年九月五日
華隆	簡得雄	民十七年十月八日	其源	章炯裳	民十八年九月二日
信隆	張焱	民十八年八月三十日	源源	丁琢如	民十八年八月廿四日
南隆	梅耀常	民十八年八月廿四日	利源	盧日生	民十六年十月十一日
安隆	麥星慶	民十八年九月十八日	永源	伍尊三	民十六年七月六日
達隆	黎佐明	民十七年十月三日	廣源	陳德昌	民十五年十一月十日
福隆	鄧浩然	民廿一年三月六日	福源	譚賜陶	民十七年十月十二日
瑞昌	陳曉民	民十年五月十八日	昆源	廖善餘	民十二年九月五日
明昌	黃仁高	民十六年二月一日	麗源	梅楫五	
達昌	鍾達清	民十年二月十五日	昌元	余友琴	民十八年九月二十日
生昌	郭甲來	民十八年九月廿日	南和	李荈樵	民十八年八月廿五日
大昌	黃信仲	民十一年五月十五日	瑞和	呂統三	民十八年八月十二日
祐昌	黃榮	民十八年六月十八日	兆和	劉植培	
綿昌	馬俊民	民十八年八月廿七日	德和	陳紹祥	民十三年十一月五日
茂昌	姚慎誠	民十八年九月二日	昆和	何蔭庭	民十八年八月廿五日
萬昌	陳炳南	民十三年七月卅日	明興	關心如	民十八年八月廿八日
寶昌	曾開　譚星池	民十一年二月十三日	順興	黃傑文	民十八年八月八日
啟昌	黃炳棠	民十二年三月廿四日	寶興	阮祿周	民十八年六月廿九日
鉅昌	黃壽年	民十五年五月十七日	仁興	何浩	民十八年七月十二日
南昌	黎學周	民十八年三月廿五日	東興	李澤霖	民十年七月四日
均昌	謝炳炎	民十八年八月廿四日	利興	凌壽南	民十六年九月廿八日
乾昌	黃偉	民十八年九月廿二日	生興	朱根發	民九年十一月二十日

表1.7　金銀業貿易場行員一覽表（1932年）（續）

店名	司理人		入行日期	店名	司理人		入行日期
聯昌	馮麗祥		民十七年九月十日	裕興	簡得華		民十八年九月二日
昌興	陳耀堂		民八年十一月廿四日	港利	譚炳基		民十八年八月廿七日
廣興	顏子璋		民十八年五月十九日	萬利	陳建章		民十八年三月六日
同興	郭鏡清			福利	朱彰庭		民十八年九月一日
福興	阮耀宗			昌利	曾紀		民十五年四月十日
麗興	鄺衡石			大生	陳杏芝		民十八年六月十一日
宏興	伍季田		民十六年三月廿一日	植生	黃植生		民十二年五月一日
榮益	唐冠雄		民十四年一月六日	厚生	張鋭鴻		民十五年八月廿五日
換益	盧秀波		民十二年三月廿八日	祐生	曾志德		民十八年九月一日
祥益	胡廣懷		民十四年二月三日	義生	區顯榮		
萬益	柳惠生		民十八年九月二日	南生	余垣初		民十八年八月廿七日
生益	張兆平	陳樸蕃	民六年八月十一日	祥安	馮葉祥		
仁裕	伍季明		民十六年二月廿八日	萬安	周文芳		民十八年八月廿六日
昌裕	蘇澤明		民十一年一月廿六日	新安	朱端		民十三年九月十九日
德裕	麥公		民十八年八月廿四日	永安	郭泉		民九年六月六日
永裕	朱卉如		民十一年十一月一日	森豐	陳友仁		民十八年九月二日
公裕	劉鎮		民十七年七月十六日	瑞豐	邱公澤		民十八年九月六日
廣裕	梁渭庸		民十六年二月十日	明豐	黃梅		民十八年九月二日
榮利	黃達衡		民十八年八月廿四日	仁棧	陳日榮		民十八年七月八日
香利	簡培		民十八年八月廿八日	林棧	林培		民十八年八月廿五日
同利	潘錦什		民八年八月廿五日	裕棧	鄧子正		民十八年八月廿五日
廣利	馬元泰		民十六年四月廿一日	義棧	黎少煒		民十八年八月廿五日
生利	梁玉臣		民十三年七月一日	永華	梁植偉		民十八年六月十一日
德利	關侶豪		民十八年三月十四日	南華	胡炳南		民十八年九月廿四日
泗利	梁鑾		民十八年八月廿六日	嘉華	陳以河	黎紀南	民十三年六月五日
新廣利	吳少衡		民十八年八月六日	天吉	區兆棠		民十五年十一月四日
				瑞吉	郭君梅	彭勤生	民六年八月十日
				信行	馮文德	簡鑑清	民八年十一月廿四日
				有恆	魏洞庭		民十八年八月廿六日
				大有	梁頌平	朱赤文	民六年八月十日
				大新	蔡惠民		民六年八月十二日
				大林	羅樹芬		民十八年八月廿六日
				有餘	吳仲畦		民十三年八月廿九日
				慎餘	朱偉生		民九年四月廿四日
				厚全	梁耀庭		民十八年八月七日
				嶺海	黃華堯		
				道亨	梁瑞泉		民十年三月十三日
				均明	黃子均	林明	民十八年八月廿六日
				捷報	麥景雲		民十八年八月廿五日
				萬順	陳傑三		民十八年九月二日
				利南	梅作柱		民十八年八月廿六日
				恆生	盛春霖	何善衡 梁植偉	民廿二年二月廿六日
				發昌	鍾英才		民廿二年三月
				益成	余燄伯		民廿二年二月廿五日
				生泰	張榮階		民廿二年二月廿六日
				恆昌	簡得誠		
				生元	關季然		
				麗生	伍耀國		

1930 年行員證書。

資料來源：《香港金銀業貿易場廿一年度年刊》，金銀業貿易場。

表1.8　金銀業貿易場行員一覽表（1972年）

昌記號	財記號	新記號	建興號	富記號	永記號	騰記號	環球號
全記號	友記號	德記號	卓記號	華記號	季記號	榮記號	星記號
麗記號	永豐號	強記號	利昌號	瑞昌號	達昌號	茂昌號	萬昌號
大昌號	啟昌號	鉅昌號	均昌號	生昌號	乾昌號	景興號	同興號
麗興號	寶興號	東興號	宏興號	利興號	昌興號	萬興號	中興號
金興號	安興號	楠興號	新興號	裕隆號	順隆號	安隆號	福隆號
永盛隆號	恆隆號	鎰隆號	富隆號	寶隆號	永隆號	德隆號	瑞隆號
英隆號	明泰號	安泰號	仁泰號	恆泰號	建成號	永泰號	源泰號
甄泰號	文發號	再發號	榮發號	衡發號	泰發號	駿發號	明發號
祥發號	成發號	興發號	廣利號	發利號	泗利號	新廣利號	萬利號
福利號	昌利號	生利號	宏利號	威利號	鉅信號	誠信號	宏信號
英信號	恆信號	德信號	泰信號	大德號	鴻德號	阜德號	寶德號
厚德號	真德號	祐德號	大生號	恆生號	裕生號	寶生號	利生號
錦記號	祐生號	周生生號	昆源號	麗源號	利源號	德源號	廣發源號
恆昌元號	生元號	恆盛號	隆盛號	西盛號	永盛號	利成號	益成號
大成號	鎰誠號	仁裕號	公裕號	昌裕號	廣裕號	德裕號	生益號
榮益號	祥益號	聯益號	大豐號	榮豐號	瑞豐號	恆豐號	聯豐號
南和號	瑞和號	昆和號	德和號	新安號	祥安號	永安號	永嘉號
裕榮號	祐榮號	廣榮號	天福號	瑞福號	景福號	周大福號	誠亨號
道亨號	永亨號	大亨號	恆福號	生發祥號	德祥號	林棧號	裕棧號
義棧號	永華號	南華號	嘉華號	益佳號	志遠號	大林號	大新號
大來號	大有號	富有號	永好號	永明號	榮智號	信行號	興合號
天吉號	紹松號	捷報號	公利號	惠昶號	福大號	安江號	大業號
萬順號	太順號	立信號	林文錦號	順景號	聯業號		

資料來源：《金銀業貿易場第廿三屆理監事就職典禮》特刊，1972年。

設於文咸東街 103 號的利昌金舖，攝於 1970 年代。

4.2 金銀業貿易場的業務與發展

金銀業貿易場的行員中，並非每一家都可以鑄造金條在貿易場交收。有權鑄造標準金條的行員須持有由貿易場發出的經營牌照，它們總稱為"標準金條集團"（簡稱"金集團"）。申請牌照者須經過嚴密審查，包括其歷史、背景及司理人的信用與行為，還須有全間門面的地舖經營金銀生意或入行 5 年以上的條件，而且須有金集團中的一家作聯保人，並繳納 5,000 港元的保證金。不過，自 1946 年 4 月 1 日起，貿易場已限制金團成員的數目，不再發放有關牌照。現有金集團成員共 31 家，但經常有金條送驗者僅十數家，主要有周生生、慶豐、景福、利昌、寶生銀行及新鴻基等。（見表 1.9）

金集團成員鑄造五兩重（187.145 克）及九九成色標準的金條，他們申請驗金時，必須事先填寫申請書，加蓋店章，並詳細列明驗金數量及日期。而貿易場則聘有驗金專家，以磨金石方法為金集團驗金，對符合成色及重量的金條加戳驗印，以資證明。經檢驗過的金條即可向貿易場各行員及各金銀首飾店出售。凡被發現送驗的金條有兩次不符合規定成色、重量者，貿易場即發出嚴重警告，並給予停止出售金條 3 個月的處分，到第三次發現則吊銷其牌照。因為監管嚴格並有一套明確的程序，貿易場在國際黃金市場上建立了良好信譽，有貿易場正式印戳的金條在亞

右圖為 1949 年的景福金舖總行。

表 1.9　金集團名單（1970年代）

祥信	麗興金舖	恆盛	新鴻基金業公司
昌記	萬昌	興合	泗利
周生生	萬勝金號	嘉華	大生
周大福	南華	景福	永亨號
道亨	安隆金銀公司	景誠	永隆號
金鷹金號	寶生	麗記	永盛隆
恆隆	百勝金號	利昌金舖	永華
恆生	順隆行	利成銀號	英信

資料來源：金銀業貿易場

1947 年金銀業貿易場的金條集團證書。

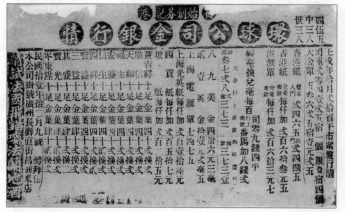

1922 年 12 月 9 日外滙及金銀買賣行情表。

洲被視為香港認許金條。[44]

金銀貿易場買賣的產品，初期主要是金幣、銀幣，二次大戰前有英國的"二二金"、美國的"八九大金"及"四四金"，以及所謂的"中央紙"、"桂紙"、"西貢紙"、"廣東雙毫"及其他各國貨幣等。1934 年"八九大金"（金元）交易曾盛極一時。戰後則有各國紙幣，如美元、日圓、西貢紙、菲律賓披索及墨西哥金仔等等，其中，美元的交易為期最長，到 1962 年才因現貨不足而終止，只剩下黃金交易一枝獨秀。黃金的買賣均以粵語公開喊價的方式進行，金條成色以純度 99% 為標準，即所謂"九九金"，以兩（1.20337 金衡盎司）為單位，港元報價。

貿易場每天在上午 11 時 30 分及下午 4 時定出上午及下午的正式結算價（星期六則在上午 10 時 30 分進行），所有未平倉盤均以結算價對數，補交價格變動保證金給予對方。此即所謂的"議息制度"，分為"加息"、"平息"、"減息"三種。議息的結果很影響金市的價格，例如，定為"加息"的話，必然有較多人買入以收息；定為"減息"的話，必然有較多人賣出以套息。如價格大幅波動而超越預定的正式結算價每兩 500 元時，貿易場理事長有權暫停場內交易。這時，所有未完成的合約均須成交，每份合約最高以賺／蝕 50,000 元為限。在這個機制下，貿易場實際擔當了結算公司的角色，數十年來運作正常，沒有遇到重大財務問題或危機。前金銀貿易場理事長胡漢輝認為："貿易場之制度，既具有紐約的期貨之活躍，也同時保留了倫敦及蘇黎世現金買賣之優點。"

二次大戰期間，金銀業貿易場一度停業。由於港府在戰時將該場的註冊文件丟失，貿易場遂於 1949 年 8 月重新註冊。戰後貿易場復業不久，適逢大陸爆發解放戰爭，大量黃金走私內銷。到解放前夕以至其後的朝鮮戰爭，更有大量資金逃港，香港掀起了一陣陣金融投機熱潮。尤其是 1947 年至 1949 年期間，香港黃金炒賣盛極一時，金銀業貿易場自然生意興旺，經歷了一個蓬勃興旺的發展時期。由於投機狂熱，貿易場曾於 1949 年兩度停市折價，盛況空前。

戰後初期，貿易場的買賣單位是 10 兩，後來因為市道牛皮，終年價格變動不大，於是改為 100 兩，即每份合約為 20 條 5 兩重的金條，於買賣當日交收結算，但在買方或賣方同意收取或支付倉費後，可以遞延結算。在遞延結算的情況下，一般不會訂明到期日，會員的戶口內最多可持有 2,500 兩未平倉合約淨額，超出限額則每份合約一般須在貿易場存有 4,000 元的基本保證金（不計利息）。

貿易場自成立以來一直主要由華人參與買賣，戰後逐漸按習慣分為"廣東幫"、"潮州幫"和"上海幫"等。其中，"廣東幫"人士均為貿易場的老行員，以順德人最多，其餘則為番禺、南海人士。他們經營的歷史悠久，很容易與國際金商取得密切聯繫，代替他們在市場上"交、收、買、賣"，最有名的是所謂的"恆生系統"，包括何善衡、何添等。"潮州幫"人士與泰國、馬來西亞、新加坡等地的金商關係較深，可以代他們在香港金市買賣。

1949 年，恆生銀號總經理何善衡出任貿易場主席。何善衡是黃金炒賣的高手，被視為黃金買賣的權威，在美國期貨交易界享有盛名，當時連芝加哥有名的期貨公司 Sincere 的老闆 Tom Hosty 都慕名前來香港向何請教。在 1949 年的炒金狂潮中，當時不少從上海來的商家，多以炒金破產收場，而"廣東幫"則大獲全勝。這是金銀業貿易場成立以來最興盛的時期。

1959 年景福金舖九龍分行開幕典禮，出席者有景福老闆楊志雲（左三）、楊志雲太太（右一）、恆生董事長何善衡（右二）及香港景福董事馮堯敬（左一）。

5. 早期的貨幣制度：從銀本位制到
英鎊滙兌本位制

從1841年香港開埠

到1941年日軍佔領香港的100年間，

香港的貨幣制度經歷了

兩個時期，

即銀本位制時期和英鎊滙兌本位制時期。

5.1 銀本位制時期（1841-1935年）

曾在港流通的外國貿易銀元。

曾在港流通的 1 元銀幣及外國貿易銀元。

香港開埠初期，所使用的貨幣十分複雜，市面上流通的有中國銀元、墨西哥鷹洋、西班牙本洋、印度盧比等等，並沿用中國的兩、錢、分、釐為貨幣計算單位，各種貨幣常常被分割成小塊碎銀。當時，香港所實行的貨幣制度和中國大陸一樣，都是採取銀本位制，主要的交易媒介和支付手段是各種銀兩、銀元，而小額的交易則使用銅錢。

1842 年 3 月 29 日，香港首任總督砵甸乍（H. Pottinger）宣佈香港貨幣的暫時使用辦法，規定西班牙本洋、墨西哥鷹洋、東印度公司所發行的盧比銀洋、英國鑄造的銀幣，以及中國的兩制銀錠銅錢等，均可在市面流通；同時規定了各種貨幣的比值，即每 1 銀元（白銀 7 錢 2 分）兌 2.25 盧比，或 1,200 枚銅錢，每 1 盧比等於 533 枚銅錢。[45]這一公告實際上是確認香港一貫沿用的銀本位制。當時，香港雖然已處於英國的殖民管治之下，但仍難以割斷與中國貨幣制度的聯繫。事實上，由於香港與廣州的貿易最為密切，香港早期的貨幣制度只是"廣州做法的延伸"，並為港英政府所認可。

不過，這一制度實施不久，就發現市面上偽幣充斥，貨幣兌換複雜，金融市場一片混亂。1845 年 5 月 1 日，香港政府輔政司布魯士（F.W.A Bruce）頒佈糾正公告，在規定西班牙本洋、墨西哥鷹洋、印度盧比、中國通用銅錢及其碎塊可繼續流通的同時，確定了英鎊的法定貨幣（Legal Tender）的地位，以便日後用紙幣取代銀幣。從 1841 年到 1861 年，香港政府官方所有一切收支預算，都以英鎊（採用金本位制）為記帳單位（1864 年香港政府再頒佈凡政府稅收和出納概以英鎊為法定通用貨幣的規定，但到 1895 年宣佈廢除），而民間則因傳統習慣仍沿用白銀和銅錢進行交易，政府財政司收取地租時也寧願接受白銀而非英鎊。1862 年，香港總督羅便臣（Hercules Robinson）訓令財政司在提出預算案時，以"港元"（Hong Kong Dollar）為計算單位，決算也以港元計算，而盈餘則運回英國購買英鎊作為儲備。"港元"這一名字首次出現在官方文件中。

1863 年，香港政府為增加市面流通的制錢，向英國倫敦皇家造幣廠訂製三種刻有"香港"字樣的硬幣，包括面值一毫的銀幣、面值一仙的銅幣、以及面值為千分之一元的銅幣。其中，

香港早期的三種硬幣：面值一毫銀幣（正背面），一仙銅幣（背面）及千分之一元銅幣（正面）。

面值為千分之一元的銅幣，是香港幣值最低的輔幣，面額為"一文"（One Mil），其形狀與中國制錢相仿，中有方孔，每枚值一仙銅錢的十分之一，即每元港幣可兌換"一文"銅幣 1,000 枚。1866 年，香港政府發行新的"One Mil"銅幣，但中文名稱則已由"一文"改為"一千"。

1864 年，香港立法局通過了"香港造幣廠法案"，決定成立一家生產銀幣的鑄幣廠，鑄造"港元"的流通貨幣。香港造幣廠的開辦費為 40 萬元，常年經費為 7 萬元，於 1866 年 5 月 7 日正式開幕。造幣廠鑄造的香港銀元計有壹元、半元、一毫、五仙（俗稱"斗零"）4 種，全部都是銀幣。其中，壹元銀幣直徑約為一英寸半，正面為維多利亞女皇像，上邊刻有 Victoria，下邊為 Queen，英文字左右均有雲紋圖案，背面則古色古香，正中為一中國古壽字，中間嵌有"香港壹元"中文。港元的面世，確定了香港

1866 年 5 月 7 日正式開幕的香港造幣廠。

的幣制單位為"元"，但當時在官方的文件上，它仍被稱為"英國通用銀幣"。該造幣廠在開業告示中稱："如有舊銀元、銀錠、銀屑，均可收受代熔代鑄新幣。"

不過，香港造幣廠僅鑄造了 2,108,054 枚銀幣，便於 1868 年 5 月宣佈倒閉，原因是市民拒絕用手中的墨西哥鷹元和銀錠換取政府鑄造的銀幣。[46] 該廠將廠址賣給怡和洋行，將機器設備賣給日本人，合共得回款項 12.5 萬元，損失慘重。造幣廠倒閉之後，市面硬幣的流通量受到影響，1872 年香港政府特許滙豐銀行擴大發鈔權，發行一元紙幣。一元紙幣的發行直到 1935 年才改由政府負責。1895 年，英國政府又授權印度鑄造另一種銀元，專用於對華貿易。這種銀元後來在香港逐漸取代墨西哥鷹洋，被稱為"香港銀元"，並在中國南北各省及馬來亞、新加坡等地流通。

1913 年，香港政府先後頒佈了兩條貨幣法例 ——《禁止外幣流通條例》（Foreign Note Prohibition of Circulation Ordinance）和《外國銀幣鎳幣條例》（Foreign Silver and Nickel Coin Ordinance），禁止外國貨幣流通。當時，香港電車公司首先執行，並通知公司員工從即日起拒收中國銀幣。消息傳出後市民嘩然，認為民國剛成立中國銀幣就受歧視，遂發起抵制電車風潮，堅持了一個多月。香港政府被迫宣佈將該法例延遲至翌年 3 月 1 日實施，風潮才告平息。

自此，香港的貨幣也逐漸統一起來。當時，港元採用十進位，十仙為一毫，十毫為一元。每枚港元銀幣的成色為千分之九百，重量為 415.85 釐，含純銀 374.20 釐。此外，尚有包括半元、貳毫、一毫、五仙等各種輔幣。在香港，除了各種銀元、銅錢之外，由私人商業銀行所發行的鈔票也廣泛地流通起來。

1845 年，剛在香港開設分行的東藩滙理銀行即獲政府授權發行港元鈔票，初期發行了 56,000 元，這是香港發行紙幣的開端。其後，有利銀行、渣打銀行、呵加喇滙理銀行、印度東方商業銀行等亦先後加入發鈔行列。1866 年，香港政府發佈《滙豐銀行條例》，授權滙豐發行鈔票。不過，1866 年及 1884 年，呵加喇滙理銀行、印度東方商業銀行和東方銀行先後倒閉，自動放棄發鈔權利。經過上述一系列的變動，到 19 世紀末期，滙豐銀行已奠定其作為香港最大發鈔銀行的地位。

根據營業特許證的規定，發鈔銀行必須保持不低於流通中鈔票的三分之二的白銀儲備，同時發鈔總額嚴格限制在該銀行實收資本總額之內。1898 年，滙豐銀行被發現其實際發行鈔票的總額已超過其實收資本，達到 1,080 萬元。為解決這一問題，香港政府把滙豐的鈔票發行量分成兩部分，其一為"授權發行額"（Authorized Issue），總額限制在 3,000 萬元，其中三分之二以白銀保證，三分之一是"信用發行"；其二為"逾限發行額"（Excess Issue），發行數量不作規定，但必須以白銀儲備作十足保證。1902 年，這一制度延伸至渣打銀行。1978 年，有利銀行的發鈔權被撤銷後，滙豐的"授權發行額"增加到 6,000 萬元。當然，隨著客觀經濟的

發展，"授權發行額"的意義逐漸消失，僅成為一種[
鈔總額為 140 萬元，到 1895 年已增加到 700 萬
元，1934 年銀本位制廢除前夕那一年則達 1.54
億元。[47]

19 世紀最後 25 年間銀價不斷下跌，嚴重影
響了貨幣市場的平衡狀態。當時，香港 4 家發鈔
銀行中，只有滙豐銀行以港元作資本，其他三家
都是以英鎊作資本。以英鎊作資本的發鈔銀行由
於潛在的損失，都不願按市場的需求為增加港鈔
的發行而進口白銀，這就導致市面流通鈔票的短
缺。1890 年代，港鈔開始對銀幣升水，1908 年
升水約 3%，到 1925 年增至 7% 至 10%，1930
年代末則升至 15% 至 20%。因此，香港在實行
銀本位制的最後近半個世紀中，貨幣市場一直處
於不穩定之中。

1929 年，美國華爾街股市暴跌，觸發了
1930 年代的經濟大蕭條，並導致國際金本位制的
崩潰。1933 年，美國宣佈放棄金本位制，並在
1934 年通過"購銀法案"，責成政府在國內外購

1909 年滙豐銀行發行的 5 元紙幣正背面。

買白銀，直到白銀市價達到每盎司 1.2929 美元為止。1930 年代初，國際市場銀價開始暴漲，
從 1931 年每盎司 0.29 美元漲至 1935 年 5 月最高峰時的每盎司 0.81 美元。國際銀價暴漲導致
中國白銀的大量外流，僅 1934 年一年就達 2.6 億元。

白銀的大量外流導致通貨緊縮，物價下跌，經濟不景。1934 年 10 月，中國政府頒佈"禁
銀出口令"，對出口白銀徵收高額關稅，但仍無法有效制止白銀的大量外流。1935 年 11 月 4
日，中國政府宣佈放棄銀本位制，規定白銀收歸國有，改以中央銀行、中國銀行、交通銀行等
3 家銀行發行的鈔票為法定貨幣，凡公私款項之收付，概以法定貨幣為限，不得使用白銀。

早在 1920 年代後期，香港政府已開始醞釀貨幣制度的改革。1929 年，香港華商總會奉政
府命令，成立委員會商討幣制改革事宜。翌年，該委員會向港府提交報告，認為在內地仍實施
銀本位制的情況下，香港不應放棄這一制度。1931 年，英國派專家赴港考察貨幣問題，為幣制
改革作準備。1935 年 11 月 9 日，即在中國政府宣佈改制的 5 天後，香港立法局通過《貨幣條
例》（Currency Ordinance），規定管理滙率及貨幣的通則，禁止白銀流通，銀本位制宣告廢除。

5.2 早期的英鎊滙兌本位制（1935-1941年）

1935 年港府發出的負債證明書。

1935 年 12 月 6 日，《貨幣條例》（後改稱《外滙基金條例》）正式
生效。根據該條例，香港政府設立 "外滙基金"（Exchange Fund），負
責處理民間所有銀幣和白銀的收購。外滙基金收購白銀的方式有兩種：
一是以負債證明書交換當時 3 家發鈔銀行（滙豐、渣打、有利）的庫存
白銀準備，負債證明書成為發鈔銀行的發鈔法定準備；二是以 3 家發鈔
銀行的鈔票收購民間的銀元和銀錠。

當時，香港財政當局宣佈，以每盎司純銀兌換港幣 1.28 元的價格
收購市面的銀錠，並規定凡擁有英國、墨西哥、香港的銀元，或香港銀
質輔幣而面值逾 10 元者，必須在一個月內按照硬幣面值兌換港幣。外
滙基金將所收集的銀元、銀塊運到印度孟買提煉，再運往英國倫敦，由
滙豐銀行倫敦分行釐定白銀的英鎊價值，在倫敦黃金市場上出售，以換
取英鎊。出售所得的英鎊由外滙基金持有，作為支持發鈔的準備。外滙
基金的這段工作大致到 1936 年年底結束。

1936 年外滙基金的帳目顯示，該年底外滙基金的資產為 1,045 萬英鎊（1.67 億港元），負債
為 930 萬英鎊（1.49 億港元），成立第一年的年度營運溢利則為 115 萬英鎊（1,800 萬港元）。最
初，絕大部分外滙基金的資產都是以通知存款（Call Deposits）的形式存放在倫敦結算銀行。不
過，到 1936 年底，超過一半的外滙基金資產是英國政府證券（British Government Stock），其餘
資產則為通知存款和短期定期存款，還有一小部分由英聯邦代辦（Crown Agent）持有。除了周轉
現金和轉運中或待運的白銀外，所有資產都存放在倫敦，外滙基金帳目亦以英鎊為單位。[48]

初期，外滙基金由庫務署轄下的總會計師辦事處負責管理，政府庫務司為最終控制人，並
由總督任命外滙基金諮詢委員會（Exchange Fund Advisory Committee）負責監督。外滙基金
諮詢委員會以司庫（後改稱財政司）為主席，成員主要來自香港的商業銀行，包括 3 家發鈔銀行
的經理。二次大戰前，香港政府定期在政府憲報公佈外滙基金的資產和負債的年度數位，從中
可以清楚看到負債證明書有充分的資產作保證。（見表 1.10）

根據《貨幣條例》的規定，從 1935 年 12 月 6 日起，香港 3 家發鈔銀行發行新鈔時，必須
以等值的英鎊繳予外滙基金，換取外滙基金發出的負債證明書（Certificates of Indebtedness,
CIs），發鈔銀行與外滙基金之間按每 1 英鎊兌 16 港元或每 1 港元兌 1 先令 3 便士的固定滙率
兌換。不過，一般商業銀行買賣英鎊的滙價，則按市場供求略高於或低於平價（Par Value）。

1935 年 12 月 6 日，香港政府又通過《銀行鈔票發行條例》（Bank Notes Issue

Ordinance），規定滙豐、渣打、有利 3 家銀行所發行的港元鈔票為法定貨幣。根據同年 11 月 9 日頒佈的《一元券貨幣條例》（Dollar Currency Notes Ordinance），香港政府授權庫務司，負責發行一元紙幣、一毫及五仙兩種硬幣。庫務司並設立一元券保證基金以資管理，藉以維持小額面值貨幣的供應，以免通貨驟然緊縮，影響金融市場的穩定。

表1.10 1937年至1940年外滙基金的資產和負債（單位：百萬港元）				
	1937 年 6 月	1938 年 12 月	1939 年 12 月	1940 年 12 月
負債證明書	153	191	176	182
英鎊證券	106	152	147	151
現金 / 倫敦拆放通知收款	61	56	53	58
白銀	2	0	0	0
合計	169	209	200	216

資料來源：約瑟‧湯姆（CF Joseph Tom）著《香港的轉口貿易和貨幣本位（1842-1941）》，香港：Weiss,1964 年，第 77 頁。

　　由於港幣的發行有十足的英鎊準備，而港幣與英鎊又能按照固定滙率自由兌換，因此，這種貨幣制度被稱為英鎊滙兌本位制。不過，這只是事實上的英鎊滙兌本位，因為在所有關於港幣的法例中，從來沒有明文規定，港幣必須要有十足英鎊準備，或港幣與英鎊必須有固定滙率。這種貨幣制度，實際上是當時通行於英國殖民地和保護國的"貨幣發行局"（Currency Board）制度，其中，外滙基金的作用跟標準的殖民地貨幣發行局（Standard Colonial Currency Board）非常相似，唯一的分別是外滙基金不發行紙幣，但授權發鈔銀行發行。

　　香港實行的英鎊滙兌本位制，在日軍佔領香港時期被中斷了三年零八個月。1941 年 12 月 29 日，佔領香港的日本當局發佈《滙兌行市公定措置要綱》，規定從 1942 年 1 月起廢除香港滙兌行市以英鎊、美元為基準的傳統裁定方式，改由日本政府直接決定各國貨幣對日圓的滙率。這一時期，日軍還發行毫無準備的"軍用手票"，其數量從 1942 年底的 2,500 萬圓增加到日本戰敗前夕的 19.63 億圓。軍票最初對港元的比率，是 1 圓軍票兌 2 元港幣，1942 年 7 月改為 1 圓軍票兌 4 元港幣。與此同時，日軍又強迫滙豐銀行高級行政人員自其庫存紙幣中發行沒有準備的紙幣，即後來的所謂"迫簽紙幣"（Duress Notes），數額接近 1.2 億元。1943 年 6 月 1 日，日軍宣佈禁止港幣流通，軍票成為香港唯一的法定貨幣。

　　1945 年 8 月 15 日，日本宣佈向盟國投

日佔時期發行的軍票正背面。

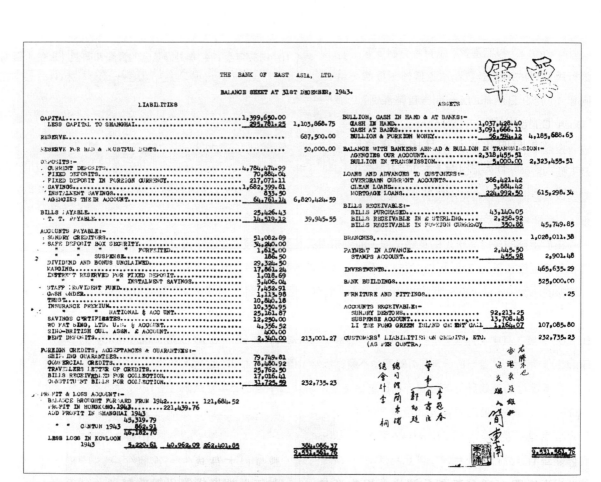

1943 年東亞銀行使用的資產負債表。

降。同年 8 月 30 日，英國人重返香港。9 月 24 日，香港軍政府宣佈日本軍票無效。至此，英鎊滙兌本位制重新恢復，一直實行到 1972 年 7 月止。

注 釋

〔1〕 柯立斯著、中國人民銀行金融研究所譯，《滙豐銀行百年史》，北京：中華書局，1979 年，第 1 頁。

〔2〕 余繩武、劉存寬主編，《十九世紀的香港》，香港：麒麟書業有限公司，1994 年，第 216 頁。

〔3〕 劉蜀永主編，《簡明香港史》，香港：三聯書店，1998 年，第 49 頁。

〔4〕 T. K. Ghose 著，《香港銀行體制》，中國銀行港澳管理處培訓中心，1989 年，第 4 頁。

〔5〕 巴克斯特著，《在華英國滙兌銀行之起源》，轉引自柯立斯著、中國人民銀行金融研究所譯：《滙豐銀行百年史》，北京：中華書局，1979 年，第 6-7 頁。

〔6〕 陳鏸勳著、莫世祥點校，《香港雜記·外二種》，廣州：暨南大學出版社，1997 年，第 65 頁。

〔7〕 陳謙著，《香港舊事見聞錄》，香港：中原出版社，1987 年，第 103-104 頁。

〔8〕 姚啟勳著，《香港金融》，香港：泰晤士書屋，1962 年，第三版，第 63 頁。

〔9〕 同上，第 65 頁。

〔10〕 Gillian Chambers, *Hang Seng: The Evergrowing Bank*, Hong Kong: Everbest Printing Company, Ltd., 1991, pp13-15.

〔11〕 張先聞著，《何善衡先生訪問記》，載香港《信報財經月刊》，第 4 卷第 12 期，第 6 頁。

〔12〕 同〔10〕，第 12 頁。

〔13〕 同〔10〕，第 13 頁。

〔14〕 郭小東、潘啟平、趙合亭著，《近代粵省二十餘家商辦銀行述略》，載《銀海縱橫：近代廣東金融》，廣州：廣東人民出版社，1992 年，第 153 頁。

〔15〕 冼玉儀著，《與香港並肩邁進：東亞銀行 1919-1994》，香港：東亞銀行，1994 年，第 5 頁。

〔16〕 參閱《香港略志》，載《香港華僑工商業年鑒》，1939 年，第 3 頁。

〔17〕 同〔15〕，第 18 頁。

〔18〕 聶寶璋編，《中國近代航運史資料》第一輯（上冊），上海：上海人民出版社，1983 年，第 609 頁。

〔19〕 Alan Chalkley, *Adventures and Perils: The First Hundred and Fifty Years of Union Insurance Society of Canton, Ltd.,* Ogilvy & Mather Public Relations (Asia) Ltd., pp10.
Jardine, Matheson & Co., 1832-1932, pp36-37。轉引自聶寶璋編：《中國近代航運史資料》第一輯（上冊），上海：上海人民出版社，1983 年，第 608-609 頁。

〔20〕 吳越主編，《中國保險史》上篇，北京：中國金融出版社，1998 年，第 18 頁。

〔21〕 Lombard Insurance Group(1836-1986),pp5.

〔22〕 同〔19〕，第 607 頁。

〔23〕 Lombard Insurance Group(1836-1986),pp5.

〔24〕 Alan Chalkley, *Adventures and Perils: The First Hundred and Fifty Years of Union Insurance Society of Canton, Ltd.,* Ogilvy & Mather Public Relations (Asia) Ltd., 1985, pp11.

〔25〕 1836 年 7 月 1 日，於仁洋面保安行分佈通告，公佈了該公司在倫敦、加爾各答、孟買、新加坡、馬尼拉的代理行。參見吳越主編：《中國保險史》上篇，中國金融出版社，1998 年，第 23 頁。

〔26〕 Alan Chalkley, *Adventures and Perils: The First Hundred and Fifty Years of Union Insurance Society of Canton, Ltd.,* Ogilvy & Mather Public Relations (Asia) Ltd., 1985, pp12-13.

〔27〕 《彙報》，同治十三年五月廿一日，1874 年 7 月 4 日，第 5 頁。轉引自聶寶璋編：《中國近代航運史資料》第一輯（上冊），上海：上海人民出版社，1983 年，第 611 頁。

〔28〕 同〔19〕，第 611 頁。

〔29〕 同〔19〕，第 608 頁。

〔30〕 聶寶璋編，《中國近代航運史資料》第一輯（下冊），上海：上海人民出版社 1983 年，第 1436 頁。

〔31〕 施其樂著，《香港史片斷（一）》，載《英國皇家亞洲學會香港分會會刊》第 26 卷，1986 年，第 224-225 頁。

〔32〕 趙蘭亮著：《近代上海保險市場研究（1843-1937）》，上海：復旦大學出版社，2003 年，第 29 頁。

〔33〕 E.LE Fevour, *Western Enterprise in Late Ching China: A Selective Survey of Jardine, Matheson and*

Company's Operations 1842-1895, pp.136-137。轉引自聶寶璋編：《中國近代航運史資料》第一輯（上冊），上海：上海人民出版社，1983 年，第 607 頁。

〔34〕 S.C. Lockwood, *Augustine Heard and Co., 1858-1862: American Merchants in China,* pp106-108。轉引自聶寶璋編：《中國近代航運史資料》第一輯（上冊），上海：上海人民出版社，1983 年，第 613 頁。

〔35〕 同〔33〕。

〔36〕 劉廣京：《唐廷樞之買辦時代》，載《清華學報》，新 2 卷第 2 期，1961 年 6 月，第 156 頁。轉引自聶寶璋編：《中國近代航運史資料》第一輯（上冊），上海：上海人民出版社，1983 年，第 603-604 頁。

〔37〕 香港火燭保險公司的體制，沿襲的是英國保險公司體制。早年英國的消防隊是隸屬於保險公司的。後來，消防隊從保險公司分離出來，而歸併於警察系統，保險公司依然同消防隊保持著密切的合作關係，經常出資捐助消防車或編印消防宣傳材料，免費向民眾散發，藉以提高民眾防火意識，預防火災。

〔38〕 張仲禮等著：《太古集團在中國》，上海：上海人民出版社，1991 年，第 39 頁。

〔39〕 張曉輝著，《香港近代經濟史（1840-1949）》，廣州：廣東人民出版社，2001 年，第 144 頁。

〔40〕 同〔20〕，第 21 頁。

〔41〕 The Manufacturers Insurance Company，*South China Hong Kong and Macau 1898-1976*，pp1.

〔42〕 同〔20〕，第 28 頁。

〔43〕 胡漢輝遺著，《香港黃金市場》，香港：三聯書店，1986 年，第 30 頁。

〔44〕 薛俊豪編著，《香港金市錄》，Rosendale Press Limited，1995 年，第 28 頁。

〔45〕 C. F. Joseph Tom, *The Enterpot Trade and Monetary Standards of Hong Kong, 1842-1941,* Hong Kong: Graphic Press Ltd., 1964, pp20.

〔46〕 另一種觀點是："造幣廠開設的宗旨在統一本港的幣制，初時立法以此為主要目的，事後發現這種辦法有違財經原理，如果造幣廠仍然開設，而又宣佈不許民間委託政府鑄造銀幣，會令當時最具勢力的西商所反對，因此匆匆把它結束。結束造幣廠的主要原因，是收回發行通貨之權。"見魯言著，《百年來香港幣制沿革》，載《香港掌故》，香港：廣角鏡出版社，1977 年，第 91 頁。

〔47〕 劉蜀永主編，《簡明香港史》，香港：三聯書店，1998 年，第 13 頁。

〔48〕 聶俊安著，《外滙基金簡史》，載香港金融管理局編，《香港的貨幣與銀行體系：回顧與前瞻》，1996 年，第 47 頁。

明德銀號擠提風潮掀起了 1965 年銀行危機的第一波。

第二章
戰後金融業的蛻變與拓展

1. 戰後金融業的繁榮與《銀行業條例》制訂

從1941年12月到1945年8月，

香港經歷了三年零八個月的日佔時期。這一時期，

日本軍政府對那些"非中立銀行"，

包括英資銀行、其他對日作戰國家所屬銀行，以及中國政府官辦銀行進行清算，

由日本的兩家銀行——正金銀行和台灣銀行接管。

不過，22家華資銀行和60多家銀號、

錢莊則在日佔初期已獲准復業，但經營慘淡。

1.1 戰後香港金融業的復蘇與發展

戰後香港當押業一枝獨秀。圖為當舖內景。

　　日佔時期，香港的轉口貿易陷於停頓，銀行已沒有多少業務可做，銀號亦僅限於買賣大洋（中國法定貨幣，簡稱"法幣"）和港元。而當押業則一枝獨秀，大批市民衣食不繼，唯有典當首飾、手錶、衣物以為生。

　　1945年8月15日，日本宣佈投降。8月30日，英國重返香港，並成立軍政府。9月13日，軍政府宣佈廢用日本軍票，恢復戰前的港元紙幣為法定貨幣，每1元港幣值英鎊1先令3便士，同時公佈延期付款令，凍結存款。至於日佔時期發行的滙豐銀行"迫簽紙幣"，面額在50元以上者禁止使用，10元以下者則暫准流通，以待調查後再作處理。這些措施，旨在緊縮通貨，平抑物價，穩定經濟。軍政府又授權戰時被清算銀行組成債權團，接收日本的正金銀行、台灣銀行在香港分行的資產。

　　港幣恢復流通之初，市面通貨缺乏，軍政府委託滙豐銀行和中國銀行分別對其他商業銀行提供頭寸，並准由各銀行支付款項給存戶使用，維持生活所需，但每人以200元為限，同時實行以工代賑辦法，以港幣發給工資，普及港幣的流通使用。10月中旬，軍政府允許金融業正式復業，可以經營存貸款業務，但舊有存

香港早期的當押業

當押業是中國一種古老的行業，據《唐會要》的記載，當押業在唐朝開始形成，到了宋代已經相當發達。及至清朝，當押業在廣東更加發達。雍正年間，廣州的當押業已成立"當押行分館"。當時，地屬新安縣的元朗、大埔等舊墟市已形設當押店。元朗舊墟現有一座大王廟，建於康熙年間，此廟有一塊字迹已模糊的碑記，碑上刻有捐款建築這間古廟的店號和人名，其中有幾間是當押店，可辨認的有"普源押"、"泰安押"兩間，相信就是香港最古老的當押店了。

香港開埠之初，勞苦大眾前來參加開發，人數驟增，原開設於元朗、大埔等墟市的當押店便紛紛到港島來開展業務。因此，這個行業在開始立足於英人統治下的香港時，仍沿用中國當押店的傳統方式押物，從管理到當票的形式，以及當舖的門面設計、當舖的招牌，都是和原有中國的當舖一脈相承的。

當押業是一種食利的行業，它是屬於金融業範疇內的行業。等錢用的人，可以向當押舖借貸應急，但必須拿出物品作為抵押。當押舖在英國人眼中，是中國傳統的店舖，自1841年至1850年這10年中，當押店只如普通店舖一樣繳納牌費和一般的稅項，當時並無規定當押店需要領取專業牌照。這樣一來，當押店如押入賊贓，就沒法和商人買入賊贓有所分別，原因就是當時的當押店亦即商店，商店買入賊贓有罪，當押店押入賊贓自然也有罪。

1858年，香港發生了轟動一時的"富輝押案"。當時，開設於西營盤的富輝押接收了賊贓的手錶，遭警察指控接贓，結果舖主被判充軍14年。此事在香港引起軒然大波，後來在社會壓力下，港英當局改判徒刑兩年。事後，港府制訂並頒佈《當押業條例》（Pawnbrokers Ordinance），對當押店的牌照費、牌照期限、利息、當入失竊物的處理、贖當等均加以規限。

1930年，港府再修訂《當押業條例》，並頒佈《當押業徵費表規則》及《當押業特別利率規則》。當時，政府立例的宗旨，是要提高當押店的牌照費，因而引起當押業東主的不滿，全行業東主聯名請求撤銷牌照費加價，遭到政府拒絕。1932年，受世界經濟不景影響，很多當押店倒閉及停業。在這次危機中，一位經營當押業多年的商人——李右泉，通過收購兼併，幾乎擁有全港當舖80%的股權，成為香港著名的"當舖大王"。

戰時，這一行業一枝獨秀。特別是在日佔時代，由於故衣業的興旺，當押業易獲厚利。它們知道內地需要大量的衣物，於是自動縮短典當物品的期限，將以往的半年期縮為3個月期，以便將窮人的衣物斷當，以高價賣給故衣商人。當時的當押業，根本不用本錢做生意，有些故衣商先給當押店一筆訂銀，訂立合同，指定由他專利該當舖的斷當衣物。由於幣值一天一天的低，物價一天一天的漲，3個月前當入的衣物，3個月後斷當時沽出即可獲3、4倍的厚利。

二次大戰後，港府多次重新修訂《當押業條例》，將當押業的業務範圍限制在小額物品抵押，避免與銀行貸款條例抵觸。在銀行業日趨發達的情況下，當押業日漸式微。

（資料來源：魯言《香港當押業滄桑史》）

當押店高懸的"押"字常常是香港繁華街道的一景。圖為1870年代的威靈頓街。

款仍予凍結,不得提取。

同年 12 月,為推動香港與歐美各地貿易的發展,促進香港經濟復蘇,軍政府又發佈公告,按照英鎊對美元的滙率,規定港元與美元的滙價,即賣出價為 1 美元兌 4.025 港元,買入價為 1 美元兌 4.035 港元。當時,軍政府對外滙管制甚嚴,即使有美元存款者,動用美元必須向政府申請批准。因此,美滙雖然已經恢復,但實際上並未開放,官價外滙幾乎形同虛設。軍政府還嚴格禁止美鈔出口,避免因美鈔外流而影響香港金融的穩定。

香港的外滙管制,主要是指對英鎊以外貨幣的管制,始於戰前 1939 年 9 月頒佈的《國防金融法例》〔Defense (Finance) Regulations〕。當時,英國對德宣戰,實行外滙管制,香港亦跟隨實施。因為香港所需食品、日用品及工業原料都須從海外進口,所以雖實施外滙管制,但仍允許自由外滙市場存在。

在外滙管制時期,香港政府將所有銀行分為兩類:授權外滙銀行(Authorized Exchange Bank)和非授權外滙銀行(Non- Authorized Exchange Bank)。凡在香港註冊的銀行,均可申請為授權外滙銀行,但限在官價外滙市場買賣,按公訂滙率交易,在規定的範圍內無須得到政府外滙統制處批准即可直接辦理,其外滙結餘須向政府結滙。非授權外滙銀行則可在自由外滙市場以自由價格交易,外滙餘額不須向政府結滙,但參加英鎊交易則受到限制。戰前,經政府核准的授權外滙銀行共 19 家,包括滙豐銀行、渣打銀行、有利銀行、通濟隆、大通銀行、萬國寶通銀行、東方滙理銀行、華比銀行、中國銀行、交通銀行、廣東銀行、廣西銀行、東亞銀行、華僑銀行、荷蘭小公銀行、荷蘭安達銀行、正金銀行及台灣銀行。同時亦准許若干銀號辦理與中國間的滙兌業務。

香港光復後,香港政府繼續實行戰前的外滙管制。這一時期,外資銀行、華商銀行、以及銀號錢莊等均紛紛籌劃復業。1945 年內率先復業的外資銀行計有:滙豐銀行、渣打銀行、法蘭西銀行、有利銀行、荷蘭銀行、大通銀行、運通銀行、荷蘭安達

左圖為 1934 年的渣打銀行,其影響力在香港僅次於滙豐銀行。

銀行、華比銀行等 9 家。滙豐銀行早在日本侵佔香港前夕已將總行遷往英國倫敦，英軍重返香港後，滙豐銀行的高級職員即奉倫敦總行之命返回香港，籌劃在香港復業。9 月下旬，滙豐銀行開始有限度營業。11 月 2 日，滙豐恢復外滙掛牌。

滙豐銀行的"迫簽紙幣"。

滙豐銀行復業後面對的最急迫任務，就是如何解決"迫簽紙幣"問題。滙豐認為，儘管它不必為這些鈔票的發行負責，但拒絕支付這些鈔票將有損滙豐銀行的信譽，決定承付全部"迫簽紙幣"。1946 年 4 月 2 日，香港政府亦宣佈承認這批"迫簽紙幣"。港府與滙豐共同制定"迫簽紙幣"合法化方案，滙豐同意將 100 萬英鎊存入外滙基金，作為這些非法額外發行港幣的部分保證金，而港府則同意在若干年內將該項外滙基金投資所得的利息用以補足缺額。這一決定事後證明對香港貨幣和銀行制度的發展起了關鍵的作用，有關安排使滙豐和港府在資金方面有所損失，但卻贏得了市民對港幣可靠性的信任。[1]

1945 年內率先復業的華商銀行及中國官辦銀行計有：中國銀行、交通銀行、華僑銀行、東亞銀行、上海商業銀行、鹽業銀行、永安銀行、國民商業銀行、康年銀行、中國國貨銀行、汕頭商業銀行、廣東銀行等十數家。東亞銀行於 9 月 14 日復業，即在日本投降後一個月重新開張。東亞銀行很快與海外的代理人及客戶重新建立聯繫，使存款迅速增加。1946 年底，東亞銀行的存款已達到破記錄的 5,200 萬元，記錄在案的顧客接近 12,000 戶。[2]

1940 年代末的發昌銀號。

1945 年內，率先復業的銀號有：道亨銀號、永隆銀號、恆生銀號、廣安銀號、富記銀號、昌記銀號、季記銀號、萬發銀號、萬昌銀號、和祥銀號、昌興合銀號、英源銀號、騰記銀號、英信銀號、財記銀號、發昌銀號等。這一時期，新成立的銀號有：永泰銀號、明德銀號、佑德銀號、永明銀號、利成銀號及合記銀號等。其中，道亨銀號、永隆銀號、廣安銀號、永泰銀號等，因為聯號較多，營業最為發達。同年 12 月 1 日，金銀業貿易場正式復業。

戰後的永隆銀號。

1940 年代末的銀號廣告。

戰後初期，香港經濟並未走上軌道，銀行業務仍未全部恢復，外滙買賣也無從做起。惟市面不景，治安不好，劫案時有發生，遂使遊資趨避銀行，各銀行存款均有增加。但由於銀行資金沒有出路，各銀行對存款都不表歡迎，對活期存款大都不付利息。相比之下，銀號業務則成為當時香港經濟中最蓬勃者，1945年年底，一般銀號均有十萬八萬元的盈利，規模較大的銀號所賺盈利則約 40 萬元。

1.2 戰後香港金融市場的異常繁榮

1946 年，中國內戰烽火再起，政局動亂，國內不少富裕人家和大商號紛紛將家眷安頓到香港，香港再次成為"中國的知識份子、在野政客及富有商人在亞洲的最佳庇護所"。據記載，在香港告羅士打大酒店及其他大飯店的大廳，一到"飲茶時間"，就擠滿了從上海逃難來的商賈。[3]

國民政府在 1937 年發行的法定紙幣正背面。

其後，國民政府在內戰中節節敗退，開始大量發行金圓券、銀圓券，藉此搜刮民間財富，貨幣大幅貶值。據統計，1937 年國民政府發行紙幣 13 億元，但到 1947 年增加到 2,450 萬億元，10 年間貨幣發行量增加 187 萬倍。1948 年 8 月，國民政府以金圓券取代法定紙幣（法幣），其比率竟達 1 金圓券兌 300 萬法幣。面對這種變局，江浙一帶富裕人家及華南地區股商富戶紛紛將手中的紙幣兌換成外幣、黃金。在這股拋售本國紙幣以求保值的洶湧浪潮中，大量資金透過不同渠道流入香港，直接注入外滙市場、證券買賣及金銀炒賣。據估計，1947 年至 1950 年間流入香港的資金，加上無形的貿易順差，相當於國民所得的 48%。[4] 這一時期，香港金融市場呈現了異常的繁榮景象。

在外滙市場，1945 年 9 月港幣恢復使用初期，由於香港缺乏法幣，港幣與法幣的比值約為 1 港元兌 50 元至 60 元法幣，法幣的比值比內地的滙價要高出 1 倍以上。其後，國內經濟崩潰，法幣滙價直線下跌。1947 年初，法幣現鈔滙價已跌至每 1 萬元兌 8.80 港元（即 1 港元約兌 1,136 元法幣），到年底又進一步跌至每 1 萬元法幣兌 0.3775 港元，一年間再跌去超過 20 倍。

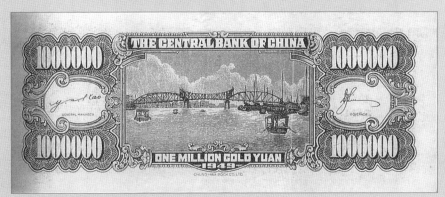

國民政府在 1949 年發行的金圓券正背面。

表2.1　二次大戰前後香港3家發鈔銀行的發鈔數量 （單位：港元）

發鈔銀行	1937 年底發行額	1947 年底發行額	1948 年 6 月發行額
滙豐銀行	199,689,793 （86.8%）	617,600,000 （91.9%）	680,376,916 （92.7%）
渣打銀行	25,172,604 （10.9%）	53,000,000 （7.9%）	50,723,311 （6.9%）
有利銀行	5,175,570 （2.3%）	3,000,000 （0.2%）	2,632,200 （0.4%）
合　計	230,037,967 （100.0%）	673,600,000 （100.0%）	733,732,427 （100.0%）

注：（ ）內數位是該銀行在當年港鈔發行總額中所佔比重。
資料來源：《香港年鑑（1949 年）》，《華僑日報》社，1949 年。

港澳地區最有影響力的金舖之一——周大福珠寶金行位於澳門的店舖。

1948 年 8 月法幣被金圓券取代時，法幣現鈔滙價更跌至每 1 億元法幣兌 41.25 港元（即 1 港元約兌 242 萬元法幣），在短短的 3 年間法幣滙價的跌幅高達 4 萬倍。

法幣滙價的大幅暴跌，使港幣的供應量迅速增加。由於國內驚人的通貨膨脹，人民紛紛把手上的購買力兌換成其他足以保值的外幣、黃金等，其中，港幣成為了重要保值手段之一。據統計，1937 年底香港 3 家發鈔銀行港幣的發行總額是 2.3 億元，但到 1947 年底已增加到 6.74 億元（見表 2.1）。大量增發的港幣流通到內地，並在一些地區取代了法幣成為交易媒介和保值手段。據估計，1948 年在廣東流通的港幣，總數超過 2 億元，在上海流通的港幣至少也有 2 億元，兩者合共約佔香港發行港幣總量的三分之二。[5]

法幣滙價的大幅暴跌，還引發了香港金融市場炒賣美鈔、盧比、西貢紙等外滙，以及炒賣黃金、白銀的空前熱潮。當時，上海、廣州的行莊與香港行莊結成三角套滙關係，將內地鉅額資金由法幣兌換成港幣、外幣或黃金、白銀，在香港進行炒賣或外逃境外。影響所及，香港"對敲"金號、金飾店舖如雨後春筍般湧現。戰前，香港金舖總數不足 100 家，但戰後初期已急增至 200 多家。1947 年至 1949 年間，香港黃金炒賣盛極一時，黃金價格暴漲暴跌，主要視上海、廣州金價漲落及香港對黃金供求情形而定。香港的銀號、錢莊甚至銀行都紛紛參與投機，狠狠地賺了一把，並觸發了香港金融市場上的一場空前的投機狂潮。

1949 年 4 月 14 日，香港政府根據國際貨幣基金（IMF）協定要求，頒佈法令，限制純金買賣。從 1949 年 7 月起，香港金銀業貿易場買賣的黃金從過去的九九成色的純金改為九四五成色的工業金。不過，在黃金進出口管制期間，香港市面黃金的供應仍源源不斷，原因是二次大戰後，葡萄牙因並非 IMF 成員，不須履行限制純金買賣的義

務，商人在澳門進口黃金只要向政府繳納進口稅便不受限制。香
港金商便利用澳門作為黃金進口基地，他們從歐洲及南非購買黃
金，經香港轉口到澳門，在澳門報關及辦理進口手續。金商在澳
門將進口的純金熔化，改鑄成九四五成色的 5 兩金條，然後從澳
門走私到香港。

早期周大福金行的內部裝修已相當講究，員工亦一律西裝筆挺。

　　金商從歐洲或南非購買黃金後，多數在香港黃金期貨市場上
拋售，金商買賣黃金的自由美元也經由香港自由外滙市場吐納。
在這種情況下，與金商關係良好的銀號、錢莊便可大做黃金、
外滙買賣，從中賺取豐厚利潤。其中的典型就是恆生銀號。那時
候，香港黃金市場上從事黃金交易者可說大都以恆生銀號為馬首
是瞻，恆生創辦人何善衡更於 1946 年至 1949 年間出任金銀業
貿易場主席。

　　據後來出任恆生銀號總經理的何添回憶：那個時候黃金價格
曾從每兩二、三百港元上升到六、七百港元，何善衡叫我申請黃
金進口，平時我一般申請二、三千兩，有一次心血來潮申請了二
萬兩，過一、二天後再申請三萬兩。誰知不到一個星期，政府取
消黃金自由買賣，不再批准進口，黃金價格迅速上漲，恆生銀號
在黃金買賣中幾乎可以控制市場。在黃金投機中賺取厚利的恆生
銀號，當時每週交收的黃金數額高達 3,000 萬元。

曾出任恆生銀號總經理何添。

1.3 1948年《銀行業條例》

　　1940 年代後期，中國大陸內戰爆發、政局動亂，以及通貨膨脹嚴重，使得大量資金湧入香
港，香港各種類型的銀行如雨後春筍般建立起來。1946 年底，僅西式銀行的數量就增加到 46
家，比年初增加了一倍。由於沒有法律限制，任何人、任何公司，特別是金銀首飾店、滙兌公
司甚至旅行社，只要有一定的資本、一定的業務聯繫，都可以登記為銀行，在香港開設銀行、
銀號、找換店或可供存款的店舖。有一位觀察家曾說過："戰後只要持有 100 萬元已繳資本就
可以在港開設一家商業銀行，這種情況簡直難以想像。然而事實就是這樣，並非辦不到。"[6]

　　長期以來，香港政府按照不干預的傳統政策，對金融業並未進行任何嚴格的監管。任何
人、合夥或公司都可自由從事銀行業務。政府對銀行業的管理，主要限於由英國政府批出的皇
家特許證和港府財政司對商業銀行發鈔的批准。1930 年代香港政府曾兩次準備對銀行業實行立

法監管，但最終也不了了之。二次戰後，政府最重要的管理就是推行了一些外滙管制措施。然而，戰後銀行數量的急增以及銀行從事的投機活動，引起了香港政府的關注。1948 年香港政府在憲報中發表評論，指責部分銀行從事投機及違背香港貿易或外滙管理規定的活動。這反映了當時政府的憂慮與不安。

在這種歷史背景下，1948 年 1 月 29 日，香港政府制定並正式通過第一部銀行法律《銀行業條例》。該條例共有 15 條款，其主要內容有：

（1）首次給"銀行業務"作出明確定義。該條例第 2 條款規定："'銀行業務'指銀行所為業務，專收受活期或定期存款，或支付及收取顧客提支或存入的支票，或經營滙兑或買賣金銀貨幣及金條銀條者。"

（2）規定金融機構必須領有政府發出的銀行牌照，才能使用"銀行"名稱並經營"銀行業務"。該條例第 4、5 條款規定："所有公司如未領有總督在政務會所發執照，不得在本港繼續經營或創辦銀行業務，總督在政務會有全權決定拒發此種執照，而不必說明其理由"，"除領有執照經營銀行業務的公司以外，無論任何人如未經總督在政務會許可，不得使用或繼續使用'銀行'或'信託'字樣或其他相同名義或繼續使用任何名稱而含有經營銀行業務含義者"。該條例第 8 條款還規定，領有牌照的銀行每年須向政府繳納牌照費 5,000 元。

（3）成立銀行業諮詢委員會。該條例第 6 條款規定：總督將委任若干委員組成一銀行業諮詢委員會，負責對銀行簽發牌照和管理工作進行監督。

（4）規定銀行須每年呈交年度帳目表。該條例第 9 條款規定："所有領照銀行須將最後審計資產負債對照表（年結）一份全年期內在每一事務所及本港支行顯明地方標示之。"

1948 年的《銀行業條例》，是香港政府制定並頒佈的第一部銀行法律，該法律首次給銀行業務作出明確定義，規定凡從事銀行業務機構須向政府註冊繳費、領取牌照，並呈交年度帳表，又決定成立銀行業諮詢委員會。總體而言，該條例可說極為寬鬆，也很不完善，例如條例對銀行業務中最重要的一項內容——貸款在定義中並無反映，條例對銀行保持儲備所依據的儲備流動率或現金率也沒有作任何規定。但是，該條例對當時香港銀行業的健康發展仍然產生了正面的影響。

1948 年，香港政府首次向銀行發放牌照，領取牌照的銀行共有 143 家。其後，香港銀行數目逐漸下降，銀行的素質也逐步提高，到 1954 年香港政府第一次公佈比較完整的銀行業資料時，香港的持牌銀行減為 94 家。這對保持金融業的穩定發展起了積極的作用。

2. 1950-60 年代銀行業的拓展

踏入1950年代，

香港銀行業的業務開始發生重大轉變，

從過去戰前單純的貿易融資逐漸轉向為迅速發展的製造業和新興的房地產業提供貸款。

推動這一轉變的原因主要是：

銀行業經營的傳統業務日漸衰落和香港經濟結構轉型。

2.1 1950年代初香港銀行業務拓展原因

第一，銀行業傳統的押滙、僑滙及滙兌業務日漸衰落。香港經濟向來為中國大陸的形勢所左右。1949 年 10 月，中華人民共和國宣告成立。這一事件改變了遠東地區的政治、經濟格局，並對香港產生了深遠的影響。新中國成立後，隨即實施極嚴厲的外滙管制，所有與中國的業務往來只能通過指定的若干家銀行進行。這樣一來，香港貿易額大幅下降，原準備運往大陸

1950 年代港島北岸風貌，居中央的高等法院右側為滙豐銀行大廈。

的貨物大量積壓，押滙業務每況愈下。及至朝鮮戰爭爆發，聯合國對中國實行貿易禁運，香港的轉口貿易迅速萎縮，銀行的押滙業務更加一蹶不振。

在這情況下，海外華僑對國內的形勢心存疑慮，不敢放心前往投資，加上各國政府實施外滙管制並限制華僑滙款歸國，由世界各地滙來香港或轉入內地的僑滙銳減。據統計，1950 年寄到香港的海外僑滙總額僅及前兩年的三、四成，到 1951 年海外僑滙的總額進一步萎縮至 1950 年的二、三成，而 1953 年海外僑滙又比 1951 年減少 60%。[7] 滙兌業務的情況也大體相若。這對香港的銀行業，尤其是那些一貫以來依靠大陸業務往來的銀號，造成了嚴重的打擊，有不少就此一蹶不振。

第二，香港經濟結構轉型，製造業、房地產業迅速崛起，為銀行業的發展提供了新的業務。1940 年代末 1950 年代初，受到中國大陸解放戰爭的影響，上海以及中國內地其他城市的一批企業家移居香港，他們帶來了估計價值約 5 億美元的資金，以及一大批從海外訂購的機器設施（特別是紡織方面的機器設施）、相應的技術、企業人才，以及市場聯繫。這些企業家以及所帶來的資金、設備、技術、人才、市場聯繫，加上大批湧入香港的廉價勞動力，使香港經濟在資源的組合上發生了重大的變化，為香港的製造業發展奠定了基礎。

1953 年朝鮮戰爭結束，香港經濟邁上工業化道路。這一時期，香港政府通過一系列立法刺激了房地產業的發展。1960 年代初，香港人口激增至超過 300 萬，經濟起飛使市民收入提高，刺激了他們對自置住房的需求，地產業蓬勃發展，物業交投暢旺，地價、樓價、租金大幅上漲，而商業樓宇、廠房貨倉則成為新興的地產市場。據統計，1960 年代初中期，香港每年的物業交投平均在 12,000 宗以上，比 1950 年代的 8,000 宗，大幅增加 50%。

1953 年的中國銀行及滙豐銀行大廈。

在上述兩個因素的推動下，從 1950 年代起，香港銀行業的業務開始發生重大轉變，從過去戰前以押滙、僑滙及滙兌為主逐漸轉向為迅速發展的製造業和新興的房地產業提供貸款。正如經濟學家古斯（T. K. Ghose）所指出：香港的工業化"使經濟結構發生了決定性的變化，無論消費領域還是本港企業，都成為了銀行的主要市場"。[8]

滙豐銀行是香港銀行界中首先轉型的銀行之一。1950 年代初，滙豐在中國大陸經歷了重大挫折之後撤回香港，重新調整發展戰略。[9] 當時，香港的工業化已經起步，不但紡織業、製衣業生氣勃勃，塑膠、電器業也在發展，香港正經

歷著從貿易轉口港到遠東出口加工
中心的急速轉變時期。滙豐銀行從
這種轉變中看到香港經濟的發展前
景以及它對滙豐重建的深遠意義。
1948 年，滙豐首次對香港紡織業
提供貸款，1950 年它打破了近百
年的傳統慣例，直接和來自上海的
華人實業家打交道，向他們提供發
展工業所急需的資金。[10]

　　柯立斯在《滙豐銀行百年史》
中這樣描述當時的情況："這個殖
民地的工業化來得那麼快，1963
年當地製成品的出口總值（38.31
億港元）竟超過了 1948 年這個殖
民地的貿易總值。滙豐銀行充分地
參與了這一發展的全過程。從一開
始，它就帶頭資助工業，每當一個
新的行業，如棉紡織、搪瓷、熱水
瓶、塑膠、拆卸廢船、羊毛和毛線
的編織和編結等創辦起來，滙豐總

1960 年代中期滙豐銀行大堂。

是提供指導、鼓勵與資助。它設立一個專門部門，在提倡工業多樣化的嘗試中共同承擔風險；
它也參加商品博覽會，並派出職員參加貿易代表團，在促進市場多面化中起了一份作用。"[11]
這一時期，滙豐銀行在對香港工業貸款及進出口貿易融資中所獲取的利潤，抵銷並超過了它喪
失對華貿易的全部損失。

　　素以經營穩健著稱的華資銀行 —— 東亞銀行，也開始調整其經營方針。1940 年代後期，
香港的工業化開始起步，工業界對銀行貸款的需求日趨迫切，但當時香港的銀行鮮有願意貸款
給工業。東亞銀行的總經理簡東浦看到了銀行業發展的新方向，成為當時少數重視工業貸款的
銀行之一。戰後頭兩年，東亞銀行的工商貸款比以往大為增加，它一方面保持原有的客戶，另
一方面逐步吸收新客戶，其中包括新一代的貿易商、製造商、地產商等人，以及計劃進軍香港
的外國商人，如日本商人。

　　值得一提的是，1949 年東亞銀行向從事飲品製造業的香港荳品有限公司提供貸款。據香港

圖為 1969 年東亞銀行總行慶祝 50 周年盛況。

荳品有限公司大股東兼總經理羅桂祥後來的回憶："我們蓋廠房和買機器需要港幣 40 萬元。我去找簡東浦先生商借，他欣然允諾。除了那幅地之外，我實在拿不出什麼可作抵押，而那幅地只值港幣 20 萬元，可是他卻借了 40 萬元給我。據我所知，他平時放款不超過抵押品價值的三成，所以這次實在是非常慷慨。當然，後來所買的機器和貨車等流動資產，也都成了抵押品的一部分。"這筆貸款推動了該公司的起步發展，使之成為日後香港最主要的工業企業之一。[12]

為適應經濟發展的需要，香港的銀行和銀號都紛紛提高資本額。1959 年，東亞銀行也集資擴股，以一對一的紅股將實收資本總額從 1,000 萬元增加到 2,000 萬元。1962 年，東亞從當年盈利中撥出 300 萬元入公積金，使公積金和未分股利的總和超過實收資本 2,000 萬元。換言之，東亞銀行可動用資金已超過 4,000 萬元，資本實力更顯雄厚。不過，東亞銀行在積極發展的同時，仍然維持一貫審慎的經營方針，如重視存戶的素質，繼續維持流動資金比率在高水平上等等。這種審慎的經營方針，顯然使其在後來的銀行危機中免遭厄運，但是卻導致東亞銀行逐漸被恆生銀行所超越。

面對香港經濟形勢的轉變，因喪失與中國大陸業務聯繫的一些較大銀號經過改組後開始向現代商業銀行轉變，其中的典型就是恆生銀號。面對香港銀行業的迅速轉變，恆生銀號的首腦因應時勢，決定向政府申請銀行牌照，籌辦商業銀行。1952 年 12 月 5

恆生長者——何善衡

及至五十年代韓戰發生，聯合國與美國對中共實施禁運，內地商賈大舉南下，紛紛逃往海外避世。年屆半百的何善衡，於是要思量恆生的發展路向，他在這兩年間，遠赴歐美等先進國家考察，由利國偉隨行任翻譯。

"善大佬覺得外地享福就得，搵食就難，都係香港好。喺五二年嘅十一月，佢打電話番嚟，叫我為恆生辦理註冊手續……"何添憶述恆生向政府攞銀行牌照的過程。

恆生銳意發展全面性的銀行服務，善伯本著"服務大眾、人客至上"的精神，主攻草根階層，開當時銀行風氣之先。他的至理名言是："咕喱著住對屐入來，仲要禮貌啲對待，事關低下階層平時受氣多，佢幫襯恆生，我當佢係上賓。佢哋對恆生有好感，返去同事頭宣傳，我哋就因而得益。"而當時滙豐銀行的做法，是華人借錢先要過買辦這一關，令恆生這間大眾化銀行獲得街坊捧場。

五三年，恆生位於皇后大道中一六三號的首間總行大廈正式啟用，恆生踏入規模化。六〇年，恆生邁向新里程，正式轉為公共有限公司，並把銀號正名為恆生銀行。六四年時已是本港最大的華資銀行。利國偉總結恆生迅即發大的原因，是得力於善伯的眼光，他對恆生兩大貢獻："其一係立足香港，其二係對人客好。"

作風穩健的恆生銀行，卻敵不過六五年由廣東信託銀行引起的銀行擠提風潮。最先出事的，是香港仔分行。當時身為總經理的何添，今天還記憶猶新，呼籲存戶不要提錢走，個別存放廿、卅萬的大戶，如警司韓森等，要何添簽名擔保才應允不提款；但小存戶卻通宵排隊拿錢，試過一天內共提走八千萬，佔銀行總存款六分一。

當恆生的現金快遭提清時，四月八日下午五時，善伯即緊急召開董事會，當機立斷決定把銀行大股賣給滙豐，洽售事宜交由利國偉全權負責。利 Sir 以恆生股本值一億計，開價五千一百萬，出售五成一股權。初時滙豐大班桑達士嫌貴，其後顧慮到恆生"唔掂"，滙豐勢難獨善其身，終在四月十二號答允。

恆生銀行創辦人之一——何善衡。

苦心經營逾卅載的恆生話事權就此斷送，成為善伯畢生的憾事，為此而哭了兩晚。不過他出售當天，仍親自主持會議，不斷向員工解釋，藉此穩住軍心。

自幼認識善伯，對他推崇備至的東亞銀行主席李國寶，說他"人認真客氣，對人好有禮貌，又非常謙虛……而他一生最失敗是把恆生的控制權賣給滙豐"。

"何伯（何善衡的暱稱）一生最成功係令恆生成長，搵到一班好伙記幫佢，好似何伯（指何添）、利國偉等。最失敗，就係將恆生賣俾滙豐，自己喪失控制權。"李國寶坦言。

東亞銀行比恆生早十餘年成立，但前者未夠恆生大眾化，六十年代的恆生，早已是本港最大的華資銀行。然而李國寶覺得，恆生以五千一百萬，出售五成一股權是賣得平，"你有件嘢係好嘅，你都想 keep 住……當時恆生以咁嘅價錢賣，可能生意做得好差。"

但利國偉重申，以當時恆生流動資金緊絀的情況下，根本是別無選擇，善伯為大局著想，所以忍痛割愛。而滙豐也信賴恆生的管理層，購股後依舊由何善衡掌舵，何添、利國偉輔助，滙豐只派四位董事入局。

"當時市傳滙豐始終有日會食晒恆生，但善伯同班伙記講，只要恆生做得好，滙豐一定要靠我哋，勸大家要同滙豐緊密合作。"利 Sir 回憶說。

而據 Frank King 教授著作的《滙豐銀行歷史》第四冊中，亦提到滙豐大班桑達士，認為恆生的成功，在於其華人管理層，所以滙豐毋須插手。亦由於善伯敢於向滙豐開口求售，足證他那不可思議的想法（think the unthinkable）令人讚賞。

得到滙豐做後盾，恆生業務大為發展，成就規模僅次於滙豐，這與善伯抓住時機，集中火力專向小企業埋手有關。

那時本港經濟步向轉型期，工業開始起飛，惟小廠戶創業初期，普遍缺資金拓展，大銀行多不願通融。反觀恆生，卻給予財務支持，提供信用證及出口口融資服務。如華資大戶鄭裕彤未發達時，由他打骰的周大福珠寶，得力於恆生的資助，往後得以由珠寶業進軍地產。

而長實與恆生亦素有淵源，當年李嘉誠經營塑膠花廠時，曾設法與何善衡接觸，後來獲得接見，善伯對誠哥留下深刻印象，曾寫信吩咐下屬，説李嘉誠做事幹練，是有潛質的客戶。

"小公司"演變為大企業後，頓成為恆生的長期客仔。例如長實不少樓盤，皆由恆生提供按揭安排；而鄭裕彤主政的新世界，恆生至今仍是主要往來銀行之一。

善伯明白到廣開客路的重要性，皆因銀行除需要有雄厚的存款基礎外，還要不斷尋找貸放市場，才可茁壯成長。他説："栽培客戶，就是壯大自己。不要以為自己是客戶的衣食父母，反而客戶才是我們的衣食父母。"

隨著香港工業蓬勃發展，人口漸多，地產業亦興旺起來，恆生力爭中小型樓宇按揭市場。六七年暴動後，恆生首創為中等階層提供長達七年的樓按，令夾心階層得以置業，一改當時按揭年限頂多三年的做法。

不同時期的恆生銀行行徽。

恆生不斷飛躍，何添説他與善伯的分工，是"善大佬鍾意諗嘢度橋，我就負責對外應酬，最高峰時，我試過一日十六單應酬，好似客人嫁女；朝早去家訪，夜晚去飲宴……"

恆生快高長大，到七二年招股上市，以每股一百元公開發售，首日掛牌漲至一百八十六元，足見市場對恆生的信心。

由始創時連伙頭共十一人，到七五年時員工已突破三千人的恆生，公司走向企業化，辦公室政治難免。強調殷勤待客的善伯，仍十分重視員工關係，在高層員工的例會上，他亦莊亦諧地訓示大家："老婆可以鬧，但伙記就唔鬧得，事關你養老婆成世，鬧吓都得，但下屬幫我哋搵錢，唔應該仲鬧佢。"

綽號"大頭仔"的善伯，一輩子忙於搵銀，卻不失其厚道，從恆生派財神的小逸事中可見微知著。原來，以前恆生一如其他銀行，每當農曆年就向客戶派利是封，但當善伯眼見街頭小販，也是賣紅封包為生，為免搶街坊飯碗，遂改派財神圖。

常以德服人的他，曾著書《閱世淺談》，把待人接物之道公諸於世；並信守忍恕，談到用人時，絕不姑息庸才："可以原諒一個吹毛求疵的主管，但卻無法忍受既不損人，亦不利己的老臣子，對新同事不予指導，亦不大關心，做錯了則叫他再做，絕不加以解釋，使人暗中摸索，倍感困難，這種人存在，簡直是事業上的絆腳石，應予鏟除。"

晚年勤於捐獻的善伯，八三年恆生度過金禧日，是他正式退休時，轉任名譽董事長。然而，每天仍上班的他，督促高層緊守審慎的管理哲學，使恆生多年來得以累積豐厚的資本，以及嚴控成本；由來已久注重服務素質，更奠下該行"永恆長生"的根基。……

作為恆生銀行精神領袖的何善衡，於九七年十一月宣佈來年辭去恆生名譽董事長職務，與恆生六十四載情，正式畫上句號；同年年底，他以九十七歲高齡，與世長辭。

這位本世紀以來香港最傑出的華資銀行家，一生中總有遺憾事。跟他相伴半個世紀的利國偉，被問及此事時，欲言又止説，人生難免有憾事。而作為善伯老街坊的新法集團主席李世奕，就指善伯對長子何子焯未能子承父業，出任恆生要職，始終有點介懷，據講是滙豐不太喜歡他。

（摘自《壹週刊》之"千禧名人錄"）

日，恆生註冊為私人有限公司，註冊資本 1,000
萬元，實收資本 500 萬元，並組成新的董事
局。其時，林炳炎已經去世，何善衡出任董事
長，梁植偉出任副董事長，何添出任總經理。翌
年，恆生遷入中環皇后大道中 163 號至 165 號
一棟 5 層樓高的自置物業，全面開展商業銀行
業務。

當時，恆生為了在銀行同業的激烈競爭中
突圍而出，獨樹一幟，以服務市民為宗旨，主要
面向香港的中小型工商企業，面向市民大眾。
何善衡表示："我們自始至終本著顧客第一的精
神，並時刻提醒員工，不論是草根階層，還是

司公限有號銀生恆

HANG SENG BANK, LTD.

163-165 Queen's Road Central, Hong Kong.

號五六一至三六一中道大后皇港香

●務業切一行銀營經●

換找 務租 滙押 險保 款放 款存 產地 兌滙

險保火水司公限有安保險火及面洋仁於商英
票支行旅行銀通寶國萬商美 理代

本號電報掛號："HASEBA" HONGKONG

各部電話：
詢問處：三一九○三　董事室：三一五四五
總經理室：二二八二一　押滙部：二四○二二○
經理室：二三三四五○　存款部：二○六七四
滙兌部：二一五六七　保險部：二六四四九
放款部：三八七○一　找換部：二○八六七
地產部：三三五五七　貸部：三八七○二

1954 年恆生銀號的業務廣告，至 1960 年恆生銀號始改名恆生銀行。

勞苦大眾，只要他們一踏進恆生銀行，便成為我們的上賓。"根據何善衡的原則，恆生訂立了
一系列服務守則，如員工要勤懇盡職，要反應敏捷，要培養忍耐、忠誠、整潔及樂於助人的精
神，僱員更不可誤導或批評客人，或與客人爭辯，應該耐心聆聽他們的需要，並即時答覆，還
要緊記客人的名字，在客人離去時更應親自送行等等。每當顧客踏進恆生銀行，就會得到職員
的熱情招待和協助，如代填表格，引介至適當櫃檯等等。就這樣，恆生透過一系列富有中國人
情味的周到服務，拉近了銀行與社會大眾的距離，贏得了顧客。

當時，香港一般市民和中小廠商仍覺得那些大銀行高不可攀，因而紛紛轉向恆生銀行。
這些新顧客主要是製衣、玩具、塑膠、五金及電子業的廠商，多為廣東籍人，他們希望得到
銀行的信貸，但既無公司資產負債表，亦無足夠的條件支持他們申請的貸款，但恆生銀行並不

1970 年代中恆生銀行總行營業繁忙的情形。

1970 年代中恆生銀行總部押滙部一覽。

圖為設於皇后大道中的恆生總行，約攝於 1950 年代末。

介意，正如曾任該行副董事長的何德徵所說："因為我們不但認識他們，更瞭解他們的生活背景、家庭情況及公司業務，我們樂意助他們一臂之力，香港的成就全賴這群人的努力。"〔13〕不少早期得到恆生協助的小公司，後來都逐漸崛起為大公司、大集團，成為香港製造業和出口貿易的骨幹，恆生的業務也與它們一同成長。利國偉就曾表示："這些公司對於恆生早期的幫助，銘記於心，至今仍是恆生的大主顧。"這成為恆生迅速崛起的極重要原因。

1959 年 10 月，恆生將註冊資本增加到 3,000 萬元，實收資本增至 1,500 萬元。1960 年 2 月 7 日，恆生改組為公共有限公司，正式改名為恆生銀行。同年，恆生先後在九龍油麻地和旺角等商業繁華地區開設兩間分行，並積極在港九各區拓展分行網絡。1962 年聖誕節，恆生銀行新總行大廈落成啟用，樓高 22 層的大廈成為當時香港最高的建築物。在 1965 年危機前的 10 年間，恆生銀行取得了非凡的進展。從 1954 年到 1964 年，恆生的資本帳戶從 630 萬元增加到 5,250 萬元，存款從 2,100 萬元增至 7.2 億元；總資產從 3,200 萬元至 7.61 億元。〔14〕到危機發生前，恆生已超過東亞銀行，在存款和資產方面成為香港最大規模的華資銀行，並在銀行零售業務方面開始成為滙豐銀行的主要競爭對手。

與此同時，從銀號轉變為現代商業銀行的尚有：永隆、大生、廣安、永亨、大有、遠東等銀號或錢莊。永隆銀號創辦於

1933 年，1960 年改組為永隆銀行。大
生銀號創辦於 1937 年，1961 年改組為
大生銀行。廣安銀號創辦於 1938 年，
1960 年改組為廣安銀行。永亨銀號創
辦於 1939 年，1960 年改組為永亨銀
行。大有銀號創辦於 1946 年，1962
年改組為大有銀行。遠東錢莊創辦於
1958 年，1960 年改組為遠東銀行。

　　這一時期，一批現代商業銀行也相
繼創辦，包括大新銀行（1947 年）、中
國聯合銀行（1948 年）、南洋商業銀行
（1949 年）、香港浙江第一商業銀行及
和成銀行（1950 年）、集友銀行（1952
年）、有餘商業銀行（1953 年）、香港
華人銀行（1955 年）、海外信託銀行
（1956 年）、香港京華銀行（1961 年）
和華僑商業銀行（1962 年）等。

　　據資料顯示，到 1962 年 2 月 3
日，已向政府領取銀行牌照的銀號或公
司還有：華人經營的利成銀號、陳萬發
銀號、昌記銀號、昭泰銀號、財記銀
號、道亨銀號、發昌銀號、恆隆銀號、
恆泰銀號、萬昌銀號、明泰銀號、明德
銀號、興合長記錢莊、寶生銀號、奉天
有限公司、福華銀業保險公司、信行金
銀公司、永安水火保險公司、永安有限
公司，以及英國資本的通濟隆、滙豐財
務公司、新沙宣銀公司、新沙宣（巴哈
馬島）銀公司等。[15]

永隆銀行總部。

1972 年廣安銀行與日本富士銀行簽訂聯營合約，右邊握手者為廣安銀行創辦人梁季彝先生。

2.2 1950-60年代銀行業發展的特點

1950 年代初至 1960 年代中，香港銀行業因應工業化的進程取得了非凡的發展，這是香港銀行業的蛻變時期。這一時期，銀行業的發展呈現了以下一些特點：

第一，銀行數目減少，但所開設的分行大幅增加，銀行之間爭奪存款的競爭日趨激烈。

1948 年《銀行業條例》實施以後，香港持牌銀行的數目持續減少，銀行的質素也逐漸提高，主要是一些邊際銀行遭到淘汰。1948 年《銀行業條例》實施初期，香港的持牌銀行有 143 家，但到 1954 年香港政府正式制定銀行業統計資料時已急減至 94 家，其後持牌銀行數目持續下降，到 1972 年更減至 74 家。然而，同期銀行開設的分行數目卻大幅增加。從 1954 年到 1972 年，持牌銀行所開設的分行從 3 間急增至 404 間。（見表 2.2）

銀行紛紛開設分行的原因，主要是 1950 年代中期以後，香港的政局漸趨穩定，工業化快速推進，帶動了整體經濟起飛，使市民收入大幅提高，而香港居民又具有較高的儲蓄傾向，加上同期有大量外資、熱錢流入，種種因素導致銀行存款迅速增加。據統計，1954 年至 1972 年間，香港銀行體系存款總額從 10.68 億元增加到 246.13 億元，18 年間增長 22 倍，平均名義年增長率達 19%。當然，由於 1963 年以前呈報數字的銀行遠遠少於持牌銀行總數，以致 1963 年以前的存款數字很可能被低估，但即使考慮到這種偏差，這一時期銀行存款的增長仍然是驚人的。

表2.2　1954年至1972年持牌銀行數目及分行發展情況

年份	持牌銀行數目	分行數目	當年所開分行數目	辦事處總數
1954	94	3	—	97
1955	91	3	0	94
1956	86	4	1	90
1957	83	5	1	88
1958	81	8	3	89
1959	82	13	5	95
1960	86	38	25	124
1961	85	101	63	186
1962	92	121	20	213
1963	87	144	23	231
1964	88	204	60	292
1965	86	215	11	301
1966	76	242	27	318
1967	75	256	14	331
1968	75	274	18	349
1969	73	289	15	362
1970	73	326	37	399
1971	73	358	32	431
1972	74	404	46	478

資料來源：饒餘慶著《香港的銀行與貨幣》，上海翻譯出版公司，1985 年。

1960 年代香港銀行採用的財務系統。

各大小銀行為爭奪迅速增長的存款紛紛開設分行。1954 年以前，香港只有兩、三家銀行開設分行。滙豐銀行直到二次大戰結束初期，其在香港的總分支機構僅港島皇后大道中總行和九龍分行兩間。直到 1954 年，滙豐在香港開設的總分行僅 3 間。1950 年代中後期，幾家中小型的華資銀行在九龍最繁華的商業區旺角設立分行，掀起了"分行戰"的序幕。其後，各大小銀行紛紛在港九新界各商業區和居民住宅點開設分行。1961 年，這一趨勢達到高峰，該年開設的分行就有 63 間。1965 年銀行危機時期，銀行廣開分行的運動一度減緩，但在 1960 年代後期再度加快，各大小銀行都形成了拓展業務的分行網絡。到 1971 年，滙豐銀行開設的分行已達 67 間，渣打銀行 33 間，恆生銀行也有 16 間。（見表 2.3）

表2.3　1950年代至1980年代初香港各主要銀行的總分行數目						
主要銀行	1954 年	1961 年	1966 年	1971 年	1976 年	1981 年
滙豐銀行	3	16 (8.5)	46 (14.8)	68 (15.4)	143 (18.6)	250 (21.5)
渣打銀行	2	6 (3.2)	18 (5.8)	33 (7.5)	72 (9.4)	86 (7.4)
恆生銀行	1	3 (1.6)	11 (3.5)	17 (3.9)	30 (3.9)	45 (3.9)
中銀集團	13	13 (19.6)	55 (17.7)	74 (16.8)	125 (16.3)	189 (16.3)
其他銀行	75	128 (67.2)	180 (58.1)	246 (56.2)	398 (51.8)	591 (50.9)
總計	94	166 (100.0)	310 (100.0)	438 (100.0)	768 (100.0)	1,161 (100.0)

注：( ) 內的數位是各銀行所佔的百分比。
資料來源：Frank H. H. King , The History of The Hongkong and Shanghai Banking Corporation Volume IV, The Hongkong Bank in the Period of Development and Nationalism,1941-1984,Hong Kong and Shanghai Banking Corporation,1988,pp366.

為爭奪迅速增長的存款，各大小銀行在展開"分行戰"的同時，亦展開激烈的"利率戰"。在 1958 年至 1965 年間，各銀行大張旗鼓地透過廣告等各種形式展開對儲蓄存款和定期存款的無情爭奪。1961 年 9 月，滙豐銀行屬下的滙豐財務公司率先把其 1 至 3 年期存款的利率從年息 6% 提高到 7%，滙豐銀行本身也把其 6 至 12 月年期存款的利率提高到 6.5%。這一行

1970 年代的渣打銀行分行。

動實際上拉近了大銀行與小銀行之間保持競爭均衡的利率差距，在銀行業引起震動，並掀起新一輪的存款爭奪戰。渣打銀行等外資銀行以及以恆生和永隆為首的本地華資銀行也迅速把它們的利率提高到與滙豐同樣水平，有的小銀行甚至把它們 1 年期或以上的存款利率提高到 8%。這一爭奪戰在 1963 年達到最高峰。該年，許多本地銀行將 1 年期定期存款的每月利息提高到

積少成多！

請到

渣打銀行

開儲蓄戶口（一元開戶）

或往來帳戶（伍百元開戶）

或定期存款（壹千元開戶）

信用昭著　歷史悠久

專誠服務　利息優厚

辦理一切銀行業務經驗豐富

◁諸君惠顧・無任歡迎▷

香港渣打銀行：
香港德輔道中四―四號A

九龍總分行：
彌敦道五四六號

紅磡分行：
九龍城道十一十六號

深水埗分行：
元洲街與興華街轉角

新蒲崗分行：
寧遠街十一二十號

荃灣分行：
大河道與沙咀道轉角

官塘分行：
裕民坊與輔仁街轉角

1963 年渣打銀行的業務廣告。

0.9%，將 7 天期的通知存款的每月利息提高到 0.5%。有的銀行甚至允許客戶在存款未到期前不通知也可提款，並且不損失利息。[16]

第二，銀行的信貸迅速擴張，貸款的用途趨向多元化，但銀行體系的安全性下降。

這一時期，銀行體系的信貸以比存款更快的速度增長。據統計，1954 年至 1972 年，銀行貸款總額從 5.10 億元增加到 177.26 億元，名義年均增長 21.7%，實際年均增長 17.8%；同期投資總額名義年均增長 18.9%，實際增長 15%。對照同期的銀行存款，銀行存款名義年均增長 19%，實際增長 16.2%，銀行信貸的擴張速度要快於存款的增長速度。（見表 2.4）

隨著工業化的推進，銀行體系的貸款也趨向多元化。據港府公佈的資料，1965 年 12 月，銀行體系的貸款和墊款總額中，製造業所佔比重是 19.6%，主要是對紡織，鞋類和服裝，金屬製品和工程，橡膠、塑膠和化學品的貸款和墊款；由製造業發展推動的對外貿易所佔比重最高，達 29.3%；對建築部門的貸款和墊款佔 18%，主要因為這一時期銀行業大大加強了對迅速崛起的地產建築業的貸款；對基礎設施和旅遊的貸款則分別佔 3.8% 和 4%，其他佔 25.3%。

上述數位掩蓋了部分本地中小銀行在這一時期對地產業和股票市場的過度投入。由於本地中小銀行都傾向以高息吸引存款，為彌補成本並取得高回報，它們不惜放寬貸款條件，將大量貸款投入風險較高的房地產和股票市場。事實上，正如香港著名的金融學家饒餘慶教授在其著作《香港的銀行與貨幣》中所指出：香港的中小 "華人銀行在經營方面都不那麼拘束。為了追求利潤，它們更願意把清償力和安全性都降到次要地位。這種情況在 1965 年銀行危機發生以前，尤其如此。它們實際上都從事 '混合銀行業務'（這也許是不嚴格的説法），它們所承擔的

表2.4　1950年代中至1970年代初香港銀行信貸增長概況
（單位：百萬港元）

年份	存款總額		貸款和墊款總額		投資總額	
	名義	實際	名義	實際	名義	實際
1954	1,068	1,068	510	510	—	—
1955	1,137	1,166	632	648	96	96
1956	1,267	1,267	769	769	98	96
1957	1,412	1,398	865	856	101	88
1958	1,583	1,597	919	927	121	119
1959	2,056	1,921	1,373	1,283	133	121
1960	2,682	2,604	1,720	1,670	166	157
1961	3,367	3,269	2,334	2,266	232	220
1962	4,311	4,226	2,849	2,793	191	183
1963	5,425	5,216	3,642	3,502	187	175
1964	6,568	6,081	4,586	4,246	271	245
1965	7,251	6,714	5,038	4,665	527	476
1966	8,405	7,572	5,380	4,847	537	472
1967	8,162	6,802	5,343	4,453	590	479
1968	10,367	8,360	6,038	4,889	636	500
1969	12,297	9,607	7,884	6,159	669	510
1970	14,955	10,837	9,670	7,007	856	605
1971	18,785	13,229	11,836	8,335	1,081	742
1972	24,613	16,087	17,726	11,586	1,550	988
年均增長率	19%	16.2%	21.7%	17.8%	18.9%	15%

資料來源：饒餘慶著《香港的銀行與貨幣》，上海翻譯出版公司，1985 年。

大量地放在房地產市場和證券交易所，儘管它們各自的著重程度有所不同。它們作為一個集團的有收益的資產，雖然從名義利率觀點來看是更有利可圖，但從清償力觀點（意即短期通知馬上變現而毫無損失）來看，風險大得多。"[17]

　　這一時期，銀行體系的安全性明顯下降，主要表現在銀行的流動資產比率（這裏指銀行庫存現金總額和存放在其他銀行的淨餘額對存款總額的比率）持續下降和貸款對存款比率不斷上升。根據饒餘慶教授的分析，1955 年香港銀行體系的流動資產比率是 53%，但到 1965 年已降至 32.5%，1972 年更降至 23%。同期，銀行體系的貸款佔存款比率從 55.6% 上升到 72%。

　　當然，在總趨勢相同的情況下，不同的銀行具體情況各有不同。素以經營穩健著稱的東亞銀行，其銀行的安全性就較高，而相比之下恆生銀行就較低。1965 年，恆生銀行的流動資產比率已降至 30% 的低點，而貸款對存款比率則上升到 74.7%。至於其他中小華資銀行，情況就更差，流動資產比率甚至低達 18 至 20%。實際上，當時銀行體系已面臨相當大的風險，一場震

撼業界和整個香港經濟的危機已在醞釀。（見表 2.5）

年份	流動資產比率				貸款佔存款比率			
	整體	滙豐	東亞	恆生	整體	滙豐	東亞	恆生
1953	—	66.0	89.6	—	—	24.5	19.0	—
1954	—	60.2	87.5	71.4	47.7	31.0	21.6	54.5
1955	53.0	48.4	86.1	59.6	55.6	41.8	25.0	55.6
1956	50.4	45.7	87.3	59.6	60.7	47.3	24.3	52.1
1957	49.3	49.8	70.5	59.8	61.3	44.0	43.7	54.3
1958	51.4	51.6	84.4	59.8	58.1	40.1	33.6	56.1
1959	41.9	42.4	65.1	56.0	66.8	45.7	36.2	50.5
1960	39.7	39.8	84.6	49.5	64.1	50.7	33.9	59.3
1961	34.3	37.8	83.0	41.3	69.3	53.6	35.2	60.8
1962	38.1	38.6	80.7	40.5	66.1	52.7	35.4	58.5
1963	37.6	35.7	70.9	37.8	67.1	53.2	43.2	62.8
1964	27.6	32.7	57.6	40.1	69.8	59.1	55.2	62.1
1965	32.5	41.2	58.7	30.0	69.5	54.8	51.7	74.7
1966	36.8	42.4	59.6	53.2	64.0	57.0	50.2	52.1
1967	32.8	36.3	59.8	58.0	65.5	60.3	49.8	47.6
1968	40.2	35.7	61.1	66.2	58.2	62.2	47.2	36.2
1969	34.6	32.4	57.3	63.2	64.1	66.9	50.6	40.6
1970	35.1	40.9	56.6	58.6	64.7	62.0	50.0	43.5
1971	36.0	40.1	53.4	57.6	63.0	60.2	52.2	44.1
1972	23.0	35.6	59.8	54.0	72.0	65.0	44.3	46.1

表2.5　香港銀行體系的流動資產比率和貸款佔存款比率

資料來源：饒餘慶著《香港的銀行與貨幣》，上海翻譯出版公司，1985 年。

3. 1960 年代的銀行危機

1960年代的銀行危機，

首先由1961年6月爆發的廖創興銀行擠提風潮揭開序幕。

廖創興銀行創辦人廖寶珊（1903-1961年），

原籍廣東潮陽，

1941年移居香港，初期在一間油莊打工，後自立門戶經營糧油、

布匹生意，並炒賣地產、黃金，迅速致富。

3.1 銀行危機序幕：廖創興銀行擠提風潮

1948 年，廖寶珊在港島上環永樂街創辦廖創興儲蓄銀行。廖氏透過銀行吸納香港及海外潮汕籍人士的存款，在西環大舉收購貨倉物業。

西環在香港開埠百年歷史中，曾佔有極重要地位，蓋因西環毗鄰商業最繁盛的中環，是香港早期華人經商居住的主要區域。其後因人口增加至無地可容，繁榮東移，西環才成為貨倉碼頭集中地。廖寶珊看到西環的發展潛力，在 1950 年代大舉進軍西環地產，先後購入公安、公源、源源、永源等大批貨倉，相繼發展成住宅樓宇。1950 年代，西環的面貌開始改觀，地價、樓價上升，廖寶珊的財富急增，成為西環有名的大業主和金融鉅子。

1955 年，廖寶珊正式將廖創興儲蓄銀行註冊為廖創興銀行有限公司，註冊資本 500 萬元，實收資本 400 萬元。當時，銀行的營業時間一般為上午 10 時至下午 3 時，中午休息一小時，廖創興銀行打破傳統，將營業時間延長至上午 8 時至下午 5 時，中午照常辦公，受到存戶的普遍歡迎。廖創興銀行還首創小額儲蓄存款的方法，即 100 元至 1,000 元的小額存款，月息定為 6釐，結果反應熱烈，令存款劇增。1958 年，廖創興銀行將註冊資本增加到 2,000 萬元，實收資本增至 1,000 萬元，另有準備金1,500 萬元。其時，廖創興銀行已將總行遷入位於德輔道西 10

1950 年代位於上環永樂街的廖創興儲蓄銀行總行。

層高的廖創興銀行大廈,並已初具規模。

　　當時,廖創興銀行的經營策略相當冒進,一方面大張旗鼓宣傳以高息吸引存款,另一方面又將大量貸款投入風險較高的房地產業。1960 年底,廖創興銀行的各項存款(包括溢利稅及呆帳準備)共有 1.09 億元,而同期貸出款項(包括透支及抵押貸款)有 7,357 萬元,另投資於房地產及該行大廈合計 852 萬元。換言之,該行貸放透支及投資於不動產的款項佔存款總額的比重高達 75%,銀行經營的穩健性已經動搖。廖創興銀行的資產負債情況,可以說在很大程度上反映了當時香港不少華資家族式銀行的經營狀況。

　　當然,導致廖創興銀行擠提風潮的爆發,還有一個直接原因,即九龍巴士和怡和兩家公司發行新股票上市,造成銀行體系資金緊張。1960 年代初,香港股票市場與房地產一樣,也進入高潮。在 1961 年的頭 6 個月裏,大多數股票價格都上升了 20% 至 50%,市民爭相認購所有新上市的股票。1961 年 4 月,九龍巴士公司上市,以每股 58 元價格發行約 78 萬股新股,獲 5.5 倍超額認購。同年 5 月,怡和公司上市,以每股 16 元發行約 90 萬股新股,約有 32,000 人參加認購,超額認購高達 56 倍。所有認購者無論是否買得到股票,都必須以支票把股款付給他們的經紀人,結果約有 8.98 億元的支票要經銀行系統清算。這對銀行體系造成了壓力,對資金緊張的中小型銀行尤然。

1961 年 6 月 15 日廖創興銀行銅鑼灣分行被擠提的情景。

　　擠提風潮在廖創興銀行爆發,直接的導火線則是當時市面流傳著蓄意製造的關於該行董事長廖寶珊的謠言,指"有一位知名之本港銀行家現成為警方偵查之對象,且已被通知離港"。6 月 13 日,《真報》以頭條新聞赫然登出這一消息,有關消息儘管後來由香港警務處長出面闢謠,但卻觸發了廖創興銀行的擠提風潮。[18]

　　1961 年 6 月 14 日(星期三),廖創興銀行受到不利傳聞和謠言的困擾,遭到大批存戶的擠提,當天即被提取約 300 萬多元。到 15 日、16 日,存戶擠提進入高潮,港島德輔道西總行及銅鑼灣、旺角、深水埗、九龍城等分行都擠滿通宵達旦在街頭露宿輪候提款的人潮,其中絕大部分是文員、工人、小販、僑眷等中下層市民，他們對自己的血汗錢極為關注，稍有風吹草動就可能形成群眾性的歇斯底里。據報道，首三天前往提款的存戶多達 20,000 萬人以上，被提走的存款接近 3,000 萬元。

擠提發生後，廖創興銀行即向滙豐、渣打兩家發鈔銀行求助，有人估計雙方可能達成一項以廖創興銀行所持地產作擔保的秘密協定。6 月 16 日下午，滙豐、渣打兩家銀行發表 "對廖創興銀行予以支持" 的聯合聲明，並向該行貸出 3,000 萬元的款項以應付擠兌。不過，聯合聲明的中文稿一發表即撤銷，並一度引起混亂，原因是中文稿的翻譯出了錯。英文原文是滙豐和渣打業已做出若干安排，"因而使得廖創興銀行有限公司之事件，完全受到控制"。但中文稿竟譯成 "將廖創興銀行有限公司之業務，完全置於滙豐及渣打兩行控制之下"。這段錯誤的譯文發表後，廖寶珊大為緊張，以為兩家發鈔銀行要吞併他的資產。6 月 17 日，擠提風潮才漸次平息。這次危機對廖寶珊及廖創興銀行打擊甚大，一個月後廖寶珊因腦溢血病逝。

1962 年，廖創興銀行董事局改組，由中華汽車有限公司董事長顏成坤出任主席，廖寶珊長子廖烈文出任總經理。經此一役，廖創興銀行的經營策略漸趨審慎，業務也再度取得發展。該行於 1967 年被委為香港政府授權外滙銀行。1973 年廖創興銀行將註冊資本增加到 3 億元，實收資本 1.5 億元，同時引入日資，由日本三菱銀行持有該銀行 25% 股權，成為日資銀行的聯營企業。

3.2 1965年銀行危機第一波：明德、廣東信託倒閉

1961 年的銀行風潮在當時曾被稱為 "本港有史以來最大一次"，是 "空前的銀行風暴"。不過，從後來的歷史看，這只是更大銀行危機的序幕。

1965 年 1 月中旬農曆春節前夕，按通常情況市場對貨幣的季節性需求增加，銀行的銀根開始緊張。當時，市面已流傳著關於明德銀號發生資金困難的謠言。1 月 23 日，明德發出的總值 700 萬港元的美元支票遭到拒付。三天後即 1 月 26 日，若干較大客戶拿支票到中區明德銀號總行兌現，該行沒有足夠現款支付。消息傳出，大小客戶紛紛湧至，當天下午，香港票據交換所宣佈停止該銀號的票據交換。第二天清早，明德銀號總行門前擠滿提款的人群。中午 12 時，香港政府銀行監理專員宣佈根據銀行業條例第 13 條，接管明德銀號。

明德銀號創辦於 1940 年代初，早期專注美元滙兌，1950 年代以後積極投入房地產買賣。1964 年房地產價格急跌時，明德雖擁有不少落成或在建物業，但已無力償還債務。2 月 4 日，香港高等法院批准明德的破產申請，但延期 40 日執行，使其能同債權人洽商。4 月 30 日，明德銀號的獨資老闆宣佈破產，政府任命破產事務官為破產財產的受託人。

明德銀號擠提風潮掀起了 1965 年銀行危機的第一波。

　　據破產事務官的報告，這家銀號的總負債 2,100 萬元，其中包括存款 1,200 萬元；而總資產為 2,000 萬元。從理論上説，明德的虧損不算大，但總資產中約有 1,850 萬元是按當時價格計算的房地產，這些房地產的價格在 1965 年初已大幅下降。更糟糕的是，這些房地產中的一大部分包括尚未完工的工程。事實上，到 1965 年 8 月，政府為完成這些工程已墊付了 1,000 萬元。

　　明德銀號停業後，更大的危機接踵而來。冒進有餘而穩健不足的廣東信託商業銀行成為擠提風潮的第二個目標。廣東信託商業銀行創辦於 1931 年，開始並不活躍，1950 年代轉趨積極進取，在港九新界各處廣設分行，到 1965 年初已開設 24 間分行。1965 年 2 月 6 日（星期六），廣東信託商業銀行香港仔分行發生擠提，逾千人群等候提款，其中大部分是漁民，擠提從下午 2 時持續到晚上 9 時。

當晚 8 時，香港銀行監理專員發表聲明，指明德事件決不會對香港其他銀行或銀行體系的安全造成任何影響。然而，第二天早晨，廣東信託商業銀行的元朗分行仍然出現擠提人龍。在擠提過程中，滙豐銀行元朗分行的經理和一名高級職員用擴音器向人群講話，保證滙豐對廣東信託的充分支持。這種保證產生了效果，當天下午擠提暫告結束。不過，2 月 8 日，滙豐銀行副總經理奧利芬發表聲明，聲稱昨天它的職員只保證有限的支持，"這不幸被誤解為滙豐銀行給予廣東信託無限支持，這是不可能的"。與此同時，廣東信託商業銀行總行及 24 間分行宣告停業。

2 月 8 日上午，香港政府財政司郭伯偉根據銀行條例簽發命令，指示銀行監理專員接管廣東信託商業銀行。財政司宣稱：香港銀行系統的財政結構健全，並有充分的資金，市民無須為其在銀行的存款而憂慮。然而，官方的保證來得太遲，不足以恢復公眾的信心。當時，有關本

1965 年 2 月廣東信託商業銀行被擠提的情景。

1965 年 5 月 10 日廣東信託存戶到港督府請願。

地華資銀行資金困難的謠言四起，猶如一把野火燒遍整個市場。當天下午，驚恐萬狀的存戶開始大量提取存款，擠提風潮迅速蔓延到恆生、廣安、道亨、永隆等銀行。當日，中區的交通嚴重堵塞，不得不召警察前來維持秩序。甚至在銀行營業時間結束以後，排隊提款的人龍也拒絕散去。

當晚，滙豐銀行發表聲明，保證對恆生銀行作無限量支持，並表示當任何銀行發生困難時，該行將予以商討進行協助。滙豐銀行即派職員加開夜班點數現鈔，並多次出動解款車。午夜，渣打銀行也發表聲明，宣稱獲總行授權無限量支持廣安、道亨銀行。這些公報在各電台反覆廣播，並在中文報紙刊登。2 月 9 日，香港政府宣佈它完全支持外滙銀行公會的決議，在到期之前不准提取定期存款。然而，恐慌並沒有停止：擠提風潮不僅繼續，而且蔓延到遠東銀

行，並波及澳門。當日下午，滙豐再度發表聲明，保證對永隆銀行、遠東銀行的無限量支持。由於擔心局勢正逐漸失控，2月9日中午，香港政府出版憲報號外，頒佈緊急法令：宣佈英鎊為法定貨幣，政府將從倫敦空運大批英鎊紙幣來港以應付貨幣的不足。香港總督並下令，每一存戶每天提取的現金最高限額為100元港幣，直至有足夠數量的英鎊紙幣運抵香港為止。違例者政府將撤銷其銀行牌照。同日中午，港府財政司郭伯偉、滙豐銀行總經理桑達士、渣打銀行經理紀禮咸聯合舉行記者招待會，強調香港各銀行有充足資金，以安定人心。當晚，港督戴麟趾呼籲市民合作以克服目前不必要的困難。聲明由華人名流利銘澤用華語讀出。

2月10日，香港政府進一步採取兩項措施：一是由財政司執行銀行業條例所賦予的權力，規定所有銀行每日營業結束時，必須將其所存現鈔額向銀行監理處處長報告；二是港督會同行政局授權銀行業監理專員，命令"各銀行將所存的剩餘鈔票交回發行鈔票的銀行"。在香港政府及銀行體系採取連串措施之後，2月10日，擠提風潮暫告平息。從擠提風潮爆發到2月13日止，從倫敦運到香港的港幣已達5,000萬元，英鎊達110萬鎊。

3.3　1965年銀行危機高潮：恆生銀行控股權易手

不過，市場的平靜只是暫時的。當時，恆生銀行仍然受到謠言的困擾。直至3月份，仍有不少毫無根據的流言對恆生銀行進行惡意攻擊。一些不大負責任的報紙也刊登對不指名的本地銀行有損的新聞，恆生被廣泛地認為是其中之一。期間，部分大客戶陸續悄悄地取消帳戶。4月初，擠提風潮再起，這次首當其衝的就是恆生銀行。

1965年恆生銀行被擠提的情景，當時提款的人龍曾從總部一直伸延到香港會所。

當時，大批市民爭相湧到恆生銀行總行提取款項，人潮從德輔道中一直延伸到皇后像廣場的香港會所。滙豐銀行再次透過傳播媒介公開聲明支持恆生銀行，並委派職員駐守恆生總行大堂，以證明有足夠的現金供應。一疊疊鈔票遍佈大堂的各個角落，以應付客戶的需求。雖然恆生銀行多次向存戶保證，但情況仍每況愈下。4月5日，恆生銀行在一天之內失去8,000萬元存款，佔銀行存款總額的六分之一，到4月上旬總共失去2億港元。根據當時出任恆生副總經理的利國偉的回憶："恆生的存款一點一滴地被抽光，若然這樣繼續下去，我們便無法償還債項，甚至達到破產的邊緣。因此我們急於謀求對策。"

面對危局，恆生銀行董事長何善衡召開董事局會議急謀對策。當時，恆生銀行面臨三個選擇：要麼接受美國大通銀行的援助，要麼停業由政府接管，或者轉向滙豐銀行。經過多日的商討，到 4 月 8 日，恆生銀行董事局決定壯士斷臂，將銀行控股權售予滙豐，洽售事宜交由通曉英語的利國偉全權負責。翌日，利國偉與港府財政司郭伯偉會面，得到批准後立即與滙豐銀行接觸。在談判中，雙方對恆生銀行的總價值和出售的股權數量分歧較大，滙豐認為恆生時值 6,700 萬元，要求收購恆生 76% 股權，但恆生方面則表示銀行的時值應為 1 億元，並只願意出售 51% 的股權。雙方的談判一直持續到午夜才達成協定。結果，滙豐銀行以 5,100 萬元代價收購恆生銀行 51% 股權。消息傳開後，擠提風潮即告平息。

苦心經營逾 30 年的恆生銀行控制權就此斷送，成為何善衡等恆生創辦人畢生的憾事，何善衡為此痛哭了兩個晚上。不過，他在出售當天仍親自主持會議，並不斷向員工解釋，藉此穩定軍心。對於恆生銀行的這次挫敗，香港《南北極》雜誌資深專欄作家郭峰的評論是："一家如此迅速發展、善於經營、服務忠誠和口碑載道的銀行，就這樣被謠言所害，被人家吞掉 51% 股權，令全港有識之士無不為它扼腕慨歎。"〔19〕

是役，最大的贏家無疑是滙豐銀行，它不僅以極低廉的價格購入最寶貴的資產和業務，而且一舉消彌了香港銀行業中最有威脅的競爭對手，奠定滙豐在香港銀行零售業中的壟斷優勢。滙豐收購恆生銀行後，僅派出 4 位代表加入恆生董事局，並繼續保持其原來的華人管理層，這是滙豐的遠見卓識。當時，滙豐銀行的總經理桑達士認為，恆生銀行的成功，在於其華人管理層，所以滙豐不必要插手。

在滙豐的領導下，恆生銀行的業務發展更快。1972 年，恆生銀行決定在香港上市，它將股份的面值降低，1 股變為 10 股，並發行新股，使實收資本從 4,500 萬元增加到 1 億元。同年 5 月，恆生將其已發行股份的十分之一，每股面值 10 元共 100 萬股，以每股價格 100 元公開發售，結果獲得 29 倍的超額認購，凍結資金 28 億元。6 月 13 日，恆生在香港交易所掛牌上市，這是戰後在香港上市的第一家銀行。當天，恆生股票以每股 175 元高開，全日最高升至 186 元，最後以 165 元收市，即恆生銀行的市值已高達 16.5 億元。這時，恆生銀行擁有分行 20 間，員工超過 2,000 人，成為僅次於滙

1983 年恆生銀行董事局主席利國偉在金禧紀念慶祝晚宴上發表講話。

豐的最大商業銀行。恆生的名字，更因其在 1969 年編製的"恆生指數"而深入人心，家喻戶曉。

滙豐保證有效支持
遠東銀行現金充足
邱德根表示足應付任何交收

（特訊）港政府新聞處昨發表稱：「對於若干報章所載與遠東銀行有關之消息，政府已加以注意。政府已獲香港上海滙豐銀行主席及總經理桑達士保證，該行對遠東銀行之無條件支持之保證仍然有效，存戶之提欵。」

昨日遠東銀行在港九各處之分行及新界荃灣總行，一切情況與平日大致無異。（江）

接管有餘表示極少數中小銀行有困難
實無碍整個港銀行業安定
業內存欵轉移象不致重見

（特訊）本港有餘銀行昨日由滙豐銀行接管一事，表示本港有極少數中小銀行確有其現實上的困難，正在調整或改變其組織，惟此種現象既屬局部性質，更無碍於整個本港銀行業之安定，事實上，絕大部份距委銀行之基礎保穩健而值得信賴者。

該行存戶可隨時或滿期時提取，可預見將來各銀行總存欵均無實質退減可能。借欵戶依契約處理，不會被提早催還。

1965 年 11 月 25 日滙豐支持遠東銀行的聲明。　　1966 年 9 月 16 日關於有餘銀行被滙豐接管的報道。

　　1965 年的銀行危機最後還波及兩家小銀行 —— 遠東銀行和有餘銀行。遠東銀行創辦於 1958 年，創辦人是經營戲院起家的邱德根。早期，遠東僅是荃灣的一家小錢莊。1960 年代，遠東銀行也深深地陷入對房地產的貸款和投資中。1965 年銀行危機爆發時，它是遭受大量提款的銀行之一，並且是香港銀行業中唯一不符合銀行業條例有關法定清償力比率要求的銀行。1965 年 11 月 25 日，遠東銀行香港仔分行遭到擠提。應政府的要求，滙豐銀行發表聲明，表示它對遠東的無條件支持仍然有效。滙豐對遠東的支持直至 1969 年，該年後者被萬國寶通銀行收購。

　　有餘銀行由一批僑商創辦於 1953 年，像許多本地銀行一樣，它也深深捲入了房地產市場。1965 年銀行危機中，有餘銀行也遭受到極大的財政困難，不得不向滙豐銀行求助。1966 年 9 月 15 日，根據港府財政司的命令，有餘銀行被滙豐銀行接管。該年，受銀行危機的影響，香港因破產而正式經過法庭封閉拍賣的工商企業達到 435 家。

4. "利率協定"和《銀行業條例》的修訂

1960年代初廖創興銀行危機後，

香港各大小銀行為爭奪公眾存款展開了激烈的利率戰。

當時，以滙豐銀行為首的幾家英資銀行相繼參戰，以向其他銀行表明：

不加控制的競爭是徒勞無益的，

各銀行必須就利率問題訂出一項切實可行的協定。

4.1 "利率協定"的簽定

1961 年後期，在香港外滙銀行公會的協調下，外資的授權銀行與本地的非授權銀行開始談判，以商討建立存款利率統一結構的可能性。當時，有銀行建議將香港所有銀行劃分為三類（A、B 和 C），它們將分別把長期存款利率確定為 5%、5.5% 和 6%。不過，以恆生銀行、永隆銀行為首的非授權銀行則提出反建議，認為利率應分別是 5%、5.75% 和 6.5%。在談判中，以外資銀行為主的授權銀行提出利率的差距不應超過 1%，而非授權銀行則堅持差距至少應為 1.5%。談判由此陷入僵局。

1963 年，利率戰達到高潮，據報道有的小銀行甚至將利率提高到 10% 以上。在種種壓力下，香港外滙銀行公會和非外滙銀行代表小組委員會最終達成一項 "利率協定"，從 1964 年 7 月 1 日正式實施。根據 "利率協定"，所有參加協定的 86 家銀行，分為外國銀行和本地銀行兩大類：外國銀行 26 家；本地銀行根據存款數額的多少再分成四組，A1 組 13 家，A2 組 10 家，B1 組 16 家，B2 組 21 家。其中，滙豐銀行被分入外國銀行類，由中國資本持有的中銀集團的成員銀行和在馬來亞註冊成立的銀行被劃入本地銀行類。外國銀行對不同期限的定期存款所提出的利率成為基礎利率，本地銀行各組所提出的利率在基礎利率的基礎上分別增加年息 0.75%、1.25%、1.5% 及 1.75%。（見表 2.6）

表2.6　香港銀行體系的利率結構（1964年7月1日）			
	3 個月定期存款利率	6 個月定期存款利率	1 年定期存款利率
外國銀行	四釐半	四釐七五	五釐
本地銀行：A1	五釐二五	五釐五	五釐七五
A2	五釐七五	六釐	六釐二五
B1	六釐	六釐二五	六釐五
B2	六釐二五	六釐五	六釐七五
所有銀行	7 天期通知存款一律週息四釐		

資料來源：香港外滙銀行公會

為了監督利率協定的執行，由授權銀行和非授權銀行派出代表組成一特別委員會，並規定任何銀行一經發現違反協定，將不得使用香港票據交換所的結算系統，以及禁止其進行銀行同業間的外滙和資金交易。

1964 年以來，利率協定經過了多次修改，除了利率的變動以外，銀行的分類也發生了變化。本地銀行中的 B1 和 B2 類在 1965 年 7 月被合併成 B 類，A1 類中的 5 家銀行 —— 中國銀行、東亞銀行、南洋商業銀行、廣東省銀行和恆生銀行在 1966 年 3 月被分為 "特類銀行"。其後，外國銀行、特類銀行和本地銀行中的 A1、A2 類以及 B 類銀行分別改名為 1 至 5 類銀行。被外國銀行收購的本地銀行也被列入 1 類銀行。（見表 2.7）

表2.7　按參加利率協定的銀行分類（1973年7月1日）
第 1 類	荷蘭銀行、美國運通銀行、泰國盤谷銀行、印尼國家銀行、美國信孚銀行、廣東銀行、印度銀行、華比銀行、法國東方滙理銀行、法國國家巴黎銀行、渣打銀行、美國大通銀行、道亨銀行、建南銀行香港分行、歐亞銀行、遠東銀行、萬國寶通銀行、恆生銀行、滙豐銀行、印度海外銀行、國際商業銀行、韓國外換銀行、廣安銀行、有利銀行、巴基斯坦國民銀行、三和銀行、住友銀行、友邦銀行、滙豐財務公司、永亨銀行、巴克萊國際銀行香港分行
第 2 類	中國銀行、東亞銀行、廣東省銀行、廖創興銀行、南洋商業銀行、海外信託銀行、上海商業銀行、新華信託儲蓄商業銀行、永隆銀行、永安銀行
第 3 類	交通銀行、浙江第一商業銀行、崇僑銀行、香港商業銀行、大新銀行、四海通銀行香港分行、恆隆銀行、香港工商銀行、嘉華銀行、馬來亞銀行、華僑銀行、華聯銀行香港分行、大華銀行香港分行
第 4 類	中南銀行、國華商業銀行、集友銀行、香港華人銀行、金城銀行、浙江興業銀行、友聯銀行、中國聯合銀行、鹽業銀行
第 5 類	香港京華銀行、康年銀行、華僑商業銀行、寶生銀行、大生銀行、大有銀行，以及不受協定約束而在受限制的牌照下經營的陳萬昌財務公司、利成銀行、明泰財務公司

資料來源：香港外滙銀行公會

利率協定僅限於對存款利率的約束，各銀行可以自由制定各種貸款利率，只要不違反《1911 年債權人條例》第 24（1）條有關年息不得超過 60% 的規定。按照傳統，幾家發鈔銀行為其最好客戶所制定的 "最優惠利率"，成為香港貸款市場價格制定的標準。

4.2　湯姆金斯報告和1964年《銀行業條例》

其實，早在廖創興銀行擠提風潮過去後，即有人提出加強對銀行管制、重訂銀行條例的問題。1961 年 7 月 5 日，在香港立法局會議上，非官守議員鄧‧律敦治提出一項建議，鑒於最近民眾對銀行業務的批評，政府是否應該對香港現行的銀行條例進行一次徹底的檢討，以便建立最低限額流動準備金制度，以及銀行經營有關業務的劃一標準。該項建議在官方會議上正式提出，立即引起銀行界的密切注意。

有關 "管制銀行" 的問題早在 1960 年 4 月就有人提出，當時英國一位銀行家訪港，在對香港金融業作出一番調查後曾提出一項建議：香港應設立一家中央銀行。廖創興銀行擠提風潮發生後，有關設立中央銀行的建議被再度提出。1961 年 6 月下旬，前滙豐銀行董事長兼總經理端納公開發表談話説，港府為維持香港經濟穩定、顧全大眾利益，應通過立法建立"銀行稽核制度"，以對香港現有大小銀行進行稽核。7 月 5 日，鄧‧律敦治在立法局提出建議後，政府財政司在答覆詢問時即指出，鑒於香港銀行日多，業務日廣，政府應考慮實施比現行銀行條例所規定的更大的管制。

其後，港府邀請英倫銀行高級職員湯姆金斯（H.T. Tomkins）訪港，研究修訂銀行條例問題。1962 年 2 月 7 日，湯姆金斯抵港。同年 4 月，湯姆金斯向港府提交《關於香港銀行制度的報告及重訂銀行條例的建議》。該報告分三部分，第一部分重點檢查了香港現行的銀行制度，第二部分是結論和建議，第三部分包括一份取代 1948 年銀行條例的立法草案。該報告認為，香港銀行制度存在的主要問題是：（1）銀行數目太多，市場有限，使得爭取存款成為十分激烈的競爭，這部分反映在以高息吸引存款和大量開設分行方面；（2）部分銀行對地產和股票過度貸款及投資，在房地產和股票市場陷得過深；（3）家族性銀行往往將銀行業務和董事們的家族企業結合在一起，影響了銀行存款的安全性。

湯姆金斯報告書特別指出當時香港一些本地中小銀行對房地產和股票市場過度投入所存在的風險："無疑，若然能夠在地產及股票市場作出成功的投資，收穫仍然是十分可觀的；而且也有不少銀行是依靠地產買賣的盈利，才建立了今日的成就。不過，這並不是一個健全的銀行體制，事實證明不少銀行因未能遵守'借貸平衡'的原則，以致產生運作上的困難。"

針對香港銀行制度存在的問題，湯姆金斯報告書提出了重訂銀行業條例的一系列建議：（1）規定銀行至少要持有 500 萬元的實收股本，並建立同等金額的公開準備金；（2）為保護股東和存戶的利益，對銀行活動實行一系列的限制，包括對某一個人、某一公司或董事們及僱員們的貸款總額作出限制；（3）規定銀行的流動資產比率至少為 25%，以應付銀行的短期債務，包括現金或通過結算；（4）加強對銀行帳戶的審計，並要求銀行全部公佈其每年的資產負債表；（5）規定銀行須定期向財政司提交月度和季度報告以作為銀行監理專員監督和檢查的基礎；（6）任命一名銀行監理專員負責對銀行進行監察和簽發牌照，並有權對不滿意的銀行實行管制或撤銷牌照。

1964 年 11 月 16 日，香港政府根據湯姆金斯報告書的建議，制定並在立法局通過了 1964 年《銀行業條例》，同時廢除 1948 年的銀行條例。新銀行條例吸收了湯姆金斯報告書的所有主要建議，並在此基礎上進一步加強監管，如規定凡有違反本條例的，當局有權進入經營場所搜查，逮捕並起訴違法的銀行董事及職員。新條例對非公司組織的家族性小銀行也有專門的規定，准許其免受有關銀行資本要求、流動資產比率、對貸款和投資的限制等條款的約束，但不得使用"銀行"及其衍生字眼等名稱進行經營，並不得接受超過 200 萬元的公眾存款。新條例還對銀行業務作了更嚴謹的規定。同年，根據新條例，香港銀行監理處成立。

不過，1964 年《銀行業條例》尚未有效發揮作用，就爆發了更大規模的 1965 年銀行危機。1967 年，港府即對危機中該條例暴露的漏洞進行了修訂，其主要要點是：（1）將財政司監管銀行的權力交由銀行監理專員直接行使；（2）將銀行實收股本的最低限額從 500 萬元提高到 1,000 萬元，准許 4 年寬限時期，並規定銀行如果 4 年後仍未符合要求，其存款限制為銀行實收股本和準備金的 10 倍；（3）對流動資產的定義作了更嚴謹的解釋，規定只有與其他銀行往來的淨餘額才可以算入流動資產，以防銀行相互借貸製造假象；（4）銀行監理專員有權在適當的情況下指定第二審計人員，並要求該人員審查以後的月度報表；（5）銀行開設分行須經銀行監理專員批准並繳納費用。

香港政府除了修訂銀行條例之外，還宣佈停止簽發銀行牌照使銀行業得以有機會整固。政府"凍結"銀行牌照的措施一直持續到 1978 年，其間曾於 1972 年對英國的巴克萊國際銀行發放單項銀行牌照（即只准在區內開設一個辦事處）。此外，香港政府在 1969 年、1971 年和 1980 年先後對銀行業條例進行了進一步的修訂。

1964 年的《銀行業條例》以及作為制定條例基礎的湯姆金斯報告書，將對銀行業的監管重點放在糾正銀行在經營管理上的不當行為，加強審慎的財務管理方面，而不是香港銀行體系在結構上的缺陷，對社會上要求設立中央銀行的呼聲沒有給予回應。對此，當時由華僑日報編印的《香港年鑑》曾作出這樣的評論：

"湯姆金斯這項舉案，是偏重於消極管制的，似欠缺積極性之扶助，當然香港有少數銀行是從事貿易投機和套滙、投機的各種不正當之營業確須立例予以管制，又如某些銀行對地產股票投資之過多，亦宜設法予以指導。消極之管制，仍有其必要。但香港銀行目前之急切問題，還是在正確之領導和積極之扶助，要達成此兩項工作，必須迅速設立中央銀行⋯⋯

"要達到管制銀行之理想目的，必須迅速設立一家完善之中央銀行，因為只有中央銀行才能徹底地擔負起管制銀行之任務，世界任何國家，都以中央銀行管理一般銀行的，故又稱為銀行之銀行。它是以超然的立場來主持一國之金融事務。

"各國之中央銀行，單獨享有發行鈔票之特權，因此，它不能經營商業銀行之業務，對所有銀行一視同仁，並無軒輊，中央銀行又是一般銀行之最後救護者，遇有銀行擠兌等事情，中央銀行必須負起支持的責任，所以，我們贊同香港有合情合理之法例，來管理銀行，但我們更堅決主張，香港必須有一中央銀行，來執行管理銀行之任務，及健全整個金融制度，以協助香港經濟之發展。"[20]

5. 戰後保險業的重建與發展

二次大戰期間，

香港經歷了日軍三年零八個月的佔領。

香港的保險公司，

不是撤離就是停業，

整個保險業幾乎陷於停頓、癱瘓狀態。

5.1 戰後水險與火險業務的發展

1945 年 8 月 30 日，英國皇家海軍特遣艦隊抵達香港，成立軍政府。1947 年，香港政局漸趨穩定，私營機構也開始重新運作，香港作為傳統的貿易轉口港重新迅速復興。戰後至聯合國對中國實行貿易"禁運"前的一段時期，香港水險業務發展進入黃金時期，不論是外地來貨或者貨物出口的投保，都達到全盛狀態。可惜，好景不常，1950 年朝鮮戰爭爆發，以美國為首的聯合國對中國實施貿易禁運。1952 年，香港的轉口貿易驟然衰落，受此打擊，航運、金融、保險等行業均告不景。

1950 年代後期至 1960 年代中期，香港經濟成功轉型，從一個傳統的貿易轉口港演變為遠東地區的輕紡工業中心。隨着香港產品出口的大幅增長，香港的水險業務有了進一步的發展，但是競爭也更趨激烈。各保險公司惟有各出奇謀，例如，保險費收取的期限，普通是一星期至三個月，但對信用好的客戶則延至半年後收的也有；有的保險公司還用增僱"跑街"、增聘代理商、相互暗中按低折扣，增加顧客的回傭，增加經紀的傭金等辦法來推銷業務。因此，洋行和銀號兼代理保險業務的情況也多起來了。由於競爭激烈，水險保費已相當低，例如，1952 年英國線的水險費率，普通（指水漬險）為 0.25%，即每 100 港元收 2 毫半；日本線為 0.15%；非洲、南美等地要視實際情形而定，每 100 港元收 7、8 元甚至 10 多元也有。1955 年，於仁保險董事會主席 C. 布萊克就指出了水險業務競爭的長期性，他稱水險"業務競爭激烈混亂、費率降低隨意"[21]。

1960 年代，經營水險業務的保險公司頻受打擊。1962 年，"溫黛"颱風襲擊香港，造成 120 人喪生和大量財物的損失，"沙丁"號輪船在海浪中沉沒。在這次颱風中，擱淺或遇

難的船隻共計 20 艘。保險公司要付出意外的一筆賠償費，為數約達幾百萬港元。1965 年，
"貝齊颶風"再次衝擊香港，這場颶風使香港保險業遭受有史以來的最大單項承保災難。資料
顯示，1964 年，歷史悠久的於仁保險公司當年水險賠償大幅增加，所支付的賠款不少於收入
的 85%。1965 年，於仁保險支付的賠款接近保費收入的 90%。鑒於各地的索賠額普遍較高，
1964 年香港保險界達成了一項固定保險費率的協議。

　　1950-60 年代期間，與水險業務經營的日見困難相比，火險業務倒是獲得了蓬勃發展。
1950 年代初期朝鮮戰爭爆發後，香港轉口貿易一落千丈，存放在倉庫的貨物大量增加，香港
的火險業務因此暢旺起來，各保險公司紛紛增聘代理人搶佔市場，有的數以百計，普通的也有
三、四十名，保險公司也因此要負擔一筆相當大的中介傭金，同時也要以給予折扣等方式招徠
顧客。因而，保險公司的實際收入一般只及保險費的六成半至七成。歷史悠久、資本雄厚的保
險公司由於具有客戶的基礎，在競爭中往往處於優勢，獲利豐厚；新入行的公司則普遍感受到
競爭的壓力，一遇到資金周轉不靈就要停業。由於競爭激烈，有的店舖投買火險，本來可以一
起買足 40 萬港元，但為了應付保險公司的糾纏，寧願分開兩家甚至三家保險公司購買，無形
中保險公司的生意被分薄了。

　　當時，香港從事火險的公司都有一部由香港火險公會頒佈的紅皮書《Tariff of The Fire
Insurance Association of Hong Kong》，詳細列明各種火險的保費費率，並且每年都跟隨形勢
的變化而做出修訂。所有加入火險公會的保險公司，都必須依照所規定的費率收費。當時，香
港火險保費費率的制訂及調整，都由佔壟斷地位的英資大保險公司決定，其他保險公司跟隨。
由於水火險投保數額龐大，各家保險商實施再保險的制度，由同業間分擔承保。在香港也有實
施這種分保辦法，有採用協議性質和硬性規定兩種辦法。前者在每單巨額投保，除本身承保部
分之外，另取得聯號的同意分保百分之若干；後者則互訂長期合約，舉凡某項或某線的水火
險，得硬性分保百分之若干，每月結單核算。不過，1961 年香港火災頻繁，保險公司在賠償方
面也負擔不少。例如，九龍倉所存棉花就曾燒過數次，保險公司曾組織人員進行調查，瞭解貨
倉的設備情形，希望藉此調高保險收費來減輕負擔，但結果收費卻並沒有提高。防火宣傳家喻
戶曉。1966 年香港火災共 2,700 多宗，其中大宗就佔 150 多宗。保險公司在這方面所負擔的
賠償費，達一千多萬港元。1969 年，全年火警達 5,105 宗，比 1968 年增加了 25%，致使財物
的損失約 2,000 萬港元。

　　1960 年代，香港火險業務發展迅速，主要原因是：(1) 1960 年至 1963 年期間，香港曾
發生好幾場大火，一些店舖、住宅均受到損失。於是保險公司藉此加強宣傳，招徠生意，增加
了不少店舖的火險生意。(2)香港進出口貿易持續增長，貨倉存貨經常擁擠，故貨倉的火險投
保也不弱。由於往來貨物多，流轉率快，使得貨倉的火險投保生意活躍。各家工廠因為外來訂

單多，需要頻頻訂各種原材料；而製成品生產又多。（3）新樓宇大量落成，對火險業務也帶來促進。

5.2 "汽車險"、"勞工保險"等意外保險業務的發展

這一時期，包括"汽車險"、"勞工保險"等意外保險業務也獲得了一定的發展。1950 年代，由於香港的車輛增多，汽車意外事件大幅增加。1951 年 11 月 9 日，香港總督葛量洪批准頒佈實施《汽車保險（第三者意外）條例》，該條例共 20 條，規定任何人使用汽車都要投保，目的是在對因使用汽車而引致的意外事件中的第三者提供保障。香港的汽車險、第三者保險的保率，由意外險公會規定，根據汽車的製造年度和馬力而徵收。由於每年交通失事甚多，保險公司的賠款增加，汽車保險連連虧損。1966 年，香港意外保險公會宣佈，鑒於汽車修理費提高及第三者這保險賠率增加，香港保險業將對汽車保險收費全面加價。

1950 年代，香港工業繁盛，勞動力大增，工人工傷事故頻頻發生，勞工保險因而應運而生。1953 年 12 月，香港政府頒佈實施《勞工因公受傷賠償法案》，規定僱主必須為工人購買勞工保險，並規定了勞工保險的收費等級，工作的危險性越大，收費就愈高。例如，一般性工作的工人，其保險的收費率約為 1%；而打井工人、拆樓工人、建塔工人等，其保險的收費率則高達 10% 左右。不過，該條例實施後的數年間，除了港九各大工廠投購勞工保險，或有商號聯保外，其他小工廠以及一些危險性部門企業，普遍都沒有購買勞工保險，以致工人不慎發生傷亡事故後，勞資雙方在討價還價中無法協調。有鑒於此，1957 年 6 月，香港政府勞工處要求僱主要替工人購買保險，並將開支列入年度經常費用。

這一時期，香港發生的一些事件也推動了意外險的發展。如 1956 年 10 月，香港九龍地區發生嚴重騷亂，使香港工業界蒙受重大損失。全港棉紡織業大多停工，其他工廠也都面臨停工的危險。由於停工停產，產品不能如期交貨，各工廠損失嚴重。如有的工廠日產棉紗 750 包，價值達近百萬港元，結果生產一停，一天的損失就高達百萬港元。當時，各家受損失的工廠本來都購買過意外險，但這次騷亂屬暴動保險，因此不能獲得賠償，對受損失的工廠就如雪上加霜。當年 10 月，廠商購買的暴動險，保額就高達 1 億港元。[22]

戰後，伴隨著工業的發展，意外保險業務獲得了長足的發展，這推動了公會組織的誕生。1946 年，香港意外保險公會（The Accident Insurance Association of Hong Kong）成

表2.8 1960年代初中期香港保險公司發展概況

	香港水險公會	香港火險公會	香港意外保險公會	香港華商保險公會	保險公司總數
1959 年	107	80	87	20	—
1960 年	117	123	96	21	157
1961 年	119	129	99	21	160
1962 年	119	130	100	24	160
1963 年	119	132	105	25	160
1964 年	119	151	116	26	160

資料來源：香港經濟導報編《香港經濟年鑑》，1960 年至 1965 年。

立，目的是團結保險公司（通過它們的地區經理，主要代理商或是代表）處理香港殖民地的意外傷害業務以確保一旦出現有影響這類公司利益的事情就採取聯合行動，同時也建立和鞏固為保障意外保險業務在香港順利運行的規章制度；其成員包括在香港境內從事任何種類的意外保險的保險公司（表 2.8）。1987 年，香港意外保險公會的會員為 141 個。[23]

　　1960 年代中期，香港工業化進程加快，對外貿易蓬勃發展，香港政府為了鼓勵出口，於 1966 年 12 月 23 日成立香港出口信用保險局。香港出口信用保險局由政府投資，初期總資本額為 1,000 萬港元，負責擔保該局為香港出口商提供保險和保證所引起債務的法定最高限額為 3 億港元。[24]其後，隨着保險業務的發展，總資本額在 1973 年增加到 2,000 萬港元，法定最高負債額亦逐年提高，1977 年提高至 20 億港元。出口信用保險局實行獨立核算，自負盈虧，經營業務全部自理，只有重大的基本政策變動，才須報請政府財政司批准。該會於 1969 年加入信用保險業國際總會。

　　根據香港政府公司註冊處的統計，到 1969 年 3 月底為止，香港保險公司共有 207 家，其中包括保險代理行。不過，由於保險代理行只是出用了保險公司的保單，可以代表保險公司參加公會，但本身並無公會會員的資格；因此，一般不將其統計入保險公司範圍之內。根據《香港經濟導報》的統計，在剔除這些保險代理行之後，到 1969 年底為止，香港共有保險公司 167 家，其中，經營水火險的一般保險公司 146 家，經營人壽保險的人壽保險公司 21 家。而實際上，在香港真正設立公司或分公司的，一般保險公司有 37 家，人壽保險公司 21 家，共有 57 家，其餘 110 家都是委託香港的銀行、洋行、商行或保險代理行代為出單，但都已分別參加了有關保險公會（表 2.9）。

　　一般保險公司 146 家中，以英資最多，有 68 家；美洲資本次之，有 20 家，其中美資 19 家、加拿大資本 1 家；本地華資 16 家；歐洲資本（除英國外）10 家，包括瑞士資本 4 家、法國資本 3 家、荷蘭資本 3 家；澳洲資本 9 家；亞洲資本（除中國大陸、香港外）14 家，包括日本資本 5 家、印度資本 5 家、印度尼西亞資本 2 家、菲律賓資本 2 家；中國資本則有 3 家。此外，還有一些華僑資本的保險公司。[25]

　　在香港各項保險業務中，以水火險為最大宗，這些水火險業務以英資保險公司承保佔較大比重，美資保險公司次之，香港華資保險公司又次之。壽險業務則由美資保險公司把持，本地華商保險公司次之，英資保險公司又次之。至於汽車第三保險則仍由英資保險公司壟斷，美商及本地華商僅佔若干比重。

表2.9 1960年代初香港保險公司一覽表

保險公司名稱	地址	電話
安德納保險公司 (Aetna Insurance Co., Ltd)	怡和大廈	23993
美亞保險公司 (American Asiatic Underwriters)	大道中 12-14 號	26681
美國友邦保險有限公司 (American International Assurance Co., Ltd)	大道中 12-14 號	26681
美亞保險有限公司 (American International Underwriters Ltd)	大道中 12-14 號	26681
美安保險公司 (American Home Assurance Co., New York)	大道中 12-14 號	26681
友邦人壽保險公司 (American Life Insurance Co.)	大道中 12-14 號	26681
美國海外保險公司 (American Foreign Insurance Association)	怡和大廈	27761
亞洲保險有限公司 (Asia Insurance Co., Ltd.)	文咸西街 66 號 3 樓	41207
庇理亞洋行有限公司 (Blair & Co., Ltd.)	皇室行	28086
太古公司 (Butterfield & Swire.)	干諾道中一號	30331
永勝洋行 (Backhouse James H. Ltd.)	公主行	26709
首都保險有限公司 (Capital Insurance & Surety Co., Inc.)	印刷行	26666
信昌機器工程有限公司 (China Engineers Ltd.)	歷山大廈	35451
中國保險有限公司 (China Insurance Co., Ltd.)	中國銀行大樓三樓	34131
均益貨倉有限公司 (China Provident Loan & Mortgage Co., Ltd.)	干諾道西 171 至 178 號	23962 40036
旗昌保險公司 (China Underwriters Ltd.)	告羅士打行	28126
全安火燭保險有限公司 (Chun On Fire Insurance Co., Ltd.)	大道西八號	46888
金孖素於仁燕梳有限公司 (Commercial Union Assurance Co., Ltd.)	於仁行 17 樓	27502
Central Insurance Co., Ltd. (代理：庇理亞洋行)	皇室行	28085
Commercial Insurance Co. of Newark N.J.	大道中 12-14 號	26681
大陸保險有限公司 (Continental Insurance Co. Ltd.)	華人行	30604
Cornhill Insurance Co., Ltd.	愛丁堡大廈	38021
的呢洋行 (Deacon & Co., Ltd.)	滙豐銀行六樓	31286
天祥洋行 (Dodwell & Co., Ltd.)	滙豐銀行六樓	28021
Economic Insurance Co., Ltd. 代理：怡和洋行	怡和大廈	38081
氈拿路燕梳有限公司 (General Accident, Fire & Life Assurance Corporation)	公主行	26706
仁記洋行 (Gibb Livingston & Co., Ltd.)	鐵行	30326
太平洋行 (Gilman & Co., Ltd.)	歷山大廈	34181
赫德福保險公司 (Hartford Fire Insurance Co.)	怡和大廈	27761
年豐人壽保險有限公司 (Home Security Life Insurance)	歷山大廈	27007
Home Insurance Co.	歷山大廈	38105
宜安保險公司 (I On Marine & Fire Insurance Co.)	東亞銀行	23597
北美洲保險公司 (Insurance Company of North American)	聖佐治行二樓	37016
怡和洋行 (Jardine Matheson & Co., Ltd.)	怡和大廈	38081
隆德燕梳有限公司 (Lombard Insurance Co., Ltd.) 怡和洋行代理	怡和大廈	38081

表2.9　1960年代初香港保險公司一覽表（續）

保險公司名稱	地址	電話
洛士利洋行有限公司 (Loxley, W.R.& Co. Ltd.)	怡和大廈	34165
聯安燕梳公司 (Luen On Fire & Marine Insurance Co., Ltd.)	永樂街八十九號	48990
聯泰保險有限公司 (Lun Tai Mutual Fire & Marine Insurance Co., Ltd.)	德輔道中 27 號	
蘭加西保險公司 (Lancashire Insurance Co., Ltd.) 代理：洛利士洋行	怡和大廈	34165
英商環球燕梳有限公司 (Liverpool & London & Globe Insurance Co., Ltd.) 代理：天祥洋行	歷山大廈	28027
中華保險公司 (Malaya Insurance Co., Ltd.)	渣打銀行大廈	38058
免拿洋行 (Manners Insurance Ltd.)	歷山大廈	34177
懋凱保險公司 (Mercantile Fire & Marine Underwriters)	大道中中和行	38230
香港民安保險有限公司 (Ming An Insurance Co., , <H.K.> Ltd.)	中國銀行大廈三樓	34181
宏利人壽保險公司 (Manufactures Life Insurance Co.)	皇室行	34156
香港水險公會 (Marine Insurance Association Secretaries)	歷山大廈	28106
海寧保險股份有限公司 (Maritime Union Assurance Co. Ltd.)	渣打銀行大廈	
Motor Union Insurance Co., Ltd.	歷山大廈	38100
Marine & General Insurance Co., of Bombay 代理：怡和洋行	怡和大廈	38081
國民燕梳有限公司 (National Insurance Co., Ltd.)	興發大廈	37976
紐西蘭國民保險公司 (National Insurance Co. of New Zealand Ltd.)	大道中 112 號	37647
新印度保險股份有限公司 (New India Assurance Co., Ltd. <of Bombay India>)	雪廠街 9 號	32930
紐西蘭保險有限公司 (New Zealand Insurance Co., Ltd,)	畢打街 14 至 16 號	35466
北太平洋燕梳有限公司 (North Pacific Insurance Co., Ltd.)	歷山大廈	28081
Northern Assurance Co., Ltd. 火險代理：仁記洋行 水險代理：會德豐公司	鐵行 愛丁堡大廈	30326 31183
Neuchatel Swiss General Insurance Co., Ltd. Zurich Switzerland	大道中 12-14 號	26681
New Great Insurance Co., Of India 代理：怡和洋行	怡和大廈	38081
New England Insurance Co. 代理：Zung Fu Co.	崇明大廈	26197
North American Insurance Co., Ltd. of	聖佐治大廈	37016
Norwich Union Fire Insurance Society Ltd.	爹核行	21746
Occidental Life Insurance Co. of California	公主行	26589
華僑保險有限公司 (Overseas Assurance Corp. Ltd.)	愛丁堡大廈	31118
太平洋島燕梳有限公司 (Pacific Islands Insurance Co., Ltd,)	公主行	31188
大眾保險有限公司 (Public Insurance Co., Ltd.)	大昌大廈	25706
寶豐保險有限公司 (Paofoong Insurance Co., Ltd.)	大道中 6 號	36011
Pacific Insurance Co., Ltd. 代理：怡和洋行	怡和大廈	38081
Phonix Assurance Co. Ltd. 代理：仁記洋行	鐵行大廈	30326
寶塔保險有限公司 (Pagoda Insurance Co. Ltd.)	高士打道 256 號	70116
Public Life Assurance Co. Ltd.	高業大廈	26706

表2.9 1960年代初香港保險公司一覽表（續）

保險公司名稱	地址	電話
Queensland Insurance Co. Ltd. 代理：怡和洋行	怡和大廈	38081
泰和洋行 (Reiss, Bradley & Co., Ltd. <Victoria Insurance Co., Ltd.>)	大道中 2 號	33145
皇家保險有限公司 (Royal Insurance Co., Ltd.)	印刷行	32193
囉士洋行 (Ross Alex & Co. Ltd.)	皇室行	28177
Reliance Marine Insurance Co. Ltd 代理：太古洋行	干諾道中 1 號	31905
Reliance Underwriters Ltd.	公主行	26589
上海聯保水火險有限公司 (Shanghai Fire & Marine Insurance Co., Ltd.)	德輔道中 6 號 廣東銀行大廈	21513
先施保險置業有限公司 (Sincere Insurance & Investment Co., Ltd.)	德輔道中 173 號	21831
修付畢啫燕梳有限公司 (South British, Insurance Co., Ltd.)	太子行	36038
瑞華保險公司 (Swiss Underwriters)	大道中 14 號	26681
瑞士保險公司 (Switzerland General Insurance Co., Ltd.)	聖佐治行	37016
Sea Insurance Co., Ltd. 代理：太古洋行	干諾道中 1 號	31950
先施人壽保險有限公司 Sincere Life Assurance Co., Ltd.	德輔道中 173 號	25079
同和洋行 (Spalinger U. & Co., Ltd.)	歷山大廈	37061
Springfield Fire & Marine Insurance Co., 代理：Metro Car (H.K.)Ltd. Reliance Underwriters Ltd.	英皇道 121 號 公主行	71321 25122
Sphere Insurance Co., Ltd. 代理：Balli Bros. Ltd.	歷山大廈	37547
瑞典洋行 (Swedish Trading Co. Ltd. The)	太子行	20171
加拿大永明人壽保險公司 (Sun Life Assurance Co. of Canada)	告羅士打酒店	31269
St.Paul Fire & Marine Insurance Co. 代理：Tak Kee Shipping & Trading Co., Ltd.	傅氏大廈	38091
Standard Marine Insurance Co., Ltd. 代理：太古洋行	干諾道中 1 號	31905
太平保險公司 (Tai Ping Insurance Co., Ltd.)	德誠大廈	28055
香港火燭保險有限公司 (The Hong Kong Fire Insurance Co., Ltd.) 代理：怡和洋行	怡和大廈	38081
多利順洋行 (Thoresen & Co., Ltd.)	皇后行	31241
於仁洋面及火險保安有限公司 (Union Insurance Society of Canton, Ltd.)	於仁大廈	35671
United India Fire & General Insurance Co., Ltd.	大道中 12-14 號	26681
環球保險有限公司 (Universal Underwriters Ltd.)	大廈行	24471
Union Trading Co., Ltd. The	歷山大廈	38100
United Scottish Insurance Co., Ltd. 代理：多理順洋行	皇后行	31241
United Insurance Co., Ltd. 代理：怡和洋行	怡和大廈	38081
United Insurance Co., Ltd. Sydney	國民行	22633
聯合保險有限公司 (United Insurance Underwriters Ltd.)	國民行	22633
Universal Insurance & Indonnity Co.	商業大廈	25061

表2.9　1960年代初香港保險公司一覽表（續）

保險公司名稱	地址	電話
Victoria Insurance Co., Ltd. 代理：Reios Bradley & Co., Ltd.	萬國寶通銀行大廈	28006
華寶洋行有限公司 (Wallem Lambernt Bros. Ltd.)	滙豐銀行大廈	38041
會德豐有限公司 (Wheelock Marden & Stewart Ltd.)	愛丁堡大廈	31181
永安水火保險有限公司 (Wing On Fire & Marine Insurance Co., Ltd.)	德輔道中 225 號	46311
世界保險公司 (World Auxiliary Insurance Corporation Ltd.)	聖佐治行	37016
裕通泰有限公司 (Yu Tung Tai Ltd.)	大道中 2 號	27758

資料來源：香港經濟導報編《香港經濟年鑑（1962 年）》，第四篇，第 20-24 頁。

注 釋

〔1〕　饒餘慶著，《香港的銀行與貨幣》，上海翻譯出版公司，1985 年，第 11 頁。

〔2〕　冼玉儀著，《與香港並肩邁進：東亞銀行 1919-1994》，東亞銀行，1994 年，第 68 頁。

〔3〕　參見《遠東經濟評論》，1946 年 12 月 11 日，轉引自冼玉儀著，《與香港並肩邁進：東亞銀行 1919-
　　　 1994》，東亞銀行，1994 年，第 69 頁。

〔4〕　周亮全著，〈香港金融體系〉，載王賡武主編，《香港史新編（上）》，香港：三聯書店，1997 年，第
　　　 348 頁。

〔5〕　參閱《香港年鑑（1949 年）》中卷〈金融篇〉，《華僑日報》社，1949 年。

〔6〕　參見《遠東經濟評論》，1947 年 11 月 19 日，轉引自冼玉儀著，《與香港並肩邁進：東亞銀行 1919-
　　　 1994》，東亞銀行，1994 年，第 70 頁。

〔7〕　參閱《香港年鑑（1951 年）》上卷〈金融篇〉，《香港年鑑（1952 年）》上卷〈金融篇〉，《香港年鑑（1953）》
　　　 上卷〈金融篇〉，《華僑日報》社。

〔8〕　T. K. Ghose, *The Banking System of Hong Kong*, Butterworth & Co(Asia) Ltd., 1987, pp 65.

〔9〕　滙豐銀行在中國大陸遭受的挫折可參閱馮邦彥著，《香港英資財團（1841-1996）》，香港：三聯書店，
　　　 1996 年，第 119-130 頁。

〔10〕 Frank H. H. King, *The History of The Hongkong and Shanghai Banking Corporation Volume IV,
　　　 The Hongkong Bank in the Period of Development and Nationalism,1941-1984,* Hong Kong and
　　　 Shanghai Banking Corporation, 1988, pp351-352.

〔11〕 柯立斯著、中國人民銀行金融研究所譯，《滙豐銀行百年史》，北京：中華書局，1979 年，第 159 頁。

〔12〕 同〔2〕，第 71 頁。

〔13〕 Gillian Chambers, *Hang Seng: The Evergrowing Bank,* Hong Kong: Everbest Printing Company, Ltd.,
　　　 1991,pp36.

〔14〕 同〔1〕，第 204 頁。

〔15〕 姚啟勳著，《香港金融》，香港：泰晤士書屋，1962 年，第三版，第 85 頁。

〔16〕同〔1〕，第 43、198-199 頁。

〔17〕同〔1〕，第 40 頁。

〔18〕參閱《廖創興銀行擠兌事件及銀行管制問題》，載《香港經濟導報》社編，《香港經濟年鑒（1962 年）》
第 1 篇，第 284 頁。

〔19〕郭峰著，《恆生銀行的崛興》，載香港《南北極》雜誌第 116 期，1980 年 1 月 6 日，第 6 頁。

〔20〕《香港年鑒（1963 年）》第 16 回《香港全貌》之〈一年來之香港銀行〉，《華僑日報》社。

〔21〕Alan Chalkley, *Adventures and Perils: The First Hundred and Fifty Years of Union Insurance Society
of Canton, Ltd.,* Ogilvy & Mather Public Relations (Asia) Ltd., 1985, pp37.

〔22〕《香港全記錄（卷一）》，1956 年 10 月 13 日，1956 年 10 月。

〔23〕香港保險業聯會："The Accident & Marine Insurance Associations of Hong Kong"，1987 年 8 月 17
日，第 1 頁。

〔24〕Alan Chalkley, *Adventures and Perils: The First Hundred and Fifty Years of Union Insurance Society
of Canton, Ltd.,* Ogilvy & Mather Public Relations (Asia) Ltd., 1985, pp11.

〔25〕參見《保險業》，載香港經濟導報編：《香港經濟年鑑（1970 年）》，第一篇，第 186 頁。

1931 年香港證券交易所會員。

第三章
香港證券市場的發展與改革

1. 香港股市沿革：從香港會到"四會時代"

香港證券市場的發展

最早可追溯到1860年代。

早在1866年，即《公司條例》通過後的第二年，

香港已有證券買賣活動，

早期的證券經紀人大多是歐洲人。

1.1 香港早期的股票市場

1919 年 5 月 15 日發行的東亞銀行舊股票正面。

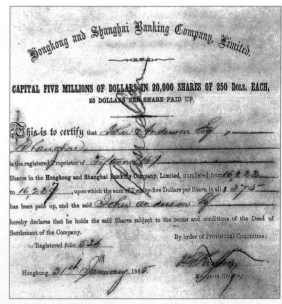

1860 年代發行的滙豐銀行股票。

　　據 1874 年出版的《中國年鑒》的記載，當時香港從事各行各業的 30 名經紀中，就有 5 名特別注明為股票及股份交易商。（見表 3.1）

　　在 19 世紀下半葉香港首家證券交易所成立前，香港的股票交易並沒有一個確定地點，早期的經紀主要活躍於中區皇后大道中與雲咸街交界處，而經紀的國籍包括英國人、德國人、印

表3.1　香港早期的證券經紀（1874年）

姓名	地址	從事業務
Chater, J. T.	銀行大廈及堅道 17 號	股票經紀
Kneebone, G. A.	西摩台 9 號	票據、股票及金銀買賣經紀
Mody, H. N.	擺花街	拍賣人、票據、金銀貿易、股票及一般業務經紀
Robinson, John	香港會所	外滙及股票經紀
Sharp & Co	銀行大廈及文咸道	票據、金銀貿易及股票經紀

資料來源：1874 年出版的《中國年鑑》"香港" 一章，轉引自《百年溯源》，香港聯合交易所，1998 年。

度人、美國人、波斯人、猶太人以及華人。一名在 1870 年間訪港的遊客曾這樣描述當時的情況："香港的證券交易所極其簡陋……範圍就是會所至皇后大道之間的一段百多碼的街道……觸目所及都是英國人、德國人、英籍印度人、由廣東來的中國人、由加爾各答來的亞美尼亞人、由孟買來的帕西人以至由巴格達來的猶太人……"。[1] 這一時期，華人已開始參與股票買賣，一些中文報刊如《循環日報》等，已刊登有關股票行情的資料。

　　1891 年 2 月 3 日，香港股票經紀會（The Stockbrokers' Association of Hong Kong）宣告成立。這是香港第一家證券交易所，發起人是著名英商保羅 · 遮打（Paul Chater），最初只

舊大會堂（左）與舊拱北行，20 世紀初期香港股票買賣曾有一段時期在這裏進行。

1925 年的中區，當時香港已有兩家證券交易所。

有 21 名會員。當時，香港正處於周期性經濟低潮時期，股票市場的投機活動活躍。這一年，香港政府根據怡和洋行大班詹姆士·凱瑟克的提案，通過了《公司（股票買賣）條例》，禁止股票的炒賣活動。1914 年 2 月 21 日，該會易名為香港證券交易所（Hong Kong Stock Exchange），由 F. Smyth 擔任主席，1934 年時地址為中環雪廠街 10 號 A 的 Stock Exchange Building。由於經紀時常聚集在雪廠街，該街又被稱為"大鱷街"，比喻經紀像鱷魚般吞噬人們的金錢。

香港股票經紀會創辦人保羅·遮打爵士。

自 1891 年起，香港證券交易所的會員為著要議定股票的價格，每日都聚集兩次公開喊價，一次在上午 10 時，一次在下午 2 時 30 分。會後會員通常分為小組，或在交易所附近互相研究市況，或趕坐黃包車出外見客（有的更攜帶傳譯員）。初時，股票的交投是按月結算的，股票的交收期往往延至三個月之長，[2] 令投機風氣越來越濃。及至 1925 年發生大罷工，幾乎每個會員都受到打擊，從此交易方式發生改變，一切交易都使用現金，甚至禁止期貨買賣。後來，香港股票市場雖然已取消現金交收的做法，但 24 小時內交收的條例卻一直維持到戰後。當時，從事股票經紀的要求嚴格："首先要在滙豐開設戶口，那時在滙豐或渣打銀行開戶非常難，必需有特別的推薦人和財政上的實力。要成為股票交易所會員，除了需開設銀行戶口以外，還必須有財力，亦要有良好的信譽。那時交易所會員人數約只有二、三十人。"[3]

1921 年 10 月 1 日，香港出現第二家證券交易所 —— 香港證券經紀協會（Hong Kong Sharebrokers' Association），主要由華人會員組成。該協會的創辦人兼首任主席是曾經營進出口及汽船代理業務的商人嘉勞（A. H. Carroll），會址設在中環雪廠街 10 號，即在香港證券交易所的毗鄰。1924 年 6 月，香港證券交易所的會員胡禮（J. F. Wright）及 T. W. Hornby 等人創辦了第三家證券交易所，註冊名稱為 Share & Real Estate Brokers' Society of Hong Kong。不過，該交易所僅屬曇花一現，但反映了當時證券交易的活躍情況。

1931 年香港證券交易所會員。

1941 年 12 月至 1945 年 8 月日本佔領香港期間，香港證券市場一度暫停營業，有的經紀

1946 年的中環，戰時痕迹已幾乎完全消失。

自願當兵抗日，有的則被關進戰俘營。戰爭期間，香港公司註冊處的檔案被嚴重摧毀，1941 年以前的紀錄大部分被毀。戰後初期，由於早期股東名冊紀錄已失，人們紛紛就戰爭期間被迫出售的股份提出申索，使當時的證券買賣極受關注。

1945 年 9 月 13 日，剛恢復對香港管治的港英政府頒佈了一項暫行禁令，命令所有財務機構關閉，並禁止部分地皮的買賣。隨後，該禁令將證券買賣也列入禁制範圍。修訂後的《暫行禁令》第 11 條規定："任何人士未經金融總監（Financial Controller）事先書面批准，不得出售或轉讓任何股票、證券、債券、票據、無抵押債券或債股，或對上述任何一項活動收受徵費。"該禁令第 12 條還規定，在 1941 年 12 月 25 日（日佔時期開始）以後未經金融總監批准所進行的交易一律不予登記。

1.2 戰後香港股票市場的發展

從二次大戰結束到 1960 年代中期，香港證券市場總體而言是平穩發展，但亦大致經歷了三次高潮，分別在 1947 年至 1948 年、1954 年至 1955 年以及 1959 年至 1961 年。

戰後初期，香港即開始出現非正式的證券買賣。當時，從上海、廣州等內地大城市湧入的資金對證券市場的重新運作起了推動作用。由於一些股東向政府公司註冊處申訴在戰爭期間曾被迫出售股份，經紀進行每宗交易都需到公司註冊處查核，故在交易時都小心翼翼。1947 年中，香港政府開始對多家上市公司的股票發佈 "暫行禁令" 豁免通告，並於 1948 年 11 月 30 日正式廢除該項禁令。從 1946 年底起，證券買賣開始重新活躍。

1947 年 3 月，在香港政府和部分證券經紀的推動下，"香港證券交易所" 和 "香港證券經紀協會" 合併，仍稱為 "香港證券交易所"。新成立的交易所由球樞（N. V. A. Croucher）出任主席，章程規定會員名額限制在 60 人，開業時已有 54 名會員，來自兩家前交易所者各有 27 名。[4] 這就是後來 "四會時代" 所稱的 "香港會"。當時，香港會的會員大部分為外籍人士以及通曉英

本地的老牌證券經紀行──順隆

訪問員：今天訪問徐先生，是希望知道證券市場較早期的歷史，例如閣下由上海初到港時本地股票市場的情況，又或是香港和上海股票交易方面的聯繫等。

徐國炯：我是在 1950 年 4 月到香港的。抵港後遇到一位親戚，他既是我在上海時的舊上司，又是我的親戚。當時他希望在香港發展，便從金銀業貿易場的會員手裏買了"順隆"，從事"炒金"活動，而我當時則被邀請加入順隆。但順隆當時還未開始股票經紀業務，當時的股票市場不算興旺，成交量很少。

1950 年代的中國大陸貨幣很混亂，中國貨幣經常貶值，結果推高了金價，與美元的兌換價也不斷高升，從 5 元中國幣換 1 美元，升至 10 元，再至 20 元……正因幣值變化大，而金價持續上升，誰人也趕著買金保值，這很快便成了熱潮，由上海傳到香港，當時情況很混亂。

1970 年代的徐國炯。

在上海，由於戰爭的緣故，法定紙幣更加貶值，各種貨品也常起價，各人也像"中了毒"般買金、"炒金"作保障。對比之下人們並不熱衷買樓，因為買樓手續麻煩，而收租又不化算，來港後即使頂手費及租金可能升至與樓價差不多，仍寧願租地方住。這"重金"的觀念令不少人都迷糊了！這觀念亦連同移民潮帶到香港，這便解釋了為何很多上海人到香港後都會炒賣黃金。但他們卻忽略了很重要的一點──在香港，法定貨幣單位是港元，而港元並沒有貶值，所以在香港金價不會像在上海般暴升。另外"上海幫"在香港最初很少會買樓投資地產的，直至後來有些上海人因要蓋工廠才置業。而往後他們有些發達了，其主要原因是他們賣了廠房，才赫然知道在香港土地是很有價值的投資項目。

在上海我曾參與各種交易場的工作──黃金、股票、麵粉、紗布等期貨交易都有。當時也有包辦香港的股票買賣，例如置地（Hong Kong Land）；另外也有辦在香港上市的外國股票，買賣時是用法幣（即中國元），但兌換價卻常常變動。

訪問員：那麼順隆是在何時發跡的呢？

徐國炯：順隆在 1954 年左右仍然在蝕本，主要是因為買金炒金，投資錯誤，以港幣高價買入黃金。"上海幫"普遍存在這情況，大家都誤信金價會升而買金，因而輸了很多

錢。不少在上海擁巨資來港的上海商人卻在這次輸掉了。假若最初投資的是地產，那末"上海幫"在香港早就發達了……

回說順隆，當時已沒有足夠的資本投資地產，我的親戚兼上司因年紀大，便把順隆賣給我，我接手後順隆仍以買賣黃金為主，成績不錯，還可以維持。因為那時金價已略有波動，世界性的金商都來港開設分行，我們於是以第一時間推出了上海流行的"對敵"交易，改變了香港貿易場的交易方式。當時壓力很大，但是受到金商極力贊助及參加交易，令到當時的貿易場出現了一個新的局面。

一直到 1969 年香港的股票市場復甦。我們當時已把投資放在紡織業，自己亦有買一些股票，但始終認為買賣股票才是自己的"老本行"。於是在 1969 年我便決定買一個經紀牌照，除了買賣黃金外，順隆還買賣股票。當時遠東交易所還未成立，順隆要向香港會買經紀牌。而向香港會買牌是十分困難的，幸好我有朋友介紹我認識當時香港會主席砵士（Mr. Potts），另外我亦有外籍人士的親戚從中幫助，最後順隆成功買了經紀牌照，還請了砵士當順隆的擔保人（Underwriter）。整個買牌的過程費了 3 個月，牌照的價錢由 $95,000 漲價至 $210,000 才成交，升了一倍有多，是我們料不到的……

訪問員：徐先生接手順隆後是自己經營還是……。

徐國炯：是我和另外兩位上海朋友一起合夥經營的。一位是已故的應子賢先生，他在金銀交易所代表我們持有牌照，另一位是李和聲先生，他是遠東交易所的經紀，而我則是港會的經紀。我們三人同屬一公司，但以個人名義持牌，於是便可以在不同的交易所交易。而且更可以利用三個市場股票價格的差異做買賣，我們因而能為客人爭取更好價錢才買賣。因此整體來說，早期我們的生意很好。而後來三者的股價拉近，失去了這個獨有的優勢時，業務已經穩定了……

訪問員：最初到順隆買賣股票的客戶是哪些人？

徐國炯：主要還是上海幫。在 1955 年我開始投資紡織業，一直至 1969 年，在這 14 多年中，我結識了不少行內上海籍的廠商，當我再次任股票經紀時，這些同鄉朋友便成了

美國前總統福特伉儷來港參加酒會時與順隆三劍俠：麈子賢（右一）、李和聲（中）和徐國炯（左一）合攝。

順隆的主要客戶，當中有些更是已往台灣發展的上海人，所以順隆的客戶除了本地的上海幫外，還有台灣幫呢！而順隆亦因此成了上海幫中股票買賣的活躍份子。由於我以往曾任股票經紀，對股票的買賣也算內行，很快便熟悉本地的情況，結合我的經驗和上海幫的關係，所以順隆的生意還不錯。

訪問員：在 1969 年的時候股票的交收制度是怎樣的呢，是"T＋1"的嗎？在上海的情況又如何？

徐國炯：是的，是交易翌日交收的，當時股票的買賣會用很多人手作運送的，每天晚上會計算帳目和預備支票，方便翌日早上作交收的。由於交收的金額大，多透過銀行以支票抵用額而不是現金進行交易，負責交收通常是滙豐銀行。

上海在 1949 年之前也是"T＋1"的，而且採用中央交收制度，通常的運作情況是在第一天進行買賣，翌日交收。如果是買入的，翌日早上拿支付差額的支票及賣出的應交股票交予交易所，下午便可取回所有買入的股票。這就是說賣方把股票全交到交易所，在下午時買方便取回應收股票。支票的金額不是股票買賣的實價，而是買賣交易之間差額罷了。到了香港以後我們也曾提出上海這種做法，因當時香港的交收制度實在太費時和耗人力，應予以改良，可惜不被接受。現在的中央交收即是大同小異……

訪問員：在 1970 年代初股市蓬勃之際，是否有較多上海幫參與股票買賣或加入經紀行業？

徐國炯：是的，在 1970 年代的確有上海幫參與股票市場，但相對來說他們主要是紡織業行家上市集資售股，當經紀的比較少。當然他們也有買股票的，而我們順隆便很自然地替上海同鄉們充當經紀了……

訪問員：請問以往的本地證券公司是否都是以合夥的形式經營呢？

徐國炯：大多數是以合夥或個人形式進行。就以順隆為例，我們最初是無限公司的，直至兩年前才轉成有限公司，無限和有限公司兩者的主要分別在於負債額方面。比方說 1987 年股災，由於順隆當時仍是無限公司，所以便要變賣資產代為賠償股民客戶的欠債。

經營無限公司的風險我們是知道的，而當初我們選擇以無限公司經營是認為股票買賣既是投機的生意，信用是十分重要的。同時根據當時法例，經紀是不能以有限公司經營的。以無限公司經營本身便是對顧客提供承諾和信心的證明，而對順隆有信心的顧客往往就憑一個信字而把幾千萬的金錢交予我們買股票，甚至不用簽任何文件。直至現在，順隆亦已經營了幾十年，行內行外也知道順隆是有一定的規模和信譽。而當客戶交股票給順隆保管，順隆只會代客戶對數而再交予中央結算公司，這樣順隆向客戶提供的，是既方便又專業的服務。

選擇可信靠的合夥人對經營無限公司是十分重要的。就以順隆為例，我們三位合夥人組織順隆之前在上海已認識了一段日子，大家是彼此信任的，合組順隆後合夥人之間的財政亦很公開，我們有不同的銀行連繫，包括滙豐銀行、恆生銀行和永亨銀行，每每遇到困難時我們都會互相幫助的。

順隆後來之所以轉為有限公司是因為以下幾點：1987 年的股災對順隆來說固然是一個沉痛的教訓，但主要還是因為交易所的意見，認為有限公司比無限公司更可靠，至少在監管上控制有限公司的規例可以更嚴謹。事實上有一些大客戶不喜歡我們轉為有限公司的，甚至懷疑順隆對信用負責態度有改變。我要花很大的氣力說服他們，向他們說明不是順隆的問題，而是潮流興有限公司罷了！事實上"有限公司"本身在市場上亦已是一個潮流，順隆的轉型在這方面來看是順應潮流罷了。但對於順隆來說，無論是以無限或有限公司經營都是一樣，我們做生意的原則和誠意是不變的……

（按：徐國炯為前香港交易所成員、香港聯合交易所委員，受訪時為順隆集團有限公司董事長。）

資料來源：節錄自 1997 年 4 月 11 日香港聯合交易所委託香港大學亞洲研究中心進行之訪問記錄，現寄存於香港大學孔安道圖書館，為香港聯合交易所證券市場歷史資料特藏之一。

1948 年香港證券交易所會員，其中已見不少華人臉孔。

語的華人，上市公司則主要是一些外資大行。

1947 年至 1948 年間，香港經濟復蘇，各上市公司獲利豐厚，股價低廉，投資股票者極多，加上大陸資金大量湧入香港，而海外華僑滙款回祖國者亦眾，形成戰後股票市場交投的第一個旺盛時期。1948 年，香港股市全年交易額達 1.59 億元。不過，1949 年中國大陸解放後，部分人士對香港前途心存疑慮，準備離開香港，紛紛拋售股票，使股價逐步回落。1950 年朝鮮戰爭爆發後，香港股市陷入低潮。1950 年全年交易額只有 6,011 萬元，僅達 1948 年的 38%。

1953 年朝鮮戰爭和談成功，雙方實現停火，香港股市遂轉趨暢旺。1954 年越南停戰成功，香港解除戰爭威脅，政局漸趨穩定，世界各地資金大量流入香港，香港股市進入戰後第二個暢旺時期，一些熱門股票都創出戰後最高股價。1954 年，香港股市全年交易額達 2.52 億元，比 1950 年大幅增長超過 3 倍。這一時期，香港股市通常平均每日的交易額約 100 萬元（12 月 10 日股市成交額達 335 萬元，創下歷史新高），平均每月 2,000 萬元左右。1955 年，香港股市成交額再創新高，全年達 3.33 億元，比 1954 年再增長 32%。

1950 年代末香港證券交易所內交易情景。

　　惟 1955 年 8 月以後，因滙豐銀行提高股票按揭利率及限制按揭成數，股票價格下跌。1956
年，發生蘇伊士運河事件，國際政局動盪，加上英國提高利率以遏制通脹，香港英資銀行跟隨提
高利率，股市轉趨淡靜。1957 年，香港股市全年成交額回落至 1.48 億元，僅及 1955 年高峰期的
44%。不過，自 1958 年下半年起，香港的工業化進展順利，經濟轉型成功，加上國際形勢轉趨穩
定，種種因素刺激股市上升。1959 年，多家公共事業公司在香港上市，吸引了不少散戶投資者。

　　1961 年 6 月，怡和公司以每股 16 元價格，公開發售 902,948 股股份，在香港證券交易所
掛牌上市。結果，怡和股票獲 56 倍超額認購，凍結資金 8 億元。怡和股票上市當天，收市價
為 31.25 元，差不多高出認購價的一倍。[5] 怡和股價的急升反映了當時香港股市的興旺。1961
年，香港股市無論在成交量和股價方面都創戰後新高。該年，每日成交額在 1,000 萬元已極為
平常，每月成交額在 1 億元亦非少見，而全年的成交額則達 14.14 億元。(見表 3.2)

　　不過，1962 年以後，香港經歷了一連串的變動，當年美國突然宣佈限制香港棉紡織品進

口，接著發生中印邊境衝突。1965 年，美國轟炸越南，戰爭逐步擴大，國際局勢進一步動盪。該年，香港還爆發銀行擠提風潮。種種政經不利因素，令股市輾轉下落，最終一蹶不振。1966 年，香港股市市況的惡劣是戰後以來所未見的，全年成交額僅 3.89 億元，比 1964 年大幅下跌近一倍，僅及 1961 年的 27.5%。1966 年，股市跌勢雖有所轉緩，但市場陰霾籠罩難消。及至 1967 年，先是爆發政治騷動，中

表3.2　戰後以來香港股市每年的成交額（單位：港元）			
年份	全年成交額	年份	全年成交額
1948	158,963,298	1958	149,694,548
1949	88,198,190	1959	359,598,698
1950	60,108,912	1960	875,775,613
1951	140,671,899	1961	1,414,197,699
1952	142,309,007	1962	701,386,919
1953	150,766,890	1963	520,727,896
1954	251,976,029	1964	747,614,814
1955	333,189,500	1965	389,457,744
1956	211,002,275	1966	349,742,769
1957	147,621,871	1967	297,745,038

資料來源：華僑日報編《香港年鑑》

英關係惡化，繼而又爆發中東戰爭，及後英鎊貶值，香港股市進一步下挫，全年成交僅 2.98 億元，創 1960 年代以來的最低水平。

到 1967 年，在香港證券交易所掛牌上市的公司已達到 68 家，其中包括銀行 2 家、保險公司 2 家、企業公司 4 家、航運公司 5 家、船塢貨倉 6 家、地產酒店 8 家、公用事業 12 家、工商業 9 家、商店 7 家、雜項公司 4 家、紗廠 4 家、橡膠公司 5 家。據統計，該年 68 家上市公司實收資本總額達 17.53 億元，年底市值總額 36 億元，分別比 1960 年增長 134% 和 10%。（見表 3.3）

1960 年代香港證券交易所在公爵行的交易大堂。

表3.3　1960年代香港股市發展概況			
年份	上市公司數目	實收資本總額（億港元）	年底股市總值（億港元）
1960	63	7.50	32.58
1961	66	8.84	42.40
1962	67	9.98	38.87
1963	68	11.74	48.20
1964	70	12.60	49.79
1965	71	15.52	42.18
1966	69	17.24	41.97
1967	68	17.53	36.00

資料來源：香港經濟導報社編《香港經濟年鑒》

當時，"香港會尚未實行電腦自動對盤，而是用黑板和粉筆作交易。交易大堂內設有一塊大黑板，稱報價板，每隻股份都有買入和賣出兩個檔位，上面寫著買賣盤價錢。交易員在大堂收到客戶買盤的電話後，即跑上報價板前，在要買入欄上寫上價錢及代號，雙方同意便可成交。那時的買賣都是先口頭承諾，之後才交換正式買賣單據，俗稱'飛仔'。當收到'飛仔'後，交易便確實了。"[6]

1.3 香港股市的"四會時代"

　　1960 年代後期，香港證券交易所仍設於中環雪廠街公爵行頂樓，共有會員經紀行 53 家，會員經紀人 59 名。當時，香港會裏華人經紀已佔多數，外資經紀則全都是本地的外國人，如施玉瑩（F.R.Zimmern）、卡利奧（M.Cario）、砵士（A.H.Potts）等。香港會證券交易時間為每日上午 10 時至 12 時，下午 2 時半至 3 時半，星期三下午和星期六、日等例假休業。當時，香港政治騷動結束，政局回穩，經濟亦進一步發展，一度外調的資金紛紛回流香港，而海外的資金尤其是東南亞的游資亦大量湧入香港。銀行資金相當充裕（存款總額已超過 100 億元），對股票押款條件也相對放寬。因此，香港股市重新出現蓬勃局面，股市上的股票經紀，尤其是"駁腳"經紀（即經紀代理人）非常活躍，所謂"搶檯面"（即股票經紀在極短時間內買空賣空，賺取差額利潤）、"搶帽子"（即投機客戶在一進一出之間搶股價上落差額利潤）相當盛行。

　　1968 年下半年，香港股市轉趨活躍，全年成交額回升至 9.44 億元，比 1967 年大幅增加 2 倍。1969 年，股市進入狂熱狀態，永高、南聯實業、環球電子、凱聯酒店及太古實業等 5 家公司先後上市，股民申請認購相當熱烈，有的超額認購達 40 倍。該年，股市交投暢旺，其中 10 月 30 日全日成交額達 4,166 萬元，10 月份最後一個星期成交額達 1.523 億元，10 月全月成交額達 4.52 億元，均創香港股市有史以來的最高紀錄，而全年成交額則高達 25.45 億元，幾乎相當於過去 5 年交投額的總和。

　　為配合股市的發展，恆生銀行於 1969 年 11 月 24 日公開推出香港股市指數 —— 恆生指數。恆生指數推出初期有 30 隻成份股，後來擴大到 33 隻，這 33 隻成份股選自各個行業實力雄厚、交投暢旺的"藍籌股"，約佔整個股市總值和成交總額的 70% 以上，能夠反映整體股市的基本走勢。恆生指數以 1964 年 7 月 1 日為基準點，當日的指數定為 100 點，1969 年 11 月

右圖為 1960 年代股民在位於公爵行的"香港會"外關注股市行情。

圖3.1 恆生指數*與股市成交總額

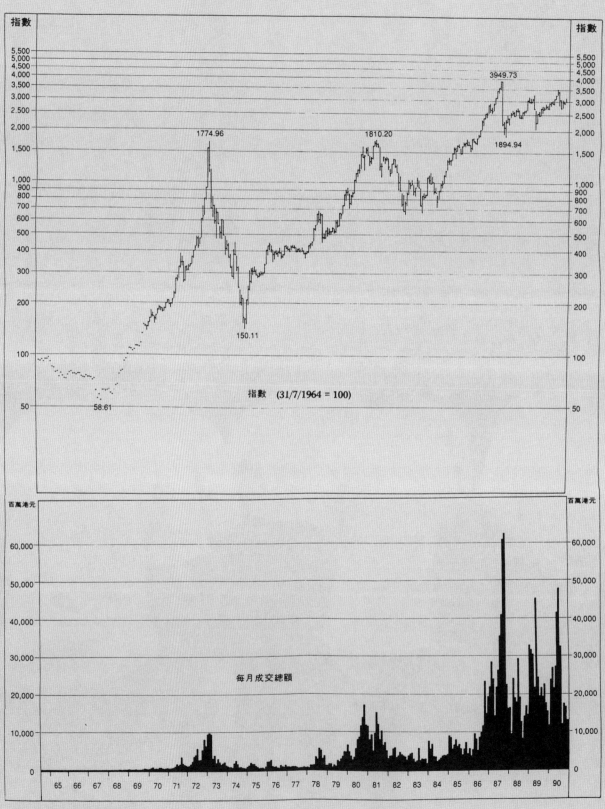

* 1969 年 12 月以前為各月之月底指數

資料來源：恆生指數

24 日公開推出時為 158 點，後來成為家傳戶曉的香港股市指數。（見圖 3.1）

　　這一時期，香港經濟已經開始"起飛"，工業化進程接近完成，房地產價格穩步回升，工商業活動漸趨正常，許多公司都準備將股票上市以籌集資金。這些公司不僅包括歷史悠久的老牌英資公司，也包括許多新成立及有潛質的華資公司。然而，當時香港證券交易所訂定的上市條件仍相當嚴格，不少規模頗大的華資公司的上市申請都被拒諸門外，於是有人倡議創辦新的證券交易所，這就導致了日後"遠東會"、"金銀會"和"九龍會"的誕生。

1969 年創辦遠東會時的李福兆。

　　首先打破香港會壟斷的是"遠東會"，全稱"遠東交易所有限公司"（The Far East Exchange Limited），創辦人是李福兆、王啟銘等多位財經界人士。李福兆出身於富家世族，其父李冠春和叔叔李子方是東亞銀行的創辦人。李氏早年出國留學，成為特許會計師，回港後開設了一家小型投資公司和會計師事務所。1969 年，李福兆購入若干香港證券交易所的席位，準備發展證券業務，但他的申請卻遭到香港會的否決。後來，李福兆發現香港法例對證券交易所數目並無限制，因此與多位財經人士一起創辦遠東交易所。

　　1982 年，李福兆在接受記者訪問時曾談到他創辦遠東會的最初意念。他説："1967 年暴動事件後，香港會曾經有過三個星期停市。當時我覺得有點寒心，因為港會一停市，手頭持有的股票便等於'公仔紙'。因此跟幾個友好談起，究竟交易所是不是有專利的？由此觸發起組織遠東會的意念。籌備遠東交易所的初期，還有一段小插曲，為了保密，連申請一百多具電話都不敢用交易所的名義，因此我個人墊支了 10 多萬元來裝線。交易所成立後，公眾反應良好，總算是將一種投資方式帶給了公眾。"[7]

　　遠東交易所設於皇后大道中華人行 201 室，於 1969 年 12 月 17 日正式開業，創辦時擁有會員經紀行 35 家，會員經紀人 46 名。遠東會打破了香港會英國式的運作風格，以粵語進行交易，並創建了不少新規例，如容許多過一個出市員出市，破例容納女出市員等，其所制定的規則較適合華人經紀和中國人的商業社會。許多缺乏經紀資格的華商只要繳付 50 萬元的會籍費就可成為會員。[8] 因

1970 年代初期位於華人行的"遠東會"交易大堂。

遠東交易所的創辦與成功之道

遠東交易所成立的背景和經過

王啟銘：讓我先談談遠東交易所的歷史，我們 1969 年便開辦了遠東交易所，並在 12 月 17 日開業。在未開業前，年初時我們有 6 至 9 月時間籌備，由我們一群外國留學生組成，包括李福兆先生、馮新聰先生、周佩芬女士，一共 11 個創會會員，命名為 "The Far East Exchange Limited"，而中文名是 "遠東交易所"。我們這夥人有些在香港做生意，有些是銀行家。香港以前只有一間交易所，那就是 "香港證券交易所"（Hong Kong Stock Exchange Limited），當時經營華洋生意，一半中國人、一半是洋人，但主要由外國人負責主理，約有 60 個會員。當時因為股票買賣的概念並不廣泛，人們的興趣不大，會員人數亦不多，故成交額只有三幾百萬元。在 1969 年，由於香港證券交易所是一間 "Close Shop"，即外人免問的，只有 60 個會員，除非 60 個會員當中有人願意賣牌給你做生意，否則便不能加入的。和現在交易所有差不多九百多個牌的情況不同，那時只有 60 個位，人人都不願意賣，有些寧願不開業，也不會賣牌的。

在 1969 年，我們整年密鑼緊鼓籌備，經過無數障礙終於成功開業。我們開業後香港會便有些不高興，以為多了人和他們競爭，但其實我們創辦遠東交易所的原意與競爭無關，而是想提供服務給大眾買股票。當時我們想做會員又不可，想買股票又碰巧市旺，經紀的電話鈴聲不絕於耳，無法接通，市民根本無法參與股票買賣。唯一解決方法就是自己開一間交易所才可增加經紀人數。

訪問員：當時有多少會員是活躍進行買賣的？

王啟銘：在 60 個會員中，約只有 40 個（三分二）開業會員，有 20 人（三分一）沒有開業的，大抵上應有四分一人沒有開業的，即約 15 人，我也認識有數人沒有開業的。我以前有兩個親戚是香港交易所的會員（蘇佩瓊先生、蘇佩昭先生），在我們籌備遠東交易所之初，大家都不相信幾個後生的能力，認為要冒的風險著實不少。我們後來在中環找場址，當時實不是一件易事，終找到華人行二樓出租，我們租了大半層。

1969 年 12 月遠東交易所開業時的盛況。

訪問員：這個概念是否你們幾個人構思而得的？還是由李福兆先生首先想到的？

王啟銘：不是，是我們幾個人一起做、一起想到的。對這新發展的事業，大家也沒有所謂，而當時李福兆先生非常活躍和對交易所很有興趣，故選了他做主席。

遠東交易所的發展及其成功的因素

訪問員：成立新的交易所是否你們 11 人一起商議的構思？

王啟銘：是我們 11 個人一起商議出來的。當時最難的是在打鑿印方面；現在交易用電腦，但當時交易要打鑿印，如果沒有認可的印，那該宗買賣是不獲承認的。我們與政府磋商後，得到它承認我們會員的印，跟著又可貼鑿印票。開業初期只有少於 50 個會員，初時生意不順景。我們沒有電腦，便要靠港會的播音得知訊息，後來港會不喜歡我們，故又不給我們播音了，我們只好靠自己做價錢了。初期我們也只是掛港會的上市公司，可謂是 "免費掛牌" 的服務。作為一間新的交易所，信譽尚未足夠，也只好將貨就價了，所以首六月都是慘淡經營，之後人們開始有了興趣，便加入作為會員，又發覺我們有朝氣和有辦事能力，對交易所放了很多心血，發展也漸入佳境了。

其實，我們有三大成功因素：第一是我們有女會員（Lady Member）——香港會當時沒有女會員的，我們有此構思的原因是有很多事不論男女均可以做，例如總統也有女性，所以女性也可做會員，而這構思也為人所接受，有很多有錢的女士可買位做買賣，當時只需 50 萬元（即相等於現在的 500 萬元）的擔保費用。初期第一批的牌照牌價是 8 萬元一個位，便可成為遠東交易所會員，作股票買賣了，另需 50 萬的擔保，當時保費可以是放在銀行，又或是用實物（股票或地產）按給交易所，如遇上錯誤可作賠償之用。當時有很多人參加，會員人數增加至 150 人。有不少醫生、會計師或大學教授沒有時間，但太太則有興趣，便可買牌及請職員做買賣了。

1970 年代初遠東交易所大廈地庫參觀室。

我們這個特徵是當時香港會沒有的，後來我們更發覺我們更是全英聯邦第一間交易所有女會員的，故值得驕傲，這表示我們做得成功，後來英聯邦其他地方（如英國、澳洲等）更效法我們的做法。

第二個成功因素便是打破只可一個會員入場的規例——以往香港會只許一個人出市，則如我的叔公蘇佩珌先生和蘇佩瓊先生，差不多 70 歲的老人家，都是自己出去畫黑板、打電話的。由於當時只可一人入場，除非生病了才可找一個 Nominee 代表出市，任何時候只可一個人出市。但當時買賣的情況很複雜，在沒有電腦的情況下，又要打電話、寫板、寫"飛仔"（買賣單），故我們建議准許多帶一個人（Assistant into the Trading Hall）入場，這便事半功倍了。只要職員所做的事，會員肯負責，這個制度是完全沒有害的，當然會員也會帶自己的親信進場的，這樣分擔了工作量便可一個人負責聽電話、一個人負責做生意，這做法又很成功。

第三個成功因素便是我們開設了 Public Gallery ——即俗語說的"金魚缸"，這是我們發明的，以前你們沒有聽過這個名稱的。交易大堂固然不准外人進入，而"金魚缸"卻是隔著玻璃，從玻璃外觀看市場環境——可以看到價錢、會員成交。這樣可增加對大眾的透明度，這亦為人所接受，當時日日有幾百人到來。

基於以上三種因素，加上我們等人有魄力，也很多人支持，不斷加入交易所，在短短 6 個月內，我們的成交額便已經超過香港交易所了。這都是我們引以為榮的，香港會有 100 年的歷史，著實不容易打破的。我們等人只是靠動腦筋想新的構思，起初雖然不為社會人士所接受，但漸漸也給人接受了。我記得兩位姓蘇的叔公（蘇佩昭先生和蘇佩瓊先生）是香港會的會員，說我們等人魄力有餘，但認識不足，相信不足 6 個月便要倒閉了。我們知道股票買賣不是簡單的事，但我們都願意嘗試盡力而為，幸而 6 個月後我們開始成功了。那時很多人想申請做會員，如果我們肯收的話，收一千個會員亦可，可是礙於場地不足，只有大半層地方，部分地方又用作"金魚缸"和寫字樓，故後來我們買了遠東交易所，搬了去雲咸街 8 號。這樣可以多收會員，但其實那地方也很淺窄，只有 5,000 平方呎地方，也是不足用的……

（按：王啟銘為前遠東證券交易所創會會員兼副主席及遠東交易所清盤人，受訪時為永同發有限公司董事。）

資料來源：節錄自 1996 年 11 月 13 日及 12 月 4 日香港聯合交易所委託香港大學亞洲研究中心進行之訪問記錄，現寄存於香港大學孔安道圖書館。

圖3.2　遠東指數（1971-1985年）

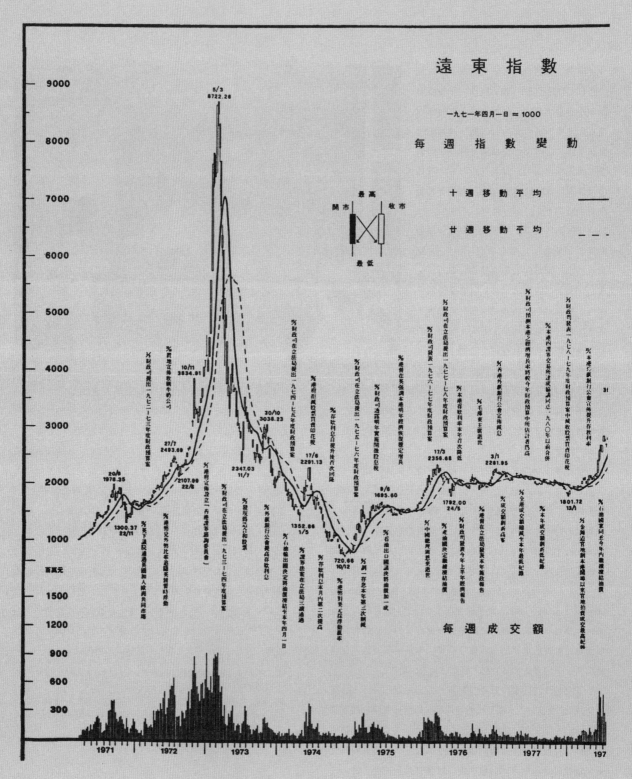

遠　東　指　數

一九七一年四月一日＝1000

每　週　指　數　變　動

十　週　移　動　平　均

廿　週　移　動　平　均

開市　最高　收市

最低

百萬元

每　週　成　交　額

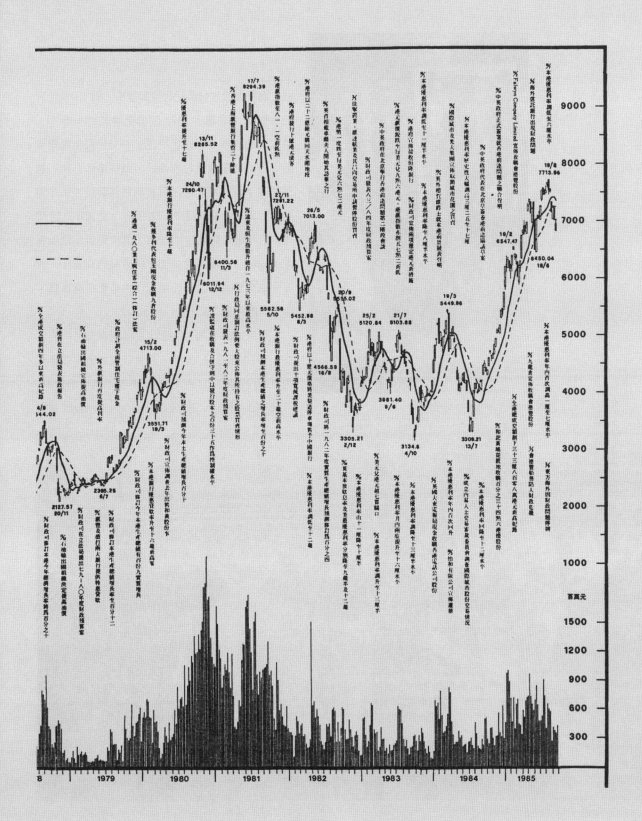

位於華人行的遠東交易所正門。

此，遠東會的會員經紀行發展很快，到 1970 年底已增加到 113 家，1971 年底更增加到 165 家。遠東會的創辦，打破了過往證券交易和企業集資必須透過香港會進行的傳統，為香港證券業的發展開闢了新的紀元。遠東會的業務發展很快，開業第一年成交額就達 29.96 億元，佔當年（1970年）股市總成交額的 49.5%，其後更迅即超過香港會成為佔香港成交總額比例最高的交易所，大部分成交活躍的上市公司都在遠東會掛牌買賣。遠東指數見圖 3.2。

遠東會的成功，刺激了其他證券交易所的成立。1971 年 3 月 15 日，由金銀業貿易場理事長胡漢輝等倡議成立的"金銀證券交易所有限公司"（The Kam Ngan Stock Exchange Limited, 俗稱

1971 年 3 月 15 日金銀證券交易所第一天開業的盛況。

金銀證券交易所的創辦與發展

訪問員：馬先生，請從你個人參與證券界的經歷、籌組金銀交易所的原由開始，談談本港證券市場的歷史吧。

馬清忠：我是由參加金銀業貿易場開始涉足證券業的，當時遠東交易所已在籌備中，但並未開業，到遠東開業後，我們便積極在貿易場開展籌組工作。在舊有的會員當中有大約 100 個左右會員發起做股票，名為"金銀交易所"。當時貿易場有 190 多位會員，而貿易場的理事長是應雁庭先生，會員都希望應先生帶領貿易場的會員籌備證券交易所……或許當時應雁庭先生年紀太大了，故沒有魄力處理，到

創辦金銀證券交易所的金銀業貿易場理事長胡漢輝。

胡漢輝先生接手做金銀業貿易場的理事長後才積極去籌辦這方面的工作。當時在貿易場預備參加做股票交易的會員，每人需預繳五萬元籌辦費作為籌組金銀證券交易所之用。貿易場是兩年一屆選新理事長的，胡漢輝先生接手後便發信給已報名參加的會員，若願意繼續支持他的便留下，若不願意支持、不繼續的便取回錢。當時大約只剩下六七十人留下繼續辦理。時間方面我則不太確實，不過應是遠東會先辦，金銀會是隨後的。* 當時剩下六七十人，胡漢輝先生便開始籌辦交易所，他請了我幫忙籌辦，又請了關祖堯先生充當法律顧問，屈洪疇先生任會計師，一班人便是這樣籌辦金銀交易所了。金銀交易所租了德輔道中大生銀行大廈，即國際大廈對面，現址鄰近新華銀行。大生銀行大廈 4 字樓是寫字樓，5字樓是交易大堂。開業時有七、八十人，我清楚記得當時政府採取觀望態度，因為香港會開業之後就是遠東會開業，之後又有金銀會開業。本來金銀會曾和遠東會洽談，金銀會擬不開業，改作加入遠東會，但後來終未能合攏，故金銀會便自己開業了。當時金銀會開業是除星期三半天市（上午）外，星期一至五都是全日的……金銀初開業，成交額高達 456 萬元，是當時三間交易所之中最多的。因為政府有條例規定，任何一間交易所的成交額不得少於全港交易所總成交額的約百分之五或百分之十；當時金銀會的會員還不可以代政府在買賣單上貼釐印，故要爭取成交額，金銀最後能做到 450

多萬元，是全港三間之中最多的，實在是很僥倖的事……據我記憶所及，當時香港交易所全盛時會員最多達 170 多人，遠東會的會員則與金銀會相若，即 340 至 350 個會員。故金銀、遠東成立後，成交額以此二間較多；香港會雖然歷史較長，但由於會員人數較少，故成交額亦相對較低了。不過有不少舊投資者仍選擇香港會作交易場所，但金銀和遠東則有較多新的投資者。所以當股份交易一跨越 1,700 點時，很多嫲姐（住家工人）和的士司機都紛紛去買股票，他們連班也不上，只坐在電視機前看股價。政府便出來警誡市民，說股票只該當作投資，不該是炒賣的。當時有所謂"即日鮮"，上午買下午賣來賺取差價。及至九龍會開業，當時有傳聞有一群新界鄉紳籌辦第五間交易所，名為"新界交易所"，** 政府便出禁制令。由於它沒有真正成立，確實的人名我也不清楚，而政府亦就此通過法例，規定不可再增加任何交易所，即只許現存四間存在，不可再有第五間。到九龍會開業時只有 100 多位會員，故成交額比較細，且買賣亦較難。

金銀會成立後一兩年，即在政府立例以前，會員人數由最初的四、五十人增加到後來的 300 人。*** 原先金銀證券交易所開業初期，在徵收會員方面是有限制的，他們必須是金銀業貿易場的會員，並要拿錢來參加股票買賣，不可徵收其他人士做會員。但後來發覺這有很大的局限，因為貿易場只有 190 個會員，即使全部參加了也是很少的，故金銀後來開了全人大會通過決議：不是金銀業貿易場的會員都可以參加。這樣遠東會、金銀會均廣收會員，兩間交易所隨後漸漸增加各自的會員，約達 350 名會員了。

經紀牌方面，政府亦出條例，連經紀也不可再增加。當時香港會大概有 170 多人，金銀會約有 350 人，遠東會約有 350 人，九龍會約有 190 人，故全港四會估計共有約 1,000 名會員。

這樣算是第一期的情況。金銀會在大生銀行的會址實在太細了，初期開業也有百人；開業前預計只有 100 人左右，

金銀證券交易所成立七周年紀念，從左至右分別是楊志雲、郭得勝、何善衡、胡漢輝、簡悅慶、馬錦燦、伍絜宜。

但到後來約有 300 多名會員，故地方不可能容納這麼多人。以往的慣例是一個會員有二名代表出市，用黑板形式作買賣。但由於地方太少，所以部分會員將坐位一分為二，即新來的會員只可派一個代表出市。但這樣也不能應付所需，適逢康樂大廈批新租，大約 6.5 元一呎，金銀交易所便租了層半至兩層的地方。一層是七字樓，向海的作為市場，向山的便作寫字樓、金魚缸和會客室之用，另外半層是方便會員之用。當時那層是向置地公司分租的，他們又有會員，我們又有會員，有會址可以方便上落。由於以往股票買賣是未電腦化的，還要靠人手和電話線進行買賣。當時置地有電話線的設施，這是相當方便的，因為 300 多個會員，每人如有 3 個電話便有 1,000 條電話線了。所以全部有了設計才搬去的，在裝修了康樂大廈之後，便可容納 340 多個會員⋯⋯

　　訪問員：現在我們見到上市時有很多規例，例如招股書、資本限制等。

　　馬清忠：這是後來加上的，到聯合交易所開業時才有定出最少要有 5,000 萬元、3 年的業務紀錄。一間公司除非拿到豁免，或是基建公司等，但以往沒有這些的。交易所開業後便要求實收資本要超過 5,000 萬元以上，業務紀錄也由初期的 3 年改為 5 年，這些都是逐步轉變的，而不是即時改變的。上市公司通常找會計師、商人銀行、財務顧問聯絡每一間交易所，而通常每一間上市公司都希望最少去兩間交易所上市，例如遠東和金銀，因為兩者加起來的市場佔有率達一半以上，若以每間百分之三十計，已佔六十個百分比了。後來的兩間尊重香港交易所，多數會在 3 間會上市，這樣便會佔了市場高達八十至九十個百分比。九龍交易所當時的成交額確實是不足百分之十的，故很難得到商人銀行、會計師和財政顧問的重視，所以後期九龍交易所陳普芬先生把"天線"這類"蚊股"也上市⋯⋯

（按：馬清忠為前金銀證券交易所創會會員及副主席。）

＊訪問員按：遠東證券交易所於 1969 年 12 月 17 日正式開業，而金銀證券交易所則於 1971 年 3 月 15 日開業。

＊＊ 訪問員按：在 1973 年 2 月，新界鄉紳陳日新擬籌辦"亞洲證券交易所"。由於當時並沒有法例規管交易所，港府隨即通過緊急法案，制訂《證券交易所管制條例》（The Stock Exchange Control Ordinance 1973）禁止新的交易所成立。

＊＊＊ 訪問員按：金銀證券交易所創會會員僅 40 名，開業初期有會員 80 名，迄 1986 年 3 月止共有會員 346 名，見＜十週年紀念獻詞＞，載於《金銀證券交易所十週年紀念，1971-1981》；＜洗祖昭主席致詞＞，載於《金銀證券月報》期 151，1986 年 3 月號。

資料來源：節錄自 1996 年 11 月 21 日香港聯合交易所委託香港大學亞洲研究中心進行之訪問記錄，現寄存於香港大學孔安道圖書館。

"金銀會")正式開業。初期金銀證券交易所的交易地點設在德輔道中大生銀行大廈，後來遷往康樂大廈（即今怡和大廈，面積已擴大到 1,400 平方呎。金銀會成立的目的，原希望可以為金銀業貿易場行員提供一個日漸普及的證券投資機會，因此最初的會員均是貿易場行員，後來修改章程容許非貿易場成員參加，故有金銀業貿易場成員的入會費為 5 萬元，而非貿易場成員 8 萬元的規定。但後來已趨多元化。金銀會的業務發展很快，成交額逐漸超過香港會而僅居於遠東會之下。

　　1972 年 1 月 5 日，由陳普芬等人創辦的"九龍證券交易所有限公司"（The Kowloon Stock Exchange Limited, 俗稱"九龍會"）也正式開業，地點設在皇后大道中萬邦大廈。

九龍證券交易所創辦人陳普芬。

1970 年代九龍證券交易所交易大堂。

1970年代的股票經紀佣金制

訪問員：1970 年代市旺之際，佣金收入是否也隨之增加？

朱頌田：這是理所當然之事，於 1970 年初成交增加後，佣金整體收入自然也較以前為多。但在四會成立後，交易所之間為競爭的緣故以減佣金為武器。説起來真無人信，擦鞋仔由收一毫一對鞋升至 20 元一對，報紙每份也由當年一毫一份升至 5 元一份。各行各業都起價，只有做股票經紀佣金數十年來反通脹而行，不升反跌。在我入行的 50 年代，一萬元買賣收 100 元佣金。至 1960 年代，競爭大了，一萬元收 50 元佣金。及至 1970 年代初，遠東交易所竟減至一萬元收 25 元佣金，實是搶爛市。

當時四間交易所組成的一個聯會，曾訂下協議，定明經紀佣金不可低於 5%，但後來發現遠東交易所收取 0.25%，乃要求解釋。怎知遠東的人説："大家看清楚協議書，上面寫明 A Stock Exchange Not Allowed……。"並指出 "A" 不是量詞，而是指第一間交易所，即是港會是 "A"，只有港會要遵守協議，其餘的交易所如遠東是 "B"、金銀是 "C"、九龍是 "D"。因此，遠東便可以不按協議規定而減佣金了。大家沒有方法辯駁，而且有關協議只是君子協定，並無法律效力的，他們不遵守大家也是沒有辦法。各交易所也只好決定實行減低至 0.25% 佣金的規定，以作競爭。

（按：朱頌田為前香港證券交易所理事、前香港經紀業協會主席，受訪時為朱頌田證券有限公司執行董事。）

資料來源：節錄自 1996 年 11 月 22 日香港聯合交易所委託香港大學亞洲研究中心進行之訪問記錄，現寄存於香港大學孔安道圖書館。

1970 年代初一家香港公司發行新股並申請上市的公告。

九龍會是四所交易所中規模最小的一家，其成交額也最少。[9]

這一時期，香港至少還有兩家證券交易所註冊成立或開業。1970 年 1 月 20 日，由新界領袖陳日新創辦的 "亞洲證券交易所" 在香港註冊成立。該交易所計劃在 1973 年 2 月 18 日正式開業。為了阻止更多的證券交易所成立，香港政府於 1973 年 2 月 23 日緊急頒佈《證券交易所管制條例》（The Stock Exchange Control Ordinance），重罰經營未經認可的證券交易所的人士。

自此，四會並存的局面形成，並一直持續到 1986 年 4 月。這是香港股市迅速發展的時期。

2. 1970-80 年代初期香港股市的牛熊市

遠東會、金銀會及九龍會的成立，

一方面順應當時社會經濟發展的客觀需要，提供更多的集資場所給工商企業，

另一方面則刺激了市民大眾投資股票的興趣，

加上當時政治環境轉趨穩定，

外資金融機構介入股市，這些因素都推動了1970年代初期香港股市的上升，

形成戰後以來所罕見的大牛市。

2.1 1970年代初期股市狂潮及其後崩潰

1969 年 11 月 24 日恆生指數公開推出時為 158 點，到 1970 年底已升至 211.6 點，一年間上升 33.5%。這一年，香港先後有 25 家公司在兩間交易所掛牌上市，上市公司的數目是 1969 年的 5 倍，另有 16 家上市公司發行新股及開紅股，總共吸收資金約 5.82 億元，全年成交額達 60.43 億元。1971 年底，恆生指數進一步上升到 341.36 點，全年成交額則增加到 147.93 億元，分別比上年大幅上升 61.6% 及 144.8%。該年，香港共有 16 家公司上市，另有 24 家公司發行新股及開紅股，吸收資金 8.5 億元。

1972 年 2 月，美國總統尼克遜打破外交常規突然訪問北京，中美關係改善，消息刺激香港股市進入高潮。同年 10 月，英資怡和公司旗下的置地宣佈將以換股方式收購牛奶公司，收購者與被收購者雙方各出奇謀，進一步推動大市上升。這一年，香港股市的交投極為狂熱，全年成交總額達 433.97 億元，相當於 1971 年的 3 倍。其中，不少股價升幅超過一至三倍，具代表性的股票包括怡和、和記、會德豐、置地、牛奶、九龍倉、黃埔船塢、太古船塢、均益倉、太古實業、電車、煤氣、九巴、中巴、仁孚、金門、保華、青洲英坭、怡和證券、均隆、大酒店、城市酒店、美

香港證券交易所發行的刊物 "Monthly Gazette"（1972 年 8 月封面）。

麗華、海港等。當年上市的公司多達 98 家，吸收資金 19.3 億元，均創歷史新高。

由於每日成交額高企，各交易所不得不宣佈星期三加開半日市去處理繁重的交收工作，以符合 24 小時交收的規定，即行內稱的 T+1（Trading+1 天）。當時，香港證券交易所每宗交易的平均成交額是 13,000 元，而半日市的平均成交額約為 2,000 萬元。一名記者曾這樣形容當時交易大堂的情況：「簡直像『無王管』的課室，那些經紀就像一群不守紀律的學生，只顧爭先恐後的搶著用粉筆在黑板寫出他們的買賣價……那些擠在黑板前的人，又與坐在交易櫃檯那邊的同行遙相呼喊，真是喧囂震天」。〔10〕 1972 年底，恆生指數升至 843.40 點，比 1971 年大幅上升接近 1.5 倍。

踏入 1973 年，承接 1972 年第 4 季的旺勢，加上越南戰爭停火、港府宣佈興建地下鐵路、各公司相繼派息並大送紅股，以及西方金融繼續動盪等因素的刺激下，香港股市更加狂熱，交投額大增。1 月至 3 月份，股市交投額分別達 94.49 億元、95.43 億元及 94.93 億元，全季成交額達 284.85 億元。第一季上市的新股也相當多，達 85 種，吸收資金 8.1 億元。在「只要股票不要鈔票」的觀念影響下，不少市民一窩蜂地搶購股票，使股價的升幅遠遠脫離了公司的實際盈利水平。

當時，香港政府認為股市已經過熱，市場投機過度，於是採取多種措施試圖對股市降溫。

1974 年香港證券交易所在和記大廈開幕，圖中是財政司夏鼎基（左三）及交易所主席 Zimmern 伬儦（左四及五）。

1 月份，港府開始醞釀制定證券條例，宣佈成立臨時的「證券事務諮詢委員會」（Securities Advisory Council），並委任施偉賢（James Selwyn）為首任證券監理專員（Commissioner for Securities），以負責協助證券法例的制定和執行。其後，政府又游說各證券交易所逢星期一、三、五開半日市。當時一件有趣的事情是，港府為了冷卻股市，遂以《消防條例》為名派員把守遠東會大門。當時遠東會位於華人行，該行屬舊式樓宇，消防設備並不符合規定。可見當時政府雖已覺察股市的瘋狂程度，但苦無法例賦予的權利進行干預。到 2 月份，港府公佈：所有申請上市的公司的招股章程必須經公司註冊處註冊，招股章程須列明一切必要的資料，包括公司

1970 年代中位於和記大廈的香港證券交易所大堂交易情景。

歷史、管理人員、過往業績、財政狀況等。然而，港府的各項措施只起一時的作用，在狂熱投機氣氛之下，恆生指數仍節節攀升，終於在3月9日攀上1,774.96點的歷史高位。

1970 年代香港證券交易所委員會成員與職員。

這一時期，香港股市出現了戰後以來罕見的大牛市，主要有以下一些原因：

（1）1970 年代初中美兩國展開會談、中日邦交正常化、中（西）德建交、中英關係改善、越南和談也取得一定進展，一連串事件在不同程度上促使國際緊張局勢走向緩和，香港的政局更趨穩定；

（2）港英政府從 1967 年政治騷動事件中吸取教訓，在 1970 年代初宣佈了 10 年建屋計劃和興建地鐵計劃，香港經濟進入平穩發展時期；

（3）西方金融貨幣危機嚴重，美元貶值、英鎊浮動，而東南亞地區的局勢繼續動盪不安，使得歐美各國熱錢及東南亞游資大量湧入香港，其中相當部分進入股市；

（4）愈來愈多的國際金融機構到香港收購本地銀行、工商企業，設立金融、財務機構及投資公司，並積極參與股市，而部分外資銀行和本地銀行則放寬對股票按揭貸款的條件，甚至利用本身資金直接投資股票；

（5）愈來愈多的香港市民，包括來自各行業的職員甚至是家庭婦女，都參與股票買賣和投機。當時是金銀證券交易所會員的陳葆心曾這樣描述："不但是留連街市的家庭主婦，甚至是和尚師姑也要買賣股票……'嫲姐'（家庭傭工）亦只會到那些可以代她買賣股票的人家工作……，股票經紀炙手可熱，連茶樓侍應也會對那些經紀另眼相看，招待得格外殷勤……。"[11]

然而，股市的暴升並未能與客觀經濟因素相配合，危機早已醞釀。1973 年 3 月 12 日，被譽為華資"地產五虎將"之一的合和實業有限公司因為發現了 3 張 1,000 股的假股票，要求暫停公司股票的買賣。消息傳出，市民擔心所持股票成為廢紙，紛紛拋售手中的股票，恰好遇上息率上調及銀根收緊，恆生指數遂由高位急速滑落，至月底已跌至 1,301.13 點。

4月4日，香港政府稅務局突然在各大報章刊登"買賣股票之盈利須納利得稅"的廣告，人心更加不安，恆生指數於4月9日跌破1,000點關口，次日更跌至818.39點。為了挽救股市，四家交易所聯合採取若干行動，如所有公開申請上市的新股一律押後3個月辦理，配售方式上市新股亦暫緩3個月，同時嚴格執行24小時交收制度，可惜有關措施均收效甚微。到1973年年底，恆生指數進一步跌至433.68點，比最高峰時下跌75%以上。

踏入1974年，受到中東石油危機的影響，美國、西德、日本等西方國家的經濟陷入戰後以來最嚴重的衰退之中，世界股市暴跌。香港股市亦繼續沿著上年的軌跡下跌，頭8個月恆生指數在300點至400點之間反覆徘徊和微跌，9月份以後跌勢轉急，到12月10日跌至150.11點的新低，當日四會總成交僅1,513萬元。該年底，恆生指數報收171.11點，比年初再跌去60%。這一時期，香港300多家上市股票中，有成交的僅70多種，其中交易較多的僅十五、六種，且絕大多數已跌破票面值，包括置地、九龍倉、香港電話等藍籌股。當時，香港經濟百業蕭條，港府為應付惡劣環境，開放了不少地區為小販特賣區。今天我們看到的"女人街"、"馬寶道"小販雲集，就是當年政策的結果。

1973年3月以後，面對股市暴跌所暴露出來的問題，香港政府通過一系列立法加強對證券市場的監管。1974年2月，港府頒佈《證券條例》（The Securities Ordinance 1974）及《保障投資人士條例》（The Protection of Investors Ordinance 1974），正式對證券行業進行監管。1974年4月及8月，香港先後成立證券登記公司總會（The Federation of Share Registrars）及證券交易所賠償基金（Com-

香港公司法與證券法的制定及其對證券市場的規範

訪問員：李律師，閣下是法律界資深的專業人士，又在證券業有豐富的工作經驗，今天很希望閣下能和我們談談閣下在70年代的經驗。當時香港的證券市場只依賴公司法提供保障，後來是怎樣發展至制訂證券監管法例的呢？

公司法檢討委員會的工作

李業廣：70年代曾經出版了兩份報告，我已失掉了。兩份都是"公司法檢討委員會"（The Companies Law Revision Committee）出版的，即1971年出版的《保障投資者報告書》（Report on the Protection of Investors）和1972年出版的《公司法檢討報告書》（Report on Company Law Reform）。《保障投資者報告書》比《公司法檢討報告書》還要早。我當時是委員會的秘書，而Chairman是Mr.W.K.Thomson，他剛從註冊總署（Registrar General）退休。此外還有幾位社會知名人士，例如代表財政司的應是陳祖澤先生便是委員之一；代表律師公會的是黃頌顯先生；會計師公會的代表是Mr.G.M.Machwhinnie；大律師公會的S.V.Gittins、以及商界的Sir Lawrence Kadoorie（即其後的Lord Kadoorie）。

《保障投資者報告書》在當時來說，需要處理幾個重要的問題。1965年期間發生了銀行風潮。其實委員會早在1965年前已成立，但因在風潮時，註冊總署轄下破產管理處，接收了當時兩間倒閉的銀行，它們是"明德銀行"和"廣東信託銀行"。因要處理這些問題，所以有關修訂法例的工作便停了好幾年。報告書帶出了幾個問題，首先是當時很多財務公司均向公眾提供存款服務。1971年的報告中便提及如何保障存款人士的章節。不過後來這方面的工作，交由銀行監理官，即Banking Commissioner處理，並設立了整套管制財務公司（Depositing-taking Companies）的法規。

第二方面是當時有很多互惠基金（Mutual Funds）和單位信託（Unit Trusts），在60年代尾70年代初由美國一些公司推銷至香港的。當時最出名的是I.O.S.，是美國一間很著名的Mutual Fund Company，但後來卻倒閉了。I.O.S.在港的推銷很厲害，聘請了很多推銷員，就如現在推薦人壽保險般，簡直無孔不入。當時我們對這種情況很關注，故此首項規管便是引入發牌制度，要求那些兜售Mutual Funds的人士，亦則中介者需要進行登記。所以往後的證券法例（Securities Ordinance）亦有相類的安排，例如要求經紀（dealers）和投資顧問（Investment Advisers）進行登記等。

第三方面是應否監管Mutual Funds和Unit Trusts。在70年代這兩項投資工具基本上是沒有監管的，誰也可以以

Mutual Funds 的名義開業，我們對此事也很留意，其中一個事例是有關 Investors Overseas Services (H.K.) Ltd. (I.O.S) 的。當年 I.O.S 的做法一如做證券的買賣，每天都為客人報價。另外有一基金，它的名字好像叫 Gramco (Asia) Ltd.，是投資地產的 Mutual Funds，它們亦每天報價，但我們對此卻很懷疑。因為 Mutual Funds 最大的特點是每天報價，並可以按價交易和贖回，但這點卻不能用於地產，因為地產是不能即時變賣的，故不可能提供足夠的流動現金讓投資者進行交易。我們為此開了多次會議，多數都認為地產的 Mutual Funds 應該禁止，在報告中也是這樣決定的。與此同時，Gramco 亦宣告倒閉。這事當時亦傳為一時笑談，人們都說 Gramco 的倒閉是因為我們的決定，所以客戶們都趕緊去贖回錢。

接著 I.O.S. 亦倒閉，倒閉後在美國亦有一項調查，發現 I.O.S. 的組織異常複雜，根本難以審查。最主要是它在不同國家的法律制度下登記，比方說基金的擁有權在甲國家登記，管理權在乙國家登記，如此類推，信託人 (Trustee) 和投資顧問 (Adviser) 又在丙和丁國家登記。各地的法律制度不同，而且當地國家都會保護銀行的資料，不會隨便外洩，如此令追查資料及進行調查時出現很大困難。

總括來說，1971 年的報告基本上循著規管 Mutual Funds 和 Unit Trusts 方面著眼，故此現在兩者也要呈上證監會審准。亦因此種規劃，引申後來對證券買賣的規管和證券法例的制訂。例如該法例引申中介人士的發牌制度和對 Mutual Funds、Unit Trusts 的監管。亦由於當時推銷 Mutual Funds 時，給予投資者參考的資料很少，故此引申對招股書 (Prospectus) 的資料披露亦進行監管。簡言之，1970 年代初並沒有特別的法例處理這些問題，充其量只有公司法，但有關法例卻不足以監管當時的證券交易。

訪問員：有關草擬法例的事，除了剛才提到的 Mutual Funds 和 Unit Trusts 外，請問有沒有其他觸及交易所運作的討論？

李業廣：有的，但相信不多。當時已有 3 間交易所：香港交易所、遠東交易所和金銀交易所，九龍交易所要遲至 1972 年才設立。政府當時沒有政策監管交易所，而證監會亦要到 1974 年才成立，於是我們在報告中便提議成立一個證監會的意見，這點你們可以查閱報告中有關的細節後，我們容後再作補充。以我個人記憶所及，基本上我們涉及交易所的討論時間並不多。在我們眼中，它只不過是個交易場所；我們的目標是那些 Mutual Funds 的推銷員，因為他們到處上門大肆兜售，箇中的交易並不受交易所監管及法律的約束。再者，1970 年代交易所的功能與現在的不同。以往的交易所是個市場，只作交易用途，對上市公司沒有監管，亦沒有要求

上市公司披露訊息的規則。當時上市公司的數目不多，只有幾十間較大型的，問題不算大。要到了大約 1971 年尾至 1972 年初，有很多細型公司上市，那時才意識到有需要進行監管和訂定一定的標準。其實在 1971 至 1972 年間，交易所的運作本身亦出現問題。當時交易所在審批公司上市時，最大的責任是與包銷商 (Underwriter) "講價錢"；這與現在交易所致力維護 "公平市場環境" (Level Playing Field) 的角色有重大的差異。故現在講求的是披露充分的資料，讓投資者自行決定投資風險，而不再議價。

公司法與證券法對證券市場的規範

訪問員：請問早期的公司法對證券交易活動有何規範？

李業廣：實際上只有很少規範，例如公司法規定公司上市時需要提供招股說明書。公司法的附表三 (The Third Schedule) 主要是說明招股書上應具備那些資料，此例源自 1929 年英國的公司法，但有關法例始用時與現在的情況相差很遠，所以現在主要還是靠交易所的規則作監管。事實上交易所的規則已凌駕公司法，因為前者比後者細節較多，要求也高，只要交易所理事會和證監會開會同意，更改和增加規則既快又容易，很會跟上時代的轉變。

再者，公司法原來的目的很簡單，旨在說明如何成立、管理和清盤公司；至於監管股票買賣，應該交由其他法例，如證券法規管，現在英、美、加等地已循此發展，香港也會如此。這樣，公司法的內容變得較簡單，主要是說明成立公司及清盤的事宜，就算是破產的問題，現在亦會有獨立的破產法 (Bankruptcy Law) 處理不同情況的資產清盤。同樣道理，在公司法外亦會有證券法去處理股票買賣和註冊中介人等細節。其實在 1948 年英國也沒有如此分類，情況很混亂；不過，英國早於 1939 年已制訂 Prevention of Fraud Investments Act，該法於 1958 年加以修訂，藉此處理證券交易的問題。這條法例後來於 1974 年引入香港，名為 Protection of Investors Ordinance。大抵而言，早年公司法提供的保障是不足夠的，這亦是 1971 年報告針對改善的主要事項。

訪問員：在香港仍未有本身的證券法前是參考英國的公司法的，後來請了 James Selwyn 來港參與草擬證券法的工作，在參考其他國家相關法例是否有一定的困難？

李業廣：草擬證券法的工作實際上由律政司負責，不是我們委員會。至於監管 Mutual Funds 和 Unit Trusts 的那份報告，我們參考的國家包括英國、美國、澳洲和瑞士等。當然我們並非參照外國公司法的全部內容，我們只參考了某些專門部分。

現時香港政府亦委任了一個委員會研究公司法，由

Ermanno Pascutto 負責的。他亦曾出任證監會副主席，現合約已滿；他本人是律師，並準備替財經事務司撰寫有關修訂公司法方向的報告。未來公司法的演變方向亦將以清晰簡單的規劃為宗旨。公司法本身很簡單，主要是說明公司的成立、管理、股東和公司、董事和公司，以及股東和董事之間的關係。此外則另立破產法和證券法。但現在的證券法與其他法例也有關連，已變得很複雜。證監現在研究可否併合各項條例，又或是合併為三至四條的綜合法例，此項計劃尚在進行中，初步的草稿已完成，但當中新增了不少新的條文，而且多富爭議性。

訪問員：當中哪些地方具爭議性？

李業廣：有爭議性的地方很多，由於現在尚在草擬當中，仍未到最後定稿的階段，很難在此盡言，一切還待政府出白皮書或藍皮書時才詳細公佈。但在這兒可舉其中一例，就以證券市場來說，現在正式的市場只有交易所市場和期貨市場。其實市場的定義可以很廣泛，有一種意見更認為任何證監會批准的"認可市場"（Recognized Market Places）則可從事交易活動，這樣可以產生很多新市場，甚至是幾個證券商亦可設立一個內部互相進行交易的市場；但市場這樣分散卻很難監管，相比現在一個集中的市場進行交易，資料訊息傳播既迅速又準確，走勢是"實時"（Real Time）顯示出來的，這樣監管較為容易。

訪問員：這樣有多個市場的觀念，與四會市場時期有幾個交易場所的情況是否相像？

李業廣：也有這個可能性。但四會時代與現在不同。過去交易是在一個場所進行，即有一個固定的 Physical Market Place。但今天可說沒有了這個固定的場所；雖然交易所仍保留一交易場地，但事實上是可以取締的，現時我們以電子系統進行交易，實際上不論是在辦公室、家中、甚至在車上亦可隨時按鍵進行買賣。新科技的轉變帶出新的問題，例如稅收和交易徵費難以徵收等等，故此需要仔細研究。

訪問員：我們可否這樣說，是 1971 年的報告引發起後來證券法例的改革？

李業廣：可以這樣說吧。證券法是 1973 年的事，是緊接 1971 年的 First Report 推出的，即那份 Report on Protection of Investors。往後有 Protection of Investors Ordinance，還有其他很多的修改。報告書中所提的多是大方向，而法例則釐定有關細節。

訪問員：對於法例後期的籌備工作和公佈事宜，"公司法檢討委員會"（The Companies Law Revision Committee）可有提供意見？

李業廣：報告公佈後，委員會的工作亦告完畢。往後便

是政府採納當中的意見，進行內部研究，並草擬證券法例。我們並沒有直接參與草擬過程，事實上草擬過程是應該獨立分開的，雖然基本上政府對 First Report 內所提的意見基本上完全採納了。

訪問員：政府草擬證券法是否與 Committee 的工作同時進行？

李業廣：不，政府是先看報告，才作起草的。至於第二個報告，即有關公司法修訂的建議，是兩年後 1972 年才公佈的。

訪問員：證券法通過後，在短期內有不少法例、附屬法例通過。法例通過後（1975-1979 年間）執行的情況又怎樣？

李業廣：當時是由證監會執行的，主要負責登記的工作，但證監會的工作人員並不多，Chairman 是 Mr.U.A.McInnes*，他離任後便由 Legal Department 的 Crown Counsel 出任。

訪問員：請問根據此法例作出的檢控如何？

李業廣：檢控並不多。

訪問員：是人手不足夠，還是法例上檢控有困難？

李業廣：有關法例是清楚的，但我們沒有消息來源，無從知道是否有人在犯法；就算真的知道，亦沒有足夠人手去作調查。另外我們也建議政府草擬收購合併的規則（Takeover Code），後來政府接納了，並參考英國的 City Code 來草擬。

訪問員：這守則是 Regulation 還是法例來的？

李業廣：這個不是 Regulation 或 Ordinance，而是守則（Code），當時由證監會負責執行，但卻沒有法律約束力（Legal Binding）。在法律上，Ordinance 是法例，而 Ordinance 的具體細節便是 Regulations 或 Subsidiaries（附屬法例），它們是由政府官員及機關訂定的，它們亦具法律效力的（within legislation）。至於 Code 只是守則，一如遊戲規則般，本身並無法律約束力，是一隻"無牙老虎"，就算有人違反守則，亦不是犯法，我們最多只能譴責他。其後有某些規則如內幕交易條例（Insider Dealing）亦列入正式法例內，均由證監會負責執行；現在的證監會亦比較嚴，甚至運用其他方式制裁……

（按：李業廣為前香港聯合交易所主席。）

＊訪問員按：U.A. McInnes 曾任多屆助理證券監理專員，1978-1981 年間出任證監專員。

資料來源：節錄自 1997 年 4 月 30 日香港聯合交易所委託香港大學亞洲研究中心進行之訪問記錄，現寄存於香港大學孔安道圖書館。

pension Fund）。同年 10 月，《證券條例》第 6 節（有關經紀、投資顧問及代表人註冊）生效，規定所有證券商及其代表人，不論是否證券交易所的會員，均須註冊，有關規則亦適用於投資顧問及其代表人。

1978 年 6 月香港證券事務監察委員會主席簡悦慶與證券監理專員麥恩主持遠東會電腦交易系統啟用儀式。

表3.4　1965年至1986年香港股市發展概況

年份	成交總額（億港元）	最高	最低	恆生指數年底收市
1965	3.89	103.5	78.0	82.1
1966	3.50	85.1	79.1	79.7
1967	3.05	79.8	58.6	66.9
1968	9.44	107.6	63.1	107.6
1969	25.46	160.1	112.5	155.5
1970	59.89	211.9	154.8	211.6
1971	147.93	405.3	201.1	341.4
1972	437.58	843.4	324.0	843.4
1973	482.17	1,775.0	400.0	433.7
1974	112.46	481.9	150.1	171.1
1975	103.35	352.9	160.4	350.0
1976	131.56	465.3	354.5	447.7
1977	61.27	452.5	404.0	404.0
1978	274.19	707.8	383.4	495.5
1979	256.33	879.4	493.8	879.4
1980	956.84	1,654.6	738.9	1,473.6
1981	1,059.87	1,810.2	1,113.8	1,405.8
1982	462.30	1,445.3	676.3	783.8
1983	371.65	1,102.6	690.1	874.9
1984	488.09	1,200.4	746.0	1,200.4
1985	758.21	1,762.5	1,220.7	1,752.5
1986	1,231.28	2,568.3	1,559.9	2,568.3

資料來源：香港聯合交易所

2.2 1980年代初期股市高潮及其後急跌

經歷一輪暴風雨蹂躪的香港股市，終於在 1975 年喘定下來。該年，世界經濟衰退見底並開始回升，國際利率回落，香港銀行利率亦由高峰連續多次下調，存款利息比 1974 年未提高前的水平還低，部分資金開始轉向股市進行有限的投機活動。受此影響，香港股市轉趨活躍，集資活動漸漸回復，收購兼併接連不斷，恆生指數亦從上年底的 171.11 點逐步上揚，至年底報收 350 點。

1975 年 8 月，香港證券事務監察委員會（The Securities Commission）頒佈《收購及合併守則》（The Code on Takeovers and Mergers），以加強對上市公司收購兼併活動的監管。同年 12 月，該委員會立例禁止香港上市公司董事，在未經股東表決批准之前不按控股比例發行股份。自此，股東認購新股的優先權正式被確立。

其後的兩年間，香港股市陷入牛皮局面，恆生指數基本上在 350 點至 450 點之間徘徊。1977 年，香港股市全年的成交額僅 61.27 億元，是 1970 年以來最少的一年，恆生指數亦從年初的 447.67 點下跌至年底的 404.02 點收市（見表 3.4）。究其原因，主要是西方經濟復蘇的前景尚不明朗，期間金價暴升、房地產買賣活躍，不少資金都轉到金市、樓市炒賣，再加上香港政府將買賣印花稅從千分之四提高到千分之八，當局並發動追討過去的溢利稅，種種因素導致這一時期香港股市的牛皮困局。

1970 年代中後期，隨著世界經濟復蘇以及香港經濟日漸繁榮，加上中國擺脱“文化大革命”的惡夢，開

1977 年 4 月 11 日，遠東會在新世界大廈新址開業。

1979 年香港證券交易所在和記大廈的公眾大堂。

表3.5　1970年代香港主要上市公司的表現

年份	收市價 31. 12. 69 年	調整價*	收市價 31. 12. 79 年	±%
滙豐	$242.00	$2.7826	19.30	793.60
亞洲航業	3.00	1.25	7.00	460.00
會德豐	11.00	1.65	4.175	153.03
九倉	36.25	3.625	74.00	1,941.38
大酒店	65.00	2.2569	33.75	1,395.41
凱聯酒店	11.00	2.00	4.60	130.00
置地	90.00	2.9752	13.80	363.84
信託	2.275	1.88	4.65	147.34
中巴	30.75	5.4666	41.00	650.01
九巴	31.00	0.9185	5.45	493.36
油麻地	62.50	31.25	47.75	52.80
九燈	27.40	9.0848	21.60	137.76
港燈	40.50	1.1238	6.15	447.25
電話	32.25	14.65	31.75	116.72
怡和	42.25	2.9691	17.20	479.30
英坭	29.90	1.1535	55.00	4,668.10
屈臣	87.00	8.70	7.90	− 9.20
南聯	14.10	0.922	3.45	274.19
南海	24.00	24.00	103.00	329.17
南洋	18.00	14.40	39.00	170.83
恆生指數		155.47	879.38	465.62

＊不包括派息。

資料來源：曹志明《回顧七十年代本港股市之變化》，載《信報財經月刊》第 3 卷，第 11 期。

始推動四個現代化建設，並逐步對外開放，香港股市於 1978 年突然轉趨活躍。雖然在成交量及恆生指數等方面都未能創出新高，但交投之暢活與股價波動幅度均堪與 1973 年的狂熱相媲美，沉寂多年的投機性活動再度出現。該年，香港股市最高 707.8 點，最低 383.4 點，高低波幅達 54%，全年成交量則急增至 274.19 億元，相當於 1977 年的 4.5 倍，僅次於 1973 年及 1972 年的紀錄。（見表 3.5）

及至 1979 年，香港股市經歷了上半年的牛皮淡靜局面之後，在下半年再度轉趨熾熱，年底更以全年最高位的 879.38 點收市，惟成交量則比上年稍少約 6.5%。這一時期，刺激香港股市上升的因素，在政治上有中美正式建立外交關係，中英外交關係有良好發展，港府財政司夏鼎基訪問北京；在經濟上包括中國內地與

1970 年代末香港證券交易所的交易大堂，位於和記大廈內。

1981 年李嘉誠收購和記黃埔後首次主持和黃股東周年大會。

1980 年 6 月 24 日關於"世界船王"包玉剛收購九倉的新聞。

香港的經貿聯繫日益加強、香港地產市道暢旺、通貨膨脹高企，市民投資保值心切，以及東南亞政局動盪資金湧入香港等等。這一年最轟動的事件，就是 9 月 25 日，香港富商李嘉誠旗下的長江實業，以每股 7.1 元的價格成功向滙豐收購和記黃埔 9,000 萬股普通股，從而奠定長實集團日後在香港經濟中的地位。

　　1980 年，香港股市承接上年的升勢，交投暢旺，氣勢如虹。這一年 6 月，香港爆發有史以來最大規模的收購戰，怡和旗下的置地公司與"世界船王"包玉剛展開對九龍倉股權的公開爭購戰。九龍倉一役，最後以包玉剛用每股現金 105 元增購股份而告終。受此事件刺激，香港

香港早期的"證券事務監察委員會"

從證券業務諮詢委員會到證券事務監察委員會

訪問員：潘先生可否從閣下參與"證券事務諮詢委員會"的經驗談起，我們希望多點了解委員會的運作及其歷史。

潘永祥："證券事務監察委員會"於 1974 年成立，其前身是 1973 年成立的"證券業務諮詢委員會"。部分成員來自滙豐銀行，包括沈弼先生、包玉剛先生、翟克誠（P.S. Jacobs）、黃頌顯（黃先生後來還出任了委員會主席）、施偉賢及本人，此外還有兩名成員，合共約 8 人。施偉賢是一位從英倫銀行來港的證券業專家……

當時證券市場正處於調整期，遠東會已成立，並在一年內迅速發展，其成交額更直迫香港會。後來金銀會和九龍會相繼成立，政府為了防止更多新交易所出現，遂立例禁止，這便形成了 4 間交易所的狀況了。香港當年的公司法則仍沿用英國 1929 年的公司法，直至 80 年代才修改。其時法例在披露資料（Disclosure）、會計標準的要求亦不高。香港會計師公會於 1973 年才成立；會計行業的做法一直承襲英國的傳統，概括而言，就是靠操守及自律。會計行業好像"Old Boys' Club"，並非靠規例的。由於講求道德操守、守則等，故當時英國的法例並不嚴緊。至於香港關於上市公司方面的規管亦十分落後，絕對應付不了愈來愈多的上市申請。上市法例較完備的國家首推美國，這可能與美國 1929 年股災有關，而澳洲的證券法例卻出奇地先進，我們亦在很多地方借鏡澳洲的法例。

訪問員：潘先生曾提到 1974 年時有 7 位成員，是否全屬諮詢委員會的成員？

潘永祥：先說明一下，1973 年以前稱"證券業務諮詢委員會"（Advisory Committee），到了 1974 年才改稱為"證券事務監察委員會"（Securities Commission）。印象中委員會的成員除本人尚包括黃頌顯、簡悅慶、施偉賢、包玉剛、沈弼和翟克誠（當年他是公司註冊署的政府代表）共 7 位……當年證監會內有一個銀行家，一個律師和一個會計師；翟克誠後來出任多年財政司，黃頌顯則出任律師會主席，而本人則當上了會計師會主席。往後的發展是證券監管事務日趨繁重，於是便成立一個獨立的委員會來處理了。委員會正式成立後，每年均要向立法局申請撥款資助，直至證監會財政資助由交易徵費支付這機制確立後，才不用政府撥款。

證監會的架構和運作及本港證券市場的成長

訪問員：當時證券事務監察委員會的架構是怎樣？

股市在 6 月份衝破 1,000 點大關，其後步步上揚，並在 11 月一度衝上 1,654.57 點，直逼 1973 年所創的最高峰。11 月，香港股市成交額接近 170 億元，相當於 1979 年的三分之二，而全年成交額則高達 967.79 億元，比 1979 年增加約 2.8 倍，就是比 1973 年所創下的 485.79 億元的紀錄，也高出 96.9%。

1981 年 1 月，香港證券事務監察委員會吸取九龍倉爭購戰的教訓，修改《收購及合併守則》，將上市公司"控股權"定義從過去的超過 50% 修訂為 35%，規定持有 35% 至 50% 的大股東可在一年以內增購 5% 的股權，如超過此數便要提出全面收購；非大股東一旦吸入一家公司 35% 的股權，便要公開提出收購。同年 11 月，香港立法局通過《印花稅條例》（The Stamp Duty Ordinance 1981），規定所有記名認股權證買賣均須付印花稅。

1983 年 3 月，證監會再次修改《收購及合併守則》，豁免在收購建議中只涉及一家公司不超過 35% 投票權股份的行動，可無須經過收購及合併委員會同意進行，但其他部分收購建議仍受限制。此外，在進行部分收購建議前及期間，被收購公司的股票需暫停買賣。

從 1975 年起步的新一輪牛市，經過 6 年的輾轉上揚終於在 1981 年攀上新高峰。1981 年 7 月 17 日，恆生指數以 1,810.20 點刷新 8 年前創下的 1,774.96 點的歷史紀錄，當日四會總成交達 8.76 億元，而全年的成交總額亦首次突破 1,000 億元。該年，香港股市的另一特色，是上市、供股活動頻繁，全年吸取市場資金接近 100 億元，亦破空前紀錄。其中，滙豐銀行更破天荒作出戰後以來的首次供股集資，涉及金額高達 20 億元。年內，新上市公司潘永祥：證監會當年是在證監專員的辦事處開會的。其時有數件事是較為重要的：其一是證券法的產生，以及保障投資者條例的出現，最重要的還有四會合併。合併一事雖然談了很多年，但畢竟各交易所有不同考慮，大家都是不同架構。四會之中，遠東和金銀運作不錯，香港會則由於管制嚴格，生意顯得遜色。而一般公司只看成交額多少而決定在哪間交易所上市。至於監管問題，則涉及不同機構和部門的分工，彼此的聯絡亦沒有問題。這主要歸功委員會主席屬賢能之士，另一方面，多位證監專員像施偉賢、梅輝賢（Derek Murphy）等均是頂尖人才。當時的委員都很用心，而且在必要時各成員會馬上召開緊急會議。

回顧證監會的工作，它可說已為香港的金融地位奠下基礎（Put Hong Kong on the Map）。1967 年以來香港逐漸復甦，香港的證券市場亦趨形成，不少本地大企業如長江等均是在此時成長的，而香港亦賴此成為國際金融中心之一。香港在 1960 年代末尚未屬金融中心，但隨著時代變遷，金融法規作出了很多修改……

早年證監會主要遵照幾方面整頓證券市場，例如公司法（Companies Ordinance）、證券法（Securities Ordinance）及銀行法例（Banking Ordinance）先後作出修訂。至於會計行業，我們已意識到行業將醞釀變化，故 Sir Gordon Macwhinnie、關文偉及本人均認為香港需要成立一個會計師公會。雖然香港的會計師公會比新加坡起步慢了 10 年，但多年來的努力令香港的會計師業已有相當成績。香港是 International Accounting Standards Committee 的委員會成員，並在國際上頗有知名度。事實上全球過往 20 多年來遭受不少金融或經濟衝擊，但仍能在眾多危機下站穩。直至 1987 年股災，交易所停市，影響了國際投資者的信心。不過香港政府的反應十分快，1987 年 10 月 19 日股災，同年 11 月 16 日已組成證券業檢討委員會（Securities Review Committee），為了加強委員會的認受性，政府委任會計師戴維森（Ian Hay Davison）任主席、行政局成員 S.L. Chen、劉華森、Charles Soo、杜輝廉（Philip Tose）及本人，Michael Wu 是秘書。委員會其後提出不少改革，證券市場經此整頓後，在往後的風浪中仍運作良好……

訪問員：當時證券事務監察委員會轄下有多少個小組委員會（Sub-committee）？是否均由公務員支持？

潘永祥：證券事務監察委員會轄下大抵有 2 至 3 個小組委員會，主要是處理收購及合併事宜，此外還有紀律委員會等，成員多由證監會成員出任，不過亦有引入少數獨立人士或證券業人士。行政支持較小，但有時亦需要他們的支持方可運作。但就整體和決策上，都是由監察委員會的成員去解決。除此之外，這些小組的處事方法跟紀律委員會大抵相同，例如獨立的紀律小組，用以和交易所溝通。不過，當時的負擔全落在成員身上，秘書的負擔則沒有那麼大。

收購及合併守則的產生

訪問員：為什麼在 1975 年會草擬"收購及合併守則"（Code on Takeover and Mergers）？

潘永祥：因為當時有很多公司掀起了收購熱潮，像牛奶公司、置地、渣甸等，所以需要草擬一項守則來監管。當時的一種觀念是"用一張紙（股票）換你的資產"，以前在香港沒有人這樣想。

訪問員：剛提及的收購及合併守則，在當時眾多的收購事件上，凸顯什麼問題？

潘永祥：主要是少數股東的利益問題，今日香港在這方面的保障仍有不足。美國的法律有 Class Action（即一個股東可以代表其餘小股東了），英國的 Minority Action 也是同一道理；香港現在亦有類似英國的安排。

訪問員：當時守則是否在自願的基礎下執行的？

潘永祥：是的，因為如果守則沒有彈性的話，商界會認為沒有足夠的空間。所以他們認為英國那一套會比較好。英國也是用守則的，用守則有其好處，但問題在於如何監管，即若果違反守則後果如何，由此產生了兩個問題：一，政府是否有"牙力"採取行動懲罰違規人士；二，與大財團打官司並不容易。現在雖然機制是存在的，但政府是否會與大財團打官司，則各有各的意見了……

訪問員：可否談談當時證監在收購合併問題上如何與政府和商界合作？

潘永祥：合作相當好。就以 1981 年置地收購電話為例，當時大家是在公平的環境下進行收購，並按照法律和遵守守則的精神進行，所以在收購戰之中，大家均沒有問題。我們的工作是監察收購及合併有否遵守守則，不單是條文的規定，更重要的是守則的精神，我們對這觀點十分強調。如果你的收購行動太過份，我們的武器就是政府在必要時會考慮立法規管……

（按：潘永祥受訪時為 Poon & Co. Certified Public Accountants Chartered Secretaries。）

資料來源：節錄自 1998 年 6 月 24 日香港聯合交易所委託香港大學亞洲研究中心進行之訪問記錄，現寄存於香港大學孔安道圖書館。

達 13 家，集資額超過 30 億元。而透過收購變相上市者亦有多家，停牌多年的美迪臣、亞洲置地、星港地產、嘉佑（易名為百寧順）等也恢復上市買賣。無論是新股上市或是發行新股集資，公司都紛紛附送認股權證，使股市的投機氣氛更形熾熱。

當時，香港股市在國際證券市場上的地位已大大提高，以 1976 年市場價值計算，香港股市只佔全球主要市場的 0.9%，排名第 11 位，但以 1981 年 8 月的市值計算，香港已超越法國、瑞士、意大利、荷蘭等國家而排名第 7 位，在亞洲僅次於日本而排第 2 位。

不過，1981 年 7 月 17 日恆生指數攀上 1,810.20 點新歷史高峰之際，實際上亦宣告了這一輪牛市行情的結束。當日傍晚，香港銀行公會宣佈自 21 日起，將銀行存款利率提高一釐，即將儲蓄存款利率從 11 釐提高到 12 釐。銀行公會解釋，加息的目的是要挽救日益疲弱的港元，當時港幣尚未和美元掛鈎，而港元與歐洲美元的利息差距高達 3 釐半，大量資金調往海外套息。

7 月 20 日（星期一）香港股市開市。在高息的沉重壓力下，恆生指數應聲下跌，當天下跌了 32.20 點，但交投依然暢旺，誰也沒有料到熊市已拉開序幕。此後，股市持續低沉，到 10 月 5 日恆指更在一天內急瀉了 120 點，以 1,113.77 點創下全年最低位，全年最高與最低指數相差 696.43 點，比對跌幅為 38%，不少股份高低價差距更達 50% 以上，波幅之大令人吃驚。

是次跌浪中，部分藍籌股如長江實業、新鴻基地產等均受到了極大的沽售壓力，能在跌市中屹立不倒的倒是當時紅極一時的佳寧系三家上市公司 —— 佳寧置業、維達航運、其昌保險。當時，有一份財經報章甚至可笑地把佳寧稱讚為"跌市奇葩"。

不過，大市並未就此一沉不起。1981 年 12 月及 1982 年 4 月，置地公司先後宣佈斥資 9 億元及 27.58 億元，收購香港電話及香港電燈各 34.9% 股權。受此消息刺激，恆生指數兩次反彈至 1,400 點水平，並在 1,100 點至 1,400 點之間爭持了 10 個月之久。當時，香港樓市被炒至極不合理的高位，樓宇空置率急升，市場

1980 年代初遠東交易所營業時的繁忙景況。

已嚴重缺乏承接力。1982年8月8日，香港政府以私人協定方式批售中區地盤予中國銀行，定價10億元，即每平方米14,000元，且分13年付款，年息僅計6%。消息傳出，投資者對香港地皮的真實價值產生懷疑，而13年的付款期恰好在1995年結束，未能超越1997年，使市場擔心多時的"九七"問題浮上水面。

1982年9月，英國首相撒徹爾夫人乘福克蘭群島一役大勝之勢訪問北京，提出了以主權換治權的建議，試圖解決香港前途問題，結果遭到中國領導人鄧小平的拒絕、批駁。稍後，中國政府明確宣佈將在1997年收回香港，中英之間就香港前途問題的談判遂拉開序幕。香港前途問題觸發了投資者的信心危機，早已疲憊不堪的股市、樓市應聲下跌。9月22日即英首相訪華前一天，恆生指數還報收1,121.85點，但其後即迅速滑落到800點以下。

這時，由政治形勢觸發的經濟不景迅速表面化。10月份，被稱為"鐵股"的佳寧置業罕有的宣佈取消派發中期息，改以10送1紅股，並發行5億股優先股集資5億元。這一行動實際上暴露了佳寧的困境，其股價在一天內暴跌3成。其後，益大投資宣佈清盤，大來財務、億上國際等公司也先後傳出財政困難的消息，以恆隆為首的財團因未獲銀行

股市跌勢轉明顯

1982年9月24日有關股市跌勢的報道。

貸款，金鐘地鐵上蓋二段發展懸而未決，再加上置地集資的傳聞甚囂塵上，在種種不利因素打擊下，香港股市於12月2日報收676.30點的全年最低位。

當時，對股市不利的謠言四起，市場盛傳香港知名世家子弟大舉拋售股票套現，將永遠撤離香港市場。外資調走資金、大戶出售資產套現等消息時有所聞，加上港元不斷貶值，整個市

場充斥著一片悲觀情緒。那時，誰也不知 676.30 點就是這次熊市的最低點，市場雖然仍然飽受各種政治、經濟事件的衝擊，但股市再也沒有跌破這一水平。

　　1983 年上半年，人心回穩，香港股市在 800 點至 1,000 點之間徘徊。同年 7 月 12 日，中英兩國政府代表在北京正式展開關於香港前途問題的會談。香港股市也就在相當大的程度上受中英談判的影響上下波動。這一時期，香港股市經歷了地產市道的崩潰、銀行擠提風潮的蔓延、港元的大幅貶值、佳寧集團覆滅等一連串事件的打擊。1984 年 9 月 17 日，中英兩國經過 22 輪的艱苦談判，終於草簽關於香港前途問題的聯合聲明。香港股市迅速作出反應，9 月 16 日，恆生指數回升至接近 1,000 點，年底報收 1,200.4 點。香港這一歷時最長的熊市終於在風雨飄搖的歲月中悄然結束。

3. 四會合併：香港聯合交易所的成立與運作

在四會時代，

由於4家證券交易所各自獨立經營，在股票的報價及行政管理上均難以統一，

使有意投資香港證券市場的外國投資者均感到不便，

政府在執行監管時也遇到很大的困難。

因此，1970年代中後期，香港政府便積極推動四會合併。

3.1 四會合併的棘手問題：會籍之爭

1976 年 2 月，港府頒佈《證券（證券交易所上市）規則》，同年 8 月並根據有關規則，規定上市公司必須委任香港證券登記公司總會屬下的會員為股票過戶處。

1974 年，4 家證券交易所組織起來，成立香港證券交易所聯會，每家交易所的主席輪流出任聯會的主席。儘管聯會的決議無法律效力，但聯會也並非僅僅是空談的場所。當時，即使在政府的壓力下，也並非四會都同意合併。最初，首任證監專員施偉賢提出要把經紀

圖為 1974 年四會主席就四會合併舉行記者會。

數目由 950 人削減至 300 人時，四家證券交易所皆一致反對。[12]

在四會合併的進程中，會籍一直是一個棘手問題，其中又以外資會員及公司會員的地位問題最難解決。傳統上，證券交易所的外資會員只能取得 "附屬會籍" 的地位，買賣必須經由本地經紀進行。1969 年，倫敦一家證券公司申請加入香港會，條件是一切交易須由一個本地會員進行，而全部佣金亦為本地會員所有。倫敦其他經紀公司紛紛效法，成為交易所的準會員。準會員費跟會員的一樣，但準會員希望日後可以成為正式會員，在所不計。不過，根據《證券

1976 年遠東交易所與香港證券交易所的記者會上，聯合作業務報告。

條例》，公司會員是可以加入證券交易所的，不管個別交易所的慣例如何。這樣，《證券條例》一公佈，倫敦的經紀公司便紛紛申請成為證券交易所的正式會員了。

合併籌備初期，有人建議給予外資會員"全會籍"的資格，但遭到本地經紀的強烈反對。1975 年 2 月，香港證券交易所聯會通過決議，拒絕接納海外公司為正式會員。不過，1979 年李福兆打破慣例，接納了加拿大宏發證券的勞汝福為遠東會的正式會員。堅持只收本地交易商為原則的香港會因此向港府財政司及證監處投訴。但證監處沒有法律依據，因為聯會的決議沒有法律約束力，而且證券條例規定准許接納任何國家的公司會員。

1979 年 7 月，香港證券交易所聯會為防止有人違反行規，通過決議："……如有任何海外會員、或有理由懷疑為代表海外會員的人，與交易所的任何會員接觸，尋求成為正式會員的方法，會員應馬上向（聯會）理監事報告。"聯會會議並紀錄："決議的目的是防止所有海外會員、或海外會員公司、或有理由代表海外會員或海外會員公司的人士，成為本港任何交易所的正式會員。"〔13〕證監處在草擬四會合併條例時，注意到本地會員需要保護，以避免海外對手的直接競爭，同意海外公司只可當準會員的立場。

然而，1980 年 10 月，即在香港聯合交易所已經成立並制定有關政策之後，遠東會再次打破慣例，接受一直只是香港會準會員的英國公司唯高達在香港的董事成為遠東會正式會員。香港會、金銀會等其他交易所見大勢所趨，也相繼仿效。結果，一下子有 10 個海外會員被接納為正式會員。面對客觀現實，1982 年 1 月，出任香港聯合交易所首任主席的胡漢輝致函當時的臨時監理專員霍禮義（Robert Fell）表示："理事會認為會籍應該開放給公司和有信譽有規模的海外交易商（公司或個人）……作為東南亞最大的金融中心，香港應該為開放門戶的政策感到自豪。有實力的外國交易商參與本地股市，將帶來外資及國際專業人才。"〔14〕

會籍問題歷來是一切交易所最敏感的一環。會員是交易所的牛油和麵包，劃定一個本國壟斷市場中的競爭範圍。會員成份顯示交易所的歷史和發展過程中形成的成見，超過其包含的經濟因素。因此，剛出任證監處監理專員的霍禮義決定透過公開諮詢達成共識。1984 年 3 月，證監處整理出包括各交易所、個人經紀、銀行、存款公司、律師、會計師、大學和理工學院的建議。

在此基礎上,證監處建議:交易所會員成分應該是多元的,包括獨資交易商、合夥公司和公司會員,每一個會員有自己適當的財政結構;所有權可以是外資的,但管理必須經由一間在香港註冊的機構;任何金融集團也得另設機構專營證券,才可以成為會員。1985 年 8 月,立法局以立法形式先後通過《1985 年證券(修訂)條例》〔The Securities (Amendment) Ordinance 1985〕和《1985 年證券交易所合併(修訂)條例》〔The Stock Exchanges Unification (Amendment) Ordinance 1985〕,前者進一步加強證券監理專員在監察證券商財政狀況時的權力,後者則容許有限公司成為交易所會員,並取消原先規定銀行及存款公司的董事、僱員、律師及專業會計師不能成為交易所會員的限制。這些立法為聯合交易所的正式運作奠定了基礎。

3.2 香港聯合交易所的成立與運作

就在會籍爭論的同時,四會合併開始啟動。1977 年 4 月 6 日,在財政司夏鼎基表示四會合併的計劃還沒有實質性進展時,香港會與遠東會突然宣佈有意單獨合併,成立"香港及遠東證券交易所",惟合併後在聯會董事會轄下設有兩個附屬董事會,兩會的行政、管理及財政等仍完全獨立,資產亦概不混淆,並分設兩個市場買賣。這種徒具虛名的"合併"(所謂"聯合上市")立即受到社會輿論的強烈批評。金銀會主席胡漢輝發表聲明,重申贊成"四會合一"立場。4 月 18日,香港會舉行董事會議,大多數董事都不贊成單獨與遠東會合併的建議。翌日,香港會主席施玉瑩提出辭職,由副主席莫應基暫代。施的辭職宣告有關兩會合併觸礁。接著

1980 年代初出任香港會主席的莫應基(右)在香港證券交易所樓下。

的數個月,市場又傳出遠東會與九龍會商討合併,香港會與金銀會兩所系統連繫。不過這些合併構思都未成功,但更凸顯了四會合併的必要性。

1977 年 5 月 7 日,在證券監理專員的促成下,四會各委出代表 3 人,組成以證券監理專員

CERTIFICATE OF INCORPORATION

No. 83874

I hereby certify that

THE STOCK EXCHANGE OF HONG KONG LIMITED

（香港聯合交易所有限公司）

is this day incorporated in Hong Kong under the Companies Ordinance, and that this company is limited.

Given under my hand this　Seventh　day of　July One Thousand Nine Hundred and Eighty .

for Registrar of Companies, Hong Kong.

R.G. 214

1980 年香港聯合交易所成立文件。

任主席的"合併工作小組"，討論合併的可行性及議定合併的具體步驟，目的是"商定一個程序表（連同時間表），使 4 間交易所合併為 1 間認可交易所"。合併工作小組最初提議香港會與金銀會合併、遠東會與九龍會合併，由 4 個交易所合併為 2 個，再由 2 個合併為一個。由於合併過程相當緩慢，政府有見及此，於 1979 年制訂條例，設立一家聯合交易所，規定為唯一合法交易所。

1977 年 8 月 24 日，經過多月的研究、籌備，"越所買賣"首先在香港會及金銀會開始。當天兩會經紀反應熱烈，全日共有 20 宗成交，涉及金額 38 萬港元。"越所買賣"促進了各交易所證券經紀之間的聯繫，導致了 1980 年香港證券經紀協會的創立，促進了四會的合併，加強了股市的靈活性，並向投資者提供了買賣的方便。1979 年 8 月，證監會提出一份實踐簡章，澄清上市公司被收購時暫停買賣的守則。

1980 年 6 月，合併工作取得了進展，各個證券交易所推舉授權兩名委員，代表交易所出任即將成立的新交易所 —— 香港聯合交易所有限公司（The Stock Exchange of Hong Kong Limited）的發起人。這 8 名發起人分別是香港證券交易所的莫應基、吳兆聲，遠東交易所的李福兆、王啟銘，金銀證券交易所的胡漢輝、屈洪疇，九龍證券交易所的陳普芬、鍾明輝。香港聯合交易所有限公司於 1980 年 7 月 7 日正式在香港註冊成立。同年 8 月 6 日，立法局正式通過《證券交易所合併條例》（The Stock Exchanges Unification Ordinance），批准合併後的聯交所日後取代四會的法律地位。

根據合併條例，在聯合交易所會員依合併條例選出第 1 屆委員會前，聯合交易所的管理及控制權交由一個過渡委員會負責。過渡委員會的成員，亦即四會推舉的 8 位發起人。過渡委員會推舉金銀會的胡漢輝出任主席。

1981 年 10 月 30 日，香港聯合交易所在富麗華酒店舉行第一屆會員大會，選出第一屆由 21 人組成的委員會，其中，胡漢輝獲選為主

1981 年 11 月 12 日香港聯合交易所主席胡漢輝與港府代表簽約，由政府提供興建聯交所的場地。

香港聯合交易所委員會，攝於 1986 年 4 月 2 日開業當天。

席（583 票），湛兆霖（523 票）、李福兆（511 票）、王啟銘（505 票）及馬清忠（498 票）分別獲選為副主席，委員則包括孔憲紹、應子賢、許達三、李和聲、鍾立雄、曹紹松、馮新聰、顧家振、葉黎成、何廷錫、王欣康、余金城、莊英茂、周佩芬、吳兆聲及徐國炯等。

在香港聯合交易所第一屆委員會就職典禮上，主席胡漢輝致詞說：“近十年來香港證券業發展蓬勃，每日成交總額由數百萬元進至超逾億元，1980 年 11 月 3 日一天更創下成交達 14.2 億元的紀錄。為適應時勢的需要，配合當局的要求，四家交易所合併組成香港聯合交易所，集中業內人力物力，訂立完善的章程和統一交收制度，建立現代化的電腦系統，保障投資者和會員的利益，並致力引進更多外資投入香港的證券市場，相信香港可迅速與國際證券市場並駕齊驅。”

從 1981 年 10 月到 1986 年 4 月，四會的合併又經過了近 5 年的醞釀。期間，香港經歷了 1982 年中英兩國關於香港前途的談判，地產、股市崩潰，佳寧集團破產及一連串的公司詐騙案，由此暴露出香港證券市場監管制度的多個重大弱點。1981 年底，英國倫敦證券交易所前任行政總裁霍禮義獲委任為香港的臨時監理專員時，倫敦的《泰晤士報》便對他發出警告：“對監管者來說，香港並不是一個友善的城市⋯⋯能夠在最短時間內賺取到最多的金錢，被認為是值得稱許的事。任何以不合理方式阻止人們從事上述活動的東西或行為都不會受到歡迎，而人們亦會在可能的情況下漠視它的存在。”[15]

1986 年 3 月 27 日收市後，香港、遠東、金銀、九龍四會宣佈正式停業。4 月 2 日，香港聯合交易所在備受觸目的情況下正式開業，並透過電腦系統進行證券交易。聯交所的所址設在中區交易廣場二樓，佔地約 45,000 平方英尺，其中交易大堂佔地 25,000 平方英尺，配有最先進的電腦交易系統。當日，由港府財政司彭勵治主持按鈕儀式，聯合交易所交易系統便開始運作，第一隻成交的股份是太古洋行。當日聯交所股票成交達 3,300 萬股，成交金額達 2.26 億元。同年 10 月 6 日，在港督尤德爵士的主持下，香港聯合交易所經過 6 個月的運作，

曾是香港證券交易所所在的和記大廈外觀。

1986 年 4 月 2 日開業的香港聯合交易所交易大堂，位於中區交易廣場二樓。

國泰航空發售新股上市成為香港有史以來最大宗企業售股行動。

宣佈正式開幕。自此，香港證券業進入一個新階段。

聯交所開業不久，恰逢英資太古洋行旗下的國泰航空有限公司在香港掛牌上市，引起了空前的轟動。4 月初，國泰航空在香港公開發售新股，以每股作價 3.88 元公開發售 3.98 億股股份（佔總發行股數的 15%），集資 15.42 億元。申請國泰航空新股的市民在滙豐銀行總行大排長龍，形成空前的認股熱潮。在大戶和散戶一致追捧的熱烈氣氛中，國泰航空獲得 55 倍的超額認購，凍結銀行資金數百億元，成為香港有史以來最大宗的企業售股行動。事後知道，這次新股上市規模之大，竟令香港的 M_1 貨幣供應增長

120.3%。5 月 15 日，國泰航空在聯交所正式掛牌上市，當日成交額達 4.46 億元，比同日所有其他股份的成交總和還要多。

香港聯合交易所的正式運作，解決了四會並存所造成的種種問題，諸如激烈競爭所產生的上市公司質素參差不齊、各會報價不一等，再加上以電腦買賣代替過去公開叫價上牌的傳統買賣方式，令每宗交易都有時間的紀錄，買賣雙方身份均可追尋，使政府的監管工作更能有效進行，大大改善了海外投資者對香港股市的印象，推動了國際化的進程。

1986 年 9 月 22 日，香港聯合交易所獲國際證券交易所聯會（The Federation International des Bourse de Valeurs, 簡稱 FIBV）接納正式成為會員，香港證券市場在國際化道路上邁出了重要的一步。

4. 1987 年 10 月股災："黑色星期一"

香港聯合交易所開業後，

旋即迎來新一輪的牛市。實際上，

自1984年中英兩國就香港前途問題達成協定後，

香港股市已開始走出谷底。

4.1 1980年代中期的大牛市

當時，投資者信心逐漸恢復，加上銀行利率長期處於低水平，海外財團對香港的房地產興趣漸增，大型收購合併事件此起彼落，而外圍股市如紐約、倫敦、東京等地則持續表現暢旺，且屢創歷史新高，種種利好因素刺激大市回升。

1985 年 1 月 22 日，李嘉誠透過和記黃埔，以 29.05 億元的總收購價，向英資的置地公司收購香港電燈 34.6% 股權，旗下王國進一步擴大。同年 2 月，包玉剛介入會德豐收購戰，成功取得會德豐的控制權。這一年，恆生指數從 1984 年底的 1,200.38 點起步，到 11 月 21 日攀上 1,762.51 點，是 4 年多以來的最高紀錄，不過仍未突破

1985 年和記黃埔主席李嘉誠宣佈收購香港電燈。

1981 年及 1973 年的最高點，年底以 1,752.45 點收市，比 1984 年上升了 46%。四會全年成交總額為 759.09 億元，比 1984 年增加 56%。

到 1986 年，大市承接上年的走勢繼續攀高。3 月 27 日四會停業時，恆生指數為 1,625.94 點，上市公司總市值約為 2,500 億元。聯交所開業後，由於市場結構發生重大變化，一般投資者採取較審慎的態度，大市初期平穩發展。7 月下旬，大市開始急升，到 9 月 24 日，受本地投資者及海外機構買盤推動，恆生指數首次衝破 2,000 點大關。到 1986 年底收市時，恆生指數已攀升至 2,568.30 點，總市值增加至 4,193 億元，在聯交所開業的短短 9 個月分別增加 58%

香港證監專員霍禮義。

及 68%。這一年，香港股市中的地產股表現出色，股價普遍升逾五成，其中部分中小型地產股如聯合海外、聯合地產、亞洲置地、四海、大元、惠泰、利安、新安、伊人置業、永發、永鴻基、天德地產等，升幅以倍計。

1986 年，香港股市可以説基本上是基金的天下。證監專員霍禮義在一次演説中就表示，股市龐大成交額中約有 25% 的交易是來自倫敦的基金。據估計，來自美國基金的買盤約佔總成交的 15%，而來自東南亞、日本、澳洲及西歐的基金也約佔 10%。換言之，來自海外的基金就佔了總成交額的 50%。此外，本地基金的買賣雖不易估計，但一般相信也佔 30% 左右，即八成的交易來自海外及本地基金，本地小投資者僅佔二成而已。來自美國、日本、澳洲以至歐洲、中東的熱錢大量湧入香港，以投資基金的形式進入股市，主要原因是香港股市雖然已升上高位，但市盈率仍不算高，1986 年年底約為 18 倍，遠低於 1973 年 1,774.96 點的 66 倍和 1981 年 1,810.20 點的 23 倍。縱觀當時周邊股市，東京的市盈率為 40 倍至 50 倍，紐約為 50 多倍，倫敦的也有 30 多倍。

踏入 1987 年，香港經濟表現理想，各個主要經濟環節全面景氣，地產市道穩好，出口及轉口強勁，9 月份財政司翟克誠發表港府中期經濟檢討報告，將 1987 年香港生產總值實質增長率預測修訂為 12%；另一方面，由於港元與美元掛鈎，美元弱勢及大量外資流入，令港元利率長期低企，1987 年 1 月 15 日香港銀行公會宣佈即日起全面降低存款利率四分三釐，即儲蓄存款利率降至一釐二五，以支持港元滙價，滙豐及渣打銀行亦分別宣佈將最優惠利率削減一釐半，至五釐，為 10 年來最低水平。種種利好因素下，香港股市更加氣勢如虹，升勢凌厲，且屢創新高。

這一年，香港股市的狂熱持續到 10 月初，除年中 3、4 月份間曾因 B 股風波[16]影響而導致大市一度回挫外，其餘大部分時間一直攀升。2 月 18 日，恆生指數衝破 2,800 點水平，報收 2,801.48 點，5 月再創新高並直叩 3,000 點大關，月底報收 2,919.70 點。9 月 14 日，李嘉誠的長實系 4 家上市公司宣佈香港有史以來最龐大的集資計劃，集資額高達 103 億元，消息傳出刺激大市進一步攀升。10 月 1 日，恆生指數創下歷史性新高，該日收市報收 3,949.73 點，比上年底再上升 54%。10 月 2 日，香港股市成交額達 54.07 億元，亦創歷史新高。

大市持續急升引起了社會關注。1987 年 9 月中旬，證監專員霍禮義在離港度假前夕的一個公開演説中提出警告，指當時大市的氣氛與 1982 年底股市崩潰前有點相似。但傳統智慧卻認為，1987 年和 1982 年是不同的。不過，霍禮義當時所指，亦僅是牛市遲早會出現調整，甚至是大規模的調整，而不是崩潰。他估計調整最早可能在農曆新年，即翌年 2 月。[17]

4.2 香港股市的"黑色星期一"

　　然而，一場災難性的股市大崩潰卻以迅雷不及掩耳之勢襲來，其來勢之迅猛、規模之浩大，可謂史無前例。

　　這場席捲全球的金融風暴，導火線是德國與美國在貨幣政策方面的矛盾。德國宣稱不再維持向來與美國一致的貨幣政策，並表示將自行釐定本身的經濟政策。美國則威脅要讓美元在國際市場上自由浮動，並將銀行利率提高一整個百分點。這就觸發了美國紐約證券市場上的程序沽盤浪潮，並迅速席捲全球各證券市場。

　　10 月 1 日恆生指數創下 3,949.73 點後，大市便在高位徘徊，投資氣氛依然熾熱，但當時對港股走勢起重要影響作用的美股卻開始下跌。10 月 16 日（星期五），美國杜瓊斯工業平均指數大幅滑落 91.55 點，引發全球股市如骨牌般連鎖下挫，當日香港股市亦一度下跌逾 100 多點，跌市最凌厲是在中午的一段時間，那時市場全無利淡消息，投資者都不知道大市下挫的原因。午後，股市開始反彈，收市時僅下跌 45.44 點，報收 3,783.2 點，而現月恆指期貨仍高水 107 點，遠期恆指更高水逾 200 點。當時，報章引述證券業人士的看法，絕大部分都繼續看好後市，只有極小部分認為受美國加息的影響，股市調整或會繼續，但似乎沒有人敢看淡後市。

　　10 月 19 日（星期一），香港股市一開市，便受到周邊股市急瀉的衝擊，沽盤如排山倒海般出現，二、三線股的跌幅更見凌厲，許多股份已沒有買家。開市後 15 分鐘，恆生指數下跌 120 點。其後，沽盤稍收斂，普遍股價在低位喘定。不久，另一輪沽售狂潮又再湧現，到中午收市報 3,547.90 點，半日跌去 235 點。下午股市重開，巨大拋售浪潮在短短一小時內使恆生指數再跌去 180 點，許多股票包括藍籌股都是只有賣家沒有

1987 年 10 月全球股災期間，香港聯合交易所宣佈停市 4 天，重門深鎖。

買家，股民欲沽無從，市場投資情緒在一日內從極度樂觀轉為極度悲觀。當日，恆生指數報收 3,362.39 點，下跌 420.81 點或 11.1%（見表 3.6），而恆指期貨包括現月和遠期全都跌停板。

　　當日（10 月 19 日），美國股市繼續急跌，杜瓊斯工業平均指數下跌 508 點或 22.6%，跌幅比 1929 年股市大崩潰那次"黑色星期二"還多兩倍，創下美國百多年來單日最大跌幅紀錄。紐約證券交易所主席費倫（J. Phelan）把這次股市狂瀉形容為"金融崩潰"，並祈求類似的危

表3.6　1987年10月股災期間的收市指數

	香港股市 （恆生指數）	香港恆指期市			美國股市（杜瓊斯 工業平均指數）
		10 月份	11 月份	12 月份	
10 月 16 日（星期五）	3783.20 （-45.44）	3890 （-37）	3943 （-29）	3955 （-32）	2246.74 （-108.35）
10 月 19 日（星期一）	3362.39 （-420.81）	3529 （-361）*	3642 （-301）*	3695 （300）*	1738.41 （-508.33）
10 月 20 日（星期二）	停市	停市			1841.01 （+102.60）
10 月 21 日（星期三）	停市	停市			2027.85 （+186.84）
10 月 22 日（星期四）	停市	停市			1950.43 （-77.42）
10 月 23 日（星期五）	停市	停市			1950.76 （+0.33）
10 月 26 日（星期一）	2241.69 （-1120.70）	1975 （-1554）	3342 （-300）*	3395 （300）*	1793.93（-156.83）

注：（　）內數位表示當天升跌點數；凡有＊者為跌停板的收市價。

資料來源：香港聯合交易所

1987 年 10 月股災令不少從業員沮喪。

機不再重演。美國股市大崩潰風暴迅速席捲全球。10 月 20 日清晨，香港聯交所委員會召開緊急應變會議，以主席李福兆為首的領導層在諮詢了港府財政司翟克誠、金融司林定國以及證監專員晏士廷之後，在上午 10 時開市前作出決定，宣佈為了使投資者保持冷靜，並讓經紀行有時間清理大量未完成的交收，聯交所從 10 月 20 日至 23 日停市 4 天，指數期貨市場亦同時停市。

當時，金融司林定國在記者會上指出，聯合交易所是次停市，首先可讓交收積壓問題解決，另外亦可讓投資者有喘息時間，作出理性思考。財政司翟克誠在立法局會議答覆議員質詢時表示，按照聯合交易所條例，交易所有權決定停市，而這次停市有兩個好處，首先是處理積壓的交收，其次是令投資者恢復冷靜。他並表示：“政府認為股市停市 4 天的決定是十分適當的，政府亦不會徹查這次事件是否涉及個人利益。”

這一具爭議性的決定雖然獲得港府認同，但卻受到香港及國際有關人士，特別是部分實力

香港政府財政司翟克誠。

雄厚的外資經紀，以及急於套現的基金經理的猛烈抨擊。停市雖然可讓香港的投資者有機會稍事喘息，並紓緩期貨經紀補倉的壓力，但在國際上卻被認為是違約行為，對沖和套戥人士因為無法取得其所急需的資金，十分不滿。有人開始質疑：4 天停市時間是否太長？香港作為國際金融中心的地位是否因而受損？有人甚至質疑停市是否合法？面對輿論壓力，李福兆依然堅持認為停市 4 天的決定是正確的，他表示當時若非明智停市，股市早已"遍地屍骸"了。

　　不過，在有關停市表面爭論的背後，更深的危機已經釀成。事緣股災前長時間的牛市，助長了高槓桿、高風險的恆生指數期貨合約買賣，股市的崩潰使得許多期貨經紀無法履行責任，問題的嚴重性已經威脅到香港期貨保證公司（就香港期貨交易所之交收提供擔保的公司）承擔責任的能力。當時，保證公司的資本僅 1,500 萬元，但卻要承擔數以 10 億元計的市場風險。

　　香港期貨保證公司由滙豐銀行出任主席，股東包括倫敦國際商品結算所 ICCH（佔 20% 股權）、滙豐銀行（20%）、渣打銀行（15%）、大通銀行（15%）、柏克萊銀行（10%）、里昂信貸銀行（10%）及永安銀行（10%）。由於除滙豐外，其他股東均反對注資，亦拒絕滙豐以 1 元收購該公司，香港期指市場正面臨破產的危機。

　　10 月 25 日，港府與期貨市場高層舉行會議，商討解決危機的對策。會議最後決定由

香港傳媒有關 1987 年 10 月股災的報道。

霍禮義出任香港聯合交易所高級行政總裁。

港府外滙基金及多家金融機構聯合出資 20 億元，以挽救香港期貨保證公司（見表 3.7）。稍後，港府又聯同滙豐、渣打以及中國銀行再安排了一筆為數相同的備用資金（最後並未動用）。港府將從期貨交易中按每張合約買賣徵收 30 元及從股票交易中按交易價值徵收 0.03% 的特別徵費以償還該筆貸款及利息。當日，香港期貨交易所主席湛佑森和副主席李福兆分別辭去正、副主席之職，政府委任地鐵公司主席李敦（Wilfrid Newton）和助理證券專員霍秉義（Phillip Thrope）分別出任該公司主席及執行副主席。

　　10 月 26 日（星期一）香港股市於 11 時重開，沽盤再度以排山倒海之勢湧現，賣家跳價求售，15 分鐘後恒生指數已跌去 650 多點，午後市況轉趨惡劣，市場投資情緒悲觀到極點，

1987 年 10 月股災期間，港府與財團聯手救市。

斬倉盤入市，結果全日大市共跌去 1,120.7 點，以 2,241.69 點收市，跌幅高達 33.33%，創下全球最大單日跌幅紀錄，而恆指期貨合約價格更暴瀉 44%。為挽救投資者信心，港府隨即宣佈一連串救市措施，其中包括收購及合併委員會暫時豁免 35% 全面收購觸發點及 5% 每年增購股權的限制，銀行公會在 10 月份內，將存款利率先後兩次調低共一釐七五，儲蓄存款自 10 月 28 日起為一釐七五。此外，外滙基金、賽馬會、滙豐銀行等均入市購買股票，以穩定人心。

表3.7　香港政府為期貨保證公司安排的兩筆備用貸款的來源

	第一筆貸款 （10 月 25 日宣佈）	第二筆貸款 （10 月 27 日宣佈）	總數
外滙基金	10.00（50.0%）	10.00（50.0%）	20.00（50.0%）
期貨主要經紀	5.00（25.0%）	—	5.00（12.5%）
香港期貨保證公司股東			
滙豐	1.25（6.3%）	3.59（18.0%）	4.84（12.1%）
渣打	1.00（5.0%）	3.08（15.4%）	4.08（10.2%）
國際結算公司（ICCH）	1.00（5.0%）	—	1.00（2.5%）
大通	0.75（3.8%）	—	0.75（1.9%）
里昂信貸	0.50（2.5%）	—	0.50（1.3%）
柏克萊	0.50（2.5%）	—	0.50（1.3%）
中國銀行	—	3.33（16.7%）	3.83（8.3%）
	20.00（100.0%）	20.00（100.0%）	40.50（100.0%）

資料來源：香港期貨交易所

　　10 月 26 日傍晚，面對社會輿論的強大壓力，聯交所召開記者招待會。會上，澳洲《悉尼論壇時報》一名記者直接質詢聯交所主席李福兆停市 4 天的決定是否合法？李福兆勃然大怒，以英語怒斥該名記者，並以拳頭敲擊桌面，要求該名記者道歉。李福兆大發雷霆的照片很快成為全球新聞界報道香港股市的插圖。10 月 29 日，一份英文報紙以頭版位置刊登了一篇題為 "癌腫正蠶食香港的金融心臟" 的文章，毫不留情地批評李福兆的停市行動，並認為這個癌腫已嚴重損害了香港作為國際金融中心的信譽。

　　12 月 16 日，香港聯合交易所委員會換屆改選，由於主席不能連任，由原任副主席的冼祖昭出任主席，李福兆退居副主席。獲留任的副主席有王啟銘、馬清忠、湛兆霖，新出任的副主席是余金城。當時，有傳聞指聯交所有一不成文規定主席由遠東會及金銀會輪流互派代表出任，聯交所委員會雖然沒人承認，但從組織可以看到有關傳聞並非沒有根據。新一屆委員會 21 位委員中，來自遠東會的有 9 人，來自金銀會的也有 9 人。因此，有評論指出："從委員會人數分佈，兩方妥協成份極大。" [18]

　　10 月股災後，香港股市在低位整固，恆生指數於 11 月 5 日收市報 1,960.90 點，是 13 個月以來首次跌破 2,000 點水平。12 月 7 日，恆生指數進一步低收 1,876.18 點。此後，大市靠穩，在年底曾回升上 2,300 點水平，報收 2,302.75 點。

1987 年 10 月出任香港聯合交易所主席的冼祖昭。

5. 戴維森報告與香港證券市場改革

1987年10月股災和聯交所停市事件，

暴露了香港證券市場存在的問題。11月16日，為恢復市場秩序

及重建投資者信心，並將香港證券市場提升至國際水平，

香港政府決定對整個證券體系

作出全面檢討，成立證券業檢討委員會。

5.1 戴維森報告：《證券業檢討委員會報告書》

新成立的證券業檢討委員會由任倫敦頗負盛名的專家戴維森（Ian Hay Davison）出任委員會主席，其他成員包括陳壽霖、劉華森、潘永祥、蘇仁曾、杜輝廉等。與此同時，港府宣佈委任在英國度長假的霍禮義出任聯交所高級行政總裁。

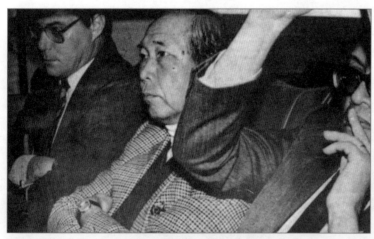
前香港聯交所主席李福兆被廉政公署拘捕。

1988 年 1 月 2 日，香港廉政公署根據《防止賄賂條例》第 30 條第 2 款拘捕前聯交所主席李福兆、前行政總裁辛漢權及上市部經理曾德雄，指三人涉嫌非法收受利益。同時，港府要求聯交所委員會 7 名委員，包括李福兆、冼祖昭、王啟銘、馬清忠、湛兆霖、徐國炯、胡百熙暫時不參加管理。聯交所隨即根據章程宣佈設立一管理委員會暫時接管聯交所委員會職權，由余金城出任主席，黃宜弘出任副主席，成員包括 14 人，並通過由霍禮義出任行政總裁接手處理所有行政工作。8 月 10 日，聯交所 6 名前高層人員，包括冼祖昭、王啟銘、湛兆霖、鍾立雄、馬清忠及胡百熙等，因涉嫌觸犯《防止賄賂條例》，被廉政公署拘捕。李福兆與 6 名被告所涉及的 25 項控罪中，24 項均與公司申請上市的股份配售有關。不過，除李福兆外，其餘 6 名被告因罪名不成立均獲釋放。

由戴維森出任主席的委員會經過 6 個月的深入調查，於 1988 年 6 月 2 日發表了《證券業檢討委員會報告書》，即著名的戴維森報告。該報告指出："雖然本港是一流的地區性商業及金融中心（特別是作為國際銀行中心），但其證券市場卻未能與它的其他經濟成就媲美。"[19] 報告認為，香港證券市場存在的問題主要是：

（1）由四間規模較小的交易所合併而成、在 1986 年啟業的聯合交易所內，有一撮人士將交易所視作私人會所，而不是一個為會員、投資者和證券發行者服務的公用事業機構。交易所的行政人員未能發揮職能，缺乏充足的知識和經驗去處理不斷演變的證券業務，而且不能脫離管理委員會而獨立工作。24 小時交收制度亦不能有效地實施。上市安排亦存有嚴重缺點，對會員的監察不夠嚴密。

證券業檢討委員會主席戴維森（右）。

（2）香港期貨交易所管理雖然略佳，但卻建立在不穩固的根基上。特別是期貨交易所、結算公司和保證公司組成的鼎足結構，令三方責任界線含糊不清。任何期貨市場都必須有一個處理風險的妥善機制，但上述情況卻妨礙了這個制度的發展。

（3）至於負責監察整個行業的證券事務監察委員會和商品交易事務監察委員會，則在工作上普遍缺乏方向，政府要使它們成為獨立及擁有正式權力的監察機構的原先目標並未達到。兩個監察委員會不但不能成為有力的監察機構，近年更變得被動和保守。

（4）設於政府架構之內負責兩個監察委員會的行政工作的證券及商品交易監理專員辦事處，則備受限制。監理專員每次要求增撥資源，以應付市場急劇發展的需要，卻屢遭政府拖延或否決。不過，該機構在分配其僅有的資源時，亦顯示它重視審查文件的工作多過對市場和經紀進行積極的監察。在缺乏政府充分的支持下，加上面對近年來聯合交易所強而有力的領導層，監理專員辦事處便失去主動。

該報告認為，香港應該發展成為東南亞地區主要的資本市場。為實現這一目標，報告提出一系列改革建議，主要包括：

（1）徹底重整兩間交易所的內部組織，特別是聯合交易所的個人會員和公司會員應有適當的代表加入決策部門，也應有獨立人士加入，以確保交易所管理妥善，能以全體會員及使用者的利益為重；

（2）兩間交易所應發展一組獨立的專業行政人員，負責執行由交易所決策部門制訂的政策；

（3）將聯合交易所的交收期限延長至 3 日，並須嚴格執行，此外亦應及早實施中央結算制度；

（4）香港期貨交易所及期指合約買賣應予保留，繼續運作，但結算及保證制度應重整，以加強處理風險的措施，特別是結算公司應屬於期貨交易所的一部分，並設立結算會員基金，作為支持保證之用；

（5）設立不屬政府架構的單一的獨立法定機構，取代現時的兩個監察委員會和監理專員辦事處。這個機構的主管和職員應是全職監察人員，經費主要來自市場。該機構的職責是確保市場健全運作，保障投資者，特別應確保兩間交易所能適當地規管自己的市場，但應保留廣泛權力，在交易所不能履行職責時加以干預。[20]

1988 年 10 月，利國偉出任香港聯合交易所主席。

5.2 香港證券市場的改革

當時，香港政府全部接納戴維森報告書的建議。根據該報告書，1988 年 7 月 20 日，聯交所會員特別大會通過一項有關修訂交易所組織章程的特別決議，將委員會重組為一個由 22 人組成的、代表更具廣泛性的理事會，負責監管交易所的運作。8 月 8 日，臨時證券及期貨事務監察委員會有限公司註冊成立，作為籌備成立證券及期貨事務監察委員會的法人。10 月 18 日，聯交所選出新一屆的理事會，主席由恆生銀行董事長利國偉出任，投資銀行家袁天凡獲委任為聯交所行政總裁。

1989 年 2 月，聯交所推出一種新的股份指數 —— 所有普通股指數（The All Ordinances Index），為投資者提供一項基礎更廣泛的市場指標，補充恆生指數的不足，以反映香港股價變動的狀況。2 月 20 日，港府宣佈以一項數額為股份交易額 0.025% 的法定徵費取代聯交所一向徵收的交易徵費，新徵費由聯交所和即將成立的證監會均分，作為證監會運作的部分經費。

同年 4 月，立法局通過《證券及期貨事務監察委員會條例》（The Securities and Futures Commission Ordinance 1989），為成立香港證券及期貨事務監察委員會（簡稱"證監會"）提供法律依據。該條例訂立了證監會的組織架構，並賦予證監會廣泛權力，以監管香港的證券及期貨事務。5 月 1 日，證監會以公務員架構以外的獨立法人團體形式正式成立（廣義而言，證監會仍屬政府架構的一部分，證監會執行其職責時須向香港政府負責，並須向財政司彙報），由區偉賢出任主席。根據條例，證監會的工作職能主要是：

（1）監察聯交所、期交所，以及其結算、交收及存管系統，為投資者提供公平及有秩序的市場，並確保其運作及風險管理是有效率的；

（2）發牌予證券及期貨交易商及其顧問，以及槓桿式外滙買賣商，以確保一般市場參與者（特別是投資者）對與他們交易的人或機構抱有信心，相信對方是有效率、誠實及財政健全的；

（3）監管涉及香港公眾公司的收購及合併活動，監察聯交所與上市事務有關的職能，以及執行與上市公司有關的證券法例，以確保股東受到公平對待，以及確保可能影響上市公司證券價格的有關資料得到全面披露；

（4）審批希望在香港分銷公開集合投資計劃，包括單位信託及互惠基金、與投資有關的人壽保險及集資退休計劃及與移民有關的投資計劃的人士的申請；

（5）執行有關的監管規定，並監察在證券及期貨市場進行的交易，以辨認出價格及交投量的不尋常波動（這些波動可能顯示市場存在內幕交易或操縱價格活動），以保證香港市場健全運作及保障投資者的權益。（見圖 3.3）

香港證券及期貨監察委員會主席區偉賢。

1989 年底，聯交所推出新修訂的《證券上市規則》，旨在加強對上市活動的監管，以及確保上市公司持續履行其對股東所應負的責任。其後，聯交所訂定了多項新的應用指引及指引摘要，協助發行者及其顧問詮釋和遵守《證券上市規則》。《證券上市規則》的修訂，是聯交所配合市場環境轉變所採取的必要措施。

1990 年 4 月，證監會公佈有關申請成為證券及期貨中介人士的"適當人選"守則，詳細列明香港交易商及財務顧問應具備的個人及學歷條件。該守則明確界定了取得不同註冊資格所要求的"適當人選"在年齡、經驗、技術及行內資格，以及精神健康等方面的條件，並規定申請者必須披露本身過往所有涉及不誠實行為的犯罪紀錄。7 月 25 日，港府通過《證券（內幕交易）條例草案》〔The Securities (Insider Trading) Draft Bill〕。條例草案在原有立法基礎上，進一步確定管制內幕交易的法律框架，規定公司董事、行政總裁，及其直系親屬在買賣公司股份時，必須嚴格遵守有關申報規定；對不當使用內幕資訊謀取利益或避免損失的人士將給予制裁。條

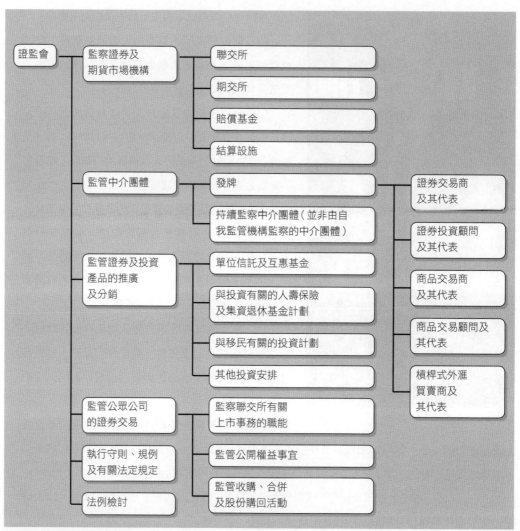

資料來源：香港證券及期貨事務監察委員會

例於 1991 年正式生效。

　　1990 年 6 月 19 日，證監會和聯交所根據戴維森報告的建議，同意批准上市公司購回本身股份的修訂建議。從 1991 年 5 月起，《證券上市規則》准許上市公司按照市價購回股份，惟每次購回的股數不能超過該股份在購回前一個月在聯交所成交額的 25%，而全年購回的股數不能超過該公司已發行股本的 10%。

　　就在香港證券市場改革穩步推進期間，證監會與聯交所的矛盾日趨尖銳。1991 年 4 月 25 日，聯交所理事會通過一項決議，確認理事有權優先獲配新股。由於違背公眾利益和公平原則，該決議其後在證監會的壓力下被否決推翻。受事件影響，聯交所第一副主席黃宜弘被迫宣佈辭職。香港聯合交易所理事會代表性問題再次受到社會的關注。

　　在證監會的強大壓力下,聯交所理事會在 7 月 9 日通過了一項自願改組方案,建議將理事會從 22 人增加到 30 人,並增強其代表性。其中,經紀理事 17 人,按成交額分組產生,獨立理事 10 人,另加聯交所行政總裁、高級行政人員及中央結算公司行政總裁各 1 人。7 月 19 日,聯交所理事會再通過將聯交所轉為非牟利機構的建議。不過,在 8 月 19 日舉行的聯交所特別股東大會上,兩項決議均因未獲得 75% 的票數而未能通過。

　　翌日,證監會立即根據《證監會條例》向聯交所發出通知,要求聯交所在 45 日內按照證監會制定的模式對理事會進行改

出任香港聯交所第一副主席時的黃宜弘。

1999 年 4 月 30 日香港證監會在前港督府舉行 10 周年紀念酒會。

香港證監會的創立與運作哲學

梁定邦：在此訪問中，由於時間關係，今天我將會總括地介紹證監會，主要談談證監會 1989 年創會時的大輪廓。證監會的前身是兩個政府機構，期貨監察處 (Commodity Trading Office) 和證券監察處 (Office for Security Commission，簡稱 OSC)。……

證監會創會的基本原因及重要的事項

Davison 報告 * 中曾提及兩個問題。第一，當年，期貨和證券的監管工作是分開的，但由於期貨和證券關係直接，是應該受同一機構監管，這也是證監會創會的基本原因之一。第二，之前提及的畢竟是政府機構，若要監管市場，最好還是由一獨立的機構執行，這也迎合世界的潮流，很多的監管機構都是獨立於政府的，由政府授予法律權力，執行一些政府的功能。對於本會來說，我們也是按照法治精神，根據組織法而創會，組織法界定了證監會的職權，組織法是在 1989 年訂立，同年的 5 月 1 日我們便創會。

創會至今 (即 1997 年) 已達 8 年，當中我認為重要的事項如下：

證監會的人事

首先，在創會時期，香港的監管者主要是來自政府的，即先前所提及的兩個監管處，他們全是公務員。政府公務員未必願意離開公務員的行列，因為當公務員有他們的保障和服務條件，故有部分人想留在政府內任職。但當中亦有些人給調配過來，與這新機構簽約，當然，他們要離開政府，放棄公務員的保障。

基本上，證監會是以商營機構人事資源的方針和政策行事，即是以市場的標準和條件招聘員工，與政府的標準和條件不同。話雖然是這樣說，問題是由於當時的市場並無監管者，多數的人是市場從業員，而不是從事監管的工作，所以在創會時，大部分骨幹員工是來自

兩個政府機構，可是當他們受聘時，並不是擔任最高主管職位；因為那些曾經任職主管的人，多數已退休或仍留任政府，因此我們便要從外國聘請最高主管。

初期會內的董事全是由外國聘請回來的外籍人士 **，例如 Mr. Owen、副主席 Mr. Nottle、執行董事 Mr. Gilmore、Mr. Pascutto、另外還有 Mr. Edie。這不是因為香港沒有人才，但當時並沒有富監管經驗的人才。直至現在董事會內 5 位執行董事中，3 位是中國人，2 位是外籍人士。原因是我們希望可吸納世界各地的經驗來培養本地監管人才。論到經驗，其實那些從外國聘請回來的人士也不全是來自監管專業，除了 Mr. Nottle 和 Mr. Pascutto 是監管行業出身外，Mr. Owen 本是商業銀行家而非監管者，Mr. Gilmore 則只是負責交易所前線工作的，而 Mr. Edie 也是來自期貨和證券行業的。

發展的潮流：國際化

董事會以下的同事也有來自世界各地，如英國、美國、澳洲，甚至印度等。從外國聘請員工各有好壞處——好處是可吸收不同的經驗，但他們是不可以馬上便熟悉本地的情況，或未能與市場內的本地從業員溝通，畢竟語言是一個問題，另外觀念文化亦是障礙。在很多方面大家需要取長補短，例如我們會取長於世界不同的監管機構和概念，在這方

1997 年香港證監會執行董事，前排從左至右分別是吳偉驄、梁定邦、史美倫；後排是狄勤思、韋義德、博學德。

面我們是先進和敏鋭的，我們與國際的同業關係良好，專業水平與其他監管友會並列。此外我們所出的指引規則和近年的改革，除了會按照本地的需要外，亦會跟隨世界潮流。

總括而言，這反映了當時的市場發展潮流是傾向國際化。其實這潮流早在 1987 年已出現，但不幸地當時香港正面臨股災，而交易所和期交所結算公司亦出現了結構問題，1987 年後的市場情況差不多可以説是"置諸死地而後生"的一個新的局面。往下我會再作解釋。

説回我們證監會，有幾點我想談一談。第一，會內的同業和參與者都是來自五湖四海，證監會是一個國際化的監管機構，這剛巧迎合了當時本地市場的國際化潮流和發展，也結合了我們的幸運和時勢。近年我們較注重建制的工作，在出版指示和法律改革方面會配合本地需要和國際潮流。在內部工作安排上會提高職員的專業水平，這也是隨國際潮流之一。例如我們會不斷派員工出國考察和邀請外國監管專業的從業員到港開辦講座。我們亦會積極參與國際活動，其中一項成就便是在去年（即 1996 年）9 月，香港證監會被選為國際證監會技術委員會的主席，這項榮譽確認了我們的專業水平和國際領導地位，肯定了我們一直以來的努力。

運作哲學：積極樹立專業水平

積極樹立專業水平是我們的傳統，但怎樣去達到專業水平呢？就是在各方面都要做得最好。例如在監管市場便要吸收世界各地的經驗，然後往董事級以下的階層滲透。我們訓練了很多富經驗的人才，但有些後來卻被搶走，正如往年便流失了 12 個有經驗的員工，這雖然是損失，但也是一種最高的評價，證明我們的訓練有水平。説到訓練人才只是一個例子，會內各部門都有各自的專業要求。

但我們的專業要求還是會受到市場的考驗的，因此我們必需要明白市場的規律、各種改變和創新，每天都有新的東西學。就如我當了兩年的主席學了很多，相信其他組別的同事，如新聞組、培訓組的，亦會有同感。

第二，便是對法治觀念的注重。組織法是我們唯一的權力來源和規範，在執法、檢舉和批核的行動中，凡會涉及限制別人的自由時，必需十分小心處理，每次都一定要有法律和事實的依據。在這方面我們也常受到考驗，比方説，有些高層職員，包括我本人在內，便曾遭民事索償起訴，要賠償達五百億元之多。但到目前為止，我們都能在法院中勝訴，洗脱嫌疑。這説明了法制的重要性，在公平完備的法制下運

作，各方面都會得到保障，希望香港能繼續保存這優勢。

第三方面，我們要對市場有敏鋭感和與市場有溝通。近年除了與各交易所保持連絡外，我們亦伸展向外接觸各行業。著實的政策有以下各項：在諮詢架構上會成立不同的諮詢委員會，集合各方專業人士。在信託基金的運作上，我們設有收購合併委員會，若有被制裁的人士或團體感到不服，我們會接受上訴的，上訴的個案會由各社會人士組成的獨立上訴委員會處理。另外我們亦會與各行業本身的協會進行定期會議，例如有基金協會和公司財務協會。在過去一年我們更連絡各大公司的內部監察主任（compliance officers）組織聯席會議，每次都會有近百人參加，還不時會重遇一些被高薪聘任了的舊同事呢！正如之前所説，有公司願意"重金禮聘"我們訓練出來的職員，其實是對本會的一種肯定和評價，據我所知，被外聘的職員最低亦有 29% 的加薪。

第四便是要培養下一代的接班人。本會成立最初的高層總監級人才大部分來自外國，現在情況已改變：在 Senior Directors 級的有 3 位外國人和 2 位本地中國人；在 Directors 級的除了 2 位外國人外，其餘全由本地中國人出任。或許會有人提出疑問，這樣的改變是否代表本會已失去原有的國際化哲學？我的答案是完全的否定。本會培訓職員，是包括給予機會到各國際市場學習和與本地國際機構接觸交流的，務求使受訓的職員眼光和視野都廣闊，就算派他們各人獨自到任何國際會議中，都能應付自如，他們要熟悉香港之餘，亦要成為達到國際專家的水平。他們既要處理日常的工作，又要每天不斷學習新的東西，所以同事們都要面對頗大的壓力。但我們明白到，不進步便會被淘汰，這不單是個人的事，而是與公司整體的形象有關。……

證監會與政府的關係

訪問員：我們想了解一下從證監的角度看與政府的關係。在較早期，即 1987 年前證監與政府、市場及聯交所的關係是有其固有特色的，在 1989 年證監會成立後，當中的關係可有轉變？

梁定邦：我們的市場到今天在這方面仍沒有一個絕對的共識。坦白説句，直到目前為止，與政府的關係仍比較緊張。主要原因是我們的市場雖然已很國際化，但依然處於轉變時期，在結構上，主要仍然是由本地的從業員所組成。就現在來説，我們監察的大小商號機構約有 1,600 間，雖然其中有大型及國際化的，例如有美林公司和 Morgan Stanley

等，但另外亦有些是小型的個人公司。問題在於被監管的公司是如此大小不劃一，而監管的標準又必需要跟隨市場的發展，趨向國際化，如此一來，便很容易有摩擦，激起了新舊觀念不同的矛盾。

尤記得最初當引入國際監管標準時，本地的從業員會認為既然他們已跟隨舊有的標準已幾十年，便不願意去改變和採納外國人的新標準。這點也是容易理解的，各人都會有自己的世界觀。換轉是我在當時的情況，大抵也會有同樣的反應和想法。所以，當證監會察覺到世界監管標準的重要性，而又希望本地市場相應跟隨時，便出現了緊張的情況。我們都明白到人是害怕轉變的，直到今天依然有此張力存在。但由於市場正在轉型，會不斷製造共識，所以在我當主席時已較容易平衡處理其中的改變，相信下一位接任主席時情況會更好。

現在市場中，在多方面已有共識，最明顯的例子便是上市公司透明度的增加。以往上市公司會拒絕向銀行透露內部儲備的數字，現在這觀念已明顯改變。觀念的開放和改變其實在每個市場都會發生，在整體社會上亦是，比方說，今天人們對社會福利的觀念已與往日不同。所以以我們監管局的立場和角度來看，緊張是會永遠存在的，而我們作用便是把當中的緊張縮小和解決，期求最後會達到共識。在世界各地的市場，甚至在英美國家等，在交易所從業員和監管者之間都會有不同程度和階段的緊張關係。

訪問員：梁先生，可否就這點給予實例解釋，最初比較緊張的情況是怎樣的呢？

梁定邦：最初有緊張情況，是因為要處理聯交所管理架構的問題，當時本會的 Mr. Owen 提出要求改變聯交所的章程，去實行 ABC 經紀制度，但此提議執行時非常困難，令情況一度緊張。其次較緊張的，便是處理有關上市公司規則內的條文和細節，在這方面我們算是處理得不錯，亦曾得到各方面的合作。之後的緊張階段，便發生於本人就任期間。在我之前，Mr. Nottle 的任期的情況最好，當時是"兩會"（即證監會與聯交所）合作的黃金時代，也許因此 Mr. Nottle 獲頒 C.B.E. 吧！

之後，到我上任時，情況不算太好，或許是由於我個人言論開放吧，比較多地向媒界發表意見，我主張高透明度，認為應把各種想法公諸於市民，從而給他們機會作準備和回應。當然這只是我個人的想法和意見，總會有與別人不同的地方，因此，難免會產生一些緊張的情況。舉個例來說，若閣下審查歷史及報章也會知道，在我就任期間本會曾出版一份計劃書，但當時卻遭聯交所反對。就我個人而言，我認為當中是有一些誤解，只是每人的看法不同而已。往後我們與聯交所也是合作無間的，主要是大家持共同目標，都是為香港的市場努力，縱使在意見和做法上會有不同的地方，這就正如劉賓雁先生曾說過的"第三類忠誠"，我們應該容許在社會中有其他聲音的存在，不同的意見並不等於錯，重要的是從不同中互相學習和長進。

訪問員：早年證監會與政府的關係和合作上不太理想，往後可有改變？如有，又有何影響？

梁定邦：坦白說，兩者的關係沒什麼改變。主要是市場整體上，仍未有一個中心的共識，而另一方面，我們也要明白到政府本身的角色。政府執政，是要考慮大局，要參考各方面的意見，不可能只聽證監會的聲音。無可避免，其他的意見，也會與證監會利益不符的地方，所以，政府的角色是要作最後的制衡，即使政府與證監會有不同見解和偶有緊張，也屬正常。作為一獨立機構的證監會，我們會伸張自己的立場，但對於政府採納意見與否和最後決策，我們無從干涉，這是政府的職能。我們只會介意政府不給予我們發言的機會，而這情況卻仍未出現，政府往往給予我們很多機會發言。公平一點來說，政府在過往的決策，大部分也會採納我們的意見。總括而言，政府與證監會之間的緊張性關係是必需的，我們不會因而互不尊重，而事實上兩者存在緊張也有好處，這更使大家努力各司其職。當然有時候，緊張會導致出現個人情緒，那便要考驗一下大家的抑制力了。……

（按：梁定邦受訪時為 Securities and Future Commission 主席。）

＊ 訪問員按：Davison Report: The Operation and Regulation of the Hong Kong Securities Industry, Report of the Securities Review Committee, May 1988, Hong Kong.

＊＊ 訪問員按：根據 1989 年，"證券及期貨事務監察委員會年報" 所記載。證監會理事：主席 Chairman: Mr. Robert J.R. Owen，副主席兼執行理事 Deputy Chairman and Executive Director (Intermediaries and Investment Products): Robert Nottle，助理主席兼執行理事 Vice Chairman and Executive Director (Corporate Finance): Ermanno Pascutto，執行理事 Executive Director (Supervision of Markets): Robert Gilmore，執行理事 Executive Director (Enforcement): Gavin Edie.

資料來源：節錄自 1997 年 4 月 22 日香港聯合交易所委託香港大學亞洲研究中心進行之訪問記錄，現寄存於香港大學孔安道圖書館。

組。然而，證監會的高壓政策激起了聯交所會員的對抗情緒。9 月 26 日，強制改組方案在聯交所會員大會上被大比數反對否決。證監會隨即向聯交所發出限制通知書，要求聯交所按通知書指定模式改組。其後，證監會與聯交所達成共識，雙方同意修訂聯交所原先的自願改組方案，以此為基礎進行改組。

1994 年香港中央結算公司行政總裁何敬鏘。

10 月 30 日，聯交所會員大會一致表決通過該改組方案。根據該方案，聯交所理事會從 22 人增加到 31 人，其中，經紀理事按成交額分組產生，非經紀理事包括上市公司代表及市場使用者。聯交所同時修訂組織章程，轉為非牟利機構。11 月 25 日，證監會與聯交所就有關上市事宜簽定諒解備忘錄，協定明確界定雙方的角色和職權，聯交所將定位為香港一切上市事務的主要前線監管機構，以貫徹戴維森報告關於市場自我監管的原則。

1992 年初，聯交所發表股份沽空諮詢文件，建議先行對市值達 100 億元（其中 50 億 元由公眾人士持有）的股份進行賣空試驗。該建議受到市場的歡迎。最後，聯交所決定，如果在自動對盤系統實施後才引進股份賣空制度，將有助加強監管。

同年 6 月 24 日，香港中央結算有限公司推行的中央結算系統（CCASS），以逐項交收的形式開始運作，當日被納入的兩種股份是東亞銀行、國泰航空，至 10 月 12 日所有 33 隻恆生指數成份股依其英文名稱的字母順序均被納入，該系統並轉入持續淨額交收制度。中央結算系統的實施，主要是風險管理的問題，即從原來經紀承擔風險改為中央結算系統承擔，有助避免出現交收積壓。自此，證券市場中介人士一直沿用的實物交收制度被中央結算系統取代。

1993 年 11 月 1 日香港聯交所引入自動對盤及成交系統 —— 輸入的買賣盤將自動按輪候的價格及時間先後對盤成交。出席記者會的為聯交所主席李業廣（右一）及行政總裁周文耀（右二）。

1993 年 11 月，聯交所正式引進“自動對盤及成交系統”。該系統不但可列出 2,800 隻證券的交易詳情，還有 100 個資訊版供發佈外界消息及資料。1996 年初，聯交所推出第二終端機作為會員離場交易之用，進一步加強自動對盤系統的功能。其後，聯交所不斷擴展及加強其交易系統的處理能力，以適應日益增長的服務需要。目前，聯交所的交易系統已加強至足以應付 1,000 億元的每日成交額。

　　1994 年 1 月 3 日，聯交所推出受監管的股票賣空計劃，以便為市場提供穩定價格機制，增加市場的流通量並讓對沖活動得以進行。當日，即有 16 隻其市值逾 100 億元及其公眾持股量逾 50 億元的股份可進行拋空。到 1996 年 3 月，容許進行賣空制度的股份已增加到 113 隻，包括所有恒生指數成份股、50 隻市值最高的非恒生指數成份股股份，以及部分恒生中型股指數成份股股份。

　　1995 年 2 月，聯交所發表新策略性計劃《發展路向》，明確表示將致力向國際標準、擴展中國業務以及機構改進這三大目標邁進。至此，證券業檢討委員會報告書提出的所有建議，均已在香港證券市場全部實施或展開。經此一系列改革，香港證券市場已逐漸提升至現代化、國際化水平。

1996 年 1 月 25 日香港聯交所啟用自動對盤系統及成交系統終端機進行場外買賣，從左至右分別是香港證監會主席梁定邦、聯交所主席鄭維健、聯交所行政總裁周文耀。

5.3 香港股市新一輪牛市的形成

經歷了 1987 年 10 月全球性股災蹂躪之後，在本地經濟表現良好、美日等周邊股市回穩的情況下，香港股市開始緩緩整固而上。1988 年，恆生指數從 2,300 點起步，在 4 月中曾一度迫近 2,700 點關口，年底報收 2,687.44 點，全年上升 17%。進入 1989 年，大市升勢轉急，最高曾升至 3,329.05 點，但其後受 "六四" 風波影響，恆生指數拾級而下，6 月 5 日（星期一）從 2,675.38 點下跌至 2,093.63 點，跌幅達 581.77 點或 21.8%，創下香港股市有史以來的第二大跌幅。"六四" 風波影響香港股市長達數月，直至 10 月份仍未消除。

1990 年，受到周邊利好因素的帶動，香港股市再度上揚，7 月 23 日恆生指數升至 3,559.89 點水平。可惜好景不常，8 月初伊拉克入侵科威特，香港股市再次受累。8 月 6 日（星期一）恆指從 3,356.96 點下跌至 3,107.98 點，創 1990 年單日最大跌幅，也是香港股市有史以來第六大點數下跌。此後數月港股牛皮反覆，年底收市報 3,024.55 點。

1991 年 2 月，美、英、法等國軍隊介入伊科戰爭，中東海灣戰爭爆發。一個月後，伊拉克戰敗，戰事結束。在油價不明朗因素消失後，香港股市打破牛皮悶局迅速上揚，5 月 20 日恆生指數重新攀越 3,900 點關口，收市報 3,917.09 點。可惜，其後受到英資怡和集團轉移第一上市地點、黃宜弘事件、中國最惠國待遇延續問題，以及中英雙方在新機場方面的分歧和在人權法案通過的爭議等一系列問題的影響，大市一度出現反覆。不過，恆指在 7 月份已突破 4,000 點大關，11 月，中英雙方就新機場問題達成諒解備忘錄，海外資金競相入市，刺激港股上升，年底恆指報收 4,297.33 點，全年上升 16%。

1992 年春，鄧小平南巡廣東發表講話，中國進入全方位對外開放新階段。在中國經濟增長強勁、內地與香港經濟合作全面展開以及香港經濟表現良好等一系列利好因素的刺激下，香港股市進入新一輪的牛市。恆生指數在 3 月和 5 月先後衝破 5,000 點和 6,000 點大關，11 月 12 日創出 6,447.11 點的歷史新高。10 月 7 日，香港總督彭定康在其首份施政報告中拋出所謂 "政改方案"，聲稱在

1992 年 8 月 19 日香港新任港督彭定康到訪香港聯交所，聽取聯交所主席李業廣（左二）介紹交易系統的運作。

1997 年撤退前要在香港"擴大民主",引發中英新一輪爭拗。受此影響,大市急跌,年底報收
5,512.39 點。

　　踏入 1993 年,雖然受到中英政制爭拗的影響,但大市不跌反升,於 2 月、5 月先後衝破
6,000 點及 7,000 點大關。這一年,中國經濟強勁增長,香港與內地經濟合作進一步深化,
帶動香港經濟蓬勃發展,上市公司業績良好,國際基金尤其是美、日基金紛紛進入香港。10
月 6 日,美國證券大行摩根士丹利宣佈增持港股比重至 6%,刺激港股急升。該日,恆生指
數衝破 8,000 點大關,報收 8,041.57 點。其後,恆指節節上揚,於 10 月 18 日衝破 9,000
點,報收 9,031.13 點。同年 12 月,日資大舉入市吸納港股,帶動恆指衝破 10,000 點大
關,年底報收 11,888.39 點,比上年大升 6,376 點或 116%。

　　1994 年初,承接 1993 年的升勢,大市繼續上揚,牛氣沖天。1 月 3 日,恆指衝破 12,000 點,1 月 4 日最高衝上 12,559.00 點,最後以 12,201.09 點收市。2 月 4 日,美國聯邦儲備局突然宣佈加息,揭開了美國連續 7 次加息的序幕令周邊債券市場大跌,部分外資撤離香港,而中國亦開始實施宏觀經濟調控政策,香港股市逐漸回落逾 40%,直至 1995 年初才開始另一輪的牛市。(見表 3.8)

表3.8　1987年至1997年香港股市的發展概況

年份	成交總額 (億港元)	恆生指數		
		最高	最低	年底收市
1987	3,714.06	3,949.73	1,894.94	2,302.75
1988	1,994.81	2,772.53	2,223.04	2,687.04
1989	2,991.47	3,309.64	2,093.61	2,836.57
1990	2,887.15	3,559.64	2,736.55	3,024.55
1991	3,341.04	4,297.33	2,984.01	4,297.33
1992	7,005.78	6,447.11	4,301.78	5,512.39
1993	12,226.75	11,888.39	5,437.80	11,888.39
1994	11,374.14	12,201.09	7,707.78	8,191.04
1995	8,268.01	10,073.39	6,967.93	10,073.39
1996	14,122.42	13,530.95	10,204.87	13,451.45
1997	37,889.60	16,673.27	9,059.89	10,722.76

資料來源:香港聯合交易所編《股市資料》

6. "怡和震盪"：從遷冊海外到 "上市豁免"

1982年9月，英國首相撒徹爾夫人訪問北京，

會見了當時出任中共中央軍事委員會主席的中國領導人鄧小平，

正式提出了英國在1997年之後繼續管治香港的要求，

然而遭到了鄧小平的斷然拒絕。

隨後，中國政府宣佈將於1997年恢復對香港行使主權，

並根據"一國兩制"的方針解決香港問題。

這樣，香港前途問題迅速表面化。

6.1 "怡和震盪"：遷冊百慕達與結構重組

從 1983 年 7 月起，中英雙方就香港問題展開長達 22 輪的艱苦談判。期間，由於英方堅持在 1997 年後繼續管治香港的立場，談判一度陷入僵局，並觸發了香港史無前例的港元危機。其後，英方被迫放棄原有立場，"嘗試是否以中國提出的方案為基礎，同中方合作，作出對香港市民具有持久價值的安排"，談判才再度順利展開。

1984 年 12 月，英國首相撒徹爾夫人飛抵北京，與中國總理趙紫陽正式簽訂關於香港前途問題的《中英聯合聲明》。聯合聲明宣佈，英國政府將於 1997 年 7 月 1 日將香港交回中國，中國政府將對香港恢復行使主權，並根據"一國兩制"的方針，在香港設立特別行政區，實行港人治港，高度自治，維持香港現行社會經濟制度和生活方式 50 年不變。從此，香港步入了 1997 年回歸中國的歷史過渡時期。

這種歷史性的轉變，無疑對長期以來一直以香港為發展基地的傳統英資財團造成了巨大震撼。這種震撼的最初表現，就是怡和宣佈遷冊海外。1984 年 3 月 28 日，正值中英就香港問題的談判進入關鍵時刻，香港投資者信心仍處低迷之際，怡和主席西門‧凱瑟克（Simon Keswick）突然宣佈，怡和將把公司的註冊地從香港遷移到英屬自治區百慕達。西門‧凱瑟克宣稱："董事局認為，目前香港局勢不明朗，尤其對本港法律制度欠缺信心，所以決定轉移控制權到

1980 年代初出任怡和大班的西門·凱瑟克。

百慕達。"他解釋説："怡和是一個國際集團，它的成長有賴於外間的信心，而怡和的成功也有賴於它們。在國際市場上競爭大型長期合約，組織合資經營機構，進行收購或財務活動時，毫無疑問，面對香港的長遠前途問題，令本集團處於不利位置。"他並表示："我要保障將來我們的控股公司能夠在英國法律下經營，能夠與英國樞密院保持聯繫，……這是一個自由世界，我們是代表我們的股東這樣做的。"

怡和是英國凱瑟克家族控制的老牌英資公司，創辦於 1832 年。香港開埠後，怡和即將其總部遷入香港，成為首批進入香港的英資洋行之一。怡和最初靠販賣鴉片起家，在其後約一個世紀裏它以香港為基地，將其經濟活動迅速擴展到中國內地各大城市，成為"英人經濟侵略中國之大本營"。新中國成立後，怡和撤退至香港專注香港業務的發展，成為英資四大洋行之首，號稱"洋行中的王侯"。1972 年 11 月，怡和透過旗下的置地公司以換股方式兼併另一家歷史悠久的上市公司 —— 牛奶公司，這是怡和在香港的全盛時期。在一個相當長的時期中，怡和大班與香港總督及滙豐主席，曾被並稱為香港三大亨，怡和對香港經濟影響之深廣，由此可見一斑。

怡和遷冊，即是將公司的註冊地點從香港遷往百慕達，在百慕達註冊成立一家新的控股公司 —— 怡和控股有限公司（Jardine Matheson Holdings Ltd.），以怡和控股的股份交換原來在香港註冊並上市的怡和有限公司的股份，使原公司股東成為新控股公司股東，而原公司的上市地位則由新控股公司取代。經過遷冊，儘管原公司的資產、業務等運作一如既往，但原在香港註冊、上市的公司，實際上已變成一家在海外註冊公司的附屬機構。

怡和遷冊百慕達，最初被市場理解為"撤離香港"。消息傳出，全港震驚。有人形容，像怡和這樣一家自稱"一直代表殖民地時代的香港"的老牌英資公司，在這最關鍵時刻宣佈撤離香港，其震撼力有如投下一枚"百慕達炸彈"。翌日，香港股市暴跌，恆生指數一度下跌超過 100 點，怡和系五家上市公司股價在兩天內平均下跌了 17%，形成了所謂的"怡和震盪"。

怡和選擇在最敏感的政治氣候宣佈遷冊，香港輿論普遍認為"不合時宜"、"不明智"及"不負責任"。4 月 2 日，香港《經濟導報》發表社論指出："怡和卻偏偏要選擇在中英談判眼前就要出現突破、香港經濟逐漸好轉、香港居民正逐漸恢復信心的情況下宣佈，不論怡和主觀上如何解釋，或者只是一家公司對自己業務所做的商業上的決定，但在客觀上已經產生不良的影響，人們確有理由懷疑這樣做的背景及動機。"中國政府亦表示強烈不滿，怡和的行動被視為英國

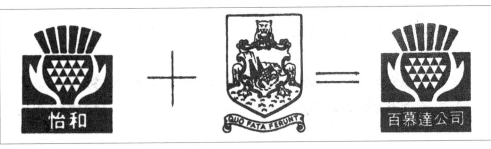

1984 年 3 月怡和宣佈遷冊百慕達。

政府在最關鍵時刻向中國施壓。當時，中國外交部副部長兼中方談判團團長周南就代表中國外交部拒絕接受英方代表團團長伊文思的解釋，伊稱英國政府事前並不知情。

　　事後證實，怡和遷冊既不是完全撤離香港，亦非單純的購買政治保險，它只是怡和整個複雜龐大的集團國際化戰略的序曲，剛顯露的"冰山一角"。事緣 1970 年代前期，怡和鑒於 1950 年代在華巨額資產的損失及對香港這一"借來的時空"的戒心，開始部署國際化戰略，包括收購美國夏威夷的戴維斯、英國的怡仁置業、南非的雷尼斯及中東的 TTI 等。不過，這些投資並不成功，其後多數已被出售，並使怡和逐漸喪失在香港經濟中的優勢。

1975 年至 1983 年出任怡和大班的紐壁堅。

　　1970 年代末 1980 年代初，華資財團迅速崛起，李嘉誠、包玉剛等先後成功收購英資的和記黃埔及怡和旗下的九龍倉，並進而覬覦怡和旗下被譽為香港地產"王冠上明珠"的置地公司。面對威脅，當時的怡和主席紐壁堅（D.K. Newbigging）採取斷然措施，透過怡和控股與置地互控對方四成股權的方法，保衛對置地的控制權。然而，在 1980 年代初的地產危機中，怡和為此付出了沉重代價，陷於危城苦守的困局，主席紐壁堅亦黯然下台。

　　為扭轉困局並重新部署進入過渡時期後整個集團的發展戰略，新任主席西門‧凱瑟克在宣佈怡和遷冊的同時，對集團的組織架構進行了一連串錯綜複雜的重組：

　　（1）解除怡（怡和控股）置（置地）互控關係。1986 年 11 月，怡和宣佈重大改組，由怡和控股、怡和證券、置地三家上市公司注資組成香港投資者有限公司並與怡和證券合併，在百慕達註冊成為"怡和策略控股有限公司"（Jardine Strategic Holdings Ltd.），取代怡和證券在香港的上市地位。經過連串繁複的換股後，置地不再持有怡和控股的任何股份，怡和控股則透過怡和策略控制置地，怡置互控關係解除。

　　（2）分拆置地。1986 年 9 月及 1987 年 4 月，置地先後將旗下兩項重要資產 —— 經營零售業務的牛奶公司和經營酒店業務的文華酒店分拆出來，在百慕達重新註冊，分別成立"牛奶國

西門・凱瑟克（右一）上台後毅然改組怡置。圖為凱瑟克參觀香港聯合交易所時攝。

際控股有限公司"（Dairy Farm International Holdings Ltd.）和"文華東方國際有限公司"（Mandarin Oriental International Ltd.），在香港上市，並將它們轉撥怡和策略旗下，不再由置地控制。

（3）1989 年 1 月，怡和成立全資附屬公司怡和太平洋有限公司（Jardine Pacific Ltd.），作為統籌和加強怡和在亞太區綜合貿易業務的旗艦。

這一期間，怡和還計劃發行 B 股，以加強大股東凱瑟克家族對怡和集團的控制權。1987 年 3 月 27 日，怡和宣佈 1 股 A 股送 4 股 B 股，B 股面值 2 角，僅相當於 A 股面值的十分之一，但擁有與 A 股相同的投票權。怡和發行 B 股的計劃立即在香港引起軒然大波。4 日後，華商李嘉誠旗下的長江實業及和記黃埔也宣佈發行 B 股，一些中小型上市公司也計劃追隨，結果觸發了投資者拋售股票的浪潮。當時，正值九七回歸的敏感過渡時期，香港各大企業宣佈發行 B 股，令人感覺不免有減持 A 股增加 B 股，撤走資金的意圖。在強烈的反對聲中，4 月 8 日香港聯交所和證監處發表聯合聲明，不批准新的 B 股掛牌上市。怡和的 B 股計劃胎死腹中。

經過一連串結構重組，怡和集團龐大的內部體系出現了一個全新的架構：大股東凱瑟克家族以怡和控股作為整個集團的旗艦，分別控制怡和太平洋、JIB、怡富等三家功能性公司，以及一家控股公司 —— 怡和策略，再透過怡策控制置地、牛奶國際、文華東方等三家上市公司。這一重組，從表面上看，目的是要擺脫怡置互控所造成的困局；但從深層次分析，實際上是該集團為重新部署進入過渡時期後的發展戰略而在組織結構上所作的準備，從而使該集團處於進可攻（加強海外發展）、退可守（穩守香港核心業務）的有利地位。[21]

至此，除置地、仁孚外，怡和集團的四家主要上市公司，包括怡和控股、怡和策略、牛奶國際及文華東方等，全部遷冊百慕達（見表 3.9）。

怡和的遷冊，開闢了過渡時期前期香港上市公司遷冊海外的潮

表3.9　怡和集團上市公司遷冊時間表

公司名稱	遷冊日期	遷冊地點
怡和控股	1984 年 5 月 4 日	百慕達
牛奶國際	1986 年 9 月 18 日	百慕達
怡和策略	1986 年 12 月 27 日	百慕達
文華東方	1987 年 4 月 29 日	百慕達
置　地	1989 年 3 月 17 日	百慕達
仁　孚	1990 年 3 月 20 日	百慕達

資料來源：香港聯合交易所

流。1984 年怡和率先遷冊後，1986 年和 1987 年分別各有兩家上市公司宣佈遷冊，其中三家
為怡和系的，1988 年遷冊海外的上市公司增加到七家，1989 年高達 44 家。自此，香港上市
公司遷冊海外蔚然成風，到 1994 年底，遷冊的上市公司累計達 210 家，約佔香港上市公司總
數的四成，其中，一些有影響的大公司，如連卡佛、富豪酒店、世紀城市、華人置業、鷹君地
產、麗新發展、大昌地產、德昌電機等，也先後遷冊海外。這股遷冊之風與同期上市公司加強
海外投資及移民潮，加速了香港資金的外流，對這一時期香港經濟造成了一定程度的負面影響。

6.2 從"上市豁免"到撤離香港股市

怡和部署的集團國際化戰略包括三部曲，遷冊海外只是第一步，更重要的是第二步，即加
快海外投資步伐，大幅提高海外資產在集團所佔比重，從而將香港的比重降低，最大限度地減
低所謂的"九七風險"。因此，怡和完成集團結構重組後，即以系內三家附屬公司 —— 牛奶國
際、文華東方及怡和太平洋為重點，全面加強對海外市場的拓展。隨著怡和經營重心的轉移，
怡和高層對集團主要附屬公司仍以香港為第一上市地點及主要監管中心日益感到不滿，並與香
港證監當局展開歷時長達 5 年的激烈角力，從申請"上市豁免"到不惜全面撤離香港股市，形成
另一次的"怡和震盪"。

踏入 1990 年代，怡和與香港證監當局的矛盾表面化。1990 年初，怡和屬下麥地遜公司
（Matheson & Co.,Ltd.）董事李志（Rodney Leach）在其所撰寫的兩份注明"私人及機密"的函
件中，以激烈的措詞抨擊港府對市場的過份監管。他表示，香港證監會目前直接參與市場監管的
做法，不僅與戴維森報告書建議設立一個小型機構監察一個自我監管的市場大相逕庭，而且現行
證監條例在"九七"後會被利用來剝奪本港上市公司權益，或用作控制它們的海外資產的工具。

同年 10 月，怡和法律顧問鄧雅理（Gregory Terry）公開炮轟香港證監會。他表示：上市公
司遷冊是為了保障公司的利益，香港的監管當局不應干預海外司法地區的公司法例，把已遷冊
的公司重新納入香港證監條例的網絡中，否則在過度監管之下，上市公司的"外國護照"便會失
效。鄧雅理提出了"上市豁免"（Exempt Foreign Listings）的概念，即在香港上市的公司只須
遵守法例（如證券條例、內幕交易條例、公開權益條例等等），對於沒有法律約束力的上市規則
或收購合併守則等，則要求豁免遵守。鄧雅理建議，香港聯合交易所應給予符合下列條件的公
司"上市豁免"，這些條件包括：在海外註冊；在確定的交易所（如倫敦證券交易）上市，但並
未申請豁免當地監管；股東權益超過 40 億元或已公佈的除稅及少數權益後盈利超過 4 億元。
鄧雅理表示："香港除非實行將部分海外註冊公司豁免本港證券條例監管，否則那些不能接受
九七後須受香港法例監管所帶來風險的公司，只有取消香港上市。"

對於鄧雅理的抨擊，香港證監會主席區偉賢即作出猛烈反擊。他表示，鄧雅理的講辭是怡和集團又一次有計劃地批評監管機構及政府的行動，內容空泛並缺乏邏輯性，持"外國護照"的公司並不表示可豁免遵守其選擇經營的市場的法例，否則對本地機構極不公平。其後，證監會發表了一份措詞強硬的文件，逐點駁斥鄧雅理關於"治外法權"的抨擊。不過，聯交所則表示，正在考慮是否減少香港最大20家上市公司所須遵守的上市條例，以令它們繼續維持在香港的第一上市地位。

就在怡和與證監會激烈爭論期間，1990年12月發生了怡和附屬公司康樂投資有限公司（Connaught Investors Co., Ltd.）違例回購股份事件。消息傳出，輿論嘩然，認為怡和公然挑釁香港證監會權威。當時，證監會和聯交所在處理該事件時頗為審慎，與同期快速處理的偉益、善美及鷹君等違例事件形成強烈對比，顯示證監當局不希望激化與怡和的矛盾。其後，怡和表示道歉並承諾將違例購入股份出售，聯交所則表示怡和屬技術性犯規，決定不加譴責，事件得到解決。

這一時期，怡和還採取了連串措施：1990年5月，怡和宣佈在倫敦作第二上市，決定改用國際會計準則（IAS）編製公司帳目並改用美元作計算單位。1991年3月，怡和執行董事李舒正式向傳媒透露，怡和準備將第一上市地位從香港遷往倫敦，並申請在香港"上市豁免"。怡和在向香港證監會提交的"上市豁免"申請中，建議港府設立一種名為"純買賣公司"的上市公司類別，受海外的上市規則監管，但不

就有關鄧雅理「治外法權」為題演詞

證監處與聯交所作回應

並歡迎各界人士提出更詳細查詢

（特訊）香港聯合交易所有限公司上市科執行總監韓信昨日就怡和的鄧雅理前日在扶輪社就「治外法權」為題發表的演說在報章的報道作出回應，指此類措詞如果使用不當，會令事情變得十分情緒化。

他說，對於凡在香港作第一上市的公司，不論其註冊地址在那裏，都要在本港受到有效監管；而聯交所對證券及期貨事務監察委員會及日新聞稿內列出的事實，亦表示完全支持。

證監處的新聞稿指出，就「護照」方面，據這個原則辦事。

在「治外法權」方面，證監會認為，將本地法律加諸使用該區設施的人士上，並無不妥，事實上有個司法管轄區域皆有類似的「治外法權」規定，其中《公司條例》和《證券條例》的規定，已存在半年。

有關鄧雅理"治外法權"的回應報道。

受香港的上市規則、收購及合併守則及公司回購股份守則的約束。怡和表示,若此建議遭到拒絕,怡和將不惜取消在香港的上市地位。

　　怡和的要求引起香港輿論的強烈反應,並使香港證監當局陷入進退兩難的境地。1991 年 9 月,香港聯交所曾發出諮詢文件,向市場徵詢是否決定設立一個名為"買賣上市"地位的組別,為已遷冊海外、但業務、資產及主要股票買賣仍在香港的公司提供上市豁免地位。期間,聯交所共收到 36 份書面意見,分別來自上市公司、證券經紀、商人銀行、基金經理、專業及業內團體、律師及其他團體人士。結果,聯交所決定選擇"多年來已承認的主要及第二上市的概念",即拒絕給予怡和"買賣上市"的地位,但邀請怡和以第二上市形式繼續在香港掛牌。1992 年 9 月 7 日,怡和控股在倫敦正式作第一上市,翌日怡和控股在香港作第二上市。

　　1993 年 5 月,怡和宣佈已主動建議百慕達當局以英國倫敦收購合併守則為藍本,修訂 5 條分別涉及怡和控股、怡和策略、置地、牛奶國際及文華東方的收購守則。怡和表示,這套守則將於 1994 年 7 月 1 日起生效,具有法律地位,由百慕達金融管理局執行,英國樞密院為最終上訴庭。與香港收購守則不同的是,該套守則為公司及投資者在多方面提供了更嚴謹的保障。怡和解釋説,是次修訂是一項技術性安排,以配合該系股份轉移第一上市地位至倫敦的政策。不過,了解內情人士認為,這實際上是怡和全面撤離香港證券市場的訊號。

　　1994 年 3 月,怡和宣佈,決定從 1994 年 12 月 31 日起,終止怡和股票在香港的第二上市。怡和不惜全面撤離香港股市,表面上看似乎與九七政治轉變有關;然而有論者認為,怡和之所以要在 1995 年之前撤離,背後還有一個重要原因,就是要托庇於百慕達收購及合併守則,以免旗下公司被香港的華資大亨覬覦。從 1995 年 1 月 1 日起,怡和系的五家主要上市公司 ——怡和控股、怡和策略、置地、牛奶國際及文華東方相繼在香港股市除牌,結束了怡和在香港證券市場叱咤風雲的時代。

注　釋

〔1〕　參閱《早期的交易所》,載香港證券交易所編,《香港證券交易所年報》,1985 年。

〔2〕　香港聯合交易所編,《百年溯源》,1998 年,第 12 頁。

〔3〕　參見前香港證券事務監察委員會委員、現香港聯合交易所會員蘇洪亮太平紳士口述資料,由香港聯合交易所委託香港大學亞洲研究中心進行之訪問記錄,現寄存於香港大學孔安道圖書館,1998 年 3 月 28 日。

〔4〕　"Hongkong Stock & Share Market",*Far East Economic Review*,12 March 1947.

〔5〕　Maggie Keswick ,*The Thistle and the Jade, A Celebration of 150 years of Jardine*, Matheson & Co,

Octoputs Book Limited, 1982, pp228-229.

〔6〕 參見前香港證券交易所理事、前香港經紀業協會主席朱頌田口述資料，由香港聯合交易所委託香港大學亞洲研究中心進行之訪問記錄，現寄存於香港大學孔安道圖書館，1996 年 11 月 22 日。

〔7〕 參見《李福兆談聯合交易所新猷》，載《每周經濟評論》，1982 年 3 月 1 日，第 17 頁。

〔8〕 "Share in Hong Kong ", *The Stock Exchange of Hong Kong*, 1991, pp76-77.

〔9〕 Adam Lynford, *Hong Kong Stocks Sky-High-Intense Activity on Hong Kong Stock Exchange*, Hong Kong Government Information Services, Feature Article 6004/2.

〔10〕 同〔2〕，第 19-20 頁。

〔11〕 "Thumbs down to unity in Hong Kong", *Far East Economic Review*, 23 April 1976.

〔12〕 霍禮義（Robert Fell）著、劉致新譯，《危機與轉變》，三思傳播有限公司，1992 年，第 35 頁。

〔13〕 同〔12〕，第 39 頁。

〔14〕 Brian Blomfield 著，《十載耕耘——證監會 10 年（1989-1999）》，香港證券及期貨監察委員會，1999 年，第 22 頁。

〔15〕 1987 年 3 月，香港多家上市公司宣佈發行 B 股，影響投資者的信心，大市回落。同年 4 月 8 日，香港證監處與聯交所聯合宣佈，不再批准上市公司發行 B 股上市，事件遂告一段落。

〔16〕 同〔12〕，第 154 頁。

〔17〕 王偉明著，《聯交所委員會修章引起爭論》，載香港《經濟一周》，1987 年 12 月 21 日，第 5 頁。

〔18〕 參見《證券業檢討委員會報告書》（中文版），1988 年 5 月，第 2-4 頁。

〔19〕 同〔18〕，第 15 頁。

〔20〕 同〔18〕，第 4 頁。

〔21〕 馮邦彥著，《香港英資財團〔1841-1996〕》，香港：三聯書店有限公司，1996 年，第 296-299 頁。

1970 年代初的港島中環金融商業區。

第四章
金融業的多元化與國際化

1. 金融機構多元化：接受存款公司大量湧現

1970年以前，

香港金融業差不多全部由經營零售銀行的商業銀行構成，

其他金融機構僅佔微不足道的地位。

當時，香港亦已出現財務公司，但它們大多是銀行的附屬公司，

主要業務是以高息吸收大額存款。1970年代期間，香港金融業最矚目的發展，

就是商人銀行、投資銀行、財務公司的迅速崛起，

使香港金融業進入多元化、國際化時期。

1.1 金融機構多元化：商人銀行及財務公司崛起

1965 年銀行危機後，香港政府暫停簽發銀行牌照，持牌銀行數目也從 1964 年的 86 家減至 74 家。在此期間，香港經濟起飛，股市興起，外資金融機構紛紛湧入香港，初期的形式是與香港本地註冊銀行合作，或在市場收購銀行股權，達到在香港經營銀行的目的。但是，通過這一途徑進入香港金融業的成本愈來愈高昂，可收購的對象卻愈來愈少。不少跨國銀行改以財務公司（Finance Company）的形式來港設立附屬機構，參與毋須銀行牌照的商人銀行或投資銀行業務，從事安排上市、包銷、收購、兼併等業務。

英國富林明公司創辦人富林明。

1970 年代初期，一批商人銀行（Merchant Bank）先後在香港創辦，其中最著名的有怡富、寶源投資、獲多利等。1970 年，英國商人銀行富林明公司（Robert Fleming & Co., Ltd.）與香港怡和集團合資創辦怡富有限公司（Jardine Fleming & Co., Ltd.）。怡富是香港第一家商人銀行，當時並不需要經過港府財政司或金融事務科批准，只是按公司法註冊。怡富創辦後業務發展迅速，到 1976 年旗下已轄有 7 家證券、信託投資公司，管理基金達 21 億元。1970 年代前期，怡富在香港的商人銀行業市場

1970 年代寶源投資的業務廣告。

1970 年代創辦初期的怡富辦事處,當時尚處發展階段。

一直佔有最大的份額,其客戶主要是來自海外,尤其是倫敦、蘇格蘭的英國投資者,也有部分來自瑞士,美國人較少,本地香港人亦不多。怡富除主要從事基金管理、外滙買賣和證券買賣外,在收購合併領域十分活躍,最矚目的事件就是協助置地吞併牛奶公司,一時在香港股市形成轟動效應。

1971 年,英國商人銀行施羅德(Schroders Limited)與渣打銀行、嘉道理家族合資創辦寶源投資有限公司(Schroders Asia Limited)。寶源創辦後相繼設立寶源信託基金、寶源貨幣債券基金、施羅德日本基金等,其中,寶源信託基金設立於 1972 年 1 月,是第一個在香港管理而投資全球各地的基金。

獲多利(Wardley Ltd.)由滙豐銀行創辦於 1972 年,早期僅被認為是滙豐的一個部門,直到 1973 年遷往康樂大廈(Connaught Centre,即今怡和大廈)後才開始作為滙豐銀行的一家全資附屬公司獨立運作。獲多利在創辦初期即開設基金管理,即後來的獲多利投資股務公司(Wardley Investment Services

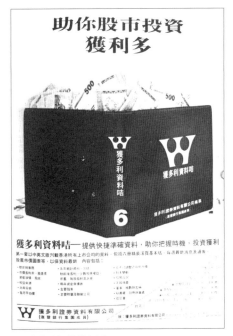

1970 年代獲多利的業務廣告。

Limited),該公司與英國唯高達在香港的附屬公司合資成立獲多利唯高達投資管理公司,經營香港及亞太區的投資、貸款業務。當時獲多利的業務,以資金管理、上市、外滙買賣、存款證

（Certificate of Deposit）為主。與怡富相比，獲多利的收購合併業務相對不明顯活躍，其最精彩的個案就是 1980 年代初協助包玉剛收購九龍倉。當時，為避免與怡富直接競爭，獲多利很多時與怡富攜手合作，但後來獲多利後來居上，取得領先地位。

到 1980 年代初，怡富、寶源投資及獲多利已成為香港最大的三家商人銀行，它們幾乎壟斷了新股上市的市場，以及企業收購、兼併、重組等業務。（見表 4.1）1980 年代中後期，東方滙理亞洲、標準渣打亞洲、萬國寶通國際、羅富齊（父子）、以及東亞華寶等一批後起之秀逐漸崛起，成為前者的競爭對手。

1970 年代初期，本地財務公司如雨後春筍般湧現。這些財務公司主要從事與股票、地產有關的貸款活動，由於並非持牌銀行，它們不受 “利率協定” 的限制，可以高息吸引存款。這些公司還引進新的金融業務，如發行可流通存款證，提供資產負債表外的租賃和代營帳款等資金，組織銀團貸款等。隨著財務公司數目增加和業務發展，銀行體系存款大量流失，各銀行為加強競爭，亦紛紛成立附屬財務公司，財務公司數目因而激增。1973 年股市狂潮期間，在香港營業財務公司竟多達 2,000 餘家。[1]

本地財務公司中，以馮景禧創辦的新鴻基有限公司最著名。馮景禧（1922-1985 年），原籍廣東南海，年輕時赴香港謀生。1963 年，馮景禧與郭得勝、李兆基 3 人合組新鴻基企業。不過，1960 年代後期，馮景禧逐漸脫離新鴻基企業，自行向證券業發展。1973 年 2 月，馮氏註

新鴻基地產行政人員合照，前中者是郭得勝，其左右分別是馮景禧和李兆基，攝於 1982 年香港中國銀行大廈。

表4.1　1981年底香港三十大商人銀行及財務公司財政狀況資料
（單位：千美元）*

機構名稱	資產總額	排名	貸款總額	排名	存款總額	排名	純利總額	排名
獲多利	2,508,181	1	1,364,362	1	2,070,978	1	30,938	2
恆生財務	1,656,671	2	1,074,875	2	1,562,457	2	16,851	3
滙豐財務	1,167,643	3	—	—	1,055,886	3	14,135	4
萊斯國際財務有限公司（1982 年 9 月）	793,443	4	661,855	3	5,512	152	5,966	9
安田信託財務（香港）有限公司	718,870	5	281,500	10	691,780	4	2,660	24
新鴻基財務	655,047	6	406,098	7	482,631	6	10,872	6
WetLB Asia	593,371	7	420,375	6	550,286	5	3,512	17
裕民財務	593,059	8	566,260	4	280,646	19	44	173
三井信託財務（香港）有限公司（1982 年 3 月）	496,212	9	193,846	20	470,449	7	1,902	40
渣打貸款業務有限公司	468,575	10	448,956	5	422,480	8	2,733	23
怡富財務	442,061	11	153,349	26	356,248	13	13,164	5
亞細亞長銀有限公司（1981 年 3 月）	433,283	12	345,743	8	385,205	10	4,855	11
東海亞洲有限公司	430,530	13	234,548	12	403,129	9	3,767	15
東洋信託亞洲有限公司	406,550	14	51,110	67	22,909	107	1,680	46
UBAN International Ltd.	406,176	15	205,702	17	377,915	12	2,019	37
佳活賓信（香港）有限公司	400,335	16	119,846	31	113,478	40	2,384	29
住友信託財務（香港）有限公司	396,598	17	261,049	11	380,311	11	2,003	38
奧利安皇家太平洋有限公司（1981 年 9 月）	386,560	18	196,292	19	350,947	14	—	—
Nippon Credit International（H.K.）	366,202	19	208,213	16	348,717	15	1,735	45
DG Capital Co.	360,310	20	308,880	9	341,412	16	3,398	18
住友財務（亞洲）有限公司	318,852	21	226,791	13	257,090	23	2,752	22
橫濱亞洲有限公司（1981 年 3 月）	310,895	22	87,629	45	295,814	17	1,303	56
Citicorp International	306,950	23	—	—	—	—	4,704	12
三和國際財務有限公司	304,585	24	187,138	21	274,700	21	1,865	43
東京財務有限公司	297,173	25	214,995	15	274,637	22	2,053	36
東亞財務	292,103	26	281	178	287,474	18	978	69
第一勸業財務（香港）有限公司 1981 年 3 月）	291,039	27	180,118	22	278,858	20	1,345	54
香港興業金融有限公司（1981 年 3 月）	275,383	28	219,716	14	233,893	26	3,230	19
玉國際有限公司	272,829	29	131,074	30	199,882	30	1,183	62
浙江第一銀行	265,866	30	114,196	33	219,003	28	2,308	33

＊除特別注明外，所有年結均是 1981 年 12 月 31 日結算。
資料來源：香港《經濟一週》資料室，原載於 1983 年 2 月 15 日出版的 Asian Finance。

馮景禧旗下的新鴻基財務。

新鴻基公司向客戶提供全球 24 小時實金及期貨買賣服務。

冊成立新鴻基證券有限公司，當時稱為"新鴻基（私人）有限公司"。1970 年代初，正值香港股市進入大牛市，新鴻基證券成立資料研究部，創辦《股市週報》，免費向客戶提供股票的中文分析資料，吸引了大批因語言障礙而不懂投資的小市民成為它的客戶。新鴻基證券一時聲名大噪，穩執香港證券業的牛耳。1975 年，新鴻基證券藉收購上市公司華昌地產及中同企業以介紹方式上市，該年度新證的純利達 3,400 萬元。

1973 年股災後，馮景禧調整經營策略，全力發展新證旗下的全資附屬公司 —— 新鴻基財務，向商人銀行業務發展。1978 年 11 月，新鴻基財務受不利謠言影響一度遭到擠提，其後在政府及滙豐銀行的協助下渡過難關。1979 年 12 月，馮景禧將新鴻基財務從新鴻基證券分拆上市。到 1980 年，新鴻基財務總資產已達到 28.9 億元，經營業務包括各類存款、貸款及保險業，成為香港最大的財務公司之一（見表 4.2）。1982 年 3 月，新鴻基財務獲港府頒發銀行牌照，重組為新鴻基銀行，成為香港確立金融三級制後首家升格為持牌銀行的接受存款公司。當時，新鴻基銀行設有 14 間分行，已初具規模。

1983 年 9 月，馮景禧將旗下業務重組，成立新鴻基有限公司，作為新鴻基證券和新鴻基銀行的控股機構。這時，新鴻基已從早期一家專門經營證券經紀、黃金及期貨的公司，發展成一家擁有銀行、金融服務、地產、貿易及中國投資的多元化金融集團。

1970 年代無疑是香港財務公司發展的黃金時期。不過，令人驚詫的是，直到 1976 年之前，港府對這些公司的業務活動幾乎沒有任何的監管，對存款者也沒有提供任何保障，這就種下了日後危機的惡果。

表4.2　1970年代中後期新鴻基財務的基本情況（單位：千元）

年份	1976	1977	1978	1979	1980
總存款	309,690	406,519	388,320	1,280,597	2,202,775
總貸款	559,308	764,551	847,094	1,884,398	2,888,457
股東資金	122,182	133,192	167,802	233,477	263,732
除稅後溢利	18,993	22,010	28,559	40,099	60,069
每股溢利（仙）	18.99	22.01	26.19	32.82	42.05

資料來源：新鴻基財務年報

股市大亨──馮景禧

六九年馮景禧從加拿大回港，他決定與郭、李二人分道揚鑣。郭得勝發展新鴻基地產公司，李兆基打理永泰建業及恆基兆業地產公司。馮景禧則欲專心經營證券買賣業務，在遠東交易所取得席位，成立新鴻基證券公司。這家經紀行最初只有八名職工，但不到八年，已一躍而為上千職工的大經紀行，經營多種金融業務。馮景禧向本港正在發展的股市進軍，這改變了他的一生，使他成為金融巨子。郭得勝對馮景禧便下了這樣的評語："我們都有不同的興趣和專長。我的興趣在地產，馮先生的興趣則在股市，而且他精於此道。"

新鴻基公司主席馮景禧。

股市散戶趨之若鶩

馮景禧在股市發展的經紀業務，是採用漁翁撒網式經營。在此之前，股票市場只是大戶的遊戲，但馮景禧則致力吸收小戶資金，他使到的士司機和女傭也有興趣"玩"股票。他領導的新鴻基證券公司以管理現代化、科技化及經營金融業務多元化著稱。尤其對信息極為重視。為了方便向客戶提供信貸，新鴻基財務公司於翌年即七零年成立，同年更成立資料研究部。為了滿足小戶需求，他供應股票中文研究資料。七一年《股市週報》創刊，足可說明馮景禧對小戶的重視。由於新鴻基證券是首家免費提供以中文分析上市公司狀況的經紀行，此舉吸引了大批因語言障礙而不懂投資的小市民，成為他的客戶。

在新鴻基證券與新鴻基財務的相互呼應下，從事代客買賣股票，做"孖展"。新鴻基財務公司所訂存款利息，比銀行高兩三釐，吸引存款就無往而不利，加上新鴻基證券為普羅顧客提供各項分析及預測服務，故七十年代初期，股票炒風興盛，與新鴻基證券推銷網遍佈全港各階層，頗有直接關係。

本來，股票市場鐵律，有升有跌，但本港股市到七三年的投機味道甚濃，中小戶的跟風心態愈來愈盲目，外資也藉此捲起了連串風浪，實行偷雞搏殺。隨著置地公司收購牛奶公司，引起了炒股狂潮，各種利好消息在市場滿天飛，股價一浪高過一浪，股市就好像只升不跌。這情形猶如玩音樂椅遊戲，看誰坐上音樂椅叫停受罰，又像是玩接火棒遊戲，看誰最後接上火棒而燒傷自己。

一九七三年，是新鴻基證券及馮景禧聲名大噪的時期。本港股市恒生指數，在八個月內由四百餘點狂升至一千七百點，然後又在二十個月內跌至一百五十點，馮景禧的大名，在金融界及投資界中，從此無人不識。七三年，新鴻基證券行址從華人銀行大廈遷至康樂大廈，且成立電腦部，聘用周文耀做電腦主管，周君在香港出生及受教育，畢業於香港大學工程系，七三年加入新鴻基前，曾服務於香港政府及一家大電腦公司任系統工程師。有了電腦設施，新鴻基證券能提供世界各地市場的最新金融消息，開始提供日本證券經紀服務，英國分行亦隨即成立。六九年加入新證的吳永銳被委任為英國附屬公司董事。而新鴻基證券公司便是以亞洲先進金融機構的姿態洞觸先機，在七三年的香港嶄露頭角。

傾力發展財務業

七三年股災之後，馮景禧的經營方針有變，傾全力發展新鴻基財務有限公司，並且安排其次子馮永祥任新鴻基證券公司股票交易員。新證集團將業務分散於黃金、財務及其他經營，因而渡過難關。七四年開始提供黃金買賣，成立保險部和商人銀行。七五年股市復甦後，新鴻基證券投資公司公開上市，易名為新鴻基證券有限公司，但馮景禧仍保留百分之五十六的股權。新證上市後，便收購專營地產之華昌及經營投資之中同企業兩上市公司，同年，新鴻基投資管理有限公司成立，與美國美亞證券公司簽約，提供美國證券經紀服務。七六年，新證與美國億利國際有限公司，合組新鴻基億利商品有限公司，提供國際商品期貨服務，並且參與包銷香港地下鐵路十年期債券，同年且遷址歷山大廈。七八年，新證開始建立本地分行網，又得法國百利達銀行集團加入成為集團股東，並且首次發行"新鴻基聯合投資基金"，成立新合成發展有限公司，在中國建設酒店，業務可說是蒸蒸日上了。七八年，馮景禧擢升其次子馮永祥為行政總裁助理。

從六九年到七八年，馮景禧已成功地建立了他的一套經商哲學。他提出大企業的遵守原則：第一是要有優良的統籌，職責要劃分清楚；第二是投資於新的設備；第三是注重效率管理與處事程序；第四是放棄家族觀念，由能者居之；第五是成功讓大家分享，失敗則獨力承擔。他的座右銘是“寶貴經驗從失敗中得來”；“今天要做的事，不會留到明天”，故其工作時間每天為十五、六小時，每日的會議安排頻密。但並非主張只知工作而不講享受的人。他的另一則座右銘是：“拚命地賺錢，拚命花錢，多姿多彩的生活。”他在香港賽馬會有一匹愛駒命名為“多姿多彩”。每日上班前，他必打一場高爾夫球。他時常與其妻參加豪華旅行團遊覽各地，週末則常乘坐遊艇出海，其遊艇取名“寶寶號”，便是來自其妻“梁寶璇”之名。同時，馮景禧從不刻薄自己，也從不刻薄下屬。他對員工賞罰分明，設立基金，將其名下股票按年贈予工作表現良好之職員。七三年股市狂潮時，他的員工出二十四個月雙糧，連同正薪即三十六個月的薪金，一時傳為佳話。

廣納人才為己用

馮景禧不懂英語，也不學英語，他說：“我沒有語言天才，甚至沒有方言的天才，雖然曾補習過國語，但也只能說七成。”他勉勵不懂英語的年青中國移民，“不應為語言知識不足而感氣餒。”原來他的成功之道，是注重用人，他不懂英語，但他的下屬多的是精通英語的人才。他聲稱二十一世紀會是“人才世紀”，故高薪聘請有大學專業水平的職員，平均年齡為廿七、八歲，佔公司員工四成。他厚薪聘請職員，毫不吝嗇。例如，七八年他聘請當時任職 C 級行政主任陳祖澤為新鴻基財務總經理。除陳祖澤外，曾為馮景禧手下而目前頗具聲名的，尚包括貿易發展局執行幹事蘇澤光、立法局議員劉華森和夏佳理。中大出版社社長詹德隆以及著名作家、如今在永固紙業任職的梁鳳儀。

另外，馮景禧又非常注意他與傳播媒介的關係。七二年，他聘用張永抗任公共關係部經理。張君為密蘇里大學新聞系碩士，五八年回港後曾任英文報章及國際通訊社記者，在大學任教採訪學，廣告學及公共關係，以及曾任一間美國銀行公共關係主管。七三年《信報》創刊，據說創辦人林行止曾徵詢馮氏意見，頗得馮氏鼓勵。七三年傳播界才子黃霑欲投身電影行業，拍其處男作《天堂》，找馮景禧資助，馮氏毫不考慮一口答應，黃霑亦由是而感激不已。

（摘自《馮景禧外傳》，載香港《壹週刊》，1990 年 4 月 27 日。）

新鴻基證券的創辦與1970年初證券市場的發展

訪問員：葉先生可否從參與證券行業的經驗，談談證券市場的歷史變化？

葉黎成：本人是 1970 年入行的，新鴻基在 1969 年 12月開業，而我則在 1970 年 2 月加入，可說親歷它的創立過程。新鴻基當時並不是一間證券公司，它的 3 位創辦人初期是從事地產投資的，但當中馮景禧先生對金融方面的投資興趣甚濃。當遠東交易所成立時，馮先生亦是發起人之一。由於這種關係，遠東開業亦是新鴻基證券開業之時，而原有的新鴻基地產則繼續專注地產投資。

一直以來香港只有一間證券交易所——即成立於 1891年的香港證券交易所。這局面直至遠東交易所成立才被打破。遠東的經紀事實上與港會經紀在文化上有很大的差別，這不是文化程度的問題，而是文化背景的差異。港會的作風較“英式”，從事證券業的人士在社會上亦享有較高的地位。過往的經紀多是老闆，自行出市買賣，絕少僱用員工出市。就算有僱用助理，亦只不過負責雜務工作〔寫“票仔”、聽電話或跑腿工作〕，故單靠老闆出市，交易量實在有限。而港會的運作亦較具英國色彩，例如星期三下午休息，收市後經紀往往有茶敍，或開時飲酒作樂。但在市況暢旺的時候，買賣服務求過於供，難以滿足愈來愈多的顧客了。創立遠東交易所的發起人，不少是港會的客人，但其後發覺生意可觀，故萌生創立新交易所的意念。這些發起人，一方面是市場的參與者，亦有很大意慾促進證券買賣活動，故令成交量大幅提高。這種以市場運作、商業利潤為主導的經營方式，與港會過往像社交場所或會所經營方式的情況有顯著分別。遠東的成立可謂標誌著經紀行業呈現重大變化的時刻。隨著遠東成立，金銀和九龍亦相繼成立。故此，股票買賣活動的普及化可謂始於遠東交易所的創立。

訪問員：新鴻基當時是一間怎樣的公司？

葉黎成：新鴻基開業的時候規模很小，只有十多位同事。馮景禧先生對證券買賣這行業的理想是很高的。馮先生另一優點是，他看待不同金額的生意均一視同仁，並不會嫌棄某宗買賣金額太少。在開業之初，由於馮先生與地產投資界的朋友相熟，故引進了不少路客。甚至為了完成一宗買賣，一些現在看來不符合經濟效益的買賣我們亦照單全收。例如在 60 年代末及 70 年初，大部分上市公司都在港會掛板買賣，當時還未有公司透過遠東交易所上市，故遠東只能把港會的股份以報價方式買賣，結果很容易出現同一種股份在

新鴻基證券
可以為你做甚麼？

康樂大廈22字
電話：5-261211（16線）

S K H

經紀：
香 港 股 票 — 代本港、美國、東南亞及世界各地客戶在香港及倫敦買賣香港股票。
　　　　　　負責人：陳志剛　馮永祥　張植其
美 國 股 票 — 以美國美亞股票公司商務代表身份，代客買賣美國有價證券、股票、債券、固定息率
　　　　　　股票、特權及其貸等。
　　　　　　負責人：葉池安　鍾振權　叫庭其　何少少　陳柔華　陳有川　郭沙廉　鄧德蓮
黃 　　　 金 — 代客在香港、倫敦、紐約、芝加哥及悉尼格賣實黃金現貨及期貨。
　　　　　　負責人：陳志剛　譚富強

財 務：
工商業貸款 — 添加轉置器材、廠房、船舶或大規模之發展與工程計劃。
　　　　　　負責人：周安楣　何乃嘉
出入口押滙 — 入口押滙、出口買單、打包放款、賒賬放款。
　　　　　　負責人：李兆忠　黃慶旋
外 滙 買 賣 — 代客買賣現貨及遠期外幣、旅行支票、並提供電滙、信滙及票滙等服務。
　　　　　　負責人：黃興威君　李卓順
定 期 存 款 — 接受各種貨幣定期存款。
　　　　　　負責人：黃興興君　鄭蔡熙嫻
股 票 按 揭 — 專為一般投資人士而設，亦可開設透金戶口。
　　　　　　負責人：黎文傳
樓 宇 按 揭 — 分期付款、定期貸款、透支貸款。
　　　　　　負責人：甘樹華　周國基
建 築 貸 款 — 協助私人、廠商或地產商興建樓宇或廠房。
　　　　　　負責人：甘樹華　周景棍
票 據 貼 現 — 一般工商業之票據貼現。
　　　　　　負責人：李兆忠　鄭達生
私 人 貸 款 — 最高貸款額一萬元，無領抵押。
　　　　　　負責人：何永達
投 資 管 理：證券及基金投資管理。
　　　　　　負責人：高定基　高志強
策　　　劃：財務顧問、收購與合併委托、包銷或分銷證券債券、稅務策劃。
　　　　　　負責人：林麗光　范錦施
秘 書 服 務：代客處理一般性秘書工作，包括董事及股東代理人服務，提供公司註冊辦事處、一般
　　　　　　有限公司法定責任文件呈報。
　　　　　　負責人：馮潔卿
管 理 諮 詢：一般性管理諮詢、發展計劃研究、財政管理、行政組織及人事安排及聘請、系統設計
　　　　　　、生產管理、市場調查、電腦資料處理、公司顧問服務、海外投資及股務諮詢。
　　　　　　負責人：新鴻基郭氏管理諮詢有限公司（行政獨立之聯營公司）董事總經理黃兆賢
　　　　　　電話：5-260251

我們肯定沒有官僚作風，處處遷應閣下的需求，以最高速度、以最簡單的程序為閣下服務。
（熱線電話開戶，請撥5－261211，內接97及98）

新鴻基銀行的業務廣告。

兩個市場不同價格的情況。我們很多時為了完成一宗交易，便透過馮先生在港會相熟的經紀（如莫應基、陳寶賢先生等）代客買入或賣出股票，過程中新鴻基可能是虧本的。

不過經營了一段時間後，新鴻基已吸引了不少顧客，在市場上佔了頗大的成交額。1970年初股票市場開始興旺，1971年底開始有英國經紀行來港，如W.I. Carr, Vickers等，他們均希望在香港謀求合作對象。新鴻基由於信譽和生意額方面都有不錯表現，故與這些海外經紀有很密切的生意來往。事實上當時買賣香港股票的人士不少是英國人，過往他們透過港會的經紀如Silver, Zimmern, Courcher買賣，故此英國投資者對香港市場的認識事實上有深入的掌握。這些海外經紀由於不能在本地買賣，遂多透過本地經紀行買賣，新鴻基在1971、1972年間承接了大量的海外生意。新鴻基曾在一段時期佔了本港股票市場總成交量的百分之二十，可謂舉足輕重。當時新鴻基的客戶主要有幾類，一是本地的社會名流，其次是銀行界，故滙豐、恆生、永安等銀行代客買賣股票的服務，很多是透過新鴻基進行的。此外便是海外的經紀生意了。最後，英資上市公司如怡和（Jardine）在未取得經紀牌前，亦有透過新鴻基進行買賣的。

訪問員：若要應付增多的生意額，新鴻基是否要申請很多牌照？

葉黎成：新鴻基在遠東和金銀交易所均有經紀牌，而香港會方面則與個別經紀建立商業連繫，故透過直接或間接的方法，新鴻基在四個交易所亦能進行買賣，不過後來新鴻基在港會也買了牌照。當年這些牌照並不是有限公司形式的，而是個人持牌性質。遠東交易所的牌照是馮景禧私人持有的，金銀的牌照由郭得勝先生持有，而本人則持有另一經紀牌。雖然牌照是私人持有的，但持牌人均與公司訂立一份 Declaration of Trust，訂明代公司進行買賣。1972年期間新鴻基的生意確實很暢旺，不少英國經紀紛紛與公司建立生意連繫，新鴻基更在倫敦開設一辦事處。不過，當時實在很辛苦的。由於仍然是人手交收的制度，英、港兩地買賣少不免有時差，況且當年更沒有速遞服務，故同事每週都要跑到倫敦進行交收及帶回購入股票，情況差不多是每3天便要到倫敦一趟。

1972年下半年港股不斷暴升，由400多點升至千多點，到1973年初恆生指數已升至1,700多點。當時英國經紀紛紛拋售港股，新鴻基於是把大量的"現貨"由倫敦帶回香港交收，行內見新鴻基沽貨居多，便稱我們作"大淡友"。不過，這時期股票買賣大多數為現貨交易，拋空或"孖展"形式的買賣很少，證券財務（Shares Financing）並未成熟，故縱使1973年的股市由1,700點跌至1974年百多點，但對市場帶來的損害並不嚴重，記憶所及只有3數間經紀行破產，葉榮昌好像是其中一間。加上70年代經紀行是不可以開分行的，故業務不算廣泛，對經濟的衝擊相對較輕。

股票市場在1974至1976年十分淡靜，直至1977年以後情況才好轉，而70年代末交易所已開放了會籍，容許外資經紀行在本港進行買賣，而遠東交易所是第一間"開放門戶"的交易所。這種發展當時引起了業界不同的意見，部分認為容許外資經紀進入本港，令本地經紀難以競爭。這種聲音在80、90年代尤為響亮，因為當時東南亞的金融市場仍設立保護主義屏障，故本地經紀業顯得缺乏保護了。但另一種意見認為，由於香港開放的步伐較早，故比東南亞其他地區的股票市場較成熟。況且外資在港經營證券業務後，對推廣香港股票市場的海外地位有很大作用。各交易所因開放會籍的問題引起了頗大的糾紛，加上其他種種問題，政府在70年代末亦積極推動四會進行合併。在籌辦第一屆聯合交易所的委員會（記憶所及應有21名成員），當時遠東及金銀交易所推薦人士已佔了18席，餘下3席獨立人士中新鴻基佔了一席。當時新鴻基並沒有特別依附某交易所；在七、八十年代新鴻基在證券業有其重要地位，故應保持其獨立性……

新鴻基證券的起落

訪問員：事實上早年的新鴻基有潛力成為實力雄厚的證券行，為何後來未能如願？

葉黎成：新鴻基曾試過佔很大的市場比例。馮景禧先生在1985年過身，曾在新鴻基服務的同事很懷念馮先生。他是一個有遠見，熱心推動證券市場發展的人物。他把經紀業看作一種事業，並努力向外拓展希望成為一間國際化公司。早在1970年初，新鴻基已於倫敦、紐約、新加坡、菲律賓、泰國、印尼等地設立辦事處。馮先生認為，公司不能只售賣一種金融產品，他強調要把公司變成一間"金融超級市場"，客人可在新鴻基獲得不同金融產品和服務，這樣才能令客人的資金不會離開公司的控制範圍。假若客人希望把資金調到美國，但你的公司卻沒有美國戶口，那客人必然會流失了。但若能做到"凡有關金錢"的服務，公司都能提供相應的服務，那客人便不會流失了。要達到這理想並不容易，當年的新鴻基正循此路發展，不過可能因為條件未成熟，結果未能如願。

新鴻基在70年代初曾和一間名New Japan的證券行合資，推銷日本股票和債券。到了70年代下半葉，法國百利達銀行入股新鴻基共同合作，當時公司已明白到單憑一間公司的力量很難擴展規模。更大的問題是，由於新鴻基在市場上佔了很大比例，一旦證券市場發生波動，公眾便會擔憂新鴻基會否受到拖累。新鴻基財務曾被擠提；新鴻基證券亦曾面對大量客人取回股票的情況，當時公司已意識到若沒有實力雄厚的"後台"支持，很難有較大的發展。故此新鴻基便與百利達合作，銀行、財務方面的業務由百利達負責經營及管理，而新鴻基則專注證券買賣方面的業務。其後新鴻基獲政府發牌經營銀行業務，仍擺脫不了被擠提的命運，幾乎每一次證券市場有波動，新鴻基都被市場人士看淡，擠提事件屢次發生。

新鴻基銀行當時由3個主要大股東把持，馮先生佔百分之二十幾，美林及百利達亦分別佔相若的股權。當時美林證券的規模雖沒有現在那麼龐大，但仍屬美國最大的經紀行，而百利達是歐洲銀行，新鴻基則屬一間有良好本地網絡的證券行。這個財團的組合事實上很理想，但3個主要股東所佔股權相若，在遇到困境時，其餘兩個主要股東會否全力支持新鴻基則屬疑問。馮先生認為在這種情況下很難發展他的理想，結果自資買回其他大股東的股權。馮先生同時意識到銀行業務不可能由一個家族持有。若果銀行收了客戶的存款而又不放貸的話，肯定是虧本的生意，但把資金放貸又可能難

以應付大量客戶擠提。在這種考慮下，馮先生便賣掉銀行業務，專注證券業務。可惜事隔一年馮先生便過身了。

另一個變化是市場環境的變化。隨著證券市場的開放，新鴻基過往的客戶不少已變成公司的競爭對手；例如Jardine Fleming, W.I.Carr, Morgan Stanley, Vickers及Hong Kong Bank等市場的主要參與者過往都是新鴻基的客戶，這樣便不斷拉薄新鴻基的客戶了。回顧過往歷史，80年代曾出現過一次Big Bang浪潮，不少銀行紛紛收購證券行及金融機構，結果弄至一團糟。但現在我們見到Citibank, Traveler, Salomon合併，事實上就是集銀行、證券及不同金融業務於一身的大企業。現在回想起來，近年的金融機構合縱連橫的發展，跟馮先生希望建立一種提供廣泛財務服務的企業，長期維繫客戶關係的構想完全一致。當然，現在這些國際性金融機構實力龐大，故能貫徹這種想法。當年馮先生若果把新鴻基賣給這類機構，他的理想亦可能實現。不過銀行與證券行的聯合有一定內在困難，這是管理文化的問題。銀行對貸款和回報的觀念與證券行不同，前者著重合約的規範，一切工作需要按本子辦事，但經紀行與客戶的關係相對較個人化，很多時客戶落盤時並沒有正式合約的。結果以銀行的管理文化來管理證券行，令證券行受到不少掣肘。

馮先生的構想雖未能實現，但一班曾在新鴻基服務的同事卻獲益良多。由於實踐馮先生理想的過程中接觸到很多新事物，新鴻基的同事獲得廣泛而專業的經驗。加上馮先生是一位很重視人才投資的老闆，在人力、研究和發展等方面投入不少資源。個人認為未來很難再出現像新鴻基一樣的本地公司了。在70年代沒有強大競爭對手的情況下締造了有利的形勢，加上主事人的眼光，新鴻基才能建立地位。但環顧現在全球開放的金融體系，面對的競爭對手是名列首10名或50名的國際級金融機構，要佔上一席位並不容易。香港未來證券行業相信是國際機構的天下，一間本地經紀行要成為跨國的公司變得很困難了⋯⋯

訪問員：當時新鴻基的服務包括什麼範圍？

葉黎成：什麼都有，由上市、包銷、股票買賣、基金管理、外滙、黃金和期貨買賣等服務都有，但只在能力所負擔的水平提供服務。對當時的新鴻基來說，人才和能力都具備，但我們沒有龐大的資金作支持。

訪問員：資金規模未能擴大與家族式經營有否關係？

葉黎成：家族生意一定面對這種問題。馮先生過身後，家族成員各有打算，總不能把家族所有財產都投資到新鴻基

身上。新鴻基的發展期是在馮先生在生之時，他過身後我們只能按有限的資源來維持新鴻基的運作。

訪問員：新鴻基已是上市公司，是否可透過證券市場進行集資？

葉黎成：新鴻基只能靠每年的盈利來擴充資本，一年有兩三億元收益，又要派息，可增加的數目實在有限，但市場發展需要的資金比例遠超過這種規模。要擴充便要有新的資金，若家族不注資，最終的出路便只有賣盤了⋯⋯

關於成立新鴻基的補充資料

訪問員：過往媒介報道新鴻基的消息時有點混淆，分不清是哪一間新鴻基。葉先生曾提及1969年新鴻基已籌組，當時用的名稱是什麼？

葉黎成：1969年以前已有新鴻基這間公司，名稱是"新鴻基企業"，主要從事地產發展業務。新鴻基從事證券業務時，用的名稱是 Sun Hung Kai & Co.。由於當時幾間交易所互相競爭，不容許本身會員在其他交易所持牌，故馮景禧、郭德勝及李兆基先生便分別以不同的名稱在四會申請牌照，在遠東交易所的牌照以 Sun Hung Kai & Co. 名義申請、在港會的以 Sun Hung Kai 名義、金銀則好像以 Sun Hung Kai Company 名義。當時從事證券業並非有限公司註冊，大概到了1975年，新鴻基籌備上市時才由合夥（Partnership）性質轉為有限公司性質。

訪問員：那麼新鴻基財務是什麼時候成立的？

葉黎成：好像亦是上市那段期間成立的。我們以"新鴻基證券有限公司"（Sun Hung Kai Securities Limited）註冊並申請上市的，同一時間為另間公司註冊，一間是"新鴻基財務"（Sun Hung Kai Finance），另一間是"新鴻基投資服務有限公司"（Sun Hung Kai Investment Services Limited）。當時的構想是：新證是一間控股公司，是整個企業的母公司，新財則主要從事財務銀行業務，而新鴻基投資則把過往以 Sun Hung Kai & Co.、Sun Hung Kai Company 等經紀業務集中經營。

訪問員：據當時報道新鴻基透過收購華昌取得上市地位，為何以這種方式上市？當時交易所對新鴻基的上市申請有什麼要求？

葉黎成：當時確實收購了從事地產及投資業務的華昌公司，但新鴻基證券是獨立申請的，當時亦沒有借殼的需要。新鴻基是第一間上市的證券公司，當時事實上沒有什麼規例要求證券公司上市時需要符合怎樣的條件。的近律師行（Deacons Graham & James）是新證當時的法律顧問，而商人銀行好像是 Jardine Fleming 或滙豐銀行。當時上市規例並不完備，我們一班同事（當中包括現時立法局議員夏佳理先生，他當年亦是新鴻基的同事，亦是董事之一）便到英國取經，把當地關於英國證券公司上市的規範引進香港，並向交易所解釋新證的條件已完全符合海外的規定。當時交易所的上市規則十分簡單，而且主要申請上市的公司多是地產公司、紡織公司等，故對如何處理證券公司上市的申請較為陌生。故此我們便到倫敦索取專家的意見，為交易所提供豐富的參考。

訪問員：馮景禧先生在這集團的股權分配是怎樣的？

葉黎成：直至上市後股權才有變化。當時新鴻基地產已取得上市地位，新證是第二間，而恆基亦在籌備上市。當時的想法是3間上市公司分別由3人各自持有和管理。故新鴻基地產、新證上市後，3位新鴻基創辦人便進行了一次股權調整。具體方法是怎樣我並不知道，所知的只是他們3人均把本身持有對方的股份互相進行交換，故馮先生成為新證的最大股權持有人。

新鴻基證券的股東周年大會，站立者為主席馮景禧。

過往 3 人在新鴻基所佔的股權有固定的比例，縱使馮生當時並非最大的股東，但管理及商業決定是全權交由馮先生決定的。故此 3 位創辦人可說是最佳的組合，他們亦非因意見不合或利益問題而分拆夥。可能他們明白到很難以這種合作模式管理多間上市公司業務，並一直維持到下一代，故此各自專注某項業務是理性地解決問題的方法。

新鴻基業務多元化的道路

訪問員：新鴻基業務多元化的業務包括什麼領域？好像保險亦是業務之一？

葉黎成："新鴻基保險"在何時成立已不太記得了，它現在已變為"港基國際保險有限公司"。當時新鴻基已看到不同的投資機會，首先是從事日本股票買賣的服務，並與"新日本"（New Japan）合資經營，雙方股權各佔一半。其後參與財務服務，接著便是保險業務了。新鴻基當時接觸到不少客戶，我們認識到不少客戶事實上有買保險的需要。尤其當時地產市場只有幾十間大的地產發展商，現在他們多已設附屬的保險公司，藉此為本身的樓宇提供水火險等保障。馮景禧在金融、地產界認識的人面很廣，認為發展保險業務會有利可圖。

新鴻基亦有從事美國期貨及美股生意。從事美股買賣活動主要是因為馮景禧及他的友好過往都有投資美國股票，故此新鴻基亦保持了這方面業務。最初的合作者並非美林，而是美國的"貝亞"公司（Bear Stearns Asian Ltd.）期貨方面則和美國"億利"公司合作，可以說非新鴻基專長的業務則與其他外資合作。在東南亞方面，繼英國倫敦開設分行後，新鴻基第二個辦事處好像是在新加坡或菲律賓開設。由於新加坡很遲才開放當地經紀業務，就算後來開放了，亦只容許英、美、日等大國國際級的經紀行（如美林、霸菱、野村證券等）在當地持牌買賣。新鴻基沒有取得當地牌照，只能取得"外國經紀牌"在新加坡買賣港股罷了。其後新鴻基亦在泰國和印尼市場發展。新證曾有意開發台灣市場，但由於馮景禧與中國大陸的關係較好，故不被台灣方面接受，最終亦未能如願。不過港人對美股、日股的興趣不大，參與者多屬大機構。況且後來海外的經紀行已在港營業直接接觸客戶，兩間與美資和日資合營的公司最後亦賣盤了。要到 80 年初才與美林合作，以注資方式入股新鴻基證券。

大約在 1978 年間，新鴻基財務被擠提，為了長遠計故

新鴻基希望引入百利達資金加強本身實力。百利達注入資金是一個很好的合作例子；百利達在香港已設立了一間銀行，主要從事機構性投資或財務事宜，但本身沒有金融零售網絡，故有賴新鴻基的銷售網絡。該次合作最終獲得政府的確認，在 1982 年獲發銀行牌照。但新鴻基仍擺脫不了不利消息的纏擾，再次被擠提。股票市場暢旺的時候尚沒有問題，一旦市場不景氣，人們便懷疑新鴻基證券可能損失慘重，更聯想起新證背後有銀行的支持，銀行亦可能受到牽連，遂紛紛到銀行提款。這對新鴻基造成很大的壓力。股票是現貨買賣，客戶隨時取回股票亦可，但銀行的存款則不同了。銀行收了客戶的存款便會按不同比例進行放款活動，部分可能變成工業貸款、樓宇貸款等等。客人可以隨時取回存款，但銀行卻不能隨時要求貸款客戶還款！最後管理階層開始思考是否公司實力尚未達規模，不宜把證券業和銀行業同時放在一

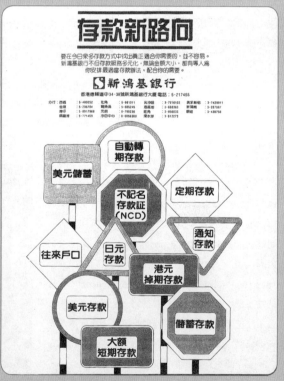

1980 年代初新鴻基銀行的業務廣告。

起。故此作了一項決定，把銀行業務分拆，賣予阿拉伯銀行集團，並改名 IBA（International Bank of Asia，即港基國際銀行），結束了新鴻基在銀行方面的業務。與此同時，保險業

亦連同銀行業務一併賣出。況且當時不少地產公司已設有本身的保險公司，故新鴻基的保險業務只能依靠銀行的客戶及自己開發新客戶罷了。

不過新鴻基證券後來又與美國"萬年能國際"組成"萬年能新鴻基有限公司"，為客戶提供保險顧問服務。其業務範圍主要是為客戶提供購買保險組合的意見，這類保單一般十分龐大，主要客戶可能是大型基建項目、地產建設等計劃，新鴻基為客戶提供保險顧問意見後，由受保的保險公司將支付新鴻基一定比例的佣金。這項保險顧問業務在銀行業務終止後仍然保留。後來萬年能自行籌組公司進軍內地及香港市場，故公司便改名為"新鴻基保險顧問有限公司"。

此外，新鴻基亦從事黃金買賣和外滙。新鴻基好像是在1977年從事黃金買賣活動的。很多人均不知道新鴻基事實上是實金貿易（Physical Gold）的重要參與者。新鴻基不從事黃金零售業務，只做批發業務；公司多與產金國如前蘇聯、加拿大、南非、澳洲及歐洲金商和瑞士銀行直接進行交易。公司把黃金運回港後便批發予從事黃金工業的公司，例如周生生、謝瑞麟等。事實上香港的黃金轉口市場十分龐大。在七、八十年代，不少黃金轉賣到南韓、台灣、印尼、越南等地，90年代則以中國為主。新鴻基便扮演這種中間人的角色，把黃金轉口賣到東南亞其他地方。當時新鴻基黃金買賣的生意額頗大，佔全港買入及經營再入口實金總數約15-20%。

在某一段時間，大概是1980年中期，由於金價高企，不少亞洲人包括中國大陸人士，紛紛拋售持有的黃金。新鴻基便收集了亞洲地區的黃金，轉運回歐洲，經重新冶煉後流入歐洲市場。這種買賣過程涉及龐大的資金，因為由購買保險、支付航運費、倉租、大規模的煉金支出等等，都需要龐大的信用和資金作支持，故此必須與海外金商關係良好才能建立彼此的信任。除了黃金外，新鴻基還從事白銀的貿易；猶記得越南因戰亂掀起了逃亡潮，不少越南人逃到了日本的關島等地，當時新鴻基甚至派員到這些地方收購黃金。至於期貨方面，新鴻基亦有做棉花、大豆、小麥等期貨買賣。

訪問員：這些業務現在的新鴻基還有保留嗎？

葉黎成：由於這類金融貿易規模很大，故交易雙方亦要建立很強的互信基礎。不過後來的新鴻基已減少發展這方面的業務，海外金商或銀行亦不少與新鴻基終止了生意關係了。

訪問員：有評論指出70年代末新鴻基在不少地產項目均有投資，其中一些遭受虧損，故需要把銀行業務賣盤？

葉黎成：新鴻基證券曾有一間附屬公司名"新景豐"，從事地產投資活動。雖然新景豐確實有虧損，但數目畢竟有限，故並非新鴻基把銀行業務放盤的原因。事實上提擠是一種可怕的經驗，特別是新鴻基在運作良好和財政健全的情況下仍受到擠提的困擾，令人缺乏信心繼續經營銀行業務。至於新景豐的問題，馮景禧並非佔新景豐很大的股權。它是一間由遠東發展、新鴻基、佳寧及鍾正文4間公司合組的。對新鴻基來說，這是一般的地產業務的投資，只不過由於當時有其他合作夥伴，故投資的規模略為擴大罷了。

新鴻基組織管理方面的特色

訪問員：新鴻基的業務如此廣泛，那麼如何確保管理上的效益？

葉黎成：最重要的是建立一套完善的制度。新鴻基過去20多年不斷把制度完善化。你們可以看到新鴻基的專業操守十分好，過去亦沒有發生重大的問題。

訪問員：馮景禧先生有沒有其他家庭成員幫助，參與新鴻基的管理？

葉黎成：沒有。馮景禧有兩位公子三位千金，只有二公子馮永祥先生參與新鴻基的工作。馮先生的大公子馮永發先生雖然在回港期間，曾參與新鴻基銀行的工作，但由於興趣始終不在金融業這方面，結果仍是返回加拿大從事地產、廣播及娛樂事業方面的投資。故只有馮永祥先生一直協助馮景禧先生打理新鴻基業務。這未嘗不是一件好事，新鴻基用人唯才，少了皇親國戚的包袱，故對培育人才方面提供了很多的機會。

（按：葉黎成受訪時為唯高達香港有限公司行政總裁。）

資料來源：節錄自1998年6月1日及8日香港聯合交易所委託香港大學亞洲研究中心進行之訪問紀錄，現寄存於香港大學孔安道圖書館。

1.2 "金融三級制"的形成和確立

1970 年代中期,財務公司的擴張活動開始引起港府關注。由於它們並非持牌銀行,可以不受"利率協定"的限制,以高息與銀行爭奪存款,對銀行體系造成很大的壓力。1976 年,為保障公眾存戶的利益和確保銀行體系的穩健程度,港府改變了最初的不干預政策,制訂了《接受存款公司條例》(The Deposit-taking Companies Ordinance 1976),將這類財務機構正式納入監管範圍。該條例規定:

(1)除持牌銀行外,凡向公眾接受存款的公司(統稱為"接受存款公司")都必須向銀行監理專員註冊,並按年交費;

(2)接受存款公司的註冊資本最低不能少於 500 萬元,實收資本最低不能少於 250 萬元;

(3)接受存款公司不得吸收 5 萬元以下的公眾存款,也不得提供儲蓄及往來戶口業務;

(4)禁止在公司的名稱或業務上使用"銀行"字眼;

(5)每年須將經核數師簽署的帳目呈交銀行監理專員審計,並公佈年度帳目。

與銀行條例相比,接受存款公司所受的監管無疑要寬鬆得多,例如,接受存款公司不須定期呈交財政報表或接受銀行監理處的檢查,也不須受任何流動資產比率的限制。儘管如此,該條例的實施仍然淘汰了不少投機性的財務公司,接受存款公司的數目下降到 179 家。從 1980 年 1 月起,政府進一步規定接受存款公司必須遵守最低流動資產比率的限制,對短期負債的最低流動資產比率為 30%,對長期負債的比率則為 15%,進一步加強對這些財務公司的監管。

不過,這些被統稱為接受存款公司的金融機構,其中很多是以美國投資銀行或英國商人銀行以及西歐的綜合性銀行為背景的,實際上是這些銀行在香港的變相分行。由於不能在香港廣泛吸收港元存款,它們經營的資金主要來自歐洲美元市場,部分則以高於銀行利率在香港吸收,政府的管制並未能遏止它們活動的擴張。據統計,到 1981 年,接受存款公司的數目又增加到 350 家(見表 4.3),其在銀行體系的資產總額和顧客存款等方面所佔比重也分別達到 35.5% 和 36.2%,已威脅到持牌銀行的地位。

1981 年 1 月,香港政府為加強持牌銀行的地位,根據法例成立香港銀行公會(The Hong Kong Association of Banks),以取代傳統的香港外滙銀行公會。法例規定所有本港持牌銀行均需成為銀行公會會員。香港銀行公會成立後,即對 1964 年的利率協定進行修改,把原來的五級銀行簡化為二級,1991 年並取消二級制,本地與海外銀行有劃一的存款利率上

表4.3　1976-1989年三級金融機構的發展概況

年份	持牌銀行		持牌接受存款公司	註冊接受存款公司
	銀行數目	分行數目		
1976	74	685	—	179
1977	74	730	—	201
1978	88	790	—	241
1979	105	906	—	269
1980	113	1033	—	302
1981	121	1181	—	350
1982	128	1346	22	343
1983	134	1397	30	319
1984	140	1407	33	311
1985	143	1394	35	278
1986	151	1386	38	254
1987	154	1387	35	232
1988	158	1397	35	216
1989	165	1542	36	202

資料來源:《香港年鑒》

限。銀行公會的最重要功能之一，是執行（與政府商議）利率協定，該協定規定持牌銀行對若干項存款可付給的最高利率協定。

香港銀行公會主要由執行委員會、諮詢委員會、紀律委員會、小組委員會和項目工作小組組成，其中，執行委員會是公會的最高決策和管理機構，並有權制定各項有關香港各銀行業之經營規則。委員會由 3 名永久會員和 9 名被選委員組成，3 名永久會員是滙豐銀行、渣打銀行和中國銀行，其餘 9 名委員中有 4 名是本地註冊銀行、5 名外資銀行代表，於每 3 年的周年大會中選出。滙豐和渣打則輪流出任銀行公會主席。

1981 年 4 月，政府為進一步加強持牌銀行的主導地位，修訂 1964 年《銀行業條例》和 1976 年《接受存款公司條例》，將香港銀行業分為三類，即持牌銀行、持牌接受存款公司、註冊接受存款公司，建立 "金融三級體制"（Finance Three-Tier Structure）。

根據新修訂的《銀行業條例》，海外註冊銀行申請銀行牌照，必須擁有資產（抵銷項目除淨後）最少 100 億美元（這最低限額將每年檢討）。該銀行註冊所在的國家，必須有充分而嚴密的監察制度，同時對香港的銀行提供某些可接受的互惠形式。而本港註冊銀行要申請銀行牌照，必須最少有實收資本 1 億元，已經營接受公眾存款及貸款業務最少 10 年，並擁有公眾存款最少 15 億元及總資產最少 20 億元（這最低限額將每年檢討）。

1981 年港府立法成立香港銀行公會，取代原有的外滙銀行公會。

根據新修訂的《接受存款公司條例》，接受存款公司被劃分為持牌接受存款公司和註冊接受存款公司。持牌接受存款公司（Licensed Deposit-taking Companies, 簡稱 LDTCs）已發行股本最少 1 億港元，實收股本最少 7,500 萬元，同時必須符合一些標準，如規模、所有權及管理層的質素等。持牌接受存款公司可以接受任何期限的公眾存款，但存款額不得少於 50 萬元，並不受利率協定限制。申請註冊為接受存款公司的實收資本最低額則從原來的 250 萬元增加到 1,000 萬元，並規定其 50% 以上的股權必須由香港或海外銀行擁有。註冊接受存款公司（Registered Deposit-taking Companies, 簡稱 RDTCs）只准接受不少於 5 萬元的公眾存款，存款期限最少為 3 個月，亦不受利率協定限制。

金融三級制於 1983 年 7 月 1 日正式實施，在此之前則有 2 年的過渡時期，從 1981 年 7 月至 1983 年 6 月，使財務公司調整其存款結構逐步減少小額、短期存款以符合新條例的規定。1982 年 2 月，政府財政司彭勵治在財政預算案中宣佈持牌銀行有權以高息吸入 50 萬以上的存款。這一措施進一步加強了銀行在競爭客戶存款的優勢。自此，接受存款公司的存款迅速下降。

表4.4 香港銀行體系資產總額和顧客存款的比重分佈（％）

年份	資產		顧客存款	
	持牌銀行	接受存款公司	持牌銀行	接受存款公司
1978	71.6	28.4	85.2	15.8
1979	70.6	29.4	73.5	26.5
1980	67.8	32.2	67.3	23.7
1981	65.5	35.5	63.8	36.2
1982	69.1	30.9	81.3	18.7
1983	70.7	29.3	82.0	18.0
1984	71.2	28.8	80.3	19.7
1985	70.8	29.2	81.8	19.2
1986	78.9	21.1	87.3	12.7

資料來源：香港華商銀行公會研究小組著、饒餘慶編《香港銀行制度之現況與前瞻》，香港華商銀行公會，1988 年。

港府財政司夏鼎基爵士。

三級制的實施，使持牌銀行在存款業務競爭方面處於更有利的位置，強化了銀行的地位。缺乏銀行背景的接受存款公司受到很大的衝擊，數目大幅下降，逐漸形成尚存的接受存款公司均為銀行附屬或聯營機構的現象。據統計，從 1981 年到 1986 年，註冊接受存款公司的數目從 350 減少到 292 家；同期，接受存款公司在銀行體系的資產總額和顧客存款所佔比重更分別下降到 21.1% 和 12.7%（見表 4.4）。當時，港府財政司夏鼎基表示，三級制是要強化銀行的利率協定，使政府能更有效地使用利率來控制當時在浮動滙率條件下極速增長的貨幣供應，並鞏固香港的金融體系，使香港更穩健地發展成一個世界性的金融中心。[2]

隨著金融三級制的實施，香港金融業的監管架構也發生相應變化，港督會同行政局在諮詢銀行業諮詢委員會和接受存款公司委員會的基礎上作出政策決定，並由財政司透過金融事務科及銀行監理專員對持牌銀行、持牌接受存款公司、註冊接受存款公司進行監管。（見表 4.5）

表4.5 1990年代香港申請成為有關認可機構的準則

	本地註冊銀行	海外銀行分行	有限制牌照銀行	接受存款公司
規模準則	總資產 >40 億港元 總存款額 >30 億港元	總資產 >160 億美元		不設規模準則
資本要求	1.5 億港元	沒有對分行設定資本要求	1 億港元（本地註冊有限制牌照銀行） 沒有對分行設定資本要求（境外註冊成立的有限制牌照銀行）	2,500 萬港元
與香港的關係	金管局必須認為其與香港關係密切	不適用	不適用	不適用
期限	必須為有限制牌照銀行或接受存款公司達 10 年	必須已開設本地代表辦事處 1 至 2 年	沒有對本地註冊機構定出具體期限 實際上，境外銀行應開設了本地代表辦事處達 1 至 2 年	
擁有權	就所有認可機構而言，金管局必須確信機構的控權人是適合的人。 金管局的政策是擬持有在香港註冊成立的機構 50% 以上股本的人士須為基礎穩固的銀行，或在金融界信譽良好，由具備適當經驗的其他受監管金融機構。			

資料來源：香港金融管理局

2. 外滙、黃金市場的崛起與發展

隨著1972年港府先後宣佈

港元與英鎊脫鈎，改與美元掛鈎，

並解除外滙管制，以及1973年港元與美元脫鈎實行浮動滙率制度，

香港的外滙市場迅速發展。與此同時，

港府也於1974年1月開始解除對黃金進口的管制，

促使黃金市場資金國際化，

並發展起"本地倫敦金市場"。

2.1 香港外滙市場的崛起與發展

1973 年以前，香港外滙市場僅是一個地區性的市場。二次大戰後，西方主要國家重新確立金本位制（Gold Exchange Standard），香港作為英鎊區（Sterling Area）成員，則繼續實行 1935 年建立的"英鎊滙兌本位制"，即以英鎊作為港幣發行的儲備，港元直接與英鎊掛鈎，滙價固定在 1 英鎊兌 16 港元水平，並實施外滙管制，限制資金流出英鎊區。

這一時期，香港的外滙市場仍然被劃分為官方市場和非官方市場。在官方外滙市場，主要參與者是外滙基金和授權銀行。根據 1939 年的《國防金融法例》，授權外滙銀行作為政府外滙管理署的代理人，擔負起行使外滙管制條例的責任，來換取從事外滙交易的許可。在外滙管制最嚴厲的時期，實際上每一筆交易都要得到許可。不過，自 1959 年以後，條例開始放寬，除了資本帳戶外，所有經常性支付（即 6 個月內在正常貿易結算時需要的支付）可以不用經過許可，由授權外滙銀行自動核准即可。[3]

1960 年代後期，英鎊滙率持續偏軟、貶值。1967 年 11 月 20 日，英鎊貶值 14.3%，與英鎊掛鈎的港元亦同時貶值 14.3%，但 11 月 23 日，港府宣佈將港元對英鎊升值 10%，新的官方滙率是 1 英鎊兌 14.551 港元，折合為 1 美元兌 6.061 港元。政府並制定一項詳細方案對遭受港元帳面虧損的授權外滙銀行給予補償。1972 年 6 月 23 日，面對持續的貶值壓力，英國政府被迫宣佈英鎊自由浮動。7 月 6 日，香港政府宣佈港元與英鎊脫鈎，改與美元掛鈎，價定為 1 美元兌 5.65 港元，允許在 2.25% 的幅度內上下波動。至此，香港實行了數十年的英鎊滙兌本

本港新聞 (1)

財政司夏鼎基昨日下午五點半宣佈

港幣美元新兌率

暫定每一美元兌港幣五元六角五分

此一兌率有助穩定入口貨價因而穩定生活費用

（本報專訊）香港政府終於決定暫時性的港元與美元之新兌率（每一美元兌港幣五元六角五分），以穩定香港貨幣價值。此舉雖屬暫時性質，但對於穩定物價將有其大的作用，而對於本港出入口貿易亦有一定的裨益。

因爲港元一向與英鎊聯繫，自英鎊比率自由浮動以來，港幣價值亦隨之浮動，特別是對人民幣之兌率，浮動更甚。中共當局爲了保障其在貿易上所賺得港幣之價值，連日不斷更改人民幣兌換港元比率，目前港府已宣佈港幣兌美元之暫時兌率，中國大陸運港貨物所賺得之港元，當不致價值低降。

行政局討論兩小時 由財政司公告各界

港元與美元之新兌率，是港府行政局昨日下午會議通過者。該會議討論，暫時性港元與美元之新兌率，歷近兩小時，從下午三時後始決定宣佈實施，由財政司夏鼎基於昨日下午五時卅分在臨時召集之記者招待會宣佈。

每一美元兌換港幣五元六角五分之新兌率，是屬暫時性質，俟英鎊有固定兌率後，即將另訂新兌率。昨日宣佈之暫時性固定兌率，並設有漲落額，最高爲五點五〇二二九港元，最低爲五點七七七一港元，在此漲落額內之浮動，將由港府買賣美元以資應付；若超過此額，港府將另訂新兌率。港幣雖仍繫於英鎊，但港元與美元之暫時性固定兌率之能夠實施，是因港府利用本港之外匯儲備以作支持。

本港各銀行今日將如常營業，相信港元與美元之新兌率，不會做成不良的後果。（忠）

財司宣佈暫定措施 視英鎊前途而修訂

（時訊）港元與美元之兌換率，港府昨日決定爲每五點六五元港幣兌換美金一元，即是港元對英鎊昨日在倫敦市場的收市價增值約百分之五點二。

財政司夏鼎基於昨日下午五時卅分舉行記者招待會中，宣佈採取上述的決定，表示這項決定只是一項臨時性的措施，實行時間長短，將和英鎊在市場浮動的期間相同，預料英國將會在六個月內決定匯率。

財政司又說：在英國政府宣佈英鎊與美元間的新固定兌換率時，即再行訂定港元與英鎊間的新固定兌換率。

現時，港府將依照國際貨幣基金會認可的國際習慣，致力保持港元與美元的新兌換率，令其上落不超過百分之二點二五的限度。上升的極限爲一美元可兌換五點五二二九港元，下降的極限爲一美元兌換五點七七七一港元。

上升下降一定限度 實賴港元力量雄厚

夏鼎基又說：我們之所以能夠讓港幣兌美元的匯率作此種限度的上落，實賴港元的力量雄厚，和香港經濟能力蓬勃之賜。同時，他深信：我們所選擇的港元對美元的兌換率，是在我們環境下的一個正確選擇，並且能夠加以維持的。

這個兌換率，將有助於穩定我們入口貨物的價格，因而可以穩定我們的生活費用；同時又可以保持我們的出口貨物的競爭能力。而出口貿易是香港經濟發展的基礎。

財政司解釋這項決定的背景說：自從六月廿三日英鎊宣布浮動以來，港府即非常密切地注意事態的發展。從那時起，倫敦外匯市場的英鎊與美元的兌換率，較以前的定率下降約百分之七。在決定港元與美元的新兌換率之前，向來的安排是港元對英鎊固定爲港幣十四點五四五四元兌一英鎊。英鎊浮動之後，其外匯價值下跌，結果港元對其他貨幣的外匯價值，亦差不多已作同等度的下跌。換言之，維持港元與英鎊的固定兌換率，結果使港元差不多已隨着英鎊浮動。

不宜追隨英鎊浮動 財司指出幾個理由

財政司說：港元不宜追隨英鎊浮動有幾點理由：

第一點，港元浮動如作大幅度的下降，結果使本港輸入的糧食和其他必需消費品以及工業所需的原料的入口價都上升，致使本港的生活費和整個經濟的成本與物價都高漲起來。

第二、香港的經濟和港元現在的實力是堅強的，而且所有人力物力都充份地予以運用。夏鼎基說：「港元的外匯價值，實無需作任何大幅度的下降，以刺激香港的經濟」。

第三、浮動的匯率，使貿易商訂定貿易合同時難以確定所用的兌換率，以香港的環境而言，大多數製造商是根據海外市場的訂單而生產的，他們亦要預先向外國訂購大量原料，因此兌換率的不固定所產生的困難是特別顯著的。

財政司透露：政府在縝密檢討各種可行的辦法時，曾經考慮過可否立即將港元增值，並訂出兌英鎊的固定兌換新率。但是，如何選擇一個能切合英鎊浮動情形的兌換率，實在困難。

假如對英鎊的兌換率定得過低，港元對其他貨幣的價值，將會因爲英鎊價值的變動而被再度拉低。反之，如果兌換率定得過高，港元對其他貨幣則可能增值，以致我們的出口貨在海外市場失去競爭能力。

不久將來港英會談 九月間有適當安排

夏氏又說：尤有進者，假如我們採取這項辦法，港元在新兌換率下仍然會因爲英鎊對美元價值的變動而繼續上落不定。因此，港元將會繼續不穩定。

夏氏說：在種種情形下，政府現已認定，渡過英鎊浮動期間最簡便的辦法，是訂定港元對美元的固定新兌換率。香港的對外貿易，有百分之九十是用美元爲本位的，訂定港元兌美元的新比率，可使香港和這些國家貿易所用的外匯率穩定下來；而另一方面，港元跟英鎊的傳統聯繫，亦不致中斷。我們在外地的儲備金，大部份都是以英鎊存備的。

財政司又指出：目前香港在英國之外匯儲備，在短期內將不會更改爲其他貨幣；即是說，目前尚保持英鎊儲備；但在不久之將來，英國政府與香港政府將會舉行會談，討論有關香港儲備金之保障問題。相信在一九七三年九月前，英政府與香港會有適當之安排。

夏氏又指出：在固定港元兌美元的比率之後，實際就是英鎊對港元和其他貨幣保持浮動，而不是港元對除英鎊以外的一切貨幣浮動。前一種情形對香港的影響，較後一種情形爲輕。

財司將與銀行討論 此次決定所受影響

夏氏又說：訂定港元固定兌換率之後，英鎊的自由浮動匯率繼續下降，無可避免所有在英國的資產包括政府的資產在內，其以港元計算的價值受到損失。至於損失的數目，則視港元對英鎊的新比值而定。政府將須根據外匯基金的保障辦法，賠償各銀行的損失，但賠償數目前不能確定。

不過，英國政府已同意，對香港英鎊[illegible]來的一般保障問題，特別是當英鎊繼續[illegible]，英鎊保障協議是將來如何處置的問題，英國官方[illegible]商。這些協議是保證英鎊區國家的官方英鎊，不受英鎊對美元兌換率下跌所影響的，[illegible]兌換率，是一九七一年十二月之前的，即每英鎊等於二點四美元。

財政司亦將與本港各銀行討論此次決定對外匯基金保障的銀行資產所產生的影響。財政司強調指出：一俟英鎊停止浮動，政府當立刻恢復港元兌英鎊的固定兌換率。（[illegible]）

港元對美元新兌率 莊重文氏表示贊同

（時訊）關於財政司夏鼎基昨日招待記者會正式公佈，港元與美元之兌換率，港府決定爲每五點六五元港元兌換美金一元，即是港元對英鎊昨（二十六）日在倫敦市場的收市價，增值約百分之五點二。

財政司說：這個兌換率將有助於穩定我們入口貨物的價格，因而可以穩定我們的生活費用，同時又可以保持我們的出口貨物的競爭能力，而出口貿易是本港經濟發展的基礎。

中華廠商聯合會會長莊重文博士就財政司夏鼎基昨日有關港幣與美元新兌換率之公佈，表示贊同，[illegible]場，認爲港府此項臨時措施，爲明智之舉。莊會長說：吾人過去曾就港幣追隨英鎊浮動的措施，予以討論，認爲其浮動率不超過百份之五，則港幣本身無大影響，但倘超過百份之五，則港幣本身將受到打擊，從而使原料之入口與產品之輸出，均有問題。連日來英鎊之浮動，已超過百份之[illegible]，港幣若不另行採取新措施以應付此種情況，則整個香港的經濟將受損害。財政司昨天的公佈，實爲港府當局的一項明智的措施，本港受益，而對工業界更收到實惠，使輸入原料與輸出的產品，都受到幣值穩定的保障。故吾人對港府昨日的公佈，表示絕對贊同。

香港傳媒關於港元與英鎊脫鈎，與美元首次掛鈎的報道。

位制宣告結束。該年底，港府宣佈解除外滙管制，並對銀行資產取消英鎊的保證協定，銀行得以用任何貨幣調動其海外資產。

不過，港元與美元的第一次掛鈎維持時間並不長。1973 年 2 月，美元對黃金貶值 10%，港府決定保持港元當時對黃金的原來的價值，即港元對美元自動升值，新的官方滙率是 1 美元兌 5.085 港元。同年 11 月，美國政府宣佈美元與黃金脫鈎，實行自由浮動。11 月 26 日，港元與美元脫鈎，實行浮動滙率制度。自此，港元成為世界上可自由兌換的貨幣之一，其滙價由市場供求關係決定。

外滙管制的取消及港元的自由兌換，為香港外滙市場的發展提供了重要的外在條件。1970 年代期間，接受存款公司大量湧現，它們積極參與外滙市場的交易，推動了外滙市場的發展。1978 年港府撤銷對銀行牌照的凍結，大批國際銀行湧入香港開業。這些銀行均缺乏港元存款基礎，它們或依賴銀行同業市場拆借資金，或透過外滙市場拋售外滙、進行掉期交易以取得所需港元頭寸，極大地促進了外滙市場的發展。據當時港府財政司夏鼎基的透露，1979 年 12 月，香港外滙市場每一交易日平均成交額已達 25 億美元。香港銀行購入的遠期外滙，從 1975 年底的 53 億元急增到 1980 年 3 月底的 646 億元，4 年多增加了超過 11 倍。[4]

1980 年代初期，香港外滙市場經歷了嚴峻考驗。當時，香港前途問題引起信心危機，觸發了地產市場的崩潰，並打擊金融市場，資金大量外流令外滙市場極不穩定，港元兌美元滙價也一度跌至 1 美元兌 9.60 的歷史新低。不過，1983 年 10 月港元聯繫滙率制度實施以後，外滙市場再度迅速發展。來自滙市媒介（美元）所在國的銀行，如萬國寶通銀行、大通銀行、美國銀行、摩根信託、信孚以及漢華實業等在香港滙市中佔據了支配地位。

香港外滙市場的參與者主要是持牌銀行、持牌接受存款公司、註冊接受存款公司以及海外的金融機構。它們均以獨立名義參與市場買賣，進行對沖、套戥及投機等活動。1980 年代初金融危機後，本地參與者集中在銀行及有銀行支持的接受存款公司上，缺乏背景的接受存款公司多已退出外滙市場。除上述金融機構外，另一類市場參與者是外滙經紀行（Foreign Exchange Brokers），它們受銀行

香港政府財政司彭勵治於 1983 年 10 月 15 日宣佈實行聯繫滙率制度的報道。

及接受存款公司的委託，協助交易的安排、達成，並從中賺取佣金。這些經紀行必須是香港外匯及存款經紀同業公會會員，其資格須得到香港銀行公會承認。1991 年，香港共有外匯經紀行 10 家，其中 7 家是國際性大經紀行，它們的存在加強了香港外匯市場與國際匯市的聯繫。[5]

1980 年代期間，香港外匯市場出現專門為公眾提供槓桿式外匯買賣服務（或稱"外匯展"）的外匯投資公司，俗稱"艇仔"公司，其在外匯市場中的角色也屬公眾與銀行之間的中介人。這類外匯投資公司在 1990 年代最高峰時期曾一度多達 300 多家，它們具有強大的促銷網絡，不停地刊登招聘廣告，聘用一些對外匯交易一知半解的人，去向他們的親朋好友推銷槓桿式外匯買賣，其中有個別公司從中詐騙。這種情況引起港府的重視。1994 年 9 月，港府引進《槓桿式外匯買賣條例》，限制經營商的資格及產品形式，包括規定經營商的最低資本（3,000 萬元）及流動資金（2,500 萬元），希望藉此控制外匯公司的素質。

香港的外匯市場是一個無形市場，透過國際電訊網絡將各個金融機構連成一個整體。市場交易的途徑有直接和間接兩種，直接交易是買賣雙方利用電訊網絡直接成交，間接交易則透過外匯經紀進行。市場買賣報價是在間接成交過程中形成的。在匯市中，若有多方參與者同時委託經紀掛出不同的買、賣盤，對第三者來說，經紀報出的（包括買入價和賣出價）便是市場價格，反映市場交易的狀況。匯市的交易媒介是美元，所有外匯買賣均透過美元進行。交易的類別則主要有現匯交易（Spot Transactions）、期匯交易（Forward Transactions ），以及掉期交易（Swap Transactions）三類。據港府 1989 年 4 月進行的一項外匯市場調查，香港的外匯交易中，有近 60% 是直接成交，其餘近 40% 是間接成交。交易的類別中，有 62% 是現匯交易，其餘 38% 是期 交易和掉期交易。交易的貨幣，則以美元最活躍，其次分別是西德馬克、日圓、英鎊、港元及瑞士法郎。

1989 年 4 月，香港金融當局首次參與國際結算銀行統籌的中央銀行外匯市場調查，按該行設計的模式在香港進行有關調查，其後並每 3 年進行一次。根據調查，1989 年香港匯市每日平均成交額約為 490 億美元，僅次於英、美、日、瑞士和新加坡，在世界外匯市場排名第 6 位。1989 年以後，香港外匯市場平均每天交易量的年增長率為 10.8%，到 1995 年 4 月已增加到 908 億美元，在全球外匯市場的排名更升至第 5 位（見表 4.6）。

為了反映港元本身外匯價值的整體情況，港府於 1977 年首次推出港匯指數（Effective Exchange Rate Indexes of Hong Kong Dollar）。港匯指數根據每一個國家或地區與香港的雙邊貿易關係，以及其在世界貿易中的比重為標準，選取香港 15 個主要貿易夥伴的貨幣作為計算基礎，並根據 1972 年這 15 個國家或地區與香港雙邊貿易的總值來訂定其貨幣在指

表4.6　世界十大外匯市場每日平均交投統計
（單位：10億美元）

	1989 年 4 月	1992 年 4 月	1995 年 4 月
英國	187（1）	291（1）	465（1）
美國	129（2）	167（2）	244（2）
日本	115（3）	120（3）	161（3）
瑞士	57（4）	66（5）	87（6）
新加坡	55（5）	74（4）	105（4）
香港	49（6）	60（6）	90（5）
德國	—	55（7）	76（7）
澳大利亞	30（7）	29（9）	40（9）
法國	26（8）	33（8）	58（8）
加拿大	15（9）	22（10）	30（10）
荷蘭	13（10）	20（12）	26（13）

注：（1）只包括現匯、單純遠期及外匯掉期交易；
　　（2）括弧中的數位表示該國 / 地區當年在世界外匯市場中的排名次序。
資料來源：國際結算銀行匯市活動調查報告

表4.7 港滙指數新舊貿易權數的比較

選定貿易夥伴的貨幣	按照 1972 年貿易模式的權數（%）	按照 1981 年貿易模式的權數（%）	按照 1984-1986 年貿易模式的權數（%）
人民幣	10.61	17.99	27.06
美元	27.19	23.14	23.83
日圓	18.87	16.81	15.09
新台幣	5.49	6.83	6.20
英鎊	10.91	7.15	5.01
新加坡元	4.50	7.26	4.43
西德馬克	7.12	5.19	4.08
韓國圓	1.72	3.58	4.01
澳元	3.44	2.74	2.29
加拿大元	1.97	1.65	1.78
瑞士法郎	2.65	2.21	1.62
法國法郎	1.31	1.69	1.47
意大利里拉	1.12	1.34	1.32
荷蘭盾	1.63	1.21	1.04
比利時法郎	1.48	1.23	0.77
總計	100.00	100.00	100.00

資料來源：呂汝漢著《香港金融體系》，香港：商務印書館，1989 年。

表4.8 新舊港滙指數比較

年份	舊港滙指數	新港滙指數
1975	104.8	150.6
1976	108.6	157.4
1977	110.8	161.4
1978	99.4	146.1
1979	91.1	134.4
1980	90.8	133.7
1981	86.3	126.5
1982	85.5	125.3
1983	72.6	107.4
（10 月 24 日-28 日平均數）	67.6	100.0
1984	71.1	106.6
1985	75.0	115.7
1986	66.3	110.1

資料來源：呂汝漢著《香港金融體系》，香港：商務印書館，1989 年。

數中的權數比重，以 1971 年 12 月 18 日為基本日期，指數在該日定為 100。最初推出的港滙指數又稱為舊港滙指數，舊港滙指數曾於 1983 年初將貿易權數改為按 1981 年的貿易形態訂定。1987 年 9 月 28 日，港府採用新方法計算港滙指數，並根據 1984 年至 1986 年的平均貿易模式重新訂定貿易權數。該指數稱為新港滙指數（見表 4.7）。新港滙指數以 1983 年 10 月 24 日至 28 日平均數作為基本日期，指數在該日定為 100（見表 4.8）。

2.2 本地倫敦金市場的崛起與發展

香港的黃金市場，向以傳統的金銀業貿易場為主體，且不受政府管制。長期以來，該場以其信譽卓著、方式獨特、交易量大的特點，吸引了國際專業金商參與，用以進行套取地區差價、套取利息的黃金套戥買賣。不過，金銀業貿易場只是以每兩若干港元進行買賣，無論成交的方式、利息的議訂，以及各項交收、結算，與國際市場一般標準和習慣均存在頗大的差異。對一般國際投機、投資大戶來說，它僅是一個地區色彩濃厚的市場。

1939 年英國參戰後，香港執行英鎊區成員義務，實行外滙管制，黃金亦在管制之列。1949 年，為抑制黃金市場上熾熱的炒風，香港政府頒佈了一系列法令，限制純金買賣。當時，歷史悠久的金銀業貿易場也要暫停黃金交易。稍後雖恢復買賣，但買賣的黃金則由九九成色的

1949 年金銀業貿易場創辦的行員子弟學校開幕典禮。

純金改為九四五成色的工業用黃金。這一限制一直維持到 1969 年 4 月，才開始放寬。

　　這一時期，香港本土的黃金市場表現得較為沉寂，但香港與澳門的黃金貿易卻迅速發展。由香港政府發出特別牌照的 3 家公司 —— 怡和與英國萬達基合營的民達（Mount Trading）、會德豐附屬的豐業投資（Commercial Investment），以及瑞士和巴拿馬資本的培民斯（Premex），都獲得特別經營權從倫敦輸入黃金，然後轉運到澳門出售。澳門的黃金買賣，則由獲得澳葡政府頒授專營權的王安行（由周大福擁有）壟斷經營。當時，澳門的黃金進口量相當大，一般相信，這些黃金在售給澳門金商後，大部分透過非正式途徑運回香港出售，以賺取差價。[6] 香港與澳門這種特殊的黃金貿易，一直維持到 1974 年才結束，前後長達 27 年。

　　1970 年代初，在經濟高速增長及金融市場日趨國際化的背景下，香港的黃金市場進入了迅速發展時期。1971 年，路透社開始向世界各地發送香港金市的報價資訊。1972 年香港政府宣佈，從 1974 年 1 月起解除對黃金進出口的管制。這一措施為國際性資金參與香港黃金市場打開方便之門，一些跨國金商集團便以金銀業貿易場的買賣為基礎，引進了倫敦黃金市場的交

右圖為 1955 年 7 月 1 日金銀業貿易場第九屆理監事就職典禮合照。

金銀業貿易場歷史進程與世界黃金功能演變

陳發柱

金銀業貿易場（以下簡稱本場）沿革

香港金銀同業以市集形式交易始於一九〇四年（前清朝光緒卅年），一九一〇年成立"金銀業行"，二〇年修訂章程，向香港政府登記立案，成為合法團體，定名"金銀業貿易場"。在第二次世界大戰期間，本場一度停止運作，戰後復市，四六年成立標準金條集團（簡稱金集團），專責鑄造交收用金條。由於政府註冊文件戰時失落，本場遂於四九年八月重新註冊，五二年本場亦重新登記行員會籍，現有行員191家。

本場發展與世界黃金角色演變三個階段

黃金基本上有三個功能，就是：（一）作為國際儲備資產，（二）作為私人投資工具，（三）作為工業原材料。這三個功能同時存在，但隨著時間的變化，黃金這三個功能在不同的歷史時間所佔的比重則大有分別，因此，黃金在不同年代，因其功能轉變而擔當不同的角色。依我粗略的分析，世界黃金角色可以分為三個階段，與本場發展息息相關。

第一階段（30至70年代初）：作為國際儲備資產

一八〇〇年至一九三三年間，世界上主要的工業國家基本上都實行金本位制。一九二九年華爾街股市暴跌引起三〇年代世界經濟大蕭條，人民對銀行紙幣失去信心，紛紛兌換黃金作為避難所。一九三三年美國隨英國之後，放棄金本位制，美國羅斯福總統將官價定於每安士35美元，當時各國紛紛增加黃金作為儲備，一九三七年是最高峰期，黃金儲備佔總儲備的91%。

第二次世界大戰後，各國為重建而引起貨幣供應量大幅度增長，美國國力日益強盛，各界對美元的需求較黃金更為強勁。一九四四年確定了美元成為貨幣儲備的重要部分。發展成黃金——美元滙兌本位制。事實上，一九四〇年美國官

香港金銀業貿易場第十五屆理監事就職典禮留念

1961年金銀業貿易場第十五屆理監事就職典禮，出席者包括理事長應雁亭（前中）、副理事長馮堯臻（前左五）、馬錦煥（前右五）、監事長何添（前左四）、顧問何善衡（前右四）、理事胡漢輝（後右四）等。

方黃金儲備佔世界官方黃金儲備總量的 70%，持有美元既有收益又可隨時兌換成黃金，所以這制度可運行暢順。

但在一九六八年歐洲停止公價售金，並實施黃金雙價制。一九七一年美國宣佈停止以官價 35 美元兌換一安士黃金。一九七三年取消黃金雙價制，採用不可兌換（不可兌換黃金）的紙美元本位制。自此之後，黃金在國際貨幣儲備的地位便不斷受到挑戰，以最近的情況來說，九六年三月比利時中央銀行宣佈會減持黃金，隨後國際貨幣基金會（International Monetary Fund）謂會考慮出售該會 5 % 的黃金儲備，以協助某些負債深重的國家。歐洲國家某些中央銀行為遵守馬城條約（Maastricht Criteria）規定，以保持歐洲貨幣聯盟資格（Membership of European Monetary Union），亦有出售黃金之可能。

在這階段，本場發展局限於地區性，兩次世界大戰對本場造成一定影響，曾經停市，亦因戰後金融動盪，帶來活躍的交易，尤以二次大戰前後。除黃金外，若干貨幣都曾先後在本場扮演過重要角色，先有雙毫買賣，繼有中央紙、上海紙；一九三四年金元（八九大金）交易盛極一時，本港中外銀行亦以金元買賣，作為美滙三角兌套調，後因各國外滙掛鉤聯鎖而終止；戰後有美元、西貢紙、日本紙、菲律賓披索及墨西哥金幣等，美元交易為期最長，至六二年才因現貨不足而停止，剩下黃金交易一枝獨秀。但九九金買賣曾於一九四八年因港府頒佈防衛財政條例，禁止持有及買賣黃金，由是年七月十一日起改為 945K 金買賣，直至一九七○

年才恢復，當時存於市面 945K 金一律以九九成色比例照價收回，數量超過十萬兩。

第二階段（70至80年代）：作為私人投資工具／商品化

現在很多投資者都可以通過購買金磚、金條、金幣，在銀行或經紀行開立黃金帳戶，購買期貨、期權來作投資。但這些私人買賣投資的自由只是最近二十多年的事，黃金私人買賣長久以來都受到政府管制。美國是一九七五年一月才開始解除管制，讓人民合法地擁有黃金，日本一九七八年亦作出相同行動。香港則早於一九七四年一月一日即撤銷黃金進出口限制，使香港的黃金買賣由地區性迅速轉化為國際性。

黃金在自由情況下成為投資保值及抗衡通脹的工具，買賣因此活躍起來，吸引世界基金的參與，香港黃金市場亦因地理上時差關係變成世界金市 24 小時運作的一環，擔當亞洲區定價角色，亦衍生出金融體系參與獨特的不定期現貨功能。金融角色的加強使歷史上就曾經出現過收金賺取 18 － 20% 利息的情況。

在七〇年代至八〇年初期，黃金與石油能源及其他商品一樣都有大量資金流入，瘋狂炒賣，人們都預期通貨膨脹高企，美元貶值。在七二年初，金價還在低價 50 美元間徘徊，至七四年末已暴升至 200 美元，這期間交投開始暢旺。一九八〇年二月升至歷史高位的 850 美元，但至八〇年三月卻暴挫至 450 美元。此後即反覆向下，在低位徘徊，投入黃金的資金大幅度冷卻下來，近年私人投資於黃金的資金與其

前排右起
理事　簡子略
元老　林癸生
顧問　馬錦燦
顧問　梁季彝
監事　馬錦煥
副理事長　張卓然
顧問　關祖堯爵士
理事長　胡漢輝
理事　楊志雲
顧問　應雁亭
顧問　何添
副理事長　葉少銘
顧問　何善衡
監事　伍晃端
秘書　陳國恩

後排右起
候補理事　嚴宗林
理事　黃金城
理事　林棟材
理事　胡盛
理事　林本典
監事　袁昌
理事　譚以仁
理事　李漢明
理事　張永正
理事　鍾國恩
理事　廖廷駒
理事　鄺維松
理事　馬清忠
監事　區錫熊
候補理事　羅孝
候補理事　劉灌森
候補監事　張永德

1970 年金銀業貿易場成立 60 週年紀念。

1994年金銀業貿易場第三十四屆理監事就職典禮合照，出席者包括理事長胡經昌（前中）、副理事長陳發柱（左二）及馮志堅（右二）。

他金融資產相比，可說大為失色，疲不能興。

一九七四年為本場發展之轉捩點，當時理事長胡漢輝先生把握機會，積極到世界各地推介本場業務及香港財經發展，遍訪世界各地黃金市場及財經機構，參加國際性金融會議，並邀請各國人士到本場參觀。本場業務蓬勃發展，同時期香港本地倫敦金市場亦取得成功發展，彼此互補互利、互相促進，每交易日香港黃金交易量平均達十五萬兩，而在交易活躍時間，一天交易更可超過一百萬兩，使香港成為世界四大黃金交易中心之一，排名僅次於紐約和倫敦。一九八〇年金價大幅下挫，本場發揮市場作用，照常運作，寫下歷史光輝一頁。

第三階段（80至90年代）：作為重心工業原材料

作為投資性的金融商品，黃金如上所說，在八〇年代開始已冷卻下來，但作為首飾業、電子業和其他工業的商品原料，黃金地位重要，始終如一。相應於亞洲地區金融市場的蓬勃發展，股票、期貨以及衍生工具的興旺，使亞洲地區金融地位提高，人民生活水平亦不斷提升，黃金於珠寶首飾業的需求大增，金商、珠寶製造商均需在亞洲定價保值，而亞洲黃金銷耗量亦高達 1,200 噸。雖然近年西方工業國家首飾業的需求放緩，但東方有悠久偏愛黃金歷史的國家，如中國、印度、日本、東南亞等國家，對黃金的需求卻是有增無減，穩定增長。其中中國的表現更令人矚目，是世界各國金商認為最有發展潛力的國家。

香港是世界主要黃金分銷及貿易中心，也是帶動亞洲足金首飾潮流的先驅。根據過去十年統計，香港每年平均入口黃金 270 噸，足以鞏固香港為世界四大金市之一的地位。（見表一）

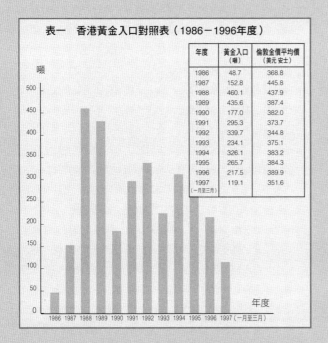

表一　香港黃金入口對照表（1986－1996年度）

年度	黃金入口（噸）	倫敦金價平均價（美元 安士）
1986	48.7	368.8
1987	152.8	445.8
1988	460.1	437.9
1989	435.6	387.4
1990	177.0	382.0
1991	295.3	373.7
1992	339.7	344.8
1993	234.1	375.1
1994	326.1	383.2
1995	265.7	384.3
1996	217.5	389.9
1997（一月至三月）	119.1	351.6

廿一世紀展望

黃金除了繼續擔任七○至八○年代金融體制，及九○年代原材料的角色外，歐美中央銀行將會繼續拋售黃金，而主要買家將會是亞洲各國，用作工業用途或消費品，因此，將會看到黃金流入亞洲，美元被歐洲國家吸納，及財富（黃金）轉移亞洲的情況。黃金將會成為亞洲人民蓄存財富的對象，亦繼續在工業方面提供套戥的渠道，在金融市場作為對抗通脹、減低貨幣波動的保險系統。

香港金市除了本場外，尚有香港期貨交易所和本地倫敦金市場，由於彼此交易方式不同，投資者既可各適其式，亦可從中套戥，賺取利潤，本港銀行、跨國經紀行、銀行及金商等都有參與香港金市買賣。本港因此成為世界上黃金買賣形式和制度最全面的地方。雖然附近多個黃金市場冒起，如新加坡、日本和澳洲等，香港金市仍然保持亞洲領導地位，而且日益重要。

一九九七年七月一日，全世界正密切注視香港回歸中國後的自由市場經濟變化，中國一國兩制政策與基本法的確立，保證香港的自由市場經濟維持不變，而在中英聯合聲明中，亦提到保持黃金市場一如既往自由運作，顯示中國政府對將來維持香港獨立黃金市場的方向和信心，因此，香港金市，將成為中國一個對外的重要金銀交易市場，如中國市場繼續開放，深信不久之將來，可見到國際上的美元／安士，中國的人民幣／克，和香港的港元／兩，三個黃金市場互相套戥，從而令本港及國際的金商、珠寶商和專業投資者進行各種買賣、套戥和對沖業務，使香港金融活動更具特色和多姿多采。

（資料來源：香港金銀業貿易場）

香港財經界傑出人物——胡漢輝

深藏不露，最具實力

在本港金融界袞袞諸公中，胡漢輝是較為老誠持重，最深藏不露，而也許是最有實力的一個。去月本港第一間商品交易所成立，此商品交易所乃係胡氏領導下由中西人士組成之"時金集團"之心血結晶。"時金"於一九七五年取得成立商品交易所之權利，當時曾與另外五個集團（大多數是歐洲集團）展開激烈競爭，其中包括由和記及利獲加之聯合投標在內。

突破成功，炙手可熱

胡氏之創立"時金"及期貨市場是一種突破的成功。他的"集團"是有一些不定形的，主要由華人組成，並未獲得本港一間大商業家族之支撐。換言之，胡氏是一位與眾不同的獨立自主人士。胡氏在本港商界正迅速成為最炙手可熱之人，但是胡氏並非是新進人物。戰後胡氏協力創立"利昌金舖"，現已成為本港最大規模的一間黃金買賣公司之一。胡氏於一九七〇年成為金銀業貿易場理事長。貿易場乃係在華人社會權力範圍之內者（如果准外國金商參加買賣，則權力可能不限於華人社會，而胡氏現在是贊成外國金商參加買賣的。）貿易場本身已是歷史悠久的（創於一九一零年），但是胡氏把其發揚光大成為僅次於倫敦及蘇黎世之世界第三大黃金交易所。胡氏之能有此成就，乃因力極力說服港府於一九七四年批准黃金出入口，自從該時起，本港已完全取代澳門黃金交易所之黃金買賣地位了。

地產證券黃金商品，具企業家雄渾氣魄

胡氏除了從事商品及黃金買賣外，亦竭力推進證券業，於一九七一年協力創辦金銀證券交易所，而以會員人數來說，金銀證券交易所是全港最大的。胡氏亦是本港著名華資地產公司之一"利興發展有限公司"的董事兼總經理。從此可見其企業家雄渾氣魄之一斑。胡氏業務接觸範圍廣泛，而且每事多親力親為。因此，胡氏已成為本港各交易所表現情形之晴雨計，尤其反映出本港各交易所如何在國際間日趨重要。金銀業貿易場是以本港市場為主，本地買賣還較海外為多，但問題是：金銀業貿易場買賣是以"兩"為單位的，這種重量單位難與安士比較（胡氏的"利昌金舖"是獲准鑄造"兩"裝金條的數間公司之一）。因此，如果這種金條在亞洲區以外的黃金市場買賣，則外國金商必須設法再熔煉這些金條——此係嚴重妨礙完全利用廿四小時買賣便利，現在紐約黃金交易所開市後便使歐洲、美國及亞洲之間享有這種買賣便利。胡氏認為無改變"兩"制之必要，因為大多數買賣都是在亞洲區進行的。而該區內的"兩"計算法是最普遍的。胡氏又表示：更迫切的事乃為准許外國金商入場直接買賣，而非迫使他們透過華人會員進行買賣。

可能成為"超級交易所"主席

更惹起爭論的就是本港四間證券交易所合併之事。而直至最近為止，胡氏在香港與遠東交易所之間的磋商合併事中置身事外，敬而遠之。現在金銀證券交易所已參加磋商有關四會最後合併之事，雖然胡氏本人，表示此將需時甚久，惟很多內幕人士認為：胡氏可能成為經談判一兩年後成立之"超級交易所"主席。

期市將增設食糖買賣

此外，商品交易所尚大有擴充之餘地。港府已表明只欲有一間期貨交易所，惟慢慢將其擴大，以應付新商品之買賣。目前已有棉花買賣，食糖今年稍後將開始買賣，而且其他項目亦正在計劃買賣階段中。

（譯自英國《金融時報》特輯，1977 年 7 月 4 日。）

1973 年金銀業貿易場理事長胡漢輝率團訪問菲律賓，右為菲總統馬可斯。

易方式，在香港組成和發展起一個以每安士若干美元進行買賣的黃金市場，稱為"本地倫敦金市場"（Local London Gold Market）。

1974年黃金恢復在香港自由買賣後，本地倫敦金市場便開始發展。初期，只有兩三家倫敦金市成員的子公司報價。及至1975年美國政府解除私人買賣及持有黃金的禁令，紐約商品交易所開始提供期金買賣，國際黃金交易大幅增加，歐美各國金商紛紛利用香港黃金市場作對沖及套戥買賣，大部分國際金商相繼在香港開設辦事處，其中包括倫敦的五大金商——莊信萬豐、莫加達、羅富齊父子、萬達基、金多利，以及瑞士的瑞士信貸銀行、瑞士銀行、瑞士聯合銀行，德國的德意志銀行、捷能銀行，北美洲的培基證券、美國銀行、波士頓銀行、加拿大豐業銀行、美國信孚銀行、萬國寶通銀行、添惠證券、美林集團、摩根信託、利寶銀行、雷曼兄弟、順隆美亞等。[7] 此外，若干國際黃金經紀也在香港設立辦事處提供歐洲黃金買賣盤價。期間，國際金價因石油猛漲、美元暴跌、世界性通貨膨脹而大幅上升，香港的本地倫敦金市場獲得迅速的發展。

香港本地倫敦金市場仿照倫敦現貨黃金市場的交易制度，市場採取類似外滙市場的對敲買賣形式，由個別參與者透過電訊開價報出買賣盤，直接與客戶進行交易，成交和結算方式均與倫敦金市無異，只是沒有一日兩次的定價交易。它沒有固定交易場所，故沒有行員與非行員之分，任

周大福擁有的王安行曾獲澳門黃金買賣專營權。

1970年代金銀業貿易場理事長胡漢輝與金商羅富齊董事羅拔時（左一），祁拿（左二）在倫敦會談。

何一家有實力的金商、經紀行或金融機構均可透過電話、電傳方式直接參與買賣。有實力的金商一般採用信用額形式進行交易，即在一定數目內的買賣，彼此毋須繳納保證金，但一些實力稍遜的經紀行交易時，便會根據個別情形收取數目不等的保證金。至於一般市民參與本地倫敦金的買賣，經紀行多會按每手合約收取約一成的保證金。

1978 年金銀業貿易場理事長胡漢輝訪問倫敦金屬交易所。

　　本地倫敦金以每安士若干美元報價，一般每個報價可成交 2,000 安士至 4,000 安士，個別實力雄厚的金商對其客戶可成交 8,000 至 10,000 安士（指報出買賣價便可成交的 "對敲" 方式，限價單不算）。在正常情況下，本地倫敦金的買賣價差（Spread）一般為每安士 0.30 美元至 0.50 美元。本地倫敦金的買賣單位是符合國際認可標準、重量約為 400 金衡安士的金條，並以金衡安士為單位。每條金條刻有編號和成色以及認許熔鑄商及成色鑒定商（全世界約有 50 家）的印鑒。黃金的成色最少為千分之九百九十五。[8]

　　本地倫敦金市場屬於一個現貨市場，成交的黃金在倫敦交收，並在成交後兩個交易日內以美元結算。但為了爭取業務，本地倫敦金也像九九金一樣，客戶在交易後可利用特別的信貸安排而延期交收、結算，將交收日期無限期押後。這些安排一般涉及借貸黃金或美元、基本保證金及價格變動保證金等，情況跟黃金期貨買賣相若。惟買金者須要支付利息，而沽金者則收取利息，利息則以歐洲美元利率為依歸。這個機制的進一步發展，形成了一個本地倫敦金遞延市場。該市場不設停板機制，當金價急劇波動時，金商報出的買賣差價便會增大。

　　本地倫敦金市場每天交易時間長達 18 小時，從香港時間上午 9 時 30 分開市，至翌日凌晨 3 時 30 分紐約金市收市為止，參與者均屬國際性金商，容納量大，買賣採用國際標準，不受地域限制，故其發展迅速。本地倫敦金市場的交易時間，從狹義的角度講，大體跟隨金銀業貿易場，因為絕大部分本地金商在貿易場收市後都不再營業；但從廣義的角度看，則直到紐約市場收市才不再營業，因為部分本地金商、經紀行在貿易場收市後，還繼續與歐美市場聯繫，向其客戶報價及交易。

本地倫敦金市場的發展，亦推動了傳統的金銀業貿易場的活躍。為了適應國際金商在香港的買賣，貿易場的部分行員根據金價的起跌，開出買賣盤口，直接與外商對敲，任由對方買賣，一價成交。這種交易分為兩種：其一是以香港標準的九九金條為準，交收地點在香港，即日計算，每一交易單位為 1,700 兩，約相等於 2,000 安士，以適應外商以安士為衡量單位的制度；其二是以國際標準的九九五金條（每條 400 安士）為單位，由外商用美元及安士為單位開出買賣盤價，訂明在倫敦交收，與倫敦金市的做法一致。

由於本地倫敦金市場與金銀業貿易場彼此所用的交易單位、定價貨幣、金條成色及利息支付制度有所不同，兩個市場並行營運，為香港及國際金商提供了套戥機會，這就進一步推動了香港黃金市場的發展。據統計，1974 年至 1978 年間，香港平均每年輸入黃金達 48 萬噸，其中，1976 年更高達 123 萬噸。1978 年，香港金市平均每日成交額約達 80 餘萬兩左右，即約為 100 萬安士（1 兩約等於 1.2 安士），以當時金價計算，總值約為 2 億美元左右。[9] 到 1980 年代初，香港黃金市場每日的成交量已超過蘇黎世，香港已從一個地區性的黃金集散地發展成與倫敦、紐約、蘇黎世並稱的世界四大黃金市場之一。（見表 4.9）

香港黃金市場的迅速發展，主要原因有兩點：第一，香港處於極有利的時區位置，香港黃金市場剛好填補了紐約金市收市與倫敦金市開市之間的空隙，實際上將這兩大市場連接起來，使國際黃金市場差不多能 24 小時不停頓運作，有利

1977 年落成的金銀業貿易場新址，名為"金銀商業大廈"，樓高 16 層。

1977 年金銀業貿易場新廈開幕時財政司夏鼎基蒞臨盛況。

1977 年 7 月 15 日，財政司夏鼎基主持新廈開幕。

圖為 1986 年時金銀業貿易場交易大堂交投熱烈的情景。

於國際金商從事對沖和套戥活動，從而推動了國際黃金市場的發展；第二，在亞太地區，香港的政局穩定，香港作為一個世界著名的自由港，交通、通訊便利，金融業發達，並且沒有外滙及黃金出入口的管制，對國際金商有很大的吸引力。

表4.9　香港三個黃金市場買賣規則一覽表

	香港金銀業貿易場	香港商品交易所（期金合約）	本地倫敦金市場
交易單位	每手一百兩	每手一百安士	每手二千安士
交金純度及量度	以九九成色為標準，以五兩重金條交收。	以九九五成色為標準，五十安士、一百安士及一公斤金條均可交收。	以九九五成色為標準，以四百安士重金條交收。
貨幣單位	以港元報價	以美元報價	以美元報價
報價方式	粵語公開叫價，輔以手號。	粵語公開叫價，輔以手號	利用電話或電報機報價
交收地點	香港永亨銀行金庫	香港永亨銀行金庫	倫敦之認可倉庫
買賣合約期限	現貨合約，但交收日期可無限期押後，不過須照議息制度辦理。	二月、四月、六月、八月、十月及十二月、現貨月份及隨後的兩個月。	現貨合約，但交收日期可無限期押後，不過買方須付利息，賣方則收利息。
交易時間	星期一至五：上午九時半至中午十二時半 下午二時半至四時半 星期六：上午九時半至中午十二時	星期一至五：上午九時至中午十二時 下午二時半至五時半	星期一至五：上午九時半至翌日凌晨三時半 星期六：上午九時半至中午十二時
每日價位升跌上下限（停板制度）	當是日公價比前市下午公價上升或下跌達七百五十元，便告停板，翌日恢復買賣。	某月份合約價比對上日收市價上升或下降達四十美元時，該月份合約暫停買賣三十分鐘，隨後重開市場，再無上下限規定。現貨月份無停板制度。	無停板制度
會員數目	現有行員一百九十四名	正式會員一百五十四名，海外會員一百零五名。	無所謂會員，市場屬公開性質
保證金	行員買賣三千兩或以下無須付保證金，超逾此限則每手付七萬五千元。	每手二千五百美元	視乎個別情況而定

資料來源：《恆生經濟季報》，1983 年 1 月。

3. 1980 年代銀行危機與 1986 年《銀行業條例》

1978年，港府為推動香港國際金融中心的形成，

宣佈撤銷停發銀行牌照的限制，

大批跨國銀行相繼湧入香港，令銀行業的競爭再度轉趨激烈。

這一時期，香港地產業異常蓬勃發展，

部分華資銀行再次將謹慎放款的原則拋到九霄雲外，大量貸款或投資於地產、股市。

於是埋下1982年至1986年發生銀行危機的種子。

3.1 危機序幕：恆隆銀行擠提風潮

1982 年 9 月 6 日百年老店謝利源金舖倒閉。

1981 年最後幾個月，香港的房地產在利率高企、港元貶值、內部消費萎縮、公司利潤下降，以及九七問題開始浮現等多種不利因素下開始下調。1982 年 9 月，英國首相撒徹爾夫人訪問北京，向中國領導人鄧小平提出以主權換治權的建議，遭到鄧小平的斷然拒絕。稍後，中國政府宣佈將在 1997 年恢復對香港行使主權。這一系列消息傳到香港，早已疲憊不堪的股市、樓市應聲下跌並迅速崩潰，結果釀成比 1960 年代更大的金融危機。

危機的導火線是謝利源金舖的倒閉。謝利源金舖創辦於清朝同治六年，原設於澳門，是一家百年老號。1970 年代期間，謝利源金舖推出"千足黃金積存計劃"，市民只需購買一錢重的黃金，就可開一個買賣黃金的戶口，按當日金價買賣黃金。該計劃既滿足了普羅市民投資保值，又可利用金價套取微利的心理，一時大受

歡迎。行內人士估計謝利源金舖藉此吸收了逾 2,000 萬元。[10] 然而，開設黃金戶口，金舖實際面對的風險相當大。1982 年 8 月，國際金價急升，每兩漲近 1,500 元，謝利源金舖缺乏黃金儲備，被迫在市場 "補倉"，導致資金周轉不靈，結果只好在 9 月 6 日倒閉。

　　翌日，市場盛傳謝利源金舖與恆隆銀行關係密切，部分手持謝利源金舖發行的黃金券的投資者到恆隆銀行元朗分行要求兌換現金，遭到拒絕。一時間，有關該行支付發生問題的傳聞不脛而走，該行在元朗、上水、粉嶺、屯門等地的多間分行先後出現排隊提款長龍，觸發了恆隆銀行的擠提風潮。當日，恆隆銀行被提走的款項達 7,000 萬元。幸而恆隆反應敏捷，該行董事總經理莊榮坤隨即在中區總行舉行記者招待會，鄭重聲明恆隆與謝利源金舖並無財務關係。為應付可能發生的新情況，是晚該行調動 2 億元現金到各分行，並決定翌日再調動另外 7 億元以應不時之需。9 月 8 日上午，渣打銀行及中國銀行先後發表聲明，表示全力支持恆隆銀行，事態暫時平息。據恆隆銀行事後估算，該行在兩日內共向各分行注資 3.5 億元，而被提走款項則接近 1 億元。

1982 年 9 月 7 日恆隆銀行受市場傳言影響，爆發大規模擠提風潮。

1982 年 9 月 28 日，恆隆銀行被港府接管。

　　不過，危機並未過去。11 月 15 日，當時頗負盛名的註冊接受存款公司 —— 大來信貸財務公司因無法償還債務，其控股公司大來信貸控股在香港股市停牌。事件起源於益大宣佈債務重組，引起銀行收緊對財務公司的信貸。當時，大來信貸財務已欠下以美國銀行為首的 39 家金融機構約 6.5 億元債務，被迫清盤。由於恆隆銀行兩名董事包括董事總經理莊榮坤和董事李海光同時也是大來信貸控股的董事，恆隆銀行的清償能力再次受到質疑。受此影響，多家曾相當活躍的財務公司，包括香港存款保證、德捷財務、威豪財務、美國巴拿馬財務、行通財務等，在短短數月間先後倒閉，業內瀰漫著一片愁雲慘霧。

　　1983 年 9 月，危機開始衝擊到部分實力薄弱的銀行，首當其衝的自然是恆隆銀行。恆隆銀行創辦於 1935 年，當時稱為恆隆銀號，1965 年註冊為恆隆銀行有限公司，是一家歷史悠久的華資銀行。1976 年，以福建籍僑商莊榮坤、莊清泉為首的菲律賓統一機構以 5,000 萬元代價收購恆隆銀行 80% 股權，成為該行大股東。恆隆銀行在 1970 年代發展頗快，到 1980 年代初已擁有 28 間分行，成為一家中等規模的本地銀行。不過，該行在 1980 年代初的地產高潮中過度投入，到 1983 年時已泥足深陷而不能自拔。

　　當時，正值中英雙方關於香港前途問題的談判陷於僵局，觸發了空前的貨幣危機。9 月 24 日，港元對美元的滙價已跌至 9.6：1 的歷史最低位，許多商店已拒絕使用港元，整個貨幣制度瀕臨崩潰，有關銀行不穩的傳言再次在市面盛傳。9 月 27 日，恆隆銀行為彌補尚未結算帳戶的淨損額，向其票據結算銀行渣打銀行就一張 11.8 億元的支票要求透支 5,000 萬元，遭到拒絕。鑒於恆隆銀行的倒閉很可能觸發新一輪的銀行危機，造成金融體系的大動盪，港府聞訊即召開立法局緊急會議，閃電式三讀通過《恆隆銀行（接管）條例》，授權政府動用外滙基金接管恆隆。這是香港政府首次出面挽救陷於絕境的銀行，被認為是徹底粉碎了"郭伯偉、夏鼎基（不干預）傳統"。

　　9 月 28 日，港府正式接管恆隆銀行，組成以金融事務司為首的新董事局，並委任滙豐銀行信貸部經理為總經理，而恆隆的控股公司統一機構亦隨即被停牌、清盤。半年後，恆隆銀行的真相被揭露：銀行虧損額高達 3.36 億元，其中，數額高達 2.66 億元的款項被公司董事及有關機構在極少抵押的情況下被一筆筆借走。[11] 銀行被接管的導火線，是大來財務公司欠恆隆的一筆 8 億元的債項。由於這筆債項被發現，一向支持恆隆的渣打銀行才最後放棄繼續支持而使問題暴露。港府為挽救該行，通過外滙基金向恆隆注入了 3 億元。

港府接管恆隆銀行後，對該行進行了長達數年的整頓、經營，使其逐步轉入正軌。1987 年 9 月，恆隆首次錄得被接管以來扭虧為盈的業績：經撥轉內部儲備後的純利為 190 萬元，並收回壞帳 4 億元。這為港府將它出售，使其重歸商業銀行體系創造了條件。1989 年 9 月，港府與國浩集團達成協定，國浩以 6 億元的代價收購恆隆銀行，條件是恆隆必須併入國浩旗下的道亨銀行一起經營。1990 年 6 月，恆隆被併入道亨銀行，結束了它在香港經營 55 年的歷史。

3.2 危機高潮：海外信託銀行被接管

1983 年 10 月 15 日，香港政府宣佈實施港元聯繫滙率制度。當時，中英關於香港前途問題的談判開始取得進展，整個金融市場漸趨穩定。然而，危機並沒有過去。1985 年 6 月，香港本地第三大銀行 —— 海外信託銀行突告倒閉，繼恆隆之後再被港府接管，數日後被接管的還有它的全資附屬機構 —— 工商銀行。

海外信託銀行創辦於 1956 年，註冊資本 600 萬元，創辦人張明添，祖籍福建廈門，是馬來西亞富商。1950 年代中，張明添覺得當時的銀行不能有效地為廣東籍以外人士提供服務，遂在香港創辦海外信託銀行。3 年後，海託成為港府授權外滙銀行。1960 年代初，海託開設了第 1 間分行，實收資本增至 1,000 萬元。1968 年，海託向周錫年家族收購了工商銀行股權，取得了較大的發展。1972 年 10 月，海外信託銀行在香港上市，大股東除張明添外，還有後來控制恆隆銀行的莊清泉。海託上市後，曾積極向海外發展，先後在印尼、

1985 年 6 月 6 日，海外信託銀行停業，港府採取緊急應變措施，接管該行。

泰國、英國及美加等地開設分行，拓展華僑業務。

踏入 1980 年代，海外信託加強在香港的發展，先後以發行新股方式收購了大捷財務及周錫年家族經營的華人銀行。至此，海外信託銀行自成一系，旗下擁有 3 家持牌銀行、2 家財務公司，在香港開設 62 間分行，全盛時期總資產超過 120 億元，存款額超過 300 億元，成為在香港僅次於滙豐、恆生的第三大本地銀行。

1982 年 2 月，張明添在他的事業似乎如日中天之際突然逝世，其董事長一職由資深銀行家黃長贊接任。不過，黃氏於 1984 年 10 月突然辭職退休。張明添逝世後，海外信託的形勢急轉直下，首先是董事局副主席莊清泉與張氏妻子吳輝蕊及其子張承忠發生傾軋，莊氏退出 ICIL 及海外信託，而張氏家族則退出恆隆銀行及大來財務；接著，與海託關係密切的連串公司，包括大來財務、恆隆銀行、嘉年地產等相繼破產或被接管，海託的困難迅速表面化，被迫大舉出售資產。1984 年 11 月，海託將剛收購兩年的華人銀行出售，並計劃再出售工商銀行。

1985 年 6 月 6 日，港府財政司彭勵治突然發表聲明，宣佈海外信託銀行因"無法償還債務"停業兩天。中午，港督召開緊急會議研究處理辦法，警方也介入事件。當晚，警方在香港啟德機場拘捕數名攜帶鉅款計劃潛逃的海託主要董事，包括代董事長吳輝蕊及董事局主席張承忠，並通宵搜查海託若干分行。與此同時，立法局特別會議三讀通過法例同意政府接管海外信託銀行。當時，財政司彭勵治就表示，海託的負債已遠遠超過其資產，政府將需動用 20 億元的外滙基金挽救該行。

海外信託的倒閉，在香港金融業造成空前衝擊，被稱為"海託震盪"。6 月 7 日，香港股市暴跌 86.95 點，跌幅逾 5%，是香港進入過渡時期以來股市下跌最大的一天，連新加坡、馬來西亞的股市也受到波及。事後調查顯示，海外信託的倒閉，是張明添聽從葉椿齡運用"支票輪"手法，虧空款項高達 6,680 萬美元所致。葉椿齡是張的朋友，1979 年創辦多明尼加財務公司，為港人提供移民服務。1981 年 9 月以後，他不斷將公司不能兌現的支票貼現給海外信託，由於支票過戶所產生的"時間差"，使它能以第二張支票貼現所得款項存入帳戶使第一張支票得以兌現，同時在"時間差"內運用這些款項從事投機活動。這就是震驚香港金融界的"支票輪"。

由於葉椿齡需要更多資金應付投機失敗的虧損，遂使"支票輪"愈滾愈大，直至 1982 年 3 月崩潰時，

國浩集團屬下的道亨銀行先後收購恆隆、海外信託，成為本地註冊第四大銀行集團。

海外信託手上不能兌現的支票總值高達 6,680 萬美元。根據杏港高等法院高級助理刑事檢控專員萊特在葉椿齡被判入獄 8 年時的陳詞所説："海託於 1982 年 3 月知道葉椿齡不能償還債項,正當的方法是向葉椿齡採取行動,要求還款,及時作出適當撇帳。但由於損失太大,正當處理虧損行動會引起核數師、政府人員及公眾人士知道海託正處於極度的財政危機,而葉椿齡的生意亦會倒閉。因此,海託主席黃長贊及張承忠設計造假帳掩飾銀行虧損,參與的有葉椿齡、張承忠及鍾朝發。這個掩飾行

1980 年代海外信託銀行總行外景。

動保持至 1985 年 6 月被港府接管為止。由於利息及外滙變動,因上述做假帳而引致的壞帳至 1985 年 6 月達 9,000 萬美元。" 1987 年 5 月 25 日,黃長贊被從美國引渡回港受審,被判入獄 3 年。在此之前,張承忠已被判刑 3 年,同時被判刑的還有海託董事總經理鍾朝發和澳門分行總經理張啟文。

1985 年港府接管海託後,曾先後動用共 40 億元外滙基金使其得以繼續運作。當年,海託被查明累積虧損達 28.66 億元,1986 年度再虧損 2.29 億元,累計共 30.95 億元。經過多年的艱苦經營,海託的業績逐步改善,從 1988 年度起恢復盈利,該年度盈利為 3,300 萬元。1992 年度,海託的盈利達 3.53 億元,比上年度大幅增長七成以上,已具備出售的條件。

1992 年 9 月,港府宣佈計劃出售海託銀行的安排,多個財團包括南洋商業銀行、華潤及力寶集團旗下的華人銀行、國浩集團、東亞銀行等參與競逐。1993 年 7 月 23 日,港府宣佈與國浩集團達成原則性協定,將以海託截止 1993 年 6 月 30 日修訂資產淨值加 4.2 億元的價格,出售海託給國浩集團,條件是國浩在兩年內不可將海託合併或裁員。最後,國浩集團以 44.57 億元價格收購海外信託銀行,其中,包括海託資產淨值約 40.37 億元,溢價 4.2 億元。

國浩收購海託後,即於 1993 年 12 月將道亨銀行集團分拆上市,持有道亨銀行、海外信託銀行兩家持牌銀行。新上市的道亨銀行集團,其分行數目從原來的 46 間增加到 88 間,已超過東亞銀行而成為香港擁有第三大分行網絡的銀行集團。到 1994 年 6 月止,道亨銀行集團的存款總額達 600.39 億元,貸款總額 362.95 億元,集團總資產 670.46 億元,股東資金 60.17 億元,稅後盈利 10 億元。以資產總值計,道亨集團已成為本地註冊的第四大銀行集團,

僅次於滙豐、恆生及東亞銀行。

至於海託附屬的工商銀行，也跟隨海託一同被港府接管。1987 年 8 月 12 日，以王守業家族為大股東的大新銀行以 5.3 億元價格向港府收購工商銀行。王氏收購工商銀行後，即將大新、工商兩行合併，易名為大新金融集團有限公司，並取代工商銀行的上市地位。

3.3 危機衝擊波：新鴻基、嘉華、永安、友聯、康年易手

是次金融危機中，除恆隆、海託兩家銀行被政府接管外，受到衝擊的還有多家中小銀行，包括新鴻基銀行、嘉華銀行、永安銀行、友聯銀行及康年銀行等。

就在恆隆銀行被港府接管後的一星期，由馮景禧創辦的小型本地註冊銀行 —— 新鴻基銀行即陷入困境。新鴻基銀行的前身是新鴻基財務，1982 年 3 月升格為持牌銀行，其控股公司是新鴻基公司。該公司先後於 1978 年及 1982 年引入的法國百利達集團及美國美林證券集團（各擁有公司 20% 股權）作為策略性股東，以共同發展"跨國金融超級市場"。

不過，新鴻基公司在 1980 年代初地產狂潮及其後的大崩潰中卻泥足深陷，旗下的新鴻基銀行亦在地產市道最高峰時期，斥資 3 億元（相當於股東資金的 70%）購買總行大廈。隨著地產崩潰和銀行危機的相繼爆發，新鴻基銀行面臨資金不足及存款大量流失的雙重困難。恆隆銀行被接管後，該行面對更兇猛的提款勢頭，迅速陷入財務危機之中。

1983 年 10 月，新鴻基銀行遭受擠提。為了挽救被清盤的命運，馮景禧被迫同意讓作為第二大股東的百利達和美林以增股方式向銀行注入資金，從而控制了該銀行 51% 股權（各佔 25.5% 股權）。1985 年 5 月，中東阿拉伯銀行以 3.6 億元的價格收購新鴻基銀行 75% 股權。經此一役，馮氏的商業王國僅剩"半壁江山"，元氣大傷。1985 年 8 月，馮景禧在加拿大旅行途中因腦溢血病逝。馮氏生前曾説平生最大的願望是成為銀行家，但他卻沒有想到一手創辦的銀行易手他人。在阿拉伯銀行的經營下，新鴻基銀行易名為港基銀行，業務平穩發展。

另一家受衝擊的中小銀行是嘉華銀行。海外信託銀行倒閉後，與它關係密切的嘉華銀行亦隨即陷於困境。嘉華銀行是香港一家歷史悠久的銀行，直到 1971 年該銀行的創辦人林子豐逝世為止，嘉華銀行一直發展良好，業務穩健。林子豐逝世後，後人無心經營，嘉華銀行控股權遂於 1975 年被

新鴻基主席馮景禧表示："我們不須再顧慮短期的波動。"

新加坡僑商劉燦松家族所取得。1980 年，劉燦松
將嘉華銀行在香港上市，並透過多次發行新股擴
充其資產規模，嘉華銀行成為當時資產、盈利均
增長最快的上市銀行之一。

　　不過，嘉華銀行的客戶以東南亞華僑為主，
香港銀行同業對其了解不深，一直存有戒心。
1983 年恆隆銀行被接管，嘉華的存款已受影響，
及至 1985 年海託被接管時，市場鑒於海託與嘉華
的密切關係，盛傳嘉華已陷入財務危機中。6 月
17 日，嘉華銀行的困難表面化，當日滙豐銀行與
中國銀行發表聯合聲明，向嘉華銀行提供 10 億元
的"巨額備用信貸"，以挽回市場信心。然而，嘉
華銀行的問題還未解決，事後證實，嘉華的累積
壞帳已高達 5.4 億元以上，而 1984 年底該銀行股

1986 年 6 月中信收購嘉華銀行。

1980 年代永安銀行的業務廣告。

東資金僅 5.3 億元，負債已超過資產 1,000 萬
元，嘉華銀行已實際上破產。

　　1985 年 12 月，嘉華為擺脫困境，開始
與有關財團洽商入股注資事宜。經過近半年的
協商，1986 年 6 月 23 日，嘉華銀行與中國
國際信託投資公司達成協定，由中信向嘉華注
資 3.5 億元，其中 2 億元作為普通股，1.5 億
元作為 10% 累積可贖回、可轉換優先股，共
取得嘉華 91.6% 股權。同時，香港政府亦與
中信達成協定，嘉華銀行的壞帳由外滙基金擔
保，中信日後未能追回的壞帳將由外滙基金承
擔。中信派出原中國銀行總行行長、當時出任
中信副董事長的金德琴出任嘉華銀行董事長，
曹允祥出任董事總經理，組成新的董事會。值
得一提的是，嘉華銀行財務危機表面化後，劉
燦松兄弟即潛逃離港，後來分別在新加坡和

馬來西亞兩地被捕，兩人涉嫌詐騙 7.7 億元款項。1988 年 1 月，劉氏兄弟卻棄保潛逃，匿居台灣。

　　作為這場持續數年的銀行危機的尾聲，還有三家規模較小的本地註冊銀行遭遇厄運，它們分別是永安銀行、友聯銀行及康年銀行。永安銀行是香港著名的永安公司創辦人郭泉創辦的老牌本地銀行。數十年來，由於經營作風保守，永安銀行在多次銀行風潮中均能屹立不倒，安然無恙。1984 年，永安銀行傳出金融醜聞，出任總經理的郭氏第三代郭志匡從銀行挪用 1,000 萬美元作為己用。1985 年底，永安銀行因無法收回貸給包括該行董事和行政領導人的貸款而損失慘重，銀行資本出現負值。1986 年 5 月，恆生銀行與永安銀行達成協定，由恆生銀行向永安銀行注資 1.76 億元，取得該行 50.29% 股權。與此同時，港府與永安亦訂立一項賠款保證契約，若永安銀行在股本重組後，其負債大於資產，則虧損部分由港府以外滙基金支付。自此，郭氏家族創辦逾 50 年的永安銀行易幟。在恆生的經營下，永安銀行迅速扭虧為盈。1993 年 1 月，恆生將永安銀行售予大新金融集團，獲利 4.78 億元。永安銀行亦被正式併入大新，其名稱就此成為歷史陳迹。

　　友聯銀行創辦於 1964 年 11 月，法定資本是 4 億元，在香港擁有 12 間分行。"海託震盪"後，友聯與嘉華、永安一樣，均深受市場不利傳聞的困擾，銀行存款大量流失，從 1984 年底的 21 億元劇減至被接管前的 7 億元，流動資金嚴重短缺。1985 年 9 月，該行董事局主席兼總經理溫仁才稱病離港赴美，其後又有 6 名董事先後辭職，形成群龍無首局面，加深了銀行危機。1986 年 3 月 27 日，港府宣佈"行政接管"友聯銀行，即由政府委託怡富接管友聯銀行的管

被怡富接管的友聯銀行。

友聯銀行被招商局收購後脫胎換骨。

理權，並以外滙基金向該行提供商業性備用信貸。同年 6 月，由中資招商局和美資兆亞國際合組的新思想有限公司（招商局佔 68% 股權）以每股 0.3 元價格收購友聯銀行主席溫仁才及其有關人士所持 4,648.3 萬友聯股份。經注資及發行股份收購兆亞財務後，新思想控制友聯銀行增大資本後發行股本的 61.3%。

　　銀行危機波及的最後一家銀行，是老牌小銀行 —— 康年銀行。康年銀行的問題是因為一筆數額高達 1.6 億元的船務貸款無力償還，造成嚴重壞帳，需要進行大幅撇帳所致。1986 年 9 月，香港政府宣佈接管康年銀行，以改善其對銀行貸款組合的管理。其後，在政府的促成下，康年銀行被林紹良旗下的第一太平集團收購，並易名為第一太平銀行。這家在香港經營了 65 年的老牌銀行從此銷聲匿迹。

　　至此，波瀾起伏、持續數年之久的銀行危機終於降下帷幕，宣告結束。

3.4 1986年《銀行業條例》

　　持續數年的銀行危機，再次暴露了香港在銀行監管方面的漏洞。1984 年 9 月，港府邀請英格蘭銀行專家理查德‧法蘭特（Richard Farrant）來港就香港銀行業條例的修訂提出全面意見。其後，香港銀行監理處以理查德‧法蘭特的建議為基礎，形成供討論的初步文件。經過一年多的醞釀，1986 年 5 月 29 日，立法局三讀通過了 1986 年《銀行業條例》。新條例取代了原有 1982 年的《銀行業條例》和《接受存款公司條例》，將金融三級制的所有認可機構一併納入銀行監理處的監管範圍。新條例的主要內容是：

　　（1）加強銀行監理專員的職權。新條例將原來的銀行監理專員與接受存款公司監理專員兩個職務合併，並加強其對銀行業監管的職權，包括撤銷、停止銀行牌照或對牌照附加條件，頒佈銀行業準則，調查銀行負責人背景，審查銀行的帳戶及有關交易等。當時，港府財政司彭勵治在立法局的一次演講中就指出："新條例下，銀行監理專員的職責已不僅僅限於檢查認可機構是否遵守各種法例的技術細節。這反映了審慎監管政策方面的最新思想，旨在使監管當局更隨機應變和行使其職權。"同時，為平衡銀監專員的權力，新

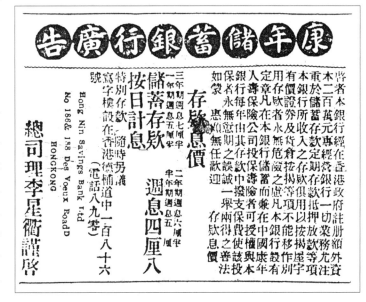

戰前康年儲蓄銀行的業務廣告。

條例規定不服銀監專員決定的認可機構可向財政司或港督投訴。銀監專員也須每年向港督會同行政局提交工作報告。

（2）加強對銀行管理層質素的要求。針對金融危機暴露出來的認可機構主要股東與負責人的不法行為和管理不善，以及審計的漏洞，新條例加入了對在港註冊認可機構管理層質素監管的條文。規定任何人收購本地認可機構 10% 或以上股權時必須經銀監專員批准；本地認可機構委任董事及秘書時須經銀監專員批准；認可機構的"控制人"（Controller）須得銀監專員同意，才可以向機構發出指令。新條例還收緊對機構審計的監管，授權銀監專員可酌情多委任一位核數師；如有需要，公司董事、核數師或銀監專員任何一方均可要求召開聯席會議，討論有關事宜。

（3）規定對銀行股本、儲備及派息的要求。作為審慎監管的整體部分，新條例規定，本地註冊的認可機構，必須維持以下最低實收股本：持牌銀行 1 億元，持牌接受存款公司 7,500 萬元，註冊接受存款公司 1,000 萬元。此外，本地認可機構在派息前，必須將不少於該年度公佈盈利的三分之一的數目轉撥入公開儲備內，直到累積公開儲備總數達到該機構最低股本為止。

（4）規定對資本充足比率和流動資產比率的限制。新條例引進巴塞爾委員會對銀行的監管規定，所有香港註冊的認可機構均須遵守資本充足比率（Capital Adequacy Ratio）和流動資產比率（Liquidity Ratio）。資本充足比率即資本對風險資產（Risk Assets）的比率，最低比率為 5%，但銀監專員認為有需要可將個別銀行的比率提高到 8%，或將個別接受存款公司的比率提高到 10%。不過，條例規定有過渡期，即至 1988 年 9 月 1 日才正式生效。1989 年底，由於新金融三級制即將實施，銀行監理處將最低資本充足比率提高到 8%，但銀監專員認為有需要可將個別銀行的比率提高到 12%，或將個別接受存款公司的比率提高到 16%。實際上，當時香港銀行及接受存款公司已符合最低資本比率 8% 的要求，比巴塞爾委員會

一九八六年年報

引言

　　由於本年報是根據一九八六年銀行業條例而提出的第一份報告，因此，將當局對銀行業開始實施審慎監管至制訂銀行業條例的經過，作一扼要說明，會有助於了解本年報的內容。早在一九四八年，本港已訂立一項銀行業條例，目的在於：

　　「對銀行業的監管及發牌事宜訂出規定。」

發牌及其他方面的管制權，當時是操於總督的手中。總督有權要求任何銀行：

　　「在有關法令所指定的期限內，向法令所指定的人士提交銀行的任何帳簿、帳目或文件。」

一九六四年，政府根據一九六四年銀行業條例而委出首任銀行業監理處處長（現稱銀行監理專員），並賦予他頗大權力。這條條例旨在：

　　「對銀行和銀行業的發牌與監管及有關事宜，制訂更有效的規定。」

2.　　自明德銀行在一九六五年倒閉後，當局在一九六五至七二年逾一段期間，曾全面暫停發出新的銀行牌照。這項暫停發牌的措施，在一九七五至七八年及一九七九至八一年間，曾先後再度實施。一九七六年，當局頒佈一九七六年接受存款公司條例，規定其他接受存款公司亦須向銀行監理專員申請註冊。接受存款公司必須符合資本及存款額方面的規定，方可獲准註冊。不過，當局在其他方面則故意只對這些公司施以有限的監管，以免銀行監理專員

　　「負上確保接受存款公司慎重經營業務的責任，而這項責任是他並不打算承擔的。」（一九七六年財政司在立法局會議席上所發表的聲明。）

1986 年香港銀行業監理處年報。

1992 年的目標,提早 3 年實現。

　　新條例還規定,所有認可機構均須對其短期存款,即 1 個月內到期或 1 個月內可隨時提取的存款,保持至少 25% 的 "可變現資產"(Liquidliable Assets)。"可變現資產" 包括庫存港幣現金、可隨時兌換為港幣的外幣、同業往來存款淨額、1 個月內到期償還的貸款、6 個月內到期或見票承兌的出口滙票、港府發行或擔保在 1 個月內兌現的證券,以及其他在 1 個月內可變現的證券、黃金等。為提高流動資產比率,新條例亦規定任何認可機構以超過 5% 的本港資產為抵押品向外借貸時,必須事先獲得銀監專員批准。

　　(5)加強對認可機構貸款、投資的限制。1964 年《銀行業條例》已開始對貸款及投資進行限制,新條例進一步擴大限制範圍,以防止風險過分集中,並堵塞利用代理人公司方式向認可機構借款的漏洞。新條例對認可機構的股票按揭,客戶、董事及員工的貸款,對持股權益、持有地產物業權益等都作了明確的限制,以防止風險的過份集中。條例規定:任何認可機構,除非得到銀監專員的批准,否則不許接受本身公司、其控股公司或其附屬公司的股票作抵押而提供貸款;認可機構不得對任何人士或商戶、對公司董事及其有關人士提供超過機構本身實收資本加儲備 25% 的貸款;認可機構不能持有價值超過本身實收資本加儲備 25% 的其他公司股份,不能購入或持有超過本身實收資本加儲備 25% 的地產權益等。

　　新條例針對 1980 年代初中期金融危機所暴露的問題,修補了舊條例的漏洞,將香港對金融業的監管提高到國際水平。

4. 1991 年 "國商事件" 及其餘波

1986年《銀行業條例》

實施後，香港各類認可機構的質素有了明顯的提高，

銀行體系的穩定性進一步加強。

然而，1991年爆發的

"國商事件" 對香港金融監管當局卻再次提出挑戰。

4.1 1991年 "國商事件" 始末

"國商事件" 的起因，是香港國際商業信貸銀行的控股公司 —— 國商集團所涉及的一連串詐騙案。國商集團包括一家以盧森堡為基地的控股公司 —— 國商控股。該公司屬下擁有多家銀行，分佈於世界各地，其最主要的兩家附屬銀行，是在盧森堡註冊的國際商業信貸銀行（盧森堡國商）和在開曼群島註冊的國際商業信貸銀行海外公司（國商海外）。香港國商是國商控股的直接附屬機構，在香港設有 25 間分行，其本身亦有一家以香港為基地的接受存款公司 —— 國商財務。

國商集團創辦於 1972 年，當時稱為 "國際商業信貸銀行"（國商銀行），總部設在盧森堡，創辦人是巴基斯坦商人阿加·哈桑·阿貝迪。國商銀行創辦初期，適逢沙地阿拉伯石油業蓬勃發展，阿貝迪及時把握這一有利時機，以資金支持中東和海灣國家的許多建設工程。5 年後，沙地阿拉伯富商加斯·法拉安加盟，國商銀行實力大增。國商集團的全盛時期，曾在全球 72 個國家設有分支機構，資產總額達 200 億美元，堪稱一龐大金融王國。

不過，進入 1980 年代不久，國際銀行界開始盛傳國商集團的許多分支機構參與 "洗黑錢"，並與販毒集團來往。1988 年 10 月，美國海關偵破佛羅里達州國商銀行涉嫌販毒洗黑錢，傳聞得到證實。1990 年 5 月，國商集團重組，由阿布扎比政府接管，阿拉伯聯合酋長國統治者扎耶德·阿勒納哈恩向集團注資 10 億美元，取得國商控股 77% 股權，成為最大股東。1991 年初，盧森堡政府以國商集團設在該國總部只是一家 "旗艦" 公司，沒有多少實質業務為由，要求它撤離盧森堡。阿布扎比政府決定將國商控股遷冊英國。

1991 年 3 月，英格蘭銀行委託著名的羅兵咸會計師行作為國商集團的核數師，結果發現

盧森堡國商和國商海外涉嫌詐騙，從而揭發了該集團的詐騙活動。同年 7 月 5 日，英格蘭銀行委派清盤官突然接管該集團在英國的 25 間分行，並凍結銀行全部存款。與此同時，事前獲得英國政府秘密通報的盧森堡、開曼群島、美國、法國、西班牙等 14 個國家和地區的金融當局也採取緊急行動接管該集團在當地的銀行，並凍結其資產。事後被揭露，自 1972 年創辦以來，國商銀行不但一直從事商業欺詐，而且從事資助"販毒者、獨裁者、恐怖份子、軍火走私者"的活動。據羅兵咸會計師行的估計，該行的"問題貸款"達 40 億美元，虧損總額可能高達 150 億美元。

由於事出突然，香港金融監管當局在接到消息後，即組織了一組銀行審查主任前往香港國商審查貸款帳簿，結果發現香港國商"有能力償還債務和在經營上是可行的"，但可能會被無辜捲入該集團屬下其他機構所面對有更廣泛影響的問題。7 月 5 日，在得悉英格蘭銀行採取行動後，香港金管當局認為香港國商並沒有牽涉入國商集團的涉嫌詐騙事件之中，在財務上是健全的，並且得到大股東阿布扎比政府的堅定支持，決定允許該銀行在 7 月 6 日（星期六）繼續開業。當時，銀行監管專員簡達恆宣佈，香港國商銀行在業務上是獨立的，財政狀況"健全而有償還能力"，因此可以繼續營業，必要時外滙基金將予以協助。

7 月 6 日，香港國商銀行照常營業，儘管當時部分存戶得知英格蘭銀行已查封英國國商，但銀行並未遭到擠提，只有少數存戶提款額似乎比平時要大，提款人數也比平時稍多。根據銀行監管專員簡達恆後來在其關於"國商事件"給港督的報告中稱，在半天的營業中，銀行總共被提取 3.27 億元，扣除當日存款 7,400 萬元，淨提款額為 2.53 億元，其中 10 名存戶所提取的款項，佔總提款的 25%，最大一宗提款額是 1,900 萬元，其餘沒有一宗超過 1,000 萬元，而提取現金的只有三宗超過 100 萬元，其中一宗是由一名個人存戶提取，數額是 370 萬元。[12]

然而，形勢很快急轉直下。7 月 6 日，銀監專員簡達恆接到消息，國際 VISA 有限公司已決定停止全球約 7,000 張國商信用卡的使用，該公司感到難以分辨國商集團的不同機構，故只允許在獲得香港政府對

1992 年 7 月 8 日香港國際商業信託銀行停業。

1992 年 7 月 17 日財政司翟克誠宣佈香港國商銀行清盤後，大批國商存戶情緒激動，與到場警察發生衝突。

香港國商信用卡的使用給予擔保後，才準備撤銷
這項限制。與此同時，香港銀監處發現香港國商
存在有問題貸款，要求大股東阿布扎比政府進一
步注資，結果遭到拒絕。

　　7月7日晚上，香港銀監處決定香港國商
從7月8日起暫停營業，並凍結其110億元的
存款。7月10日，港府財政司翟克誠在立法局
發表聲明，排除了動用外滙基金挽救銀行的可能
性，理由是即使香港國商倒閉，也不會對港元滙
價造成影響，因此不符合動用外滙基金的條件。
當時，香港國商銀行的4萬多名存戶聞訊後情緒
激動，幾十名存戶代表分別約見銀監專員簡達恆
及銀監處顧問顏誠敦，了解國商事件背景及政府
作出停業決定的原因，並對政府沒有採取措施保
障存戶利益表示不滿，部分存戶甚至到立法局大
樓、港督府靜坐抗議。事件暴露了港府的處理手

國商存戶的心聲。

港府宣佈國商清盤後中區的混亂情景。

法進退失據。

銀行監理專員簡達恆。

期間，香港銀監處積極尋找買家嘗試將香港國商出售，曾有 3 間機構表示有興趣，其中一家銀行更以書面確定其收購意向。不過，有關收購的談判最終破裂，問題的癥結是港府不願意為香港國商的 "無記錄負債"（Unrecorded Liability）提供擔保。7 月 17 日，香港政府決定對香港國商清盤。消息傳出，正在等候會議結果的部分存戶大為震驚及憤怒，曾橫坐港島中區遮打花園一帶，阻塞交通以示抗議，後經警方出動百多名 "藍帽子" 警員驅散人群，騷動才受到控制。

8 月 1 日，香港國商銀行臨時清盤官紀禮遜發表聲明，表示如果國商集團的大股東阿布扎比政府能對無記錄的負債提供擔保或採取其他形式予以支持，香港國商銀行的業務可能可以繼續，但其中存在著不可低估的困難。稍後，港府金融司林定國也發表聲明，表示收購銀行的買家必須有足夠的資本和流動資金，以及承諾收購後繼續支持該銀行。紀、林發表聲明時，恰好以邵逸夫為首的一個財團和香港華人銀行（印尼力寶集團的附屬機構）正分別與國商存戶聯委會洽商出售香港國商事宜，兩人的聲明被認為是邵氏集團退出收購的原因。因此，多名國商存戶對紀、林的講話表示不滿，8 月 7 日並在中環天星碼頭進行馬拉松式絕食抗議。

1991 年 9 月 4 日，香港華人銀行與港府委任的國商臨時清盤官達成臨時協定，由該行收購國商的資產及有記錄負債，惟條件是對國商業務、會計與法律事宜的審核須令華人銀行滿意，大額存戶不能即時提款等。然而，有關收購進展並不順利，1992 年 2 月 19 日，香港華人銀行正式宣佈放棄對香港國商的收購行動，原因是無法評估該行的無記錄負債。

同年 3 月，香港高等法院正式發出對香港國商的清盤令。9 月 14 日，高等法院批准香港國商的賠償存戶協定計劃。從 1992 年 9 月至 1995 年 4 月，清盤中的香港國商向債權人發還 9 期存款，除 10 萬元或以下存戶首期即獲發還全部存款外，其餘大額債權人到第 9 期可取回約 87% 的存款。1995 年 5 月 10 日，港府正式撤銷香港國商的銀行牌照，標誌歷時 4 年的 "國商事件" 終於告一段落。

4.2 餘波：銀行擠提風潮與存款保險制度之爭

1991 年 7 月 17 日，就在港府決定將香港國商清盤當日，香港兩家有中東背景的華資銀行 —— 道亨銀行和港基銀行，受市場不利謠傳的影響而發生擠提，大批存戶排長隊爭先恐後地向銀行提款，再現 1980 年代初期銀行危機時的情景。當日，銀行監理專員簡達恆發表聲明，指沒有理由對道亨和港基兩家銀行失去信心。署理金融司任志剛也表示，受傳聞困擾的兩家銀行是穩健並得到主要股東支持的，外滙基金將以商業信貸條件提供流動資金支持。兩家銀行也發表聲明，強調銀行財政健全，運作正常。7 月 18 日下午，港府通過外滙基金向銀行同業市場注資 2.66 億元，風潮暫告平息。

不過，到 8 月 7 日下午，即多名國商存戶在中環天星碼頭展開馬拉松式絕食抗議的首天下午，擠提風潮再度發生，這次是在香港有悠久歷史的美國萬國寶通銀行，該行在香港的 27 間分行中有 9 間受到存戶的擠提。該行被擠提的表面原因，是美國議員丁格爾在國會作證時，指由於經濟衰退和地產不景，美國某些大銀行壞帳纍纍，可能在 "技術上不能清償債務"。其後，巴基斯坦有傳媒報道萬國寶通銀行已申請破產，但有關謠言很快已被該行否認。然而，早已是驚弓之鳥的香港市民即湧往該行提款。

8 月 9 日，萬國寶通銀行剛才恢復業務正常，香港的兩家發鈔銀行之一的渣打銀行竟也發生擠提風潮。當時，市場謠傳該行的倫敦總部被查封，其股票也停止買賣，信心極度脆弱的存戶蜂湧而至，擠提持續了兩天，最嚴重時該行幾間分行的現金幾告枯竭。渣打銀行緊急應變，宣佈通宵營業，直至存戶提款要求滿足為止。期間，外滙基金向銀行同業市場注資 2 億元，滙豐銀行也宣佈支持受擠提的渣打銀行，擠提風潮才在 8 月 10 日晚逐漸平息下來。

受國商事件影響，道亨銀行也被擠提。

國商事件殃及池魚 —— 港基銀行被擠提。

"國商事件" 及由此觸發的擠提風潮，暴露了香港銀行監管制度的漏洞，主要是對一些在海外註冊的跨國金融機構缺乏必要的監管，事件並在香港再次引起應否建立 "存款保險制度" 的爭

連香港兩家發鈔銀行之一的渣打銀行也被國商事件波及。

論。早在 60 年代中及 80 年代中的兩次銀行危機後，即有學者提出建立存款保險制度的設想，但並未能形成共識。最後認為，與其建立存款保險制度，不如致力完善銀行監管體制。"國商事件"後，再有學者提出這一問題，希望保障銀行存戶利益，避免發生連鎖性擠提，以減少認可機構因恐慌性擠提而倒閉的機會，減低存款過度集中於大銀行的現象，並維持銀行體系的穩定性。不過，存款保險制度的缺點是所謂的"道德風險"，即制度實施後銀行管理層在追求利潤的壓力下以高息吸引小額存款，對貸款和投資都不會像以前那樣慎重。銀行股東也會應政府實際上已部分承擔起銀行破產的後果，對銀行管理層的監管也不能夠像以前那樣嚴格。

1992 年 2 月 18 日，港府金融科公佈《存款保障計劃諮詢文件》。該文件在列舉存款保險制度的利弊後，提出一個初步建議，其要點是：所有持牌銀行均強制參加，存保範圍限制為受銀行公會利率協定約束的存款，暫不包括外幣存款；存保上限傾向於 10 萬元，也可考慮 20 萬元；存保程度可考慮 100% 和 75% 兩類；存保基金來源為所有持牌銀行定期繳交的保費，費率劃一；存保成本若由存戶承擔則為 0.35%。

但是，包括滙豐、渣打、中銀在內的幾乎所有大銀行都反對該計劃，理由是該計劃成本高昂，可行性低，並不能完全保障存戶利益；該制度在國外的實踐效果成疑。1993 年 1 月，港府宣佈放棄這一計劃，並修改《公司法》，使認可機構清盤時，存款在港幣 20 萬元以下的存戶有優先索賠權。至此，擾攘數年的"國商事件"終於告一段落。

5. 過渡時期銀行業的發展與銀行集團

1986年港府修訂《銀行業條例》以後，

香港銀行業進入了一個穩定發展的新階段，

即使是1991年國際商業銀行的倒閉以及隨後的萬國寶通銀行、渣打銀行的擠提，

也未能對銀行體系造成重大損害。

5.1 1980-90年代銀行業的發展趨勢

到 1990 年代中後期，香港銀行業已成為香港經濟的重要產業支柱。據統計，1998 年，銀行業為香港創造了 882.05 億元的增值額，相當於本地生產總值的 7.5%，是 1990 年的數字的 3 倍，成為香港經濟中發展最迅速的行業之一。1999 年，該行業為 80,298 人提供了就業職位（表 4.10）。

在中英聯合聲明簽署後的過渡時期，香港銀行業的發展呈現了以下一些新趨勢：

（1）金融三級制有了新發展，持牌銀行的主導地位進一步加強。

自 1983 年起，香港銀行業開始實行三級體制，把所有的存款認可機構分為三類，即持牌銀行、持牌接受存款公司、及注冊接受存款公司，由香港金融管理局發出經營牌照。在實施過程中，部分接受存款公司的業務內容已發生變化，它們要求“正名”，採用銀行的名稱。1987 年 6 月，香港政府對金融三級制進行檢討。1990 年 2 月，香港開始實施新的金融三級制，將持牌接受存款公司改名為“有限制牌照銀行”（Restricted Licence Banks），但該類機構在使用“銀行”之前須加上“商人”或“投資”等限定詞，而注冊接受存款公司則改稱為“接受存款公司”（Deposit-taking Companies）。與此同時，本地注冊的三類認可機構的最低實收資本也相應提高，分別為 1.5 億港元、1 億港元及 2,500 萬港元，資本充足比率根據巴塞爾委員會的建議均提高到

表4.10 1990年代香港銀行業的發展概況

年份	機構單位數目（間）	就業人數（人）	增加價值（百萬港元）	業務收益指數（1996 年 =100）
1990	1992	68,684	29,507	—
1991	1972	72,898	44,068	—
1992	1921	72,632	54,810	62.3
1993	1956	74,484	64,486	72.7
1994	1925	78,795	71,527	76.4
1995	1991	80,452	81,031	89.4
1996	1954	79,754	89,982	100.0
1997	1936	83,816	93,044	103.9
1998	1962	80,298	88,205	97.6
1999	1922	80,665	—	104.0

注：（1）1991 年前的數字的涵蓋面與其後的稍有不同，因此不可將兩組數字作嚴格比較；
　　（2）增加價值的數字是根據有限數據而作出的粗略估計。

資料來源：香港政府統計處

香港銀行業住宅按揭貸款概覽

（一）

香港銀行業住宅按揭信貸最早可追溯到 20 世紀五、六十年代。當時，香港房地產業開始流行“分層出售，分期付款”的售樓制度，推動了銀行住宅按揭貸款的發展。初期的按揭貸款方式，規定借款人必須購買人壽保險，保單則交貸款機構保管，以防借款人遭遇意外，可向保險公司索取補償。其後樓價日益上升，轉讓樓宇漸見流行，銀行對貸款的保障提高，以致分期付款須購壽險的措施亦逐漸式微。

住宅按揭信貸的迅速發展始於 80 年代初期。當時，中英兩國就香港前途問題展開談判，地產市道因信心問題一蹶不振，大部分人不敢置業。為安定置業人士，滙豐銀行、中銀集團等先後推出長達 20 年、跨越“九七”的樓宇按揭計劃。1984 年中英簽署聯合聲明後，香港地產市道復甦，物業交投轉趨活躍，銀行界在利率從高位逐漸回落的情況下，大幅提高按揭比例至九成，1987 年更將樓宇按揭年期延長至 25 年，由此推動了銀行住宅按揭貸款業務的迅速發展。

據統計，1979 年銀行住宅按揭貸款僅 86.52 億港元，但到 1989 年已增加到 1,100.99 億港元，10 年間增加 13.6 倍，平均年增長率接近 30%。踏入 90 年代，住宅按揭貸款持續增長，到 1998 年已高達 5,896.58 億港元，比 1989 年再增長 4.4 倍，平均年增長率仍超過 20%（見表 1）。住宅按揭貸款已成為香港銀行業貸款業務中增長速度最快的業務之一。

住宅按揭貸款在香港銀行業本地個人貸款中佔有重要地位。本地個人貸款主要包括住宅按揭貸款、信用卡客戶墊款、其他商業用途貸款、以及其他私人貸款，諸如汽車貸款、教育貸款、醫療貸款、稅務貸款等。其中，以住宅按揭貸款最為重要。據統計，1979 年住宅貸款在香港銀行業個人貸款中所佔比重已達 58.5%，到 1989 年上升到 66.6%，1998 年更上升到 80.4%（見表 2），實際上已成為香港銀行業個人貸款增長的主要動力和業務重點。

80 年代以來，隨著經濟結構的轉型，香港銀行貸款結構也發生了很大的變化。特別是隨著房地產的蓬勃發展，住宅按揭貸款逐漸成為了銀行業的最主要貸款業務。據統計，

表 2　1987-1998年香港銀行業（所有認可機構）個人貸款分佈概況（單位：億港元）

年份	1987	1989	1992	1994	1996	1998
住宅按揭貸款	654.12	1100.99	2242.58	2984.96	4218.90	5896.58
	（59.8）	（66.6）	（71.7）	（73.8）	（76.9）	（80.4）
信用卡客戶墊款	15.94	32.03	101.04	156.83	237.07	348.46
	（1.5）	（1.9）	（3.2）	（3.9）	（4.3）	（4.7）
其他商業用途	181.03	219.18	331.56	322.14	297.79	242.43
	（16.5）	（13.3）	（10.6）	（8.0）	（5.4）	（3.3）
其他私人用途	243.22	299.84	450.86	582.52	753.53	843.73
	（22.2）	（18.1）	（14.4）	（14.4）	（13.7）	（11.5）
小計	1094.30	1652.03	3126.03	4046.45	5487.29	7331.20
	（100）	（100）	（100）	（100）	（100）	（100）

注：（　）的數字是該項目在個人貸款總額中所佔比重
資料來源：香港政府統計處

1979 年住宅貸款僅佔銀行本地貸款總額的 12.1%，到 1989 年增加到 18.8%，1998 年更增加到 30.1%。住宅按揭貸款已超過所有貸款項目而高踞本地貸款業務之首。

銀行將大比例的貸款業務集中於住宅物業按揭上，並非香港獨有的現象，而是一種世界性的趨勢。銀行將貸款業務從過去只提供短期貸款諸如貿易融資或公司借貸，轉為集中提供物業按揭，是受到社會及人口因素變遷的影響。由於香港地少人多，加上長期以來港英政府實行高地價政策，住宅樓宇價格不斷攀升，置業既可安居樂業又可投資保值，因而成為香港市民的最大願望。適應這種社會需求，銀行的住宅按揭貸款得到了迅速發展。

對銀行業來說，住宅按揭貸款是具有吸引力的，因為它是有抵押貸款，風險相對較低。滙豐銀行副總經理劉智傑認為，香港的住宅按揭貸款的風險，相對於其他地方還要低，因為住宅始終是人所必須，業主是否放棄其住宅物業，關鍵是他有否足夠金錢“供樓”，而香港的失業率一直不高，市

表 1　1979-1998年香港銀行業（所有認可機構）住宅按揭貸款增長情況

年份	住宅按揭貸款（億港元）	年增長率（%）	年份	住宅按揭貸款（億港元）	年增長率（%）
1979	86.52	13.3	1989	1100.99	28.0
1980	117.03	35.3	1990	1458.30	32.5
1981	153.52	31.2	1991	1991.90	36.6
1982	191.06	24.5	1992	2242.58	12.6
1983	250.94	31.3	1993	2680.31	19.5
1984	293.63	17.0	1994	2984.96	11.4
1985	372.30	26.8	1995	3492.09	17.0
1986	491.62	32.0	1996	4218.90	20.8
1987	654.12	33.1	1997	5408.00	28.2
1988	860.15	31.5	1998	5896.58	9.0

資料來源：香港政府統計處

民的觀念是希望擁有自己的物業，置業者一般願意也有能力繼續支持"供樓"。1998 年以來，受到亞洲金融風暴的衝擊，香港經濟步入戰後以來最嚴重的衰退期，失業率高企 5% 以上，是近 20 年來的最高峰。但是，這一時期影響樓宇按揭貸款的拖欠比率並沒有持續惡化，到 1999 年 4 月底僅佔 1.16%，相對於其他類別的貸款，這一比率仍然明顯偏低。

住宅按揭貸款還是銀行業邊際利潤較高的貸款項目。90 年代以來，香港的按揭利率一般高企 9 釐以上，而銀行一個月同業拆息率約在 5 至 6 釐，即銀行對物業貸款的邊際利潤至少在 3 至 4 釐以上，這相對於其他貸款項目利潤確實相當吸引。亞洲金融風暴以後，香港銀行的存款業務持續穩定增長，而信貸業務卻因對企業的貸款日趨審慎而逐漸萎縮，形成銀行"水浸"現象，住宅按揭貸款對維持銀行利潤顯得更加重要。

1998 年 10 月以來，香港銀行對樓宇按揭的態度日趨積極，除了競相提供各類優惠條件，如送律師費、家居保險費、信用卡年費、按揭手續費、家具和電器禮券外，還一再調低按揭利率，而且競爭戰場從新建成樓盤擴展到二手樓盤。特別是一些較受市場矚目的大型新樓盤開售時，不少銀行均派出大量職員到售樓現場搶客，競爭之激烈程度與地產經紀搶客的程度不遑多讓。由此可見，住宅按揭貸款已成為銀行的競爭重點。

住宅按揭貸款對經濟的活躍和發展具有積極的一面。住宅按揭貸款不僅能使消費者提早改善家居環境和生活素質，而且使地產發展商加快資金周轉，減低資金成本，盡早實現利潤，並進行新的投資。然而，過度的信貸亦造成不良影響，引發 90 年代末房價下滑，和泡沫經濟爆破。

（二）

正因為住宅按揭貸款在銀行業中佔有極重要的地位，香港各大小銀行為爭奪市場份額，展開激烈的競爭。其中，大銀行作為業務領導者（market leaders）的角色開始淡化，而中小銀行和外資銀行則紛紛推陳創新，在產品設計、價格競爭、銷售渠道、以至宣傳及推廣等方面均推出創意無窮的行銷策略。概括起來，近 20 年來，香港各大小銀行推出的行銷策略主要有以下幾個方面：

1. 針對不同的目標市場、不同的目標客戶推出多元化的按揭貸款產品。

目前，香港銀行按揭貸款的主要目標市場還是在私人樓宇按揭貸款市場，這是各大小銀行的主攻方向。不過，除此之外，銀行還積極拓展各個細分目標市場，包括針對新推出大型私人屋村的按揭貸款市場、新樓盤按揭市場、"樓花"市場、轉按市場、加按市場、樓換樓市場、"居者有其屋"市場、夾心階層貸款市場，以及收租樓按市場等等。其中，外資銀行極為活躍於轉按市場和樓換樓市場等，先後推出多種優惠及靈活供款方式，搶佔原來屬於其他銀行的客戶。例如，1988 年，來自東南亞資本的第一太平銀行首次推出樓宇轉按減息計劃，規定市價在 150 萬港元以上的物業，業主如將該物業轉按予該行，可獲轉按減息優惠年息半釐，並免付轉按手續費及轉按律師費（由銀行負責支付）。該計劃的目標是要搶奪其他銀行的現成客戶，這就加劇了競爭的激烈程度。

在目標客戶方面，銀行一方面要保存現有的客戶，這就需要為有需要的客戶重新訂定息率及供款方式，或提供靈活的轉按和加按服務；另一方面，也會主動出擊，爭奪其他銀行的客戶，如推出轉按優惠及低息計劃等。與此同時，銀行還會針對社會上的優質信貸客戶，如貴賓銀行客戶、專業人士、公務員、大學生，以及首次置業人士等，提出各種優惠按揭計劃，以拓展和鞏固這些客戶市場。例如，萬國寶通銀行一貫的業務推廣策略，是按照人生不同階段推廣不同產品，如年輕人喜歡消費、中年人要置業、老年人重儲蓄，故按揭業務的目標客戶是接近中層及中上層客戶。

2. 以減低按揭利率作為爭奪按揭市場的主要手段之一。相對於歐美等國家和地區，香港銀行業按揭業務的淨息差較高，這使銀行的割價空間較大，而客戶對按揭利率的高低極為敏感，即價格需求的彈性較大，減息因而成為銀行爭奪按揭市場的主要手段之一。

長期以來，香港銀行的樓宇貸款利率，都根據滙豐、渣打兩家銀行所宣佈的最優惠利率加 1.25 釐為標準上下浮動，一般在最優惠利率加 0.75 至 1.75 釐之間。然而，近年來按揭貸款競爭激烈，尤其是亞洲金融風暴以後，按揭貸款競爭趨白熱化，銀行紛紛將按揭利率降低至最優惠貸款利率，1999 年 4 月，廣安銀行甚至推出首年 6.88 釐的按揭優惠計劃，即以比最優惠利率低 1.37 釐的優惠息率去爭取樓宇按揭客戶。受此影響，各大小銀行紛紛將按揭利率調低至最優惠利率減 0.5 至 0.625 釐，至於二手樓、轉按及加按等，亦一律減至最優惠利率，開創市場轉按及加按之最低息率。2000 年上半年，按揭利率更低至優惠利率減 2.25 釐，如果以一個月銀行同業拆息 6 釐計算，息差僅 1.25 釐。

近年來，有的銀行還推出以外幣息率、銀行同業拆息息率、定息息率為基準計算的按揭利率，如美國運通銀行推出名為 CAP (Ceiling at Prime) 的計劃、以及華人銀行推出的"置特息"，都是以港元同業拆息作基準計算按揭息率的。這種做法一改銀行傳統採用的以最優惠利率計算的方法，雖然同業拆息波動較大，但兩家銀行均提供最高息率上限，將申請人承受的風險減至最低。有的銀行還推出現金獎勵或貸款回贈方式，如美國大通銀行向客戶回贈 0.25 釐息率供款金額，貸款人只需於首三年供樓期內沒有出現逾三個月脫期供款，即可分三期獲得現金回贈。大通銀行還和地產經紀合作，向貸款者提供 0.75 至 1 % 的貸款額回贈，實際上通過變相減低按揭息率去爭取客戶。

在價格競爭方面，各銀行還競相提供各種優惠，包括減免手續費、送首年火險、律師費、信用卡年費、家具及電器禮券，顧客在購買旅行支票、滙單及銀行本票可獲付較低的手續優惠，定期存款可獲高利息等。目前，這些優惠已經成為推廣住宅按揭貸款的必需品。至於按揭貸款年期，銀行業已從初期的 10 年延長至 25 年，但通常最受歡迎的是 12 至 15 年，因為太長的年期將負擔太沉重的利息。此外，銀行還通過附加其他貸款產品（如裝修貸款、私人貸款等）、提供置業透支貸款、提高提前還款罰款以避免其他

1980 年代初落成的滙豐銀行大廈。

1992 年香港萬國寶通銀行位於花園道總行的開幕典禮。

銀行轉按、推出按揭貸款和私人貸款的配套方案等非價格競爭，爭奪客戶。

3. 推出式樣繁多和創新多變的按揭貸款方式，以適合貸款者的不同需要。80 年代以來，所有銀行的樓宇按揭貸款基本上均是按揭成數高達九成，貸款年期最長延至 25 年，這些條件已難以吸引客戶。銀行於是推陳出新，創造出各種各樣的"供樓"方式。比較特別的貸款方式主要有：

兩星期還款方式——每兩星期還款一次，每次還款額是一般按月還款數的一半。該計劃由滙豐銀行首創，好處是還款次數增加，使置業者可以節省利息支出，加快攤還本金的速度。

慳息慳年還款計劃——該計劃配合置業者每年的薪金增長，還款數目每年自動遞增 5 %，以幫助置業者節省更多利息，縮短還款時間。置業者可根據自己的收入情況，隨意改換還款計劃，終止這項每年遞增計算方法。

分段式定額供款計劃——該計劃將還款期平均分為三個階段，在第一、二階段內，即使遇上加息，置業者的供款額仍然保持不變，而在第三階段期間，置業者的供款額將根據餘下款項及隨利息升降而作調整，以便保證置業者在預定的年期內還清貸款。

定息供款——由於利率上升時"供樓"負擔沉重，銀行特別針對利率上升的情況，推出定息供款辦法：即在一個指定時期內固定利率，無論市場利率上升或下降，貸款人每月供款數目固定，利率上升或下降所造成的差額，用延長或縮短供款期來調節。

理想之家樓宇按揭三保——該計劃由美國大通銀行推出，所謂"三保"分別是"利升保"、"首年保"、"供款保"。"利升保"是，無論利率如何上升，貸款者供樓的利率在兩年內絕不會超過銀行所提供最高利率的上限。"首年保"是，貸款者供樓的首年，其供款額及供款年期均維持不變，不受利率波動的影響。"供款保"是，無論利率如何變動，貸款者每月供款額在整個供款期內維持不變，而利率升降的影響以供

款年期調節。

可變通的供款方法——置業者可以在"供樓"期內根據自己的需要,隨時變通還款方式,例如,增加供款額,減少供款額,延長還款期,縮短還款期,部分還款或暫停供款等等。

十足貸款——80年代銀行的按揭成數已普遍達到九成,而部分銀行,如滙豐、渣打、南洋商業銀行等,更以私人貸款方式向置業者提供首期按揭貸款,使置業者無需首期便可以供樓。

外幣供款——香港供樓一直以港幣作為計算單位,但部分銀行,如金城銀行等為方便一些擁有外滙的人士,特別推出以外幣作為供款貨幣的外幣供款。

其他的供款方式還包括供款延期償還、定期定息及透支混合供款、漸進式及固定本金還款、首兩年免供本金、息隨本減優惠等。這些方式均針對某類客戶的需要,受到市場的歡迎。

4. 積極開拓銷售渠道,擴大宣傳及推廣。90年代以來,按揭貸款的競爭日趨激烈,香港各大小銀行已不滿足於在正常的營業時間提供按揭服務,很多銀行已延長分行服務時間方便客戶處理貸款及按揭業務。渣打銀行就在四間分行設立按揭中心,為客戶提供全面的按揭服務,包括估價和利用電腦分析客戶的財務狀況,比較不同的按揭計劃及計算供款等。不少銀行特別設立專責工作小組,靈活處理和集中推廣一些有潛質的新樓盤及大型私人屋村的按揭貸款。有的銀行還致力與地產代理及律師行合作,如滙豐銀行就與香港置業合作拓展業務,取得不錯的效果。渣打銀行一直與各大地產代理商有合作關係,例如由代理商介紹客戶給銀行,銀行為代理商舉辦樓市講座,設立估價查詢熱線等。在辦理按揭貸款時,銀行講究高效、簡便、快捷,一般在兩三個工作日即可完成,以取得好的宣傳效果。有的銀行還充分運用各種公共媒介作宣傳,並提供國際網絡查詢服務。

1996年3月18日美國大通銀行香港總行落成典禮,該行亦是大通的亞洲區總部。

(三)

儘管按揭貸款的風險相對較低,但是,香港銀行業在積極發展按揭貸款業務的同時,也十分重視對風險的防範。其主要措施是:

1. 銀行內部建立一套規範的按揭貸款審批程序以及內部指引。

在香港,置業者申請按揭貸款的一般程序是:

(1) 置業者與地產發展商簽定購樓合約、交付首期款項時,向銀行提出按揭貸款申請,並附上穩定收入的證明文件,以便銀行能確認其償還能力;

(2) 銀行對申請人的經濟背景、還款能力以及所購樓宇的價值進行評估、審批,然後交由律師行辦理;

(3) 律師行負責查證申請人所提供的文件的真實性,然後通知申請人到律師行簽訂按揭合約;

(4) 銀行通過律師行將貸出的款項按合約規定付給地產發展商或賣方律師;

(5) 律師把按揭合約拿到政府田土廳登記註冊,並將住宅作抵押過入銀行名下。

銀行在審批按揭申請時,一是看樓宇抵押品的價值,二是看借款人的還款能力。大銀行通常有自己的樓宇物業估值機構,中小銀行則聘請專業測量師進行評估。至於借款人的還款能力,銀行主要看還款人的稅單、銀行帳戶中每個月的收入,銀行看重的是借款人的收入的穩定性。銀行將根據樓宇價值和借款人的還款能力進行綜合評估,以確定是否貸款、以及貸款的成數和年期。一般而言,借款人收入越穩定,銀行貸款的風險越低;而抵押樓宇的落成時間越長,風險越高。

各銀行還有一套內部指引,房地產市道升得過急,銀行會收緊按揭;房地產價格已經跌到谷底時,銀行會放鬆按揭。例如,1994年1月地產高潮時,滙豐銀行收緊按揭,宣佈500萬港元以上物業可獲的最高按揭貸款成數從六成降至五成，並收緊還款與家庭月入的比率，規定月入三萬元（以前為二萬元）以下的家庭每月最高按揭還款比率不得超過40%。透過這些措施，銀行有效地減低了風險。

2. 政府對銀行的地產及物業按揭貸款設立指引。

長期以來，香港政府奉行"積極不干預"政策，對經濟發展很少進行干預。正因為如此，20世紀60年代中以及80年代初，香港兩次爆發因地產危機導致的銀行危機。90年代初，香港樓價急升，炒風熾熱，1991年11月香港政府基於樓價急升令銀行風險增加的考慮，宣佈實行收緊樓宇按揭政策，規定銀行的樓宇按揭成數最高不得超過樓價的七成，形成了現行的樓宇按揭限制政策。當時，香港金融管理局行政總裁任志剛就表示，實施最高七成樓宇按揭貸款指引，目的就是要限制銀行所承受的風險。

限制七成樓宇按揭的政策實行至今已超過八年，從實際情況來看確有其積極的作用，它在一定程度上有效地抑制了炒樓的投機熱潮，並有利於降低銀行體系的借貸風險。1997年10月亞洲金融風暴襲擊香港以來，香港房地產價格從高峰水平下跌逾五成。如果不是實施了限制七成樓宇按揭政策，相信香港銀行業所遭受的損失將大大增加。當然，該政策也有一定的負面影響，它在一定程度上影響了真正用家購買樓房的能力，尤其是在樓價急升時期。

1994年初，香港地產價格進一步上升，銀行的貸款高度集中於地產及按揭業務，風險大增，香港金融管理局於是宣佈收緊銀行對地產類的貸款，規定銀行對地產及樓宇按揭的貸款不得超過貸款總額的四成，以進一步限制銀行風險。不過，1998年下半年，金融管理局表示，鑒於樓價已下跌五成，而樓宇按揭貸款的質素遠較其他貸款佳，即時撤銷地產類貸款四成的上限指引。

3. 積極推行按揭貸款證券化以分散銀行貸款風險。

80年代以來，國際金融創新的一個重要趨勢就是以物業按揭為主的抵押市場向證券化發展。80年代後期，這一趨勢也發展到香港。1988年，美國大通銀行成功在香港發行物業按揭證券；1991年，萬國寶通銀行也曾推出同類證券，但市場反應冷淡，效果未如理想。1993年，香港銀行同業又再探討物業證券化的可能性，美國大通銀行、萬國寶通銀行、美國亞洲銀行、渣打銀行、浙江興業銀行等，均表示有興趣發展物業按揭證券。當時，渣打銀行中港澳台區總經理黎恪義

表示，渣打考慮發行按揭證券的原因，是這些證券屬於優質投資工具，透過發行這些工具可在資產負債內騰出更多的發展空間。

90年代前期，房地產市場的蓬勃發展使香港銀行都過於偏重地產信貸，1990年，銀行業對地產及物業按揭的貸款佔香港本地貸款總額的比重是33%，但到1994年已上升至43%，為此香港金融管理局設立地產貸款四成的上限指引。然而，1996年銀行業對地產信貸比重進一步升至46%，風險大增。1997年3月3日，香港金融管理局宣佈成立香港按揭證券有限公司，使物業按揭證券化邁出關鍵的一步。

香港按揭證券有限公司由特區政府透過外滙基金全資擁有，董事局主席由財政司長擔任，副主席由金融管理局局長擔任。該公司的主要目的，是要推動按揭市場的發展，以提高市民的自置居所的能力，並推動香港債券市場的發展。按揭證券公司將向被政府核准的銀行收購按揭貸款，然後以債券的形式定期投標發售給機構投資者。為保證所收購的按揭貸款的質素，按揭證券公司制定了一套準則，這些準則是：

(1) 未償還貸款額最低30萬港元，最高不超過500萬港元；

(2) 原貸款額最高不超過800萬港元；

(3) 最高貸款成數不超過七成，供款佔收入的最高比率不超過五成；

(4) 最少已供款年期為6個月，最高按揭年期有30年，所餘年期最多29.5年，最少3年；

(5) 原定供款年期與"批出按揭時樓齡"之和的上限為40年。

從香港金融、地產的實際情況來看，按揭證券化不僅可以盤活銀行資金，從而增加對房地產及其他行業的貸款，而且可有效分散銀行的按揭貸款風險。按揭證券化引入了眾多的投資者，把貸款的風險分散給他們承擔，這對於按揭貸款相當集中的香港銀行界，無疑是有效防範風險的重要措施之一。

8%，但銀監專員可令持牌銀行提高到 12%，其他兩類提高到 16%。

　　新金融三級制實施的結果，進一步加強了持牌銀行在銀行體系的主導地位，持牌銀行數目不斷增加，資產和存款進一步向持牌銀行集中，而後二級認可機構的影響日趨減少。據統計，1986 年底，香港共有持牌銀行 151 家（在香港設有分行 1,386 間），有限制牌照（當時稱 "持牌接受存款公司"）38 家，接受存款公司（當時稱 "注冊接受存款公司"）254 家。到 1996 年，持牌銀行增加到 182 家（在香港開設的分行增加到 1,476 間），有限制牌照增加到 62 家，接受存款公司則減少到 124 家。到 1999 年底，香港的持牌銀行為 156

表4.11　1990年代香港銀行業三級體制的概況						
年份	認可機構及代表辦事處數目	持牌銀行	有限制牌照銀行	接受存款公司	香港代表辦事處	世界首 500 家銀行在香港設行情況
1990	560	168	46	191	155	213
1991	527	163	53	159	152	206
1992	515	164	56	147	148	211
1993	513	172	57	142	142	210
1994	537	180	63	137	157	236
1995	537	185	63	132	157	228
1996	525	182	62	124	157	213
1997	520	180	66	115	159	215
1998	474	172	60	101	141	213
1999	412	156	58	71	127	186

資料來源：香港政府統計處

家，有限制牌照銀行為 58 家，接受存款公司為 71 家，它們接受的客戶存款總額分別是 31,366 億港元、349 億港元、及 59 億港元，所佔市場份額分別是 98.7%、1.1% 及 0.2%（表 4.11）。持牌銀行在整個金融體系中的主導地位進一步加強。

　　（2）香港銀行業的國際化程度進一步提高，離岸業務迅速發展。

　　由於香港對本地和外資銀行基本採取 "國民待遇"，外資銀行可在公平競爭的基礎上從事業務。這種高度開放的經營環境，加上拓展中國內地的業務需要，吸引了大批外資銀行來香港設立分支機構。據統計，1999 年底，香港擁有持牌銀行 156 家，其中，外資銀行有 141 家，在全球首 100 家銀行中，有 78 家在香港營業。此外，香港還有 112 家外國銀行附屬機構、分行或相關公司，以有限制牌照銀行及接受存款公司形式經營，另有 127 家境外銀行在香港設有代表辦事處。外資銀行的大量進入提高了香港金融業的國際化程度，並推動了銀行離岸業務的迅速發展。從離岸銀行同業貸款業務看，1987 年至 1996 年，香港銀行向海外同業借款年均增長率為 14.9%，對海外同業貸款年均增長率為 9.0%。至 1996 年底，香港銀行業對境外同業所負債務為 39,588 億港元，所持債權為 24,343 億港

中銀在 1983 年的業務廣告。

元。這些債務和債權主要集中在以日本為首的 20 個國家和地區，其中，僅日本所佔債務和債權就分別達 58.2% 和 37.8%。其他主要對境外負有債務的國家和地區包括英國、新加坡、中國內地、美國和法國；持有債權的國家和地區主要有中國內地、新加坡、英國、韓國和美國。[13]

　　資本高度國際化使香港銀行體系成為國際資金存貸和流轉的重要中介。截至 1996 年底，在香港銀行業的資產負債總額中，對外負債的比重達 57%，對外資產的比重達 60%；香港銀行業對外貸款 2.09 萬億港元（約 2,700 億美元），佔其貸款總額的 53%。可以説，香港銀行界擁有的對外資產是全球最高之一。以對外交易量計算，香港是世界第 6 大國際銀行中心，在亞洲的排名，僅次於日本。

　　（3）銀行業提供的服務日趨多元化、電腦化、自動化，推動了香港工商業發展。

　　這一時期，香港銀行業引進大量金融創新，除了透過廣泛的分支行網絡、自動櫃員機系統，以及電話銀行、家居電腦銀行等設施，向香港市民和工商機構提供方便快捷的零售及商業銀行服務之外，持牌銀行還相繼推出各種金融衍生產品，並開辦私人銀行、信託、退休金及基金管理、保險等業務，為客戶提供各種投資及理財服務。持牌銀行還積極拓展投資銀行業務，透過安排股票、債券包銷和上市、組織銀團貸款等，推動業務的多元化。為適應業務的多元化，香港銀行業也積極推動業務的電腦化、自動化，包括引進從自動櫃員機、電話銀行到電腦家居銀行、互聯網系統及電子貨幣等。1996 年 12 月，香港即時支付結算系統啟用，進一步降低銀行大額支付結算的風險。

　　銀行業通過多元化的服務，在為香港本地及海外資金提供了出路的同時，也為香港的工商業和對外貿易提供了投資性和周轉性的資金。據統計，1997 年，香港銀行業提供在香港使用的貸款總額達 22,100 億港元，其中，建造及物業發展與投資佔 4,400 億港元，香港的有形貿易佔 1,720 億港元，批發及零售業佔 2,060 億港元，金融企業（認可機構除外）佔 2,600 億港元，製造業佔 1,110 億港元，運輸及運輸設備佔 960 億港元。這些貸款，有力促進了香港工商業和對外貿易的發展。此外，銀行業還積極發展私人信貸，尤其是發展樓宇按揭貸款，促進了社會消費。1997 年，銀行業為樓宇按揭提供的貸款達 5,400 億港元，佔銀行貸款總額的 24.4%（表 4.12）。

　　（4）逐步建立起健全而完善的監管制度，銀行業的經營日趨穩健，資本充足比率和貸存比率均維持在安全水平。

　　1986 年《銀行業條例》實施後，香港銀行業的經營日趨穩

表4.12　1997年銀行業在香港使用的貸款總額：按行業類別列出

行業類別	貸款金額 （億港元）	佔總額的 百分比（%）
香港的有形貿易	1,720	7.8
製造業	1,110	5.0
運輸及運輸設備	960	4.4
建造及物業發展與投資	4,400	19.9
購買 "居者有其屋" 及 "私人機構參建居屋計劃" 單位	600	2.7
購買其他住宅樓宇	4,800	21.7
批發及零售業	2,060	9.3
金融企業（認可機構除外）	2,600	11.8
其他	3,850	17.4
總計	22,100	100.0

資料來源：香港金融管理局

健，除 1991 年國際商業銀行倒閉外，再無發生大規
模的銀行危機。從 1989 年起，香港本地銀行開始實
施巴塞爾協關於資本充足比率的規定，金融管理局不
再允許銀行通過負債管理的方式無限制擴充規模。
根據風險資產的規模，銀行的資本基礎必須維持在
不低於 8% 的水平，能否增強資本基礎就成為本地銀
行能否實現資產擴張的關鍵。1990 年代以來，香港
本地銀行的資本充足比率穩步提高，到 1994 年底已
達 17.5%。

　　1994 年 12 月，香港金融管理局引進了一套標
準化貸款分類系統，規定所有在香港運作的銀行均須
遵循該系統按季度向金融管理局報告其貸款狀況，以
加強對銀行不正常貸款的監管。1998 年，香港金融
管理局以巴塞爾委員會新推出的《資本協定》為藍本
推行按市場風險調整的資本充足制度。

　　經過多年的努力，香港已逐步一個符合最高國
際標準的監管制度，銀行業穩健活躍，1998 年 3 月
底業內機構的整體綜合資本充足比率達 18.2%，遠
超過國際結算銀行所訂的 8% 的最低基準。大部分銀
行維持的流動資金比率均在 40% 以上，遠高於 25%
這個法定最低比率，盈利增長持續保持在 20% 左右。

1980 年代以來，銀行業競爭日劇，服務趨多元化，花樣也越來越多。

5.2 香港主要的銀行集團

　　1980 年代以來，香港銀行業逐漸形成數個具影
響力的銀行集團，除滙豐銀行集團外，還有中資銀行
集團（主要是中銀集團）、美資銀行集團、日資銀行

滙豐擁有香港最龐大的銀行零售網絡。

集團、以及歐資銀行集團。在 1950-60 年代盛極一時的華資銀行集團則在 1980 年代初的金融
危機中逐漸衰落。

　（1）滙豐銀行集團

　　滙豐集團是香港銀行業中最重要的銀行集團。滙豐銀行自 1965 收購恆生銀行以後，基本

上取得了在香港零售銀行市場的絕對優勢。從 1970 年代起，滙豐銀行繼續致力拓展其在香港的龐大銷售網絡。1961 年，滙豐銀行在香港的分行僅 19 間，佔全港銀行分行總數的 8.5%；1971 年，滙豐的分行數增加到 68 間，加上恆生銀行的 17 間，所佔比重增加到 19.3%；1981 年，滙豐的分行數進一步增加到 250 間，連同恆生銀行的 45 間，在香港銀行分行總數中所佔比重大幅上升到 37.8%（表 4.13）。到 1980 年代中期，滙豐銀行集團的分行已遍佈港九各個角落，成為香港分行網絡最龐大的商業銀行集團。

自 1970 年代後期起，滙豐開始致力推動集團國際化戰略，1980 年，滙豐收購美國海洋密蘭銀行 51% 股權，並將之易名為海豐銀行。1992 年，滙豐又收購英國四大結算銀行之一的米特蘭銀行，躋身全球十大銀行集團之列。1994 年底，滙豐控股集團資產總值高達 2,015.18 億英鎊，其中，英國佔 37.7%，歐洲大陸佔 5.6%，香港佔 30.4%，亞太其他地區佔 12.0%，美洲佔 14.3%。這時，滙豐集團的國際網絡橫跨全球 68 個國家，辦事處數目高達 3,000 多間，透過其在亞太區、歐洲及美洲的附屬及聯營公司經營全面的金融業務。滙豐的 "環球通" 自動櫃員機網絡，容量高達 21 萬部，遍佈全球 85 個國家地區。

在香港，滙豐集團擁有滙豐銀行、恆生銀行（持有其 61.48% 股權）、滙豐財務以及滙豐投資銀行亞洲控股有限公司（前稱 "獲多利"，已於 1993 年 4 月與怡富一起升格為持牌銀行）四家持牌銀行。1994 年底，滙豐控股附屬的滙豐銀行的綜合資產達 10,790 億港元（約 892.5 億英鎊），約佔香港銀行體系資產總值的 14.7%，在香港各銀行集團中，僅次於日資銀行集團而排第 2 位。其時，由於中資銀行的崛起，滙豐銀行集團在香港銀行體系存款總額中所佔比重儘管已有所下降，不過，一般估計，仍高達 35% 至 40%，居各銀行集團的首位。（表 4.14）滙豐及恆生銀行設立的自動櫃員機網絡在香港擁有超過 800 部自動櫃員機，與中銀集團設立的 "銀聯通寶" 同為香港兩大自動櫃員機系統。

（2）中資銀行集團

中資銀行在香港的歷史最早可追溯到 20 世紀初，1917 年 9 月 24 日，中國銀行在香港文咸東街 47 號開設支行，當時隸屬廣州分行管轄，1919 年 2 月改為分行，管轄廣東、廣西各行處。分行經理是後來中國著名的銀行家貝祖詒。

中國銀行的前身是 1905 年清朝政府成立的戶部銀行，1908 年改稱大清銀行。1912 年中華民國成

表4.13　1950-80年代香港主要銀行集團分行網絡拓展情況

銀行集團	1954 年	1961 年	1966 年	1971 年	1976 年	1981 年
滙豐銀行	3	16 (8.5)	46 (14.8)	68 (15.4)	143 (18.6)	250 (21.5)
渣打銀行	2	6 (3.2)	18 (5.8)	33 (7.5)	72 (9.4)	86 (7.4)
恆生銀行	1	3 (1.6)	11 (3.5)	17 (3.9)	30 (3.9)	45 (3.9)
中銀集團	13	37 (19.6)	55 (17.7)	74 (16.8)	125 (16.3)	189 (16.3)
其他	75	128 (67.2)	180 (58.1)	246 (56.2)	398 (51.8)	591 (50.9)
總數	94 (100.0)	190 (100.0)	310 (100.0)	438 (100.0)	768 (100.0)	1161 (100.0)

資料來源：Frank H. H. King ,*The History of The Hongkong and Shanghai Banking Corporation Volume IV, The Hongkong Bank in the Period of Development and Nationalism*,1941-1984,Hong Kong and Shanghai Banking Corporation,1988,p366.

1991 年初落成的新恆生銀行總行大廈，樓高 27 層，地下室 3 層，是當時中區地標之一。

立時，大清銀行部分商股股東建議將其改組為中國銀行，承擔中央銀行職能，當時奉孫中山臨時大總統諭，中國銀行同年 12 月在上海開業。中國銀行成立初期，主要職能是代理國庫、承滙公款、發行鈔票等。當時，中國銀行先後在北京、天津、漢口、濟南、杭州、南昌、廣州等地開設分行。1949 年 11 月，中國銀行總管理處遷往北京，1953 年成為國家特許的外滙專業銀行，1979 年升格為國務院直屬機構，專門行使國家外滙外貿專業銀行的職能。

香港中資銀行集團的發展有一個歷史過程。新中國成立後，中國銀行總管理處於 1950 年 1 月 7 日致電香港分行，重新委派鄭鐵如為香港分行經理。鄭鐵如自 1927 年起一直出任香港分行經理，在此關鍵時刻，他立即覆電北京新總管理處，表示接受領導，並稱："所有各項財產均經保存，已囑員工安心工作，維持現狀"。鄭的愛國行動受到周恩來總理的高度讚揚。

表4.14　1994年香港各銀行集團的資產總值及客戶存款
（單位：億元）

銀行集團	資產總值	客戶存款
滙豐銀行集團	10,790（14.7）	6,797-7,768（35-40）*
中資銀行集團	7,110（9.7）	4,500（23.2）
日資銀行集團	39,160（53.4）	2,790（14.4）
美資銀行集團	3,400（4.6）	1,200（6.2）
歐資銀行集團	9,220（12.6）	2,410（12.4）
其他	3,640（5.0）	762-1,733（3.8-8.8）
合計	73,320（100.0）	19,420(100.0)

注：（ ）數字表示所佔比重；
＊滙豐銀行集團的客戶存款數是筆者的估計數，約佔 35-40%。
資料來源：1994 年香港金融管理局年報及 1994 年滙豐銀行年報

當時，在香港的國內金融資本中，除廣東省銀行因股權關係尚未確定外，共有 15 家金融機構。這些金融機構分為三類：第一類是中國政府自有的機構，包括南洋商業銀行、寶生銀號和民安保險公司；第二類是總行（總處、總局、總公司）在國內的機構，包括中國銀行、交通銀行、中國實業銀行、新華銀行、福建省銀行在香港的分行和中國保險公司的香港分公司；第三類是，國內機構已撤銷，但香港的機構尚未接管，包括中國農民銀行、廣東省銀行、廣西銀行等在香港的分行、中央信託局、郵政儲金滙業局的香港分局、中國農民保險公司的香港分公司等。這些金融機構共有資產 52,500 萬元，負債 47,422 萬元，資產淨值約 5,000 萬元。其中，80% 集中在中國銀行香港分行，交通銀行和中國農民銀行的香港分行分別佔 8% 和 5%，其餘各行則資不抵債。[14]

除上述機構外，在香港的中資銀行還有公私合營銀行各行在港的分行和地方興辦的銀行。1952 年初，在港合營銀行，包括鹽業銀行、金城銀行、中南銀行、新華信託儲蓄商業銀行、國華商業銀行、浙江興業銀行、中國實業銀行、聚興誠銀行、和成銀行等 9 家銀行，成立公私合營銀行聯合辦事處，統一領導各行在港分行。1954 年，中國實業、聚興誠、和成等 3 家銀行的

經營手法迅速轉變的中國銀行。

香港分行宣佈結業，其餘 6 家則繼續營業，直
到 1958 年統一歸由中國銀行駐香港總稽核室領
導，原設立的公私合營銀行聯合辦事處宣佈取
消。其後，廣東省銀行、華僑商業銀行等在香港
分行亦陸續歸由中國銀行駐香港總稽核室領導。

　　到 1965 年年底，香港共有中資銀行 12
家，包括中國銀行香港分行、交通銀行香港分
行、廣東省銀行香港分行、南洋商業銀行（成立
於 1950 年）、寶生銀行（成立於 1949 年）、華
僑商業銀行香港分行、鹽業銀行香港分行、金城
銀行香港分行、中南銀行香港分行、新華銀行香
港分行、國華銀行香港分行、浙江興業銀行香港

1966 年寶生銀行總行，位於德輔道中 84 至 86 號。

分行等。在港中資銀行中，中國銀行和交通銀行是香港銀行公會理事，南商、新華、中南、金
城、國華、浙江興業等銀行為會員銀行，這些銀行均為外滙授權銀行，廣東省銀行、鹽業銀行
為非會員銀行，也不是外滙授權銀行。其中，中國銀行香港分行是各行中歷史最悠久、實力最
雄厚、經營業務最廣泛的銀行，因而成為中資銀行的核心。

　　1964 年，中國銀行總管理處召開海外行會議，對香港中資銀行的工作作了明確的規定：中
資銀行應充分利用香港的有利條件，大力配合內地對港出口和轉口貿易；加強華僑服務工作，
努力吸收僑滙；努力吸收存款，壯大資金力量；並適當開展當地業務。這一時期，香港中資銀
行在存、貸款業務、經辦及吸收僑滙、支持國家對外貿易的發展等方面都取得了良好的成績。
1960 年代中，香港爆發銀行危機，多數銀行存款急劇下降，但在港中資銀行的存款不但沒有下
降反而上升。

　　1975 年 6 月，經中國銀行總管理處同意，在港部分中資銀行，包括中國、交通、新華、
金城、中南、鹽業、浙江興業、國華、廣東省等 9 家銀行決定擴大各行總行的股本額，股本增
加部分全部為政府股本。其中，中國銀行股本從 1,980 萬元人民幣增加到 4 億元人民幣，每股
仍為人民幣 33 元。私股由原來佔三分之一（即 20 萬股共 660 萬元人民幣），下降到 1.6%；公
股則由原來佔三分之二增加到 98.4%。（表 4.15）其他銀行的情況也大體相似。

　　1950 年代以來，香港中資銀行雖然有了一定程度的發展，不過，直到 1970 年代末，它們
在香港的發展一直較為低調，主要業務僅限於融通內地與香港的貿易，向對華貿易有關的企業
及個人舉辦存、貸款業務，經營人民幣滙款等。1970 年中國恢復在聯合國席位後，中資銀行的
經營方針開始轉趨積極，如建立分行網絡吸收存款、與中資以外企業及個人建立業務聯繫、接

受香港房地產和股票的抵押等等。

表4.15　1975年中國銀行等9家銀行增資情況
（單位：人民幣萬元）

行名	原有股本	增資後股本額	增加倍數
中國銀行	1,980	40,000	19.2
交通銀行	1,800	10,000	4.6
新華銀行	900	8,000	7.9
金城銀行	900	8,000	7.9
中南銀行	800	5,000	5.3
鹽業銀行	500	5,000	9.0
浙江興業銀行	700	5,000	6.1
國華銀行	500	5,000	9.0
廣東省銀行	800	8,000	9.0

資料來源：中國銀行行史編輯委員會編著：《中國銀行行史（1949-1992）》，上卷，中國金融出版社，2001年，第463頁。

1980年代中國推行改革開放方針後，中資銀行集團在開拓業務方面更趨積極，它們積極增設分行網點，加快電腦建設，增加服務品種，著力吸引低成本資金，優化存款結構。1980年代初，中銀集團建立規模龐大的"中銀集團電腦中心"，使14家成員行電腦聯網，實現全香港儲蓄存款業務通存通兌。1982年，中銀集團聯同東亞、浙江第一、永隆及上海商業等4家華資銀行成立"銀聯通寶有限公司"，實現自動櫃員機電腦聯線服務。同年，該集團以中國銀行香港分行外滙部為基礎組建集團成員間外滙、資金調劑中心。1980年代中期，中銀集團積極開展外幣存款業務，1989年統一推出一折多幣的外幣儲蓄存款 ——"外滙寶"，1993年成立外滙中心，為客戶提供更加靈活便利的外幣存款及買賣服務。

隨著集團實力的增長，中銀集團不斷增設附屬公司，包括中國建設財務（香港）有限公司（1979年）、南洋信用卡有限公司（1980年）、新中產公司（1982年）、中茂證券有限公司（1983年）、中國建設投資（香港）有限公司（1984年）、中銀國際直接投資管理有限公司及中銀集團保險有限公司（1992年）等。為進一步加強中銀集團在香港經濟中的地位，1985年中國銀行開始興建香港中銀大廈，該大廈位於香港中區，建築面積13.5萬平方米，樓高315米共70層，是當年世界第七高摩天大廈，也是美國以外的世界最高建築物。1990年，中銀大廈落成開幕，

圖為2001年10月1日中國銀行（香港）有限公司宣佈成立典禮。出席者除了香港特區行政長官董建華（左七）外，尚有中國銀行董事長、行長兼中銀香港董事長的劉明康（右七）及中銀香港總裁劉金寶（左六）。

成為中銀集團在香港經濟中的象徵。

到 1990 年代中期,中銀集團已成為在香港僅次於滙豐集團的第二大金融集團,旗下的分支機構已超過 400 間。1996 年底,中銀集團的存款總額約 6,300 億元,佔香港銀行體系存款總額的 25%;貸款總額月 3,500 億元,約佔香港本地貸款(包括貿易貸款)總額的 20%;資產總額則達約 9,700 億元。

(3)美資銀行集團

美資銀行集團在香港的歷史亦可追溯到 20 世紀初,萬國寶通銀行早在 1902 年已在香港開業,是歷史最悠久的美資銀行。除萬國寶通外,美國運通銀行、美國銀行、大通銀行、美國大陸銀行(前稱友邦銀行)、美國國際商業銀行等都在 1965 年港府停發銀行牌照之前進入香港,這 6 家銀行不受開設分行數量的限制,在零售銀行業務方面早已建立相當穩固的基礎。

1978 年港府重新發放銀行牌照後,美資銀行相繼進入香港,到 1980 年代中期,按實際擁有權劃分,美資在香港擁有的認可機構僅次於日本,其中持牌銀行曾達到 22 家,反映了美資在香港的活躍程度。進入 1990 年代,美資認可機構的數目逐年減少,從 1986 年底的 57 家減少到 1996 年的 32 家,其中一個原因是接受存款公司的大量減少,另一原因是這一時期美國銀行業掀起的購併浪潮對香港的影響,如太平洋銀行在 1991 年因與美國銀行合併而在香港除牌,底特律國民銀行在 1996 年因與芝加哥第一國民銀行合併而在香港除牌。據統計,到 1996 年底,美資在香港擁有持牌銀行 14 家、有限制牌照銀行 11 家、接受存款公司 7 家(表 4.16)。

由著名建築師貝聿銘設計的新中銀大廈,該建築物顯示中銀在香港日趨重要的地位。

表4.16　1986年至1996年美資認可機構的發展概況

美資認可機構	1986	1988	1990	1992	1994	1996
持牌銀行	22	20	20	15	14	14
有限制牌照銀行	5	5	7	8	11	11
接受存款公司	30	28	26	15	10	7
合計	57	53	53	38	35	32

資料來源：香港金融管理局年報

1959 年已進入香港的美國銀行，攝於 1980 年代中。

表4.17　1996年按認可機構實益擁有權所屬國家/地區列出銀行集團情況
（單位：億元）

	資產總額 (%)	客戶存款總額 (%)	客戶貸款及墊款總額 (%)
中資銀行集團	8,700（11.0）	5,630（22.9）	3,540（9.0）
日資銀行集團	35,160（44.5）	3,800（15.5）	21,770（55.6）
美資銀行集團	4,220（5.3）	1,380（5.6）	1,650（4.2）
歐資銀行集團	11,660（14.7）	2,740（11.1）	4,110（10.5）
其他*	19,330（24.4）	11,030（44.9）	8,070（20.6）
總計	79,070（100.0）	24,580（100.0）	39,150（100.0）

注：＊中包括滙豐銀行集團的數字
資料來源：香港金融管理局年報

美資銀行與其他外資銀行一樣，一般從事批發性業務為主，較少涉足零售業務。據統計，到 1996 年底，美資銀行的客戶存款總額為 1,380 億元，貸款及墊款總額為 1,650 億元，在香港存、貸款市場中所佔比重分別為 5.6% 和 4.2%。美資銀行的營運資金主要靠同業拆借以及發行存款證，不過 1990 年代以來已積極拓展零售銀行業務，包括開展樓宇按揭、私人貸款、基金銷售及私人銀行，以及發行信用卡等。1996 年底，美資銀行的資產總額為 4,220 億元，在香港銀行體系資產總值中所佔比重是 5.3%（表 4.17）。

美資銀行中，美國排名的十大銀行中有九家在香港開業，包括萬國寶通銀行、大通銀行、美國銀行、JP 摩根等一批世界一流銀行。這些銀行不僅實力雄厚，而且在金融創新及科技應用等方面居先導地位，它們積極致力將歐美的金融衍生工具引進香港。這些金融衍生工具操作複雜，風險較大，一般華資銀行沒有足夠的專業人才和資金實力去推廣和操作。美資銀行憑藉其雄厚的資金實力、廣泛的國際金融聯繫，以及大批專業人才，成為香港金融業創新的領導者，從而鞏固並提高了香港國際金融中心的地位。

（4）日資銀行集團

1965 年以前進入香港的日資銀行只有三家，包括東京銀行、三和銀行和住友銀行，其他銀行主要是以財務公司的形式來港的。不過，1978 年以後，日本的城市銀行和區域銀行大批湧入香港，到 1980 年代中，日資已超過美資成為外資銀行中最大的國家集團。日資還控制了廣安銀行、浙江第一銀行等兩家華資銀行的控股權。1987 年，日資的三菱銀行宣佈從萬國寶通購入有利銀行的牌照。

日資銀行初來時，業務主要集中在貸款與集資，尤其是銀團貸款。1980 年代以後，日資銀行的業務重心逐漸轉移到證券包銷、財務管理以及對華業務等方面。與以萬國寶通、大通等美資銀行相比，日資銀行在香港的活動要低調得多，它們既不熱衷高調的廣告宣傳，也很少借助傳媒推銷其產品。然而，日資銀行一直以來都是香港金融市場最重要的外資之一。1996 年，日資在香港擁有 46 家持牌銀行、11 家有限制牌照銀行及 35 家接受存款公司，成為香港擁有最多認可機構的外國銀行資本（表 4.18）。

日資金融機構在香港雖然數目眾多，但吸納客戶存款的規模卻很小，反映了它們對香港零售銀行業務的參與度很低。相比之下，日資銀行的貸款額卻相當龐大，佔據了香港貸款市場的半壁江山。據統計，1996 年底，日資銀行的存、貸款總額分別為 3,800 億元和 21,770 億元，所佔比重分別是 15.5% 和 55.6%（表 4.19）。不過，正如日資銀行絕大部分營運資金並非來自香港本地市場一樣，它們的貸款及墊款也主要投向海外市場。這對香港離岸業務的發展起了極大的推動作用。

早期已紮根香港的日本東京銀行，攝於 1980 年代末。

表4.18　1986年至1996年日資認可機構的發展概況

年份	1986	1988	1990	1992	1994	1996
持牌銀行	25	28	31	37	45	46
有限制牌照銀行	6	6	11	12	12	11
接受存款公司	28	30	31	35	37	35
合計	59	64	73	84	94	92

資料來源：香港金融管理局年報

值得指出的是，1990 年代後期，受到日本經濟衰退和金融危機的影響，日資在香港的認可機構已大幅減少，其影響力也相應減弱。

（5）華資銀行集團

華資銀行集團的起源最早可追溯到 19 世紀的銀號。華資銀行的黃金時代是 1946 年至 1964 年。根據香港大學饒餘慶教授的研究，作為一個銀行集團，當時的華資銀行可與滙豐集團、中銀集團以及外資集團分庭抗禮而成為一種"第四勢力"。[15]華資銀行雖然資本較少，但分行眾多，在華人存戶，尤其是中下階層和中小企業中有著相當的影響力。

可惜的是，1960 年代中期和 1980 年代初期的兩次銀行危機中，華資銀行和財務公司紛紛倒閉或被收購，其餘的華資銀行也相繼引進外資。到 1990 年代中期，仍由華資控股的銀行僅餘 6 家，包括東亞銀行、永隆銀行、大新銀行、廖創興銀行、大生銀行及大有銀行。華資作為一個銀行集團已經式微。

6. 1970 年代以後保險業的發展

踏入1970年代，隨著工商各業的繁榮發展，各種保險公司如雨後春筍般湧現，

香港保險業進入了一個新的發展時期。為推動香港發展成為一個

國際性的保險中心，香港政府逐步加強了對保險業的立法和管制，

這導致香港保險業聯會的產生與保險業中介人自律監管制度的建立。

6.1 1970年代保險業的多元化與1983年《保險公司條例》

1960 年代，快速的工業化推動了香港整體經濟的起飛。踏入 1970 年代，香港的工業化進程接近完成，工商各業繁榮，房地產價格上升，許多公司都計劃將股票上市以籌集更多的資金發展。這推動了遠東交易所、金銀證券交易所、九龍證券交易所的成立，形成了所謂“四會時代”，並促成了 1970 年代初期香港股市的大發展。這種宏觀經濟背景，為香港保險業的發展創造了極為良好的商業環境。當時，香港的保險法律甚少，一家保險公司只須辦理商事登記並向公司註冊處繳付註冊費後即可營業。香港沒有外滙管制，資金調撥方便；公司利得稅較低，在香港經營較容易積累資金。因此，各種保險公司如雨後春筍般湧現，外資保險公司紛紛在港成立分公司，一些貿易商行和地產公司也兼營保險業務，許多銀行和財務公司亦附設保險公司。

這一時期，隨著大批外資保險公司進入香港，香港的保險市場結構發生了顯著的變化，開始呈現出多元化的發展態勢：

首先，是香港傳統的保險代理機構紛紛與其國外的保險業夥伴合作組建在香港註冊營運的保險公司。1973 年，太古集團與其長期合作夥伴英國皇家保險集團（Royal Insurance Group）合作創辦太古皇家保險公司。該公司於 1990 年代初發展為香港一般保險的第 5 大保險公司。[16]與此同時，怡和集團亦透過旗下的保險部門與英國太陽聯合保險集團（The Sun Alliance Group）香港公司合組隆德同盟（Lombard Alliance）。1976 年，長期作為鷹星集團（Eagle Star Group）保險代理的穆勒公司（Mollers），與鷹星集團合作成立亞洲雄鷹保險公司（The Asian Eagle Insurance Company）。1977 年，滙豐銀行也將旗下絕大部分保險業務注入旗下一家與馬來亞保險集團（Malayan Insurance Co., Inc.）合資組建的保險公司 —— 獲多利保險（Wardley Insurance）。該公司其後被重新命名為“嘉豐保險公司”（Carlingford Insurance Company

永隆銀行是 1990 年代六家華資控股的銀行之一。

東亞銀行主席李國寶，攝於 2000 年 5 月。

Limited）。[17]

　　導致這一發展趨勢的原因主要有兩方面：其一，1970 年代以來，隨著香港經濟的蓬勃發展，香港對外國保險公司的吸引力大增，原來主要透過香港保險代理機構從事保險業務的外國保險公司，紛紛到香港設立分支機構，這使得香港傳統的保險代理機構 —— 通常是一些大洋行 —— 的保險代理業務減少；其二，是香港保險費回扣率大幅提升。1972 年，一家保險代理機構的火險賬戶可收到總保險費用 45%-50% 的傭金，而當時的回扣平均為保險費用的 30%，即尚有 15%-20% 的利潤空間；然而，到了 1977 年，火險的回扣率提高到 45%-50%，總的利潤空間縮減到 5% 甚至沒有利潤可賺。因此，保險代理機構的最好的選擇就是組建自己的保險公司，這可使他們直接分享保險與投資的利潤。[18]

　　其次，是大批國際經紀行進入香港。1970 年代之前，香港的保險經紀並不活躍，所佔市場份額也很少。然而，進入 1970 年代以後，香港啟動了一系列大型基建項目，如地下鐵路的興建等，由於專業性強，本地經紀均不敢承接，這推動了國際經紀大公司的積極進入。1974 年，全球最大的跨國經紀公司達信保險（Marsh & McLennan Companies Inc.）和全球第三大的跨國經紀公司約翰遜哈金斯有限公司（Johnson & Higgins Ltd.）相繼進入香港。1980 年代初，達信保險與新鴻基公司合作創辦合資公司進軍本地保險經紀業務。[19] 1982 年，約翰遜哈金斯（香港）有限公司（Johnson & Higgins (H.K.) Ltd.）成功獲得了他們在香港的第一個代理客戶 —— 九廣鐵路公司。同期，英美資本的韋萊（Willis Faber）、怡安（AON）等也相繼進入香港發展。根據香港最大再保險機構慕尼克再保險有限公司（Munich Reinsurance Company Hong Kong Branch）的資料，國際經紀行在香港的開設辦事處的數目，從 1972 年的 6 家增加到 1977 年

26 家（表4.19）。

表4.19　1970年代創辦的國際經紀公司

"行" 的名稱	保險經紀附屬公司	成立年份
會德豐有限公司（Wheelock Marden & Co.Ltd）	Wheelock Marden & Stewart Co.Ltd.	1970
太古集團有限公司（John Swire & Sons Ltd.）	太古保險有限公司 (Swire Insurance Ltd.)	1972
香港上海滙豐銀行（The Hongkong & Shanghai Banking Corp.）	Gibbs Insurance Consultants Ltd.	1976
天祥有限公司 (Dodwell & Co.Ltd.)	Bain Dawes Dodwell Co.Ltd.	1977
怡和有限公司 (Jardine Matheson & Co. Ltd.)	怡和保險經紀有限公司 (Jardine Insurance Brokers Ltd.)	1982

資料來源：Yuen Tak Tim, Anthony. "A Study on The Popularity of Utilizing Insurance Brokers by Industrial Concerns in Hong Kong for Management of Their Insurance Programme", MBA thesis, Department of Management Studies Faculty of Social Science University of Hong Kong, May 20, 1986.

這一時期，國際保險經紀在進入香港的同時，將它們本土客戶的香港業務也囊括手中。例如，達信保險就成為了可口可樂、高露潔等客戶香港業務的保險經紀。香港一些大型保險客戶，如中華煤氣、香港電燈、中華電力、等也轉而聘請它們做自己的保險經紀。到 1990 年代，甚至政府的醫管局，非商界的地鐵公司、馬會、香港社會服務聯會，乃至眾多大公司如國泰航空等，都落入它們手裏。約 8 至 10 家國際性保險經紀成為了香港眾多大公司、大機構的保險中介，這對香港的保險市場的發展產生了深遠的影響。

第三，香港本地中小型保險公司大量湧現，業務競爭日趨激烈。據統計，1970 年至 1979 年，香港參加公會的保險公司數目，從 174 家增加到 203 家；在港設立總、分公司的數目從 60 家增加到 93 家，成為亞太地區擁有保險公司最多的地區（表 4.20）。隨着保險公司的增加，業務競爭越來越激烈。一些未參加保險公會的公司，不理會保險公會的統一規定約束，甚至不按常規處理賠案。比較規範的保險公司也紛紛推出新品種。激烈的市場競爭致使傳統價格主體的影響被弱化，尤其是火險；某些業務的價格大幅 "跳水"。隨着大量新保險公司的成立，以及競爭激烈環境下破產風險的提高（鑒於保險公司的負債風險數千倍於他們的淨資產價值），加強政府管制的必要性日益凸顯。這導致了 1978 年引入的與資本需求有關的臨時立法，並引出了後來更多、更廣泛的建議。[20]

香港對保險業的成文立法，主要從 1950 年代初開始，不過，直到 1970 年代中期之前，香港政府對保險業的

表4.20　1970年代香港保險公司發展概況

年份	參加公會的保險公司數			在香港設立總、分公司數			未參加保險公會公司總數
	總數	一般保險	人壽保險	總數	一般保險	人壽保險	
1970	174	152	22	60	39	21	—
1971	176	154	22	61	40	21	—
1972	173	151	22	62	41	21	—
1973	181	159	22	68	47	21	—
1974	179	157	22	72	51	21	—
1975	184	163	22	76	54	22	近 20
1976	187	164	23	78	56	22	—
1977	196	173	23	87	65	22	—
1978	199	176	23	91	69	22	超過 120
1979	203	180	23	93	71	22	132

資料來源：香港經濟導報編：《香港經濟年鑒》，1970 年至 1979 年。

監管一直是相當的寬鬆。1970 年代中期以後，香港政府為了推動香港發展成為一個國際性的保險中心，同時也為了保障投資者的利益，逐步加強了對保險業的立法和管制。當時，香港正迅速演變為亞洲區一個國際性金融中心，作為金融業的一個重要環節，保險業也得到了迅速的發展，新註冊成立的保險公司大量增加。據統計，1975 年底，香港共有保險公司 186 家，但到 1981 年 4 月已增加到 345 家，短短 5 年多時間內，香港保險公司的數目增幅高達 85%。

當時政府的監管情況，正如香港保險業聯會創會主席 Michael Somerville 後來所指出的：“嚴謹的監管及管制法規幾乎闕如，承保商的最低資金要求更是為人詬病，據我記憶所及，只要 1 萬港元的資金就可註冊經營保險公司，因此某些對業界和公眾人士毫無責任感、只求賺快錢的經營者相繼出現。汽車司機在投保人類別中，是最易受傷的一類，亦因而成為最常見的受害者。其時正是消費者權益日漸受到重視的消費主義年代，公眾對保險的觀感極為負面。對於在 1974 年成立的消費者委員會來說，由於接獲涉及保險業失當行為及違反專業守則的投訴個案持續高企，保險業首當其衝是打擊對象之一。”〔21〕

1975 年，面對公眾對保險業越來越多的批評和指責，負責監管保險業承保商的政府部門註冊總署署長遂召集保險業界領袖，著手研究發展透過立法、自律監管或雙管齊下形式運作的完善監管架構。1982 年 2 月，香港政府成立“保險業法例工作小組”。同年 5 月 7 日公佈了一個包括各類保險業務的全面性保險公司法例 ——《保險公司條例》草案，以取代以前的一些有關條例和法案。該條例的內容主要是提高綜合業務公司（同時承保一般保險及人壽保險），以及提供法定保險的公司的最低資本額為 1,000 萬港元；並規定保險公司必須維持一個償債能力的餘額；同時賦予保險業監督更大的干預權力。為了配合新法例的實施，1983 年香港政府還成立了“保險業諮詢委員會”，旨在對有關保險公司條例的管理及保險業務的經營，向政府提供諮詢意見。

經過一年多的諮詢期和討論修改，並完成立法程序，1983 年 6 月 30 日，香港政府正式頒佈實施

美資的美國友邦保險（百慕達）業務廣告。

《保險公司條例》（Insurance Companies Ordinance）。同時，政府給 6 個月的過渡期為一些未完全符合新法例的已開業舊公司採取完善措施。從 1984 年 1 月 1 日起，所有保險公司都必須完全依照新法律的規定營業。新法律包括 61 條及 3 個附件，內容大部分涵蓋了保險業工作小組的建議，是一部取代自 1907 年至 1951 年間所制訂的所有零碎的保險法例的更全面、更綜合的保險法規。該條例制定了一套對香港保險業進行審慎監管的法則，其宗旨是保障投保人的利益，確保保險公司有一個健全的管理及財務狀況，並對保險投資者提供一個公平及自由競爭的保險市場。

6.2 香港保險業聯會的成立

1983 年《保險公司條例》的頒佈實施，雖然標誌著香港政府對保險公司及其經營操守的審慎監管已漸趨成形，但是，自律監管的制度並未最終建立。這導致香港保險業聯會的誕生。

當時，保險業界共有 6 個公會組織，彼此各自為政。為了配合形勢的發展，1981 年 12 月 9 日，保險業界成立了推動各公會合併的籌備委員會，計劃組織一個保險局（Insurance Council），當時中文名稱尚未確定，或稱為香港保險總會或香港保險聯會。1982 年 6 月，保險業界人士舉行了多個會議，並最終推動了香港保險總會（General Insurance Council of Hong Kong）的成立，其章程及架構由當時所有香港公會，包括剛成立的人壽保險公會組成的策劃小組制訂。當時的計劃，是將香港保險總會發展成為業界的總代表機構，涵蓋一般保險和壽險公司，並作為香港保險的發言人，以適應國際化發展的需要，同時對貫徹新保險法發揮輔助作用。

不過，當時正值人壽保險業務的快速發展時期，結果，1984 年香港壽險總會（Life Insurance Council of Hong Kong）成立，形成業內兩個保險總會，即香港保險總會（1996 年 10 月改名為"一般保險總會"）和香港壽險總會，各有獨立的秘書處。儘管發展並未如預期般進行，但兩個保險總會進行了緊密的合作，致力解決諸如自律監管、中介機構、立法、稅務等對外事宜。雙方還就業內問題，包括分別設置獨立秘書處所涉及的雙重開支，進行商討。1980 年代後期，香港政府推行政制改革，在立法局引入功能組別，結果保險業因為存在兩個總會，未能成功取得議席。這加快了兩個總會的合併。

1983 年《保險公司條例》實施以來，儘管保險業的發展已有了一個較穩健的基礎，但市場仍然存在不少不穩定的因素，包括部分保險公司為了擴大業務，不惜減低保費、放鬆賠款、"挖角"經營等等。1986 年初，政府發表《保險法律研究報告書》，檢討原訂法律條例，並提出了一些改革意見，其中，如何界定保險業中介人職權、保險經紀須註冊等建議均引起了社會的重視。同年 6 月 12 日，政府在憲報刊登《保險公司（修訂）（第 2 號）條例草案》，賦予保險業監督明確權力，可以在原有第 8 條條例未列明的理由下，拒絕一家公司成為認可承保人的申請；政府並有意提高香港保險公司的償債能力額度。

面對政府加強監管的壓力和激烈的市場競爭，建立保險業內的自律制度越來越受到重視。1986 年初，香港保險總會和香港壽險總會開始着手籌組一個更具代表性的全面的保險總會。1987 年 6 月，各保險同業組織及來自美資、英資及中資等不同背景的保險公司人士籌組了一個保險業自律工作小組，代表整個保險業與香港政府商討業內實行自律的具體做法，以避免政府參照 1986 年初發表的報告書內容，制訂法例管制業內人士。當時，保險業強烈希望政府按英國模式，由業內人士用自律方式管制與監督業內經營行為，而不是採取嚴厲的立法。1987 年 5 月 15 日，香港保險經紀公會（The Hong Kong Society of Insurance Brokers）成立。1988 年 1 月 29 日，香港專業保險經紀協會成立。

1988 年 8 月 8 日，香港保險業聯會（The Hong Kong Federation of Insurers，簡稱保聯 HKFI）宣告成立。保聯的創立，是香港保險業發展的重要里程碑，其宗旨是推動及促進香港保險業的發展。具體包括：

（1）維護、推展及增進於香港經營保險業務的保險公司及再保險公司的共同利益；

歷史悠久的於仁洋面及火險保安有限公司的業務廣告。

1988 年成立的香港保險業聯會註冊文件。

（2）在穩健基礎上推廣香港保險業的未來發展；

（3）加強社會人士對保險的認識；

（4）就影響會員權益的事務上，提供諮詢及協商的機會；

（5）就影響保險公司、再保險公司及保險業的立法及其他事務上，擔任回應政府諮詢及與政府商討的媒介；

（6）就所有影響保險公司權益的事務上，尋求一致行動。

香港保險業聯會成立初期，即加強與境內外多個保險業組織建立聯繫或合作關係合作。1988 年 9 月，東亞保險業代表大會在香港舉行第 13 次會議。該會於 1962 年成立，目的是要加強東亞國家或地區會員在保險業務方面的國際合作。參加這次會議的保險業專業人士共有1020 人，分佈來自 29 個國家和地區。香港保險業聯會的代表參加了這次會議。

1990 年 4 月 1 日，香港意外保險公會、香港火險公會及香港洋面保險公會加盟保聯秘書處旗下。同年 4 月，保聯有見香港醫療保險業增長蓬勃，遂批准香港醫療保險協會委派代表加入一般保險總會。該協會成立於 1984 年，目的是要提高及維護經營醫療保險業務的保險公司的權益。至此，香港保險業聯會完成將所有保險承保商權益一統其下的大計，其成員包括一般保險總會和壽險總會，其中，一般保險總會包括意外保險公會、香港華商保險公會、火險公會、洋面保險公會、醫療保險協會以及再保險協會等。

1994 年 12 月 29 日，以保聯為共同秘書處，香港保險業各業界組織經過 4 年以保聯為共同秘書處的合作後，終於決定以保聯為組織架構正式註冊為有限公司，進一步鞏固、簡化組織結構，並成為獲得香港政府全面認可的保險業代表機構。保聯作為有限公司，其負債以擔保為限，每位會員所承擔的法律責任為其每年交納的會費的數額，保聯的收入及資產只可用

圖4.1 香港保險業聯會組織架構

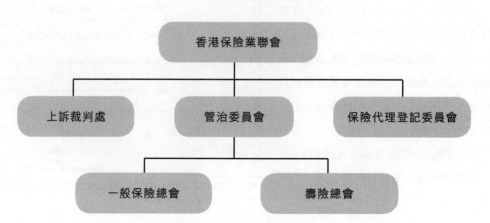

於推廣及實踐該會列在《立法章程》內的宗旨，不可支付任何數額給保聯旗下的會員。香港保險業聯會的組織結構，包括轄下的管治委員會、保險代理登記委員會和上訴裁判處（圖 4.1）。

6.3 保險業中介人自律監管制度的建立與發展

1980 年代以來，隨著保險業監管制度的建立和完善，香港保險業的專業水平已有了很大提高，然而，保險業從業人員，特別是保險中介人的素質仍然參差不齊，致令保險業的形象和名聲，往往因為個別缺乏專業道德人士的所作所為而蒙羞。1990 年 4 月初，香港消費者委員會就首次公開點名批評香港 3 家保險顧問公司，包括金狄斯（國際）保險顧問公司、威信國際（保險顧問）和雪鐵龍國際保險顧問。

踏入 1990 年代，面對社會公眾關注和政府立法監管的壓力，香港保險業聯會積極推動業內自律行動，有關行動分兩個階段進行。第一階段是保險公司在解釋保單時實行自律，以使保單持有人得到公平、合理的保障。該計劃包括兩個方面，一方面是制定一般保險業慣例聲明及長期保險慣例聲明，供一般保險總會和壽險總會的會員遵守；另一方面是成立保險索償投訴局。該計劃於 1990 年起實施，參與公司必須遵守行業的業務慣例聲明，並成為保險索償投訴局的會員。1990 年 2 月 20 日，由香港保險業聯盟會積極推動的 "保險索償投訴局"（Insurance Claims Complaints Bureau）宣佈成立。保險索償投訴局是保險業界首家推行自律監管的機構，主要職能是調解人壽保單持有人與承保人之間的索償糾紛。

投訴局設有獨立的保險索償投訴委員會，負責處理有關投訴賠償事宜，該委員會由 5 名委員組成，任期為兩年，其中主席必須由政府金融司批准才可出任，首任主席是李福善，其餘 4 位委員，兩名來自保險業，兩名則為業外人士。根據投訴局的規定，接受消費者的投訴有一定的限制，包括投訴有關的保險必須是以私人的身份投保的合約，而投訴的對象僅限於參加該局的保險公司，而索償額亦以 25 萬港元為限。[22] 其後，投訴局可裁決的限額亦經過多次修訂，由 1993 年 40 萬港元增至 1996 年的 60 萬港元，於 2005 年修訂為 70 萬港元，到 2007 年更達增加至 80 萬港元。投訴局在成立初期只有 27 家保險公司參加，不過到 1994 年上半年已經增加到 154 家，佔香港個人保險營業額的九成以上。[23] 保險業第二階段的自律是業內中介人的管理，由 1993 年 1 月起實施。其實，自 1989 年底，香港保險業聯會就保險代理的管理事宜與政府有關部門進行磋商，期間約花了 3 年時間進行研究，包括參考外國的類似制度，與有關政府官員進行商議，並在同業間透過討論方式尋求一個適合香港本地市場環境的自律模式。1991年，香港保險業聯會完成了《保險代理管理守則》的草擬工作，該《守則》詳列保聯、其下兩個總會、會員公司及獲委任代理各方之角色。

2000 年香港保險業聯會第五屆周年大會，主席台上左起為壽險總會主席鄭文光、保聯副主席及一般總會主席郭毅能、保聯主席夏百德、保聯總幹事方惠琴及名譽核數師馬華。

1994 年 9 月 28 日，香港保險業聯會屬下的壽險總會宣佈該會於 1994 年 12 月 1 日起實行《壽險轉保守則》，以防止 "誘導轉保" 的情況發生。所謂 "誘導轉保"，根據《壽險轉保守則》的定義，"是指代理利用誤導性陳述、不披露某些資料、錯誤陳述及對保單作出不詳實的比較，誘使投保人更改現有壽險安排，轉而投購其他壽險保單，使投保人的利益遭受不利影響。"[24]《壽險轉保守則》規定，為了加強營銷過程的監管，

2000 年香港保險業監理處十周年慶祝典禮，圖為主禮嘉賓署理財政司司長俞宗怡。

投保人在決定購買新壽險保單前必須填寫一份 "客戶保障聲明書"，該聲明書確保代理已經向投保人詳細解釋轉保可導致的重要後果及不利影響，並作為投保人與代理於購買壽險保單或轉保時的證明文件。

1996 年 6 月 27 日，香港保險業聯會屬下的壽險總會宣佈，從 1996 年 7 月 1 日起，總會將為購買新壽險保單的投保人提供 "冷靜期" 的權益。"冷靜期" 旨在加強保障消費者權益，賦予香港的投保人在壽險保單簽發後 14 天，或填寫投保書的 21 天內（以最遲的日期為準），審慎考慮其決定。假若投保人在冷靜期內決定改變初衷，可以向保險公司取消有關保費並取回保費。大部分人壽保險計劃的保客在冷靜期內行使這項權利，都可獲保險公司退回 100% 的保費，並且不需繳交任何手續費。至於整付保費或含有投資成份的保險計劃，由於其市值受投資市場影響，倘若保單在冷靜期內已經貶值，則消費者可取回經市值調整後折減的保費。

1999 年 5 月，為進一步提高自律監管制度，加強市民對保險業的信心，保險業聯會經諮詢保險業監督後，制訂《承保商專業守則》，鼓勵保險公司採納優良慣例，提高保險業專業水平。該《守則》提出多項措施自律監管業界，其中包括 "冷靜期" 機制和退保闡釋文件。"冷靜期" 機制規定購買壽險保單的投保人，在壽險保單簽發後 14 天或填寫保單後 21 天內（二者以最遲的日期為準），可以改變初衷向保險公司取消保險合同，投保人可以取回自己的保費。而退保闡釋文件機制則規定，從 1997 年 1 月 1 日起，凡銷售有投資成份的人壽保險計劃的保險公司必須提供一份退保闡釋文件，規定投資者退保時可獲發還的金額以及載有指定的提示聲明，投資者簽署的闡釋文件應確證該投資者已審閱該文件。

7. 香港期貨市場的建立與發展

1970年代初,多個團體向香港政府表示有興趣開辦商品期貨交易所。

當時,港府鑒於對期貨市場的運作和監管缺乏深入了解,

認為時機尚未成熟,於1973年8月頒佈《商品交易所(禁止)條例》,

臨時禁止商品交易所的開設和經營。

後經專家研究,始於1976年底成立香港商品交易所有限公司,

後又於1985年改組為香港期貨交易所,

開始涉及金融期貨。

7.1 商品期貨市場的建立和發展

1973 年後,香港政府邀請英格蘭銀行期貨專家來港,並成立專責小組研究開設商品交易所的可行性。1974 年,該小組向政府提交研究報告,建議政府容許設立一家受到適當監管的商品交易所,以加強香港作為國際金融中心的地位。1975 年,立法會原則上同意建立一家商品交易所的建議,條件是它對香港市民造成的不良影響必須減至最低。1976 年 8 月,立法局三讀通過《商品交易條例》(Commodities Trading Ordinance)。同年 12 月,港督會同行政局向由胡漢輝領導的時金集團(Seacom Holdings Ltd.)旗下的 "香港商品交易所有限公司"(The Hong Kong Commodities Exchange Ltd.)頒發期貨經營牌照,開辦一家期貨市場,經營期貨合約的買賣,並規定發牌 5 年後再作檢討。根據規定,時金集團委任總部在英國的國際商品結算所(香港)有限公司(ICCH)提供交易的結算服務,同時成立 "香港期貨保證有限公司",為會員履行買賣合約作出保證。

香港商品交易所創辦時,由英國人施彼德(Peter Scale)出任主席,有正式會員 59 個,1984 年增至 153 個,都是香港居民或香港註冊的公司,另有附屬會員 80 個,其中大部分是海外會員。正式會員必須購買 1 股面值 10 萬元的交易所股票,同時繳付 5 萬元作為賠償基金,並繳付 1,000 元

香港商品交易所主席施彼德。

作為在市場直接買賣的出市權。附屬會員專為現貨商人而設，進出口商、貿易商及經紀商均可申請，須繳付 5,000 元的入會費，但沒有出市權。

　　香港商品交易所作為一個期貨合約市場，主要透過一家結算公司 —— 國際商品交易所（香港）有限公司（ICCH）進行結算。1977 年 5 月 9 日，香港商品交易所首先推出棉花期貨合約買賣，其後相繼推出原糖（1979 年 11 月 15 日）、黃豆（1979 年 11 月 1 日）及黃金（1980 年 8 月 9 日）的期貨合約買賣。不過，這些期貨商品的經營並不成功，除黃豆期貨因獲日本期貨商支持而較活躍外，其餘各市場均交投疏落，期棉合約更因經營慘淡而於

表4.21　香港各種商品期貨交易情況（1977-1991年）
（單位：每手）

年份	棉花	原糖	黃豆	黃金	合計
1977	9,151	1,410	—		10,561
1978	6,908	2,323	—		9,231
1979	446	109	9,023	—	9,578
1980	14,630	17,967	170,482	26,674	229,755
1981	15,914	119,534	442,708	32,740	610,896
1982	—	350,979	747,993	10,910	1,109,882
1983	—	333,475	734,936	6,106	1,074,520
1984		167,524	372,352	5,845	545,721
1985		210,515	340,545	5,977	557,037
1986		273,800	330,524	6,366	610,690
1987		282,237	635,975	5,698	923,910
1988		201,461	356,642	1,984	560,087
1989		143,989	154,696	1,172	299,857
1990		109,145	105,993	992	216,130
1991	—	34,327	31,200	922	66,449

注：合約單位為：棉花 5,000 磅，原糖 112,000 磅，黃豆 30,000 千克，黃金 100 安士。
資料來源：香港期貨交易所

1981 年 10 月停辦，主要原因是棉商和紡織廠商沒有利用本地市場進行對沖。期金市場開業初期較為活躍，但其後成交萎縮，原因是香港已有兩個發展很好的金市（金銀業貿易場和本地倫敦金市）。黃豆和原糖期貨的交易相對較為活躍，但到 1990 年代初亦日漸式微（表 4.21）。

7.2 金融期貨、期權市場的發展

　　1982 年，港府根據 1977 年發牌時的規定，委任工作小組檢討商品交易所的經營情況。香港商品交易所為獲得政府牌照的延續，成立了"金融期貨工作小組"，研究籌組金融期貨市場的可行性。1983 年 6 月，湛佑森替代涉及"不正當的股票交易活動"的施彼德出任商品交易所主席，他向政府提交一份創辦金融指數期貨市場報告。

　　1985 年 5 月，在香港政府的指導下，香港商品交易所改組為香港期貨交易所有限公司（Hong Kong Futures Exchange Ltd., 簡稱 HKFE）。其組織架構仍由香港期貨交易所、國際商品結算所（香港）有限公司和香港期貨保證公司三大機構組成。其中，期交所負責訂立會員入會資格、執行監察任務，包括根據每月及每季呈報的統計資料監察市場情況、規定經紀向客戶收取的最低按金額及監察市場內交易情況。結算所對銷各項交易、計算並結算每日的收支，並管理期貨保證公司及向該公司董事局提供意見。保證公司負責就結算會員提出

1990 年 2 月港府金融司林定國（左）主持港元利率期貨開始買賣的響鐘儀式。

表4.22　1987年上半年世界主要指數期貨市場的表現

名次	交易所名稱	指數名稱	成交額（張）
1	芝加哥貿易所	標準普爾指數期貨	10,402,671
2	香港期貨交易所	恆生指數期貨	1,642,144
3	紐約期貨交易所	紐約證券交易所綜合指數期貨	1,605,359
4	芝加哥商品交易所	主要市場指數期貨	1,376,738
	肯薩斯貿易局	股票價值指數期貨	346,982

資料來源：香港期貨交易所

1995 年香港股票期權首日交易慶祝儀式，左二是香港聯交所主席鄭維健。

增加按金要求作出決定、批准銀行成為結算及清算銀行，以及承擔各項結算風險。[25] 1985 年 5 月 6 日，期交所推出亞洲首個股市指數期貨合約 —— 恆生指數期貨（HSI futures）合約的買賣，受到市場的熱烈歡迎，第一天成交即 1,075 張，當年成交 82.5 萬張。1987 年，香港股市進入大牛市，恆指期貨合約的成交高達 361.1 萬張，比上一年急增 3.4 倍。其中，1987 年 9 月 11 日，恆指期貨一天成交量達 40,147 張，創歷史最高記錄（這一記錄直到 1995 年才被刷新）。短短兩年間，香港恆生指數期貨合約市場就一躍而成為了僅次於美國芝加哥標准普爾指數期市的全球第二大期指市場（表 4.22）。

不過，在這種金融期貨的風險尚未被投資者充分掌握之前，這個急速的發展步伐其實只是反映了當時投機風氣的熾熱。1987 年 10 月全球股災爆發，對香港的金融期貨市場造成了巨大的衝擊。當時，金融期貨市場的保證公司由於無法承擔數以 10 億港元計算的風險。香港期貨保證公司由滙豐銀行出任主席，股東包括倫敦國際商品結算所 ICCH（佔 20% 股權）、滙豐銀行（20%）、渣打銀行（15%）、大通銀行（15%）、柏克萊銀行（10%）、里昂信貸銀行（10%）和永安銀行（10%）。由於除了滙豐銀行以外，其他所有股東均反對注資，亦拒絕滙豐銀行以 1 港元收購該公司，香港金融期貨市場陷入破產的嚴重危機之中。

香港股市停市期間，香港政府期貨市場高層舉行會議，商討解決危機的對策。會議最後決定由香港政府外滙基金及多家金融機構聯合出資 20 億港元,以挽救香港期貨保證公司。稍後,香港政府再聯同滙豐銀行、渣打銀行和中國銀行(香港)又安排了一筆為數 20 億港元的備用資金(最後沒有動用)。香港政府還從期貨交易中按每張合約買賣徵收 30 港元及從股票交易中按交易價值徵收 0.03% 的特別征費以償還該筆貸款及利息。當日,香港期貨交易所主席湛佑森和副主席李福兆分別辭去正、副主席之職,政府委任地鐵公司主席李敦(Wilfrid Newton)和助理證監專員霍秉義(Phillip Thrope)分別出任該公司主席及執行副主席。經香港政府兩度安排貸款共 40 億港元給期貨保證公司,期指市場倖免於難,惟劫後已大傷元氣。

表4.23 香港期貨交易所推出的金融期貨、期權合約

品種	推出時間
恆生指數期貨	1985 年 5 月
恆生分類指數期貨	1991 年 7 月
恆生指數期權	1993 年 3 月
上市股票期貨(滙豐控股、香港電訊)	1995 年 3 月
上市股票期權	1995 年 9 月
日轉期滙	1995 年 11 月
長期恆生指數期權	1996 年 6 月
英鎊滾動外滙期貨	1996 年 9 月
恆生香港中資企業指數(紅籌)期貨、期權	1997 年 9 月
3 個月港元利率期貨	1997 年 9 月
台灣指數期貨、期權	1998 年 5 月
恆指 100 期貨、期權	1998 年 9 月
1 個月港元利率期貨	1998 年 10 月
歐元日轉期滙	1999 年 4 月
恆生地產分類指數期權、期貨	1999 年 6 月

資料來源:香港期貨交易所

其後,經過 1980 年代後期的改革,並吸取 1987 年 10 月的教訓後,香港期交所開始對買賣恆生指數期貨合約的會員實行嚴格的風險管理,包括會員必須是香港註冊公司,資本必須是實收資本及以資金為本的持倉額等。從 1992 年起,恆指期貨市場再次轉趨活躍,並取得了迅速發展。這一時期,香港期貨交易所相繼推出一系列新的金融期貨、期權產品,包括恆生分類指數期貨、恆生指數期權(HIS options)、股票期貨、日轉期滙(Rolling Forex)、長期恆生指數期權、恆生香港中資企業指數(Hang Seng China-Affiliated Corporations Index)期貨及期權,以及 3 個月港元利率期貨(3-momth HIBOR futures)等。1998 年,期交所又推出台灣指數期貨及期權(HKFE Taiwan Index futures and options)、恆指 100 期貨及期權,以及 1 個月港元利率期貨等。1999 年,期交所再增設歐元(取代德國馬克)日轉期滙、恆生地產分類指數期權,並重新推出該類指數的期貨合約(表 4.23)。

1994 年恆指期貨的成交量達到 419.3 萬張,超過了 1987 年的記錄。1997 年,恆指期貨合約的成交量達 644.7 萬張,比 1996 年大幅增長 38.5%(表 4.24),反映了 1997 年金融風暴前香港股市及恆指期貨市場的活躍程度。到 1990 年代,順應國際金融創新的大趨勢,香港期貨市場獲得了迅速發展,無論是交易品種還是成交量都有了極大的增長。這一時期,

表4.24 1986年至1999年香港恆生指數期貨成交量(單位:萬張)

年份	成交量	年份	成交量
1986	82.5	1993	241.5
1987	361.1	1994	419.2
1988	14.0	1995	454.6
1989	13.5	1996	465.6
1990	13.6	1997	644.6
1991	53.6	1998	696.9
1992	108.7	1999	513.2

資料來源:香港聯合交易所

香港期貨交易所先後與紐約商品交易所（NYMEX）和費城證券交易所簽署聯網協議，使紐約交易所的貴金屬和能源合約、費城證券交易所的外滙期權產品能夠在香港通過 ACCESS$_{SM}$ 電子交易系統進行買賣。

注　釋

〔1〕　Y.C. Jao, "The Financial Structure", in David Lethbridge (ed.), *The Business Environment in Hong Kong*, 2nd edition, Oxford University Press, 1984, p125 .

〔2〕　侯運輝著，《香港銀行、金融體制改革評議》，載香港《信報財經月刊》第 5 卷第 3 期，第 5 頁。

〔3〕　饒餘慶著，《香港的銀行與貨幣》，上海：上海翻譯出版公司，1985 年，第 74 頁。

〔4〕　Sir Philip Haddon-Cave, "The Change Structure of the Hong Kong Economy", paper read to the XXII Association Cambiste Internationale Congress, Singapore, June 6,1980, paragraph 54.

〔5〕　呂汝漢著，《香港金融體系》，香港：商務印書館，1989 年，第 146 頁。

〔6〕　薛俊豪編著，《香港金市錄》，Rosendale Press Limited，1995 年，第 14 頁。

〔7〕　參見《香港──國際黃金貿易中心》，載《恆生經濟月報》1983 年 1 月，第 9 頁。

〔8〕　薛俊豪編著，《香港金市錄》，Rosendale Press Limited，1995 年，第 16 頁。

〔9〕　同上，第 37-38 頁。

〔10〕　譚隆著，《百年金舖謝利源倒閉》，載香港《南北極》第 148 期，第 5 頁。

〔11〕　郭峰、石民著，《莊、陳、莊三頭馬車的傾覆──恆隆銀行清盤之透視》，載齊以正、陶世明等著：《香港商場精英》，龍門文化事業有限公司，1984 年，第 102 頁。

〔12〕　簡達恆著，《銀行監理專員向香港總督提交的報告》，1991 年 7 月 30 日，第 9-10 頁。

〔13〕　參閱《香港銀行業離岸業務的發展》，中銀集團編：《港澳經濟・季刊》，1997 年第 4 期，第 6-7 頁。

〔14〕　中國銀行行史編輯委員會編著，《中國銀行行史（1949-1992）》上卷，中國金融出版社，2001 年，第 34 頁。

〔15〕　香港華商銀行公會研究小組著、饒餘慶編，《香港銀行制度之現況與前瞻》，香港華商銀行公會，1988 年，第 73 頁。

〔16〕　Teter Pugh, "Absolute Integrity - The Story of Royal Insurance 1845-1995", *Royal Insurance*, pp229.

〔17〕　CLIVE A.BROOK-FOX, "Marketing Effectiveness in the Hong Kong Insurance Industry: A Study of the Elements of Marketing Strategy and Their Effect on Performance", In partial fulfillment of the requirements for the degree of masters of business administration of the university of Hong Kong, March 1982.PP4.

〔18〕　CLIVE A.BROOK-FOX, "Marketing Effectiveness in the Hong Kong Insurance Industry: A Study of the Elements of Marketing Strategy and Their Effect on Performance", In partial fulfillment of the requirements for the degree of masters of business administration of the university of Hong Kong,

March 1982.PP5.

〔19〕 Yuen Tak Tim, Anthony. "A Study on The Popularity of Utilizing Insurance Brokers by Industrial Concerns in Hong Kong for Management of Their Insurance Programme", MBA thesis, Department of Management Studies Faculty of Social Science University of Hong Kong, May 20, 1986, pp3.

〔20〕 CLIVE A.BROOK-FOX, "Marketing Effectiveness in the Hong Kong Insurance Industry: A Study of the Elements of Marketing Strategy and Their Effect on Performance", In partial fulfillment of the requirements for the degree of masters of business administration of the university of Hong Kong, March 1982.PP6.

〔21〕 香港保險業聯會創會主席 Michael Somerville：《香港保險業聯會的誕生》，載香港保險業聯會《十年歲月（10th Anniversary HKFI）1988-1998》，第 17 頁。

〔22〕 餘德麟：《香港保險業的發展》，香港：商務印書館，1997 年，第 120 頁。

〔23〕 參見《保險索償投訴委員會接獲投訴個案續有增加》，香港《今日保險月刊》，1994 年 6 月（第 66 期），第 4 頁。

〔24〕 香港保險業聯會壽險總會：《壽險轉保守則》，第 2 款，1994 年 12 月。

〔25〕 香港證券業檢討委員會：《證券業檢討委員會報告書》（中文版），1988 年 5 月，第 117 頁。

1993年外滙基金諮詢委員會成員，前排左起為周振興、李國寶、麥高樂、
任志剛、利國偉，後排左起為黎恪義、梁錦松、葛賚、張建東。

第五章
過渡時期貨幣金融制度的演變

1. 港元聯繫滙率制度的建立及其運作

香港的港元聯繫滙率制度，

在學術上的正式稱謂是"貨幣發行局制度"（Currency Board System），

最早可追溯到1935年建立的英鎊滙兌本位制，

這是香港歷史上第一個貨幣發行局制度。

1.1 戰後香港貨幣制度的演變

二次大戰後，英鎊滙兌本位制開始受到考驗。1949 年，英鎊在二次大戰後第一次貶值，港幣跟隨貶值，保持了與英鎊的平價。但到 1960 年代末、1970 年代初，英鎊多次大幅貶值，動搖了英鎊滙兌本位制的基礎。1967 年 11 月，英鎊第二次貶值，貶幅為 14.3%。港元開始也跟隨英鎊貶值 14.3%，但在幾天後即意識到這個舉措對通貨膨脹的影響，於 11 月 23 日上調了10%，最後實際貶值了 5.7%。英鎊的貶值直接導致了香港政府及銀行系統的外滙儲備的損失，因為在英鎊滙兌本位制下，所有的資金都以英鎊的形式保存。

1968 年 9 月，英國與英鎊區國家簽定了巴塞爾協。在這個協議下，只要英鎊區國家堅持最小的英鎊儲備比例，英國就保證這些國家的英鎊價值。香港也接受了這一協議。不過，英國最終並沒有能夠抵受英鎊貶值的巨大壓力。1972 年 6 月 23 日，英國政府宣佈英鎊自由浮動，英鎊區也縮小到僅限於英國本土。同年 7 月 6 日，香港政府宣佈港元與英鎊脫鈎，改與美元掛鈎，港元兌美元的官方滙率定為 1 美元兌 5.65 港元。至此，英鎊滙兌本位制崩潰。

不過，港元與美元首次掛鈎時間並不長，發鈔的安排也不同。由於當時美元亦面臨貶值壓力，外滙基金需要大量供應當地貨幣來干預市場以維持港元與美元的固定平價。因此，港府規定，發鈔銀行在發鈔前毋須將外幣（主要是美元）預先交予外滙基金，只須將發行的港元數值透過撥帳方式，照額貸入外滙基金開設於這些發鈔銀行的戶口，即可換取負債證明書，外滙基金運用這些港幣餘額在外滙市場購入外幣作為發行準備。換言之，這一時期實行的並非貨幣發行局制度。

1973 年 2 月 14 日，美元貶值 10%。港元雖與美元掛鈎，但並未有隨同貶值，港元兌美元的官方滙率調整為 1 美元兌 5.085 港元。及至 1974 年，國際間美元游資到處衝擊，港元所受升值壓力增加。雖然其時滙率波幅已從 1% 改為 2.25%，但因游資過多，港府根本無法在外滙市場進行大規模干預行動。在固定滙率制度下，游資的大量流入，令貨幣供應量反常增加，防礙了經濟的穩定發展。有鑒於此，1974 年 11 月 25 日美元與黃金脫鈎後，港府即宣佈港元與美元脫鈎，實行自由浮動的滙率制度。

表5.1　1978年至1982年港元與美元的利率差距

年份	三月歐洲美元利率		三月香港銀行同業拆息率		實質利率差距
	名義利率	實質利率(1)	名義利率	實質利率(2)	(1)－(2)
1978	8.78	1.17	7.09	1.14	0.03
1979	11.96	0.72	12.65	1.02	-0.30
1980	14.00	0.49	13.03	-2.49	2.98
1981	16.79	6.39	16.61	1.25	5.41
1982	13.12	7.05	12.55	2.05	5.00

資料來源：恆生銀行《恆生經濟季報》，1983 年 7 月。

　　1972 年 7 月 6 日，香港政府決定港幣以 1：5.65 的比率釘住美元。第二次美元貶值不到 21 個月後，美元又經歷了一次全球性的攻擊，香港政府發現到保持現有平價是不可能的，於是在 1974 年 11 月 25 日讓港幣自由浮動。當時流行的看法認為浮動滙率制讓一國與外部干擾絕緣，並能獨立執行自己的貨幣政策。1976 年，香港政府成立貨幣事務局，採取了一系列的措施把所有政府貨幣資產轉到外滙基金，其中包括鑄幣安全基金會（Coinage Security Fund）和財政盈餘部分，其目的就是讓那時掌管外滙基金的貨幣事務局能在貨幣政策的實施上發揮更直接的作用。

　　實行浮動滙率制度的初期，香港的貨幣制度尚算穩定。由於國際收支的經常帳戶持續出現順差，港元面對升值的壓力，港滙指數從 1973 年的 103.7 上升到 1976 年的 114.4。不過，浮動滙率制在以後的運作可説差強人意，甚不理想。在此制度下，港府可隨意決定貨幣政策，雖然大多是以紙幣發行所收到的港元購買外滙作發鈔支持，但這並非正式規定，特別是在港元疲弱時，港府更不一定會這樣做。由於沒有貨幣管理當局影響銀行體系的利率或流動資金水平，以及缺乏清晰的貨幣政策目標，香港開始出現缺乏有效貨幣政策的危機。

　　從 1978 年起，港元備受貶值的壓力，港滙指數持續下跌，從 1978 年的 93.7 下跌到 1982 年的 80.1，4 年間下跌 14.5%。這一時期，港元貶值的原因有多方面，主要是外貿赤字持續增加，貨幣供應量大幅增長。港元的貶值，加上貨幣供應缺乏嚴格控制，導致了雙位數字的通貨膨脹，1979 年至 1983 年香港通貨膨脹率平均達 12.6%，這又進一步推高利率，使港元與美元之間的利率差擴大，從而使港元貶值的壓力進一步加大（見表 5.1）。

　　1970 年代末 1980 年代初，由於缺乏有效的貨幣管理，加上寬鬆的監管使信貸過度膨脹，港元資產價格大幅上漲，吸引資本大量流入，形成了 1981 年地產、股市高潮。1982 年，香港的基本經濟因素急劇惡化，資產價格下跌，銀行對地產界的過度放款又造成流動資金短缺。當時，香港金融體系已經非常脆弱，並面臨沉重的壓力。1982 年，美元大幅升值，港元貶值壓力加大。就在這一最艱難的時刻，政治衝擊來臨。

　　從平常的標準看，浮動滙率制下的貨幣政策只能説是一個失敗。眾所周知，在這種體制下，浮動滙率制必須忍受經濟上的嚴重衝擊。為了使這種制度平穩運行，貨幣和信用體就必須堅決的穩定，但正是這種貨幣和信用增長的限制使浮動滙率制的實施未取得成功。1975 年至 1983 年，M_1、M_2、M_3 和銀行信用增長率為 11.8%、26.6%、33.0% 和 29.8%，遠高於當時的年經濟增長率 9%。於是年通脹率從 1970 年代中期的 5% 上升到了 1980 年至 1983 年的 12.7%。港幣從 1977 年開始貶值成為軟通貨。

對貨幣和信用的放鬆管制加劇了商業週期波動，出現了貨幣政策方面的輕率和無規律，並最終導致了 1982 年至 1986 年間的銀行危機。在那個時候，貨幣政策既不是堅持規則也不是保持謹慎，在控制物價和貨幣數量方面也沒有成功。現在回顧看來，浮動滙率制跨塌的主要原因有以下幾個：

第一，貨幣發行制度在 1972 年 7 月有了重大的改變。在此之前，簽發港鈔都必須把英鎊或美元上交給外滙基金以獲得 CIs，現在發鈔行可以用相同的港幣來取得信用，外滙基金用這個收入在公開市場購買外滙。當港幣走強時，這個安排沒有問題。貨幣當局錯誤之處在於堅信在這種制度下港幣將始終走強。當港幣在 1977 年 3 月走弱後，貨幣當局遇到了困境，前貨幣事務局助理秘書這樣描述："發鈔行取得信用而支付給金管局的收入最終在香港外滙市場上出售並在適當的時候投資在外滙上，這主要看市場狀況而定。所以當港幣相對較弱時，從增加發行港幣所得收入就難以轉化為外滙，甚至有時候外滙基金也成為外滙的出售者。港幣走強時，新港鈔發行所得收入得不到轉化，港幣的平衡將被打破。" 1977 年至 1983 年間，市場對港幣的預期並不樂觀，公眾意識到當局沒有足夠的外滙，於是形成惡性循環。總之，先前貨幣發行時的外滙限制被之後毫無限制的規定所取代。

第二，當局採取了錯誤的措施：他們在 1982 年 4 月取消了外滙存款的利息稅，但只把港幣存款的利息稅從 15% 降到了 10%。這個差別待遇使得 1970 年代末開始的轉移港幣存款的活動進一步擴大。

第三，貨幣政策手段的缺乏阻礙了貨幣政策的實施。中央銀行和活躍的政府債券市場的缺乏使得貼現率和公開市場業務兩個最重要的工具沒有用處。用港幣而不是外滙做準備金使得準備金方面的調整效果不佳，因為香港的流動性比率一直被認為是謹慎措施，而不是貨幣控制措施，特別是對於具有外國血統的存款機構來說，能夠隨便進行控制。唯一剩下的利息率變動很遲鈍，甚至被一些巨頭所產生的行為所抵消。道德勸告在 1970 年代也被嘗試過，卻沒有任何效果。絕望之中，當局只得求助於其他一些特別的辦法。在 1979 年 2 月，100% 的準備金率實施了。貨幣委員會被授權可以通過同業間的回購和信用擴張活動而縮小。依靠在短期內推高貨幣市場利率，當局希望經常性借款人被迫把外滙出售，或削減他們的借款活動。這個工具的效果卻要依靠金管局的能力而定。事實表明以上的措施都只在短期內起到了一些作用。

1.2 港元聯繫滙率制度建立的背景

港元聯繫滙率制度的產生,有其特定的經濟、政治背景,可以説是特定政治、經濟的產物。

從經濟方面看,是實施浮動滙率制度所帶來的衝擊。

從政治方面看,1982 年 9 月,英國首相撒徹爾夫人訪問北京,中英關於香港前途問題的談判拉開序幕。在其後一年間,中英兩國談判陷入僵局,政治氣氛轉趨緊張,社會上各種猜測和傳聞甚囂塵上,觸發了港人信心危機。人們紛紛在金融市場拋售港元資產,搶購美元及其他外幣資產,一些大銀行和外國公司也陸續開始將部分資產撤離香港,部分投機家利用人心浮動的時機大肆進行港元投機,而港府則遲遲沒有採取有效措施加以制止,種種因素都加劇了港元的貶值的壓力。1983 年 9 月 9 日,香港銀行公會宣佈自翌日起,將利率調高 1.5 釐,達到 13 釐。即使如此,港元滙率還是跌到新的歷史最低點。9 月 14 日,港元兌美元滙率跌至 1 美元兌 7.89 港元,在撒徹爾夫人訪問北京後的短短一年間,港幣貶值三分之一。

1983 年 9 月 16 日,港府財政司彭勵治公然表示:"政府不可能將港元滙率穩定在任何特定水平,這必須取決於市場的力量。"他指責中國銀行香港分行大量購買美元從而加深了危機,並警告説,除非中國 "對談判的進展給予肯定的表態",否則港元的下跌不可能停止。[1]彭勵治的言論遭到中方的猛烈還擊,中方譴責港英政府,不僅沒有採取適當措施穩定港元,而且蓄意使港幣下跌從而向中方施加壓力。

9 月 24 日(星期六),中英發表的第 4 輪談判公報上省略了慣常用語 "有益的和有建設性的" 字眼。當日,幾乎所有外商都拒絕接受港幣,銀行及找換店的美鈔賣到竭市,港元兌美元的滙率跌至 1 美元兌 9.60 港元的歷史最低水平,比 1982 年底 1 美元兌 6.49 港元大幅下跌 48%,實質港滙指數亦進一步跌至 57.2 的新低位,顯示人心已進入恐慌狀態。下午,大批市民湧入超級市場搶購罐頭食品、乾貨、家居用品等,凡是能夠保存的東西都被搶購一空。市場上,對銀行和金融機構的清償能力的謠言四起,整個金融體系已岌岌可危。

這就是所謂的 "黑色星期六",它包括了三個危機:貨幣危機、銀行危機和財政危機。當時,香港正經歷 1981 年至 1984 年的資產市場崩潰,股市和地產市場價格的大幅下跌引發了 1983 年至 1986 年的銀行危機,政府也出現了連續兩年的財政赤字。正如香港大學教授饒餘慶所説:"如果不知道 1982-1983 年史無前例的金融危機,就很難充分瞭解 1983 年 10 月匆忙上台的第二次貨幣局制度的重要性"。

1980 年代初港府財政司彭勵治。

1983 年 9 月 25 日有關港府商討港元暴跌對策的報道。

面對港幣可能被擠提的嚴重危機，香港政府開始考慮改革貨幣制度，以挽救急跌中的港元滙率。9 月 25 日，港府發表一份公告，宣佈政府正在"積極制定"一項新的貨幣穩定計劃，而港幣的完全可兌換性則是採取任何貨幣穩定計劃的基本前提。該公告還表示，這意味著將對"貨幣發行機制"進行較大改革，以便"產生一種能夠更準確反映基本經濟實力的滙率"。公告並申明，在香港任何人在當地交易中要求用外幣支付均屬違法。為配合政府的措施，銀行公會於 9 月 26 日宣佈，自翌日起把存款利率提高 3 釐，兩家發鈔銀行也將其最優惠利率提高 3 釐，以支持急跌中的港幣。這份公告發揮了穩定人心的作用，9 月 26 日（星期一），港元兌美元滙價反彈至 1 美

元兌 8.40 港元。到聯繫滙率推出前夕，對港元的投機活動差不多完全停止，港元兌美元滙價逐漸穩定在 1 美元兌 8.15 港元至 8.80 港元的範圍內。

1.3 港元聯繫滙率制度的建立及其運作機制

1983 年 10 月 15 日（星期六）中午外滙市場收市後，香港政府宣佈了兩項措施（2-Point Programme）：第一，取消對境內港元存款應收 10% 利息預扣稅款，這抵消了擁有外幣存款的稅收優勢，目的是增強境內港元存款對投資者的吸引力；第二，改變港鈔發行機制，即廢除自 1974 年以來實行的浮動滙率制度，改為實行與美元掛鈎的聯繫滙率制度，它重新要求發鈔銀行在發行港鈔時必須按官定滙率將等值的美元上交給外滙基金以換取負債證明書。新措施從 1983 年 10 月 17 日起生效（見表 5.2）。其中，第二項措施對香港的貨幣、金融體系產生了極其深遠的影響。

新的貨幣發行制度被稱為"聯繫滙率制度"（Linked Exchange Rate，簡稱 LER），或又稱為"美元滙兌本位制"（Dollar Exchange Standard，簡稱 DES）。聯繫滙率制度是在香港金融危機的關鍵時刻實施的，它被廣泛地認為是貨幣局制度的重建。當然，除了美元代替英鎊成為

錨住貨幣外，DES 與 SES 也有一些技術上的差別。1973 年布雷頓森林體制崩潰前，大部分國家都實行固定滙率制，這些國家的貨幣當局包括香港，都被迫干預外滙市場，使滙率波動範圍保持在平價的 2.25% 之內（後來減少到 1%）。因此，DES 是一種有管理的浮動。還有 DES 下的貨幣委員會對於買賣美元不收取差價費。然而，在 SES 下，差價費是根據時間進行調整的。SES 就導致了發鈔銀行的抱怨。

表5.2　港元的滙率制度的演變

日期	滙率制度	參考滙率
1863-4/11/1935	銀本位	銀鑄的輔幣為合法貨幣
12/1935-6/1972	與英鎊掛鈎 與英鎊掛鈎	1 英鎊 = 16 港元 1 英鎊 = 14.55 港元
6/7/1972	與美元掛鈎， 干預上下限為核心 滙率 ±2.25%	1 美元 = 5.65 港元
14/2/1973	與美元掛鈎	1 美元 = 5.085 港元
25/11/1974	自由浮動	浮動滙率例子 1 美元 = 4.965 港元（25/11/1974） 1 美元 = 9.600 港元（24/9/1983）
17/10/1983	與美元掛鈎的聯繫 滙率制度	1 美元 = 7.80 港元

資料來源：香港金融管理局

　　根據港府的安排，在聯繫滙率制度下，發鈔銀行（滙豐銀行和渣打銀行）在發行港鈔時，必須按 1 美元兌 7.8 港元的官定滙率向外滙基金繳付美元，作為發行貨幣的準備金，而外滙基金則向發鈔銀行發出同意發行港幣的負債證明書。相反，如果部分港元要從流通中撤回，發鈔銀行將負債證明書退還給外滙基金，並按 1 美元兌 7.8 港元的官定滙率收回美元。該制度實施時，發鈔銀行在為其他持牌銀行提供或回收港幣時，也按 1 美元兌 7.8 港元的滙率，通過各銀行在滙豐設立的結算帳戶進行港元與美元的交換運作（見圖 5.1）。不過，自 1994 年港府改革發鈔銀行與其他持牌銀行的現鈔交收制度後，官定滙率改為市場滙率。

圖5.1　1994年前港元聯繫滙率制度運作圖解

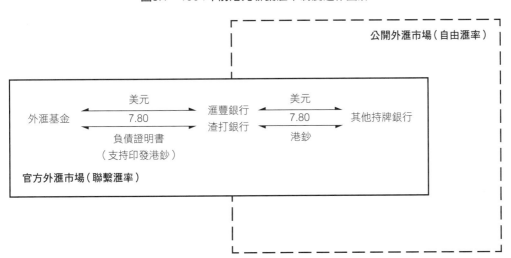

被譽為"聯滙之父"的祁連活。

根據聯繫滙率制度，港元兑美元的官定滙率只適用於外滙基金與滙豐、渣打等發鈔銀行之間，並延伸到銀行同業港鈔市場。而在公開外滙市場，港元滙率仍然是自由浮動的，並由外滙市場上對港元的供求關係來決定。因此，在聯繫滙率制度下，香港存在著兩個平行的外滙市場，即官方外滙市場和公開外滙市場，也存在著兩個平行的滙率，即官方的聯繫滙率和自由浮動的市場滙率。

港元聯繫滙率制度從學術上講，就是"貨幣發行局制度"（Currency Board System）。該制度起源於英國殖民地時代，歷史上第一個貨幣發行局是 1849 年在非洲毛里求斯建立的。作為殖民地經濟的一部分，貨幣局制度曾被英、法、葡等國的殖民地和保護地廣泛採用，盛行了一個多世紀。二次大戰後。隨著殖民地時代的結束以及政府積極干預經濟的盛行，貨幣局制度逐漸被中央銀行的貨幣發行制度所取代。1983 年香港聯繫滙率制度的實施，可以説標誌著貨幣局制度在 1980 年代以後的復興（見表 5.3）。

在貨幣局制度中，貨幣局代替中央銀行發行貨幣，並隨時準備按照既定滙率進行本幣與儲備貨幣之間的交換。與以中央銀行為中心的貨幣制度相比，貨幣局制度主要有以下兩個重要特徵：

（1）本國（地區）的法定貨幣不是由中央銀行發行的，而是由一獨立的貨幣發行局發行的，該貨幣局本身不行使無論是中央銀行（除發鈔外）或商業銀行的任何職能。

（2）這種法定貨幣的發行必須有 100% 的外滙儲備作保證，它必須與一個可以作為國際儲備的基準貨幣，按照一個事先約定的固定滙率進行雙向無條件兑換。因此，法定貨幣的供應量基本上是由本地國際收支狀況和內部經濟規模來決定的。而在中央銀行制度下，政府和商業銀行都可通過向中央銀行借款發放貨幣，不受外滙儲備的限制。因此，中央銀行在制定貨幣信貸政策時，其自由度要比貨幣局大得多，如中央銀行可以控制本國利率，可以充當"最後貸款人"的角色，並向政府提供貸款，而貨幣局卻沒有這些功能。

在聯繫滙率制度下，維持與穩定本幣與基準貨幣的固定滙率有兩個內在的自我調節機制，其運作方式與金本位制類似，只是基準貨幣代替了黃金。其一是所謂的黃金移動機制（Specie-flow Mechanism），即康迪倫－休謨（Cantillon-Hume）機制。其二是銀行間的套利和競爭，其運作方式與"黃金輸出入點"（Gold Points）相似。在金本位制下，滙率的波動不會很

表5.3　貨幣局制度在全球的實施概況

國家 / 地區	實施年份	基準貨幣
福克蘭群島	1899	英鎊
百慕達	1915	美元
直布羅陀	1927	英鎊
法羅群島	1940	丹麥克郎
汶萊	1967	新加坡元
開曼群島	1972	美元
香港	1983	美元
阿根廷	1991	美元
愛沙尼亞	1992	德國馬克
立陶宛	1994	美元
保加利亞	1997	德國馬克

資料來源：香港金融管理局

大，否則經濟單位將輸出黃金以平衡對外帳戶。在貨幣局制度下，銀行間的套戥和競爭將會使得市場滙率趨向官定滙率。[2]

在金本位制下，滙率的波動不會很大，否則經濟單位將輸出黃金以平衡對外賬戶。在貨幣局制度下，銀行間的套利和競爭將會使得市場滙率趨向官定滙率。因此，聯繫滙率制度創始人祁連活（John Greenwood）就認為："這個機制的妙處就在於它是自動調節的。"[3]

（1）黃金移動機制（康迪倫－休謨機制）。[4]黃金移動機制原來是指金本位制條件下一國或地區經濟內外部平衡的自動調節機制。這一機制的運作方式是：當一國國際收支出現赤字時，即意味著該國黃金外流，國內貨幣供應減少，在商品價格具有完全彈性的情況下，國內物價水平下降，導致本國出口增加，進口減少，國際收支赤字消除並出現盈餘。

對於金本位制下的黃金移動機制的首先闡述，過去經濟學界都公認為始於英國哲學家和經濟學家大衛·休謨（David Hume）。不過，近年來的研究表明，愛爾蘭經濟學家查理德·康迪倫（Richard Cantillon）在休謨之前已發現了這一經濟規律。因此，黃金移動機制又稱為"康迪倫－休謨機制"。

由於香港聯繫滙率制度是貨幣局制度的變種，而貨幣局制度又可視為金本位制的變種，只是黃金被美元取代。一般而言，黃金移動機制同樣適用於聯繫滙率制度。當然，在康迪倫－休謨時代，運用黃金移動機制有幾個前提條件：

① 有關分析僅限於往來賬戶；

② 貨幣供應量等於流通法定貨幣；

③ 商品價格假定具有完全彈性。

這些前提條件在現代經濟社會似乎已經消失。因此，黃金移動機制是否適用於現代社會成為了疑問。對此，

貨幣發行局制度

本港的貨幣發行局制度確保本港的貨幣基礎以外滙儲備提供十足支持，而所用的固定滙率是 7.8 港元兌 1 美元。

根據規範貨幣發行局制度所用的貨幣規則，貨幣基礎任何變動（不論擴大或縮小）必須有外滙儲備的相應變動完全配合。

英國於 19 世紀開始在各個殖民地引入貨幣發行局制度，以減少運送白銀的費用。香港最先在 1935 年推行貨幣發行局制度。目前全球最少 8 個國家或地區推行貨幣發行局制度。若推行得宜，貨幣發行局制度應具備下列特點：

· 簡單
· 可靠
· 高透明度
· 市場可清楚掌握運作機制
· 具公信力

近年本港致力強化及發展貨幣發行局制度，使之更趨向規範化，並藉此減少受外來衝擊的機會。

貨幣發行局調節機制：

資料來源：香港金融管理局《香港金融貨幣簡介》

香港大學饒餘慶教授運用"基礎貨幣"概念對這一機製作當代解釋。他將弗里德曼和施瓦茨（Friedman and Schwartz）著名貨幣量決定方程序給予修改得出：[5]

$$\wedge F/F \cong \wedge M/M（貨幣供應量增長率）\cong \wedge H/H（基礎貨幣增長率）$$

其中 M 是貨幣供應，M=C+D；H 是基礎貨幣，H=C+R；C 是法定貨幣（流通紙幣），D是銀行存款，R 是商業銀行在中央銀行或金融管理局的現金準備，F 是外滙儲備。

該等式的結論是：外滙儲備的變動率，與基礎貨幣和貨幣供應量的變動率大致相同。根據康迪倫－休謨機制的現代解釋，假設因港元受狙擊或資本流動致使外滙減少，由於外滙（主要是美元）減少，不僅不能增發港幣，還會被迫向外滙基金交還負債證明書而贖回美元，這就必然導致基礎貨幣減少。如果基礎貨幣和貨幣供應量之間存在一定的關係，那麼貨幣供應量將會減少，結果使利率上升，物價下降，最終達到穩定滙率的目的。

換言之，假如本幣受狙擊或資本流出致使外滙減少，貨幣局將被迫收縮本幣發行，從而導致基礎貨幣減少，進而使貨幣供應量減少。貨幣供應量減少的結果是利率上升，物價下降，最終達到穩定滙率的目的。這一調節機制是自動的，持續的，與官方採取的任何干預行為無關。而在非貨幣發行局制下的固定滙率，基礎貨幣並無十足的外滙儲備，外滙儲備減少並不會導致基礎貨幣和貨幣供應量的收縮。因此這種滙率制無法長期抵禦投機浪潮。

香港的"基礎貨幣"包括三部分，一是已發行銀行紙幣和硬幣的兌額（M_0）；二是持牌銀行透過金融管理局在外滙基金開設的結算戶口的餘額（兌額）；三是未償還的外滙基金票據和債券兌額。由於在 1997 年亞洲金融風暴前，香港的基礎貨幣中，只有第一部分，即已發行銀行紙幣和硬幣的兌額是有 100% 的外滙準備，其他兩部分均缺乏 100% 的外滙支持，黃金移動機制的自動調節效應實際上並不充分。

（2）銀行之間的套利和競爭機制。

其運作方式與過去的"黃金輸出入點"相似，在金本位制下，滙率波動幅度不會很大，否則，經濟單位將輸出黃金以平衡對外賬戶。銀行之間的套利和競爭機制，主要透過銀行及其他金融機構之間的套利和競爭的相互作用，促使市場滙率趨向聯繫滙率。在發鈔銀行向外滙基金的套滙活動誘因的約束下，港元滙率偏離 7.8 官方滙率的幅度不會超過交易成本，假設市場滙率上升到 7.9，所有發鈔行都會有誘因向外滙基金交付負債證明書而以 7.8 的滙率贖回美元，再以 7.9 的市場滙價在市場上拋售，從中賺取差價獲利。這樣，港元現鈔回籠令港元供應減少，利率上升。從而使市場滙率和官方滙率趨同。相反，當市場滙率跌到 7.7，發鈔銀行將按聯繫滙率用美元向外滙基金換取港元，結果使港元供應增加，利率下跌，市場滙率上升至聯繫滙率（圖 5.2）。

圖5.2 銀行之間的套利和競爭機制

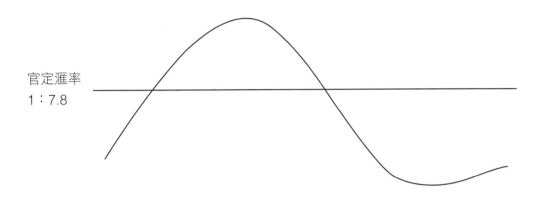

官定滙率
1：7.8

這種機制在現行的美元滙兌本位制下是可行的，因為港幣是按同一固定滙率發行和贖回，而且沒有外滙管制，這在以前的英鎊滙兌本位制則不可行。因為當時外滙基金用不同的滙率買賣英鎊，而且對英鎊買賣有嚴格限制。在典型的非貨幣發行局式的固定滙率下，中央銀行可以在某段時間內買賣外滙穩定滙率，但仍可繼續發行更多的鈔票或增加貨幣供應量。因此它沒有自動調節機制。

誠然，有人對聯繫滙率制的套利和競爭機制表示質疑，有評論者指出，當港元市場滙價低於聯繫滙價時，發鈔銀行無法從市場上收集大量美元現金以官價賣予外滙基金從中獲利；而當市場滙價高於聯繫時，銀行因考慮要維持儲備以應付客戶提取現金所需時，亦未敢放心根據官價以港元向外滙基金大量兌換美元。此外，由於套利只限於以現金進行，銀行不能利用貨幣市場進行套利，市民不能直接參加套利，這一切都影響了調節機制的功能。饒餘慶教授亦認為：港元市場長期未能完全趨同聯繫滙率，顯示套利機制存在着一定問題。

值得指出的是，在典型的貨幣局制度下，上述兩個調節機制是自動的、持續的，不須政府採取任何干預行動。而在中央銀行的制度下，滙率的維持與穩定主要由中央銀行通過公開市場操作進行。

1.4 港元聯繫滙率制度初期對香港經濟的影響

1983 年 10 月，香港在政治上面臨前途問題困擾，經濟上出現港元大幅貶值、金融體系處於崩潰邊緣之際，放棄了實施多年的浮動滙率制度，實行釘住美元的聯繫滙率制度。該制度在運作之初，即顯示其效用，迅速扭轉了港元不斷貶值的趨勢，一舉拯救了香港金融體系的危機，使香港經濟得以平穩進入過渡時期（見圖 5.3）。

　　10 月 15 日，即港府宣佈實施聯繫滙率當天，港元兌美元滙價是 1 美元兌 8.08 港元，10 月 17 日聯繫滙率實施第一天，港元兌美元滙價升至 1 美元兌 8.02 港元，18 日報 7.88 港元，19 日報 7.82 港元，20 日報 7.78 港元。及至到 10 月底，港元兌美元滙價報 1 美元兌 7.8080 港元，11 月底報 7.8110 港元，12 月底報 7.7820 港元，顯示港元滙率已趨穩定，並貼近聯繫滙率水平。

圖5.3　港元兌美元滙率走勢圖

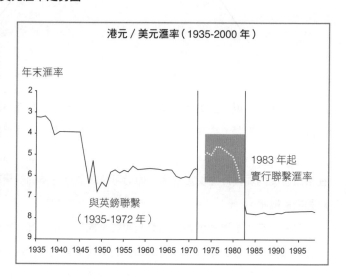

資料來源：香港金融管理局

　　在聯繫滙率制度實施初期，資金外流的壓力從滙率轉向利率，銀行同業拆息利率曾一度飆升至 41 釐的高位，但緊縮效應很快使資金外流轉為流入，並使利率逐步恢復正常水平。可以說，聯繫滙率的實施使面臨崩潰的貨幣、金融體系迅速恢復穩定和秩序。當然，成功的背後還有一系列有利因素的配合，其中主要是中英談判再度順利展開，市民信心開始恢復，以及香港經濟開始好轉等等。

　　貨幣局制度實施以來，香港經受了一系列嚴重的政治、經濟事件的衝擊，包括 1984 年至 1987 年間 5 次港元投機風潮，1987 年全球股災，1989 年政治性擠提，1991 年國際商業銀行倒閉事件，1992 年中英政治爭拗，1994 年墨西哥金融危機觸發的亞洲股市風暴及巴林銀行倒閉事件等。然而，這一期間港元兌美元的最低價僅為 7.950，最高價為 7.714，波幅未超過 2%，港元與美元的市場滙率平均為 7.7796，較 7.8 的聯繫滙率僅高出千分之二，表現出相當強的穩定性。

　　從通脹水平看，1984 年到 1997 年，香港通脹率從 9.4% 下降到 5%。香港通脹率較高，主要是因為經濟處於結構轉型時期，非貿易商品價格尤其是土地價格上漲過快。期間，香港貿易品價格仍然比較穩定，對外貿易快速發展，國際收支一直處於盈餘狀態，外滙儲備增加到 900 億美元以上，居世界第三位。

從經濟發展情況看，香港在實施貨幣局制度的首 10 年間（1984-1994 年），實質本地生產總值 GDP 年均遞增率為 6%，人均 GDP 年均增長率為 5%，有形及無形貿易盈餘平均佔本地生產總值的 8%，財政盈餘平均佔本地生產總值的 2%。1999 年香港人均 GDP 達 26,302 美元，比 1985 年增長三倍，在全球穩居前 10 名。

總體而言，香港在實施貨幣局制度以來，其金融市場穩定發展，整體經濟運作良好，國際金融中心、貿易中心和航運中心的地位不斷得到鞏固和加強。所

1992 年中英政治爭拗引起港元投機風潮，中為中方談判代表魯平。

有這些，貨幣局制度都發揮了積極的作用。誠然，貨幣局制度亦有其重大的負面影響。1980 年代中後期，美國經濟衰退，須不斷調低利率刺激經濟復蘇，這迫使港元利率在經濟過熱情況下仍不得不下調，結果給居高不下的通脹火上加油，形成銀行體系的負利率，驅使大量資金投機證券、地產市場，形成 1990 年代中期的"泡沫經濟"，為日後金融危機埋下伏筆。在亞洲金融危機中，香港貨幣局制度雖然成功擊退了投機勢力的攻擊，保持了港幣的穩定，但是由於利率的大幅上揚使股市、地產嚴重下挫，經濟進入戰後最嚴重的衰退。在聯繫滙率制度下，香港經濟的內外部平衡無法通過滙率調整實行，被迫持續地通過內部價格下調，即通貨緊縮完成，這成為了香港經濟持續不景的原因之一。香港經濟為此付出了沉重代價。

2. 滙豐：淡出"準央行"角色
與中國銀行參與發鈔

長期以來，

滙豐銀行作為香港第一家本地註冊銀行，

又是唯一一家總部設在香港的英資銀行，在香港金融體系中處於特殊地位。

滙豐銀行的這種特殊地位，

集中表現在它以私人商業銀行的身份擔任中央銀行的多重職能，

扮演著香港"準中央銀行"的重要角色。

2.1 滙豐：香港的"準中央銀行"

滙豐銀行的"準中央銀行"角色主要表現為五個方面：

（1）香港的主要發鈔銀行。香港沒有中央銀行，傳統上，作為中央銀行職能之一的鈔票發行，香港政府授權商業銀行負責。1865 年滙豐創辦不久，即開始發行鈔票，時間上稍遲於東藩滙理、有利和渣打等三家銀行。後來，東藩滙理銀行破產，有利銀行於 1959 年被滙豐收購、1978 年被港府取消發鈔權，香港的發鈔便一直由滙豐和渣打兩家銀行負責。其中，滙豐的發鈔量一直佔八成以上，成為主要的發鈔銀行。由於發鈔的費用是由外滙基金承擔的，發鈔銀行等於享受"免費廣告"，對其商譽價值產生重大影響。發鈔銀行的地位，使滙豐在業務競爭上，尤其是在吸收存款方面佔盡優勢。同時，滙豐的形象亦成為港元信用的象徵，對港元的穩定性產生舉足輕重的影響。

（2）香港政府的主要往來銀行。滙豐銀行在創辦之初就與香港政府建立了密切的合作關係，長期以來一直是港府的主要往來銀行。港府的外滙、財政儲備和政府的現金收支，主要由外滙基金和庫務署分別承擔管理，再由這兩個機構與有關銀行往來。一般估計，港府存於各銀行的款項中，滙豐銀行佔一半以上。作為港府的主要往來銀行，滙豐享有一個穩固的存款基礎。

（3）受港府委託擔任"最後貸款者"角色。"最後貸款者"是中央銀行的重要職能之一，它包含兩層含義：其一是有責任向受不利謠言困擾的銀行提供流動資金援助，或有需要是以注資

長期以來，滙豐一直擔任香港的 "準中央銀行"，圖為滙豐銀行大廈內景，攝於 1997 年。

方式拯救有問題銀行；其二是向資金緊張的銀行體系注入資金，以及向對當日同業市場收市後缺乏頭寸的銀行提供隔夜信貸。在香港金融體系中，"最後貸款者" 的職能是由港府的外滙基金與滙豐、渣打兩家發鈔銀行共同承擔的。在 1960 年代中期和 1980 年代初中期的金融危機中，港府都是與滙豐、渣打商議，委託這兩家發鈔銀行出面挽救或代為管理陷入財務危機的金融機構。同時，滙豐銀行憑藉著雄厚的存款基礎，一直在向銀行同業市場提供信貸中擔當主要角色。

（4）香港銀行公會中央票據結算所的管理銀行。1981 年，滙豐與香港銀行公會達成協定，出任票據交換所（Clearing House）的管理銀行，向香港銀行體系提供中央結算服務。《香港銀行公會票據交換所條例》規定，銀行公會全體會員銀行（持牌銀行）的票據交換、結算和轉帳，均須在銀行公會的票據交換所進行。在這一體制中，中央票據結算所的管理銀行處於最重要地位，管理銀行之下是結算銀行，包括滙豐、渣打、中國、東亞、廣東、華比、萬國寶通、華僑、上海商業和永安等 10 家持牌銀行，其餘為次結算銀行。次結算銀行須在結算銀行開設帳戶，而結算銀行則須在作為管理銀行的滙豐開設帳戶。票據結算過程中若其他結算銀行在滙豐的帳戶出現結餘，滙豐不須支付利息；若出現透支，結算銀行則須向滙豐交付利息。由於按規定其他結算銀行必須在滙豐的帳戶中經常保持充裕的結餘資金，以應付結算之用，使滙豐可以經常擁有一筆鉅額的免息款項。此外，滙豐作為中央票據所的管理銀行，可以瞭解整個銀行體系的現金流動狀況，掌握香港銀行業的脈搏。

（5）香港政府的首席銀行家和金融顧問。長期以來，滙豐一直扮演港府首席銀行家和金融顧問的角色，並作為港府的代理人執行貨幣政策。滙豐銀行主席一直是香港行政局的當然成員，滙豐銀行又是香港銀行公會 3 名永久會員之一（其餘 2 名分別是渣打銀行和中國銀行），並與渣打銀行輪流擔任公會的正、副主席（中國銀行在 1994 年 5 月參與發鈔後開始加入 "輪流"行列）。滙豐銀行還是港府外滙基金諮詢委員會的委員之一。

因此，滙豐銀行直接參與了香港政府在金融以及其他經濟方面的重要決策，並在這些政策制定過程中具有重大影響力。

2.2 過渡時期滙豐淡出 "準中央銀行" 的部署

踏入過渡時期，香港英資財團紛紛急謀應變對策，兩家總部設在香港的最大英資財團 —— 怡和及滙豐，均加緊部署集團國際化戰略，從一家以香港為基地的本地公司蛻變成一家海外跨國公司，以便在香港建立起進可攻、退可守的戰略態勢。不過，與怡和相比，滙豐的部署更低調、更縝密。

滙豐淡出 "準中央銀行" 的第一步，是 1987 年 7 月 15 日與香港政府金融事務科簽訂 "新會計安排"。根據協定，滙豐須在港府外滙基金開設一港元帳戶，並在此帳戶保持一餘額，其數量不得少於銀行體系所有其他銀行結算戶口總淨額；戶口內的貸款餘額不計利息，若餘額降至結算淨額以下，滙豐須就此差額向外滙基金付利息；外滙基金可酌情使用該戶口，結算其與滙豐及其他持牌銀行所進行的港元交易。

"新會計安排" 實際上從兩個方面削弱了滙豐的特權：其一，將對銀行體系結算餘額的控制和支配權，從滙豐銀行轉移到外滙基金，此舉無疑強化了外滙基金控制銀行同業市場的能力；其二，將過去憑藉管理結算而獲得的壟斷利潤從滙豐銀行轉移到外滙基金，由於滙豐須在外滙基金開設一港元戶口，其餘額不得低於銀行體系其他銀行的結算淨額，否則滙豐須向外滙基金支付利息，這樣滙豐就喪失了免息使用其他銀行貸方餘額的特權。滙豐主動淡出準央行地位，表明它將逐步放棄香港的特殊地位，邁向國際化。

1989 年 8 月 22 日，滙豐銀行在公佈業績時，宣佈了兩項重要改革措施：其一是修訂長期沿用的滙豐銀行條例；其二是根據公司法重新註冊，並改名為 "香港上海滙豐銀行有限公司"（The Hong Kong Shanghai Banking Corporation Ltd.）。滙豐的解釋是：滙豐銀行的組織章程自 1865 年以來並無大的變化，滙豐銀行是香港上市公司中唯一按其本身條例而非公司法註冊成立的，而公司法的規定除極少數外，均不適用於滙豐銀行。

由於這種區別，滙豐往往被視為享有特權，而這種特殊的性質使滙豐在海外發展時遇到不少麻煩。因此，滙豐決定對滙豐銀行條例作出若干修訂，使之現代化，令香港公司法適用於滙豐，從而進一步擺脫準中央銀行的形象，為滙豐的國際化戰略掃除障礙。當時，滙豐主席蒲偉士表示："歷史遺留下來的事實屬異常而不符合現代化做法，雖然滙豐持有不同看法，但不時有人認為此種做法令滙豐享有特殊或特權地位，滙豐亦同意此種情況過時而令人混淆，因此必須修例而達致現代化。"

滙豐的修章行動顯然是其淡出準央行的又一重要步驟。香港輿論認為，此舉顯示滙豐的深謀遠慮，是為滙豐日後的遷冊及海外發展作準備。因為根據滙豐銀行條例，滙豐的總部必須設在香港，滙豐若要進行任何重大改組，很多需要立法局批准，這對滙豐不利。滙豐希望以淡出準央行、放棄特權，換取對銀行日後發展的更大自由，以適應九七的轉變。[6]

在完成淡出準央行的兩個重要步驟後，滙豐即著手進行集團結構重組。1990 年 12 月 17 日，滙豐銀行在暫時擱置與英國米特蘭銀行合併計劃後不久，宣佈結構重組，主要內容是：

（1）將滙豐屬下一家設在倫敦的公司，升格為集團的控股公司 —— 滙豐控股有限公司（HSBC Holdings PLC），持有滙豐在世界各地包括香港的全部資產。滙豐控股在英國註冊，但總部設在香港，管理及控制由香港方面負責；

（2）滙豐銀行現已發行股份轉移到滙豐控股名下，滙豐銀行股東將成為滙豐控股股東，滙豐控股將發行新股，每 4 股滙豐銀行股份將換 1 股滙豐控股，將原有股數削減四分之三，以利在海外上市；

（3）滙豐控股將取代滙豐銀行在香港及倫敦證券交易所上市，並以香港為第一上市市場；

（4）滙豐銀行成為滙豐控股的全資附屬公司，仍維持在香港註冊，負責香港地區的業務。

滙豐的結構重組，實際上是繼怡和之後的變相遷冊，將控股公司和註冊地遷到倫敦，這在香港引起相

1990 年 12 月 17 日，滙豐銀行主席蒲偉士（右）在記者會上宣佈滙豐重組，變相遷冊英國倫敦。

當程度的震動。對此，滙豐發表聲明進行解釋。根據滙豐的聲明，滙豐結構重組的原因主要有兩點：一是推進集團國際化的需要，二是應對香港九七的轉變。以滙豐主席蒲偉士的一句話概括，是"政治形勢促成的商業決定"。[7]

滙豐主席蒲偉士在接受訪問時解釋説："很多像滙豐這樣規模的銀行，都會成立控股公司，把附屬公司納於一統，由於現時滙豐仍未有成立控股公司，海外的銀行監管機構和外國法律界人士都感到混亂，這個問題在與英國米特蘭銀行商談合併，及在美國進行投資時均曾造成困難，目前滙豐的公司組織架構，是國際化發展的一重障礙。"

蒲偉士還解釋説："我有信心一國兩制可行，但這是建基於兩個假如 —— 一、假如中港能建立彼此諒解的關係；二、假如雙方能理智地處事。愈接近九七，假如雙方互不諒解，別人會開始懷疑滙豐的未來實力；當滙豐無法在國際金融界順利運作，業務呈現衰弱，甚至資金外流，港滙備受壓力，若耽誤至離九七前一兩年才急急進行改組，我認為那便太遲了，因此我們有理由早做安排。"[8]

滙豐變相遷冊後，香港輿論對滙豐繼續擔任"準中央銀行"的角色提出不少質疑。《香港經濟日報》的政經短評就指出："以滙豐財力及其從香港多年取得的經營利益，理應義無反顧地協助穩定香港的經濟大局，但在遷冊之後令角色變換，在形迹上已減輕滙豐對香港的承擔，未免令人有更多的憂慮"。[9]《信報財經新聞》的政經短評則認為："由於滙豐對香港前景已起戒心，香港政府與滙豐的關係應進行調整。……我們認為，港府應從速培養對香港有歸屬感的銀行，以分擔滙豐在香港金融業上扮演的角色"。[10]有評論甚至指出：滙豐遷冊所造成的最大影響，相信是喚醒中國銀行的"接班"意識，以當仁不讓的姿態迎接九七的到來，中銀集團在香港金融業的地位會逐步加重。[11]

實際上，滙豐也充分意識到這一點，1988年的"新會計安排"、1989年的修章行動，就是其淡出準央行的重要步驟。1992年6月，港府設立流動資金調節機制，滙豐將"最後貸款者"的職能轉移給外滙基金。1996年12月，金融管理局設立即時支付結算系統，滙豐卸去中央票據結算系統管理銀行的職能。至此，滙豐完全淡出"準中央銀行"角色，香港的金融體制發生深刻變化。

2.3 "帝國還鄉戰"：滙豐兼併米特蘭銀行

進入過渡時期，滙豐在淡出準央行的同時，即加快海外投資的步伐，積極推動集團國際化戰略。

歷史上，滙豐銀行除積極拓展香港及中國大陸的金融業務外，其在海外的業務一直相當活

1977 年至 1986 年出任滙豐銀行主席沈弼。

躍。1865 年滙豐創辦後，即在倫敦開設分行，翌年又在日本開設分行，成為日本歷史上第一家外資銀行。1880 年滙豐在美國紐約建立分行。因此，早在 19 世紀，滙豐銀行的分行網絡已橫跨亞、歐、美三大洲。不過。長期以來，滙豐的業務重心一直在香港。1958 年和 1960 年，滙豐先後收購有利銀行和中東英格蘭銀行，將業務拓展到南亞次大陸、西亞和中東地區，但此時，滙豐仍然是一家地區性銀行。

　　1970 年代後期，滙豐及其控股的恆生銀行，在香港銀行零售市場已佔有約六成份額，發展餘地有限，為爭取"生存空間"，只有付諸海外擴張一途。其時，新界九七租約即將屆滿的問題已開始困擾英國及香港政府，滙豐作為港府首席銀行家，自然深知內情，於是積極推動集團國際化戰略。

　　1977 年沈弼出任滙豐主席後，滙豐銀行即著手籌劃及部署集團國際化戰略，計劃在亞洲、美洲及歐洲建立戰略據點，形成所謂"三腳凳"的策略佈局。滙豐首先向美洲拓展，1978 年 4 月，滙豐與美國海洋密蘭銀行達成協定，規定滙豐最終可收購海洋密蘭銀行 51% 股權。然而，收購過程拖了一年多時間，其間受到美國紐約州銀行監理專員的阻撓，紐約州政府也一再查究滙豐銀行的內部儲備。1980 年 3 月，滙豐根據協定先行收購該行 41% 股權，同年 10 月再收購 10% 股權，總投資 3.14 億美元。海洋密蘭銀行亦易名為海豐銀行。1987 年 12 月，滙豐再以 7.7 億美元收購海豐銀行其餘 49% 股權，使之成為滙豐在北美的全資附屬機構，整個收購行動歷時 10 年。

　　海豐銀行是美國第 13 大銀行，1979 年總資產 172 億美元，1987 年完成收購時總資產增至 255 億美元。海豐銀行總部設在紐約州北部的布法羅，擁有逾 300 間分行，在紐約州有廣泛的業務網絡，在商業銀行業務方面佔領先地

滙豐銀行成功收購的美國海豐銀行，前稱海洋密蘭銀行。

位，主要經營吸收存款、發放消費者信貸及中小企業貸款業務。滙豐收購海豐銀行，無疑在北美洲建立了一個重要的戰略據點。由於海豐銀行與東北部的第一賓夕尼銀行簽署收購協定，滙豐可透過海豐進一步向美國東北部擴張。然而，其時海豐深受第三世界債務拖累，加上美國經濟持續不景氣，致使海豐的業務一直難有起色，在連年虧損下，滙豐不得不多次向海豐銀行注資。

踏入 1980 年代，滙豐即將歐洲視為戰略擴張的重點。1981 年 3 月，英國標準渣打銀行向蘇格蘭皇家銀行提出全面收購建議，滙豐聞訊即加入收購戰。當時，滙豐副主席包約翰表示：收購該行是滙豐整個發展計劃的一個重要環節，滙豐將視蘇格蘭皇家銀行作為其拓展歐洲的"旗艦"。不過，滙豐的收購計劃受到巨大阻力，標準渣打也展開反收購。結果，滙豐和標準渣打的收購建議都被英國壟斷及合併委員會否決。據說，滙豐收購遭否決的原因，部分是當時香港的銀行監管未符合英國標準，以及滙豐本身在香港的特殊地位所致。這也是滙豐後來積極淡出準央行的原因之一。

滙豐進軍歐洲儘管遭受挫折，然而並未就此止步。1987 年，滙豐將進軍歐洲的目標指向米特蘭銀行。米特蘭銀行總部設在倫敦，在英國擁有逾 2,100 間分行，在德國、法國、瑞士等歐洲國家亦擁有龐大業務網絡，它是英國四大結算銀行之一，以資產值計在英國排名第三，以分行數目計排名第四。當時，米特蘭銀行受第三世界債務及美國地產拖累，正陷入嚴重困難之中。收購米特蘭銀行，無疑將大大加強滙豐在歐洲的基礎，以完成其夢寐以求的"三腳凳"戰略部署。

1987 年 12 月，滙豐斥資 3.83 億英鎊（約 56 億港元）成功收購米特蘭銀行 14.9% 股權，並委派兩名董事加入米特蘭董事局。兩家銀行並達成協定，在 3 年內滙豐不能改變其持有米特蘭銀行的股權。在其後的 3 年間，兩家銀行開始了密切的合作，包括私下交換彼此的部分資產，將滙豐、海豐與米特蘭銀行的自動櫃員機聯網等，雙方希望透過漸進方式最終達致合併目標。

然而，1990 年 12 月，即雙方協定的三年期即將屆滿之際，滙豐突然宣佈有關合併計劃已暫時擱置。滙豐並未明言暫時擱置的原因。不過，一般分析認為，當時，滙豐在美國和澳洲的業務都出現嚴重虧損，而米特蘭面對的困難更加嚴重，合併的時機並不成

米特蘭銀行是英國四大結算銀行之一，圖為米特蘭銀行在利物浦的分行。

位於倫敦的滙豐控股集團總部。滙豐收購米特蘭銀行後即躋身全球十大銀行之列。

熟。此外，滙豐的集團結構可能也妨礙收購。因此，滙豐宣佈結構重組，將控股公司遷往倫
敦，為日後的收購創造條件。

　　一年後，滙豐對米特蘭的收購再度重提。當時，滙豐在香港和亞太區獲得創記錄的利潤，
在美國和澳洲的虧損則已減少，而米特蘭的業績亦已到谷底，合併的時機漸趨成熟。不過，雙
方的關係已發生微妙變化，合併談判不再是平起平坐。英國《金融時報》發表社論指出：這次合
併實際上是一場不平等的婚姻 —— 財雄勢大的滙豐提出吞併米特蘭，從此滙豐主席蒲偉士控制
了米特蘭。[12]

　　1992 年 3 月 17 日，滙豐控股發表聲明，聲稱滙豐與米特蘭兩銀行董事局認為現時將兩集
團合併將符合兩公司及其股東的最佳利益，滙豐將向米特蘭提出合併建議。4 月 14 日，滙豐宣
佈具體合併建議，即 1 股滙豐股份及 1 英鎊滙豐 10 年期債券換取 1 股米特蘭股份。與此同時，
滙豐公開其高達 166 億元的內部儲備，並表示將取消 1% 持股限制，進一步向純商業銀行回歸。

　　滙豐的收購曾遭到了英國四大結算銀行之一的萊斯銀行的狙擊，不過滙豐最終取得了成
功，並將米特蘭私有化，使之成為滙豐控股的全資附屬公司。[13] 滙豐成功收購米特蘭後，宣佈

同時在香港和倫敦作第一上市，並接受兩地交易所的監管。滙豐控股並取代了米特蘭的上市地位，成為英國金融時報指數成份股。其後，滙豐控股董事局重組，並與滙豐銀行董事局分離，遷往倫敦。

滙豐收購米特蘭後，即躋身世界十大銀行之列，其資產值高達 1,450 億英鎊（約 21,100 億港元）；其中，53% 分佈在歐洲，30% 分佈在亞太區，15% 在北美洲，2% 在中東，合計共有 3,300 間分行及辦事處，分佈在全球 68 個國家和地區。香港輿論將滙米合併一役稱為滙豐的"帝國還鄉戰"，自此，滙豐從一家以香港為基地的本地公司蛻變成一家以英國為基地的跨國銀行集團，註冊地、控股公司及其董事局均在倫敦，第一上市地位實際上亦主要在倫敦，股東主要來自香港以外地區，資產和業務橫跨歐、亞、美三大洲，來自香港的資產僅佔三成。

滙米合併，實際上標誌著滙豐十多年來精心部署的集體國際化已大體完成。此後，滙豐將以海外跨國公司、純商業銀行的角色在香港發展。

2.4 中國銀行：1994年5月起參與發鈔

1980 年代以來，與滙豐銀行逐步淡出準央行事務成鮮明對比的，是中銀集團的迅速崛起，尤其是中國銀行在香港金融市場所扮演的角色日漸吃重。

進入過渡時期以後，中銀集團開始積極配合港府穩定香港金融市場，在 1983 年的港元匯價危機、1983 年至 1986 年的銀行危機、1987 年 10 月股災、1991 年國商事件引發的銀行擠提事件，以及 1995 年國際投機者藉墨西哥金融危機衝擊港元聯繫滙率制等一系列重大金融危機中，中銀集團都積極配合港府平息風潮，穩定市場。

例如，1985 年 6 月，中國銀行就與滙豐銀行聯手向嘉華銀行提供巨額備用信貸，支持嘉華銀行度過資金周轉困難的危機。當時，香港財經界人士認為，中國銀行參與支持嘉華，反映了中國銀行在香港地位的重要性和中國政府維持香港金融穩定的積極態度。1987 年 10 月，中國銀行香港分行與滙豐、渣打共同組成 20 億元的備用信貸，支持期貨交易所度過期指市場危機。1991 年國商事件引發的擠提風潮中，中國銀行與滙豐共同發表聯合聲明，宣佈支持受擠提的銀行同業，將局勢穩定下來，保持了香港金融體系的穩定。

進入過渡時期以後，中國銀行香港分行配合香港金融當局，積極參與對香港金融界重大問題的研究，包括維持港元聯繫滙率、外滙基金與滙豐銀行的新會計安排等一系列重大問題，加強了與香港金融監管當局、銀行同業的聯繫與合作，受到當地金融界和輿論的好評。

鑑於中國銀行在香港金融事務中的地位日益上升，中國銀行參與香港發行港鈔的問題開始醞釀。1980 年代初，香港政府布政司通過渠道向中國銀行總行副行長兼中國銀行駐港總稽核

提出，中國銀行是否有意參加港
鈔發行。1980 年代中期，中英
聯合聯絡小組成立後，關於中國
銀行參與港鈔發行問題，成為該
小組討論的議題之一。1992 年
7 月，中國銀行香港分行正式向
香港政府提出參與發行鈔票的申
請及具體方案。1993 年 1 月 12
日，香港政府行政局討論並通過
了中國銀行發鈔的有關事項。

　　當日，中銀集團在 “關於中
國銀行發鈔事宜” 的新聞公告中
表示：“港府行政局今天批准中
國銀行由 1994 年 5 月起在香港
發行港鈔事宜，對此我們表示歡
迎。中銀集團有 300 多家分支

1994 年 5 月 2 日中國銀行參與發行港鈔，圖為中銀董事長王啟人在發鈔慶祝典禮上致辭。

機構和 250 多部自動提款機，遍佈港、九、新界，能夠為公眾提供便利。中國銀行在獲得授權
成為發鈔銀行後，將依照香港的有關條例進行發鈔。中國銀行將一如既往，同其他發鈔銀行一
起，盡力配合香港政府的貨幣政策，繼續為香港銀行業的穩定作出努力。”

　　1993 年 4 月，中國國務院批准中國銀行修改章程。中國銀行章程第 3 章第 7 條修改為：
“中國銀行設在外國和港澳地區的機構，得經營當地法令許可的一切銀行業務；在港澳地區的分
行依據當地法令可發行或參與代理發行當地貨幣。” 同年 7 月，香港立法局通過《銀行鈔票發行
條例》和《外滙基金條例》，並刊登政府憲報，完成法律程序，以法律形式規定了中國銀行香港
分行的發鈔地位。期間，中國銀行加緊籌備發鈔的有關工作。

　　1994 年 5 月 2 日，中國銀行正式發行港幣鈔票並在市面流通，分金黃色的 1,000 元、棕
色的 500 元、深紅色的 100 元、紫色的 50 元和蔚藍色的 20 元 5 種。在當天的慶祝典禮和剪
綵儀式上，中國銀行董事長王啟人表示：中國銀行發行的港元鈔票正式面世並開始流通，這是
中國銀行 80 多年來的一件盛事，中銀參與發鈔是中國對香港前途充滿信心的體現，也是中國
銀行以其實力和信譽為香港平穩過渡作出的承擔。自此，中國銀行成為香港三家發鈔銀行。

　　1996 年，中銀首度出任香港銀行公會主席，從此，中銀與滙豐、渣打一起輪流擔任銀行公
會正、副主席。中銀在香港金融事務中的地位日益提升。

3. 外滙基金的設立與功能演變

外滙基金

是根據香港政府1935年12月頒佈的《貨幣條例》設立的。

當時，外滙基金持有出售白銀所得英鎊，

作為支持發鈔的準備，其作用與標準的殖民地貨幣發行局類似，

唯一區別就是外滙基金不直接發行紙幣，但通過負債證明書機制授權發鈔銀行發鈔。

然而，隨著外滙基金功能的轉變與加強，

港府在維持和鞏固聯繫滙率的前提下進行了一系列改革，

最終使外滙基金轉化為

香港的中央銀行——香港金融管理局。

3.1 外滙基金功能的設立

香港的外滙基金是根據 1935 年 12 月香港政府頒佈的《貨幣條例》（Currency Ordinance）（已易名為《外滙基金條例》）設立的。自成立以來，基金一直持有支持香港紙幣發行的儲備。

1902 年，國際銀價暴跌，並在其後的 10 年間大幅波動。銀價低廉使得中國貨幣貶值，刺激中國的出口貿易，帶動了香港的繁榮，但是也同時使得香港貨幣滙價前景變得不明朗。有見及此，自 1920 年代後期，香港政府便開始醞釀貨幣制度的改革。1929 年，香港華商總會奉政府命令，成立委員會商討幣制改革事宜。翌年，該委員會向港府提交報告，認為在內地仍實現銀本位制的情況下，香港不應放棄這一制度。

1930 年，英國成立 "香港貨幣國會委員會"（UK Parliamentary Committee on Hong Kong's Currency），研究香港的貨幣制度是繼續以白銀為本位還是以英鎊為基礎的利弊。該研究報告最後贊同香港政府的觀點，即 "只要中國繼續與白銀掛鈎，香港照樣跟隨必然有利"。[14] 報告並建議將白銀集中由香港政府持有，而銀行則應持有白銀證明書（silver certificates），而不是銀塊。當時，香港政府雖然沒有採納這些建議，但在 1935 年的貨幣改革中卻幾乎全部按照這些建議實施。

1929 年，美國華爾街股市崩潰，大部分西方國家在其後數年均經歷了經濟大蕭條，實行金

本位制的國家和地區承受了極大的壓力。1931 年及 1933 年，英國及美國先後放棄金本位制。根據 1934 年 5 月美國頒佈的《白銀購買法》，美國政府承諾按照固定價格在國際黃金市場買入白銀。由於當時白銀的價格偏高，美國政府此舉進一步抬高了白銀價格，導致大量白銀從中國流出。1935 年 11 月 4 日，中國政府宣佈放棄銀本位制。

11 月 9 日，即在中國政府宣佈改制的 5 天后，香港立法局通過《貨幣條例》，規定管理滙率及貨幣的通則，禁止白銀流通，銀本位制宣告廢除。根據條例，香港政府設立了一個基金，即外滙基金，向公眾人士購買白銀，將收集到的白銀在倫敦黃金市場出售，以換取英鎊。出售白銀所得英鎊由外滙基金持有，作為支持發鈔的準備，其作用與標準的殖民地貨幣發行局（Standard Colonial Currency Board）類似，唯一區別就是外滙基金不直接發行紙幣，但通過負債證明書機制授權發鈔銀行發鈔。

1935 年 12 月 6 日，香港政府修訂 1895 年的《銀行紙幣發行條例》（Bank Notes Issue Ordinance），規定由滙豐銀行、渣打銀行和有利銀行（該銀行於 1959 年被滙豐銀行收購，1974 年被撤銷貨幣發行權）。發行的紙幣為法定貨幣。3 家銀行必須將支持發行紙幣的白銀存放於外滙基金，以換取負債證明書並發行港幣紙鈔。自此，外滙基金成為 3 家發鈔銀行發行港幣紙鈔的最終支持，這一角色一直延續至今。

初期，外滙基金由庫務署轄下的總會計師辦事處負責管理，殖民地庫務司（該職務於 1946 年廢除，改由財政司負責有關外滙基金事務）為最終控制人，並由總督任命外滙基金諮詢委員會（Exchange Fund Advisory Committee）負責監督。外滙基金諮詢委員會以司庫（後改稱財政司）為主席，成員主要來自香港的商業銀行，包括 3 家發鈔銀行的經理。以一個非正式的諮詢組織 ——外滙基金諮詢委員會來監督、管理，淡化了政府的角色，使政府在對外滙基金的管理上具有更多的靈活性，這實際上是香港政府對經濟採取自由放任和積極不干預政策的一種表現。

1936 年外滙基金的賬目顯示，該年底外滙基金的資產為 1,045 萬英鎊（1.67 億港元），負債為 930 萬英鎊（1.49 億港元），成立第一年的年度營運溢利則為 115 萬英鎊（1,800 萬港元）（表 5.4）。最初，絕大部分外滙基金的資產都是以通知存款（Call Deposits）的形式存放在倫敦結算銀行。不過，到 1936 年底，超過一半的外滙基金資產是英國政府證券（British Government Stock），其餘資產則為通知存款和短期定期存款，還有一小部分由英聯邦代辦（Crown Agent）持有。除了周轉現金和轉運中或待運的白銀外，所有資產都存放在倫敦，外滙基金賬目亦以英鎊為單位。[15]

有研究認為，與普通基金相比，外滙基金具有以下特點：第一，外滙基金是由香港政府設立的一個管理基金，專責管理發鈔準備，因此它體現為一種新的發鈔機制。第二，外滙基金向政府負責，而不是向發鈔銀行負責，體現了政府對發鈔實施的管理。第三，外滙基金以普通基金的形式運作，但在資產管理方面卻受到官方的法律制約。政府對外滙基金的管理不僅要保證發鈔準備的完整，還必須保證其隨時可以介入市場以維持滙率的穩定。這構成了香港貨幣政策目標的雛形。第四，在為穩定滙率而干預市場時，外滙基金實際上成為了政府實施貨幣政策的職能部門。[16]

3.2 英鎊滙兌本位制下外滙基金的功能

外滙基金成立的初衷是調節港元滙率。在英鎊滙兌本位制時期，外滙基金的運作與貨幣發行局非常相似，唯一的區別就在於前者通過發鈔銀行和負債證明書機制來發行鈔票，後者則直接發鈔。因此，在港元滙率自動按貨幣發行局滙率穩定下來，基本上不需要外滙基金的積極參與。

1939 年，外滙基金的運作已經基本走上軌道。當時，市民已經很少交回白銀，收購到的銀幣經過提煉出售所得款項，在扣除提煉費和運費後不足以抵銷收購成本。這一時期，外滙基金的運作目標主要是用於支持發鈔的準備。因此，外滙基金的資產全部以英鎊為單位，除了周轉現金和運轉中或待運的白銀外，所有資產都存放在倫敦。二次大戰前，香港政府定期在政府憲報公佈外滙基金的資產和負債的年度數字，從中可以清楚看到負債證明書有充份的資產作保證（表 5.4）。

表5.4 1936年至1965年外滙基金的資產和負債 （單位：百萬港元）

年底	1936 年	1939 年	1945 年	1950 年	1955 年	1960 年	1965 年
資產	167	199	269	747	714	1,028	1,937
負債	149	174	235	733	660	839	1,547
盈虧	18	25	34	14	54	189	390
資產負債比率	112%	114%	114%	102%	108%	123%	125%

資料來源：香港金融管理局：《香港的貨幣與銀行體系：回顧與前瞻》，1996 年，第 66 頁。

在日軍佔領香港前夕，外滙基金持有的證券的託管問題得到了解決，所有證券均由位於倫敦、代表殖民地辦事處的英聯邦代辦處代為持有。這項安排使得 1941 年 12 月日軍佔領香港時，外滙基金免遭被掠奪的損失，唯一的損失是當時待運倫敦的一批白銀，總值 17,500 英鎊（約 28 萬港元）。這一時期，以負債證明書支持發行銀行紙鈔的安排中止。日軍迫使銀行發行沒有支持的紙幣，即所謂的 "迫簽紙幣"。

二戰之後，外滙基金面對的最大挑戰就是如何解決 "迫簽紙幣" 問題。這些紙幣沒有支持，而且數額龐大。僅滙豐銀行就有 1.19 億港元（佔戰前紙幣發行總額的 60% 以上），其中 4,700 萬港元是在被佔前已經簽字但未發行的紙幣，7,200 萬元是在強迫情況下簽發的。這些紙幣中，部分被滙豐銀行用來償還債項，而絕大部分則是被日軍用來購買物資和支付勞務。1946 年，香港政府和滙豐銀行達成協議，日軍佔領期間滙豐銀行用作償還其本身債務的那部分紙幣的支持，由滙豐銀行補交給外滙基金；至於其餘約 7,200 萬港元的"迫簽紙幣"，則外滙基金與滙豐銀行共同承擔，其中外滙基金佔了大部分。外滙基金同時也與其他發鈔銀行作了同樣的安排，不過涉及的金額則小得多。

外滙基金支持全部迫簽紙幣所引發的成本淨額，使基金負債增加了約 5,600 萬港元，外滙基金資產與負債比率從 1945 年底的 114% 下降到 1946 年底的 96%。1946 年，為了解決香港政府龐大財政赤字問題，外滙基金從當年的 800 萬港元的投資收益中，撥出合共 600 萬港元給香港政府，以解決燃眉之急。1948 年，外滙基金的投資回報超過 1,600 萬港元，在扣除全部開支後所得利潤為 1,200 萬港元，幾乎全部彌補了累積的赤字。換言之，經過 3 年的運作，外滙基金提前在 1948 年才重新達到充分準備狀態，比原先的預期至少提早了 2 年。[17]

二戰前和戰後一段時期，外滙基金在發出和贖回負債證明書的滙率方面收取差價，要求發鈔銀行在發鈔時以 1 港元兌 1 先令 3 便士的滙率（按照 1 英鎊兌 16 港元的固定滙率折算）支付英鎊，以換取負債證明書；但卻要求發鈔銀行以 1 港元兌 1 先令 2.75 便士的滙率贖回負債證明書，即外滙基金每 1 先令 3 便士收取 0.25 便士的差價。這一滙率在戰前曾更改過兩次，1946 年差價為 0.125 便士。隨着外滙基金虧盈狀況的改善，發鈔銀行向香港政府施加越來越大的壓力，要求外滙基金以 1 港元兌 1 先令 3 便士的滙率贖回負債證明書，但遭到香港政府的拒絕。這種情況一直延續到 1983 年。

1949 年 9 月 18 日，英鎊貶值，由 1 英鎊兌 4.03 美元貶至 1 英鎊兌 2.80 美元。這對外滙基金的儲備造成首次的衝擊。1951 年，由於英國銀行利率升至 4 釐，導致外滙基金持有的證券

港元對美元無法維持批准的兌換率

港元採浮動措施

港政府昨晚宣布：一旦情形許可即重訂兌換率

港貨明年上半年對美市場拓展將受到相當打擊

本港廠家對購料及出口商對接單都會遭遇困難

1974 年 11 月 25 日，港府批准港元在外滙市場自由浮動的報道。

價格下挫，外滙基金首次出現營運虧損。不過，在 1950 年代，隨着香港經濟的復元及轉向工業化發展，外滙基金總體表現平穩，資產穩定增長，1959 年，外滙基金的資產負債比率重新回升至 125%。有鑒於此，香港政府要求外滙基金諮詢委員會同意轉撥部分盈餘至一般收入賬目（General Revenue），但遭到委員會的拒絕。

進入 1960 年代，香港經濟起飛，外滙基金的資產負債比率在 1963 年達到 142% 的歷史高水平。當時，港府財政司郭伯偉認為外滙基金盈餘留在基金用處不大，決定分配部分累積盈餘淨額。1964 年 1 月，香港政府修訂《外滙基金條例》，增加第 8 條款。該條款規定：財政司在經與外滙基金諮詢委員會磋商並經英國外交事務大臣批准後，可以動用外滙基金超出借款及負債證明書兩項之和 105% 部分以外的資產，並將其轉撥到港府的其他賬目。當年，香港政府從外滙基金轉撥 1.5 億港元到發展貸款基金，從而使外滙基金的資產負債比率下降至 125%。

1960 年代中後期，英鎊不斷貶值，使外滙基金遭受相當大的損失。1967 年 11 月，英鎊再次貶值，兌美元的滙價從 1 英鎊兌 2.80 美元下跌至 1 英鎊兌 2.40 美元，跌幅達 14.3%。與 1949 年的做法不同，這次香港政府沒有完全追隨，11 月 23 日港府宣佈將港元兌英鎊的滙率調高 10%，從 1 英鎊兌 16 港元提高到 1 英鎊兌 14.55 港元，即兌美元貶值 5.7%。這使外滙基金在當年賬目出現 1.89 億港元的大額虧損。外滙基金當時的另一項損失，是由於港府對認可外滙銀行作出承諾，補償它們因港元重估而造成的虧損淨額。為此，外滙基金動用了 1.54 億元應付這些銀行的索償要求。[18]

1972 年 6 月 23 日，英國政府宣佈允許英鎊滙率自由浮動。7 月 6 日，香港政府決定終止港元與英鎊的聯繫，改與美元掛鈎，港元兌美元的官方滙率定為 1 美元兌 5.65 港元，而干預的上下限則參照國際貨幣基金組織的正負 2.25%。新的滙率制度實施不久，港元面臨了一次小規模的衝擊，香港政府首次動用外滙基金進行干預，先後動用了 2,000 萬港元和 480 萬美元進行干預，最終使港元滙率穩定下來。不過，這一時期，美元先後於 1973 年 2 月和 1974 年 10 月兩次貶值，並最終與黃金脫鈎。1974 年 11 月 25 日，港府准許港元在外滙市場自由浮動。1975 年，外滙基金諮詢委員會同意外滙基金賬目的記賬單位從英鎊轉為港元，港元與其他一切外幣的聯繫中止。

3.3 1970年代中期以後外滙基金功能的演變

外滙基金設立之初，其主要目的是調節港元的滙價，直至與英鎊的聯繫結束為止。由於外滙基金的運作與貨幣發行局非常相似，港元的滙率自動按貨幣發行局滙率穩定下來，基本上不需要外滙基金的積極參與。不過，1974 年香港實行浮動滙率制後，原有貨幣發行局制度內的自動穩定滙率的機制消失，港元滙率的波幅增大，香港政府頻頻運用外滙基金影響港元滙價。這一時期，外滙基金的作用開始突顯，主要以干預儲備基金（Intervention Reserve Fund）的形式影響港元滙率。或者正因為這種轉變，港府從 1975/76 年度起，不再公佈外滙基金的盈餘數額。

為了發揮外滙基金的這種新作用，香港政府決定調整外滙基金的管理架構，增強外滙基金的實力。1976 年，香港政府宣佈成立金融事務科（Monetary Affairs Branch），下設外滙基金小組、金融政策小組和銀行監理處，負責管理外滙基金，以及執行一些尚未授權予滙豐銀行和渣打銀行兩家銀行以外的傳統中央銀行職能。同年 4 月 1 日，香港政府又宣佈，將官方的所有外滙資產，包括一般收入賬目的大部分外幣資產和硬幣發行基金（即用以支持發行硬幣的基金）的全部資產轉撥外滙基金，以換取外滙基金的負債證明書。其中，發給一般收入賬目的負債證明書須付利息，但發給硬幣發行基金作為發行硬幣支持的證書則不須付息。自此，外滙基金實際上成為香港外滙儲備的管理基金，亦正式承擔起鑄幣費用。

1978 年 12 月 31 日，香港政府決定撤銷硬幣發行基金，將其併入外滙基金，其債務證明書遂予以註銷。港府也開始把政府一般收入賬目內的港元盈餘（即財政盈餘）撥入外滙基金。至此，外滙基金的負債構成包括 4 部分內容，即發鈔的負債證明書、硬幣發行基金、轉撥財政儲備，以及其他負債（主要是年終應付款項）。這樣，外滙基金成為了港府的所有金融資產（包括港幣和外滙）的一般累積儲蓄賬戶，以及用作保障和調節港元滙率的干預儲備金。外滙基金的中央銀行職能開始加強。

1978 年 4 月，香港政府正式成立"外滙基金管理部"（Exchange Fund Division），由金融事務科管轄，專職負責管理外滙基金的日常工作。這就增強了香港政府管理外滙基金的能力，並削弱了英國政府管理外滙基金的權力。同時，為了解決缺乏專業人才和經驗，以及通信設備和技術支持不足等問題，港府採取了聘用私營機構的基金管理外滙基金部分資產的辦法，賦予基金經理酌情權，要求他們根據議定的投資指引，進行投資和管理。第一位外聘經理是 1976 年 10 月獲任命的，最初的投資組合為 2,000 萬美元。[19] 由外聘經理管理外滙基金部分資產的做法一直延續至今。

實行浮動滙率制度初期，港元整體上處於上升的態勢。1976 年底，實質港滙指數（Effective Exchange Rate Index）上升至 114.4 的水平（1971 年 12 月為 100）。不過，從 1977 年 3 月起，由於缺乏有效的貨幣政策，以及受到外貿赤字上升、銀行信貸增長等種種因素的影響，港元滙價備受貶值壓力。實質港滙指數在 1980 年底跌至 88.2 水平。1979 年 5 月，香港政府修訂《外滙基金條例》，規定銀行必須就外滙基金的短期存款，以銀行條例指明的流動資產的形式，持有 100% 的擔保，而之前的擔保比率為 25%。新規定實施後，外滙基金中港元短期結餘與基金在香港各銀行中總存款比例，從 1978 年底的 23%，大幅上升至 1979 年底的 84%。

1981 年 11 月，為了加強當局對利率水平的影響力，以控制港元滙率的波動和下跌，香港政府推出一項旨在通過外滙基金影響貨幣市場利率水平的計劃。根據該計劃，外滙基金可在貨幣市場借入短期頭寸，由向外滙基金借入頭寸的持牌銀行不固定期限地持有這些資金，只有當港府認為市場已經出現銀根緊絀時，這些資金才獲准以長期貸款的形式回流市場。與此同時，香港政府決定允許外滙基金持有股票。外滙基金購入的第一檔股票為大東電報局的股分，其後又先後購入海底隧道公司、香港空運貨站有限公司、以及香港建屋貸款有限公司的股分。

1982 年，香港政治前途問題浮現，觸發港元進一步下挫，銀行體系流動資金緊絀情況嚴峻，多家銀行備受壓力。當年，香港政府決定取消外幣存款利息預扣稅，但仍維持港元存款預扣稅，結果使港元和銀行體系所受壓力更大。1983 年 9 月 24 日，中英雙方關於香港前途問題的談判陷入僵局，實質港滙指數跌至 57.2 歷史低水平。三日後，陷於危機中的一家本地銀行恆隆銀行宣佈無法履行責任，迫使港府連夜對該銀行作出擔保，並在次日接管該銀行，動用外滙基金向銀行注資 3 億港元，作為該銀行繼續運作的資金。

1983 年 10 月 17 日，香港政府宣佈實施聯繫滙率制度，重新實施 1972 年以前奉行的經修訂的貨幣發行局制度；同時取消港元存款利息預扣稅。聯繫滙率制度實施後，外滙基金用以維持港元滙率的作用顯得更加重要。制度實施初期，外滙基金主要通過在外滙市場的直接干預來維持聯繫滙率的穩定，維持並穩定聯繫滙率實際上成為了香港貨幣政策的主要目標。當時，外滙基金一次性將 2.5 億港元轉撥至政府的一般收入賬目，以補償因取消港元存款利息預扣稅帶來的收入損失。該年底，外滙基金因為港元貶值而收益大增，外滙基金獲得超過 76.5 億港元的滙兌收益，資產負債比率達到 181% 的高水平。

1980 年代中前期，香港爆發銀行危機，多家本地銀行出現經驗困難或倒閉。根據《外滙基金條例》，外滙基金只能用於調節港元滙價，但當時香港政府認為本地銀行倒閉將影響到銀行同業市場及整個銀行體系的穩定性，港元滙價也因此會受到影響。因此，外滙基金以注資、擔保、接管、貸款等方式，參與了拯救多家問題銀行的行動。1985 年 6 月，本地的海外信託銀行面臨破產，香港政府決定接管該銀行，並再次動用外滙基金予以拯救，前後動用的外滙基金約 40 億港元。其後，外滙基金又以提供財政支持的形式，參與了另外 4 家銀行的拯救及重組工作。1993 年，海外信託銀行恢復正常經營，港府將其出售，所得收益歸還外滙基金。據估計，1983 年至 1993 年間，外滙基金共提供了 38 億港元資金拯救銀行。[20] 這一時期，外滙基金取代滙豐銀行作為銀行體系 "最後貸款者" 的角色進一步突顯。

1987 年 10 月，全球股災期間，港股大幅下挫，導致香港期貨交易所部分交易商無法履行其責任,香港期貨保證公司面臨破產危險。為了拯救期貨市場,外滙基金再度出手,為香港期貨保證公司提供兩項備用循環信託,讓該公司能夠履行其對期貨交易所會員的結算交收的責任。1991 年,香港再度出現銀行危機,國際商業信貸銀行倒閉,觸發該行在香港的分支機構 —— 香港國際商業信貸銀行發生擠提。不過,當時港府認為香港金融體系整體穩健,無需再動用外滙基金拯救銀行,香港國商銀行最終倒閉。

從 1988 年起,港府以維持和鞏固聯繫滙率制度名義推行一系列改革,推動外滙基金功能的進一步擴大,並最終使外滙基金轉化為香港的中央銀行 —— 香港金融管理局。

4. 過渡時期金融制度的改革及外滙
基金功能的擴大

1983年實施的港元聯繫滙率制度，

儘管從理論上是透過銀行間的套戥和競爭的相互作用可以實現自動調節，

然而這一自動機制在當時的條件下並未能有效運作。

值得注意的是，在聯繫滙率制度下，

過去基於內部經濟或對外收支不平衡所產生的調節壓力從滙率轉移到貨幣供應及利率水平上來。

因此，在聯繫滙率制度實施初期，

香港利率水平的變動相當頻繁，並引發日後香港金融制度的改革。

4.1 推出"利率及存款收費規則"（負利率計劃）

據統計，從 1983 年 10 月到 1984 年 12 月，香港最優惠利率在短短一年多時間內先後調整了 19 次，1985 亦調整了 9 次。期間，利率波幅亦甚為可觀，聯繫滙率實行之際，市場上最優惠利率為 16 釐，到 1984 年 3 月跌至 8.5 釐，但於同年 7 月又攀升至 17 釐的高峰，而到年底則又降至 11 釐。利率水平的頻密變動涉及的面相當大，影響到從 M_1 到 M_3 的整個貨幣供應，利率調整雖然對穩定滙率發揮了積極作用，但在實際運作中不利於資金的有效配置和經濟的穩定。

1985 年以後，隨着美國貿易逆差的日益擴大，美元貶值，導致香港產品出口競爭力加強，帶動香港經濟的繁榮。這時期，大量熱錢湧入香港，市場出現投機港元升值的風潮。1985 年 5 月，美元兌港元滙率一度升至 1：7.72，偏離官方滙價的 1%，迫使銀行公會宣佈減息 3%。1987 年 11 月至 1988 年 2 月，市場再度盛傳港元將升值，大量海外熱錢湧入香港進行投機，美元兌港元滙率兩次升至 1：7.75，對聯繫滙率形成衝擊。

為了捍衛港元聯繫滙率制度，打擊投機熱錢，香港政府與銀行公會商議，修訂銀行公會利率規則。1988 年 1 月 14 日，銀行公會正式公佈了一套"利率及存款收費規則"（即"負利率計劃"），決定從 3 月 10 日起實施。負利率計劃的主要思路是，銀行公會的常設委員會在諮詢財政司後有權向持牌銀行的結算戶口的結餘收取費用，然後將其轉付予外滙基金，收費率由委員會諮詢財政司後釐定。同時，銀行公會在決定徵收費用時，有權禁止持牌銀行進行某一些業務，並可要求持牌銀行對客戶存款的港幣結餘收取費用。具體內容是：

（1）支票戶口和儲蓄戶口超過 100 萬美元的餘額，將收取費用；但 3 個月期或更長期的定期存款，則不在收費之列。

（2）在對存款結餘收費措施生效期間，銀行將不再接受短於 3 個月的港幣定期存款（包括掉期存款及所有港幣通知存款）。

（3）在上述收費實施時已開立的定期存款，當在收費措施生效期內到期時，如戶口未給予續期 3 個月或以上的指示，或給予其他處理款項的指示，這些存款將會受到像儲蓄戶口一般的對待，收取費用。

（4）3 個月期或更長期的定期存款，如果提前提款，同樣會像儲蓄存款那樣收取費用。

不過，這項制度並未實施。原因是自 1988 年 3 月起，美國聯邦儲備局為抑制通脹，開始收縮銀根並加息，香港跟隨美國加息，客觀上已抑制了投機活動。

4.2 建立香港式的"貼現窗"

在聯繫滙率制度下，香港貨幣政策目標，是保持港元滙率的穩定性。其中的核心和重點，就是有效控制銀行同業的流動資金水平和拆息率。為此，自 1988 年以來，香港政府巧妙推進了四部曲的改革，建立起香港式的"貼現窗"。

（1）新會計安排（New Accounting Arrangement）

新會計制度是香港政府實施聯繫滙率制度以後，在貨幣政策方面的第一項重大改革。1988年 7 月 15 日，香港政府金融事務科宣佈，已與作為香港銀行公會中央票據結算系統管理銀行的滙豐銀行達成協議，以改變現行的銀行結算制度。外滙基金與滙豐銀行之間實施"新會計安排"，目的是使政府可以通過運用外滙基金，對銀行同業市場內資金的來源和價格產生更有效的影響力，從而幫助它在聯繫滙率制度的框架內，更能維持滙率的穩定。新會計安排的主要內容是：

1. 滙豐在外滙基金開設一港元帳戶；2. 滙豐須在該帳戶維持一餘額，其數量不得少於銀行體系內所有其他銀行之總結算淨額；3. 外滙基金對滙豐帳戶的正值餘額（貸方餘額）不支付利息；4. 如果滙豐帳戶餘額降至結算淨額之下，或結算淨額為負值，滙豐須就此差額或負值向外滙基金付息；5. 在一定數量以內，滙豐付息的利率以最優惠利率或香港銀行同業拆息率較高者為準；超過該數量，則以最優惠利率或同業拆息率另加 3 釐，以兩者較高者為準；在特殊情況下，財政司與滙豐協商後，可以另一利率代替；6. 外滙基金可酌情利用該帳戶，結算與滙豐或其他銀行所進行的港元交易；7. 政府庫務署也在外滙基金開設一港元帳戶。

實施新會計安排最重要的原因，是原來的結算制度與聯繫滙率制度存在矛盾，威脅到聯繫滙率的穩定性。在原來的制度下，外滙基金在滙豐銀行開設賬戶，它通過外滙或貨幣市場穩定滙率時，其作用與其他銀行並無分別，往往被其他銀行的反向活動削弱。實施新會計安排後，滙豐銀行必須在外滙基金設立賬戶，外滙基金可利用此賬戶進行港幣交易的結算，因此可通過記賬方式配合其公開市場操作，從而影響同業市場的資金流動性。此外，庫務局在外滙基金開設的賬戶，也提供了一個控制同業市場銀根的管道。

總體而言，新會計制度最重要的意義，就是外滙基金取代了滙豐銀行，取得了對銀行同業流動資金水平的控制權，這意味著外滙基金實際上成為銀行體系流動資金的最後供應者。由於滙豐銀行在外滙基金所保持的帳戶結餘就是銀行同業流動資金的供應總額，通過調整帳戶結餘水平，外滙基金可有效地調節銀行體系的整體流動資金供應情況，從而更有效地影響銀行同業拆息率，這就大大加強了香港政府維持聯繫滙率的能力。當然，新會計制度的另一個重要意義，就是削弱了滙豐銀行的特權。

（2）公開市場操作：發行外滙基金票據和債券（Exchange Fund Bills Notes）

為了更有效地實施新會計制度並鞏固聯繫滙率，1990 年 3 月，香港政府首次推出為期 91 天的的外滙基金票據（Exchange Fund Bills）。這些票據記入外滙基金帳目內，最低面額是 50 萬元，通過投標以貼現方式發行，每星期拍賣一次，每次發行的總額是 2 億港元。競投者僅限於銀行條例下的認可機構。所有交易均由電腦系統操作進行，票據持有者名單和交易細節由港府金融科電腦庫保存。

1990 年 10 月及 1991 年 2 月，金融管理當局再推出為期 182 天和 364 天的兩種外滙基金票據，前者每兩星期拍賣一次，後者每四星期拍賣一次，每次發行的總額均是 2 億元。為推動二級市場的發展，港府於該年底委出 30 名市場莊家。莊家須履行及承擔對外滙基金票據和債券形成市場價格的責任，莊家在其債券總頭寸為正數，即實倉債券頭寸大於空倉頭寸時，可以從事賣空某一債券的活動，以平衡市場的供求。

1991 年 11 月，港府又推出兩年期政

1993 年外滙基金諮詢委員會成員，前排左起為周振興、李國寶、麥高樂、任志剛、利國偉，後排左起為黎恪義、梁錦松、葛賚、張建東。

1999 年香港聯交所、香港金融管理局及香港中央結算有限公司高層代表出席外滙基金債券上市儀式。

府債券。1993 年 5 年，剛成立的金融管理局推出首批兩年期外滙基金債券（Exchange Fund Notes），到 1995 年初，這些債券完全取代未償還的兩年期政府債券。其後，金融管理局先後於 1993 年 10 月、1994 年 9 月、1995 年 11 月及 1996 年 10 月推出 3 年期、5 年期、7 年期及 10 年期的外滙基金債券。1996 年底，金融管理局又 3 次內部發行 28 日期外滙基金票據，以利便銀行在即時支付結算系統推行初期管理流動資金。

外滙基金票據和債券自推出以來，市場反應十分熱烈，二級市場的交易額也逐年大幅增加。截至 1997 年底，未償還外滙基金票據和債券總額達 1,020 億元，其中，10 年期的外滙基金債券收益為 6.76%，比 10 年期美國國庫券的收益高出約 70 個基點（每個基點為 1% 釐）。1997 年間，外滙基金票據和債券平均每日成交量為 140 億元，相當於未償還票據數額的 14%。外滙票據和債券已成為香港資本市場最活躍的組成部分。（見表 5.5）

外滙基金票據和債券是香港政府以外滙基金名義發出的，直接構成外滙基金賬目內一項無條件的抵押負債。外滙基金票據和債券的性質與其他國家的國庫券類似，但兩者的目不同。其

表5.5 外滙基金票據和債券市場發展概況
（單位：億港元）

年份	未償還票據	未償還債券	未償還總額
1990	75.40	—	75.40
1991	140.40	—	140.40
1992	203.40	—	203.40
1993	262.60	18.00	280.60
1994	439.40	84.00	523.40
1995	443.30	144.00	587.30
1996	702.50	216.00	918.50
1997	728.50	288.00	1,016.50
1998	638.50	336.00	974.50
1999	672.74	346.00	1,018.74
2000	730.02	356.00	1,086.02

資料來源：香港金融管理局

中，國庫券的發行一般為了彌補財政赤字，外滙基金票據從一開始則主要被運用作貨幣政策工具，以維持聯繫滙率的穩定。當金融監管當局計劃收縮同業市場銀根時，便可拋售外滙基金票據和債券，然後運用新會計安排，在滙豐銀行的賬戶內借記一筆港幣，使其餘額減少，從而使市場上港幣供應減少，推高同業拆息；反之，如果要放寬同業市場銀根，則可購入外滙基金票據和債券，藉以增加滙豐銀行賬戶的結餘。由於外滙基金的信用就是政府的信用，遠遠優於企業的信用，且其收益率要低於相應的同業拆息率（HIBOR），政府用它來干預市場，成本較低，而且還甚受市場歡迎。此外，當政府希望注入流動資金時，與存款相比，外滙基金票據不涉及信貸風險。

外滙基金票據和債券的發行，標誌着外滙基金正式引入西方國家普遍運用的公開市場操作這一干預工具。為了更有效地利用外滙基金票據和債券，達到公開市場操作的目的，金融管理局採取了一系列措施，建立外滙基金票據和債券的一級市場和二級市場，增強外滙基金票據和債券的流動性。具體包括：

第一，增加流動性。金融管理局將外滙基金票據和債券納入流動資金調節機制的合格抵押品範圍內，使銀行願意持有這些票據和債券，以保持銀行流動性資金需要。

第二，完善的發行制度。為了保證外滙基金票據和債券的流動性，金融管理局制定了較長期的發行計劃，還採用緊集滾動式發行，每週發行一次，對每種票據和債券的發行總量和每次發行量都作出明確的規定，並且以招標形式發行。

第三，建立莊家和認可交易商制度。為了維護市場秩序，提高市場的流動性，金融管理局建立了莊家（Market Maker）制度和認可交易商制度。莊家為外滙基金票據和債券的主要參與者，由金融管理局審核並簽署《莊家協定》後才可獲得莊家資格，並需履行和承擔對外滙基金票據和債券形成市場價格的責任，莊家在其總債券頭寸為正數時可從事賣空某一債券行為，以平衡市場活動。所謂"認可交易商"，即經金管局確認，在債務工具系統（CMU）設立外滙基金賬戶，可參與一級市場投標和二級市場交易，認可交易商在必要時可以通過莊家間接地向金管局抵押實倉，補足空倉，以履行當天的結算義務。

第四，建立結算系統。香港貨幣管理當局在 1990 年發行外滙基金票據的同時，推出了中央外滙基金票據結算系統，為市場提供高效率的交易清算服務。1994 年以後，金融管理局將只供外滙基金票據和債券使用的中央結算系統，擴展到能夠直接接納其他商業票據和債券，並兼備買賣、結算和託管等綜合功能，建立了債務工具中央結算系統（CMUS），完善了債務市場的基礎設施。截止 1997 年 3 月底,債務工具中央結算系統的會員數目達到 261 個,所託管和結算的債務工具數目達到 452 種,總值為 1450 億港元,1997 年第一季度的日平均交易量為 4.32 億港元。[21]

值得一提的是,發行外滙基金票據和債券,除了引入公開市場操作這一干預工具、維持聯繫滙率之外,還有拓展香港票據和債券市場的作用,長期債券提供的基準收益,可用作私營機構發行債券的定價參考。

(3)流動資金調節機制(Liquidity Adjustment Facility)

1992 年 5 月 28 日,香港政府宣佈,從 6 月 8 日起正式實行流動資金調節機制。根據香港政府的解釋,設立流動資金調節機制的目的有兩個:其一是確立外滙基金"最後貸款者"的角色;其二是將現階段提供隔夜流動資金援助的安排正規化。

流動資金調節機制的安排是:在每星期一至星期五下午 4 時至 5 時及每星期六上午 11 時半至 12 時,由外滙基金向有需要的持牌銀行提供隔夜流動資金,拆息率由外滙基金事先決定並公佈,頭寸融通分有抵押貸款和無抵押貸款兩種,前者可用外滙基金票據和債券以及被政府確認為合資格債券等作抵押,透過"回購協定"(Repurchase Agreement)方式進行,後者即原來的隔夜流動資金援助,由外滙基金酌情決定,但拆出利率較回購協議的利率高。

其具體做法是:1. 當持牌銀行發現頭寸不足需隔夜援助時,與外滙基金簽定回購協議,銀行將所持外滙基金票據或債券出售予外滙基金,次日再購回,其差價即流動資金調節機制的拆出率(Offer Rate);2. 持牌銀行有剩餘隔夜資金原貸予外滙基金時,則外滙基金亦準備按拆入利率(Bid Rate)借入該款項。外滙基金每日公佈拆出、拆入利率,差價通常為 2 釐,但為確保港元滙率穩定,保留隨時取消或更改的權利。

在流動資金調節機制下,外滙基金為有暫時周轉困難的銀行提供隔夜頭寸,外滙基金決定拆入和拆出的利率,持牌銀行可將每日的剩餘資金通過該機制存入外滙基金收取利息,亦可利用外滙基金票據和債券作為抵押品,以回購形式向外滙基金借入資金,利率則以拆出利率計算。這一機制的設立,不僅改變了長期以來香港同業資金受到某些大銀行(如滙豐銀行)操控的局面,而且也取代了香港政府過去通過銀行公會調節存款利率來反映政府利率意圖的做法,從而使政府利率政策意向表達的更加清晰、明確。由於流動資金調節機制的拆入、拆出利率,實際上已經規定了銀行同業隔夜拆息率的波幅,因而平抑了銀行同業隔夜拆洗的波動,有助於完成聯繫滙率的穩定。

流動資金調節機制實際上就是香港式的"貼現窗",不同的是外滙基金在該機制中同時擔任"最後貸款者"和"最後供款人"的職能,扮演中介人角色。為了避免銀行利用該機制進行套利活動,即以較低利率從"貼現窗"拆入資金,然後以較高利率向銀行同業拆出,更重要的是為了防止銀行過分依賴"貼現窗"而忽視對本身現金和流動資金的審慎管理，流動資金調節機制的拆出率，一般略高與香港銀行同業拆息率，而且"貼現窗"的開放時間僅限於銀行營業時間的最後1小時，用於抵押的債券必須是高素質的債券。

1994年3月之前，符合流動資金調節機制的抵押品資格的只有外滙基金票據和外滙基金債券。其後，抵押品資格的範圍不斷擴大，包括香港一些法定機構發行的港幣債券、信用評級為AAA的港幣債券、以及一些獲標準普爾、穆迪、歐洲評級公司（IBCA）和日本公社債券研究所（JBRI）等評級機構評為較高等級的債券。

設立流動資金調節機制後，香港金融管理局根據具體情況，綜合考慮成本、風險和現金流量的狀況等因素，採取多種方法來調節銀行同業的流動資金水平，從而影響市場利率。這些方法包括：在銀行同業市場直接拆借港元；買港元賣外幣或者賣港元買外幣；在庫房和外滙基金之間調撥資金等。其中，在銀行同業市場直接拆借港元，所涉及的信貸風險較大，而且在短時間內籌集大額資金的成本較高。如果採取直接買賣外幣的方法，會對滙率造成直接的影響。而在庫房和外滙基金之間調撥資金，會受到庫房現金流量影響。總體而言，流動資金調節機制的設立，進一步加強了外滙基金控制和調節銀行體系流動資金水平的能力，從而有助減低港元滙率的波幅，穩定聯繫滙率。

1994年3月，香港金融管理局為改善流動資金調節機制的運作，將貨幣市場操作的目標，從原來的銀行同業流動資金水平改為銀行同業的短期拆息率，以使銀行同業拆息率的波動限制在流動資金調節機制控制的範圍內。1996年9月25日，金融管理局又將制定流動資金調節機制利率水平的參考利率，從美國的貼現率改為美國聯邦基金利率，以便能更及時反映美國的貨幣政策。

1996年12月9日，香港即時支付體系開始正式運作。流動資金調節機制仍然提供隔夜流動資金。為了配合即時支付體系的推行，金融管理局隨即推出了外滙基金票據和債券的即日回購交易，為銀行提供即日流動資金，並將機制的開放時間從4：00至5：00改為4：30至5：30。

4.3 建立即時支付結算系統（Real Time Gross Settlement System）

香港原有的支付結算系統安排是於1981年1月建立的。當時，香港銀行公會和滙豐銀行簽訂有關管理協定，出任票據交換所（Clearing House）的管理銀行，向香港銀行體系提供中央結算服務。《香港銀行公會票據交換所條例》規定，銀行公會全體會員（持牌銀行）的票據交換、結算和轉賬，均須在銀行公會的票據交換所進行；票據交換所所有僱員為管理銀行職員，交換所使用的有關設備由銀行公會和管理銀行共同提供，但使用的電腦軟件、程序和有關文件均由管理銀行開發和擁有。

當時，這一結算安排由三級組織架構組成，包括票據交換所的管理銀行、結算銀行和次結算銀行。其中，最頂級的是作為票據交換所的管理銀行 —— 滙豐銀行，它直接在外滙基金設立賬戶；第二級為 10 家結算銀行，包括滙豐銀行、渣打銀行、中國銀行香港分行、華比銀行、萬國寶通銀行、廣東銀行、東亞銀行、華僑銀行、上海商業銀行及永安銀行等，它們必須在滙豐銀行開設交換結算賬戶，並保證其賬戶內有一定資金應付交換之用；第三級為次結算銀行，包括除

1998 年 4 月 28 日，香港銀行同業結算有限公司與香港結算公司簽約，聯合建立 DvP 設施，以加快股票結算交收。

10 家結算銀行以外的 170 多家持牌銀行，它們可在其自由選擇的結算銀行開設賬戶。

在此安排下，每家持牌銀行的票據都經過滙豐銀行進行交換。滙豐銀行作為管理銀行只與結算銀行交易，總體處理各結算銀行及其屬下次級結算銀行的交易；同時，滙豐銀行作為結算銀行，同其屬下次級銀行交易。每日結算時，滙豐銀行對賬戶有結存的結算銀行不付利息，但如果結算銀行在其賬戶內沒有款項應付交換，亦無法與滙豐銀行作出即時安排以彌補差額，滙豐有權宣佈該銀行為欠款銀行，並取消其交換資格。如果滙豐銀行願意向其提供透支服務，則徵收懲罰性利息。當時，香港的支付結算體系主要有 5 種支付形式，包括支票、自動轉賬系統（CHATS）、中央結算系統（CCASS）、電子交換和易辦事。其中，支票交收佔總交易總數的 75% 以上，佔總交易金額的 40%。

1981 年以來的這一安排，總體運行雖算平穩，但實際上存在不少問題。首先，是支付結算系統的管理和運作由商業銀行承擔，存在着利益衝突問題。其次，原有的支付結算系統由三層架構組成並實行翌日交收，而不是國際通行的單層次即日交收，這意味着交易成本高，時間長，風險也相對較高。另外，大量使用支票進行結算，致使結算效率相對較低。

進入回歸中國的過渡時期以後，滙豐銀行開始加緊部署集團國際化戰略。因此，1988 年 7 月，滙豐銀行與香港政府金融事務科簽訂新會計安排。這是香港中央結算系統改革的第一步。新會計安排削弱了滙豐銀行的特權，但並沒有改變原來安排的成本高、風險高和效率低的問題。

為進一步改善香港的支付結算制度，1993 年底，香港金融管理局成立了「支付及結算系統工作小組」，對原有的結算制度進行研究。1994 年 1 月，該小組提出儘快建立即時支付結算系統的建議。由於該建議涉及重大策略性問題，並關乎整個銀行體系，同年 5 月 31 日，金融管

理局成立了支付系統委員會，成員由金管局總裁及各大持牌銀行代表組成，負責為香港實施即時支付結算系統提供政策方面的建議。其後，銀行業達成共識，即香港應該儘快建立起即時支付結算系統，實現對現有支付系統的升級換代，以鞏固香港國際金融中心的地位。

當時，香港支付系統委員會確定的即時支付結算系統，包括5個方面的核心原則：

（1）香港的即時支付結算系統應與國際標準接軌；

（2）採取單層次結構，即所有持牌銀行均要在金融管理局開設結算賬戶（Settlement Accounts）；

（3）在金融管理局的賬戶上過賬，最終的結算工作通過金融管理局的賬戶進行；

（4）銀行不能進行即日透支，但可以外滙基金票據和債券作為抵押品，通過與金融管理局簽訂即日回購協定，取得即日的流動資金；

（5）香港可以和國際系統聯網，以進行即時貨銀兩訖和即時滙款同步進行交收。

根據上述5項核心原則，並確保新的即時支付即時系統具備簡單、穩健、能夠逐漸演進，香港支付系統委員會決定採用Y型設計（圖5.4）。在該系統中，所有持牌銀行均需直接在金融管理局設立結算賬戶，由金融管理局進行最終結算，無須經過其他中間環節，因而具有簡單、直接的特點。除非有非常特殊的情況，金融管理局不允許銀行結算賬戶出現透支；而且，任何一項指令進入賬戶結算後，就被視為最終的、不可撤回的及無條件的。該設計提供了排隊機制，可以使銀行能夠通過取消和重新排列支付指令的次序，來控制其支付指令的先後順序。該設計還將支付結算系統與1990年設立的債券工具中央結算系統自動聯網，提供及時貨銀兩訖和即日回購協定。所有隔夜和即日回購協定的設施由債務工具中央結算系統管理的抵押品管理系統提供。兩系統的聯接，較好地解決了銀行在頭寸不足情況下支付指令需要排隊輪候，不能即時執行的問題，以及資金提供者可能存在的信貸風險問題。此外，為了確保即時支付系統能加快及順利實施，該系統建立在自動轉賬系統的基礎上。

從1995年1月起，金融管理局為推行即時支付系統進行了整整兩年的準備工作。1995年5月，金融管理局宣佈籌建香港銀行同業結算有限公司（Hong Kong Interbank Clearing Limited），以取代原來的票據交換所。該公司由香港金融管理局和香港銀行公會共同擁有，各佔50%股權。公司董事會由8人組成，其中2人來自金融管理局，3人來自銀行公會的永久會員（即滙豐銀行、渣打銀行和中國銀行香港分行3家發鈔銀行），其餘3人由銀行公會其他會員選出）。該公司成立後，成為新結算所設施的營運者，負責新支付結算系統的運作，並分階段地接管了滙豐銀行原來承擔的結算職能，直至1997年4月完全接管。

在新支付結算系統中，金融管理局承擔了多項新的職能，具體包括：1. 結算機構：金融管理局取代了結算所的管理銀行，成為結算機構；2. 債務工具結算系統的操作機構：即時支付結算系統與債務工具結算系統全面接通後，具有即時貨銀兩訖功能，金管局繼續負責該系統運作；3. 即日流動資金的提供者和最後貸款人：金管局密切監察支付系統運作，並在適當情況下向持牌銀行提供資金支持。4. 支付系統的監察機構：金管局直接參與即時支付結算系統操作和負債的監察工作。

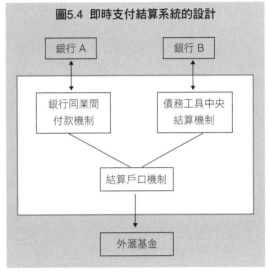

資料來源：香港金融管理局

籌建期間，金管局面對的一個重要問題，是在新支付結算系統下銀行流動資金的管理問題。由於新系統不允許銀行透支，對銀行流動資金的管理構成了較大的壓力，香港銀行特別是外資銀行對外滙基金票據和債券的需求大增，導致外滙基金票據和債券的利息率顯著下降，與銀行同業拆息率之間的差距進一步拉大，銀行的成本和風險也進一步提升。為了取消銀行界的擔心，金管局推出了兩項措施：其一，推出票據交換所自動轉賬系統的處理指引，要求銀行每天按時按次序訂下處理票據的限額；其二，增加外滙基金票據和債券的發行量。

1996 年 12 月 9 日，即時支付結算系統（RTGS）正式運作，取代了原來的結算制度和新會計安排。即時支付結算系統的建立，是對香港銀行支付結算系統的一次重大變革。在新系統下，金融管理局徹底取代了滙豐銀行的地位，開始管理香港銀行系統的支付結算體系。金管局通過該系統即時控制和掌握整個銀行體系的資金運作情況和資金頭寸情況，及時發現銀行體系可能發生的問題，並提供足夠的手段加以解決。該系統也進一步提高了流動資金管理的透明度，使銀行能夠更加有效地管理其資金頭寸，因而受到了銀行界的歡迎。該系統還大大提高了支付效率並減低了原有支付系統所存在的各種潛在風險，包括市場風險、流動性風險和信貸風險發生的可能性，它與國際其他支付系統接網後，還消除了赫斯特風險。

總體而言，即時支付結算系統的建立，將香港支付系統提高到國際先進水平，這就大大增強了香港國際金融中心的競爭力。

4.4 港府推行金融改革的原因分析

過渡時期，香港政府積極策劃及推動金融管理體制的改革，其背後是有深刻的經濟、政治等多方面的原因的。從經濟層面分析，主要有兩個原因：

（1）維持及鞏固港元聯繫滙率制度。1983 年 10 月推出的港元聯繫滙率制度，對進入過渡時期的香港金融體系的穩定發揮了重要的作用。在聯繫滙率制度下，理論上市場可通過銀行之

香港作為國際金融中心的策略文件

香港是唯一將其作為國際金融中心的地位寫於憲法內的地方。香港特別行政區基本法第 109 條列明:

"香港特別行政區政府提供適當的經濟和法律環境,以保持香港的國際金融中心地位。"

香港作為國際金融中心的優勢

香港優越的地理位置外,還有其他優勢包括 (排列次序不分先後):

- 清晰明確並且可以預知的法律制度
- 完善的會計制度
- 新聞自由,使資訊透明流通無礙
- 健全及先進的基礎設施及辦公室
- 曾接受教育,並能操流利英語的勞動人口
- 毋須受不必要的監管束縛
- 對個人及公司均極具吸引的稅制
- 公司可自由出入及經營業務
- 生活質素高、法治受到尊重、治安良好等
- 與中國的連繫
- 海、空交通及電訊聯繫極佳
- 專業海外僱員入境手續簡便
- 貨幣穩定、並無外滙管制
- 其他財務機構林立
- 政治穩定

雖然香港毗鄰中國可能是其主要吸引所在,但在一九九七年前的過渡期內,我們可看到某些優勢正在受到侵蝕,例如在某些環節,其他金融中心正在努力迎頭趕上香港(如基礎設施的質素、公司進出的自由、財務機構齊全等);而在某些環節,香港可能正逐漸落後(如政治轉趨不明朗、語言能力等)。對於前者,我們不應感到太意外,畢竟這是整個亞洲地區進步和發展的一部分,但後者卻應引起我們的關注,因為嚴重的倒退可能會將長久以來的優勢變為不利的因素。

香港所受到的競爭威脅,並非來自傳統的國際金融中心如紐約、倫敦、東京或法蘭克福等金融重鎮。這些國際金融中心 (包括上海) 的發展受阻,是因為它們亦是國家金融中心,因此更受其本土國家稅務及其他因素的制肘,靈活性自然欠佳。東京是個明顯的例子,其金融中心發展及解除管制措施的遲延,便是由於國內政策及改革步伐的分歧所致。

香港最直接的競爭對手是新加坡,原因是它擁有與香港相同的優勢:位於倫敦與紐約之間的適當時區、毗鄰高增長地區,以及低稅率。新加坡正進行多項重大的政策改革,特別是在稅務及管理方面,以圖取得領先地位。然而,應付來自新加坡或其他地區的競爭及挑戰,是保持香港作為亞洲主要國際金融中心地位的整體策略中,不可分割的重要部分。

發展路向

若要維持香港作為國際金融中心的領導地位,我們必須取長補短。這份有關檢討香港作為國際金融中心所面對的策略性問題的文件茲作出建議如下:

(i) 香港成功的 "秘訣" 在於擁有一個自由市場,稅率偏低,監管制度健全,且屬一個公平競爭之地,具備有效及妥善週全的架構 (金融基礎設施)。對香港最大的威脅,是投資者信心動搖 (或甚至是感覺上被認為信心動搖),擔心使香港具領導地位及獨一無二的自由市場特色可能在一九九七年後有所改變。明顯地,港人在九七臨近之際,應體會到在這個重要關頭,盡力維持港人信心至為重要。

(ii) 事實勝於雄辯,與美國國庫券收益率曲線極為接近的港元外滙基金票據 / 債券收益率曲線,明確顯示市場對與九七有關的風險並無要求溢價。我們應按市場需求,在適當時機將外滙基金債券伸延至七年期及十年期的範圍。

(iii) 由於其他區域性金融中心提供重大的稅務優惠計劃,香港亦可考慮將 "海外金融業務" 的適用稅率調低,務使競爭更趨平等。

(iv) 可以與私營機構緊密合作發展若干金融產品,尤其是在債券市場的範疇。這些產品大部分無需津貼或在監管規例上作出重大修訂,但在金融基礎設施則須進行一些投資,例如在結算、交收及支付系統方面。在亞洲時區的歐洲美元及債券回購協議市場便是最佳例子。債券市場的發展可帶來外滙、銀行同業交易和衍生產品的關連交易。日後多作研究與發展工作,可促使這些產品快些面世。

（v）有些結構性的增強措施將有助於促進市場信心。例如，一家私營機構擁有的第二按揭公司 a la Fannie Mae 可通過健全和有組織的方式發展第二按揭市場，對首次置業人士及穩定住宅按揭的流動資金這兩者均有幫助。

（vi）有若干範疇，例如風險管理、衍生工具產品、股票、保險和再保險產品的未來發展，均需要其他監管機構作進一步研究。金融管理局準備與這些機構合作，對這些範疇作深入研究，亦可從其他中央銀行和多邊組織抽調專業人才，負責不同產品的有關工作。

（vii）至於其他需要改善的範疇，例如教育和培訓、英語應用能力、國際學校，以及其他設施則需要港府和大學有關方面協力深入處理，方能奏效。

（viii）可以成立一個專責諮詢委員會，或可稱國際金融中心策略工作小組，由金融管理局擔任秘書處，負責對上述有關策略性問題作出探討。此工作小組亦可就關乎影響本港競爭方面的規例作出監察和提出意見。

（資料來源：香港金融管理局，1995 年 5 月 12 日。）

1990 年代中香港金融業的心臟地區——中環。

間的套利和競爭的相互作用，自動調節貨幣供應從而穩定港元滙率。然而，在實際運作中，自動調節機制未能有效發揮作用。為彌補這一缺陷，港府通過銀行公會調節利率水平，藉利率套戟功能穩定滙率。不過，利率調節的功能亦有其局限性，而且頻密地調整利率，不利於資金的有效配置和經濟穩定。因此，為維持和鞏固聯繫滙率，香港政府逐步推出一系列改革措施，包括 1988 年設立的負利率機制和新會計制度、1990 年推出的外滙票據及債券、1992 年建立的流動資金調節機制，以及 1996 年運作的即時支付結算系統等，從而進一步擴大了外滙基金的功能，有效配合了港元聯繫滙率制度的運作，維持了港元滙率的穩定。

（2）加強了政府的穩定金融市場的宏觀調控能力。1980 年代初中期銀行危機及 1987 年股災後，香港政府逐步修訂其不干預政策，以適應日趨繁雜的金融市場的變化。1989 年中銀集團被擠提事件和 1991 年國商銀行事件引發的連串銀行擠提風潮顯示，即使管理完善、財務穩健的銀行，也會因政治因素或不利傳言而面臨危機，從而對整個金融體系的穩定構成衝擊。可見，客觀形勢顯示出政府加強對金融市場的宏觀調控能力的必要性。香港外滙基金的法例，就明確授權政府財政司利用外滙基金"保持本港金融及財政制度穩定及健全"，從而"維持香港國際金融中心的地位"。因此，在過渡期間，港府就以維持及鞏固聯繫滙率的名義，推行了金融管理制度的改革，其核心則是推動外滙基金中央銀行化，建立香港的中央銀行 —— 金融管理局，以加強政府對貨幣供應和金融市場的調節能力。

從政治層面分析，則是港英政府配合滙豐銀行淡出"準中央銀行"、部署集團國際化戰略的重要組成部分。長期以來，滙豐在香港貨幣、金融管理體制中處於特殊地位，它是兩家發鈔銀行之一，並擔任中央結算系統管理銀行，它還實際上成為銀行體系的最後貸款者及港府貨幣金融政策的主要顧問，這種地位成為它發展壯大的重要原因之一。不過，進入過渡時期後，滙豐的"準中央銀行"角色已開始與它積極部署的集團國際化戰略發生矛盾。1981 年滙豐收購蘇格蘭皇家銀行失敗的原因之一，就是它在香港的這種特殊地位。在滙豐看來，卸下準央行地位是遲早的事，不僅有利於其拓展國際業務，部署國際化戰略，避開所謂的"九七風險"，而且有利於它在九七後憑藉最大商業銀行實力在香港金融市場繼續保持商業優勢。

香港金融管理局首任總裁任志剛。

滙豐銀行淡出準央行的行動無疑得到港英政府的默契和密切配合，但其遺下空缺將由何人接替卻令港府煞費苦心。繼續保持商業銀行主導的金融制度已不可能，且難免不會讓中銀集團取而代之並坐大，這不符合港英撤退的戰略目標。唯一的選擇就是由外滙基金接替並逐步升格為金融管理局。以政府金融司林定國的説法，是由政府承擔制度性風險。這實際上意味著對傳統制度動大手術。這也就是港英政府一改長期以來堅持不設中央銀行背後的原因。為了減輕是次改革帶來的衝擊，港府一直以相當低調和輕描淡寫的手法有計劃、有步驟地精心籌劃和部署，用心之良苦更反映出背後深含的政治動機。

5. 香港金融管理局的建立及其職能

長期以來，香港一直沒有中央銀行，香港中央銀行的職能主要由香港的外滙基金、

外滙基金相關職能部門以及作為商業銀行的滙豐銀行共同擔任。不過，從1970年代起，

香港政府開始逐步強化外滙基金的功能，與此同時，在組織架構上也進行了一系列的改革。

至及進入回歸中國的過渡時期，隨著滙豐銀行加快部署其國際化戰略，

淡出"準中央銀行"角色，港府推動一系列金融貨幣改革，進一步擴大外滙基金的功能，

並在此基礎上建立起香港的中央銀行——香港金融管理局。

5.1 香港金融管理局的成立及其組織架構

1976 年，港府在布政司署轄下設立金融事務科，開始對香港金融事務進行統一管理。金融事務科下設金融政策小組、外滙基金小組和銀行監理處。1978 年，港府又在金融事務科轄下設立一個外滙基金管理部，以集中並加強對外滙基金日常工作的管理。同時，港府開始聘用私營機構的基金經理，賦予他們酌情權，可按照議定的投資指引，管理外滙基金的部分資產。第一名經理是在 1976 年 10 月任命的，最初的投資組合是 2,000 萬美元。這種做法一直沿用至今。

1991 年 2 月，為配合金融制度的改革，港府原隸屬金融事務科的金融市場小組和外滙基金小組合併，成立外滙基金管理局。1992 年 12 月 10 日，港府通過《外滙基金（修訂）條例》，授權政府財政司委任一名金融管理專員，協助財政司執行外滙基金條例所規定職能，並將銀行監理專員的職權轉授金融管理局。1993 年 4 月 1 日，根據《外滙基金（修訂）條例》，港府將外滙基金管理局和銀行監理處合併，正式成立金融管理局（Hong Kong Monetary Authority, 簡稱 HKMA）。與此同時，金融事務科改名為財經事務科，負責銀行、保險等方面的法律和政策，以及政府經濟研究的職能。

《外滙基金（修訂）條例》授權財政司委任一名金融管理專員，協助財政司執行外滙基金條例所規定的職能。同時，條例將銀行監理專員的權力和職務，由 1993 年 4 月 1 日起轉授予金融管理局。在法律上，金融管理專員是以個人身份被財政司委任的，並向財政司司長負責；銀行業條例下的銀行監理專員的權力也是轉授予金融管理專員個人行使。但是，在實際執行上，金融管理專員負責領導金融管理局的機構，並擔任該局的總裁職務。首任總裁是任志剛。

根據《外滙基金條例》,金融管理局是政府的一個組成部分,所有員工均屬政府僱員,但又未被納入政府總部(決策局)和其他部門的架構中,因而擁有相當大的自主權,其日常運作享有高度自治。金管局可以不按照公務員招聘條件聘用職員;可以自行編制財政預算,經外滙基金諮詢委員會建議、財政司司長審批和核數署審計,直接由外滙基金支出;在增減內部機構、設立職位、決定薪金和福利待遇等方面,經外滙基金諮詢委員會建議、財政司司長批准同意後即可實施,不受政府預算和公務員編制的限制。

在金融管理局的架構中,原來根據《外滙基金條例》成立的外滙基金諮詢委員會,在性質和職權上相當於金管局的董事會。金融管理局須接受外滙基金諮詢委員會的指導。外滙基金諮詢委員會的當然主席由財政司司長出任,其他委員(包括金融管理專員)則以個人身份加入,由財政司司長根據香港特區行政長官的授權委任。委員各以本身的專業知識及經驗獲得委任。這些專業知識及經驗涉及貨幣、金融、經濟、投資、會計、管理、商業及法律等範疇。根據條例,財政司司長行使對外滙基金的控制權時,必須諮詢外滙基金諮詢委員會的意見。外滙基金諮詢委員會就外滙基金的投資政策與策略,以及發展金融基建等以外滙基金撥款進行的項目,向財政司司長提供意見。由於金管局的運作成本及員工支出亦是由外滙基金撥款支付,因此該委員會亦會就金管局的年度行政預算及金管局員工的服務條款與條件,向財政司司長提供意見。外滙基金諮詢委員會每月定期開會一次,由財政司司長主持,財政司司長不能出席時則由金管局總裁代行主席職能。

外滙基金諮詢委員會轄下設有 5 個專責委員會,包括管治委員會、審核委員會、貨幣發行委員會、投資委員會、以及金融基建委員會,分別負責監察金管局特定環節的工作,並透過外滙基金諮詢委員會向財政司司長報告及提出建議。具體如下:

(1)管治委員會:負責監察金管局的表現,以及就薪酬與服務條件、人力資源政策及財政預算、行政及管治事務,向外滙基金諮詢委員會提出建議。

(2)審核委員會:負責檢討金管局的財政彙報程序及內部管控制度是否足夠與具成效,並提交報告;負責審核金管局的財務報表及編制該等報表所用的組成項目與會計原則,並聯同外部及內部審計師查核其所進行的審計範疇與結果。

(3)貨幣發行委員會:負責監察及彙報作為香港聯繫滙率制度支柱的貨幣發行局制度的運作情況,具體工作包括確保貨幣發行局制度按照既定政策運作、提出改進該制度的建議,以及確保該制度的運作維持高透明度。金管局定期公佈貨幣發行委員會的會議記錄及提交該委員會的貨幣發行局制度運作報告。

(4)投資委員會:負責監察金管局的投資管理,並就外滙基金的投資政策及策略,以及風險管理與其他有關事項提出建議。

（5）金融基建委員會：負責就進一步發展香港的國際金融中心地位及加強香港金融服務的國際競爭力的措施提出建議，包括促進香港金融基建的發展、優良運作表現、安全性及效率；以及推動香港作為離岸人民幣中心和促進有關條件的發展。委員會亦就金管局的措施提出建議，並監察金管局的工作。

金管局實行垂直分工管理的組織架構，處於最高領導地位的是金融管理專員，即金管局總裁，目前下轄 2 位副總裁，1 位高級助理總裁、11 位助理總裁、以及 1 位首席法律顧問和 1 位處置機制辦公室專員。所有總裁、副總裁、助理總裁、高級助理總裁、首席法律顧問、處置機制辦公室專員組成總裁委員會，定期開會，目的是向總裁彙報金管局各部門主要工作的進度，並就與金管局運作有關的政策事務向總裁提供意見；總裁聽取各部門的工作情況，並對金管局的運作提出建議。

目前，金管局共設有 11 個部級單位和 38 個處級單位。部級單位包括：銀行操守部、銀行政策部、銀行監理部、法規及打擊清洗黑錢部、首席法律顧問辦事處、貨幣管理部、金融基建部、經濟研究部、儲備管理部、外事部，機構拓展及營運部以及風險管理及監察部等（圖5.5）。每一個部門由 1 名助理總裁負責，首席法律顧問辦事處由首席法律顧問負責，法規部由法規執行總監負責。其中，銀行操守部、銀行政策部、銀行監理部等 3 個部門共同承擔銀行業監管職能。銀行操守部負責所有與認可機構的商業操守有關的監管與拓展職能，以及存款保障計畫的運作、牌照事務、監察結算及交收系統。銀行政策部負責執行《巴塞爾協定》及銀行監管政策的事項。銀行監理部負責銀行監理、銀行政策及金融穩定監察。貨幣管理部負責貨幣管理及市場發展。儲備管理部負責外滙基金的投資管理。金融基建部負責金融基建事務。經濟研究部負責有關貨幣及金融穩定研究事務，亦負責香港金融研究中心的有關研究事宜。外事部負責有關多邊組織及中央銀行合作、人民幣銀行業務、金融市場一體化，以及內地經濟及金融市場研究等事宜。機構拓展及營運部負責機構發展、人力資源、行政、財務、資訊科技及傳訊策略事務。另外，法規及打擊清洗黑錢部負責法規執行、金融服務消費者教育及投訴處理，以及有關打擊清洗黑錢事務。首席法律顧問負責處理與金管局有關的重要法律事務。

在金管局的組織架構中，還包括若干由香港政府、外滙基金或金管局持有的相關業務機構，包括：香港按揭證券有限公司、香港印鈔有限公司、香港銀行同業結算有限公司、外滙基金投資有限公司、以及香港金融研究中心。

（1）香港按揭證券有限公司：根據《公司條例》於 1997 年 3 月註冊成立，由香港政府透過外滙基金全資擁有。該公司的主要職能是促進香港第二按揭市場的發展，其業務分兩個階段拓展，首先是購入住宅按揭貸款，作為公司本身的投資組合，所需資金主要通過發行無抵押債券籌集；第二階段則會發行按揭證券，售予投資者。

圖5.5　香港金融管理局組織架構圖

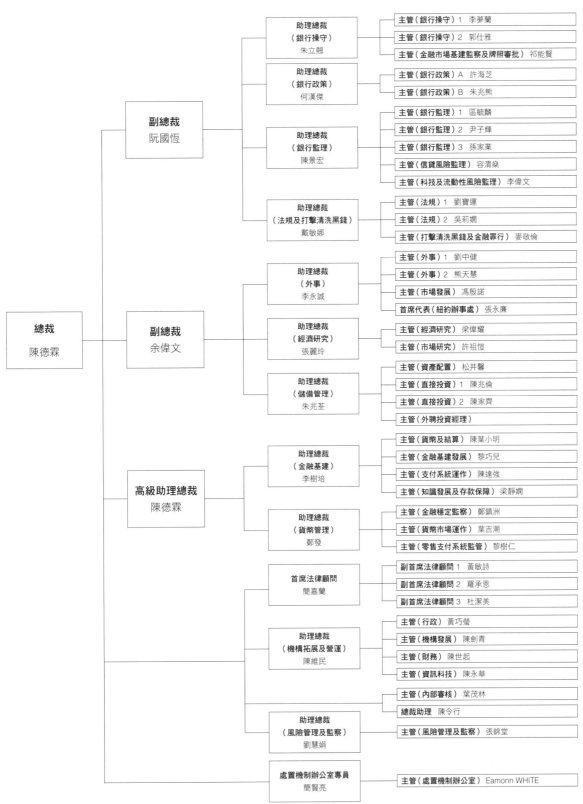

（2）香港印鈔有限公司：負責印製香港 3 家發鈔銀行的所有紙幣。香港政府於 1996 年 4 月從德拉魯集團購入位於大埔的印鈔廠，並易為現名繼續運作。香港政府為該公司的大股東，3 家發鈔銀行及中國印鈔造幣總公司為小股東。該公司每年大概印製 3.2 億張紙幣。

（3）香港銀行同業結算有限公司：金管局和香港銀行公會共同擁有的私營公司，成立於 1995 年 5 月，主要職能是分階段接管前結算所管理銀行滙豐銀行的結算工作。接管過程於 1997 年 4 月完成。該公司為香港所有銀行提供銀行同業結算及交收服務，並代表金管局管理公營和私營機構債券的中央結算及交收系統。

（4）外滙基金投資有限公司：香港特區政府於 1998 年 10 月根據《公司條例》成立的私營有限公司，主要負責管理外滙基金的港股組合（包括在 1998 年 8 月金管局的入市行動中購入的恒生指數成分股，以及 1998 年 11 月由土地基金撥入外滙基金的港股組合），以及在儘量減輕對市場的影響的情況下出售外滙基金的港股組合（但保留相當於外滙基金資產的約 5% 作為長線投資）。投資公司透過盈富基金及其後每季的持續發售機制出售了總值 1,404 億港元的港股。出售港股計畫於 2002 年 10 月 15 日完成。金管局於 2003 年 1 月起接手處理以往由投資公司管理外滙基金港股組合的工作。

（5）香港金融研究中心：金管局的附屬機構，經費由外滙基金撥款提供。成立於 1999 年 8 月，目的是對香港和亞洲區內的貨幣政策、銀行及金融業具深遠影響的課題進行研究，探討有關香港及亞洲區內的貨幣和金融發展等問題。

2003 年 6 月，根據國際貨幣基金組織於同月發出的《香港金融體系穩定評估》所提出的建議，香港特區政府發佈一系列聲明及文件，以進一步清楚釐定特區政府高層政府官員在貨幣與金融事務及公共財政方面的職責及職能。[22]

根據《基本法》的有關規定及 2003 年 6 月 27 日特區行政長官關於 "財政司司長及財經事務及庫務局局長的職責" 的函件，財政司司長在財經事務及庫務局局長的協助下，負責有關維持香港金融體系穩定與健全，以及保持香港的國際金融中心地位的政策。具體負責的範疇包括：1. 貨幣制度；2. 外滙基金；3. 公共財政；4. 金融體系；5. 香港作為國際金融中心的地位。對於貨幣制度和外滙基金，財政司司長須負責訂定香港的貨幣政策目標及貨幣體制，並根據《外滙基金條例》行使對外滙基金的控制權。財政司司長委任金融管理專員協助他執行根據該條例獲賦予的職能。對於公共財政、金融體系及香港作為國際金融中心的地位等方面，財政司司長負責訂定宏觀政策目標，並由財經事務及庫務局局長負責制訂具體政策，以實現該等目標。財政司司長並有責任在財經事務及庫務局局長的協助下，擬備政府的財政預算案。

而負責協助財政司司長的財經事務及庫務局局長，其主要責任是確保政府有效履行公共財政、金融體系及香港作為國際金融中心的地位等三個範疇的具體政策。財經事務及庫務局局長作為該等範疇政策的託管者，在履行職能過程中必須加強與政府內部及外間其他有關方面聯繫並徵詢意見。財經事務及庫務局局長的主要職責是行使和執行與公共財政有關的法定權力和職能，在立法機關訂明的條件、例外情況和限制下，發出行政指示和指令，以控制和管理公共財政，及更改核准開支預算。財經事務及庫務局局長並負責將涉及財政司司長 5 個範疇的法律建議向立法會提交，不過，他在向立法會提交立法建議前，須按適當情況尋求財政司司長的政策指引及行政長官會同行政會議的批准。

金融管理專員由財政司司長委任及授權，其辦公室即為金融管理局。根據《外滙基金條例》、《銀行業條例》及財政司司長的授權，金融管理專員及金融管理局的主要職能是：

第一，在聯繫滙率制度的架構內維持貨幣穩定。

根據條例規定，財政司司長負責制定香港的貨幣政策及貨幣體制。現階段，香港的貨幣政策目標為貨幣穩定，即維持港元滙價穩定，使其在外滙市場上兌美元的滙率維持在 7.80 港元兌 1 美元左右的水平。為此，採用貨幣發行局的模式，規定港元貨幣基礎由外滙基金持有的美元儲備按 7.80 港元兌 1 美元的固定滙率提供最少百分百的支持；而港元貨幣基礎的任何變動亦要百分百與該等美元儲備的相應變動配合。

而金融管理局則負責達成貨幣政策目標，包括決定有關的策略、工具及執行方式，以及確保香港貨幣制度的穩定與健全。在西方國家的中央銀行，執行貨幣政策通常運用公開市場操作、再貼現率、存款準備金等三大手段實施。金融管理局透過新會計安排、發行外滙基金票據和債券、流動資金調節機制，實際上已可運用公開市場操作和再貼現率執行貨幣政策。1998 年 9 月，香港特區政府撤銷流動資金調節機制，正式建立起香港的貼現窗制度。

第二，促進金融體系，包括銀行體系的穩定與健全。

根據條例規定，財政司司長在財經事務及庫務局局長的協助下，負責有關維持香港金融體系穩定與健全的政策。為了推行這些政策，金管局的職責包括：[23]

（1）按照《銀行業條例》的規定，授予香港的持牌銀行、有限制牌照銀行及接受存款公司認可資格，透過規管銀行業務及接受存款公司業務及監管認可機構，以及以便提供措施以保障存款人及促進銀行業體系的整體穩定與有效運作；

（2）就規管銀行業務及接受存款公司業務自行釐定審慎監管政策、標準及指引；

（3）考慮並建議與規管銀行業務及接受存款公司業務有關的法律改革；

（4）與其他有關機構合作，監管認可機構從事銀行業務及接受存款公司業務以外的其他業務；

（5）與其他有機構和組織合作，發展債券市場；

（6）處理與法定紙幣及硬幣的發行及流通有關的事宜；

（7）透過發展涉及認可機構的本地大額及零售支付、結算及交收系統，以及在適當情況下負責操作有關系統，以促進金融基礎設施的安全與效率；

（8）其他適當的行動及計畫。

在促進金融體系的穩定與健全的過程中，金管局擔任了中央銀行的兩項重要職能，其一，是銀行體系的"最後貸款者"。最後貸款者包含兩層意義：一是有責任向受不利謠言困擾的銀行提供流動資金援助或有需要時以注資方式拯救有問題銀行。這一職能外滙基金自 1980 年代初恆隆銀行出現問題時，已開始接替滙豐銀行行使；二是向資金緊張的銀行體系注入資金，以及對當日同業市場收市後缺乏頭寸銀行提供隔夜信貸。流動資金調節機制設立後，金融管理局已最後取代滙豐承擔這一職能。及至貼現窗設立後，金管局已履行完全意義上的最後貸款人職能。另一個重要職能是中央票據的結算管理。長期以來，香港的票據結算所一直由滙豐銀行負責管理。1996 年即時支付結算系統建立後，金融管理局取代滙豐銀行承擔了這一職能。

第三，協助鞏固香港的國際金融中心地位，包括維持與發展香港的金融基建。

為推行有關保持及進一步香港的國際金融中心地位，以及維持香港金融體系穩定與健全的政策，金管局在履行其維持香港的貨幣與金融體系穩定與健全的職責時，須與其他有關機構與組織合作，履行其職責，具體包括：

（1）促進支付、結算及交收系統的發展，促使國際及跨境金融活動以安全及有效率的方式在香港進行；

（2）透過積極參與國際及中央銀行論壇，促進對香港貨幣及金融體系的信心；

（3）推行適當的發展市場措施，以協助加強香港金融服務的國際競爭力（包括有關促進香港離岸人民幣中心地位的發展的措施）；

（4）維持及發展香港的金融基建。

第四，管理外滙基金。

根據《外滙基金條例》的規定，外滙基金由財政司司長控制。金管局根據財政司司長的轉授的許可權，以及按照轉授權力的條款，就外滙基金的運用及投資管理向財政司司長負責。根據條例，外滙基金的主要目的是直接或間接影響港幣滙價。此外，外滙基金亦可用於保持香港貨幣金融體系的穩定健全，以及保持香港的國際金融中心地位。

香港金融管理局作為中央銀行，尚未完全擁有的央行職能主要有兩項：發鈔和政府銀行。其中，發鈔工作由滙豐銀行、渣打銀行和中國銀行（香港）3 家發鈔銀行承擔。但是，發鈔銀行須透過外滙基金發出的負債證明書這一機制才能發行港鈔，因此貨幣發行這一職能實際上仍然由金管局主導。作為政府的代理銀行，金融管理局實際上已成為香港政府最主要的財政、金融顧問，並負責管理政府的全部外滙儲備及資產。不過，向政府提供零售銀行的服務則仍主要由滙豐銀行、渣打銀行、中國銀行（香港）等大型商業銀行進行。

注 釋

〔1〕　T K Ghose 著，《香港銀行體制》，中國銀行港澳管理處培訓中心，1989 年，第 50 頁。

〔2〕　饒餘慶著，《亞洲金融危機與香港》，香港：三聯書店（香港）有限公司，2000 年，第 2-3 頁。

〔3〕　祁連活著，《如何挽救港元？三項實用的建議》，載《亞洲金融監測》，1983 年，第 9-10 雙月刊。

〔4〕　饒餘慶：《亞洲金融危機與香港》，香港：三聯書店（香港）有限公司，2000 年，第 136 頁。

〔5〕　饒餘慶：《亞洲金融危機與香港》，香港：三聯書店（香港）有限公司，2000 年，第 136-139 頁。

〔6〕　參閱《滙豐修章獲港府默許，具彈性應付未來轉變》，載《香港經濟日報》，1989 年 8 月 24 日。

〔7〕　參閱《滙豐董事長蒲偉士細説 —— 政治形勢促成的商業決定》，載香港《信報財經新聞》，1990 年 12 月 12 日。

〔8〕　同上。

〔9〕　馮騁著，《滙豐承擔減弱可虞，港府支持遷冊荒謬》，載《香港經濟日報》，1990 年 12 月 18 日。

〔10〕　林行止著，《滙豐心在海外，港府應部署"接班"》，載香港《信報財經新聞》，1990 年 12 月 28 日。

〔11〕　張立著，《滙豐遷冊喚醒中銀》，載香港《信報財經新聞》，1990 年 12 月 19 日。

〔12〕　詳細情形參閱馮邦彥著，《香港英資財團〔1841-1996〕》，香港：三聯書店（香港）有限公司，1996 年，第 331-339 頁。

〔13〕　參閱 "US Ratifies Dollar Peg"，South China Morning Post, Nov.12.1989.

〔14〕　聶俊安：《外滙基金簡史》，載香港金融管理局《香港的貨幣與銀行體系：回顧與前瞻》，1996 年，第 45 頁。

〔15〕　聶俊安著：《外滙基金簡史》，載香港金融管理局編：《香港的貨幣與銀行體系：回顧與前瞻》，1996 年版，第 47 頁。

〔16〕　《香港金融十年》編委會：《香港金融十年》，北京：中國金融出版社，2007 年，第 5 頁。

〔17〕　聶俊安著：《外滙基金簡史》，載香港金融管理局編：《香港的貨幣與銀行體系：回顧與前瞻》，1996 年版，第 50 頁。

〔18〕　聶俊安著：《外滙基金簡史》，載香港金融管理局編：《香港的貨幣與銀行體系：回顧與前瞻》，1996 年版，第 55 頁。

〔19〕　劉志強、沙振林：《九十年代香港金融的改革與發展》，香港：三聯書店（香港）有限公司，1997 年，第 44 頁。

〔20〕　劉志強、沙振林：《九十年代香港金融的改革與發展》，香港：三聯書店（香港）有限公司，1997 年，第 66 頁。

〔21〕　香港金融管理局：《金融管理局的授權及管治》，2011 年 8 月 15 日修訂，第 14 頁。

〔22〕　香港金融管理局：《金融管理局的授權及管治》，2011 年 8 月 15 日修訂，第 21 頁。

1997 年 10 月香港股市重演 10 年前股災。

第六章
亞洲金融危機的衝擊與聯繫滙率制的完善

1. 亞洲金融危機對港元聯繫滙率的衝擊

1997年7月驟起於

泰國的亞洲金融風暴，在其後一年多時間內曾四度襲擊香港，

作為香港貨幣金融政策的基石和核心的港元

聯繫滙率制度受到嚴峻的考驗，

期間，香港銀行同業隔夜拆息率一度攀升至280釐的歷史高位，股市、地產連番暴跌，

香港經濟陷入戰後以來最嚴重的衰退。

1.1 亞洲金融風暴衝擊香港的歷史背景

亞洲金融風暴多次衝擊香港金融體系，實際上有著深刻的政治、經濟等方面的深層次原因。其歷史背景是：

（1）維持和捍衛港元聯繫滙率制度已成為香港貨幣、金融政策的基石和核心。聯繫滙率制可以說是 1980 年代初特殊政治、經濟危機下的產物。它自 1983 年 10 月實施以來，運作一直卓有成效，期間雖然經歷了 1987 年 10 月股災、1989 年 "六四" 風波、1990 年中東海灣戰爭、1991 年國商事件、1992 年歐洲滙率機制危機，以及 1994 年墨西哥金融危機等一系列政治、經濟事件的衝擊，但港元滙率絕少偏離 1 美元兌 7.8 港元的聯繫滙率水平達 1% 以上，並且多數處於偏強位置，對過渡時期香港金融體系和整個經濟的穩定，發揮了積極的作用。因此，聯繫滙率制度從初期一項應變危機的權宜之計發展成香港貨幣金融政策的基石和核心。

（2）香港成功實現 "九七" 回歸的平穩過渡，經濟呈現空前繁榮景象。踏入 1996 年，隨著香港特別行政區籌備委員會的組建，400 人推舉委員會的成立，尤其是選出董建華為香港特區首任行政長官，行政會議的組成以及公務員的平穩過渡，整個特區政府班子的籌組工作有條不紊地進行，一再受到國際間及香港社會的好評和讚揚。投資者和市民看到了中國政府貫徹落實 "一國兩制" 方針以及 "港人治港、高度自治" 等一系列政策的決心和誠意。香港成功實現 "九七" 回歸的平穩過渡，對香港經濟產生了正面、積極的效應。

香港經濟在經歷了持續兩年的周期性調整之後，於 1996 年從谷底回升，素有 "香港經濟寒暑表" 之稱的地產市場再度暢旺，並帶動股市大幅上升，尤其是進入第四季，由於外國基金大

舉入市，股市連續 7 次創歷史新高，恆生指數從 1995 年底的 10,073.39 點上升至 1996 年底的
13,451.45 點，全年升幅達 33.5%。進入 1997 年，香港整體經濟更是逐季上升，第一、二、三
季的升幅分別是 5.9%、6.8% 和 6.0%，呈現出空前的繁榮景象。

　　（3）在表面一片繁榮景象之下，香港的"泡沫經濟"已在地產、股市兩個重要環節形成。從
地產業看，香港的地產市道自 1985 年進入過渡時期以來，便進入一個長周期的上升階段。特
別是自 1990 年由住宅樓宇帶動，其價格連年大幅跳升，香港輿論曾形容為"像裝上一級方程序
引擎馬達般一發不可收拾"。在住宅的帶動下，寫字樓、商舖等市道均有可觀的升幅。從 1994
年 4 月至 1995 年第三季，在港府推行壓抑樓價加上美國連續 7 次調高息率的影響下，香港樓
市曾一度進入調整期。不過，自 1995 年第四季度以來，香港地產再度從谷底回升，到 1996 年
第四季度，市場掀起豪華住宅炒賣風，令價格急升，並帶動中小型住宅、寫字樓、商舖等樓宇
價格急升。進入 1997 年，香港的"回歸因素"被迅速炒起，樓價在半年內再大幅上升三成至五
成，並形成空前熾熱的投機炒賣風潮。[1]

1997 年北京控股上市時竟獲 1,267 倍的超額認購，創下歷史紀錄。圖為市民排長龍領取北京控股的退款支票及股票。

從股市看,在樓價的帶動下,香港股市亦從 1995 年初的低位止跌回升,恆生指數從 1995 年初的低位 6,967.93 點大幅上升到 1996 年底的 13,451.45 點,兩年間升幅高達 93%。1997 年,在種種利好因素的刺激下,香港股市繼續輾轉攀升,恆生指數在 8 月 7 日創下 16,673.27 點的歷史紀錄,比年初再上升 24%。期間,紅籌股狂潮迭起,每日成交額超過 400 億元,當時 33 隻恆指成份股平均市盈率達 16.5 倍,而 32 隻紅籌股平均市盈率卻高達 106 倍,北京控股上市時超額認購的倍數就高達 1,267 倍,光大國際的市盈率更高達 3,130.43 倍,已達到極不合理的地步。這種經濟的 "大起",實際上已為 1997 年第四季度以後經濟的 "大落" 作了準備。

(4)香港經濟內部產業結構的嚴重不合理性已經浮現。首先是產業結構的 "空心化" 問題。1980 年代中期以後,香港製造業在成本壓力之下,在大規模內遷廣東珠江三角洲的同時,並未能加快升級轉型的步伐,致使製造業在香港經濟中的地位急速下降,出現 "空心化" 趨勢。值得注意的是,進入 1990 年代,隨著廣東珠江三角洲土地價格和勞工成本的上升,香港與內地之間以勞動密集型產業為主體的 "前店後廠" 合作模式,已開始暴露其局限性,香港製造業若不能加快升級轉型,其在華南地區所擔當的戰略角色,包括工業支持及管理中心、貿易轉口港及融資中心的地位將遭到削弱。

其次,香港經濟在轉向服務經濟之後,其服務業的內部結構亦漸趨畸形之勢,表現為金融、地產業逐漸在經濟中取得某種主導地位。尤其是 1990 年代以來,在多種複雜因素的推動下,香港的地產、樓市大幅攀升,扯動香港股市大幅上漲;地產、股市的異常繁榮又刺激銀行金融業的空前景氣,形成港元資產的急速膨脹,進而產生整個經濟中的泡沫成份。在這種日漸不合理的產業結構中,整體經濟呈現更強的投機性、無根性及波動性,實際上已為是次亞洲金融風暴對香港的衝擊,埋下深層次的伏線。

(5)部分國際機構投資者看淡 "九七" 回歸後香港經濟的前景。其實,國際機構投資者對香港早已虎視眈眈,1995 年初已趁墨西哥金融危機衝擊港元聯繫滙率,並在國際上大造輿論,"唱衰" 香港。1996 年,美國《財富》雜誌發表題為《香港之死》("The Death of Hong Kong")的文章,看淡香港前景。亞洲金融風暴爆發後,國際投機者即於 1997 年 8 月間首度襲擊香港。10 月中旬,台灣 "中央銀行" 主動棄守新台幣滙率,將國際投機者的視線轉移到香港。10 月 21 日,美國摩根士丹利全球首席策略員公開表示,將減持環球投資組合中已發展亞洲市場所佔比重,從原來的 2% 減至 0。他並指出:亞洲股市已處於危險的下跌周期,其第二階段的跌勢已經開始,並將由香港股市帶領。當日,香港股市應聲下挫並連番暴跌,揭開香港金融風暴的序幕。

1.2 金融風暴對香港聯繫滙率制度的衝擊

金融風暴期間，作為香港貨幣金融政策的基礎和核心的聯繫滙率制度首當其衝，曾先後於 1997 年 10 月、1998 年 1 月、6 月及 8 月四次受到嚴重衝擊，其中，又以 1997 年 10 月和 1998 年 8 月兩次所受到的衝擊最為猛烈，是聯繫滙率制度成立以來所受到的最嚴重的衝擊。

1997 年 10 月 20 日前的一週，台灣 "中央銀行" 主動棄守新台幣滙率，致使新台幣貶值 6.5%，市場流傳香港或會因維持競爭力，或其他理由減弱捍衛聯繫滙率制度的決心，恰巧個別政界或工商界人士發表言論，要求將港元貶值，結果觸發大規模的港元拋售浪潮。10 月 21 日，港元在香港、倫敦、紐約等市場遭受重大拋售壓力，數額高達 40 億至 50 億元，其後兩日，港元遭到更大規模的拋售，港元現貨兌美元一度達 1：7.80 的低水平，港元一年期兌美元滙價更一度跌至 1：8.50 的歷史低位。

當時，投機者採取常見方式，即在沒有港元資金的情況下，拋空遠期港元。由於港元現貨在香港金融管理局被動支持下保持穩定，投機活動的重點集中在活躍、流動性高的港元掉期市場。投機者亦有運用港元的認沽期權，但數量較少。由於發出期權的機構將透過遠期或現貨市場出售港元套戥其風險，故使用期權對市場產生同樣的影響。

金融風暴期間，香港傳媒曾廣泛報道投機者採用立體式進攻，他們在大規模拋空港元從而推高港息的同時，還大量累積恆生指數期貨淡倉，然後猛沽藍籌股，再通過外資基金公開唱淡港股，致令港股在高息及恐慌心理的壓力下大幅暴跌，並從沽空期指中獲取暴利。不過，金融管理局經調查後認

金融管理局總裁任志剛——
拋空者須結算搶高利息
流動資金拆息適當調整

各位，今日同業市場拆息方面高企，商企原因是在過去兩日有人拋空港元；拋空港元時候，直到今日都要結算，他們在市場止借不到港元，所以炒資活動已經調番番，所以炒資活動已經調番番，直到今日都要結算，他們在市場止借不到港元，所以炒資活動已經調番番，調得非常之高。而我今早亦講過，如果有人拋空港元，有銀行方面缺乏港元資金，在流動資金調節機制方面借當日最後貸款時候我會視乎個別情況就要抽取比較高的利息，因為我不覺得在銀行方面同業拆息方面搶得都幾高。而另外一個方法，他們可以拿回港元結算，就當然是賣掉美元

我不覺得這是個大問題。當然是有影響。所以今日幾間銀行都將他們的最優惠利率提高了。明日銀行公會開會時亦都可能會考慮將存款利率提高，如果存款利率是提高的話對存戶有利。至於香港金融管理局的流動資金調節機制方面的利息呢，我亦會視乎明日的情況而定，去考慮作適當的調整。

1997 年 10 月 24 日金管局發出的聲明。

為，沒有明顯證據顯示存在該等有計劃、有組織的投機活動。[2]

面對國際機構投資者的猛烈衝擊，剛成立的特區政府堅定支持聯繫滙率制度。當港元滙率超過 1 美元兌 7.75 港元這條警界線時，金融管理局即透過外滙基金在市場吸納港元，出售美元，從而收緊銀根。10 月 23 日（星期四），金融管理局高調發表聲明警告持牌銀行，表示金管局將履行流動資金調節機制成立時的規定，向重複使用該機制的銀行收取懲罰性利息，以免銀行利用流動資金調節機制為持有港元短倉的投機者提供資金。

當時，由於銀行整體向金管局出售的港元，較銀行體系在金管局的結算帳戶內可結算的港元為多，故銀行體系極度缺乏港元流動資金進行銀行同業結算。部分將港元資金拆借給投機者沽空港元的銀行，面對金管局的警告（當時市場盛傳金管局收取的高息將達 1,000 釐），被迫轉向銀行同業拆息市場高價補回港元，市場出現恐慌性的吸納港元，結果將香港銀行同業拆息大幅扯高。

10 月 23 日中午，銀行同業隔夜拆息率從 6 釐急速上揚至 100 釐、200 釐，最終達到 280 釐的歷史高位。這個驚人紀錄遠高於 1983 年所創下的 60 釐的紀錄，一時震驚整個銀行體系。當時，金管局透過流動資金調節機制向多家違規銀行收取高達 200 釐的懲罰性利息，遠高於 6.24 的拆息率。在高息的牽引下，港元資金迅速回流銀行體系，港元現貨滙率從 10 月 23 日中午的 1：7.75 迅速反彈至 1：7.60 的有史以來的最強勢。儘管港元遠期仍處於 1：7.80 的弱勢，但利率溢價龐大，令投機潮迅速逆轉。金融管理局開始在現貨市場出售港元，吸納美元，部分交易是以即日結算，令緊張的銀行同業市場即時得以舒緩。當日，銀行同業隔夜拆息已回落至 150 釐至 100 釐水平，翌日進一步回落至正常水平。根據金融管理局事後的檢討報告分析，資金穩定回流香港的主要原因有三點：一是投機者逆轉港元空倉；二是香港銀行沽售美元，以避免在銀行同業拆息市場呈緊張期間支付高息；三是存款者及機構把美元對換成港元以期套取港元存款的高息。[3]

香港特區政府在採取有效措施捍衛聯繫滙率的同時，為安撫香港市民和投資者的信心，多次在公開場合反覆重申政府捍衛聯繫滙率的堅定立場。10 月 23 日，政府在成功捍衛聯繫滙率之後，分別掌管財政、財經事務、金融的三位高官聯合召開記者招待會，宣示特區政府捍衛港元的決心。財政司司長曾蔭權表示，香港特區政府包括行政長官董建華和全體官員，有全面的信心捍衛聯繫滙率制度。其後，行政長官董建華亦多次在公開場合反覆重申這一點。

在危機中，特區政府雖然成功捍衛了聯繫滙率，但其簡單的"招式"卻遭到部分經濟學者和金融界人士的批評，尤其是銀行界，因驚恐遭受懲罰性高息的打擊，均紛紛不惜以高息吸納存款，而對貸款則採取審慎態度，致使銀行利率高企不下。

為改善這一狀況，11 月 12 日，金融管理局採取了兩項補救措施：第一，推出流動資金調

香港貨幣發行局制度之檢討：表現評估

若論維持滙率穩定的功能，香港的貨幣發行局制度實施近 15 年以來表現良好，而較深入地探討其結構、演變過程及運作機制時，即可發現幾個有趣的方面。

早期

最初由 1983 年 10 月至 1988 年 7 月推出會計安排的接近五年期內，貨幣發行局制度運作並非完全暢順。根據貨幣規則，貨幣基礎的變動必須同時有外滙儲備的變動作配合，但嚴格遵守貨幣規則的只是銀行紙幣部分，總結餘卻不受限制。保證亦只適用於負債證明書，並不適用於銀行紙幣本身。此外，由於銀行都不鼓勵客戶從存款帳戶提走或存入大量銀行紙幣，有意義的銀行現鈔套戥從未出現。

這段時期滙率之所以維持穩定，只是靠在外滙市場的干預。由於總結餘被歸入一家商業銀行，而非貨幣發行局的資產負債表內，外滙市場干預行動不能保證必定同時能對貨幣市場產生良好的效果。貨幣發行局是非銀行客戶，干預行動的代理銀行是香港銀行公會結算所的管理銀行——滙豐銀行。在干預行動中，滙豐銀行代貨幣發行局在市場出售美元，但透過滙豐銀行本身或代其客戶進行的貨幣市場活動，被購入的港元便會循環流返或 回銀行同業市場內。貨幣發行局當時的基礎其實並不穩固。

中期

1988 年 7 月至 1996 年 12 月是香港貨幣發行局制度發展的中期。在此期間，貨幣發行局建立較穩固的基礎，總結餘被歸入貨幣發行局的資產負債表內，因而須遵守貨幣規則。但在會計安排下，貨幣發行局仍須透過滙豐銀行（香港銀行公會結算所的管理銀行）的資產負債表發揮作用，因此它對總結餘僅具有間接的控制。

在確保總結餘符合貨幣規則的新責任上，貨幣發行局亦花費了一段時間才能適應。由於來自貨幣市場的壓力，以及在會計安排下只能間接控制總結餘的情況下，貨幣發行局的有效運作是經常遇到困難的。有見及此，在不改變當時結構的前題下，貨幣發行局亦對運作模式作出一些試驗，但在事後檢討發現這些試驗其實亦不甚成功。因此，實在的，這一個中期的發展過程並不是一帆風順的。此外，貨幣發行局作為最後貸款人的身分，亦使事情更複雜。貨幣發行局透過滙豐銀行在該局所設戶口的結餘的形式來管理總結餘時，並非一直能完全堅守貨幣規則，有時亦會以利率或總結餘為市場操作目標而技術偏離了這規則。雖然每次偏離貨幣規則的情況都有充分理據，但需要經過一段頗長時間才產生一套貫徹的操作模式。此外，除了 1995 年初墨西哥危機對整體新興市場造成憂慮而引致的一次貨幣衝擊外，這段期間貨幣從未因炒賣活動而出現貶值壓力。但在墨西哥危機的衝擊中，貨幣發行局管理總結餘時緊守貨幣規則，成功化解當時的問題。

現代化

1996 年 12 月推出即時支付結算系統，總結餘亦同步地直接歸入貨幣發行局的資產負債表內，有關總結餘的貨幣規則便告穩健建立。貨幣發行局在無意間偏離貨幣規則的範圍亦被削減。

鑑於 1997 年 7 月 2 日亞洲金融危機在泰國爆發，上述制度的現代化工作推行正好及時，從而有效應付一些真正的考驗。香港貨幣發行局制度極為穩健，有龐大的外滙儲備作為後盾，因此是最後受金融危機侵襲的經濟體系，所受影響亦最少。但港元確實受過多次間斷的衝擊，迄至撰寫此文時，港元已先後在 1997 年 10 月、1998 年 1 月及 1998 年 6 月遭受衝擊，而在這三次事件中，貨幣發行局一直堅守總結餘的貨幣規則，雖然銀行同業息率急升，但滙率仍保持十分穩定。871997 年 10 月出現大量沽空港元交易時，情況更是如此。售予貨幣發行局的港元數量（1997 年 10 月 21 日進行的現貨交易）比總結餘多出很多倍。即使貨幣發行局在上兩日已多次提出警告，但銀行在結算日（10 月 23 日）才開始明白這種情況，而銀行同業市場資金根本極為緊絀，拆借息率被推至極高水平。其後經過了好一段時間，還有貨幣發行局反覆詳細解釋，銀行才明白補充總結餘的唯一方法就是由它們向貨幣發行局售回手上的美元。結果，銀行逐漸把美元售予貨幣發行局，然後套回港元資金，而這些交易都是即日結算，有別於第二個工作日結算的現貨外滙交易。這種做法可使總結餘得到補充，以及紓緩銀行同業市場的緊絀情況。

為協助銀行更有效地安排本身的港元資金需要，並避免市場恐慌及利率過度調整，貨幣發行局於 6 月開始每小時公布未來兩日及以後的總結餘變動的預測。此舉對維持市場平穩氣氛大有幫助，而且這項公布措施推行以來，港元第三次受到衝擊時的震盪已遠比 1997 年 10 月的為小（儘管前者沽空港元的數額也較小）。

但息率始終維持偏高。撰寫此文時，港元最優惠貸款利率比美元同等利率高出 125 個基點，3 個月期銀行同業拆息也高出約 3 個百分點。引致息差持續高企的原因難有定論，但亞洲金融危機出現以來，亞洲各地貨幣（除港元及人民幣外）已大幅度貶值，人們很自然地擔心香港貨幣發行局下的匯率制度可能不保，這種憂慮是最重要的理由之一。市場氣氛普遍不安，資產價格暴挫及經濟增長大幅度倒退，更如雪上加霜。此外，政治情況轉變後即使是這類性質的技術事情都倍受關注，加上利息高企，失業率上升，資產股票價格急跌，經濟增長為負數，對市民大眾形成極大痛楚，這類事情被受各界關注也不難理解。

高息的問題曾被歸咎於貨幣發行局的運作方式。在紓緩利率痛楚的建議辦法中，有些認為即使是貨幣受到衝擊，貨幣發行局也可同時達到維持匯率穩定及利率低企的雙重目的。可是，若非冒險偏離貨幣規則，以致損害貨幣發行局制度的公信力，這些辦法都無一可行。1998 年 4 月公布的《金融市場檢討報告》已對此作出詳細評述。

不過，現時香港的貨幣發行局制度不是完全沒有弱點。事實上，將第二章所述理論架構（尤其是模式制度）與香港的貨幣發行局作一比較便可發現後者確實有下述的偏離情況：

(a) 貨幣基礎包括總結餘及支持銀行紙幣發行的負債證明書。由貨幣發行局發行並以外滙儲備支持的外滙基金票據／債券，則不是貨幣基礎的一部分。但即時支付結算系統的即日回購安排及流動資金調節機制（即使具備一些限制條件）可容許它們轉成為總結餘的一部分。

(b) 貨幣基礎按照定義要以外滙儲備提供十足支持，並須遵守貨幣規則而利用即時支付結算系統的即日回購安排及流動資金調節機制借取資金則屬例外。

(c) 貨幣基礎兩個組成部分均以外滙儲備提供十足支持，但兩者之間不得進行內部轉換。

(d) 除了對支持銀行紙幣的負債證明書作出保證外，並無有關適用範圍及形式的任何明確保證；至於銀行紙幣本身，也無這類保證。

(e) 貨幣發行局只會短暫地執行保證，在外滙市場購入被售出的本地貨幣，這種做法雖然具備靈活性或有建設性的不明確，但也造成不明朗因素。

(f) 執行保證所用的是貨幣發行局不時定出的非公開滙率，而不是 7.80 港元 1 美元的固定滙率，這樣使市場滙率顯著偏離固定滙率，更可能令制度的穩健性受到質疑。

（節選自香港金融管理局總裁任志剛：《香港貨幣發行局制度之檢討》第四章，1998 年 12 月 5 日）

節機制指引，清晰界定"重複使用"的定義，規定 25 日內使用流動資金調節機制 8 次或連續 4 天使用才算"重複使用"，否則一律視作正常的日常運作，不會被徵收懲罰性高息；第二，容許銀行以債券作抵押，向流動資金調節機制借入資金。這兩項措施，在一定程度上安撫了香港銀行的緊張心態，增強了銀行拆出長線資金的意欲，使利率逐步回落。1998 年 1 月中旬，受到印尼盾大幅貶值的影響，港元聯繫匯率再次受到嚴重衝擊。不過，銀行同業隔夜拆息率僅提高到 19 釐水平，受影響的程度已大為改善。

1997 年 11 月 14 日，特區政府負責財經、金融的 8 名高官，召集來自各間大學的 10 名學者舉行圓桌會議，檢討並改善聯繫匯率制度。會上，各位學者紛紛提出改善建議，其中，香港科技大學教授陳乃虎及其同事提出"美元流動資金調節機制／港元認沽期權"及美元化方案，香港浸會大學教授曾澍基提出 AEL 模式。[4] 此外，美國經濟學家、諾貝爾經濟學獎得主米勒（Merton Miller）亦提出聯匯保險票據方案。

1998 年 4 月，香港特區政府財經事務局向公眾提交《金融市場檢討報告》。該報告在全面諮詢香港及國際金融界的意見後，就政府捍衛港元的機制、金融市場特別是股票買空賣空和衍生工具市場的運作作出檢討。在捍衛聯繫匯率方面，報告認為經濟學者們提出的減輕利率壓力的建議，可能在心理方面產生一些作用，但同時亦可能削弱聯繫匯率制度及自動調節機制的公信力。因此，金融管理局將如以往一樣，根據貨幣發行局制度的運作原則，在外匯市場上被動地購入或沽出港元。該報告又肯定了清楚釐訂"重複使用"定義對穩定銀行同業市場的積極作用。

1998 年 6 月中旬，日圓大幅貶值觸發了對港元聯繫匯率的第三次嚴重衝擊，資金大量外流。金融管理局即時推出銀行同業流動資金結算預測，以提高市場運作的透明度，從而使銀行貸款時較為審慎，投機者更難炒賣港元。在新措施中，金管局每天兩次提供有關外匯交易數額將引致銀行體系結餘總額變動的預測。例如，假如銀行體系在星期三沽售約 6 億美元等值的港元（約 46.5 億港元），銀行體系要星期五結算，但在星期四銀行體系結餘總額僅得 34.65 億港元，即可以預期星期五銀行體系將出現 11.85 億港元的現金短缺。在原有（T+2）交易的安排下，銀行需要到結算日收市時才知道外匯交易結餘總額造成的影響。然而，在新措施下，銀行得知結餘額後，可隨即向金管局出售美元以換取港元，減低港元壓力之餘，亦令銀行不致"鬥搶錢"扯高息率。金管局亦可以考慮不同情況，以交易當日（T+0）及第二日（T+1）的方式交收，令銀行體系資金增加，減低拆息因資金不足而飆升的可能性。

這一措施有效改善了銀行同業拆息利率回落的速度。1998 年 1 月，聯繫匯率被第二次狙擊後，被扯高的利率持續到 3 月底才回落至 1997 年底水平，一個月拆息亦持續 10 天高於存款利率，然而在 1998 年 6 月，被扯高利率回落速度加快，一個月拆息亦只有 3 天高於存款利

香港大學經濟金融學院教授饒餘慶。

率，影響強度明顯減弱。

特區政府捍衛聯繫匯率的行動，基本上得到國際社會及香港各界的支持。1997 年 11 月 4 日，國際貨幣基金組織在例行考察香港經濟之後，公開發表聲明說："（特區）政府在過去兩星期採取強而有力的行動，緊縮貨幣，實屬適當之舉，表現出當局既有能力，也有決心捍衛聯繫匯率制度"，因此，"十分贊同政府當局繼續致力維持聯繫匯率制度"。國際貨幣基金並認為："展望未來，香港的經濟基礎因素顯示聯繫匯率制度將能成功扮演這個角色（即維持香港經濟的穩定）。"

誠然，香港社會中也有不少批評聯繫匯率的聲音，甚至有人提出脫鈎貶值或調整聯繫匯率水平的建議。對此，香港大學經濟金融學院教授饒餘慶認為：取消聯繫匯率制度"這種絕望的做法，只會使香港重蹈 1982-1983 年危機的覆轍，正中國際投機家的下懷。只要看韓國、印尼、泰國等國所遭受的洗劫，就會理解為什麼脫鈎是一種'魔鬼的選擇'。"他還表示："香港雖暫時進入痛苦的調整期，但只要港元幣值穩定，銀行與金融體系安全運作，則經濟調整後遲早會恢復，這是 15 年來聯匯制多次證明的真理。"[5]

1.3 香港經濟陷入戰後以來最嚴重衰退

國際機構投資者對港元的投機，雖然未能衝垮聯繫匯率制度，但卻令港元資產大幅貶值，形成整體經濟中嚴重的"負財富效應"。1987 年 8 月中旬，國際機構投資者開始衝擊聯繫匯率，令香港股市升勢受阻。及至 1997 年 10 月下旬，受到外資基金的重大拋售壓力和高息的雙重影響，香港股市連番暴跌，10 月 20 日到 23 日，恆生指數從 13,601.01 點跌至 10,426.30 點收市，短短 4 天暴跌 3,174 點，股市總值損失約 8,000 億元，其中，僅 10 月 23 日恆指就暴跌 1,211.47 點，以點數計創下歷來最大跌幅。當日，中國有史以來最大規模的境外集資股份中國電信以"特別交易"掛牌上市，收市價比招股價急跌一成。10 月 28 日，香港股市引發全球股市下跌，反過來又影響香港股市下跌 1,438.31 點，再創歷史紀錄。

1998 年 1 月中旬，受印尼盾大幅貶值及聯繫匯率再受狙擊的衝擊，香港股市進一步下挫至 7,904 點的低位。其後，恆生指數曾於 3 月份反彈至 11,926 點水平，但在 12,000 點關口前又反覆向下。到 6 月中旬，受日圓大幅貶值的影響，恆指再跌破 8,000 點大關，6 月 14 日報收 7,462 點。1998 年 8 月，聯繫匯率第四次受到嚴重衝擊，影響所及，恆生指數於 8 月 13 日跌至 6,660.41 點水平。據統計，從 1997 年 8 月 7 日恆生指數創 16,673 點歷史高峰到 1998 年 8

月 13 日報收 6,600.41 點，短短一年間恆生指數跌去 10,000 點，跌幅高達 60%，期間港股總值損失逾 2 萬億元，可謂損失慘重。

香港股市的暴跌又拖累樓市急挫。據恆生銀行的經濟報告，到 1998 年 5 月，香港住宅樓宇價格已較 1997 年第二季最高峰時回落約三成半，私人住宅單位總存量的價值從高峰期的 38,710 億元跌至 25,160 億元，損失價值高達 13,550 億元，相當於本地銀行體系總存款額的五成，香港本地生產總值的實質增長被拖低最少 2 個百分點。其中，豪華住宅樓價的跌幅高達四成至五成，商業樓宇也有三成至四成的跌幅。

1997 年 10 月香港股市重演 10 年前股災。

面對低迷的地產市道，不少大型地產商紛紛透過減價促銷的方式推出新樓盤，以套現資金。1998 年 5 月下旬，長江實業集團宣佈以每平方呎 4,147 元的低價推出機場鐵路沿線的大型樓盤盈翠半島，在香港引起空前的震撼。該價格與 1997 年樓市高峰期同區的住宅樓價相比，跌幅接近五成。長江實業的大減價引發新一輪的減價戰，另一大型地產商新鴻基地產即時宣佈旗下大型樓盤青衣曉峰園大幅減價逾一成半。此外，恆基地產、會德豐、信和等大地產商也紛紛加入減價戰。激烈的減價戰進一步推低樓市。到 1998 年底，香港大型屋邨住宅樓宇的價格，與高峰期相比估計平均下跌 55% 左右。

金融風暴期間，港元滙率雖然沒有下跌，但包括股票、地產在內的港元資產，實際上已大幅貶值，形成整體經濟中的"負財富效應"。這一時期，每當聯繫滙率被狙擊，銀行同業拆息利率即被扯高，尤其是 1997 年 10 月 23 日中午一度被扯高至 280 釐的歷史高位，其後雖大幅回落，但仍在一個相當時期內高企在 10 釐以上並大幅波動。在這種形勢下，銀行唯有採取"現金至上"的政策，以高息吸引港元存款，並審慎貸款，尤其是對長期貸款採取相當審慎的政策，導致整體經濟出現通貨緊縮的情況。

銀根收緊、通貨緊縮，使香港大小公司的財務狀況普遍惡化，部分過度冒進的公司被迫倒閉、清盤或大幅收縮業務。典型的個案包括港基銀行被擠提，香港八佰伴、百富勤集團以及一連串證券公司的倒閉、清盤，日資的松板屋百貨、大丸百貨相繼結業，有悠久歷史的永安百貨宣佈大規模裁員一成，這些都給香港的投資者造成相當大的衝擊及震撼，也暴露了香港金融體系中存在的“系統風險”以及聯繫滙率制度的弊端。

在銀行高息和“負財富效應”的壓力下，香港的投資、消費急速萎縮，香港經濟的各個重要環節，包括零售百貨、飲食、酒店以至旅遊等，均受到嚴重影響。經濟不景所產生的破產、結業、裁員事件，使香港的失業率上升到 20 年以來的最高水平。據統計，香港經季節性調整的失業率從 1997 年第三季的 2.2% 上升到 1999 年第二季的 6.3%，同期就業不足率從不足 1.0% 上升至 2.8%。以全港 350 萬勞動人口計算，即失業及就業不足人數約有 32 萬人。

在金融風暴的衝擊下，香港經濟急轉直下，從 1997 年中的空前繁榮迅速步入戰後最嚴重的衰退之中。1997 年第四季，香港經濟雖受金融風暴影響，本地生產總值實質仍增長 2.7%，全年增長 5.3%。然而，踏入 1998 年，形勢急轉直下，第一、二、三季分別出現實質負增長 2.6%、5.1% 和 6.9%，第四季則收窄至 5.7%，全年實質負增長 5.1%。香港經濟進入了戰後以來最嚴重的衰退期。

2. 百富勤的清盤與證券業危機

亞洲金融風暴期間，

對香港投資者最具震撼力的事件之一，

就是百富勤集團的倒閉。

百富勤是香港最大的華資證券公司，曾被視為香港乃至亞洲金融界的神話。

在香港，不少中、小型證券行都"唯百富勤馬首是瞻"。

百富勤的清盤，對這些證券公司造成了相當大的衝擊，並引發證券業危機。

2.1 百富勤集團的清盤

百富勤國際創辦於 1988 年 9 月，當時註冊資本為 3 億元，創辦人杜輝廉（Philip Leigh Tose）和梁伯韜，曾分別出任萬國寶通國際行政正、副總裁，是香港投資銀行界赫赫有名的人物。1987 年 10 月全球股災後，萬國寶通銀行調整策略，收縮在亞太區的業務，杜、梁等人遂萌去意，並邀得長江實業主席李嘉誠、中信泰富主席榮智健、合和實業董事總經理胡應湘以及他們以往熟悉的一批客戶注資，創辦了百富勤國際有限公司。

百富勤的中文名寓意"百富唯勤"，切合中國傳統的勤奮致富思想，其英文名 Peregrine 則屬獵鷹一類，特性鬥志高昂，在空中盤旋、急轉、突襲，追求獵物，永不休止，可説名如其人。百富勤由杜輝廉出任董事局主席，梁伯韜出任董事總經理。杜、梁二人持有公司三成半股權，其餘股權由 10 多名股東合佔，包括和記黃埔、中信國際、合和實業等。當時，梁伯韜曾雄心勃勃地表示："我希望我們在十年內成為中國的高盛（Gold Sachs）、摩根士丹利（Margan Stanley）或美林（Merrill Lynch）。"

百富勤國際主席杜輝廉（站立者）與總經理梁伯韜。

被稱為 "香大俠" 的股壇怪傑——泰盛發展主席香植球。

百富勤創辦後，遇到兩個迅速發展的良機。第一個就是成功收購老牌上市公司廣生行。廣生行創辦於 1898 年，是一家有百年悠久歷史的化妝品公司，其產品 "雙妹嘜" 花露水，在香港家喻戶曉，暢銷中國內地及東南亞各國。廣生行於 1941 年在香港掛牌上市，是當時香港股市的藍籌股，素有 "股霸" 之稱。1970 年代中期以後，廣生行轉向地產發展，逐步發展成為一家以收租為主的地產投資公司。1989 年 2 月，長實主席李嘉誠應廣生行董事局的邀請，向廣生行提出全面收購建議，結果僅獲得 82.2% 股東接納（按規定須 90% 以上股東接納才能強制收購其餘股份），未能實現私有化目標。同年 9 月，百富勤在李嘉誠的支持下，運用 "槓桿式收購"（Leveraged Buy-out）原理，以 3 億資本額成功購入市值 14 億元的廣生行的控制權。[6]

百富勤的第二個機會，是透過廣生行成功控制另一家上市公司泰盛發展。泰盛發展創辦於 1972 年，同年 10 月在香港上市，原是一家地產發展公司，1970 年代中期轉向證券投資，成為一家典型的華資證券公司。其創辦人香植球素以對股市預測準確聞名，人稱 "股壇怪傑"。不過，1980 年代後期，受到 1987 年 10 月全球股災及 1989 年 "六四" 事件的衝擊，香植球萌生退意，這為百富勤國際的介入提供了良機。

1990 年 2 月，百富勤國際透過廣生行以 4.78 億元價格購入泰盛發展 34.9% 股權。同年 5 月，泰盛發展易名百富勤投資，並斥資 2.6 億元向百富勤國際購入兩家全資附屬公司 —— 百富勤融資和百富勤證券，實際上是百富勤國際借殼上市。1991 年 4 月，百富勤集團宣佈結構重組，從原來廣生行持有百富勤投資改組為由百富勤投資持有廣生行，前者以投資銀行及證券業務為主，後者則以地產業務為主，職責分明。

百富勤重組後，即透過百富勤投資在香港的投資銀行、證券業大展鴻

百富勤國際總經理梁伯韜積極推動中資企業、國企公司上市。

圖。1970 年代初期，香港的證券及投資銀行業基本上由英資壟斷，當時滙豐的獲多利、怡和的怡富，以及寶源投資等鼎足而立。進入 1980 年代，一些美資銀行和證券公司，如美林入股新鴻基公司，萬國寶通透過附屬公司唯高達，開始在香港證券及投資銀行業大展拳腳。不過，1990 年代初期，部分外資投資銀行在香港的業務有所收縮，這為百富勤提供了發展空間。當時，華資財團的勢力在香港迅速抬頭，並活躍於收購、兼併、重組、集資及證券投資等領域。百富勤憑藉其與華資大亨們的密切關係，在香港市場迅速崛起。

　　1992 年中國領導人鄧小平南巡廣東，內地的改革開放進入一個新階段，百富勤及時把握機會，為中資公司和國有企業安排融資並推薦上市，掀起了紅籌股和 H 股在香港上市的熱潮。百富勤透過全資附屬公司百富勤融資，在短短數年內在香港投資銀行市場佔據了相當大的比率，尤其是在安排紅籌股和 H 股上市方面處於領導地位，它先後策劃上市的紅籌股就有中信泰富、海虹招商局、中國海外、上海實業、深業控股、北京控股、越秀投資等。1992 年以來，百富勤安排上市的紅籌股、H 股所籌集的資金就達到 126 億元（見表 6.1），董事總經理梁伯韜更因積極推動中資企業、國企公司上市而被譽為 "紅籌之父"。

表6.1 百富勤安排上市的紅籌股、H股		
公司	上市日期	集資金額（億元）
海虹（招商局海虹）	1992 年 6 月	0.92
中國海外發展	1992 年 8 月	8.45
中旅投資	1992 年 10 月	4.00
駿威投資	1993 年 2 月	4.00
榮山國際	1993 年 3 月	0.45
上海石化	1993 年 7 月	26.50
廣船國際	1993 年 7 月	3.07
四通電子	1993 年 7 月	1.89
中國製藥	1994 年 6 月	2.00
經緯紡織	1996 年 1 月	2.06
南京熊貓電子	1996 年 4 月	5.10
上海實業	1996 年 5 月	9.40
越秀交通	1997 年 1 月	8.00
深業控股	1997 年 3 月	4.60
北京控股	1997 年 5 月	18.70
第一拖拉機	1997 年 6 月	13.00
廣州製藥	1997 年 10 月	4.00
中航興業	1997 年 12 月	10.00
總金額		126.14

資料來源：《歷年為中資集資逾百億》，載香港《明報》，1998 年 1 月 12 日。

　　在證券業方面，百富勤透過另一家全資附屬公司百富勤證券，自 1991 年收購長實與加拿大帝國商業銀行合資的怡證公司後，已一舉躋身香港十大證券公司之列，並成為深圳證券交易所上市股份發行 B 股的首席國際包銷商。到 1995 年底，百富勤投資市值已達 62.76 億元，已遠超過資歷比它深的新鴻基公司（市值 21.44 億元），成為亞洲區內（不包括日本）最大的投資銀行之一及香港本地證券公司的 "龍頭老大"。

　　百富勤在短短 10 年間擴張得相當快，到 1997 年金融風暴爆發前夕，已發展成一個擁有資產 241 億元、員工 1,750 人，分支機構遍及全球 28 個國家或地區（其中大部分集中在亞洲區）的大型企業集團。由於擴張過快，百富勤對在不少東南亞國家，尤其是在緬甸、越南、泰國、印尼等地的分支機構的管理都出現不同程度的混亂，並導致債務規模過大，風險控制不力。1990 年代中後期，百富勤發展的業務中，風險業務所佔比重相當大，尤其是金融衍生工具業務，即所謂 "坐盤資產"（Trading Account Assets）。據統計，1994 年底，百富勤的坐盤資產僅 25.8 億元，但到 1997 年已突破 100 億元大關。

1997 年 7 月，亞洲金融風暴驟起泰國，香港市場即流傳百富勤投資出現財務危機的傳聞，百富勤投資股價從最高峰每股 18.9 元節節下跌。10 月 27 日，百富勤投資發表特別公告，聲稱公司在股災中有 3.6 億元的損失，將作 4.6 億元的撇帳準備。11 月 16 日，百富勤投資宣佈，將引進瑞士蘇黎世集團的全資附屬公司蘇黎世中心集團（Zurich Centre Investments, 簡稱 ZCI）作為策略性股東，ZCI 承諾認購金額 2 億美元的可贖回優先股，每股訂價 8 元，比當時百富勤投資的股價有 27% 的折讓。認股完成後，ZCI 將持有百富勤投資 24% 股權，成為單一最大股東（百富勤國際的持股量將降至 20.3%，成為第二大股東）。根據協定，ZCI 的認股條件是 ZCI 對進一步的盡職調查的結果感到滿意，並從公告發佈之日起到認購之日百富勤投資的經營狀況及市場沒有發生重大變化。

其後，百富勤投資又與多家國際金融機構洽商有關認購額外可換股贖回優先股的可能性。

12 月 16 日，百富勤投資宣佈與美國第一芝加哥銀行達成協定，該行全資附屬公司將根據 ZCI 相同條款，認購總值 2,500 萬美元的可換股贖回優先股。為配合蘇黎世和美國第一芝加哥入股，百富勤投資提前公佈 1997 年前 10 個月的業績。有關資料顯示，截止 1997 年 10 月底，股東應佔盈利為 3.86 億元，比截至 6 月底的 6.35 億元減少約 2.5 億元。經過連串努力，百富勤投資股價總算止跌回升。

不幸的是，踏入 1998 年，金融危機在印尼進一步惡化，印尼盾大幅貶值。1997 年中，印尼盾滙率約維持在 2,500 元兌 1 美元水平，其後節節下跌。同年 10 月因國際貨幣基金的援款到位，印尼盾滙率一度穩定在 3,500 元至 3,600 元兌 1 美元水平。但是，到 1998 年 1 月，由於穆迪和標準普爾相繼將印尼信貸評級降至"垃圾"債券水平，印尼盾在一個星期內急挫至 1.1 萬元兌 1 美元的歷史低位。百富勤投資在印尼卻有高達 6 億美元的鉅額投資，除對印尼計程車公司（Steady Safe）貸款外，還有 2 億美元掉期交易及 2 億美元發債擔保。印尼盾的急挫，令百富勤投資的資產從 53 億美元下降至 32 億美元，其印尼債券形同廢紙。

面對急轉直下的形勢，1998 年 1 月 6 日，ZCI 提出更苛刻的入股條件，即認股價從每股 8 元減為 5.75 元。1 月 7

香港聯合交易所有限公司（「聯交所」）對本公布之內容概不負責，對其準確性或完整性亦不發表任何聲明，並明確表示概不會就本公布全部或任何部分內容而產生或因倚賴該等內容而引致之任何損失承擔任何責任。

PEREGRINE
Peregrine Investments Holdings Limited
（於百慕達註冊成立之有限公司）

公布

百富勤投資集團有限公司（「百富勤」或「本公司」）董事局（「董事局」）於一九九八年一月八日透過電視文字廣播發表公布，宣布本公司已原則上與 Zurich Centre Investments Limited（「ZCI」）達成協議，由 ZCI 按照協議條款向本公司進行龐大投資。

董事局謹此通知本公司各股東，儘管本公司與 ZCI 已原則上達成協議，惟雙方卻未能就有關 ZCI 投資之最後條款達成協議，故本公司與 ZCI 進行之磋商亦告終止。董事局現正考慮其他可行辦法，於適當時候將另行發表公布。

本公司證券將繼續暫停買賣，以待另行發表公布。

承董事局命
百富勤投資集團有限公司
主席
杜輝廉

香港，一九九八年一月九日

百富勤國際發佈引入 ZCI 投資的公告。

日，百富勤與 ZCI 達成修改條款協定。根據協定，ZCI 承諾在 1 月 13 日注入 1.75 億美元，但百富勤必須先安排一筆 6,000 萬美元的短期貸款作為過渡性貸款。翌日，百富勤投資復牌，股價當天即下跌 14%，報收 4.35 元，比最高位時的 18.9 元下跌 77%。1 月 9 日凌晨，美國第一芝加哥銀行通知百富勤取消向其提供 6,000 萬美元貸款的承諾，ZCI 立即中止談判。

　　1 月 10 日，由於無法取得 ZCI 及第一芝加哥的注資及貸款，百富勤投資無法向債權人支付到期債券 6,000 萬美元。消息傳出，百富勤所有往來銀行立即停止其帳戶的支付。香港證監會以保障投資者利益為理由，向百富勤旗下 10 家公司發出限制通知書。香港聯交所也決定暫停百富勤證券會籍，禁止其進行買賣活動。香港期交所則只允許百富勤期貨進行平倉活動。1 月 13 日，百富勤投資正式宣佈清盤，由法庭委派羅兵咸會計事務所為臨時清盤人。主席杜輝廉在記者招待會上表示，百富勤的清盤，印尼債券是禍因。不過，數日後他又指出：百富勤在印尼的投資，如能稍遲幾天交收，就能度過難關。

2.2 證券業危機：連串證券公司的倒閉

　　1998 年 1 月 16 日，即百富勤申請清盤的 4 日後，另一家華資證券行正達集團宣佈暫停屬下五家發牌機構（包括正達證券、正達財務）的業務。香港證監會、聯交所及期交所隨即派員到該集團 9 間分行監督。聯交所立即暫停正達證券的會籍，期交所則要求正達期貨的客戶轉倉，約有 63% 的戶口成功轉倉。當日下午，中央結算公司通知證監會，指正達證券有 3,900 萬元不能交收，正達隨即向證監會表示將申請把正達證券清盤。

　　事後證實，正達集團的財務危機，起源於正達財務將公司客戶的股票擅自按予 20 家金融機構，取得了 5.7 億元信貸。其中，4 億元被用作 3 筆放債，當中 1.7 億元借給兩個客戶，另一筆貸款借給與正達投資有關連的 BVI 公司，用作收購中環世紀廣場，因受金融風暴的影響，這些借貸估計已無法收回。事件暴露了香港證券行附屬財務公司欠監管的漏洞，正達財務和正達證券的臨時清盤人永道會計師事務所亦表示，初步調查的結果發現，兩家公司的管理層及職員均同屬一批人，其財務紀錄、業務運作、資產、運作制度及帳目均有密切關連。

　　1 月 21 日，逾 300 名無法取回股票的正達集團客戶，到香港證監會請願，並指責證監會失職。由於人數眾多，情況一度混亂，個別股民甚至掩面痛哭。其後，這批客戶到警方商業罪案調查科報案，投訴證券公司誤導他們簽署授權書，授權將他們的股票轉到不受監管的正達財務"孖展戶口"。該事件還觸發了一場小規模的股票擠提風潮，數十家中小型證券公司不斷接到客戶要求，提取股票及資金、轉倉、取消戶口及把孖展戶口轉為現金戶口等，香港結算公司破紀錄地收到 1.2 萬個由經紀發出提取實物股票指示，較平日的約 4,000 宗水平高出 2 倍。

正達事件暴露了香港中央結算的漏洞，圖為正達客戶到證監會請願，表達對事件的強烈不滿。

　　正達倒閉之初，政府有關官員仍堅持一貫的不干預政策，拒絕對孖展客戶作出賠償，但其後事件不斷升級，一方面正達孖展客戶上街遊行示威，另一方面投資者如驚弓之鳥，紛紛到各證券行提取股票，危機一觸即發。在這種情況下，政府立場開始軟化，同意修改法例改變現行的賠償安排，把賠償範圍擴大至孖展客戶，並增加賠償金額。一直不同意作額外賠償的香港聯交所和證監會，亦改變立場，同意注資增加賠償基金。

　　香港政府於 1985 年設立賠償基金，該基金在正達事件前有金額 4.8 億元。在原有法例下，賠償基金將對每一個出問題證券經紀的客戶發放總賠償金額不超過 800 萬元。1999 年 6 月 10 日，聯交所和證監會宣佈正達證券客戶的賠償方案，將賠償上限以經紀為單位改為以客戶為單位，每個客戶可獲最高 15 萬元的賠償額，以正達的公司紀錄計，將有 81% 的申索人可獲全額賠償，賠償總額增加到 3.25 億元。至此，事件才告一段落。

　　正達事件尚未完結，1999 年 5 月 5 日，香港證監會原定巡查福權證券的財務狀況，但福權證券的主要股東梅廣諾卻突然失蹤。當日，香港警方接獲 210 名福權客戶的投訴，指其股票戶口無法進行交易，涉及客戶金額逾 3,900 萬元。事後發現，該行孖展戶口出現了約 1,700 萬元的資金差額，懷疑有人挪用客戶的股票及資金私逃。警方將該案列作串謀訛騙案處理。

　　福權東主攜款私逃餘波未了，再有一家證券行出事。5 月 23 日，明豐集團旗下的集豐證券主要股東陳廣鴻向香港警方投案自首。陳廣鴻因個人炒賣期貨失利而非法挪用公司客戶的股票資產，涉及款項約 2.5 億元，受影響的客戶約 3,000 人。事緣 5 月 11 日，聯交所巡查集豐證券的帳目，發現該公司帳目與客戶資料有出入，要求陳廣鴻解釋，陳接連兩日向聯交所交代後，自動向警方投案。

　　接二連三的中小證券行出事，嚴重打擊了投資者的信心，這一方面反映了金融風暴對香港證券業的衝擊，另一方面也暴露出香港證監當局的監管漏洞。有鑒於此，特區政府發佈證券公司屬下財務公司監管守則諮詢文件，修訂證券條例，並加強對股票按揭的監管。但有評論認為，這樣一來，華資中小證券行的生存空間將進一步收窄。

3. 紅籌風暴與粵海集團債務重組

金融危機期間，

包括股票、地產在內的港元資產大幅貶值，

這對在九七回歸前急速擴張，大量投資於股市、地產的中資企業造成極大的財政困難。

其中，首先引發的，是廣信集團的破產。

3.1 廣信集團破產與紅籌風暴

廣信集團，全稱"廣東國際信託投資公司"（GITIC），成立於 1980 年 12 月。廣信集團

是廣東省政府擁有和控制的綜合性金融實業機構，並在人民銀行監管下運作，主要職能是在海外及本地市場集資，以配合廣東的經濟發展，業務包括融資、直接投資、基建、酒店、證券買賣及投資、進出口貿易和海外業務。

廣信集團創辦後發展迅速，1985 年，廣信為亞洲首家 BOT 專項廣東沙角 B 廠提供擔保。

1990 年代中期，廣信集團以極快的速度擴張。這一時期，廣信在大量發行債券的同時，積極從事房地產和證券投資，尤其是在香港回歸前幾年，投資香港的活動相當活躍，主要涉及股市、地產（以豪華住宅市場為主）等鉅額投資。到 1997 年底，廣信先後從海外融資共計 50 多億美元，其自身也發展成擁有總資產 327 億元人民幣的特大型綜合金融投資實業集團，在中國信託業規模僅次於北京的中國信託投資公司。

廣信事件被視為"中國版霸菱"。圖為廣信集團在廣州的總部。

1997 年 3 月，廣信集團在事前沒有知會中

國證監會的情況下，自行透過廣信香港分拆廣信企業在香港掛牌上市。該公司在招股期間曾一度被中國證監會勒令暫停，鬧出軒然大波，後來經香港證監會的調停，才能如常上市。當時，正值紅籌股熱潮，有關事件並未影響投資者的信心，結果廣信企業獲得 891 倍的超額認購，其股價更從招股價每股 1.05 元上升到 3.77 元的高位。事後，中國證監會為加強對香港中資企業的監管，專門制定有關監管指引。

廣信在迅速擴張的進程中，暴露出眾多問題，包括內部管理混亂、項目審批不嚴謹、盲目或不負責任地執行政府官員下達的"計劃"、債務不斷擴大而又缺乏合理安排、防範風險的意識差等等。廣信的問題，引起中央有關部門的重視，有關方面為挽救廣信，曾透過多次融資支持，包括給予公司發行債券以及世界銀行等機構周期性長的貸款，但廣信一直沒有起色。這一期間，廣信由於得到廣東省政府的支持，得以不斷用新貸款去還舊債，繼續運作。

亞洲金融危機期間，廣信的問題進一步暴露，其未能償還到期債務的情況已露端倪。1999 年 1 月，中國建設銀行行長王歧山被調往廣東，出任廣東省常務副省長，整頓廣東金融秩序。同年 9 月，王歧山親自主持廣信集團管理層的重整，並清償公司債務。10 月 6 日，人民銀行發佈公告指出，鑒於廣信集團無力償還到期債券，為保障債權人的合法利益，決定關閉廣信集團，並對其屬下的債券和債務進行託管，停止一切金融活動。公告還指出，人民銀行將接管廣信的金融業務，而廣發證券將接管廣信屬下的證券業務。

1999 年 1 月 10 日，廣東省省長助理兼廣信清算小組組長武捷思正式宣佈，因為資不抵債，廣信集團、廣東國際租賃公司、廣信企業和深圳公司向法院申請破產。據廣信清算小組的初步評估，廣信集團清產核資後的總資產是 214.71 億元人民幣，總負債是 361.65 億元人民幣，資不抵債差額為 146.94 億元人民幣，資產負債率達 168.23%。當時，有消息指出，廣信集團直接對外負債就高達 16 億美元，如果加上或有負債，對外總負債高達 40 億美元。

廣信集團在香港有龐大投資，它在香港持有兩家全資附屬公司 —— 廣信香港（全稱"廣東國際信託投資香港有限公司"）和廣信實業。

1998 年 10 月 12 日，廣信集團宣佈委任畢馬域會計師行為其在香港的兩家全資附屬公司清盤人。據畢馬域會計師行的初步估計，兩家公司的總負債約 66 億元（未計算擔保的或有負債），其中，廣信香港負債 28 億元，債權銀行約 20 家，廣信實業負債 38 億元，債權銀行約 40 家。其後，香港金融管理局向銀行查詢後表示，香港銀行系統借予廣信集團的貸款及或有負債，總數達 110 億元，其中，沒有在國家外滙管理局登記的借貸超過 35 億元。中國有關部門曾明確表示，廣信沒有登記的外債，中國政府不會擔保償還。

廣信事件在香港金融界引起相當大的震撼。長期以來，外資銀行一直視中國是亞洲最後一個資金避難所，然而廣信事件暴露出中國存在著嚴重的金融隱憂。有關資料顯示，香港金融機構借貸予香港中資公司的貸款，總額超過 3,000 億元，其中，借予信託投資公司的貸款超過 400 億元。廣信事件爆發後，香港銀行（包括中資銀行）頓成驚弓之鳥，紛紛收緊對中資企業的信貸，個別銀行甚至迫令中資借款人在合約到期前還債，從而觸發了中資公司的信貸危機 —— 紅籌風暴。

紅籌股（Red Chip），這一概念誕生於 1990 年代初期的香港股票市場。由於中華人民共和國在國際上被稱為 "紅色中國"，相應地香港和國際投資者把在境外註冊、在香港上市的那些帶有中國大陸概念的股票稱為紅籌股。1990 年代中期，正值香港回歸，市場開始爆炒有內地題材的紅籌板塊。1997 年初上市的紅籌公司，如廣信企業、北京北辰、深業控股、北京控股等受市場瘋狂追捧，超額認購倍數均達數百倍。其中，北京控股超額認購 1,276 倍，凍結資金高達 2149 億港元，創造了至今尚未被超過的最高歷史紀錄。當年 5 月 29 日，北京控股在香港聯交所掛牌，上市後開盤不到一個小時股價就漲了三倍！當時，另一隻紅籌股光大控股，其市盈率高達 1,000 倍以上，這意味著，按照已實現的每股收益計算，要超過 1,000 年的時間才能收回投資。紅籌股之炙手可熱由此可見一斑。

亞洲金融危機襲擊香港時，香港股市遭受重創，其中最經不起衝擊的，恰恰是 1997 年上半年領銜暴升的紅籌股！危機期間，紅籌股一瀉千里，成為了港股暴跌的導火索。僅 10 月 13 日一天，恒生中資企業指數下跌 177.98 點，收於 2,687.13 點，跌幅達 6.2%，大大超過恒指 1.4% 的跌幅。在香港大盤整體向下急跌的日子裡，恒生中資企業指數直墜而下，至 1998 年 9 月 1 日跌至最低點，收報 576.76 點，與最高紀錄相比跌幅高達 86%。此前被市場炒得忘乎所以的紅籌公司大多被打回原形，其中，北京控股大幅下挫，跌破首日掛牌市價。光大控股，在高峰期曾升至 23 港元，其後跌幅慘重，股價一個月下跌超過 90%。至 10 年後的 2007 年其股價也不過是 10 港元左右，不及高峰期的二分之一。金融危機期間，紅籌股元氣大傷，幾近崩潰。特別是廣信集團和粵海集團因抵不住金融風暴衝擊，先後出現財務危機，更使得紅籌形象一落千丈，步入了低迷徘徊。

3.2 粵海集團的債權重組

紅籌風暴中，首當其衝的，是廣東省政府駐港窗口公司 —— 粵海企業（集團）有限公司。

粵海全稱粵海企業集團有限公司，是廣東省政府在香港的 "窗口公司"。1980 年 6 月，在改革開放背景下，廣東省政府出資 500 萬元人民幣，在香港註冊成立粵海企業集團，1981 年 1 月正式開業，成為國內地方省市在香港開辦較早的經貿機構。粵海成立之初，主要任務是做好廣東各對外經濟、貿易機構的總代理，以香港為橋樑，推動廣東省的出口產品開拓國際市場。

1982 年，該集團明確提出以"兩個服務"（為廣東現代化建設和香港經濟繁榮穩定服務）為宗旨，以"五個引進"（引進資金、設備、技術、人才和管理經驗）為重點，促進廣東與香港的經貿合作和交流，拓展海外市場。作為廣東省政府的"窗口公司"，粵海一直肩負著向海外"借錢"的重任。由於有政府信譽作保證，荷蘭銀行、瑞銀等國際銀行都是粵海的大客戶。

1980 年代中期以後，粵海集團發展很快，經營的業務從對外貿易迅速擴展到製造業、基礎設施、房地產、百貨零售及超級市場、旅遊及酒店、客運及貨運、金融及保險等各個領域。到 1996 年底，粵海集團的資產總額已超過 300 億元，當年營業額達 150 多億元，年資產增長率達 70% 以上，已發展成一家以貿易為主導、以實業為基礎的多元化綜合性企業集團。[7] 1997 年 5 月，粵海還獲香港管理專業協會頒發"1997 年全面優質管理獎優異獎"，成為香港第一家獲此獎項的中資機構。

1990 年代以後，粵海與其他中資企業一樣，積極推進"資產經營"。早在 1987 年 1 月，粵海已收購香港一家市值僅 4,000 萬元的上市的"空殼公司"，易名為"粵海投資"，作為集團在香港的上市旗艦。從 1991 年起，粵海先後將集團屬下的廣東旅遊、廣州麥芽廠、金威啤酒廠、麗江花園、南海皮革廠及多間酒店注入粵海投資，並透過發行新股收購廣東省屬公路、電廠和一批國有企業，使粵海投資在紅籌股中脫穎而出。

位於港島干諾道中的粵海集團總部大廈（中）。

1994 年 11 月，粵海投資被納入 33 隻恆生指數成份股。1996 年底，粵海投資市值已超過 150 億元。

　　1994 年 12 月，粵海集團從粵海投資中將"廣南集團"分拆在香港上市。廣南集團的前身是廣南行有限公司，1981 年在香港註冊成立。該公司被中國外經貿部授權為廣東省向香港提供鮮活商品的總代理和總經銷，向香港提供塘魚、生豬、活家禽、蔬菜、水果等副食品，成為香港鮮活商品市場的主要供應商之一。進入 1990 年代，廣南行發展很快。

廣南行是香港鮮活商品市場的主要供應商之一。

廣南屬下的超級市場。

　　1994 年 12 月粵海投資將廣南集團分拆上市時，正值紅籌股熱潮，雖然受到美國 6 度加息的影響，香港股市逐日下跌，但廣南集團仍獲 50 倍以上的認購。上市當日，恆生指數大跌 277 點，但廣南集團逆市飆升，升幅及成交額均名列十大。1997 年 2 月 27 日，廣南集團股價達 10.40 元，比上市當日收市價 1.09 元上升 8.5 倍，與香港另五家上市公司一起入選"全球最佳股票"，並名列榜首。

　　其後，粵海集團又先後將粵海製革（1996 年 12 月）、粵海啤酒（1997 年 8 月）、粵海建業等分拆上市，並在香港股市收購上市公司股權，到 1998 年 10 月廣信事件爆發時，粵海集團已成為持有五家上市公司的大型企業集團，粵海持有 20% 以上股權的上市公司更多達八家，包括粵海投資、廣南集團、粵海製革、粵海啤酒、粵海建業、南方國際、廣益國際以及環球飲食等，成為全國眾多"窗口公司"中最矚目的企業集團。1990 年代中，隨著業務擴張，中資"窗口公司"的業績幾乎無一例外開始下滑，並暴露出管理上的種種弊端，主業不清、管理混亂、負債過高等問題成為難以解脫的枷鎖，嚴重困擾企業發展。粵海也不例外。

　　這一時期，粵海的資產雖然迅速膨脹，但

營業額卻無甚增長，反映出公司資產的質素極低，業務回報遠不足以償還公司的貸款利息，整個企業集團一直處於淨現金流出的狀態。更嚴重的是，粵海的借貸中，短期債務在這幾年中一直維持在 100-120 億港元，約佔其總負債的五成。當時，在紅籌注資概念推動下，粵海透過不斷向旗下上市公司注入資產，令名下股票升值，集團的借貸能力和贏利也水漲船高，銀行更對這家大紅籌公司趨之若鶩。然而，1997 年的金融風暴令股市、地產大幅下跌，粵海集團的財務狀況立即陷入困境，1998 年中期業績出現了 6.35 億元的虧損，成為 1995 年以來的首次轉盈為虧。

1998 年 8 月 29 日，粵海集團向廣東省政府告急：粵海集團的運作尤其是現金流出現了困難，將面臨交叉違約的風險。其時，粵海在 1995 年發行的 7,200 萬美元的商業票據即將到期，粵海還想"以債養債"，但沒有哪一家銀行肯再借給它。在走投無路的情況下，粵海向香港中銀集團求助。香港中銀集團要求粵海出具廣東省政府的擔保函。當時中國的擔保法已經出台一年多了。按規定，地方政府無權為企業舉債擔保。粵海一旦失去了政府擔保這塊擋箭牌，債權人就將兵臨城下了。如果在 9 月 4 日前不能歸還 7,200 萬美元的商業票據本息，只要債權人提出，粵海就必須立即償還幾十億美元的銀行債務。為了保護"窗口公司"的商業信譽，避免出現交叉違約，廣東省政府只得動用歷年財政節餘為粵海還債。粵海暫時渡過了這一難關。據粵海財務部門的分析：至 1997 年底，在粵海 357 億港元總資產中，呆滯、呆帳資產約為 128 億港元，佔 35.9%，帳面淨資產僅 75 億港元，實際資不抵債 45 億港元。

粵海的問題，與廣信有許多相似之處，諸如內部管理混亂，多至數百家的子公司層層迭迭，相互之間存在嚴重的三角債，集團無法控制分屬各市、縣的子公司的借貸、投資，卻有義務為其擔保貸款，加上盲目投資，替客戶墊支的應收帳不斷上升，致使集團入不敷出，負債纍纍，問題的暴露只是遲早的事情。及至廣信集團破產，銀行迅速收緊對中資企業的信貸，粵海無法借錢還債，其債務危機亦即時暴露。

為了摸清情況，廣東省政府聘請了畢馬威會計師事務所，對粵海和南粵的資產、負債狀況進行審計。畢馬威對粵海的重點審計報告更讓廣東省政府大吃一驚：粵海資不抵債已達 91.2 億港元，竟是這家公司自己報的 45 億港元的兩倍！

"窗口公司信用"是特殊歷史時期的產物。1980 年代，隨著中國的改革開放，廣東、福建及內地各省、市在香港、澳門設立的"窗口公司"日漸增多。這些公司一般為政府全資擁有或實際控制的企業，公司負責人由各地黨委和政府任命，早期的對外借貸也有政府擔保，貸款一般投向內地經濟建設項目。因此，在境外債權銀行看來，中國各類"窗口公司"代表的是中國各級政府，所謂的"窗口公司信用"就是由政府信用延伸出來的一種特殊信用。境外投資者和銀行把"窗口公司信用"視作政府信用，對公司財務狀況不嚴格審查。根據香港廉政公署的指控，粵海持多數股的一間香港上市公司存在嚴重的虛開信用證問題，共計幾十單，涉及幾十家銀行，時間長達數年。其間，竟沒有一家銀行對其中任何一單虛假的交易憑證提出質疑。大量資金流進這些"窗口公司"，然後又通過各種方式流失了，從而埋下了支付危機的隱患。

經過通盤慎重考慮，廣東省政府決定對粵海、南粵等幾家公司的債務儘快實施重組，並委託畢馬威立即著手對參與重組的粵海、南粵及兩間香港上市公司 —— 粵海投資和廣南集團進行了全面審計。根據畢馬威的審計報告，截至 1998 年底，參與重組的四家公司總資產 287.56 億港元，總負債 489.86 億港元，資不抵債 202.3 億港元，比重點審計報告的 91.2 億港元再增加一倍。畢馬威審計報告認為，粵海危機形成的原因歸結為："投資不善、貸款無方"，"主次不明、重複投資"，"缺乏制約、監控無力"，"弄假作假、賬實不符"，"參與投機、損失慘重"，"融資方便、債台高築"。

1998 年 12 月 16 日，廣東省政府在香港召開新聞發佈會，宣佈："粵海和南粵因為資產品質嚴重低下，不能支付鉅額到期債務，決定重組。從即日起暫時停止支付一切到期本金。"廣東省政府並當場宣佈聘請高盛為粵海重組顧問，畢馬威為粵海重組財務審計師，謝爾曼和齊伯禮為粵海重組法律顧問。當時，消息傳出，彷彿在香港資本市場投下一顆重型炸彈。不少債權人怒不可遏，有人甚至揚言：今後絕不再給中資企業貸款。"粵海重組"之所以引起如此大的反響，是因為粵海的全資股東 —— 廣東省政府要向"窗口公司信用"告別，依照國際慣例和香港的法律重組粵海，以此來改變國際金融界與海外中資企業之間業已形成的不正常的"遊戲規則"。

1999 年 3 月 1 日，財務顧問高盛亞洲在與超過 250 位債權人代表舉行的會議上，宣佈截至 1998 年 9 月底止的 9 個月，粵海集團錄得資產虧損（即資不抵債）132 億元，期內特殊虧損更高達 188 億元，絕大部分為呆壞帳、投資減值等，總負債為 318 億元，但於 1999 年 1 月 21 日，總負債已降至 225 億元。高盛亞洲的代表表示，廣東省已提出一系列可能注資項目，大部分屬基建及公用事業有關的資產，包括東江輸水、韶關電力、汕頭海灣大僑、虎門大橋、廣汕公路惠州段等。

會議期間，廣東省副省長王岐山向債權銀行宣佈重組設想。根據該重組方案，粵企和南粵債權人用 39 億美元的債權換取面值 18 億美元的粵海投資債券、面值 18 億美元的粵企優先股和 3 億美元的現金。廣南債權人用 4.9 億美元的債權換取面值 1.5 億美元廣南債券、面值 2.4 億美元的廣南資產管理公司的股票和 1 億美元的現金。新粵企用評估值為 22 億美元以上東深供水項目的股權換取面值 18 億美元的粵企 50% 的優先股，粵企 100% 的普通股、15 億股粵投普通股以及廣南面值 0.75 億美元的普通股。粵投債權人用 12.54 億美元的舊債權換取 12.524 億美元的新債權，而貸款期限和利率則有待進一步談判。這就是所謂的"5‧25 債務重組方案"。

不過，"5·25債務重組方案"一出台，談判雙方便立刻形成對峙局面。談判桌上，債權人反應激烈，不肯削債，拒不接受重組方案，債權人尤其是債權銀行態度強硬，聲稱粵海是廣東省開辦的"窗口公司"，政府要負責清償全部債務本息。香港報章甚至出現了"要告到北京去"的字樣。廣東省政府則明確表示："粵海公司資不抵債並非政府干預所致，歸因於企業的自主經濟行為，應由企業自身負責。而且放貸銀行在審核與監督方面也須負一定責任，雙方應共同承擔經濟損失。"對此，粵企和南粵債權銀行的回應是：第一，導致粵企和南粵嚴重資不抵債的責任全部在廣東省政府；第二，任何重組建議都必須使"財務債權人最終有實質機會獲全數清償"；第三，債權人的債權必須連本帶息由廣東省政府負責償還。粵企和南粵債權銀行並提出新重組建議：整個重組需要47億美元，其中，廣東省政府要注入現金或優質資產40億美元，用粵企持有的粵投9.8億股股權償還債權人的債務，並將粵企剩餘的資產清盤還債。

粵企和南粵債權銀行的回應，把廣東省政府逼到"死角"。廣東省政府似乎面臨兩種選擇：清盤或者如數還債。1999年9月10日，廣東省政府向債權銀行和債券持有人委員會再提交了修改後的粵海債務重組方案——"9·10債務重組方案"。其後，談判雙方圍繞債務重組的諸多問題展開了激烈的討價還價。1999年12月16日，廣東省政府與粵企、南粵、廣南債權銀行代表就粵海債務重組簽署了原則性框架協定，即"12·15協定"。與此同時，新粵企——廣東控股（香港）有限公司與粵海投資就用供水公司股權換取粵投股份簽署了有條件協議，粵投與粵投的債權銀行代表就粵投債務重組簽署了原則性協定，高盛與廣東省政府就高盛以2,000萬美元購買粵投股簽署了原則性協定，債券持有人委員會就廣東省政府債勸銀行代表達成的原則性協定致函給廣東省政府，表達了稍有保

香港粵海投資大廈。

留的支持態度。"12‧15 協定" 及一系列相關協定，意味著粵海重組已邁出了關鍵性的一步。

在 "12‧15 協定" 基本框架基礎上，雙方再經過超過一年的艱苦談判，終於在 2000 年聖誕前夕完成協定的簽署。在最終債務重組協定中，談判雙方確認的成就重組的債權共計 49.40 億美元，其中，債權銀行為 28.71 億美元，債券持有人為 11.08 億美元，其中債權人為 5.76 億美元，廣東省政府為 3.85 億美元。重組後，全體債權人 21.85 億美元的舊債權轉換成實際經濟價值為 18.35 億美元的新債權；22.91 億美元的舊債權轉換成價值 5.25 億美元的各類股權；4.7 億美元的舊債權轉換成 4.7 億美元的現金。全體債權人的經濟回收率為 57.22，削債率為 42.78%。其中，銀行及債券持有人的經濟回收率為 61.77%，削債率為 38.23%，削債 15.21 億美元；廣東省政府注入估計價值為 22 億美元以上的東深供水項目，墊付利息 4.79 億美元，支付顧問費 1.09 億美元，再加上其他墊付費 2.32 億美元，合共出資 30.20 億美元以上，回收的重組對價及產權為 10.10 億美元，出資回收率為 33.44%，即淨出資 20.10 億美元以上。

根據最終重組協定，原有的粵企由在香港註冊的 "廣東控股有限公司" 所取代。廣東控股由廣東省政府在內地註冊成立的 "廣東粵港投資控股有限公司" 全資擁有。廣東控股持有 42.52% 的上市公司粵海投資股權，持有 100% 的擔保公司，持有 51-89.% 的廣南集團和 100% 的廣南資產管理公司。粵海投資持有 81% 的 "粵港供水（控股）有限公司"，後者則持有 99% 的粵港供水項目。粵港供水項目另外 1% 的股權由廣東粵港投資控股有限公司持有。擔保公司由就粵企改組而成，持有 10.67% 的粵海投資，50% 的新公司（持有原粵企和南粵仍在正常運作的企業，新公司名義上持有 81 家下屬企業，但實際運作的只有 12 家），100% 的信託公司。信託公司（持有原粵企和南粵待處理資產，信託公司名義上持有 264 家下屬公司）則持有 6% 的廣南集團。而重組債權人則持有 11.86% 的粵海投資，19% 的粵港供水（控股），100% 的香港物業，50% 的新公司。

2000 年 2 月，武捷思出任粵海集團董事長兼總經理，全權負責化解粵海集團債務重組危機並打理重組後的廣東控股。據武捷思後來的回憶，2000 年 12 月 22 日，"談判各方顧問中的許多人都買了當天晚上離開香港的飛機票。通宵未眠的律師們還在趕寫各種法律文件，財務顧問還在為最後兩個問題而爭議和協商。下午 2 點 30 分，參與重組工作的十幾家律師事務所逐一確認各自負責的法律文件已經完成，並由談判各方簽署完畢之後，主持人邀請過戶代理銀行——渣打銀行的代表正式將重組代價中的現金過戶到債權人指定的帳戶。渣打銀行的代表拿起手提電話通過渣打銀行的結算部門。15 分鐘以後，渣打銀行打來電話，聲明有關現金已轉到指定帳戶。在場的人們在相互握手、擁抱、乾杯慶祝粵海債務重組交易成功結案、交割之後紛紛離開現場，其中很多人直接趕往飛機場。粵海債務重組案就這樣結束了。"至此，一度轟動國際資本市場的 "粵海重組" 終於落下了帷幕。

　　在整個重組過程中，由於重組所涉的財務和法律問題異常複雜，債務人和債權人雙方聘請的中介機構超過 100 家，包括高盛、畢馬威、謝爾曼、齊伯禮、羅賓咸、標準普爾等世界知名的投資銀行、會計師事務所、律師事務所和評級機構。有評論指出，參與“粵海重組”的中介機構陣容之強大，在世界企業重組史上也是少有的。2001 年，“粵海重組”項目被國際權威雜誌《國際金融評論》評為該年度“亞洲最佳重組交易”。粵海之後，福建省的“窗口公司”福海集團、華閩公司，廣東珠海市的“窗口公司”珠光集團等一批境外中資企業，也先後宣佈進行重組。

　　廣信、粵海事件的爆發，使香港中資企業的發展進入了一個調整、鞏固時期。

4. 香港特區政府的"救市行動"

經歷了1997年10月、

1998年1月及6月三次狙擊後，國際大炒家並沒有善罷甘休，又

在1998年8月部署了一場更加慘烈的港元狙擊戰。

這次，他們的來勢更兇猛，

部署更周密，而且直接在滙市、股市、期市3個領域聯合出動。

4.1 特區政府的"救市行動"

　　當時，市場有消息指出，國際大炒家計劃從狙擊港元入手，推低股市、期市，將恆生指數炒低至 4,000 點水平，從而藉股市、期市淡倉獲得巨利，並對聯滙制形成更大壓力，形勢相當嚴峻。踏入 1998 年 8 月的第一週，在謠言四起的市場氣氛下，國際大炒家突然再度發難，狂沽港元。8 月 5 日，國際炒家在短短半天就拋出約 290 億元（37 億美元）的沽盤，同時買入遠期美電，沽售利率期貨合約，將港元兌美元的滙率推低至 7.75 的關口。港元利率期貨市場成交暴升，單日總成交約逾 8,300 張，創下新高，比 1997 年 10 月金融風暴期間近 6,700 張的最高紀錄還高出 1,600 張。在此之前的 8 月 4 日，未平倉合約已經累積到 32,000 張。

　　面對這次大規模的狙擊，香港金融管理局改變應對策略，動用 31 億美元的外滙儲備，在 7.75 水平買入被沽出的 240 億元，並將這筆港元全數存入銀行，以應付當年度財政預算中可能出現的 210 億元龐大赤字所需。另外 46 億多元（6 億美元）的沽盤則由其他銀行承接。這一做法，大大減輕了銀行同業市場的壓力，因而沒有像前幾次那樣引起同業拆息的大幅攀升。當時，某海外基金還為此曾致電金融管理局總裁任志剛，投訴金管局未按貨幣管理局的原則運作，令其遭受損失。

　　當時，香港特區政府財經事務局局長許仕仁指出，這次炒家狙擊港元，有兩個與以往不同的特點：一是不僅對沖基金沽空港元，投資銀行也參與其中；二是炒家不僅利用香港經濟疲弱和公司業績不佳作為沽空港元藉口，而且還散佈人民幣貶值的謠言，以此產生"槓桿效應"，造勢衝擊港元。

　　到 8 月 13 日，香港股市在炒家累積大量恆指淡倉、謠言甚囂塵上的恐慌氣氛中急挫，恆

生指數報收 6,660.41 點水平，創 5 年來的新低。當時，
市場傳聞國際大炒家手持約 10 萬張恆指期貨淡倉合約，
即將在月底結算。恆生指數每下跌 1 點，它們即可賺 500
萬元，形勢危急。在這種情況下，從 8 月 14 日起，香港
金融管理局動用外滙基金進入股市，透過獲多利、和昇、
中銀、鷹達等"御用經紀"，大手吸納滙豐控股、香港電
訊、長江實業、和記黃埔、中國電信、中電控股、恆生銀
行等超級藍籌股，以推高大市。港府入市干預當天，恆生
指數上升 564 點，報收 7,224.69 點，升幅達 8%。從 8 月
18 日到 8 月 27 日，香港金融管理局不斷動用外滙基金入
市干預，使恆生指數維持在約 7,800 點水平。

國際大炒家索羅斯，他旗下的量子基金被傳狙擊港元。

　　到 8 月 28 日恆指期貨合約結算日，由於周邊形勢
惡劣，特別是俄羅斯金融局勢進一步惡化，歐美股市下
跌，香港股市的沽盤如排山倒海般湧至，香港特區政府
成為單一買家，透過東盛、中銀、唯高達、獲多利、金英、宏高、萬信、和昇等八大"御用經
紀"，將所有沽盤全數接納，全日成交量創下 790 億元的歷史紀錄。（見圖 6.1）其中，股票沽
空金額高達 72.57 億元，佔總成交額的 9.1%，沽空活動亦創歷史新高。當日，恆生指數報收
7,829.74 點，微跌 93.23 點。

　　當時，國際炒家約持有 8 萬張期指淡倉合約，恆指每下跌 1 點，便可賺 40 億元，結果 8
月恆指期貨合約以 7,851 點結算，比政府入市干預前上升 1,241 點，國際大炒家計劃在期市謀
取巨利的期望落空，被迫將期指合約轉倉至 9 月份。這一役，特區政府總共動用 1,181 億元外
滙基金與國際大炒家抗衡，以穩定香港股市。

　　9 月初，國際大炒家準備捲土重來的消息甚囂塵上，香港特區政府及有關當局為堵塞金融
市場上近年來因大量引進金融衍生工具而產生的種種漏洞，在短短數日間連續推出 40 條新措
施，以改善聯繫滙率制度及穩定金融市場。早在 8 月 31 日，香港期交所已頒佈三項新措施：

　　（1）對持有 10,000 張長、短倉合約的大戶徵收特別按金，從每張合約按金 8 萬元提高到
12 萬元；

　　（2）持倉申報制度從原來規定的 500 張降低為 250 張；

　　（3）期貨經紀商須向期貨交易所申報大量持倉人的身份。

　　三項新措施的目的，是要增強期貨市場的透明度，並增加炒家的投機成本。9 月 2 日，聯
交所宣佈暫停滙豐控股、香港電訊、中國電信等 3 隻藍籌股的沽空活動。其後，聯交所又宣佈

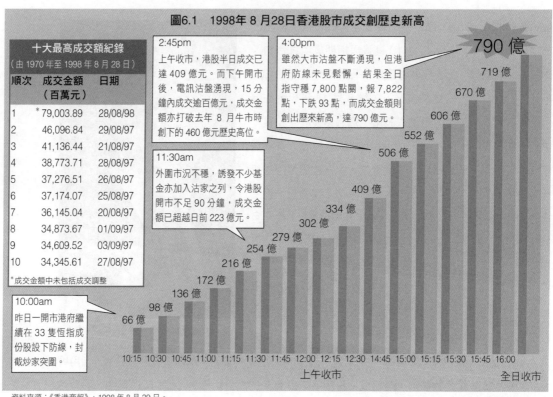

圖6.1　1998年 8 月28日香港股市成交創歷史新高

十大最高成交額紀錄		
（由 1970 年至 1998 年 8 月 28 日）		
順次	成交金額（百萬元）	日期
1	* 79,003.89	28/08/98
2	46,096.84	29/08/97
3	41,136.44	21/08/97
4	38,773.71	28/08/97
5	37,276.51	26/08/97
6	37,174.07	25/08/97
7	36,145.04	20/08/97
8	34,873.67	01/09/97
9	34,609.52	03/09/97
10	34,345.61	27/08/97

* 成交金額中未包括成交調整

2:45pm 上午收市，港股半日成交已達 409 億元。而下午開市後，電訊沽盤湧現，15 分鐘內成交逾百億元，成交金額亦打破去年 8 月牛市時創下的 460 億元歷史高位。

4:00pm 雖然大市沽盤不斷湧現，但港府防線未見鬆懈，結果全日指守穩 7,800 點關，報 7,822 點，下跌 93 點，而成交金額則創出歷來新高，達 790 億元。

11:30am 外圍市況不穩，誘發不少基金亦加入沽家之列，令港股開市不足 90 分鐘，成交金額已超越日前 223 億元。

10:00am 昨日一開市港府繼續在 33 隻恆指成份股設下防線，封截炒家突圍。

資料來源：《香港商報》，1998 年 8 月 29 日。

恢復執行 1994 年實施的限價沽空制度，規定沽空交易不能以低於最佳賣盤價進行，以維持市場秩序。

9 月 5 日，香港金融管理局推出七項改革措施，其內容歸納起來主要有幾點：

（1）金管局向香港所有持牌銀行提供明確保證，可以按 7.75 港元兌 1 美元的固定滙率，把它們的結算戶口內的港元兌換為美元。這項明確兌換保證清楚表明了政府維持聯繫滙率制度的決心。當市況許可時，金管局會將兌換保證適用的滙率轉為 7.80。

（2）撤銷流動資金調節機制的拆入息率。由於銀行同業支付系統的效率得以提高，使持牌銀行能更有效管理流動資金，因而無須繼續以流動資金調節機制下的存款機制來促進有秩序的銀行同業市場活動。

（3）以貼現窗（Discount Window）取代流動資金調節機制，貼現窗設基本利率（Base Rate，前稱流動資金調節機制拆出息率），由金管局不時釐訂。在釐訂基本利率時，金管局會確保利率能充分反映資金流量的情況，同時也能抑制利率過度波動而引起的金融不穩情況。

（4）取消對重複使用外滙基金票據和債券進行回購交易以取得隔夜港元流動資金的限制。由於外滙基金債券／票據有外滙儲備提供十足支持，所以讓持牌銀行可以更多利用這些債券／

票據經貼現窗以回購協定形式取得日終流動資金，可以在沒有偏離貨幣發行局的運作原則下，減低投機者操控市場的能力，以及遏止利率過度波動的情況。

（5）只會在有資金流入的情況下，金管局才會發行新的外滙基金債券／票據。此舉是要確保所有新發行的外滙基金債券／票據均會得到外滙儲備十足支持。

（6）按照持牌銀行使用貼現窗涉及的外滙基金債券／票據數量佔其所持該等債券／票據總額的百分比，制定適用的貼現率。持牌銀行使用所持外滙基金債券／票據最初的 50%，適用基本利率；餘下的 50% 適用基本利率加 5 釐，或港元隔夜銀行同業拆息當天的水平，以兩者較高為準。這將會確保港元受到重大壓力時，利率調整機制會被全面啟動。

（7）保留重複使用外滙基金債券／票據以外的債務證券，以進行回購協定的限制。貼現窗將不會接受外滙基金債券／票據以外的新發行債券。這將會防止持牌銀行利用並無外滙儲備支持的債券，以獲取大量流動資金。

9 月 7 日，香港特區政府再宣佈推出 30 條新措施，內容針對股票拋空以及聯交所、中央結算公司、期貨交易所、證監會、財經事務局等各有關當局，目的是要加強香港證券及期貨市場的秩序和透明度，杜絕有組織及跨市場的造市活動，特別是加強監管沽空的活動。財政司司長曾蔭權表示：該等措施與金融管理局上星期六宣佈的有關加強貨幣發行局機制的安排，互相配合，足以增強貨幣及金融系統抵禦炒家跨市場操縱的能力。

特區政府在是役中所採取的一系列政策、措施，在國際間及香港社會引起了廣泛的爭議。美國聯邦儲備委員會主席格林斯潘公開批評特區政府的干預行動，認為破壞了香港傳統的自由經濟。然而，從總體上看，香港輿論基本上支持特區政府的行動。最重要的是，從實踐上看，是次干預保衛了香港金融市場的穩定，從而為香港經濟早日復甦奠定了基礎。

踏入 10 月份，香港股市受到周邊利好因素的影響，恆生指數從約 7,500 點水平穩步攀升，並衝破 10,000 點大關。特區政府在 8 月份入市購買的股份，帳面利潤已高達數百億元。而國際大炒家則被迫在 9、10 月間先後離場。至此，特區政府達到預期目的。

4.2 特區政府成功捍衛聯繫滙率的原因

在這次空前的金融風暴中，香港特區政府能夠成功捍衛聯繫滙率制度，主要原因是：

（1）聯繫滙率制度屬貨幣發行局制度，具有自動調節機制，能承受較強的衝擊。理論上，聯繫滙率制度具有自動調節機制。傳統的解釋是，這一機制主要透過銀行和其他金融機構之間的套戥和競爭的相互作用，即依賴港元的 "現鈔套戥" 機制，使市場滙率能夠貼近聯繫滙率水平。然而，這一套戥過程涉及大量現鈔的交付程序，在現行制度下並不能有效發揮作用。根據金融管理局在金融風暴期間的最新解釋，聯繫匯率的自動調節機制的關鍵在銀行體系的結餘，金融管理局被動地吸納或出售港元將直接影響銀行體系結餘水平的高低，而銀行體系結餘水平的高低，又會直接影響到銀行同業拆息水平的高低，進而影響到聯繫匯率。依賴這種互動關係，聯繫匯率制度具有自我調節的能力，故能承受較強的衝擊。

（2）多年以來，香港政府圍繞著鞏固和維持聯繫匯率制度已建立了一套有效運作機制和雄厚的外匯儲備。1983 年 10 月，香港政府推出聯繫匯率制度時，並沒有規定香港的銀行要在外匯基金開設結算戶口。換言之，銀行體系結算餘額所代表的該部分貨幣基礎，最初並沒有受到貨幣發行局的規律限制，聯繫匯率的貨幣發行局制度在實行初期實際上並不完善。因此，港府從 1988 年起，採取了一連串的改革措施來完善並鞏固該制度。1988 年實施的“新會計安排”實際上糾正了上述這種不完善的情況。根據“新會計安排”，香港銀行公會結算所的管理銀行 —— 匯豐銀行需在外匯基金開設結算帳戶。1996 年底港府推出即時支付結算系統取代新會計安排，貨幣發行局制度更趨完善。在即時支付結算系統下，所有持牌銀行都要在外匯基金開設結算戶口，這項改革進一步確保整體貨幣基礎符合貨幣發行局的原則，並加強了聯繫匯率制度在維持匯率穩定方面的作用。

在此進程中，港府又於 1990 年推出外匯基金票據／債券，於 1992 年推出流動資金調節機制，並於 1993 年成立金融管理局，這些改革措施大大加強了政府調控金融市場的能力，確立了一套維持和鞏固聯繫匯率制度的宏觀調控機制。這次金融風暴中，政府的流動資金調節機制就發揮了重要作用。1996 年底啟動的即時支付結算系統也發揮了積極作用，它使金管局能及時發現異常的港元拋售、及時查明情況、及時採取還擊措施。

當然，政府維持龐大外匯儲備，也是金管局能夠從容操作的重要基礎。據統計，1998 年，香港外匯基金擁有資產高達 9,122.75 億元，折合約 1,169.58 億美元（見表 6.2），在全球排名第三，再加上有中國內地 1,400 億美元的外匯儲備做後盾，相信任何國際投機者都會有所顧忌。

（3）香港政局穩定，九七回歸實現平穩過渡，經濟穩定繁榮，這也是聯繫匯率能夠守得住的重要原因。從政治層面看，由於中國政府貫徹落實“一國兩制”方針以及“港人治港”、“高度自治”等一系列政策，香港順利實現平穩過渡，政局穩定，投資者信心增強。就連英國駐港總領事鄺富達亦公開表示：“到目前為止一切正常。”這為特區政府擊退國際大炒家營造了有利的政治環境。

從經濟層面看，由於實現平穩過渡，加上“中國因素”的支持，香港經濟持續發展，穩定繁榮。這一點當時就連美國大型機構投資者也不否認。1997 年 10 月 24 日，美國摩根士丹利就罕有地發表聲明，強調其策略員巴頓·碧斯的言論只反映他個人對後市的看法，與該公司對香港及中國前途的信心無關，該公司對兩地長遠經濟持樂觀態度。良好的經濟基調，無疑為聯繫滙率提供了堅實的基礎。

無庸置疑，是次危機中，香港市民和投資者對聯繫滙率的信心曾一度有所動搖。1998 年 6 月聯繫滙率受狙擊後，大量資金外流，銀行體系結算餘額罕有地出現負 76 億元的數額就是一個明證。是次危機中，香港為捍衞聯繫滙率付出了沉重的代價，經濟進入戰後以來最嚴重的衰退之中，香港社會中批評和反對聯繫滙率的聲音因而高漲。畢竟，聯

表6.2　香港外滙基金資產負債概況（單位：億港元）

	1996 年	1997 年	1998 年	1999 年	2000 年
資產					
外幣資產	4,938.02	5,884.75	7,012.39	7,551.11	8,566.80
港元資產	407.15	481.98	2,110.36	2,476.41	1,666.83
小計	5,345.17	6,366.73	9,122.75	10,027.56	10,233.63
負債					
負債證明書	824.80	870.15	864.65	1,181.95	992.65
流通硬幣	41.64	53.99	57.78	57.77	59.18
銀行體系結餘	4.74	2.96	25.27	79.60	6.69
外滙基金票據及債券	835.09	893.38	983.34	1,018.28	1,092.88
其他香港政府基金存款	1,458.98	2,376.29	4,245.62	3,922.06	4,171.62
其他負債	451.30	267.70	523.64	859.32	839.62
小計	3,616.55	4,464.47	6,700.30	7,118.98	7,162.64
累計盈餘	1,728.62	1,902.26	2,422.45	2,908.58	3,070.99

資料來源：《香港 2000》

繫滙率制度是特定政治、經濟條件下的產物，不可能永遠堅持下去。

不過，就這一時期香港的情勢而言，聯繫滙率制度仍然是利大於弊，應該繼續維持。這一點就是國際貨幣基金組織也予以肯定。

1998 年 6 月 23 日，香港金融管理局總裁任志剛接受《彭博資訊》記者訪問時表示：如果取消港元聯繫滙率，港元滙率將可能大幅貶值四成，同時並不能保證利率會回落；而且，極可能導致通貨膨脹從目前的 4.5% 大幅提高到雙位數字。因此，特區政府無可選擇地要維持聯繫滙率制度。

5. 港元聯繫滙率制度的完善及其效應

1997年爆發的亞洲金融危機對香港的衝擊，暴露了港元聯繫滙率制度的弱點。

1998年9月5日，香港特區政府在擊退國際機構投資者的衝擊後，

隨即宣佈推出七項技術性措施，目的就是要進一步鞏固香港的聯繫滙率制度，

以減低市場被操控的機會。

5.1 港元聯繫滙率制度的優化與完善

　　七項技術性措施地的核心內容有兩個，其一是建立"兌換保證"，其二是建立"貼現窗"制度。

　　所謂"兌換保證"，就是七項技術性措施的第一項措施，即金管局給予香港所有持牌銀行明確保證，可以按 7.75 港元兌 1 美元的固定滙率，把它們的結算戶口（Clearing Account）內的港元兌換為美元，亦即兌換保證（Convertibility Undertaking）。這項明確兌換保證清楚表明了特區政府維持聯繫滙率制度的決心。從 1998 年 9 月 7 日（星期一）香港開市起，所有持牌銀行均可為其本身或為客戶的需要，按照兌換保證與金管局進行交易。前提條件是：持牌銀行必須確保它們的結算戶口在結算當天有足夠港元進行結算。為了監察在兌換保證下交易進行情況，以及確保該項安排沒有被濫用，持牌銀行需要向金管局提供有關資料，金管局亦可能會另行與個別銀行處理這一問題。

　　當時，金管局的兌換保證選擇 7.75 的滙率水平，是因為當時它是金管局實際執行的干預滙率的水平。不過，其後金管局已明確表明，在市場情況許可時，金管局會將兌換保證適用的滙率轉換為 7.80，即是在聯繫滙率制度下，適用於發行和贖回支持發鈔銀行發行港幣的負債證明書的固定滙率。1998 年 11 月 6 日，金管局在經過諮詢香港銀行公會、接受存款公司公會、香港財資市場公會等業內公會，以及學者的意見後，宣佈將兌換保證的滙率水平，從 7.75 逐步調整至 7.80 水平，每 1 公曆日調整 1 點子（即 0.0001 港元），經過 500 公曆日調整至 7.80 水平為止，然後固定下來。這項兌換保證其後被稱之為"弱方兌換保證"。[8] 七項技術性措施的另一核心內容，就是建立香港的"貼現窗"制度。

　　1997 年亞洲金融危機爆發之前，香港的聯繫滙率制度的外滙儲備保證，實際上只是支持發行的流通紙幣，並沒有包括整個貨幣基礎。金管局解釋說：“過去的貨幣發行局制度中的貨幣基礎在某種程度上只關注紙幣，因為這是當時用作結算交易的主要媒介。”金管局認為，不過，“到了今時今日，紙幣只用作經濟活動中的日常零售交易。大宗的交易都是以電子錢和其他形式的貨幣進行結算，而這些交易絕大部分都涉及銀行之間代表客戶相互進行支付來完成結算過程，其中包括支票結算。因此，只關注紙幣已不合時宜，亦有不足。”[9]

　　因此，金管局指出，為了保證香港的貨幣發行局制度能夠更有效運作，“為了能有效管理貨幣，貨幣基礎的定義必須廣泛全面，能涵蓋所有可以用作結算交易的貨幣。同時，有關定義也必須符合實際，以便能有效進行管理”。所謂“貨幣基礎”，也稱貨幣基數（Monetary Base）、強力貨幣、始初貨幣，因其具有使貨幣供應總量成倍放大或收縮的能力，又被稱為高能貨幣（High-powered Money），它是中央銀行發行的債務憑證，表現為商業銀行的存款準備金和公眾持有的通貨。貨幣基礎被是整個商業銀行體系藉以創造存款貨幣的基礎，是整個商業銀行體系的存款得以倍數擴張的源泉。金管局經過深入的研究，認為香港的貨幣基礎應該包括以下三個部分：

　　（1）流通貨幣。一向以來，紙幣都是貨幣基礎的一部分，而在以前的年代，紙幣可能是貨幣基礎中唯一的元素。如果公眾手持的貨幣，他們能夠實際觸摸到的貨幣事實上是由外滙儲備支持的，並可按固定滙率兌換為外幣，實在會令人感到很穩妥。

　　（2）銀行體系結餘總額。在現代的貨幣發行局中，貨幣基礎應至少是指銀行在貨幣發行局開設的結算戶口持有的結餘總額（總結餘）。因為貨幣發行局制度中的利率自動調節機制主要是透過總結餘來運作，以確保滙率穩定。

　　（3）外滙基金票據及債券未償還總額。在貨幣發行局制度利率自動調節機制下，外滙基金需要提供流動資金，以便銀行同業交易能順利進行結算，這一措施可能涉及在外滙儲備沒有相應增加的情況下，在貨幣基礎中的總結餘創造額外貨幣，從而破壞貨幣局制度的原則。而在貼現窗制度下，“由於貨幣發行局債券可為銀行用貼現方式提供流動資金以結算交易，因此實際上是有需要把這些債券列為貨幣基礎的一部分”。[10]

　　根據這一擴大的貨幣基礎定義，在沒有外滙儲備支持的情況下，金管局將不會增加發行外滙基金票據和債券。同時，金管局還認為，貨幣基礎的三個部分具有可轉換性，三個部分相互間可以根據持有人的選擇自由轉換，金管局將為此提供有關安排。

　　及至 2003 年至 2005 年期間，由於美元疲弱，市場猜測人民幣升值，以及香港經濟強勁復甦，香港持續有大量資金流入，致使港元現貨滙率在接近 2003 年末時由約 7.80 急升至 7.70 的水平。為了穩定港元滙率，金管局進行了強方貨幣市場操作，結果使銀行總結餘在 2004 年初急升至約 550 億港元的高位，將香港銀行同業拆息推低至接近零。當時，儘管港元與美元的息率存在負差距，但是在一段相當時期內並沒有資金外流的明顯跡象，主要原因是當時市場相信港元將會跟隨人民幣升值，因此利用港元為炒賣人民幣升值的工具。這種投機活動使聯繫滙率制度下的利率調節機制難以發揮作用。

為了改變這種狀況，2005 年 5 月 18 日，金管局推出了聯繫滙率制度的三項優化措施，目的是要消除跟港元升值潛力有關的不確定性，令港元利率更加貼近美元利率，以改善和優化聯繫滙率制度的運作。這三項措施是：

（1）"強方兌換保證"：金管局給予所有持牌銀行明確保證，將以每美元兌換 7.75 港元的滙率向持牌銀行買入美元。

（2）改變"弱方兌換保證"的滙率水平：金管局將弱方兌換保證的滙率水平由每美元兌換 7.80 港元逐步移至每美元兌換 7.85 港元水平。

（3）設立兌換範圍，金管局可在此範圍內進行符合貨幣發行局制度運作原則的市場操作。

三項優化措施實施後，港元現貨滙率在 2005 年下半年及 2006 年一直貼近強方兌換保證滙

圖6.2 2004-2013年港元兌美元現貨滙率

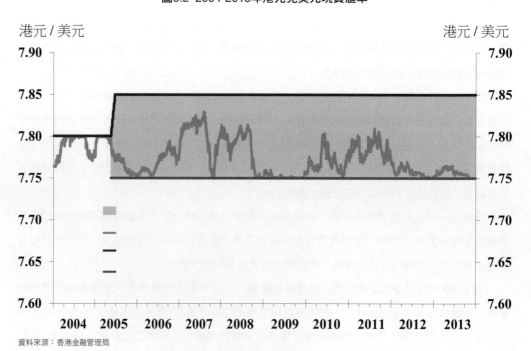

資料來源：香港金融管理局

率水平，但始終沒有觸發兌換保證（圖 6.2），總結餘也保持穩定，即港元現貨匯率的走勢已擺脫了人民幣匯率走勢的影響。金管局有關研究專家在對三項優化措施實施兩周年進行檢討時認為："從宏觀經濟角度來看，自推出三項優化措施以來，本地貨幣狀況大致維持中性，對香港當前的經濟週期情況而言屬於適當。"〔11〕這些措施進一步提升了聯繫匯率制度的公信力。

根據香港金管局的解釋，優化後的聯繫匯率制度，其自動調節機制是：當香港有資金流入時，市場人士將買入港元，港元市場匯率將面臨上升的壓力，這一時候，香港貨幣發行局將沽出港元，從而導致貨幣基礎擴張，利率下跌，因而令港元匯率得以保持穩定。而當資金外流時，情況則相反，市場人士將沽出港元，港元市場匯率將面臨下調的壓力，這時候，香港貨幣發行局將買入港元，從而導致貨幣基礎收縮，利率上升，從而使港元匯率得以保持穩定（圖 6.3）。〔12〕

2008 年 10 月，金管局宣佈，將從 10 月 9 日起改變現行貼現窗基本利率計算辦法，即香港的貼現窗基本利率參考標準之一在美國聯邦基金利率基礎上，增加的幅度由 150 個基點改為 50 個基點。同年 11 月 6 日，為舒緩當時香港市場資金緊張的情況，香港金管局再宣佈，將允許商業銀行通過其貼現窗口借款，期限最高為 3 個月，這樣銀行貸款最長期限由此前的一個月延長至三個月，銀行可以住房抵押貸款支持資產等作為獲得貸款的抵押品。

圖6.3 優化後的港元聯繫匯率的自動調節機制

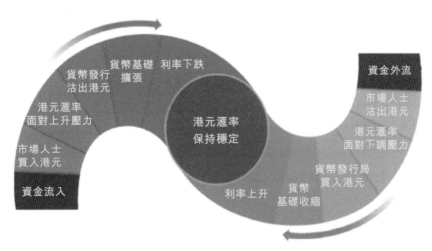

資料來源：香港金融管理局

5.2　港元聯繫滙率制度的經濟效應

香港聯繫滙率制度自 1983 年 10 月實施以來，一直運作良好，尤其是在香港回歸的過渡時期，對整體經濟的穩定發展發揮了積極的作用。不過，1997 年亞洲金融風暴衝擊香港，聯繫滙率制度的弊端開始明顯暴露。2001 年阿根廷金融危機爆發後，聯繫滙率制度的前景成為香港社會各界尤其是金融界業內人士關注的焦點。不過，從總體來看，聯繫滙率制度的積極作用仍然是明顯的，主要表現在以下方面：

第一，聯繫滙率制度在實施初期迅速扭轉了港元大幅貶值的趨勢，解除了香港貨幣制度、金融體系的危機，使香港經濟得以平穩進入過渡時期。1983 年 10 月 15 日，即香港政府宣佈實施聯繫滙率當天，港元兌美元滙價是 1 美元兌 8.08 港元，10 月 17 日聯繫滙率實施第一天，港元兌美元滙價升至 1 美元兌 8.02 港元，18 日報 7.88 港元，19 日報 7.82 港元，20 日報 7.78 港元。及至到 10 月底，港元兌美元滙價報 1 美元兌 7.8080 港元，11 月底報 7.8110 港元，12 月底報 7.7820 港元，顯示港元滙率已趨穩定，並貼近聯繫滙率水平。在聯繫滙率制度實施初期，資金外流的壓力從滙率轉向利率，銀行同業拆息利率曾一度標升至 41 釐的高位，但緊縮效應很快使資金外流轉為流入，並使利率逐步恢復正常水平。可以說，聯繫滙率的實施使面臨崩潰的貨幣、金融體系迅速恢復穩定和秩序。當然，成功的背後還有一系列有利因素的配合，其中主要是中英談判再度順利展開，市民信心開始恢復，以及香港經濟開始好轉等等。

第二，聯繫滙率制度的實施有效控制了港元貨幣供應量的增長，保持了港元幣值的基本穩定。由於港元聯繫滙率制實際上就是貨幣發行局制度，它限制和避免了香港在實行自由浮動滙率制時期發鈔銀行濫發港元的危險和貨幣供應的大幅波動，從而保證了港元幣值的基本穩定，據統計，在 1983 年前，香港貨幣供應 M_3 的增長情況波動很大，波幅在 0-40% 不等，非常不穩定。然而，自實施聯滙制以來，貨幣供應增長的波幅已收窄為 12-25% 之間，而港滙指數亦從持續下跌之勢轉為相對穩定，在窄幅波動。

第三，聯繫滙率制度的實施提高了香港金融體系承受政治、經濟震盪衝擊的能力。聯繫滙率制度的實施以來，香港經受了一系列嚴重的政治、經濟事件的衝擊，包括 1984 年至 1987 年期間 5 次港元投機風潮，1987 年 10 月全球股災，1989 年政治性擠提，1990 年波斯灣危機，1991 年國際商業銀行倒閉事件，1992 年中英政治爭拗，1994 年墨西哥金融危機，1997 年亞洲金融危機，2001 年阿根廷放棄貨幣發行局事件，2008 年全球金融海嘯等。然而，這一時期，港元兌美元的最低價僅為 7.950，最高價為 7.714，波幅未超過 2%，表現出相當強的穩定性（圖 6.4）。

第四，聯繫滙率制度的實施提高了香港作為國際金融中心的戰略地位。在聯繫滙率制度下，港元與美元掛鈎，滙率鎖定，港元實際上可視同美元，這大大減低了滙率風險，有利國

圖6.4 聯繫匯率對外來衝擊的承受力

港元/美元

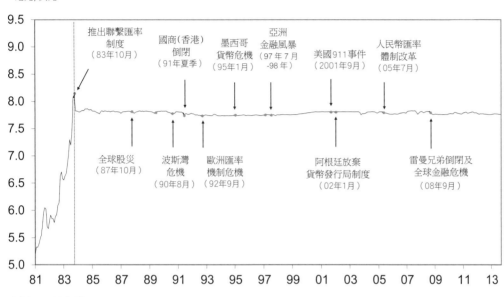

資料來源：香港金融管理局

際金融資本和機構進入香港發展。在浮動匯率制度下，國際資本如果要大規模進入香港，必須將外幣轉換為港元，假如港元的匯率風險很大，外資進入香港將會相當審慎。聯繫匯率制度使香港金融市場具有安全性、可預期性，政府的貨幣政策透明度高，匯率風險相對較低。亞洲金融危機期間，投機者進入投機並不在貨幣現貨市場，而是在貨幣遠期市場和金融期貨市場，港元匯率並沒有受到很大的衝擊。假如沒有該制度，金融風暴期間港元就會處於投機者的攻擊之下，匯率大幅波動，影響投資者對經濟的預期。因此，聯繫匯率制度對香港維持金融體系的穩定，對香港維持和鞏固國際金融中心的地位，具有重要價值。

第五，聯繫匯率制度的實施還減低香港貿易、投資等各種經濟活動的風險和交易成本，促進了香港對外貿易和整體經濟的發展。香港作為一個小型開放經濟，每日都會有大量人才、貨物、資金進入，匯率不穩定將會大大增加交易成本，影響整體經濟的發展。在很長一段時期，美國曾一直是香港最大出口市場，而中國經港轉口貿易亦以美元計價，估計以美元計價部分約佔香港對外貿易的六至七成左右。因此，港元與美元掛鈎，為香港的對外貿易、投資等活動提供了一個穩定的成本統計、報價結算和盈利評估的計價基礎，經營者不需要為相關的經濟活動進入風險對沖，從而減低香港貿易、投資等各種經濟活動的風險和交易成本。自 1983 年採用聯繫滙率制至 2005 年的 22 年間，香港實際 GDP 年均增長 7.3%，高於韓國的 6.6%、新加坡的 5.9% 和台灣，其中穩定的貨幣制度顯然功不可沒。

總體而言，香港在實施聯繫滙率制度以來，其金融市場穩定發展，整體經濟運行良好，國際金融中心、貿易中心和航運中心的地位不斷得到鞏固和加強。所有這些，貨幣發行局制度都起到了重要的、積極的作用。

誠然，無可否認，聯繫滙率制度對香港經濟也造成了深遠的負面影響，尤其是在 1990 年代中期至 1997 年亞洲金融風暴爆發後的一段時期。這主要表現在：

第一，在聯繫滙率制度下，港元利率失去了自主性，只能被動地跟隨美元利率變動，利率工具的功能受到嚴重限制，導致了 "資產通脹" 和 "泡沫經濟" 的形成。1980 年代後期，美日經濟不景，須不斷調低美元利率刺激經濟復甦，這使得香港在經濟過熱、通貨膨脹上升的情況下仍不得不持續下調利率，偏離了經濟發展的需要，給高踞不下的通脹火上澆油。1989 年 6 月至 1994 年 3 月間，美國因經濟衰退或不景連續多次宣佈減息，最優惠利率從 11 釐減到 6 釐，香港因受制於聯繫滙率被迫跟隨減息。當時，香港經濟過熱，通貨膨脹高企，1990 年代初曾高達 13%，結果形成了銀行體系的實際負利率，負利率甚至高達 7-8 釐。在負利率環境下，大量資金從銀行體系流入地產、股市，大幅推高地產、股票價格，形成了 1990 年代中期的 "資產通脹" 和 "泡沫經濟"，並由此對香港社會經濟產生一系列負面影響，不但嚴重削弱了香港經濟的國際競爭力，而且為 1997 年金融危機埋下伏筆。在亞洲金融危機中，香港金融管理局雖然成功擊退了投機勢力的攻擊，保持了港幣的穩定，但是由於利率的大幅上揚使股市、地產嚴重下挫，經濟進入戰後最嚴重的衰退。

第二，在聯繫滙率制度下，港元滙率被鎖定，滙率工具的功能也受到嚴重限制，這成為 1997 年金融危機後香港經濟陷入長達數的通縮的重要原因之一。在聯繫滙率制度下，香港經濟的內、外部平衡無法通過滙率調整去實行，被迫持續通過內部價格下調，即通過通貨緊縮完成，而價格的調整始終不如滙率調整快。香港經濟體系雖然較有彈性，有些價格易調，如地價、租金等，但有些價格則不易調整，如工資（尤其是公務員的工資）等。1997 年至 2003 年期間，美元持續升值，在港元價值相對高估的情況下，香港經濟內部價格體系被迫大幅下調。到 2003 年，香港股市、樓市價格與 1997 年高峰期相比已大幅下調 65% 以上，產生大批的 "負資產" 人士，形成了嚴重的 "負財富效應"。而工資持續下調使市民收入普遍下降，市民苦不堪言，社會內部消費疲弱，成為經濟持續不景的重要原因。

注 釋

〔1〕　參閱馮邦彥著，《香港地產業百年》，香港：三聯書店（香港）有限公司，2001 年，第 273-375 頁。

〔2〕　香港金融管理局，《金融市場檢討報告》，1998 年，第 17 頁。

〔3〕　同上，第 13 頁。

〔4〕　同上，第 28-29 頁。

〔5〕　饒餘慶著，《預算案外抗國際炒家，內增港人信心》，載香港《信報財經新聞》，1998 年 2 月 19 日。

〔6〕　詳情參閱馮邦彥著，《香港商戰經典 —— 企業收購兼併個案實錄》，香港：明報出版社，2000 年，第 71-76 頁。

〔7〕　烏蘭木倫主編，《發展中的香港中資企業》，香港：香港經濟導報社，1997 年，第 85 頁。

〔8〕　香港金融管理局：《香港的聯繫滙率制度》，2013 年，第 18-19 頁。

〔9〕　香港金融管理局：《香港貨幣發行局制度之檢討》，1998 年，第 10 頁。

〔10〕　香港金融管理局：《香港貨幣發行局制度之檢討》，1998 年，第 11 頁。

〔11〕　甘博文、何東、梁偉耀：《港元聯繫滙率制度的三項優化措施實施兩周年的檢討》，香港金管局網站，2007 年 6 月，第 6 頁。

〔12〕　香港金融管理局：《香港的聯繫滙率制度》，2013 年，第 12-13 頁。

2014 年 11 月 17 日，香港特區行政長官梁振英和港交所主席周松崗一起敲鑼，
宣佈滬港通開通。（供圖：香港交易所）

第七章

回歸後金融業的轉型與發展

1. 銀行業轉型與離岸人民幣業務發展

1997年7月香港回歸中國後，

即相繼受到亞洲金融危機、地產泡沫破滅以及SARS的衝擊，

1998年香港經濟陷入二次大戰以來最嚴重的衰退之中，

香港銀行業發展受到空前嚴峻的挑戰。

1.1 銀行業轉型與發展

香港經濟的衰退及其後持續數年的通縮，導致香港企業投資和消費信貸需求持續疲弱，物業價格大幅下跌，個人破產個案創下新高，令銀行貸款增長放緩甚至下跌，尤其是銀行按揭貸款的有抵押部分所佔比例下降，甚至出現負資產貸款，影響了銀行的資產品質；而激烈的市場競爭又令來自按揭及個人貸款等消費貸款產品的利潤幅度收窄，影響了銀行的盈利水平。1997年至 2006 年間，香港銀行的貸存比率從 152.1% 跌至 51.8%，反映了樓宇按揭、貿易融資、銀團貸款等銀行傳統支柱業務的基礎萎縮。

受此影響，這一時期香港銀行業的資產規模、貸款規模均呈現下降趨勢。據統計，1997年至 2002 年，香港銀行業認可機構的資產總額從 83,971.8 億港元減少到 59,990.8 億港元，5 年間減幅達 28.56%；其中外幣資產從 54,628.0 億港元減少到 20,763.0 億港元，減幅高達 61.99%。同期，銀行業認可機構的貸款總額從 41,216.7 億港元減少至 20,763.0 億港元，減幅達 49.62%；其中，外幣貸款總額從 23,791.9 億港元減少至 4,606.6 億港元，減幅高達 80.64%。

回歸以來，香港銀行業的另一個重要變化趨勢，就是銀行機構數目的減少。據統計，1997年，香港銀行業的認可機構及辦事處合共達 520 家，其中，持牌銀行達 180 家、有限制牌照銀行 66 家，接受存款公司 115 家，外資銀行的代表辦事處 159 家。然而，亞洲金融危機後，受到亞洲金融危機影響，以及受到日資金融機構大規模撤出香港、銀行業電子化和自動化水平提高，以及本地中小銀行併購等種種因素影響，香港銀行機構的數量大幅減少。到 2016 年底，香港官方認可銀行機構及外資辦事處合共僅 249 家，其中持牌銀行 156 家，有限制牌照銀

行 22 家，接受存款公司 17 家，境外銀行辦事處 54 家，比 1997 年高峰時大幅減少五成以上（表 7.1）。

面對種種挑戰，香港銀行界惟有改變策略，放棄過多競爭貸款業務，轉而集中發展資金管理、收費金融產品及財富管理等業務，創造更多非利息（中間業務）的收入。銀行業的業務更從過去簡單的存貸款業務，發展到全方位的資金融通和理財業務，包括零售業務、資產管理、收費服務等中間業務領域。其中，"個人理財服務"更成為了香港銀行業新的競爭焦點。個人理財服務是一套把銀行形象、產品與服務、資訊科技系統、服務環境、人員配置和行銷宣傳等多方面互相結合的綜合化及個人化服務，主要由一般銀行服務、投資服務、財務策劃服務以及專享優惠等組合而成。

這一時期，銀行認可機構的存款總額持續增長，增長的幅度遠遠超過了貸款總額的速度。據統計，1997 年底，香港銀行認可機構的存款總額為 26,644.7 億港元，到 2016 年底增加至 116,995.3 億港元，19 年間增長 3.39 倍；其中，外幣存款總額從 11,268.6 億港元增加至 59,172.9 億港元，增長 4.25 倍。同期，銀行貸款總額從 41,216.7 億港元增長至 78,171.6 億港元，19 年間僅增長了 89.7%。值得關注的是，回歸以來香港銀行業的貸款總額逐漸從大於存款總額轉變為小於存款總額。1997 年，銀行業貸款總額為 41,216.7 億港元，比存款總額多出 14,572 億港元；但到 2016 年，銀行業貸款總額為 78,171.6 億港元，比存款總額反而少了 38,823.7 億港元，反映出銀行業資金充裕，缺乏貸款出路香港業"水浸"嚴重（表 7.2）。

表7.1　香港銀行業認可機構數目變化概況

認可機構數目	1997 年 12 月	2013 年 12 月	2016 年 12 月
持牌銀行	180	156	156
有限制牌照銀行	66	21	22
接受存款公司	115	24	17
外資銀行代表辦事處	159	62	54
合計	520	266	249

資料來源：香港金融管理局

表7.2 回歸後香港銀行業認可機構資產、存貸款概況 （單位：億港元）

年份	資產總額		貸款及墊款總額		存款總額	
	總額	外幣總額	總額	外幣總額	總額	外幣總額
1997	83,971.8	54,628.0	41,216.7	23,791.9	26,644.7	11,268.6
1998	72,544.8	45,025.8	33,044.3	16,094.0	29,541.7	12,690.4
1999	67,843.8	41,023.0	28,129.1	12,057.8	31,779.6	14,173.0
2000	66,610.1	38,472.6	24,614.5	8,092.6	35,278.5	16,766.7
2001	61,539.6	34,356.0	21,849.9	5,373.0	34,065.0	15,518.5
2002	59,990.8	33,121.1	20,763.0	4,606.6	33,175.4	14,926.3
2003	64,907.2	37,075.3	20,350.8	4,620.0	35,670.2	16,362.3
2004	71,378.2	41,951.6	21,557.0	4,889.6	38,660.6	118,481.5
2005	72,469.7	42,001.8	23,119.9	5,146.4	40,679.0	19,363.2
2006	83,058.1	47,992.6	24,678.3	5,503.9	47,572.8	21,889.98
2007	103,500.4	62,752.1	29,616.8	7,769.7	58,689.0	27,938.6
2008	107,540.7	68,210.4	32,856.4	9,308.8	60,579.8	30,240.0
2009	106,353.7	62,362.6	32,884.8	8,871.6	63,810.4	30,074.5
2010	122,907.8	76,261.3	42,277.3	14,032.8	68,622.7	32,450.8
2011	125,728.1	79,539.0	50,806.6	19,206.6	75,912.6	38,510.2
2012	148,587.4	94,058.4	55,668.1	22,337.5	82,964.3	41,202.3
2013	169,414.3	111,405.5	64,568.1	28,508.0	91,800.6	47,891.1
2014	184,415.2	121,538.6	72,762.7	32,759.1	100,731.4	52,728.0
2015	191,811.2	123,000.1	75,345.4	33,819.5	107,497.5	54,373.5
2016	198,782.3	126,276.2	78,171.6	34,615.1	116,995.3	59,172.9

注：2016 年數字為 10 月底數字。
資料來源：香港金融管理局

1.2 香港離岸人民幣業務的發展

踏入 21 世紀，中國政府開始推動人民幣的國際化進程。2008 年全球金融海嘯爆發後，人民幣國際化進程進一步加快，推動了香港離岸人民幣業務和人民幣債券市場的發展。2003 年 11 月 18 日，行政長官董建華宣佈，經國務院批准，中國人民銀行（人行）同意為香港試行辦理個人人民幣業務，範圍只限於方便個人消費，不涉及投資等資本項目的交易。具體業務包括：

（1）存款：參加此項業務的香港持牌銀行（參加行）可為香港居民開立自由提存的人民幣存款賬戶，存款期限及利率由銀行自行釐定。

（2）兌換：參加行可為存戶辦理人民幣與港幣的兌換，每人每天可兌換不超過等值 20,000 元人民幣。非存戶現鈔兌換每人每次不超過等值 6,000 元人民幣。參加行亦可為提供購物、餐飲、住宿等個人消費服務的商戶，就其在這些服務所收取的人民幣現鈔提供兌換港幣的服務。

（3）滙款：參加行可為存戶把人民幣由香港滙入內地同名銀行帳戶，每人每天滙款不超過 50,000 元人民幣。

（4）人民幣卡：內地居民可以持內地銀行發行的人民幣扣賬卡和信用卡在香港消費。參加行或其附屬機構亦可為香港居民發行人民幣扣賬卡和信用卡，方便他們在內地消費。

對此，金管局總裁任志剛表示："香港銀行辦理人民幣業務，開啟了內地與香港之間人民幣資金透過銀行體系流動的新管道，香港銀行界在滿足市場及大眾的需求的同時，亦拓展了新的業務，鞏固香港銀行業的優勢及增進了它的競爭力。長遠而言，這對香港保持國際金融中心的地位有重大意義。金管局將會與人民銀行共同努力，協助香港銀行界儘早落實和推出各項人民幣業務。"[1] 隨後，人民銀行通過金管局邀請香港銀行申請擔任人民幣清算行，甄選準則為：具有豐富的清算業務經驗；擁有完備的系統網絡；熟悉兩地金融管理政策法律和能夠提供優質的清算服務。有 7 家香港銀行表示有興趣，最後有 6 家銀行提交申請建議書。人行經過評審後，決定委任中國銀行（香港）有限公司作為清算行。

2005 年 11 月，金管局宣佈，經人民銀行同意，進一步擴大人民幣業務範圍，具體包括：

（1）在香港人民幣業務下所指定的"提供個人旅遊消費等

現時香港大多數商舖都已參加"中國銀聯"系統。

服務的商戶"可開立人民幣存款戶口及把該賬戶的人民幣存款單向兌換成港幣。指定商戶亦由原來提供購物、餐飲、住宿等個人消費服務的商戶加入交通、通訊、醫療及教育四個類別。

（2）香港居民可開立人民幣支票賬戶，並可用支票在每個賬戶每天 8 萬元人民幣的限額內在廣東省支付消費性支出。

（3）個人人民幣現鈔兌換的限額將由每人每次不超過等值 6,000 元人民幣提高至 2 萬元人民幣，而香港個人存戶把人民幣滙到內地同名賬戶的限額則由每人每天不超過 5 萬元人民幣提高至 8 萬元人民幣。

（4）參加行發行人民幣卡每張最高授信 10 萬元人民幣的限額會取消，改由發卡行按市場原則自行釐定。

2006 年 3 月 6 日，金管局及中國銀行（香港）推出全新的人民幣交收系統。其主要功能包括：清算及交收由香港銀行付款、用作支付在廣東省的消費性支出的人民幣支票；自動化處理滙款、人民幣銀行卡支付及人民幣平倉；以及為系統參與機構提供即時查詢服務。在推出人民幣支票清算機制後，香港居民可以在香港銀行開立人民幣支票賬戶，並以人民幣支票支付在廣東省的消費性支出。每個賬戶每日的支付限額為 8 萬元人民幣。2007 年 6 月，金管局推出人民幣即時支付結算系統（RTGS），由中國銀行（香港）作清算行。該系統於 2010 年每日平均處理976 宗交易，總值 50 億元人民幣。

2008 年 12 月，中央政府宣佈在 7 個方面採取 14 條措施支持香港金融穩定和經濟發展，其中包括同意人民銀行與香港金管局簽署貨幣互換協定（2009 年 1 月 20 日簽署）。該協定實施有效期為 3 年，經雙方同意可以展期，所提供的流動性支持規模為 2,000 億元人民幣／2,270億港幣。貨幣互換安排的建立，有助於必要時為兩地商業銀行設於另一方的分支機構提供短期流動性支持，加強外界對香港金融穩定的信心，促進地區金融穩定，以及推動兩地人民幣貿易結算業務的發展。

2009 年 4 月 8 日，國務院決定在上海，廣東的廣州、深圳、珠海、東莞等 5 個城市先行開展跨境貿易人民幣結算試點，而境外暫定範圍為港澳地區和東盟國家。同年 7 月 7 日，跨境貿易人民幣結算正式啟動。2010 年 6 月 22 日，人民銀行聯同財政部等聯合發佈《關於擴大跨境貿易人民幣結算試點有關問題的通知》，將境內試點從 5 市擴大到包括北京在內的 20 個省市地區，廣東省的試點範圍從 4 個城市擴大到全省，而境外地域則由港澳、東盟地區擴展到所有國家和地區。2010 年 12 月，內地使用人民幣結算出口貨物貿易的企業的數量，由原來的 365家大幅增至 67,359 家。

2010 年 7 月 19 日，人民銀行和香港金融管理局就擴大人民幣貿易結算安排簽訂了補充合作備忘錄，雙方同意就已擴大的人民幣貿易結算安排加強合作，同時在推動人民幣在內地以外

跨境貿易人民幣結算流程圖

的業務開展過程中，進一步加強香港人民幣市場平台的地位和作用。人民銀行亦同人民幣業務清算行中國銀行（香港）簽署新修訂的《香港銀行人民幣業務的清算協議》。當時，金管局總裁陳德霖表示："隨著《清算協議》的修訂，香港的銀行為金融機構開設人民幣帳戶和提供各類服務，不再存有限制，而個人和企業相互之間亦可以透過銀行自由進行人民幣資金的支付和轉賬。預期更多不同形式的人民幣金融中介活動陸續出台，將香港的人民幣業務平台推上一個新台階。"

同年 12 月，金管局與人民銀行決定優化參加行為客戶兌換人民幣進行跨境貿易結算的機制。具體包括：

（1）參加行與客戶進行貿易結算的兌換，不足之數可以與清算行進行平盤。換言之，參加行需要首先利用在貿易結算項下向客戶收購的人民幣，來滿足客戶購買人民幣的需求，不足的淨額才可通過清算行到上海外滙交易中心購買人民幣。

（2）參加行只可以為客戶 3 個月內需要進行貿易支付給內地的交易通過清算行到上海購買人民幣。

（3）為保持香港人民幣供應的穩定，金管局會利用與人民銀行的貨幣互換安排，提供 200 億元人民幣，作為一個常設的資金池，為跨境貿易結算和支付提供人民幣資金。

（4）由於人民幣的可兌換性目前仍然有限制，將會要求參加行的人民幣長倉或短倉，不可超過其人民幣資產或負債的 10%。

2011 年 8 月 17 日，國務院副總理李克強訪港期間，宣佈了包括金融、經貿及粵港合作等方面的 36 項惠港措施。其中允許以人民幣境外合格機構投資者（RQFII）方式投資內地證券市場，起步金額為 200 億元，以及港企人民幣境外直接投資（FDI）政策，實際上就是為境外人民幣資金回流內地資本市場打通一條重要的管道，形成人民幣全球流通的"有出有進"的完整路徑。8 月 22 日，國家商務部發佈的《商務部關於跨境人民幣直接投資有關問題的通知》（徵求意見稿）中，規定允許外國投資者以境外合法獲得的人民幣在華開展直接投資業務（FDI）。這就意味著在 RQFII 機制之後，又新增了一條人民幣 FDI 方式的境外人民幣回流管道。當時，香港證監會署理行政總裁張灼華指出："RQFII 將會拓寬香港現有產品種類，它提供了新的投資管道，讓香港的人民幣資金能夠直接投資於內地的 A 股市場和債券市場，進而可為香港的人民幣平台吸引更多的外來投資者和資金。"[2]

2011 年 8 月 23 日，人民銀行聯同財政部等再次聯合發佈《關於擴大跨境貿易人民幣結算地區的通知》，進一步將跨境貿易人民幣結算地區擴大至全國。2012 年 6 月，金管局宣佈向人民幣業務的參加行提供人民幣流動資金安排。有關安排將會運用人民銀行與金管局之間的貨幣互換協議，金管局會因應個別參加行的要求，接納合資格證券作抵押品，向有關參加行提供有期人民幣資金。同年 8 月 1 日，人民幣業務擴大至非香港居民。2013 年 6 月 20 日，金管局推出新的人民幣香港銀行同業拆息定價。金管局按照個別銀行在香港離岸人民幣市場的活躍程度選出 16 家銀行，以提供有關利率報價，而湯森路透則獲指定為計算機構，以計算及公佈人民幣香港銀行同業拆息定價。有關定價涵蓋 8 個期限，包括隔夜、1 個星期、2 個星期、1 個月、2 個月、3 個月、6 個月及 12 個月。

表7.3 香港人民幣存款發展概況（單位：億元）

年（年底）	活期及儲蓄存款	定期存款	總計	經營人民幣認可機構數（家）
2004	54.17	67.10	121.27	38
2005	106.20	119.66	225.86	38
2006	122.28	111.75	234.03	38
2007	225.39	108.61	334.00	37
2008	381.18	177.49	543.85	39
2009	406.62	220.56	627.18	60
2010	1,175.73	1,973.65	3,149.38	111
2011	1,763.98	4,121.32	5,885.29	133
2012	1,235.45	4,794.53	6,029.96	139
2013	1,510.55	7,094.17	8,604.72	146
2014	1,769.67	8,265.90	10,035.57	149
2015	1,609.08	6,901.98	8,511.06	145
2016	2,070.66	4,554.71	6,625.37	144

注：2016 年數字為 10 月底數字。
資料來源：香港金融管理局

在中央政府和香港金管局的推動下，香港的人民幣業務取得了快速的發展。據統計，2004 年，香港的人民幣存款餘額及未償還人民幣存款證達總額為 121.27 億元，到 2009 年增加到 627.18 億元，5 年間增長了 4.17 倍。從 2010 年起，香港的人民幣存款開始出現爆發性增長，年底人民幣存款餘額未償還人民幣存款證達到 3,149.38 億元，比 2009 年大幅增長 4 倍。到 2014 年底，人民幣存款總額增加到 10,035.57 億元，比 2010 年再大幅增長 2.19 倍，人民幣存款佔香港銀行體系存款總額的比例超過 10%。同時，獲准經營人民幣業務的機構也由最初的 38 家增加到 2014 年底的 148 家（表 7.3）。

不過，值得注意的是，自 2015 年以來，人民幣貶值壓力逐漸增大。2015 年 8 月 11 日中國人民銀行宣佈實施人民幣匯率形成機制改革後，人民幣貶值走勢轉急，2016 年人民幣匯率貶值幅度達 7%。受此影響，香港銀行體系的人民幣存款開始下降，到 2016 年 10 月底下降至 6,625.37 億元，比 2014 年底下降了 33.98%。

1.3 回歸後香港銀行集團的發展演變

回歸以來，由於先後受到 1997 年亞洲金融危機和 2008 年全球金融海嘯的兩次衝擊，香港銀行業發生較大的變化。據統計，截止 2016 年底，香港共有 156 家銀行，其中，本地註

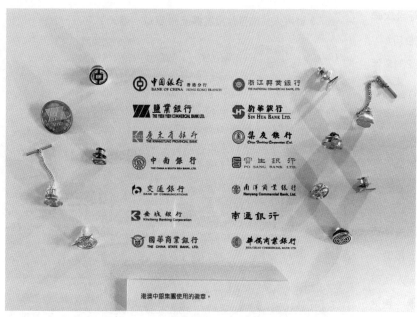

港澳中銀集團使用的徽章。

冊銀行 22 家，其餘 134 家在境外註冊。按照實益擁有使用權區域劃分，亞太區有 96 家，歐洲有 42 家，北美洲有 14 家，中東有 3 家，南美洲有 1 家。這些銀行中實力雄厚的仍然是滙豐集團、中資銀行集團、美資銀行集團、日資銀行集團和歐洲銀行集團。與回歸前相比，這些銀行集團的實力也發生了變化。其中，滙豐集團發展成為全球主要銀行集團之一，中資銀行集團也有了相當快的發展，美資及歐洲資本銀行維持增長，日資銀行有所消退，而華資家族銀行則僅剩下東亞銀行和大新銀行兩家。從總體競爭格局來看，香港銀行業具有較為明顯的寡頭壟斷經營特徵，包括滙豐、渣打、中銀香港、恆生在內的五大銀行，約佔香港銀行資產總額的 64%、貸款總額的 52% 和客戶存款的 67%。

（1）滙豐控股集團

回歸以來，香港金融業最重要的銀行集團仍然是滙豐控股集團。滙豐自 1991 年業務重組、1992 年收購英國米特蘭銀行之後，於 1993 年 1 月將集團總管理處由香港遷往倫敦。在新架構下，總公司滙豐控股有限公司的主要監管機構為英倫銀行，但旗下附屬公司仍繼續受經營所在地的有關當局監管。位於倫敦的滙豐集團總管理處提供中央職能，包括策略規劃、人力資源管理、法律及公司秘書服務、財務計劃及監控等。1998 年 11 月，滙豐集團宣佈統一品牌，差不多所有業務地區的附屬公司均採用滙豐品牌和六角形標誌。同年，滙豐宣佈在倫敦興建新總部大廈，以容納分散於倫敦市金融區內不同地方的總管理處各部門，該大廈於 2002 年啟用，2003 年 4 月正式開幕，同時成為英國滙豐銀行總行的所在地。自 2002 年起，滙豐以"環球金融地方智慧"（The world's local bank）作為集團口號，強調集團在眾多市場中均擁有豐富經驗、透徹瞭解世界各地的文化特色。滙豐控股除了在香港、倫敦上市之外，亦先後於 1999 年在美國紐約上市、2004 年因收購百慕達銀行而在百慕達證券交易所上市。

2008 年全球金融海嘯爆發後，英國政府對銀行業開始推行"圍欄"改革，即將零售銀行業務與投資銀行業務分離，以隔離風險，維護儲戶利益，最後期限是 2019 年。2010 年歐洲主權債務危機之後，英國政府多次提高了針對銀行的稅率。在這種背景下，滙豐集團開始加強了亞太區的業務發展。2009 年 9 月，滙豐控股宣佈自 2010 年 2 月 1 日起，將集團行政總裁辦公室從倫敦遷回香港。滙豐控股主席葛霖表示：
"此舉是滙豐在全球經濟重心逐漸由西向東轉
移過程中採取的重要一步。" 2015 年 6 月，
滙豐宣佈業務重組計劃，大力整頓全球各項
業務。滙豐控股總裁歐智華表示，亞洲將呈
現高增長並成為未來 10 年的全球貿易中心。
滙豐計劃加快亞洲投資，並有意在珠三角及
東盟地區拓展業務，以及擴展亞洲資產管理
及保險業務，把握區域內的財富增長機遇。

表7.4　2016年香港主要銀行集團的資產負債表主要項目　（單位：10億美元）

銀行集團	銀行資產		客戶存款		客戶貸款（香港境外）	
	總額	比重（%）	總額	比重（%）	總額	比重（%）
中資銀行	7,260	35.2	3,929	33.5	3,132	39.0
日資銀行	1,311	6.3	436	3.7	526	6.6
美資銀行	1,079	5.2	524	4.5	230	2.9
歐洲資本銀行	2,679	13.0	1,477	12.6	1,030	12.8
其他 *	8,325	40.3	5,361	45.7	3,105	38.7
總計	20,654	100.0	11,727	100.0	8,023	100.0

注：* 中包括滙豐銀行集團的數字。
資料來源：香港金融管理局

　　回歸以後，滙豐集團在香港的業務主要由其全資附屬公司 —— 香港上海滙豐銀行承擔。香
港上海滙豐銀行是滙豐集團在亞太區的旗艦，也是香港最大的註冊銀行，是香港三大發鈔銀行
和政府主要往來銀行之一。香港滙豐銀行並持有恆生銀行 62.14% 股權。恆生銀行是香港本地
註冊的最大上市銀行，是恆生指數的成份股之一，主要業務以香港和中國內地為重點。2007 年
4 月，香港滙豐銀行在中國內地註冊成立全資附屬公司 —— 滙豐銀行（中國）有限公司，總行
設於上海。到 2014 年在全國設有 29 間分行及 135 個網點。此外，滙豐集團在香港還設有滙豐
銀行國際有限公司、HSBC Bank PLC、美國滙豐銀行、滙豐私人銀行（瑞士）有限公司等持牌
銀行。由於香港金融管理局沒有單列滙豐集團的統計，只是將其納入 "其他" 一欄。不過，根據
"其他" 一欄的相關數字，基本可以瞭解滙豐集團在香港業務的大體情況。滙豐集團無論在銀行
資產、客戶存款和客戶貸款及墊款等各方面都居首位（表 7.4 ）。

　　（2）中銀香港與中資銀行集團

　　回歸以後，在受到亞洲金融危機的衝擊下，香港銀行業的貸款需求萎縮，競爭加劇，中小
銀行的經營環境日漸不利。在此背景下，香港中小銀行的併購步伐加快，有關收購、兼併的個
案此起彼伏。同時，隨著中國加入 WTO 日期的迫近和世界金融業的迅猛發展，形勢要求對香
港中銀集團的決策程序與運作模式進行改革，以最大程度地優化資源配置，節約經營成本，提
高市場競爭力。為此，在有關監管機構的支持下，中國銀行自 1999 年底開始，著手對中銀集
團進行全面結構重組。

　　中銀集團是香港第二大銀行集團，旗下銀行包括中國銀行香港分行、廣東省銀行香港分
行、新華銀行香港分行等 12 家銀行機構和若干專業公司，資產總值達 8,200 億港元，存款和
貸款在香港銀行業中分別佔有 17.7% 和 16.2% 的市場份額，其個人客戶總數逾 290 萬，佔香
港總人口的 40% 以上；有業務往來的公司客戶達 25 萬家以上，佔香港公司總數 70% 左右。
香港中銀集團的重組，是以在香港註冊的寶生銀行為載體，將集團內的 8 家在內地註冊銀行的

香港分行（中銀、廣東省、新華、中南、金城、國華商業、浙江興業及鹽業銀行）、廣東省及新華銀行的深圳分行，以及在香港註冊的華僑商業銀行的業務，注入寶生銀行，而寶生銀行則改名為"中國銀行（香港）有限公司"，並持有在香港註冊的南洋商業銀行、集友銀行，以及中銀信用卡（國際）有限公司。重組後的中國銀行（香港）繼續承擔發鈔職能。

　　2001 年 10 月 1 日，中國銀行（香港）有限公司正式成立。重組後的中銀香港，引進現代銀行組織架構和管理機制，建立健全的董事會制度，引進戰略業務體系概念和前、中、後台的分工模式，建立獨立的風險管理及監管機制和全面的問責制度，致力發展成為一家一體化、以股權回報率為驅動的金融機構，以進一步加強在香港和國際市場的競爭力。同時，中銀香港的重組，還進一步加強了香港金融市場的穩定性，並有利進一步提高香港國際金融中心的地位。過渡時期以來，滙豐銀行淡出其長期以來一直扮演的"準中央銀行"角色，以跨國金融集團的姿態在香港經營。亞洲金融危機顯示，香港金融管理局在擊退國際對沖基金的狙擊時，需要香港本地大銀行的支持、配合。中銀香港作為以香港為註冊地的發鈔銀行，作為特區政府主要金融顧問、往來銀行的角色無疑將會進一步提升，其重組後實力進一步提升，有利於香港金融市場加強其穩定性。

　　2002 年 7 月 25 日，重組後的中銀香港在香港聯合交易所主板掛牌上市，股份代號"02388"。按資產及客戶存款計算，中銀香港成為香港主要上市商業銀行集團之一。中銀香港及其附屬機構通過設在香港的 260 多家分行、逾 600 部自動櫃員機和其他服務及銷售管道，向個人客戶和企業客戶提供全面金融服務。此外，中銀香港（包括中銀香港、南洋商業銀行和集友銀行組成）及其附屬機構在內地設有 43 家分支行，為其在香港及中國內地的客戶提供跨境銀行服務。2003 年 12 月 24 日，中銀香港成為香港首家人民幣業務的清算行，並於 2004 年 2 月 25 日開始為開辦個人人民幣業務的香港持牌銀行提供存款、兌換、滙款和人民幣銀行卡等清算服務。2006 年 3 月 6 日，中銀香港推出香港人民幣交收系統及人民幣支票清算服務。2007 年 6 月 18 日再推出了人民幣債券清算服務。2009 年 7 月 4 日，中銀香港與中國人民銀行簽署《關於人民幣業務的清算協議》，標誌著中銀香港正式獲得跨境貿易人民幣清算銀行的資格。中銀香港也由此成為香港地區首家可以同時提供跨境貿易人民幣結算和清算服務的銀行。

　　2015 年 5 月 23 日，為了配合國家"一帶一路"戰略實施，把握人民幣國際化和中國企業"走出去"的戰略機遇，進一步推進中國銀行國際化發展戰略，中銀香港宣佈將旗下所持南洋商業銀行的全部股權出售給中國信達資產管理股份有限公司，同時收購中國銀行在東盟部分國家的銀行業務，並進行資產重組，以優化集團海外機構的佈局和資源，擴展集團的經營空間，提升集團的營運效率和國際競爭力，使集團從香港本地銀行升級為區域性銀行，發展更有後勁。2015 年 12 月 18 日，中國信達資產管理股份有限公司旗下信達金控與中銀香港簽訂南洋商業銀行 100% 股權轉讓協定，信達金控以 680 億港元現金收購南洋商業銀行全部股份。南洋商業銀行於 1949 年 12 月 14 日在香港開業，主要業務及分行位於香港及中國內地，分別向個人及企業客戶提供全面的個人及商業銀行服務。交易完成後，南洋商業銀行成為中國信達旗下的間接全資子公司。

除了中銀香港之外，回歸以來中資銀行業務也有了相當大的發展。2000 年 4 月，中國工商銀行與招商局集團達成收購協議，以 18.05 億港元收購香港友聯銀行 53% 股權，隨後友聯銀行改名為工銀亞洲。2004 年4 月，工銀亞洲收購華比富通銀行的零售及商業銀行業務，華比富通銀行隨後改名為華比銀行，成為中國工商銀行（亞洲）的全資附屬公司。2005 年 10 月，工銀亞洲正式將華比銀行香港分行併入，重點發展人民幣業務。2008 年 5 月，招商銀行以 193 億港元的價格收購伍氏家族的永隆銀行。2013 年 10 月，中資越秀集團宣佈以 116.44 億港元價格收購廖創興家族的創興銀行。據統計，截止 2016 年底，中資銀行集團在香港共擁有 26 家認可機構，包括 21 家持牌銀行、2 家有限制牌照銀行和 3 家接受存款公司。與 1996 年回歸前的情況相比，回歸以來中資銀行無論在銀行資產、客戶存款和客戶貸款等方面都有長足的發展。2016 年，中資銀行集團的資產總額為 72,600 億港元，存款總額為 39,290 億港元，客戶貸款總額為 31,330 億港元，所佔比重分別從 1996 年的 11.0%、22.9% 和 9.0% 提高到 2016 年的 35.2%、33.5% 和 39.0%。

（3）歐資銀行集團、美資銀行集團與日資銀行集團

歐洲資本銀行主要包括渣打銀行、渣打銀行（香港）、法國興業銀行、比利時聯合銀行等。其中，以渣打銀行集團實力最強。渣打銀行集團在倫敦證交所、香港證交所，以及印度的孟買及印度國家證券交易所掛牌上市。2004 年 7 月 1 日，渣打銀行完成在香港註冊程序，並將銀行在香港分行的業務注入於在香港註冊的渣打集團全資附屬公司 —— 渣打銀行（香港）有限公司旗下。渣打銀行（香港）是香港三大發鈔銀行和政府主要往來銀行之一，在香港擁有廣泛的經營網絡。2016 年，歐洲資本銀行集團擁有 45 家認可機構，包括 42 家持牌銀行、3 家有限制牌照銀行。截止 2016 年底，歐資銀行的資產總額為 26,790 億港元，客戶存款為 14,770 億港元，客戶貸款為 10,300 億港元。其中，銀行資產總額所佔比重從 1996 年的 14.7% 下降到13.0%，客戶存款和客戶貸款所佔比重則從 1996 年的 11.1% 及 10.1% 上

中銀集團贈送信達收購南商銀行紀念品：一扇門，信達一半，中銀香港一半，寓意共同開啟美好的未來。（供圖：鍾錦博士）

升到 12.6% 及 12.8%。

　　美資銀行主要包括花旗銀行、花旗銀行（香港）（前稱“萬國寶通銀行”）、美國大通銀行、加拿大皇家銀行、花旗國際有限公司、摩根士丹利亞洲國際有限公司等。2016 年，美資銀行集團在香港共擁有 14 家認可機構，包括 9 家持牌銀行和 5 家有限制牌照銀行，截止 2016 年底，美資銀行的資產總額為 10,790 億港元，客戶存款為 5,240 億港元，客戶貸款為 2,300 億港元。其中，美資銀行資產總額所佔比重從 1996 年的 5.3% 輕微下降至 5.2%；客戶存款和客戶貸款所佔比重則從 1996 年的 5.6% 及 4.2% 輕微下降到 4.5% 及 2.9%。

　　日資銀行集團有了較大變化。回歸後，隨著日本銀行的收購兼併，以及部分銀行撤回日本，香港日本銀行的數量和業務均大幅減少。2016 年，日資銀行在香港擁有 14 家認可機構，包括 11 家持牌銀行、2 家有限制牌照銀行和 1 家接受存款公司。截止 2016 年底，日資銀行的資產總額為 13,110 億港元，客戶存款為 4,360 億港元，客戶貸款為 5,260 億港元，所佔比重從 1996 年的 44.5%、15.5% 及 55.6% 大幅下降到 6.3%、3.7% 及 6.6%。

2. 證券市場轉型與紅籌股、H 股發展

回歸以來，香港證券市場經歷了深刻的轉型，

從一個主要為本地經濟服務的股票市場，

逐漸轉型為為內地經濟發展與企業融資服務的平台，

成為"中國的紐約"。香港由一個區域性的金融中心，

逐步發展為具全球性國際金融中心雛形的集資中心，其重要性大大提升。

2.1 回歸以來香港證券市場的發展概況

回歸以來，香港證券市場的發展，大體經歷了三個發展階段：

第一階段從 1997 年 7 月香港回歸至 2003 年中央實施內地居民赴港澳"自由行"。

受到香港順利回歸的刺激，香港股市大漲，恆生指數於 1997 年 8 月 7 日創下 16,820.3 點的歷史高位，收市報 16,673.3 點。不過，隨後受到亞洲金融危機的猛烈衝擊，香港股市很快掉頭下行。1997 年 10 月 23 日，恆生指數跌破萬點大關，當天收於 10,426.3 點。其後，國際機構投資者在 1998 年連續多次衝擊港元聯繫匯率，並於 1998 年 8 月再次在匯市和股市發起攻擊，實行"雙邊操縱"。面對攻擊，香港金融管理局於 8 月 14 日動用外匯儲備，大量買入藍籌股來推高恆生指數，以阻止歐美大鱷在恆生指數期貨再次圖利。香港股市於 8 月 28 日期指結算日，創下史上最高的 790 億港元的成交額（是 1997 年泡沫頂峰時期的兩倍），使恆生指數回升至 7,800 點收市。是役，香港特區政府共動用 1,200 億港元的外匯儲備，成功守住恆生指數和聯繫匯率，穩定了人心，也逼使歐美炒家損失慘重地撤離亞太區，還間接減輕了人民幣貶值的壓力，一場席捲整個東亞的金融風暴終於熬過去。這時期，恆生指數從最高峰的 16,820.3 點下跌至 6,544.79 點，跌幅超過六成。

1998 年 8 月以後，恆生指數開始穩步上揚，此時世界經濟步入了電腦互聯網時代，一場新科技革命正席捲全球，經濟穩步復甦，股市也得到了一定的提振，反復向上。1998 年 10 月 30 日，恆生指數再次站上 10,000 點，當天收於 10,154.94 點。兩個半月股指大漲 52%。不過之後一直到 1999 年 3 月底的 5 個月中，大盤始終在 10,000 點上下整固。1999 年 11 月 19 日，恆生指數再次站上 15,000 點，當天收於 15,073.1 點。2000 年 3 月 28 日，恆生指數創下歷史

最高紀錄 18,397.57 點，當天收於 18,301.69 點。這階段，恆生指數從反擊歐美大鱷的最低點 6,544.79，回升至 18,397.57 點，漲幅為六成四左右。

第二階段從 2003 年中央實施內地居民赴港澳 "自由行" 至 2008 年美國爆發次貸危機。

2003 年 SARS 事件發生後，香港經濟跌至低谷。當年，中央推出內地居民赴港澳 "自由行" 政策，其後更於 6 月 29 日與香港特區政府簽署關於建立更緊密經貿關係安排（CEPA）。隨著內地大批遊客赴港旅遊，香港零售業迎來了新的發展機遇。與此同時，大批的資金、人才和物資流入特區，為香港的經濟發展注入了新生的血液，香港經濟重回上升軌道。受此刺激，香港股市也從低位緩步上升，一直到 2007 年 10 月，恆生指數再創新高，達到 31,958.41 點，上漲了 2.8 倍。

其實，早在 2007 年，一場從美國開始的全球性金融危機正在醞釀中。2007 年 10 月，恆生指數創下新高後跟隨內地 A 股和全球市場下跌，一場新的環球股災正在蓄勢待發。2008 年 1 月，環球股災爆發，並以驚人的速度蔓延，隨後不斷的有全球性的大公司，大財團被接管或者倒閉，全球經濟蒙上一層厚厚的陰影。作為全球經濟的一份子，中國同樣陷入金融危機之中。受此影響，香港恆生指數從高位 31,958.41 點，下跌至 2008 年 10 月的低點 10,676.29，下跌幅度達六成六。值得一提的是，無論是 1997 年的亞洲金融危機，還是 2008 年爆發的全球金融海嘯，均未對香港的證券市場造成很大影響，市場一直運作暢順。

第三階段從 2009 年全球金融海嘯爆發至現在。

2008 年 10 月，全球經濟也經過各國政府的努力，稍微有了一定的喘息機會，全球股市出現技術性反彈，香港股市也跟隨反彈，整個大反彈延續了近 2 年時間，於 2010 年 11 月達到階段性高位 24,988.57 點後，恆生指數再度逐步回落，至 2011 年 10 月的低位 16,170.35 點，隨後就進行了長達 6 年的漫步盤升之路，近期在 22,000 點至 24,000 點的區間徘徊。

值得重視的是，回歸以來，隨著大批紅籌股特別是大批內地大型國有企業來香港上市集資，推動了香港股市集資功能的提升及規模的擴展。根據香港交易所統計，2001 年至 2016 年期間，香港首次公開招股已經連續多年位居全球五大新股集資市場之列。2006 年，香港股市（主板 + 創業板）首次公開募股（IPO）集資總額創下 3,339 億元的歷史記錄。該年，中國銀行、中國工商銀行先後在香港上市，其中工

工商銀行成為首家在上海及香港同步發行 A+H 股的內地公司。（供圖：香港交易所）

行股票的發行是首次以 "A+H"
的方式發行。僅工行 IPO 一個
項目，就融資 220 億美元，是
2006 年全球資本市場上單次融
資額最大的新股發行。憑藉工
行、中行的發行上市，該年香港
新股融資額一舉超過美國，僅
次於倫敦名列全球第二。2011
年，香港連續三年成為全球最大

表7.5 1997-2016年香港股市（主板+創業板）發展概況（單位：億港元）							
	1997 年	2003 年	2007 年	2012 年	2014 年	2015 年	2016 年
上市公司數目	658	1,037	1,241	1,368	1,752	1,866	1973
上市證券數目	1,533	1,785	6,092	6,723	9,060	9,015	8,591
總市值	32,026.30	55,478.48	206,975.44	218,717.30	250,718.29	246,837.31	247,613.06
集資總額	2,475.77	2,137.60	5,908.46	3,002.31	9,427.17	11,156.42	4,900.50
總成交額	37,889.60	25,838.29	21,665.30	132,675.09	171,557.30	260,906.21	163,964.25
日平均成交額	154.64	104.19	880.71	537.15	694.57	1,056.30	669.24
年底恆生指數	10,722.76	12,575.94	27,812.65	22,656.92	23,605.04	21,914.40	22,000.56

資料來源：香港交易所

的首次公開招股（IPO）市場，共有 89 家公司首次公開招股，集資總額達 2,597.4 億港元（333
億美元）。這一時期，香港證券市場經歷了深刻的轉型，香港股市的主導力量，從過去由地產
股帶動逐步轉變為由金融股帶動；更重要的是，香港從一個主要為本地經濟服務的股票市場，
逐漸轉型為為內地經濟發展與企業融資服務的平台，成為 "中國的紐約"。香港由一個區域性的
金融中心，逐步發展為具全球性國際金融中心雛形的集資中心，即使香港還不能和紐約、倫敦
直接相提並論，但其重要性無疑已大大提升（表 7.5）。

2.2 紅籌股的崛起與H股的發展

在香港股市中，人們耳熟能詳的名詞是藍籌股、二三線股及蚊型股等，以此區分上市公司
的經濟規模及經濟實力的大小。但進入 1990 年代，一個嶄新的概念 —— 紅籌股，已越來越多
地被人們提及和關注，並成為香港股市的一股熱潮。所謂 "紅籌股"（Red Chip），根據業內人
士所下的定義，是指在香港或海外註冊、由中國資本擁有上市公司已發行股本 30% 或以上的股
份，即中資企業擁有的香港上市公司的股份，其主要特點是公司的控制權掌握在中資手中，業
務則集中在香港或內地，或兩者兼而有之。

中資企業在香港取得上市地位，最早可追溯到 1984 年。當年 1 月，為了解決上市公司康
力投資的困境，中資的華潤集團和中銀集團合組新瓊企業有限公司，向康力投資注資 4.73 億
港元，取得康力投資約 67% 的股權。進入 1990 年代，中國的改革開放進一步深入發展，國內
證券市場已進入試驗階段，上海證券交易所和深圳證券交易所先後成立，若干企業股票正式上
市。借此東風，中資企業在香港上市取得了較快的發展。1990 年 1 月，香港中信集團收購上
市公司泰富發展，並先後注入港龍航空 38.3% 股權及兩項物業。同年 6 月，泰富發展向母公司
香港中信集團收購國泰航空 12.5% 股權及澳門電訊 20% 股權，同時易名中信泰富有限公司。

1991 年 1 月，中信泰富配售新股集資 20 億港元，與李嘉誠、郭鶴年等聯手收購華資著名的貿易公司恆昌企業全部股權，中信泰富佔 36% 股權。其後，中信泰富再集資 25 億港元，全面收購恆昌企業。自此，中信泰富成為香港紅籌股的旗艦。

這一時期，中資企業還掀起"借殼上市"的熱潮，即通過收購一家上市公司的"空殼"，再將本身的資產注入該公司，收購者繞過正常的上市程序取得上市地位。1992 年，先後有首都鋼鐵廠收購東榮鋼鐵及開達投資，中國科技聯同長江實業收購大眾國際，中信集團收購信海康等；1993 年再有中國有色金屬收購百利大及羅氏地產，光大集團收購寧發國際，東榮國際收購三泰實業，大眾國際收購王集團，中國糧油收購海嘉國際及國際實業，中國石油收購 PARGON 等。"借殼上市"引起了聯交所和香港證監會的關注。1993 年 5 月，兩機構發表聯合聲明，表示將加強對有關活動的監管，以保障少數股束的權益。

1997 年 6 月 20 日，國務院頒佈《關於進一步加強在境外發行股票和上市管理規定》。不過，有關規定並未能壓抑已經泛起的"紅籌泡沫"。紅籌股通過上市、注入內地優質資產、以及"染紅"（對非紅籌股上市公司進行參股或收購）、"染紫"（與香港藍籌股交叉持股，置換資產形成所謂的"紫籌股"）等一系列資本運作方式，使紅籌股股價飆升至遠遠脫離公司實際盈利水平的高位。當時，紅籌股的市盈率平均已超過 100 倍，最高的達到 2,629.6 倍。[3]據統計，1997 年在香港上市的紅籌公司達到 11 家，集資總額達 460 多億港元。

1997 年 7 月爆發的亞洲金融危機，對於處於歷史高位的紅籌股構成了嚴重的衝擊。金融危機期間，包括股票、地產在內的港元資產大幅貶值，這對回歸前急速擴張的紅籌公司造成了

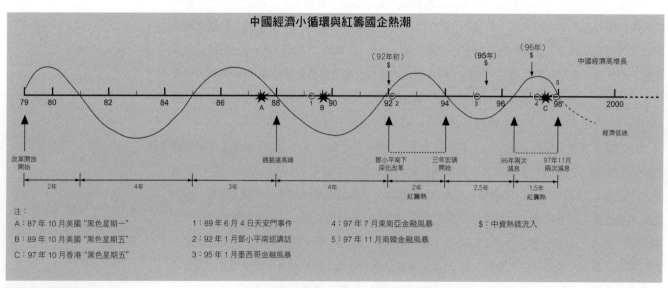

資料來源：《資本雜誌》，1998 年 1 月。

極大的財資困難。其中，最具震撼力的事件，就是廣信集團的破產和粵海集團的債務重組。兩事件引發銀行收緊對紅籌公司的信貸和基金經理的洗倉，金融界、國際投資者和股民對紅籌股的信心跌到歷史底谷，紅籌股承受嚴重的拋售打壓。1998 年底，紅籌股總市值為 3,349.66 億港元，比 1997 年底的 4,729.70 億港元大幅下跌了三成。1998 年紅籌股全年成交量更比 1997 年大幅下跌了 65%。紅籌股進入長達數年的低迷期。

從 2004 年起，隨著香港經濟恢復強勁增長，紅籌股市場重拾信心，再度起步升。到 2007 年底，紅籌股總市值升至 55,140.50 億港元，佔香港股市總值的比重達到 26.85%。不過，2008 年紅籌股再受到中信泰富"澳元虧損"事件的影響。當年 10 月，中信泰富宣佈，其與銀行簽訂的澳元累計目標可贖回遠期合約，因澳元貶值而跌破鎖定滙價，導致損失約 147 億港元。受此影響，中信泰富在一個多月內市值縮水超過 210 億港元。同年 12 月，中信集團注資 15 億美元拯救面臨破產的中信泰富，令集團的控股權從原來的 29% 大幅上升到 57.51%。2014 年 3 月，中信泰富宣佈將收購中信集團主要業務平台中信股份，價值共 2,250 億港元，從而實現中信集團整體境外上市的戰略構想，開創央企改制的先例。

經過多年的發展，目前紅籌股已成為香港股票市場一股舉足輕重的經濟力量。到 2016 年 12 月底，在香港主板上市的紅籌公司達到 147 家，總市值達 48,989.47 億港元，佔香港股市總值的 20% 左右。2016 年，紅籌股全年成交量達 15,645.17 億港元，佔香港股市全年成交量的 14.15% 左右；全年集資 824.48 億港元（表 7.6）。紅籌股公司中，市值最大的是中國移動，達 16,830.85 億港元，其餘依此是中國海洋石油（4,330.80 億港元）、中國中信股份（3,229.02 億港元）、中銀香港（控股）（2,933.95 億港元）、中國海外發展（2,251.50 億港元）、中國聯合網路通信（香港）股份（2,162.42 億港元）及華潤置地（1,208.76 億港元）。

1990 年代，香港與內地金融合作的標誌性事件，就是引入中國內地企業的 H 股，致力使香港發展成為"中國的紐約"。

當時，隨著中國改革開放的深入、經濟實力的提升，"中國因素"越來越受到香港證券市場的重視。1991 年，香港聯合交易所在擱置第二板研究工作的同時，成立了中國研究小組，著手

表7.6 香港紅籌股發展概況（主板）　（單位：億港元）

年份	市值		成交額		集資額
	總額	比重（%）	總額	比重（%）	
1993	1,241.30	4.17	882.90	8.05	150.79
1994	842.79	4.04	575.15	5.59	133.27
1995	1,107.02	4.71	458.57	6.02	66.74
1996	2,633.31	7.58	1,353.59	10.52	190.09
1997	4,729.70	14.77	10,436.73	29.71	809.85
1998	3,349.66	12.58	3,693.87	23.13	173.75
1999	9,569.42	20.24	3,548.18	20.01	551.77
2000	12,035.52	25.10	6,748.57	23.60	2,936.59
2001	9,088.55	23.39	4,972.46	27.31	190.81
2002	8,064.07	22.66	3,093.54	21.04	527.22
2003	11,977.71	21.87	4,939.45	21.79	48.93
2004	14,093.57	21.26	6,147.27	18.10	263.65
2005	17,099.61	21.08	6,038.21	16.83	223.90
2006	29,515.81	22.28	11,005.09	17.13	507.68
2007	55,140.59	26.85	27,256.05	16.51	1,149.74
2008	28,749.07	28.04	22,832.28	18.08	2,238.01
2009	38,621.43	21.73	19,365.89	16.75	780.09
2010	43,806.87	20.92	19,287.12	15.71	554.16
2011	39,990.92	22.91	16,995.19	14.16	607.78
2012	48,352.58	22.11	14,598.48	15.37	400.14
2013	48,153.17	20.14	17,044.19	15.30	663.17
2014	52,149.56	20.95	18,978.11	15.22	3,648.97
2015	51,377.13	21.03	24,155.51	14.02	1,447.89
2016	48,989.47	20.04	15,645.17	14.15	824.48

資料來源：香港交易所《證券市場統計資料》

上海石化宣佈在香港上市。

研究中國企業在香港上市的可行性。當時的聯交所行政總裁周文耀表示："我認為香港的市場將來一定會更依賴中國內地。在香港，可以上市的公司都已經上了市，現在只剩下九廣鐵路、地下鐵路、機場管理局等數間大型公共事業機構，其餘的已全部上市了。另外，香港的上市公司，大部分都是地產股，就算不是房地產的公司，都沾上物業的成份，比率約有四成。香港沒有工業，而全部重工業都在內地，如果想香港的市場結構更理想的話，就一定要有紅籌股來港上市，這樣可讓投資者有較多選擇。如他們不喜歡投資地產，可以選擇投資工業、能源、公路、電子、化工等，在這方面而言，中國的企業自然可以補充香港的不足了。"〔4〕

1992 年 2 月，中國研究小組發表中期報告，認為："聯交所是一個位於重要金融中心，有公認地位的交易所，其監管制度及建設設施均屬一流。到 1997 年香港會成為中國的一部分。聯交所將會是直到境內的一間先進的國際性證券交易所，亦是中國通往世界各地的通道之一。聯交所認為這些都屬於它的遠期優點。"報告並認為："香港聯交所非常希望成為中國的重要集資中心之一。"聯交所的長期目標，是使香港成為"中國的紐約"。不過，報告認為，鑒於內地和香港在法律及會計制度等方面存在明顯差異，中國企業直接在香港上市有困難；但是，"倘若中國企業能夠願意設立一家在香港註冊的控股公司，便可解決聯交所對中國缺乏全國性的公司法所引起的不少顧慮。"這一建議，得到中國有關方面的同意。

當時的聯交所主席後來回憶説："1992 年我們便寫了一份中期報告書給國務院及中國人民銀行，當時中國沒有自己的證監會，我們便向國務院及人民銀行提出國企在香港上市的方案，但有關公司必須是'優質國企'。到了 1992 年 4 月，我們更組團往北京探訪國務院及人民銀行，……其後更見到了朱鎔基（當時的國務院總理），向他解釋有關的建議。他對國企在香港上市的計劃很感興趣，但我們強調要在香港上市，就必需要符合國際標準。當時國內領導人，如人民銀行的劉鴻儒和國務院的朱鎔基亦非常明理，均贊同上市的步伐寧可慢一點，也要跟隨國際標準，這樣中國公司若能在香港上市，就如同享有國際市場上市般的地位。"〔5〕

在這一富有遠見的戰略推動下，1992 年 5 月，聯交所與中國有關當局展開密切的磋商，並聯合成立"證券事務內地香港聯合工作小組"，下設 3 個專責小組，分別為會計小組，法律小組，上市、外滙、交易、交收及結算小組。當年 9 月，中國國務院公佈了計劃在香港上市的 9 家國有企業名單。聯交所要求這些國企進行架構上的改組，使其能符合國際標準。9 家國企的重組改造工作進行了將近 1 年的時間。在香港有關會計師事務所、估值公司、投資銀行和律師行等協助下，有關企業按照香港上市公司的規定進行改造，包括資產清理、編制招股書、確定股權結構和股本總額等大量複雜細緻的工作。

當時，內地的國有企業與在香港上市的公司相比，所涉及的會計制度、法律制度和外滙管理制度等都不相同。為了使計劃到香港上市的國企能夠符合國際監管標準，國家財政部在股份制試點企業會計核算制度的基礎上，採納國際會計準則的標準，制定了《關於股份制試點企業股票香港上市有關會計處理問題的補充規定》，明確提出凡到香港公開發行上市股票的內地企業，所提供的財務報表必須符合國際會計準則或香港會計準則，同時必須遵守上市協議的要求，按香港公司法中有關規定，披露審計和財務資料。這一規定經過中國註冊會計師協會、香港會計師公會和香港聯交所的確認，認為基本達到了國際會計準則的要求。

1993 年 6 月 19 日，香港聯合交易所、中國證券監管委員會、香港證監會、上海證券交易所和深圳證券交易所的代表，在北京簽署監管合作備忘錄，正式打通了中國企業在香港上市之路。簽訂監管合作備忘錄，各方同意在以下方面加強合作：1. 通過相互協助及資訊交流，加強對投資者的保障，確保各方的有關法規得到遵守，以維持公平、有序、高效率的證券市場；2. 通過相互協助及資訊交流，確保各方的有關法規得到遵守；3. 通過定期接觸及人員交流，促進溝通及相互合作。[6]

根據香港與內地雙方達成的協議，在香港上市的中國內地企業，以 H 股（因香港英文 Hong Kong 首字母而得名，指註冊地在內地、上市地在香港的外資股）的名義上市。H 股在香港上市後，其發行人員必須遵守所有適用於海外註冊的香港上市公司的法定及非法定規則，並同意根據香港國際會計師準則編制賬目；該公司亦須承諾在其組織大綱及章程中納入香港公司法中所有有關保障投資者的條文，將所有糾紛交由北京或香港的有關組織仲裁解決，以及在香港聘用保薦人至少 3 年等。[7] H 股為實物股票，實行"T+0"交割制度，無漲跌幅限制。

1993 年 7 月 15 日，青島啤酒股份有限公司正式在香港聯交所掛牌上市，成為首家在香港發行 H 股的中國企業。當日，青島啤酒收市價報 3.6 港元，比招股價 2.8 港元上漲了 28.5%，市場反應良好。青島啤酒在聯交所掛牌上市，開啟了 H 股在香港上市的先河。其後，上海石化、北人印刷、廣州廣船、馬鞍山鋼鐵、昆明機床、儀征化纖、天津渤海化工及東方電機等首批 9 家國企也先後在香港招股上市，集資逾 110 億港元。到 1996 年 7 月，已有 21 家中國企業在香港上市，透過發行 H 股共集資超過 257 億港元。

1997 年，H 股呈現前所未有的發展態勢。這一年，H 股達到籌資規模的新高峰，其發展速

在掛牌儀式上，青島啤酒打破開香檳慶祝的慣例，改為開啤酒慶祝在香港上市成功。

度也空前加快。由於 H 股具有流通股較少、市值較小和易被市場操縱等特點，受到國企重組的影響，成交量在短短的一個月之內猛增。根據資料顯示：當時 34 隻 H 股大部分的上升幅度都超過 70%，恆生國企指數也從 1,000 點暴漲到 1,700 點。不過，回歸以後，由於受到亞洲金融危機的影響，H 股跟隨大市大幅度下跌，甚至跌破歷史最低點。恆生國企指數也從 1,783 點跌到了 732 點，跌幅高達五成九。

亞洲金融危機過後，H 股市場陷入持續低迷狀態，一路下跌，儘管偶爾也會出現一些反彈現象。1999 年 10 月，恆生國企指數的走勢與恆生指數開始發生明顯的背離。跨入 2000 年後，背離的現象越趨明顯，恆生指數已突破 1997 以來的歷史高點 18,000 大關的時候，恆生國企指數卻不斷走低，跌到慘不忍睹的 300 點，達到當時歷史的低位。與此同時，平均的市盈率也保持在 8 倍左右。這一時期，H 股陷入低谷的原因是方面的，首先，在香港上市的 H 股大多是國企的大盤股，主要由運輸、能源、汽車、鋼鐵、航空、石油、化工和基建等組成，這些方面的增長潛力有限，無法適應當時市場的投資理念的；其次，國企上市公司存在諸多缺點，如不能有效按照現代企業制度和國際慣例運作，產品滯銷、效益連年下降，主業務一直處於下滑狀態，而資產的負債率卻一直處於較高的水平。

受到市場氣氛影響，H 股上市步伐一度放緩。2001 年，在香港新上市的 H 股有 3 家，2002 年有 4 家。1999 年 6 月中國入世趨明朗化，中國概念股再次受到追捧，部分國企 H 股帶動升勢；2000 年因部分國企業績理想，及熊貓電子、渤海化工等重組成功，H 股指數再次推波助瀾。進入 2001 年，受 B 股市場開放加上業績理想、中國進入 WTO 即將成為事實等多種因素刺激，國企 H 股再現了又一輪升勢。因此，自 2003 年起，H 股在香港上市的步伐再度加快，2003 年增加到 10 家，2006 年增加到 15 家，2010 年 12 家，及至 2013 年，H 股從 1993 年 7 月 15 日青島啤酒在香港發行上市起，已經走過 20 年的歷程。經過 20 年的發展，H 股已經從 6 家上市公司，總市值佔港股市場 0.61%，變成了 176 家上市公司，總市值超過 4.2 萬億港元，佔香港股本市場的 20.37%。20 年來，176 家 H 股公司，通過 IPO 融資及上市後再融資，共在香港市場籌集了 15,252 億港元的資金，緩解了內地經濟發展的資金饑渴，為內地企業贏得了進一步發展的機會。同時，引入了境外先進管理制度和管理方法、現代公司治理結構

等，H股上市給內地企業帶來的影響是
非常深遠的。[8]

到 2016 年，在香港上市的 H 股進
一步增加到 218 家，總市值達 53,161.59
億港元，全年成交金額達 39,831.33 億
港元，分別佔香港股票市場的 21.74%、
36.02%（表 7.7）。H 股中，市值最大的
公司是中國建設銀行，達 14,352.91 億港
元，其餘依次是中國工商銀行（4,035.92
億港元）、中國平安保險（2,889.66 億
港元）、中國銀行（2,876.61 億港元）、
交通銀行（1,964.17 億港元）、中國人壽
保險（1,503.12 億港元）、中國石油化
工（1,403.24 億港元）及中國石油天然氣
（1,219.52 億港元）。

H 股的崛起對香港證券市場的發
展產生了深遠的影響，改變了香港證券
市場產品的結構、品種和規模。過去，
香港股市一直以地產、金融類為主體，

表7.7　H股在香港股市（主板）的發展概況

年份	數目	總市值		成交金額		集資總額	
		億港元	比重（%）	億港元	比重（%）	億港元	比重（%）
1997	39	486.22	1.52	2977.70	8.48	330.8	13.36
1998	41	335.32	1.26	735.39	4.61	35.5	9.30
1999	44	418.88	0.89	1,027.89	5.80	426.4	28.79
2000	47	851.40	1.78	1,643.10	5.74	517.5	11.47
2001	50	998.13	2.57	2,452.01	13.47	60.7	9.42
2002	54	1,292.48	3.63	1,397.11	9.50	168.7	15.27
2003	64	4,031.17	7.36	5,014.97	22.12	468.5	21.91
2004	72	4,551.52	6.87	9,338.96	27.49	592.5	21.03
2005	80	12,804.95	15.78	9,491.55	26.46	1,586.8	53.00
2006	95	33,637.88	25.39	25,217.64	39.26	3,038.2	16.34
2007	104	50,568.20	24.62	77,489.00	46.93	857.3	14.51
2008	110	27,201.89	26.53	61,305.93	48.53	341.1	7.98
2009	116	46,864.19	26.37	51,528.06	44.56	1,217.3	18.96
2010	128	52,103.25	24.88	47,008.42	38.29	2,908.8	33.40
2011	139	40,966.60	23.47	46,627.87	38.84	891.9	18.47
2012	148	48,909.26	22.36	36,814.21	38.77	1,236.7	41.19
2013	164	49,065.83	20.52	42,173.66	37.85	1,356.22	—
2014	—	57,239.94	22.99	43,985.35	35.27	1,934.38	—
2015	—	51,571.10	21.11	68,821.13	39.95	3,303.86	—
2016	218	53,161.59	21.74	39,831.33	36.02	1,501.04	—

資料來源：香港交易所《香港交易所市場資料》

H 股上市以後，原有的結構逐步向基礎產業、金融產業、資源性產業和高科技產業傾斜，特別
是增加了一批超大型企業，如金融業的中國銀行、中國工商銀行、中國建設銀行、交通銀行、
中國人壽、中國平安、中國人民財產保險等；汽車類的東風汽車、長城汽車；通信類的中興通
訊；以及礦產類的紫金礦業等。

這一時期，香港證券市場發展的最主要特點，就是逐漸轉型為內地經濟發展與企業融資服
務的平台，實現當年香港聯交所定出的戰略目標，即成為"中國的紐約"。2006 年，中國銀行、
中國工商銀行先後在香港上市，其中中國工商銀行股票的發行是首次以"A+H"的方式發行。僅
工行 IPO 一個項目，就融資 220 億美元，是 2006 年全球資本市場上單次融資額最大的新股發
行。憑藉中國銀行、中國工商銀行的發行上市，該年香港新股融資額一舉超過美國，僅次於倫
敦名列全球第二。隨著 H 股的迅速發展，香港作為中國的籌資中心的地位迅速上升。

2.3 "滬港通"與"深港通"的開啟

踏入 21 世紀以來，隨著資訊技術發展以及經濟全球化加劇，全球大型證券交易所聯盟和合併的案例不斷湧現。從國際交易所的發展歷程看，香港交易所與上海證券交易所、深圳證券交易所的合作、合併將是大勢所趨，有助於鞏固和提升香港及中國證券市場在全球的地位。

事實上，近年來香港交易所與上海證券交易所、深圳證券交易所之間的合作已經展開。2009 年 1 月，港交所與上交所合作簽訂更緊密合作協定，內容包括雙方管理層每年會晤兩次，回顧年內業務交流和培訓的進度，並訂立來年交流及培訓計劃；在產品發展方面雙方將以 ETF 為切入點，在資產證券化產品、權證、牛熊證、期權等方面加強合作，並探討合作編制以兩所證券為成份股的指數。同年 6 月，港交所與深交所亦簽訂合作協定，內容涉及到管理層定期會晤、資訊互換與合作、包括 QDII 等產品開發合作研究、技術合作等。

2010 年 5 月 24 日，香港交易所全資附屬機構香港交易所資訊服務有限公司與上海證券交易所及深圳證券交易所合營企業中證指數有限公司簽署協定，透過香港交易所資訊服務的市場資料平台發佈由中證指數公司編纂的指數。根據協定，從 2010 年 7 月 5 日起，三隻中證系列指數 ——滬深 300 指數、中證香港 100 指數及中證兩岸三地 500 指數 ，將透過香港交易所資訊服務的市場資料傳送專線系統發佈，其中，滬深 300 指數並將在香港交易所網站主頁顯示；香港交易所的持牌資訊供應商將獲准向其客戶發送中證香港 100 指數及中證兩岸三地 500 指數，但發佈滬深 300 指數則須事先取得中證指數公司或其指定代理中國投資資訊有限公司的書面批准。港深雙方均表示，透過香港交易所及其持牌資訊供應商龐大高效的市場資料發佈網路，將有助促使由中證指數公司編纂的主要中國內地及香港指數在香港及海外更廣泛發佈。

同年 10 月 14 日，深圳證券交易所下屬公司深圳證券資訊有限公司與香港交易所的資訊業務附屬公司香港交易所資訊服務有限公司簽訂了 A+H 市場行情合作協定。根據該協定，雙方均有權將對方有關在深港兩地市場同時上市的公司的基本即時行情轉發予其本身認可的資訊供應商，由這些資訊供應商再轉發予其用戶作內部展示用途。深港互換 A+H 基本行情之港股資料內容包括指定股票

2014 年 11 月 17 日，香港特區行政長官梁振英和港交所主席周松崗一起敲鑼，宣佈滬港通開通。（供圖：香港交易所）

的買賣價、最高／最低價、最後成交價、按盤價、收市價、自競價時段的顯示平均競價及其相關成交量、市場成交額／成交量的即時行情資料。協定雙方、雙方的資訊供應商及市場行情使用者均獲豁免基本市場行情收費。

2012 年 6 月 28 日，香港交易所與上海證券交易所和深圳證券交易所簽訂協定，在香港設立合資公司，從事金融產品開發和服務。合資公司的初始註冊資本為 3 億港元，由 3 家交易所各出資 1 億港元。該公司主營業務將包括：開發並對外授權指數交易產品、股票衍生品等；主要以三方市場交易品種為樣本編制跨境指數；研究開發上市公司分類標準、資訊標準、資訊產品；市場推介、參與者服務、技術服務和設施建設等。合資公司成立後初期，將會首先開發一個以跨境指數為主體的指數系列，並開發以該指數系列為基礎的指數產品家族。香港交易所行政總裁李小加表示："三家交易所長期以來已在多方面開展了良好的合作，新設立的合資公司將為三所合作提供新的平台，同時推動內地和香港兩地的資本市場的進一步發展。"

2016 年 12 月 5 日香港交易所舉行深港通開通儀式。（供圖：香港交易所）

2014 年 4 月，香港交易所發佈公告，表示正與上海證券交易所洽談"互聯互通"（即"滬港通"）事項。其後上海證券交易所也對此予以確認。香港交易所與上海證券交易所聯手推動網絡互通，主要內容包括對接合格境內個人投資者（QDII2）資金出境，同時亦將為合格境外個人投資者（QFII2）和 QFII 提供投資 A 股的通道。其實，早在 2007 年，內地有關部門就曾提出"港股直通車"計劃。不過，當時由於內地監管部門擔憂內地投資者風險教育不足，加之因美國次貸危機而導致的全球金融海嘯，令"港股直通車"計劃流產。"滬港通"的實質是嘗試以風險可控的方式開通"小型港股直通車"，即"Qualified Domestic Individual Investor"（QDII2），即將 2007 年開始實施的內地機構投資者投資港股（QDII）的額度放寬至"合格境內個人投資者"，並可投資個股。與此同時，港交所亦成為 QFII2（合格境外個人投資者）投資 A 股的通道，從而提振內地機構與港交所雙方的交易量。

2014 年 4 月 10 日，中國證監會及香港證監會發佈聯合公告，決定原則批准上海證券交易所、香港聯合交易所、中國證券登記結算有限責任公司、香港中央結算有限公司開展滬港股票市場交易互聯互通機制試點（"滬港通"）。滬港通將在 6 個月後正式啟動。公告的具體規定是：

（1）滬港通包括滬股通和港股通兩部分。其中，滬股通是指香港投資者委託香港經紀商，

圖7.1　滬港通的運作流程

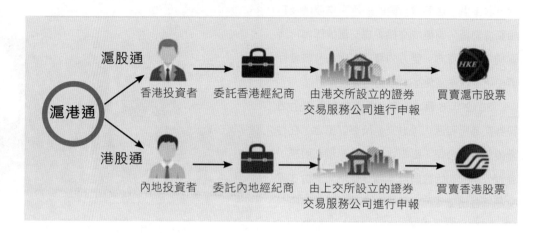

經由香港聯合交易所設立的證券交易服務公司，向上海證券交易所進行申報，買賣規定範圍內的上海證券交易所上市的股票。港股通是指內地投資者委託內地證券公司，經由上海證券交易所設立的證券交易服務公司，向香港聯合交易所進行申報，買賣規定範圍內的香港聯合交易所上市的股票。中國結算成為香港結算的結算機構參與者，香港結算成為中國結算的結算參與人，為滬港通提供相應的結算服務。滬港通包括滬股通和港股通兩部分（圖7.1）。

（2）試點初期，滬股通的股票範圍是上交所上證 180 指數、上證 380 指數的成份股，以及上交所上市的 A+H 股公司股票；港股通的股票範圍是港交所恆生綜合大型股指數、恆生綜合中型股指數的成份股和同時在港交所、上交所上市的 A+H 股公司股票。

（3）試點初期，對人民幣跨境投資額度實行總量管理，並設置每日額度，實行即時監控。其中，滬股通總額度為 3,000 億元人民幣，每日額度為 130 億元人民幣；港股通總額度為 2,500 億元人民幣，每日額度為 105 億元人民幣。雙方可根據試點情況對投資額度進行調整。

（4）在投資者方面，試點初期，香港證監會要求參與港股通的境內投資者僅限於機構投資者及證券帳戶及資金帳戶餘額合計不低於人民幣 50 萬元的個人投資者。

（5）交易結算活動遵守交易結算發生地市場的規定及業務規則。上市公司將繼續受上市地上市規則及其他規定的監管。滬港通僅在滬港兩地均為交易日且能夠滿足結算安排時開通。

（6）內地結算、香港結算採取直連的跨境結算方式，相互成為對方的結算參與人，為滬港通提供相應的結算服務。

4 月 29 日，香港交易所和上海證券交易所同時分別公佈 "滬港通" 機制試點實施細則。6 月 13 日，中國證監會發佈滬港通試點若干規定，若干規定共 19 條，明確了上交所、港交所、證券交易服務公司、中國結算、香港結算開展滬港通業務履行的職責，對境內開展滬港通工作的要求，明確了持股比例、交收貨幣等事項，對投資者保護、監督管理、資料保存提出了相關要求。9 月 4 日，港交所旗下的聯交所、香港中央結算有限公司、上海證券交易所、中國證券登記結算有限責任公司，就建立滬港通訂立"四方協議"，明確各方就滬港通股票交易、結算、存管、市場監察的各項權利及義務，該協議是滬港通最為基礎性的操作檔。

2005 年，中國建設銀行選擇香港為其唯一上市地點進行首次公開招股。

9 月 26 日，上海證券交易所根據中國證監會《滬港股票市場交易互聯互通機制試點若干規定》、《上海證券交易所交易規則》及其他相關規定，發佈了《上海證券交易所滬港通試點辦法》（簡稱《試點辦法》）和《上海證券交易所港股通投資者適當性管理指引》。《試點辦法》作為上交所對滬港通業務進行規範的主要規則，全面詳細規定了滬港通交易業務（含滬股通交易、港股通交易）開展的基本模式和具體要求，全文共 124 條，分為總則、滬股通股票交易、港股通股票交易、交易異常情況處理、自律管理和附則六大部分。

11 月 10 日，中國證監會與香港證監會發佈聯合公告，決定批准上海證券交易所、香港聯合交易所、中國證券登記結算公司、香港中央結算公司與 11 月 17 日正式啟滬港通。11 月 14 日，財政部、國稅總局、中國證監會聯合發佈《關於滬港股票市場交易互聯互通機制試點有關稅收政策的通知》，規定從 2014 年 11 月 17 日起至 2017 年 11 月 16 日，對內地個人投資者通過滬港通投資香港聯交所上市股票取得的轉讓差價所得，三年內暫免徵收個人所得稅；對香港市場投資者（包括企業和個人）投資上交所上市 A 股取得的轉讓差價所得，暫免徵收所得稅；對香港市場投資者（包括單位和個人）通過滬港通買賣上交所上市 A 股取得的差價收入，暫免徵收營業稅。而香港市場投資者通過滬港通買賣、繼承、贈與上交所上市 A 股，則按內地稅制規定繳納證券交易印花稅；內地投資者通過滬港通買賣、繼承、贈與聯交所上市股票，則按照香港特區稅法規定繳納印花稅。隨後，香港金融管理局宣佈從 11 月 17 日起，取消香港居民每日兌換人民幣不得超過 20,000 元的限制，以便利香港投資者參與滬港通及其他人民幣金融產品。

11 月 17 日滬港通正式開通。中國證監會主席肖鋼在上海證券交易所出席"滬港通"開通儀式時致辭表示："滬港通意義重大，影響深遠。它豐富了交易品種，優化了市場結構，為境內外投資者投資 A 股和港股提供了便利和機會，有利於投資者共用兩地經濟發展成果，促進兩地資本市場的共同繁榮發展。有利於拓展市場的廣度和深度,鞏固香港國際金融中心地位,加快建設上海國際金融中心,增強我國資本市場的整體實力。有利於推進人民幣國際化,提高跨境資本和金融交易可兌換程度。"在香港聯交所滬港通開通儀式上,香港特首梁振英亦致辭表示,滬港通是劃時代的創新及改革,標誌著內地與香港金融市場共同發展及繁榮;滬港通的開通不但可以促進內地與國際金融市場接軌,也將鞏固香港作為主要離岸人民幣中心的地位。滬港通開通後,港股長江實業和滬股伊利股份分別成為港股通和滬股通的首隻交易個股。當日,滬股通 130 億元人民幣額度用盡,佔上海股票市場成交總額的 3.6%;而港股通實際使用額度為 18 億元人民幣,佔每日 105 億元人民幣額度的 17%,佔香港股市成交總額的 2.1%。滬港通開通後,深(深圳)港通也將提到議事日程。

滬港通無疑是中國對外開放以及中國證券市場發展的一大標誌性事件。香港交易所行政總裁李小加表示,現在中國的銀行資產差不多有 22 萬億美元,資本市場的市值才 4 萬億美元,兩者是 5:1 的關係;而美國這兩個數字差不多各是 17-18 萬億美元,是 1:1 的關係。這就意味著中國資本市場不能給如此大規模的國民財富帶來真正的投資和發展機會。這種狀況的改變勢在必行,這引出了中國資產如何"走出去"及外國資產如何"請進來"的問題。但是,無論是"走出去"還是"請進來",都不可能一蹴而就,因為兩邊的法律法規、市場結構、交易習慣都存在巨大差別。而滬港通則是在兩個市場存在差別的前提下實現互聯互通,雙向開放。由於滬港通的循環是人民幣的循環,這就推動人民幣從貿易結算貨幣走向世界舞台上一個大規模的投資貨幣,從而推動了人民幣的國際化進程。

從香港的角度來看,滬港通無疑進一步將深化香港與內地的經濟、金融合作,擴大兩地投資者的投資管道,有利於香港發展成為內地投資者重要的境外投資市場。滬港通讓內地投資者可以買賣香港的指數成份股股票,將大大提升香港市場吸引國外公司上市的優勢;同時滬港通讓國外投資者買賣在內地上市的股票,亦將大幅增加香港市場對外國投資者的吸引力。滬港通以及日後深港通的開通及發展,將進一步整合香港、上海、深圳三地的證券市場,形成國際上僅次於美國紐約的第二大市場。滬港通既可方便內地投資者直接使用人民幣投資香港市場,也可增加境外人民幣資金的投資管道,便利人民幣在兩地的有序流動,將進一步推動和支持香港發展成為人民幣離岸業務中心,從而進一步鞏固和提升香港國際金融中心地位。正因為如此,李小加將滬港通正式開通的這一天稱為"歷史性的一天",並認為這一市場機制將"重新定義香港"。

兩年來,滬港通經歷了從"慢熱"到平穩運行的成長階段。根據上海證券交易所的統計,滬股通累計標的 687 隻(含已被調出的)、港股通累計標的 352 隻(含已被調出的)全部發生交易,累計交易金額 3.48 萬億元人民幣。其中,滬股通共 464 個交易日,累計交易金額 2.26 萬億元人民幣，淨買入 1,325 億元人民幣；港股通共 455 個交易日，累計交易金額 1.22 萬億元人民幣，淨買入 2,947 億元人民幣。滬港通帶來的，不僅是資金的南來北往，更是兩地市場格局的深刻變化。曾經是估值 "窪地" 的 A 股，因此進入了更多國際投資者的視野。兩年間，滬市平均市盈率從約 12 倍平穩提升至目前的 16.28 倍。[9]

隨著 "滬港通" 的順利啟動，"深港通" 也隨即提到議事日程。深港通，是深港股票市場交易互聯互通機制的簡稱，指深圳證券交易所和香港聯合交易所有限公司建立技術連接，使內地和香港投資者可以通過當地證券公司或經紀商買賣規定範圍內的對方交易所上市的股票。2016年 8 月 16 日，李克強總理在國務院常務會議上明表示，深港通相關準備工作已基本就緒，國務院已批准《深港通實施方案》。經過兩年多的籌備，2016 年 12 月 5 日深港通終於正式啟動。中國證監會主席劉士余在深交所舉行的 "深港通開通儀式" 上表示，深港通開通是兩地資本市場進一步協同發展的歷史性時刻。據統計，截至 2016 年 12 月 30 日收市，深股通累計交易金額261.9 億元人民幣，港股通（深市）累計交易金額約為 82.06 億元人民幣。

與 "滬港通" 相比，"深港通" 無疑有不少差別：首先，是兩者的投資標的股票與額度限制，深港通下的港股通增加了，包含了市值 50 億港幣以上的恆生綜合小型股指數成份股；深股通的標的並不局限於 A/H 股同時上市，而是包含深市的成份股。由於深市成份股與滬市有很大區別，這豐富了香港投資者的投資範圍。另外，深港通沒有總額限制，而滬港通有總額限制：港股通 2,500 億元、滬股通 3,000 億元。其次，滬港通和深港通在影響及作用機理上有所區別。深圳交易所股票數量佔據了全部 A 股上市公司的 60%，包括深圳主板、中小板以及創業板，與上證股票相比，深交所股票平均市值更小，交易及活躍度水平更高。

就在 "深港通" 開通前夕，港交所總裁李小加發表網誌表示，如果把兩年前開啟的滬港通稱為香港交易所互聯互通機制的 1.0 版本，那麼深港通將引領我們進入互聯互通 2.0 時代。他認為，與 "滬港通" 相比，深港通有以下幾方面的優化升級：1. 交易機制更加便利：總額度限制取消免除了機構投資者的後顧之憂，將鼓勵更多機構投資者（尤其是海外機構投資者）參與滬港通和深港通；2. 投資者准入不斷擴大：滬港通剛剛推出時，內地基金公司和保險資金還不能使用這一投資管道。自 2015 年開始，內地基金公司獲准使用港股通，保險資金也在 2016 年獲准參與港股通，相信在不久的將來，有更多機構投資者會選用港股通作為海外投資的管道；3. 投資標的擴容：深港通下的深股通將為海外投資者開放一個全新的市場 —— 深圳股票市場，作為中國的創新之都，深圳聚集了很多高成長的創新企業，深股通涵蓋的大約 880 隻深圳市場的股票，將與滬股通投資標的形成良好互補。

3. 債券市場的發展與雷曼
"迷你債券" 風波

香港的資本市場中，股票市場十分發達，

而債券市場的發展則相對緩慢。

回歸以後，特區政府和金融管理局加大了香港債券市場發展的政策支持，

加上人民幣債券的發行，有力推動了香港債券市場的發展。

3.1 債券市場的發展與人民幣債券發行

1999 年 8 月，為了增加外滙基金債券二級市場的流動性，以及方便散戶投資者參與外滙基金債券市場，香港金融管理局安排外滙基金債券在香港聯合交易所上市掛牌買賣。同年 12 月 13 日，香港期貨交易所接受外滙基金票據和債券作為買賣股票期貨及期權的抵押品，使外滙基金票據和債券不僅可以用於貼現窗資金拆借的抵押，而且被廣泛用作包括港元回購協定在內的多項投資產品的抵押品。2006 年 1 月，香港金融管理局宣佈推出 "CMU 債券報價網站" [10]，以透過提供市場上債券產品及其參考價格的資料，增加零售投資者參與債券市場的機會。

2004 年以來，在特區政府和金融管理局的推動下，香港債券市場取得了較快的發展。據統計，2004 年香港新發行港元債務工具總額為 3,768.24 億港元，到 2015 年增加到 24,940.17 億港元，11 年間增長 5.62 倍（表 7.8）；同期，香港未償還港元債務工具總額從 6,079.04 億港元增加到 15,245.58 億港元，11 年間增長 1.51 倍（表 7.9）。應該指出，2010 年至 2015 年，香港債券市場的迅速發展，主要原因是香港金融管理局及特區政府相繼發行了大量的外滙基金票據 / 債券以及政府債券。這幾年，香港新發行港元債務工具總額中，外滙基金票據 / 債券以及政府債券所佔比重約在 88%-92% 之間。

回歸以來，香港債券市場發展的另一個新動力，是人民幣債券市場的發展。2007 年 1 月，中國政府允許內地金融機構在香港發行人民幣債券，為香港債券市場帶來了長期性的戰略發展機遇。同年 6 月，人民銀行和國家發改委共同制訂和發佈了《境內金融機構赴香港特別行政區發行人民幣債券管理暫行辦法》，允許符合條件的境內金融機構赴香港發行人民幣債券，

拉開了香港人民幣債券發行的序幕，為香港債券市場帶來了長期性的戰略發展機遇。

　　2007 年 7 月，國家開發銀行在香港發行第一筆人民幣債券，發售對象為機構及個人投資者，期限兩年，票面年利率 3%。債券發行為 50 億元人民幣，當中零售債券最低發行量約 10 億元人民幣，個人投資者最低認購額 2 萬元人民幣。零售投資者和機構投資者均反應踴躍，錄得近 2 倍的超額認購。與此同時，為了配合香港人民幣債券的發行和二級市場買賣，香港的即時支付系統和香港債務工具中央結算系統分別加入了人民幣清算和處理人民幣債券交易的功能。香港財資市場公會宣佈，該會將由 2007 年 7 月 12 日起為在香港發行的人民幣債券提供每日定價。

　　其後，人民幣債券的發行主體擴大到內地金融機構。2009 年 6 月，滙豐銀行（中國）率先在香港發行 10 億元人民幣債券，成為首家在中國內地以外地區發行人民幣浮息債券的香港銀行的內地子行，債券的主要銷售對象為機構投資者。其後，東亞銀行（中國）向散戶投資者發行人民幣債券。同年 9 月，中國財政部首次在香港發行 60 億元人民幣國債，備受投資者注目。是次發行為香港發展人民幣基準利率創造了條件，使其他人民幣金融產品的訂價機制更具效率。

　　2010 年 2 月，香港金管局就人民幣業務的監管原則作出詮釋，以簡化人民幣的操作安排，就香港發行的人民幣債券而言，發行體類別、發行規模及方式以及投資者主體等方面都沒有具體限制。同年 7 月，中國人民銀行與香港人民幣業務清算行中國銀行（香港）簽署了新修訂的《香港人民幣業務的清算協議》，規定任何公司（包括證券公司、資產管理及保險公司）均可開立人民幣存款帳戶，而個人及公司帳戶間的跨行轉帳亦不再有限制。《香港銀行人民幣業務的清算協議》的簽署，讓更多不同類型的發行體可以在香港債券市場籌集人民幣資金，極大地促進人民幣產品包括債券在香港的發展。

表7.8 1998-2015年香港新發行港元債務工具概況（單位：百萬港元）

年份	外滙基金	政府	法定機構及政府持有的公司	認可機構	本地公司	多邊發展銀行	多邊發展銀行以外的境外發債體	總計
1998	316,850	0	9,171	32,889	7,320	44,502	7,006	417,738
1999	261,443	0	8,931	81,280	26,228	15,920	21,197	414,999
2000	275,036	0	8,325	97,949	17,902	19,330	37,404	455,946
2001	237,009	0	24,075	72,001	5,808	7,462	42,464	388,798
2002	216,228	0	20,760	94,133	9,484	5,200	50,746	396,551
2003	219,648	0	15,724	94,373	5,470	2,641	51,955	389,810
2004	205,986	10,250	17,799	74,289	9,321	3,530	55,649	376,824
2005	213,761	0	8,560	97,795	11,067	1,800	69,014	401,997
2006	220,415	0	17,419	82,242	21,771	2,950	109,297	454,094
2007	223,521	0	19,368	100,143	19,078	1,700	80,977	444,787
2008	285,875	0	24,308	68,029	14,592	3,000	28,556	424,360
2009	1,047,728	5,500	29,852	75,566	19,539	13,145	50,744	1,242,073
2010	1,816,752	18,500	11,187	103,413	13,583	315	32,222	1,995,972
2011	1,841,278	27,500	20,195	136,310	28,282	0	17,779	2,071,345
2012	1,851,575	26,000	12,027	190,078	27,688	790	22,219	2,130,377
2013	2,123,448	30,000	10,665	143,027	25,573	940	23,121	2,356,774
2014	2,177,293	30,800	9,647	127,130	33,278	1,337	50,529	2,430,015
2015	2,242,206	30,400	12,015	136,350	14,186	0	58,859	2,494,017

注：（1）法定機構及政府持有的公司包括香港按揭證券有限公司、香港機場管理局、香港房屋委員會、香港五隧一橋有限公司、九廣鐵路有限公司及香港鐵路有限公司。
　　（2）多邊發展銀行指亞洲開發銀行、歐洲理事會社會發展基金、歐洲鐵路車輛融資公司、歐洲投資銀行、歐洲復興開發銀行、泛美開發銀行、國際復興開發銀行、國際金融公司、非洲開發銀行及北歐投資銀行。

資料來源：《2015 年香港債券市場概況》，香港金融管理局季報，2015 年 3 月。

表7.9　1998-2015年香港未償還港元債務工具概況（單位：百萬港元）

年份	外滙基金	政府	法定機構及政府持有的公司	認可機構	本地公司	多邊發展銀行	多邊發展銀行以外的境外發債體	總計
1998	97,450	0	11,366	161,110	28,286	69,402	25,529	393,143
1999	101,874	0	20,117	177,437	41,219	61,287	37,259	439,192
2000	108,602	0	20,047	189,137	41,970	57,062	55,103	471,921
2001	113,750	0	35,873	178,788	41,703	51,104	72,351	493,548
2002	117,476	0	48,212	184,736	40,245	40,834	99,514	531,018
2003	120,152	0	56,441	196,972	34,519	27,855	121,486	557,425
2004	122,579	10,250	60,186	207,214	35,338	24,735	147,579	607,904
2005	126,709	10,250	57,712	233,422	39,624	21,535	174,247	663,728
2006	131,788	7,700	56,876	241,030	53,864	19,555	237,308	748,141
2007	136,646	7,700	58,476	250,941	62,044	13,155	234,482	764,220
2008	157,653	5,000	64,618	206,471	68,265	14,253	199,943	716,608
2009	534,062	7,000	66,643	194,590	79,962	24,348	200,686	1,108,047
2010	653,138	25,500	60,592	218,886	85,575	15,513	186,166	1,245,654
2011	655,413	49,500	51,034	228,943	97,284	14,731	163,724	1,260,929
2012	657,384	68,500	45,159	263,418	116,188	10,271	147,669	1,308,790
2013	751,151	91,500	39,816	250,104	127,937	10,214	148,698	1,419,420
2014	752,630	98,000	40,990	232,796	137,624	6,101	141,670	1,409,812
2015	828,421	100,400	44,050	242,593	141,659	5,301	162,133	1,524,558

資料來源：香港金融管理局《2015年香港債券市場概況》，香港金融管理局季報，2016年3月。

2010年7月19日，金管局與人民銀行簽訂補充合作備忘錄，以配合經修訂的香港人民幣業務清算協議的落實。

新的制度安排刺激了各種人民幣產品如雨後春筍般出現在香港市場上，並進一步啟動了香港的人民幣債券市場。7月，合和公路基建有限公司及中信銀行國際有限公司分別在香港發行首筆人民幣企業債券及存款證。6月，香港合和公路基建有限公司宣佈發行人民幣債券，成為首家在香港發行人民幣債券的非金融企業。8月，麥當勞發行2億元人民幣債券，成為首家在香港發行人民幣債券的跨國公司。10月，亞洲開發銀行及世界銀行集團旗下的國際金融公司分別宣佈在香港發行人民幣債券。其中，亞行的10年期人民幣債券是在香港發行的人民幣債券中年期最長的；而國際金融公司的發行計劃則是持續在香港發行人民幣債券，為其於中國內地的項目籌資。同月，首個紅籌國企中國重汽發行2年期人民幣債券，籌集資金27億元。據統計，2010年，共有50隻人民幣債務工具（包括債券、存款證、及股票掛鈎票據）在香港發行，總值約427億元人民幣；其中債券佔360億元人民幣，較2009年增加200億元人民幣。發行機構也由國家財政部及內地銀行，擴展至包括香港及跨國企業及國際金融機構。[11]

2010年10月8日，人民銀行推出關於境外人民幣清算行等三類機構運用人民幣投資內地銀行間債券市場的試點安排。根據這新安排，香港人民幣業務的清算行和參加行在得到人民銀行核准後，可以進入內地銀行間債券市場進行債券交易。金

管局將會與人民銀行聯繫落實有關安排的細節，並會就此事向認可機構發出通函。金管局總裁
陳德霖表示："新安排的出台，為香港的人民幣資金和金融機構開通了一條在內地投資的出路。
這可以促進香港人民幣貿易結算業務進一步發展，並增加香港的人民幣離岸業務的吸引力。"
同 11 月 22 日，財政部與金管局簽訂了《關於使用債務工具中央結算系統發行人民幣國債的合
作備忘錄》，為人民幣國債通過金管局提供的債務工具中央結算系統（CMU）債券投標平台招標
發行奠定基礎。財政部宣佈計劃通過 CMU 債券投標平台面向機構投資者發行 50 億元人民幣國
債，分別為 3 年期 20 億元、5 年期 20 億元和 10 年期 10 億元，並且委任交通銀行香港分行作
為發行及交存代理，負責協助辦理人民幣國債具體招標事宜。

　　2011 年 1 月，人民銀行發佈《境外直接投資人民幣結算試點管理辦法》，允許境內非金融
類企業利用人民幣通過設立、併購、參股等方式進行境外投資。香港人民幣離岸市場發展步入
"快車道"。2012 年 6 月 14 日，財政部宣佈中央政府將在香港發行總值 230 億元人民幣的國
債。其中，供機構投資者認購的部分總值 155 億元人民幣，繼續經由金管局的債務工具中央結
算系統（CMU 系統）債券投標平台發行；同時開拓一個新的發行管道，撥出總值 20 億元人民幣
國債以配售方式讓中國內地以外的中央銀行及貨幣管理當局認購。為配合這一新管道，金管局
設立全新的"金管局 CMU 央行配售統籌窗口"，讓有關中央銀行認購此次債券。通過這個窗口
發行的債券的息票率，將與是次發行的相同年期國債的獲接納的投標息票率相同。

　　在中央政府和香港特區政府的政策推動下，香港的人民幣債券市場有了長足的發展：

　　首先，香港人民幣債券發行額逐年上升，2007 年為 100 億元人民幣，2011 年增加 1,080
億元人民幣，4 年間增長了 9.5 倍。2013 年，香港的人民幣債券發行額創下了 1,166 億元人民
幣的紀錄高位。據不完全統計，截至 2013 年底，香港人民幣債券發行共計約 4,000 億元，其
中內地機構和財政部累計在港發行人民幣債券 1,745 億元。2011 年底，香港人民幣債券未償還
總額為 2,085.23 億港元，在第二市場全年成交總額為 3,953.67 億港元；到 2013 年人民幣債券
未償還總額增加到 3,819.83 億港元，在第二市場全年成交總額增加至 6,353.69 億港元，分別
增長了 83.19% 及 66.33%（表 7.10）。

　　其次，發行主體也趨多元化。2007 年
和 2008 年，在香港發行人民幣債券的主體
均為中資機構，而且主要是中資銀行和中國
財政部。2009 年擴大到香港銀行在內地的
分支機構。在香港金管局於 2010 年 2 月發
佈《香港人民幣業務的監管原則及操作安排
的詮釋》之後，海外金融機構、跨國企業和

表7.10 香港人民幣債券市場發展概況 （單位：億港元）				
年份	定息債務工具年底未償還總額	浮息債務工具年底未償還總額	年底未償還總額	在第二市場成交量（價值）
2011	1,699.11	386.12	2,085.23	3,953.67
2012	2,885.72	250.03	3,135.75	5,576.38
2013	3,560.83	259.00	3,819.83	6,353.69
2014	4,238.95	58.00	4,296.95	5,057.49

註：2014 年數字為 7 月底數字。
資料來源：香港金融管理局

表7.11　2007-2013年以來香港發行的人民幣浮息債券			
年份	發行體	發債額 （億人民幣）	參考利率
2007 年	—	—	—
2008 年	—	—	—
2009 年	滙豐銀行（中國）	10	3 個月上海銀行間拆放利率
	國家開發銀行	10	3 個月上海銀行間拆放利率
2010 年	國家開發銀行	20	3 個月上海銀行間拆放利率
2011 年	—	—	—
2012 年	—	—	—
2013 年	滙豐銀行（中國）	10	3 個月上海銀行間拆放利率
	L-Bank	2.5	3 個月人民幣香港銀行間拆放利率
	國家開發銀行	19	3 個月人民幣香港銀行間拆放利率

資料來源：《2013 年香港債券市場概況》，香港金融管理局季報，2013 年 3 月

跨國組織參與到發債主體中來，同時國內在港上市企業也開始利用香港人民幣債券市場的平台融資發展，行業涉及銀行、地產、能源、金融服務、汽車、物流、生物化學、博彩、建築、機械、電力、零售消費等多個行業。

再次，發行的債務工具類型日趨多元化。隨著香港人民幣債券市場發行規模的不斷擴大，尤其是財政部在香港發行的離岸人民幣主權債以來，為人民幣在境外建立了首條基於人民幣的主權債收益率曲線，基於離岸收益率曲線和離岸債券信用差的衍生品產品也在逐步浮出水面。例如，以往所發行的人民幣債券以固定息率為主，但 2013 年共發行了 3 批浮息債券，尤其值得留意的是，德國發債體 L-Bank 在 11 月發行了全球首批與人民幣香港銀行同業拆息掛鈎的人民幣債券（表 7.11）。

近年來，香港的人民幣債券市場有了進一步的發展。2014 年，在香港發行的人民幣債券總額達 1,970 億元人民幣，發債機構逾 100 家；在香港發行的未償還人民幣債券總額達 3,810 億元人民幣。人民幣債券的發債機構類別也越來越多元化。據香港金融管理局的資料顯示，截至 2014 年底，42% 人民幣債券由內地的官方機構、銀行及企業發行，19% 由香港的銀行及企業發行，其餘由海外機構發行。2015 年 5 月，國家財政部在香港發行總額共 140 億元人民幣的國債，其後於同年 11 月中旬宣佈再發行 140 億元人民幣國債，其中通過香港金融管理局的債務工具中央結算系統面向機構投資者、國外中央銀行及地區貨幣管理當局招標發行 120 億元人民幣，以及通過配售銀行及香港交易所平台面向香港居民發行 20 億元人民幣。

總體而言，香港人民幣債券市場的發展，為香港債券市場增添了新的市場主體，豐富了債券幣種，拓展了香港債券市場的融資功能，完善了債券收益率曲線，提高香港債券市場的廣度和深度。與倫敦、紐約等全球性金融中心由股市和債市雙輪驅動的發展模式不同，香港國際金融中心存在著資本結構不平衡的問題，債券市場的發展滯後。因此，香港人民幣債券市場的發展，可吸引更多的機構到香港發債籌資，為香港債券市場的發展提供新的機會，有助於擴充香港的債券規模，從而彌補其作為國際金融中心在資本市場上存在的結構性缺陷。

3.2 雷曼"迷你債券"風波的發生與解決

2008 年美國爆發空前的次貸危機,並引發 2009 年的全球金融海嘯。2008 年 9 月 15 日,美國第四大投資銀行、有著 158 年歷史的雷曼兄弟控股公司(Lehman Brothers Holding Inc.)因投資次級抵押住房貸款產品不當蒙受巨大損失,在所有潛在投資方均拒絕介入之後,被迫申請破產保護。雷曼兄弟的倒閉,導致其之前發行的金融衍生工具信貸掛鈎票據價值暴跌,引發香港眾多投資者的不滿,對香港的金融監管構成嚴峻的挑戰。

根據香港金融管理局的資料,自 2002 年以來,約有價值 202.03 億港元的各種雷曼相關結構性金融產品曾透過香港的銀行授予香港的 43,700 名投資者。其中,迷你債券佔 112 億港元,由約 33,600 人持有。而以私人配售方式分銷、約值 62 億港元的各式雷曼結構性產品,則由 6,130 個銀行帳戶的客戶持有。[12] 其中,迷你債券由 Pacific International Finance Limited(簡稱 PIFL)根據有抵押連續招售債券計劃發行的多個系列的信貸掛鈎票據,由雷曼兄弟的旗下附屬公司 —— 雷曼亞洲安排在香港分銷,新鴻基投資服務公司擔任香港的協調分銷商,並由 16 家零售銀行(包括大眾銀行、大新銀行、上海商業銀行、中信銀行、中國銀行、中國工商銀行、永亨銀行、永隆銀行、交通銀行、東亞銀行、南洋商業銀行、集友銀行、創興銀行、富邦銀行、豐明銀行,以及蘇格蘭皇家銀行)等,以及數家證券經紀行(包括新鴻基投資、花旗、渣打、中銀香港、工銀亞洲等)分銷。

在雷曼兄弟發行的相關結構性金融產品中,迷你債券在香港是發行量最大、涉及面最廣。雷曼迷你債是一種可贖回的信貸掛鈎票據,以迷你債券的名稱推出市場,這些產品不屬於香港證監會認可的基金範圍,其結構上屬於香港《公司條例》下的債權證,包含複雜的衍生安排。大部分的迷你債券投資者將其認為是收益較高的存款替代產品,根本無法接受其本金可能無法收回的結果。由於投資者直接接觸的是零售銀行,在購買過程中甚至沒有注意到其與雷曼兄弟公司的關係,他們對於銀行的不滿急劇上升。金融危機期間,大量投資者投訴銀行等銷售機構採用不當手法銷售雷曼迷你債,要求全額賠償。香港證監會及香港金融管理局收到涉及雷曼迷你債券不良銷售手法的投訴有幾萬件。部分雷曼迷你債券的投資者成立了"雷曼兄弟苦主大聯盟",組織數百人上街遊行要求政府介入,調查銀行及證券行銷售人員有否誤導投資者,並研究賠償的問題。

雷曼迷你債券事件在香港引發了對監管當局的不信任空前危機。2008 年 10 月 22 日,香港立法會通過無約束力的動議,譴責香港特區政府在此事件中監管不力。期間,泛民主派促請立法會引用特權法成立委員會調查事件,被民建聯及工聯會一致投反對票否決。其後,議案再次被提請,金融界立法會議員兼東亞銀行主席李國寶去信要求各議員不要引用特權法調查銀

雷曼投資者到銀行抗議，堅持百分百賠償。

行，但立法會仍以高票通過引用特權法成立委員會調查事件。2008 年 9 月，立法會引用《權力及特權法》，成立雷曼迷債事件小組委員會，對雷曼事件進行調查。立法會的雷曼小組委員會的調查歷時 3 年 8 個月，共舉行超過 100 場聽證會，傳召約 60 名政府、監管機構和銀行等證人作供。委員會於 2012 年 6 月發表調查報告，對金管局當時的總裁任志剛予以"譴責"，對證監會當時的主席韋奕禮表示"極度失望"，並對財政司司長曾俊華和財經事務及庫務局局長陳家強表示"失望"。[13]

調查報告就適用於投資產品要約的披露制度、對註冊機構及員工操守的監管、處理投訴及解決糾紛、投資者保障、投資者教育等方面提出政策性建議，並認為："有鑒於雷曼事件，由金管局與證監會共同監管銀行證券業務的現行規管架構大致上並不奏效。政府當局及監管機構應研究可否將銀行經營的證券業務納入證監（作為證券期貨業的監管機構）的監管範圍。此舉將更能確保銀行與證券經紀行所進行的受規管活動受到一致的監管。"[14]

2009 年 7 月，在香港監管機構的壓力下，16 家銀行同意回購散戶投資者手中的雷曼兄弟迷你債，向符合條件的投資者償還所投資款項的 60% 左右。但迷你債券投資者認為，銀行是以不正當手法引誘客戶投資，堅持要求 100% 退回本金，並走上了長達數年之久的索賠之路。2011 年 3 月 27 日，在金管局、證監會的大力干預下，16 家銷售雷曼迷你債券的銀行與大多數購買迷你債券的投資者達成回購和解協定。16 家分銷銀行同意向合資格客戶收回抵押品並為其提供額外特惠款項，其中約有 3.5 萬名被界定為非專業投資者的個人投資者取回 88.8 億港元，大部分散戶投資者取回的款項總額約相當於最初投資額的 85% 至 96.5%。不過，其後仍有部分雷曼投資者到銀行抗議，堅持百分百賠償。

當時，香港銀行公會主席和廣北表示，目前達成的和解協定已是為客戶爭取到的最佳結果。香港證監會總裁韋奕禮表示，在雷曼兄弟倒閉後的初期，一般認為沒有可能取回任何抵押品款項，"現在我們能夠做出取回抵押品的安排，顯示監管當局在市場發生事故後能夠發揮重要作用，迅速落實有效而穩健的應對措施"。不過，有評論就認為，雷曼迷債事件暴露了香港金融監管的漏洞。要堵塞監管漏洞，必須從體制上著手完善。監管當局加強對銀行銷售衍生產品的規範，防止有毒債券再次流入市面，才是杜絕問題的治本之道。

4. 資產管理／基金業的新發展

資產管理業亦即基金管理業，是香港金融業中的一個重要行業。

香港的基金管理業起步較晚，到1980年代進入第一個黃金發展時期。

到1990年代中期，香港發展為亞洲地區僅次於日本的第二大投資基金管理中心。

不過，回歸以來，在特區政府的大力推動下，香港的資產管理業取得了強勁的發展，

並成為亞太區主要的資產管理中心。

4.1 回歸後資產管理／基金業的新發展

香港的基金主要有兩種，一種是英式的"單位信託基金"（Unit Trust Fund）；另一種是美式的"互惠信託基金"（Mutual Fund）。1997 年回歸以後，香港基金業面臨來自其他國際金融中心特別是新加坡的激烈競爭。亞洲區這兩個國際金融中心在基金業發展方面幾乎處於同一水平。就所管理的資產來看，2001 年，香港和新加坡分別管理著 1,900 億美元和 1,600 億美元，遠遜於在全球居領導地位的倫敦和紐約，也落後於以本地市場為主的東京。就互惠基金的滲透率而言，香港還不如新加坡，新加坡為 14%，香港僅為 9%，卻比美國的 52% 相差甚遠。此外，兩地也只有少量的交易所買賣基金。

回歸後，為了提高對新加坡的競爭力，推動香港成為亞洲區主要的基金管理中心，特區政府加大了對基金業的支持。由財政司司長成立的財經市場發展專責小組成立了一個基金管理工作小組，研究有關政策支持事項。2003 年 3 月，財政司司長梁錦松在 2003-2004 年度財政預算案中首次公開表示，香港正逐步發展成為亞洲基金管理中心，基金業正成為香港金融業的龍頭活動。為此，預算案提出了一系列促進基金業發展的具體政策措施。其後，香港特區政府又先後在 2005 及 2006 年財政年度宣佈為離岸基金提供豁免利得稅優惠及撤銷遺產稅等舉措，以鼓勵國際投資者在香港持有資產。與此同時，香港證監會致力於構建一個全新的、更具靈活性的基金監管架構，致力發展具寬度及深度的優質基金市場。

不過，從 2009 年起，基金業再度取得快速的發展。2015 年，香港的基金管理業務合併資產增加到 173,930 億港元，比 2000 年增長了 10.7 倍，年均增長率達 20% 以上。其中，由持牌法團、註冊機構及保險公司提供的財務資產管理達 122,590 億港元，基金／投資組合提供

表7.12 香港資產管理業發展概況 （單位：10億港元）

年份	資產管理業務	顧問業務	其他私人銀行活動	認可的房地產基金	基金管理業務合併資產	合併資產年增長率(%)
2000 年	1,485	—	—	—	1,485	—
2001 年	1,484	141	—	—	1,625	9.2
2002 年	1,491	144	—	—	1,635	0.6
2003 年	2,250	209	488	—	2,947	80.2
2004 年	2,741	241	636	—	3,618	22.8
2005 年	3,242	330	916	38	4,526	25.1
2006 年	4,134	552	1,415	53	6,154	36.0
2007 年	6,511	712	1,934	66	9,631	56.5
2008 年	3,070	810	1,287	46	5,850	-39.3
2009 年	5,824	921	1,688	74	8,507	45.4
2010 年	6,841	917	2,230	103	10,091	18.6
2011 年	5,762	889	2,263	124	9,038	-10.4
2012 年	8,246	1,488	2,679	174	12,587	39.3
2013 年	11,417	1,661	2,752	177	16,007	27.2
2014 年	12,770	1,611	3,095	206	17,682	10.5
2015 年	12,259	1,268	3,666	200	17,393	-1.6
2016 年	12,824	1,199	4,059	211	18,293	—

資料來源：香港證券監察委員會《香港基金業活動調查》，2000-2016 年。

的投資顧問服務達 12,680 億港元，註冊機構向私人銀行客戶提供的財務服務達 36,660 億港元，分別比 2003 年的 22,500 億港元、2,090 億港元和 4,880 億港元增長了 4.68 倍、6.71 倍和 5.91 倍（表 7.12）。不過，受周邊經濟環境影響，2015 年香港的基金管理業務合併資產輕微下降 1.6%。

基金管理業務的強勁增長是由於香港資產管理市場能夠提供多種不同類型的證監會認可的單位信託基金及互惠基金予投資者。根據香港證監會的統計，2015 年，在總額為 135,270 億港元的持牌法團、註冊機構及保險公司的資產管理及顧問業務中，政府基金佔 10.4%，退休基金佔 9.6%，強積金佔 4.4%，機構性基金佔 24.2%，私人客戶（富人）基金佔 8.2%，證監會認可的零售基金（共同基金、交易所上市基金等）佔 11.5%，包括對沖基金、私募股權基金、海外零售基金、保險投資組合等的其他基金佔 31.7%。其中，以退休基金、機構性基金和政府基金及其他基金等是發展最快的組別；而機構性基金及其他基金合共佔持牌法團、註冊機構及保險公司的資產管理及基金顧問業務總值為 55.9%。[15]

2015 年，香港證監會與中國證監會合作，共同推出了以具開創性的內地與香港基金互認安排為核心的新策略。同年 7 月 1 日，兩地基金互認安排正式實施，為擴大香港與內地的市場融合及聯繫奠定基礎。安排實施後運作順利。截至 2016 年 6 月 30 日，香港證監會及中國證券監督管理委員會在基金互認安排下分別認可了 37 隻內地基金及 6 隻香港基金。2016 年 6 月，香港立法會通過《2016 年證券及期貨（修訂）條例草案》，將新的開放式基金型公司結構引入香港。此舉將提供了多一項基金結構選擇，讓開放式投資基金除了以單位信託形式成立外，也能以公司形式成立，從而令基金經理在成立基金方面享有更大的靈活性。香港證監會作為負責開放式基金型公司的註冊及監管的主要監管機構，將會透過引入相關附屬法例和規例，以協助政府建立開放式基金型公司制度。這兩項措施進一步鞏固和提升了香港作為國際資產管理中心的吸引力和競爭力。

4.2 對沖基金市場的新發展

對沖基金又稱避險基金或套利基金（Hedge Fund），是指由金融期貨、金融期權等金融衍生工具與金融組織結合後，用高風險投機為手段而以盈利為目的的金融基金。而根據香港證監會的定義，就是"凡採用另類投資策略、追求絕對回報、除管理費外亦額外徵收業績表現費，以及賦予基金經理投資授權，容許他們有更大的彈性去轉換策略的基金，一般均被視為對沖基金"。[16]

對沖基金起源於 1950 年代初的美國。當時的操作宗旨在於利用期貨、期權等金融衍生產品以及對相關聯的不同股票進行買空賣空、風險對沖的操作技巧，在一定程度上可規避和化解投資風險。不過，對沖基金的發展則始於 1980 年代。當時，金融自由化為對沖基金提供了更廣闊的投資機會。1990 年代，隨著金融工具的日趨成熟和多樣化，對沖基金進入了蓬勃發展的階段。據英國《經濟學人》的統計，從 1990 年到 2000 年，3,000 多個新的對沖基金在美國和英國出現。對沖基金中，最著名的是美國的量子基金和老虎基金，它們都曾創造過高達 40% 至 50% 的複合年度收益率。1997 年 7 月，量子基金大量賣空泰銖，迫使泰國放棄維持已久的與美元掛鈎的固定滙率而實行自由浮動，從而引發了亞洲金融危機。危機中，量子基金和老虎基金試圖狙擊港元，迫使香港金融管理局動用龐大外滙儲備入市干預。

踏入 21 世紀，隨著對沖基金越來越成為投資界的一種重要工具，特區政府也開始採取一系列措施吸引規管良好的對沖基金經理來港發展，推動對沖基金的發展。2002 年，證監會先後發表《指數基金指引》、《對沖基金指引》及《對沖基金彙報規定指引》，使香港的散戶投資者亦有機會投資於對沖基金。2005 年 9 月，鑒於對沖基金業不斷增長，證監會修訂了《對沖基金指引》，以進一步加強對投資者利益的保障，提高市場的透明度。根據這些指引，證監會對對沖基金的監管，主要集中在以下幾方面：

（1）向對沖基金經理發牌。凡從事資產管理／顧問業務的對沖基金經理必須獲證監會發牌。基金經理必須證明本身已具備專業知識、財政資源、適當內部監控及風險管理系統，才可獲得證監會發牌。2004 年 10 月，證監會成立了專責小組，處理對沖基金經理的牌照申請。自該小組成立以來，截至 2006 年 6 月 30 日，證監會已處理 54 宗來自對沖基金經理的牌照申請，當中有 44 宗獲批准或原則上批准，使香港成為全球其中一個最先允許向散戶銷售對沖基金的司法管轄區。

（2）監察中介人。2005 年，證監會選取了一批對沖基金經理作為樣本，進行調查，目的是審查這些對沖基金經理的基礎設施及公司管治、投資策略、風險控制、槓桿借貸、投資估值、解決利益衝突等事宜，以評估對沖基金經理的可接受程度。證監會與若干主要經紀會面，討論

香港證監會為法定機構，其工作由《證券及期貨條例》界定及規限。

他們就對沖基金所採取的風險管理監控措施。

（3）為向公眾發售的對沖基金進行產品認可。證監會認可的對沖基金都屬零售性質，這些基金必須按照《對沖基金指引》遵從特定的資訊披露規定及實施結構上的保障措施。該指引特別強調以下方面：對沖基金經理的資歷；對沖基金經理的風險管理及內部監控措施及系統；資訊披露；及其他結構上及運作上的保障措施。其中一個採用的監管做法是"市場劃分"的概念。在確認公眾對更廣泛的投資選擇有需求的同時，證監會認為需要以審慎、按部就班的方式向零售投資者推出複雜的新產品。《對沖基金指引》規定不同類別的對沖基金的最低認購金額門檻。

2007 年 6 月，為了進一步促進對沖基金的發展，證監會發出《證監會採取務實的處理方法向基金經理發牌》的通函，簡化及釐清了基金經理的發牌程序，為那些已在其他司法管轄區獲發牌或註冊為投資經理或顧問，以及合規紀錄良好和只為專業投資者服務的公司，提供了簡化的發牌程序。簡化發牌程序後，證監會處理對沖基金經理的牌照申請平均所需時間縮短約 40%，由 2007 年 6 月的 12 個星期減至 2009 年 8 月的 7 個星期。同年 10 月，證監會授予認可基金經理更大的靈活性，准許他們將投資管理職能轉授海外公司。在推出這項措施前，基金管理公司一般是在香港或實施相若則的"認可監察制度"內進行投資管理運作的。這一安排為全球各地最熟悉當地市場的資產管理專才打開門戶，讓他們可以向香港的認可基金提供投資管理服務。

在特區政府及市場的推動下，回歸以來香港對沖基金也有了較快的發展。據統計，2004 年 3 月底至 2006 年 3 月底期間，香港的對沖基金經理、對沖基金的數目以及管理資產總額均獲得顯著的增長。其中，對沖基金經理從 58 家增加到 118 家，增幅高達 1 倍；對沖基金數目從 112 個增加到 296 個，基金管理資產總值從 91 億美元增加到 335 億美元，兩年間分別增長 1.64 倍和 2.68 倍。到 2006 年 3 月底，首 20 名最大規模的對沖基金經理當中（按管理的資產計算），其中 13 名是來自美國、英國及日本的對沖基金經理的聯屬公司，佔該 20 名最大規模的對沖基金經理所的管理的資產總值的 72%。[17] 據 AsiaHedge 報導，2005 及 2006 年，在香港新成立的亞洲對沖基金的數目是亞洲區內之冠。以這些新基金的資產總值計算，香港在 2005 及 2006 年亦在亞洲區內排名榜首，隨後的是日本、澳洲及新加坡。[18]

2008 年，由於受到全球金融海嘯的衝擊，對沖基金發展受到較大的衝擊。不過，2009 年 3 月底，對沖基金管理的資產總值仍維持在 553 億美元，是 2004 年的 6 倍。危機過後，對沖基金再度迅速發展。根據 2013 年 3 月底證監會對持牌基金經理／顧問的對沖基金活動的一項調查，截止到 2014 年 9 月底，香港對沖基金的數目已達到 778 個，對沖基金管理的資產總值達 12,090 億美元，超越了 2008 年 3 月的 901 億美元的高峰，分別比 2004 年 3 月底的 112 個和 91 億美元增長了 5.95 倍和 131.86 倍（表 7.13）。2014 年 9 月底，對沖基金經理及相關機構的數目為 401 家，比 2004 年 3 月底的 58 家大幅增長了 5.91 倍。這些對沖基金主要投資於亞太區市場，所佔份額為對沖基金管理資產總值的 63.9%，其中香港和中國內地佔 31.7%。這些基金的投資者中，美洲及歐盟的投資者佔在香港管理資產總值的 61.3%，而香港投資者則佔 7.9%。[19]

表7.13　香港對沖基金數目及管理資產總值

	對沖基金數目（個）	管理資產總值（10 億美元）	對沖基金經理及相關機構數目（家）
2004 年 3 月底	112	9.1	58
2005 年 3 月底	199	17.5	102
2006 年 3 月底	296	33.5	118
2007 年 3 月底	389	63.6	-
2008 年 3 月底	488	90.1	-
2009 年 3 月底	542	55.3	209
2010 年 9 月底	538	63.2	302
2012 年 9 月底	676	87.1	348
2014 年 9 月底	778	120.9	401

資料來源：香港證監會《證監會持牌基金經理／顧問的對沖基金活動調查報告》，2006 年 10 月、2009 年 9 月、2011 年 3 月、2013 年 3 月和 2015 年 3 月

4.3 交易所交易基金（ETF）市場的發展

交易所交易基金又稱 "交易型開放式指數證券投資基金"（Exchange Traded Funds，簡稱 ETF），是一種跟蹤 "標的指數" 變化、在交易所上市交易的、基金份額可變的一種開放式基金。由於 ETF 對投資者來說具有許多優點，如因分散投資，降低了投資風險；兼具股票和指數基金的特色；結合了封閉式與開放式基金的優點；交易成本低廉；可以當天套利等等。ETF 最早起源於加拿大，在美國獲得快速的發展。從 1993 年底到 2003 年底，美國 ETF 基金資產從 4.64 億美元增長至 1,509.83 億美元，10 年間增長了 324 倍。

香港的 ETF 起步發展晚，首隻 ETF 產生於 1999 年，"它是在 1997 年亞洲金融危機的大背景下誕生的，肩負著不平凡的歷史使命"。[20] 1998 年 8 月，面對國際投機資本的衝擊，香港特區政府動用約 1,000 億港元大量買進恆生指數股，以穩定股市及維持聯繫滙率制度。危機過後，為了有序地出售政府手中的這批股票，儘量減小對市場的影響，香港證監會審批了香港的第一隻 ETF ── "盈富基金"。當時，香港並沒有針對 ETF 的監管框架。證監會通過與港交所、政府及證券商、基金經理等通力合作，解決了首次在香港發行 ETF 的一系列關於莊家制度、股票沽空、印花稅等等主要難題。1999 年 11 月 12 日，盈富基金在港交所上市，首次公開發售的規模為 333 億港元（約 43 億美元），是當時亞洲（除日本以外）最大型的首次公開發售。

2003 年 4 月，新修訂的《證券及期貨條例》正式生效，標誌著香港證券市場的一個重大監管變革，其中一大特色就是賦予了集體投資計劃（CIS）一個非常靈活的監管框架。同年 10 月，證監會在新條例的框架下推出跟縱指數交易所買賣基金的監管指引，由於以被動方式管理且與

香港首隻 ETF 盈富基金的推出大受市民及投資者歡迎。

指數掛鈎的 ETF 所具有相對簡單的投資目標和策略以及較高的透明度，指引簡化適用於這些 ETF 的規定，同時豁免其無須遵守《單位信託及互惠基金守則》的若干規定。該指引為市場提供了一個適當的的 ETF 監管框架，其目的就是要消除若干阻礙該類基金在香港發展的監管限制，同時確保投資者的權益得到保障。另外，證監會和港交所還訂立了明確的分工，前者主要負責審批及認可 ETF，而後者則負責 ETF 上市的交易和結算工作。

由於該指引所採納的取向具靈活性，對於促進各種不同類型的交易所買賣基金在香港的推出，發揮了積極的作用。2004 年，證監會審批了首隻跟蹤中國 A 股市場的交易所買賣基金 —— iShares 安碩新華富時 A50 中國指數 ETF。這是全球第一隻讓境外投資者可以涉足中國 A 股市場的 ETF。由於該基金必須將資金悉數投入由一家特定金融機構發行的股票掛鈎投資工具，藉此跟蹤相關 A 股指數的表現，這種做法並不符合《單位信託及互惠基金守則》的規定。證監會在充分考慮了多項因素後，包括直接投資於 A 股市場的法例限制、股票掛鈎投資工具發行商的信譽、銷售文件已加強披露基金詳情、甄選股票掛鈎投資工具發行商的原則等，決定透過單位信託委員會豁免該基金遵守上述規定。這一做法為認可其他交易所買賣基金鋪路，包括 2006 年 11 月跟蹤印度市場表現的交易所買賣基金面世。

A50 還具有另外一層劃時代的象徵意義，它是合成模擬 ETF 發展一個重要的里程碑。通過合成模擬方法，ETF 可以提升效率及降低成本，運用金融衍生工具跟蹤市場的表現。對於監管合成 ETF，證監會主要從兩個方面監管：其一是確保風險可控，證監會要求合成 ETF 必須遵守分散對手風險，跟同一發行商所買入的金融衍生工具的淨值不得超過合成 ETF 資產淨值的 10%。為符合這項規定，合成 ETF 一般會使用不同的交易對手，及通過持有抵押品以減低就單一交易對手所承擔的風險。其二，要求合成 ETF 每天向公眾披露和更新他們的對手風險及每月更新抵押品的資訊，讓投資者能夠及時地衡量風險。另外，證監會要求合成 ETF 在其的證券簡稱（stock short name）加上一個 "x" 的符號，以協助投資者識別。[21]

2007 年，證監會審批了首隻跟蹤商品期貨指數的交易所買賣基金。該基金的目標是跟蹤一項成立多年、為最多人參考的商品期貨指數的表現，即所跟蹤的是商品期貨指數，而不是《單位信託及互惠基金守則》所規定的只限於股票、債券或其他證券指數，因而並不符合認可的規定。但當時證監會考慮到《單位信託守則》雖已限定基金可跟蹤的若干指數類別，但也為跟蹤指數的篩選細則制訂了指導原則，證監會考慮到該基金所跟蹤的商品期貨指數，符合可接受指數的指導原則，因此給予認可寬免。與此同時，由於這項指數對香港的散戶投資者來說是嶄新的產品，證監會與發行商達成協議，加強披露基金詳情，就基金、指數和相關風險向投資者提供充足的資料；同時更和發行商合作，推行與商品指數投資有關的投資者教育活動，從而推動了香港首隻跟蹤商品期貨指數的交易所買賣基金的誕生。

　　2008 年金融海嘯後，為了配合市場的發展趨勢，證監會採取了一系列有效的措施支持 ETF 市場的發展，包括批准以法團形式成立的 ETF 豁免遵從《證券及期貨條例》關於披露權益的規定，豁免遵從《證券及期貨（在證券市場上市）條例》關於成為或聘用認可股份登記機構的規定，為不同法律形式成立的 ETF 提供公平的競爭環境，並使香港的監管與國際標準接軌。2009 年 5 月，證監會與台灣金融監督管理委員會就 1996 年雙邊簽署的《諒解備忘錄》簽署附涵，以推動兩地互認對方的 ETF 及安排 ETF 跨境上市。同年 8 月，香港 ETF 在台灣證券交易所順利上市，而台灣 ETF 亦於 2009 年 8 月在香港聯交所掛牌上市。ETF 在台灣市場相互掛牌上市，不但標誌著香港與台灣在金融合作方面邁出歷史性的一步，更代表著內地、香港與台灣三地市場透過香港這道橋樑，得以建立更緊密的連系。

　　2016 年 2 月，香港證監會發出一份通函，列出證監會在考慮認可以 ETF 為結構的槓桿及反向產品時所依據的規定。該規定旨在保障投資大眾的利益，及維護香港市場穩健。同年 6 月，證監會認可首批槓桿及反向產品，並先後在 4 月及 6 月認可首隻原油期貨 ETF 及首批採用多櫃台模式的 ETF。這些產品令市場的產品種類更多元化，及為投資者帶來更多選擇，亦標誌著香港 ETF 市場發展的一個重要里程碑。

　　2008 年以來，香港的 ETF 取得了快速的發展，成為全亞洲規模最大及最活躍的 ETF 市場之一。香港 ETF 的種類繁多，主要包括以香港股份為相關資產的 ETF，如盈富基金（股份代號 2800）、恆生 H 股 ETF（2828）、恆生指數 ETF（2833）等；以中國年代及海外股份為相關資產的 ETF，如安碩富時 A50 中國指數 ETF（2823）、安碩 BSE SENSEX 印度指數 ETF（2836）、領先環球 ETF（2812）等；以商品為相關資產的 ETF，如領先商品 ETF（2809）；SPDR 金 ETF（2840）等；以香港債券為相關資產的 ETF，如 ABF 香港創富債券指數基金（2819）；沛富基金

表7.14 香港交易所交易基金（ETF）市場發展概況

年份	發行數目（隻）	市值（億港元）	全年交易額（億港元）
2005	8	541.34	—
2006	9	734.84	578.19
2007	17	1,056.23	1,605.65
2008	24	2,664.75	4,411.03
2009	43	4,968.13	4,996.86
2010	69	6,963.45	6,044.58
2011	77	7,121.38	5,452.95
2012	100	8,398.02	5,520.79
2013	116	5,388.92	9,031.32
2014	122	5,594.91	11,676.77
2015	133	4,771.43	21,709.59

注：發行數目和市值為年底數值；交易額只包括港元的成交金額。
資料來源：香港交易所

（2821）等；以及試驗計劃下的 ETF，如 iShares MSCI 南韓指數基金（4362）；iShares MSCI 台灣指數基金（4363）等。

據統計，2008 年底，在香港上市的 ETF 只有 24 隻，ETF 的總市值為 2,664.75 億港元；但到 2014 年底，在香港上市的 ETF 已增加到 122 隻，ETF 的總市值增加到 5,594.91 億港元，分別比 2008 年增長 4.01 倍和 102.23%。2013 年，ETF 的全年成交額為 9,031 億港元，比 2008 年的 4,411.03 億港元增長 1.10 倍；以全年成交金額計算，2015 年 ETF 全年交易額為 21,709.59 億港元，比 2008 年的 4,411.03 億港元大幅增加了 3.92 倍（表 7.14）。根據香港證監會的市場調查，截至 2016 年 3 月 31 日，按市值計算，香港是亞洲第二大的 ETF 市場。[22]

4.4 QDII與RQFII計劃的實施及內地基金業來港發展

香港回歸以來，在資產管理／基金業的快速發展中，香港與內地的合作業扮演了重要的角色。2007 年初，香港有投資銀行遊說中央政府，要求允許中國內地投資者投資一系列範圍廣泛的海外資產，從而使香港既成為一個投資流出管道，也成為投資目的地。首先提出的概念是 "港股直通車"，即允許境內投資者通過在中國銀行等試點商業銀行開立境外證券投資外滙帳戶，並委託這些商業銀行在香港的證券公司開立代理證券帳戶，直接投資香港證券市場交易的證券。這一政策的最初設想來源於天津濱海新區與中銀國際的業務交流。

2007 年上半年，"港股直通車"（through-train）作為國家對濱海新區諸項優惠政策中在資本項目下的一項特殊政策，上報國務院後獲得了批覆。同年 8 月 20 日，國家外滙管理局發佈《開展境內個人直接投資境外證券市場試點方案》後，中國銀行天津分行擬推出的個人投資港股業務。港股直通車計劃的公佈，立刻引發香港股市大漲，當年恆生指數一度衝上 32,000 點水平。不過，其後，有國內金融專家上書國務院，陳述 "港股直通車" 開放後可能對國家金融安全產生的危害。10 月 16 日，中國證監會主席周小川表示，港股直通車的本質是放寬境內個人對外投資的限制，政策的影響層面廣，所以當局需要時間進行測試，在技術上作出準備工作。其後，港股直通車計劃被擱置。

與此同時，QDII 計劃卻被順利推出。所謂 "QDII"，即英文 "Qualified Domestic Institutional Investor" 的首字縮寫，意即 "合格境內機構投資者"，是指在人民幣資本項下不可兌換、資本市場未開放條件下，在一國境內設立，經該國有關部門批准，有控制地允許境內機構投資境外資本市場的股票、債券等有價證券投資業務的一項制度安排。QDII 最初由香港特區政府部門提出，獲得中央有關部門接納。與 CDR（預托證券）、QFII（外國機構投資者機制）一樣，QDII 是在外滙管制下內地資本市場對外開放的權宜之計。由於人民幣不可自由兌換，

CDR、QFII 在技術上有著相當難度，相比而言，QDII 的制度障礙則要小很多。該制度設立的目的，是為了"進一步開放資本帳戶，以創造更多外滙需求，使人民幣滙率更加平衡、更加市場化，並鼓勵國內更多企業走出國門，從而減少貿易順差和資本項目盈餘"。

2007 年 4 月，香港證監會與中國銀監會簽訂了《諒解備忘錄》，容許內地商業銀行代客進行境外理財（即 "QDII"）時可以投資於香港的上市股票和認可基金。這使香港成為內地商業銀行可代客投資的首個離岸市場。同年 6 月，中國證監會公佈了《合格境內機構投資者境外證券投資管理試行辦法》，規定獲得 QDII 資格的基金管理公司和證券公司，將允許投資於已與中國證監會簽署雙邊監管合作《諒解備忘錄》的監管機構轄下的市場上市的境外股票及其他指定證券。由於香港與內地經濟聯繫密切，擁有成熟、具深度及流動性高的市場及一系列多元化的投資產品，聚集大量熟悉國際市場又富有內地經驗的金融專才，並且已建立具世界級水平的監管制度，香港成為 QDII 基金的首選投資市場之一。

在 QDII 制度安排下，香港證監會積極推動將香港發展成為落實 QDII 計劃的首選平台，積極吸引內地資產經理來港展開業務。2008 年 5 月，中國證監會頒佈《關於證券投資基金管理公司在香港設立機構的規定》，准許內地基金管理公司根據《內地與香港關於建立更緊密經貿關係的安排》補充協議四申請批准來港設立機構。2007 年 9 月以後，內地首批 QDII 基金相繼在香港推出。根據香港證監會在 2007 年度的一項問卷調查，香港共有 17 名基金經理報稱源自內地 QDII 業務的資產總值達到 1,300 億港元。[23] 對香港基金管理業而言，內地 QDII 業務無疑提供了另一個重要的資金來源。

不過，首批發行的 QDII 基金，推出不久遭遇到 2008 年美國次貸危機和 2009 年全球金融海嘯的打擊。這些基金相繼跌破單位淨值，嚴重打擊了投資者對 QDII 基金的信心。及至 2011 年以後，QDII 基金再度起步發展。據香港證監會的統計，2011 年，在香港管理並來自 QDII 的內地資產總值達到 620 億港元，比 2010 年下跌約 19.5%。到 2015 年，在香港管理並來自 QDII 的內地資產總值達到 1,450 億元，比 2011 年增長 1.34 倍。這些 QDII 資產當中有超過一半投資於亞太地區，其中，約 44% 投資於香港，10% 投資於亞太區其他市場，其餘 46% 則投資於北美、歐洲和其他地區。[24]

隨著人民幣國際化的推進，香港離岸人民幣業務的發展，RQFII 的推行也提到議事日程上。2011 年 8 月 17 日，國務院副總理李克強在香港出席國家 "十二五" 規劃與兩地經貿金融合作發展論壇，並發表演講，闡述中央政府關於支持香港進一步發展，深化內地與香港經貿金融等方面合作若干新的政策措施。新措施允許以人民幣境外合格機構投資者方式（Renminbi Qualified Foreign Institutional Investor，簡稱 RQFII）投資境內證券市場，起步金額為 200 億元人民幣；同時將在內地推出港股組合 ETF（交易所交易基金），允許內地港資法人銀行參與共同基金銷售業務。

RQFII 又稱"小 QFII"或"人民幣 QFII"，是金融業界借 QFII 名稱的一種稱呼，實際上是指海外人民幣可通過投資內地而回流的一個機制。RQFII 主要是指在港中資證券及基金公司通過募集境外人民幣投資 A 股市場發行的基金。它與由外資機構募集美元獲批後再轉換為人民幣直接投資 A 股的 QFII[25]有所不同。RQFII 的推出就是為了讓境外人民幣有管制地回流，有利於擴大人民幣貿易結算的廣度和深度。2011 年 12 月 16 日，中國證監會、人民銀行、外管局聯合發佈《基金管理公司、證券公司人民幣合格境外機構投資者境內證券投資試點辦法》，允許符合條件的基金公司、證券公司香港子公司作為試點機構開展 RQFII 業務，同時規定試點機構投資於股票及股票類基金的資金不超過募集規模的 20%。

根據《試點辦法》，試點機構的資格條件是：在香港證券監管會取得資產管理業務資格並已經開展資產管理業務，財務穩健，資信良好；公司治理和內部控制有效，從業人員符合香港地區的有關從業資格要求；申請人及其境內母公司經營行為規範，三年未受到所在地監管部門的重大處罰；申請人境內母公司具有證券資產管理業務資格。在資產託管方面，試點機構開展境內證券投資業務應當委託具有 QFII 託管人資格的境內商業銀行負責資產託管業務；在投資運作方面，試點機構可以在經批准的投資額度內投資於人民幣金融工具，為控制風險，不超過募集規模 20% 的資金投資於股票及股票類基金；在監督管理方面，證監會依法對試點機構的境內證券投資實施監督管理，央行依法對試點機構在境內開立人民幣銀行帳戶進行管理，外管局依法對香港子公司的投資額度實施管理，央行會同外管局依法對資金滙出入進行監測和管理。

2012 年 12 月，RQFII 機制正式啟動，香港證監會陸續認可了 19 隻在香港作公開銷售的非上市 RQFII 基金，其獲批的 RQFII 總投資額度為 190 億元人民幣。這些基金由合資格的內地基金管理公司及證券公司的香港附屬公司管理，將在香港籌集的人民幣資金直接投資於內地的債券及股票市場。2012 年 1 月，證監會認可全球首隻以人民幣計價及交易的黃金交易所買賣基金，該基金成為香港第一隻人民幣 ETF。同年 4 月，中國證監會宣佈將 RQFII 計劃的投資額度增加人民幣 500 億元。2012 年 6 月，證監會認可首隻在聯交所上市並以人民幣計價的 RQFII A 股 ETF。該 ETF 直接投

表7.15 內地企業來港開設持牌法團或註冊機構概況（單位：家）

年度	來港設立分支機構的內地金融機構	內地金融機構設立的持牌法團或註冊機構	內地證券公司設立的持牌法團	內地期貨公司設立的持牌法團	內地基金管理公司設立的持牌法團	內地保險公司設立的持牌法團	其餘從事其他業務設立的持牌法團或註冊機構
2010 年 3 月	43	127	44	6	6	5	66
2011 年 4 月	51	152	56	6	9	7	74
2012 年 5 月	62	168	69	8	13	8	70
2013 年 5 月	73	196	85	8	16	9	78
2014 年 5 月	82	222	92	10	20	11	89
2015 年 5 月	93	239	97	10	21	13	98
2016 年 3 月	N.A	270	111	12	25	13	109

資料來源：香港證監會《基金管理活動調查》

資於國內 A 股市場，藉以追蹤 A 股指數的表現。據統計，截至 2016 年 3 月底，證監會共認可了 222 隻人民幣投資產品，包括 94 隻 RQFII／人民幣滬港通基金（其中 69 隻非上市基金及 215 隻 ETF 基金）、80 隻具人民幣特色的非上市結構性

表7.16 香港證監會認可的內地基金數及管理資產淨值

	2008 年	2010 年	2012 年	2013 年	2014 年	2015 年
基金數目	46	81	161	194	253	283
資產淨值（億港元）	296	532	1357	1451	1891	N.A

資料來源：香港證監會：《基金管理活動調查》，相關年份

投資產品、27 隻內地與香港基金互認安排下的獲認可內地基金，以及其他基金 21 隻。[26]

　　隨著香港與內地基金業合作日趨緊密，越來越多內地相關金融機構來港開展業務。據香港證監會的統計，2010 年 3 月底，約有 43 家內地企業在香港設立了合共 127 家持牌法團或註冊機構。而到 2015 年 5 月底，來香港設立分支機構的相關內地企業增加到 93 家，設立的持牌法團或註冊機構達到 239 家，分別增長 116% 和 88%（表 7.15）。2008 年，香港證監會認可的內地基金為 46 隻，管理的資產淨值為 296 億港元；到 2014 年分別增加到 253 隻及 1,891 億港元，分別增長了 4.5 倍和 5.4 倍（表 7.16）。

4.5 強制性公積金制度的形成與建立

　　1970 年代，隨著香港經濟起飛、本地居民人均壽命提高、生育率下降，香港開始步入老齡化社會。這一時期，養老保障發展相對滯後引起廣泛關注。1993 年 10 月 15 日，香港政府開始實施《職業退休計劃條例》（Occupational Retirement Schemes Ordinance），並同時成立了職業退休計劃註冊處，旨在通過註冊制度來監管所有自願性退休計劃，確保計劃妥善運作，保護參加計劃的僱員的利益。該條例規定，所有僱主必須為其在香港營辦的自願退休計劃向職業退休計劃註冊處申請註冊。條例使自願計劃運作進一步規範，但是同時也對僱主設立自願計劃提高了門檻，使計劃覆蓋範圍有限且增長緩慢。截至 1999 年底，全香港共有 19,285 個自願退休計劃，其中註冊計劃為 17,347 個，豁免計劃 1938 個，覆蓋人數為 92.3 萬人，僅佔當時香港全部就業人口 340 萬人的三分之一。[27]

　　1995 年 7 月 27 日，香港立法局三讀通過了《強制性公積金計劃條例》（Mandatory Provident Fund Shchemes Ordinance）的主體法例。1998 年 3 月，香港特區政府修改了主體法例的部分條文，並制訂了兩套附屬規例，即《強制性公積金計劃（一般）規例》（Mandatory Provident Fund Shchemes（General）Rugulation）和《強制性公積金計劃（豁免）規例》（Mandatory Provident Fund Shchemes（Exemotion）Rugulation），前者用以規範強積金計劃運作，後者旨在規定豁免受條例約束的準則和規定。

　　1998 年 9 月，香港特區政府成立法定機構——強制性公積金管理局，並於 1999 年 4 月

2017 年強基金推出重要改革措施 "預設投資策略"。

接管了強積金辦事處的職能。2000 年 1 月，積金局接管特區政府財經事務局轄下的職業退休計劃註冊處的工作，承擔起執行職業退休計劃條例的法定職能。2000 年 12 月 1 日，強制性公積金（Mandatory Provident Fund Schemes，簡稱 "強積金"）制度正式實施，年齡介乎 18 至 65 歲的僱員和自僱人士均須參加強積金計劃。為了加強對強積金計劃的監管，積金局成立強積金計劃運作檢討委員會。香港立法會也根據需要，對強積金計劃進行修訂，先後通過《2002 年強制性公積金計劃（修訂）條例》、《2002 年強制性公積金計劃（修訂）（第 2 號）條例》及《2006 年強制性公積金計劃（一般）（修訂）規例》等，一個被香港稱之為香港有史以來規模最龐大的社會計劃全面實施。

強積金計劃實施以來發展迅速，成為現階段香港養老體系最重要的支柱。據統計，截止 2016 年 6 月底，香港 381 萬就業人口中，參加強積金計劃的僱員及自僱人士分別為 348 萬 32 萬。其中，參與強積金計劃的僱主、僱員及自僱人士的比例分別達到 99%、100% 及 68%。另外，有 12% 的就業人口參加其他退休保障計劃，如公務員退休金計劃及獲強積金豁免的職業退休計劃。12% 的就業人口沒有法律責任參與任何退休計劃，他們大部分均為家務人員及 65 歲以上或 18 歲以下僱員。其餘 4% 就業人口則仍未參加強積金計劃。[28]

據統計，2001 年 2 月底，即強積金計劃推出初期，香港共有 51 個註冊計劃，包括 47 個集成信託計劃、2 個僱主營辦計劃及 2 個行業計劃；共核准成份基金數 299 隻，其中，強積金保守基金 51 隻，貨幣市場基金 10 隻，保證基金 40 隻，債券基金 8 隻，混合資產基金（當時稱為 "均衡基金"）138 隻，股票基金 54 隻；資產淨值 115.60 億港元，平均每檔基金的資產淨值為 3,866.22 萬港元。到 2016 年 9 月底，香港的強積金註冊計劃減少至 38 個，包括 35 個集成信託計劃、1 個僱主營辦計劃及 2 個行業計劃。不過，核准成份基金數則增加至 462 隻，其中，強積金保守基金 38 隻，貨幣市場基金及其他基金 9 隻，保證基金 25 隻，債券基金 49 隻，混合資產基金 168 隻，股票基金 173 隻；資產淨值則增加到 6,554.85 億港元。[29]

5. 保險業轉型與發展

回歸以來，香港保險業也經歷了轉型發展，

總體而言是一般保險業務增長放緩，

長期保險業務特別是與投資相連的保險業務和銀行保險業務增長強勁。

香港進一步演變成為高度國際化的區域性保險中心。

5.1 一般保險業務的轉型與發展

1997 年回歸以後，隨著香港製造業大規模轉移到廣東珠三角地區，以及相繼受到亞洲金融危機、美國 "9·11" 事件以及 SARS 等一系列事件的衝擊，香港的一般保險業務進入一個困難時期。1997 年亞洲金融危機爆發後，各行業都處於低潮，保險公司的營業額及保費都大幅下降。再加上保險公司過多，承保能力過剩，導致競爭更趨激烈，保費率下降，經營成本上升，經營日趨困難。1998 年，一般保險保費，無論毛保費還是淨保費都出現負增長；1999 年，一般保險業務的毛保費及淨保費分別為 165.32 億港元和 111.28 億港元，比 1998 年下降 8% 和 9%，其中，貨運業務的毛保費下跌 24.4%，佔毛保費總額 28% 的最大業務類別財產損壞業務下跌 13.3%，汽車業務下跌 12.5%；而承保虧損額則高達 13.79 億港元。

2001 年 9 月 11 日，美國發生震動全球的 "9·11" 恐怖襲擊事件，對全球一般保險業務構成了嚴重打擊，香港也不例外。香港保險業的保費率大幅提高，受影響行業包括航空、貨運、汽車、勞工、旅遊、意外等。其中，貨運的戰爭保險保費增加了 1-10 倍，珠寶商的保費增加了數成。長期以來，香港一般保險業務中的法定保險業務，由於競爭激烈以及嚴重的定價不足，出現連年虧損。其中，勞工保險已經連續 10 年虧損，汽車第三者責任保險也已經連續 6 年虧損。2003 年，受到 SARS 疫症的衝擊，保險業的承保風險及相關保費進一步提高。香港一般保險業務進入一個低增長時期。

據統計，從 2000 年至 2014 年，香港一般保險直接承保毛保費從 176.78 億港元增加至 450.04 億港元，14 年間增長了 1.55 倍；淨保費從 121.32 億港元增長至 301.65 億港元，增長了 1.49 倍；承保利潤則從 2002 年的 12.43 億港元增加到 2014 年的 30.39 億港元，12 年間增

表7.17 回歸以來香港一般保險業務發展概況（單位：億港元）

年份	毛保費	淨保費	承保利潤／（虧損）
1997	194.83	126.35	（-0.59）
1998	179.31	122.21	（-7.04）
1999	165.32	111.28	（-13.79）
2000	176.78	121.32	（-5.59）
2001	194.36	127.93	（-4.73）
2002	234.48	159.03	12.43
2003	247.66	170.45	13.43
2004	234.78	165.78	19.57
2005	225.46	156.42	24.97
2006	229.58	161.98	20.67
2007	242.71	170.58	23.01
2008	267.16	188.25	12.84
2009	285.65	205.30	24.08
2010	310.55	217.36	25.19
2011	348.35	237.61	26.27
2012	392.05	269.98	20.43
2013	417.98	288.60	30.04
2014	450.04	301.65	30.39
2015	459.61	320.85	16.97

資料來源：香港保險業監理處

長了 1.44 倍（表 7.17）。2014 年，香港一般保險業務中，以意外及健康險、一般法律責任險、財產損壞險、汽車險為主，分別佔一般保險業務毛保費的 25.6%、24.6%、19.9% 及 10.7%。不過，值得注意的是，2015 年，儘管香港一般保險業務繼續發展，毛保費和淨保費都所提升，但承保利潤則從 2014 年的 30.39 億港元大幅下降到 16.97 億港元，降幅為 44.2%。

5.2 長期保險業務的發展與轉型

不過，這一時期，香港的長期保險業務卻獲得了強勁的增長。1997 年香港回歸時，香港領有保險牌照的公司數目，按人口密度計排在世界前列位置。但是，當時香港居民購買保險意欲相較歐美國家卻明顯地偏低。當年，香港購買壽險的保單總數為 344.47 萬張，約佔全香港人口的 53%；[30] 而歐美發達國家的壽險受保人士往往佔總人口的八成，日本甚至高達九成。顯而易見，香港的壽險業務的發展相對仍然滯後，業內收益和盈利增長潛力巨大。1997 年，國際信貸評級機構標準普爾宣佈，給予香港壽險業務前景正面評價，而對一般保險前景則為負面。

2000 年 2 月，特區政府經過長期醞釀，正式推出強積金計劃。政府立法規定，從 2000 年 10 月起，香港所有僱員和僱主都須定期向私營的退休金計劃作出供款。對於參與該計劃的保險公司來說，強積金計劃的推行將帶來重要的商機，當時估計該計劃將有約 200 億港元供款交由保險公司或銀行聯同聯繫的信託公司管理，並有助於擴大保險公司的客戶基礎及向這些客戶推銷公司的保險產品。2001 年，中國入世和美國 "9·11" 事件的爆發，對香港保險業產生了深遠的影響。中國加入世貿組織和開放保險市場，刺激更多的國際性保險集團以香港作為其亞太區總部拓展中國市場；而 "9·11" 事件則令更多的香港人對生命、保健、甚至對物質的價值觀產生了調整，對防止恐怖活動的意識提高，對積累財產和退休保障的意識也在提高，對保險產品的需求明顯加大。

在種種利好因素刺激下，香港的長期保險業務發展進入黃金時期。據統計，從 2000 年至 2007 年，香港非投資相連個人人壽業務的保單保費從 64.98 億港元增加至 199.71 億港元，7 年間增長 2.07 倍；同期，投資相連個人人壽業務的保單保費更從 37.87 億港元增加至 602.73

億港元，7 年間增長 14.92 倍。投資相連個人人壽業務的大幅增長，推動了新造成長期保險業務從 2000 年的 102.84 億港元增加到 2007 年的 802.44 億港元，7 年間增長 7.80 倍。不過，2008 年全球金融海嘯後，投資相連個人人壽業務的監管漏洞明顯暴露，投資者信心嚴重受挫，相關業務受到了較大的衝擊，致使長期保險業務總體增長放緩，至 2012 年仍然未能回復 2007 年的歷史水平。2013 年，新造個人人壽業務保單保費首次超過 2007 年的最高水平，到 2015 年達到 1,312.73 億港元，比 2009 年的 451.84 億港元大幅增長了 1.91 倍。其中，非投資相連保單保費達到 1,204.35 億港元，比 2009 年的 303.95 億港元大幅增長了 2.96 倍，而投資相連保單保費則下滑至 102.43 億港元，只及 2007 年高峰期時的 16.99%（表 7.18）。資料顯示，投資相連產品至今遠未恢復元氣。值得一提的是，2015 年，香港保險業向內地發出新造人壽保單達 24.95 萬份，涉及保單保費達 316.44 億港元，佔 2015 年香港新造個人人壽業務總額的 24.2%。

表7.18 回歸後香港新造個人人壽業務保單保費（單位：億港元）

年份	非投資相連	投資相連	總額
1997	44.73	17.86	62.60
1998	48.22	22.52	70.74
1999	64.00	32.54	96.54
2000	64.98	37.87	102.84
2001	80.91	51.27	132.18
2002	118.90	56.57	175.48
2003	161.19	80.66	241.85
2004	191.06	181.54	372.60
2005	238.79	214.71	453.51
2006	205.66	319.44	525.10
2007	199.71	602.73	802.44
2008	237.62	356.75	594.37
2009	303.95	147.90	451.84
2010	380.23	199.24	579.47
2011	489.38	209.26	698.64
2012	581.76	171.01	752.78
2013	696.40	199.16	887.51
2014	928.42	161.10	1,089.52
2015	1,204.35	102.43	1,312.73

資料來源：香港保險業監理處

5.3 銀行保險的興起與發展

回歸以來，香港保險業務的另一個重要發展趨勢就是銀行保險業務的快速發展。銀行保險在香港的發展，其實可追溯到 1960 年代銀聯保險和 1970 年代的信諾環球保險（CIGNA）。1965 年，由恆生銀行牽頭，股東包括永隆銀行、永亨銀行和東亞銀行創辦的銀聯保險，可以説是香港最早的由保險公司主導的銀行保險業。信諾環球保險也是香港銀行保險的先驅者之一，1979 年信諾環球保險即開始與銀行及信用卡公司合辦市場直銷活動，透過郵寄宣傳單張及電話銷售擴大自己的銷售網絡。不過，香港銀行保險的全面運作，應該從 1990 年代中期開始。1995 年，瑞士豐泰人壽保險有限公司的全資附屬公司 —— 瑞士豐泰個人理財服務的創辦，可以説是銀行保險業務在香港全面起動的開始。

1997 年 7 月爆發的亞洲金融風暴，造成了香港地產泡沫的破滅和銀行高息的市場環境，直接影響到銀行邊際利潤日益收窄。恆生保險總經理及承保業務主管周耀明先生指出：銀行做保險早在 1970 年代已開始，但一般而言，由於當時利息是銀行的主要收入來源，銀行的職員都沒有認真去做。但是，1990 年代中後期，由於利息不在是銀行的主流，如恆生銀行，2007 年度 182 億港元的利潤中，就有 20 多億港元來自保險。因此，1997 年以後，大部分大中型銀行憑藉其龐大的客戶網絡和專業服務，透過本身直屬的保險公司或透過聯盟的合作形式，大舉進軍香港保險市場，將銀行保險推廣至零售銀行的前線業務上。隨著金融危機後貸款需求及利息收入不斷下降，保險計劃作為銀行非利息收入業務，進一步發展成為銀行銷售的重要產品之一。回歸以來，各銀行保險業務中，以滙豐、恆生、中銀香港等三大銀行集團做得最突出。

表7.19 香港銀行推出的主要保險產品

銀行	保險產品
花旗銀行	享裕人生保障計劃、"智選雙全保" 保障計劃
滙豐銀行	旅遊萬全保、保險計劃
渣打銀行	人壽保障計劃、人壽保險服務
恆生銀行	"月薪退休保" 計劃、"每月教育基金保" 計劃、"豐盛人生" 保險計劃、"全面為你" 女性保險計劃、"黃金十年" 保險計劃、"源源生息" 保險計劃、"優遊生活" 退休保險計劃、"今日未來" 人壽保險計劃、"置安心" 保險計劃、家庭僱傭保障計劃、個人意外保障計劃、"歲歲健康" 醫療保險計劃、"每年定期保" 壽險計劃、住院保障計劃、"鐘點家傭" 保障計劃、中國內地意外急救醫療保障計劃、女性門診醫療保健計劃、兒童門診醫療保健計劃、"信用卡周全保" 意外保障計劃、家居保障計劃
東亞銀行	中國旅遊保、中國緊急支持保、家居保、全年旅遊保、住院醫療保障計劃、住院現金保障計劃、優越醫療保障計劃、綜合危疾寶、綜合意外保、目標儲蓄寶、寫意人生退休計劃、耆康寶、智迅人壽終身寶、開心 100 保、至愛女性保、盈康寶、創富儲蓄寶、高爾夫球綜合保、門診醫療保障計劃、家傭保、開心置業寶、定期人壽保險、寶寶儲蓄寶
中國銀行	康俊住院保險計劃、康儷住院保險計劃、康健住院現金保險計劃、家傭綜合險、個人保險、工商保險
中國工商銀行（亞洲）	家居保、商鋪綜合保險、家庭僱傭保險計劃、"保一世" 院現金保險計劃、商業辦公室保障計劃、旅遊保險計劃、"智才 21" 儲蓄保障計劃、"尊貴人生" 儲蓄保障計劃、"金輝歲月" 退休保障計劃、"五光拾息" 儲蓄保險計劃、"八年好合" 儲蓄計劃、"無憂歲月" 終身保險計劃、富盈終身分紅保險計劃、"彩虹歲月" 終身保險計劃、親子戶口
星展銀行	"Life 100" 終身保障計劃、"萬健寶" 醫療保障計劃、意外保障、家傭保障、旅遊保障、全年旅遊保障、家居保障、中國醫療支持計劃、"人生共步" 儲蓄投資人壽系列—親子、"人生共步" 儲蓄投資人壽系列—俊傑、"人生共步" 儲蓄投資人壽系列—慧妍、RetireRich 退休入息計劃
美國銀行	個人意外保險、醫療保險、穿梭中國醫療保證卡、家傭保險、綜合人才保險、旅遊保險、終身醫療保障計劃、"你的健康" 保障計劃、家居財物保險
交通銀行	"醫療寶" 保障計劃、i.15/20 壽險計劃（特別版）、"愛逍遙" 退休計劃、保費歸還住院保障計劃、"快儲寶" 儲蓄附約
永隆銀行	家居綜合保險、旅遊保險
永亨銀行	"醫療快線" 中國保證卡、"樂優遊" 旅遊保險計劃、業主保障計劃
富邦銀行	家居財物保險計劃、旅遊保險計劃、"至富" 儲蓄保障計劃、保險服務
大新銀行、豐明銀行	"秀慧" 真女性儲蓄保障計劃、"晉傑" 男性儲蓄保障計劃、尊貴人生保障計劃、"中港樂" 人身意外綜合保障、"安居樂" 家居物品保障計劃、附加保障計劃、"旅遊樂" 旅遊保障計劃、超級教育保障計劃、儲蓄保障計劃
中信嘉華銀行	旅遊保險計劃、"展望成才" 壽險計劃、"生命儲蓄保" 壽險計劃及 "生命多利保" 壽險計劃、家居財物保險計劃、智裕儲蓄保、保證退休入息保、尊貴一生、宏利智富錦囊、永明 "豐庫錦囊" 計劃

資料來源：陳連華主編《港金融理財產品手冊》，上海財經大學出版社，2006 年 12 月。

在香港，銀行保險所推銷的保險產品，可謂五花八門，各種各樣，一應俱全。其中，與理財相關的主要包括：推出與按揭貸款相聯繫的保險產品，如渣打銀行推出的樓宇按揭供款保障計劃，為那些因非自願失業或傷殘導致喪失工作能力的樓宇按揭客戶代為繳付樓宇按揭供款，該計劃的賠償期限為 6 個月，最高賠償金額為 20 萬元，可為失業者暫緩失業後的供款負擔，保證失業者的正常生活；推出與信用卡有關的壽險產品，如花旗銀行與友邦保險聯合推出的"保事雙成"計劃，友邦保險為寶通信用卡和大來信用卡持有者提供 10 萬港元的免核壽險保單，保戶可以用信用卡支付保險費；推出強積金產品，如滙豐銀行通過旗下公司提供一站式強積金服務，包括信託、託管、投資及行政管理，並通過滙豐和恆生的所有分行網絡銷售強積金產品（表 7.19）。

據統計，截至 2016 年 9 月底，香港獲授權的保險公司達 161 家，包括從事一般保險業務公司 94 家，從事長期保險業務公司 48 家，從事綜合業務公司 19 家；保險代理商 2,479 家，個人代理人 59,024 人；獲授權保險經紀的數目 750 個，獲授權保險經紀的行政總裁及業務代表的數目 9,358 個。經過多年的激烈競爭，香港保險公司的業務集中度已越來越高。根據 2014 年的統計數字，在一般保險業務，首 10 家公司毛保費所佔市場份額達 45.3%，首 20 家公司毛保費所佔市場份額達 64.4%。其中，佔前 5 位的分別安盛保險（8.4%）、Zurich Insurance Company Ltd（6.1%）、保柏（亞洲）（5.4%）、中國太平保險（香港）（4.7%）及中銀集團保險（4.2%）（表 7.20）；而在長期保險業務，2014 年香港共有 33 家保險公司承保新造個人人壽業務，其中有 13 家保險公司承保的新造個人人壽業務保費超逾 10 億港元，其中 4 家超過 100 億港元，這 13 家公司承保的保費佔長期保險業務市場份額的 93.9%。其餘 20 家公司承保的新造保單保費均少於 10 億港元，佔市場份額的 6.1%。[31]

表7.20　2014年按一般保險業務整體毛保費收入計算的10大保險公司		
保險公司排名	毛保費（百萬港元）	市場佔有率（%）
1　安盛保險有限公司	3,651	8.4
2　Zurich Insurance Company Ltd	2,657	6.1
3　保柏（亞洲）有限公司	2,352	5.4
4　中國太平保險（香港）有限公司	2,044	4.7
5　中銀集團保險有限公司	1,843	4.2
6　昆士蘭聯保保險有限公司	1,763	4.0
7　美亞保險香港有限公司	1,551	3.6
8　中海石油保險有限公司	1,452	3.3
9　亞洲保險有限公司	1,255	2.9
10　安盛金融有限公司	1,161	2.7
十大保險公司在 2014 年的毛保費收入總額	19,729	45.3

資料來源：香港保險業監理處《年報 2015》

注 釋

〔1〕　香港金融管理局新聞稿：《關於香港銀行試辦個人人民幣業務的新聞公佈》，2003 年 11 月 18 日。

〔2〕　張灼華：《拓展香港人民幣投資產品市場正當時》，中國證券報，2011 年 9 月 8 日。

〔3〕　郭國燦：《回歸十年的香港經濟》，香港：三聯書店（香港）有限公司，2007 年，第 40 頁。

〔4〕　鄭宏泰、黃紹倫：《香港股史：1841-1997》，香港：三聯書店（香港）有限公司，2006 年，第 470 頁。

〔5〕　鄭宏泰、黃紹倫：《香港股史：1841-1997》，香港：三聯書店（香港）有限公司，2006 年，第 469 頁。

〔6〕　祁保、劉國英、John Newson、李銘普：《十載挑戰與發展》，香港：香港聯合交易所，1996 年，第 53 頁。

〔7〕　祁保、劉國英、John Newson、李銘普：《十載挑戰與發展》，香港：香港聯合交易所，1996 年，第 54 頁。

〔8〕　參閱《H 股 20 年：改變了內地企業改變了香港市場》，上海證券報，2013 年 8 月 6 日。

〔9〕　潘清：《滬港通兩周年運行平穩》，人民日報（海外版），2016 年 11 月 21 日。

〔10〕　"CMU 債券報價網站" 的網址為 https://www.cmu.org.hk/cmupbb_ws/chi/page/wmp0100/wmp010001.aspx。

〔11〕　參閱《2010 年香港債券市場概況》，香港金融管理局季報，2011 年 3 月，第 4 頁。

〔12〕　香港特別行政區立法會：《研究雷曼兄弟相關迷你債券及結構性金融產品所引起的事宜小組委員會報告》，2012 年 6 月，第 24 頁。

〔13〕　香港特別行政區立法會：《研究雷曼兄弟相關迷你債券及結構性金融產品所引起的事宜小組委員會報告》，2012 年 6 月，第 193-196 頁。

〔14〕　香港特別行政區立法會：《研究雷曼兄弟相關迷你債券及結構性金融產品所引起的事宜小組委員會報告》，2012 年 6 月，第 211-212 頁。

〔15〕　香港證券及期貨監察委員會：《2015 年基金活動調查》，2016 年 7 月，第 10 頁。

〔16〕　香港證監會：《有關持牌基金經理所管理的對沖基金的調查報告（2004 年 3 月 31 日至 2006 年 3 月 31 日）》，2006 年 10 月，第 2 頁，香港證券及期貨監察委員會網站。

〔17〕　香港證監會：《有關持牌基金經理所管理的對沖基金的調查報告（2004 年 3 月 31 日至 2006 年 3 月 31 日）》，2006 年 10 月，第 9-10 頁，香港證券及期貨監察委員會網站。

〔18〕　韋奕禮（Martin Wheatley）：《香港基金管理業展望》，2007 年 2 月 1 日，第 2 頁，香港證券及期貨監察委員會網站。

〔19〕　香港證監會：《證監會持牌基金經理／顧問的對沖基金活動調查報告》，2015 年 3 月，第 4-5 頁。

〔20〕　張灼華：《ETF 及其它指數產品發展》，2011 年 5 月 13 日，第 1 頁，香港證券及期貨監察委員會網站。

〔21〕　張灼華：《ETF 及其它指數產品發展》，2011 年 5 月 13 日，第 2-3 頁，香港證券及期貨監察委員會網站。

〔22〕　香港證監會：《2015 年基金管理活動調查》，2016 年 7 月，第 6 頁。

〔23〕　香港證券及期貨監察委員會：《2007 年基金管理活動調查》，2008 年 7 月，第 4 頁。

〔24〕　香港證券及期貨監察委員會：《2015 年基金管理活動調查》，2016 年 7 月，第 18 頁。

〔25〕 QFII 是英文 Qualified Foreign Institutional Investors 的簡稱，意為合格的境外機構投資者，是指允許經核准的合格外國機構投資者，在一定規定和限制下滙入一定額度的外滙資金，並轉換為當地貨幣，通過嚴格監管的專門帳戶投資當地證券市場，其資本利得、股息等經批准後可轉為外滙滙出的一種市場開放模式。

〔26〕 香港證券及期貨監察委員會：《2015 年基金管理活動調查》，2016 年 7 月，第 17 頁。

〔27〕《香港金融十年》編委會：《香港金融十年》，中國金融出版社，2007 年，第 127 頁。

〔28〕 香港強制性公積金管理局：《強制性公積金計劃統計摘要》，2016 年 9 月，第 1 頁。

〔29〕 香港強制性公積金計劃管理局：《強制性公積金計劃統計摘要》，2016 年 9 月，第 7-8 頁。

〔30〕 由於許多人不只購買一份保險，實際比重遠低於這一水平。2000 年 5 月香港壽險總會副主席安德生（Roddy Anderson）就認為，全港購買人壽保險的人數不足四成。

〔31〕 香港保險業監理處：《年報 2015》，第 56 頁。

2013 年香港交易所新一代數據中心啟用。（供圖：香港交易所）

第八章
特區政府的金融政策與金融監管

1. 特區政府的金融政策

1997年香港回歸後，香港的金融業進入了一個新的歷史發展時期。

具有憲法地位的香港《基本法》第109條規定：

"香港特別行政區提供適當的經濟和法律環境，以保持香港的國際金融中心地位。"

《基本法》並列明繼續保障金融企業和金融市場的經營自由；

繼續開放外滙、黃金、證券及期貨等市場；

資金自由進出；港幣繼續流通，自由兌換。

1.1 香港特區政府金融政策的主要內容

從總體來看，經過 1980 年代中期以來的演變，回歸後香港特區政府的金融政策的主要內容是：

第一，建立了以分業監管為主的金融監管架構。

從國際上看，金融監管主要可劃分為兩種模式，即分業監管和混業監管。1930 年代經濟大蕭條後，美國頒佈《格拉斯—斯蒂格爾法案》（Glass-Steagall Act），將投資銀行業務和商業銀行業務嚴格地劃分開，使美國金融業形成了銀行、證券分業經營的模式。在美國的影響下，日本、英國等一些西方發達國家金融業也形成了分業經營模式。不過，到了 1980-90 年代，隨著金融全球化的發展，非銀行的金融機構紛紛侵入商業銀行的貸款業務，而商業銀行也開始積極向投資銀行滲透，對分業經營和監管模式形成了挑戰。1997 年，英國政府對金融監管體制進行全面改革，整合了原有金融監管機構的職能，成立英國金融服務局（Financial Service Authority，簡稱 FSA）[1]，對金融業行使統一的監管權。1999 年，美國政府頒佈了《金融服務現代化法》，取消了對混業經營的禁令。但美國拒絕了英國的"統一監管"模式，選擇了"功能監管"方法，

香港金融管理局辦公地點位於香港國際金融中心二期 55 樓。

即對於擁有銀行、證券和保險子公司的金融控股公司,由銀行監管機構、證券監管機構和州保險監管機構分別對其相應的業務或功能進行監管,包括制定各自的監管規章、進行現場和非現場檢查、行使各自的裁決權等;同時,由美聯儲擔任"牽頭監管者",對金融控股公司進行總體監管。

香港實行的基本上是美國的分業監管模式。在特區政府的總體架構中,分別設立了香港金融管理局、證券及期貨事務監察委員會、保險業監理處,以及強制性公積金計劃管理局。其中,金融管理局成立於 1993 年,作為香港的中央銀行,主要負責通過穩定管理外滙基金、執行貨幣政策及其他適當措施,維持貨幣滙率的穩定;通過對銀行業的有效監管,確保銀行體系的安全和穩定發展,提高金融體系的效率。證券及期貨事務監察委員會成立於 1989 年,作為一個獨立的法定組織,負責執行監管證券及期貨市場的法例,促進和推動證券及期貨市場的發展。證監會並取代信託基金委員會,成為基金業的監管機構。金管局與證監會保持密切聯繫,由於香港銀行經營的證券及相關業務不斷增長,兩機構的聯繫日趨緊密。根據相關條例,認可財務機構都需要接受金管局的監管,認可財務機構如要進行受證監會監管的活動,必須在證監會註冊。

而保險業監理處成立於 1990 年,是特區政府財經事務及庫務局轄下的一個部門,專責執行《保險公司條例》,以加強對保險公司及相關人員的監管,確保保單持有人或潛在保單持有人的利益獲得保障,以及促進保險業的整體穩定。香港特區政府並計劃設立獨立的保險業監管局。2015 年 7 月 10 日,香港特區立法會通過《2014 年保險公司(修訂)條例草案》,訂明將成立獨立保險業監管局,並為保險中介人設立法定發牌制度,取代現行自律規管制度。強制性公積金計劃管理局成立於 1998 年,作為獨立的法定組織,主要負責監管和監察強積金的運作,確保有關人士遵守強積金條例。積金局與證監會的職責之間也存在關聯,包括根據《證監會強積金產品守則》及相關條例審查及授權強積金產品及相關推銷,註冊及核准投資經理及監控投資經理在投資管理強積金產品時的操守,對提供強積金產品相關服務的投資顧問及證券商所推行的活動進行監督等。

第二,積極推進金融體制改革,加強和完善對金融業的監管,全面與國際監管標準接軌。

從 1980 年代中期開始,香港政府在金融監管政策上的一個重要轉變,就是以英美等西方國家的監管模式為藍本,加強和完善對金融業的監管,全面與國際慣例接軌。1984 年銀行危機期間,香港政府邀請英格蘭銀行金融專家理查·法蘭特來港就香港銀行業監管提出全面意見,並在此基礎上制定 1986 年《銀行業條例》。新條例引進了對認可機構資本與風險資產比率和流動資金比率的有關規定。其後,香港政府根據巴塞爾銀行監管委員會制定的《巴塞爾協定》的要求,對香港金融體制中各類認可機構的資本充足比率、流動資金比率、資產品質等,提出了調

1999 年香港聯合交易所會員就交易所與期交所合併計劃進行投票。

整和實施方案,將戰後建立的以公開儲備為基礎的直接監管制定,改革為一套以資本為基礎的銀行監管制度。

1997 年回歸後,特別是亞洲金融危機後,香港特區政府根據巴塞爾委員會和國際顧問公司的建議,展開了一次前所未有的金融業監管制度改革,改革的深度和廣度超過了香港金融業發展史上的任何一次改革。改革最重要的內容之一,就是將 1988 年以來建立起來的以資本為基礎的監管制度,轉變為以風險為本的監管制度,從而使香港銀行業的監管制度出現了質的飛躍,達到了國際先進水平。其後,巴塞爾銀行監管委員根據國際金融業發展的新形勢,於 2007 年制定並實施《巴塞爾協定二》;2008 年全球金融危機後又著手制定並於 2013 年開始分階段實施《巴塞爾協定三》。香港特區政府成為全球首先引進和實施這些協定的國家和地區之一。

在證券市場,1987 年全球股災後,香港政府聘請英國著名證券業專家戴維森檢討證券市場存在問題,其後,香港政府根據戴維森報告書的建議,對香港的證券及市場展開全面的整頓和改革,內容包括重組香港聯交所管理架構、大幅擴大香港證券及期貨監察委員會的權力,重新釐定聯交所與證監會的監管許可權與職責,積極吸納和引進國際證券機構,大力發展中國概念股和 H 股等，從而將香港證券及市場提升至現代化、國際化的先進水平。1999 年 3 月，香港特區政府發表《證券及期貨市場改革的政策性文件》，推出一項重大的三管齊下的市場改革方案，內容包括：交易所和結算公司實施股份化和合併；全面改革證券及期貨市場的規管制度；以及改善金融市場基礎措施。根據改革方案，2002 年 3 月，立法會三讀通過新的《證券及期貨條例》以取代以往眾多的證券條例，標誌著香港新的證券及期貨市場的監管制度全面實施。這些改革措施，使得香港的證券監管制度與國際標準全面接軌。

第三，政府監管與行業自律並重，推動金融業穩健發展的同時高度重視保持市場彈性和活力。

長期以來，香港政府由於奉行積極不干預的經濟政策，十分重視發揮市場的自動調節作用，強調行業自律。在證券及期貨業，1988 年，香港政府根據戴維森報告書展開全面改革，就高度重視推動香港聯合交易所的架構重組，使聯交所從過去的"私人俱樂部"轉變為證券及期貨市場的前線監管機構。2000 年，在香港特區的積極推動下，香港聯交所、期交所和三家結算公司實現合併，註冊成立香港交易及結算所有限公司，並在香港掛牌上市，從而使香港交易所從會員制的組織形式股份制的上市公司，與國際一流交易所全面看齊，真正發揮交易所一線監管的重要重要。

在保險業，1988 年，在香港政府的推動下，作為保險業行業自律組織的香港保險業聯會成立。其後，保聯會與保監處形成監管分工，保聯會負責保險業的前線自律監管。保聯會成立後積極推動業內自律行動，包括制定一般保險業慣例聲明及長期保險慣例聲明，供一般保險總會和壽險總會的會員遵守；同時成立保險索償投訴局。1993 年，保聯會推出《保險代理管理守則》，建立起保險業中介人自律監管制度。回歸後，香港特區政府進一步改善保險業中介人自律監管制度，推出了保險中介人素質保證計劃，並計劃設立設立保單持有人保障基金。

在基金管理業，香港證監會在加強及完善監管的同時，積極推動基金管理業的發展。特區政府將對基金業的監管目標，定為"香港政府及監管當局均致力發展具寬度及深度的優質市場"，目的是推動香港成為亞洲區內"一個主要的基金管理中心"。根據監管目標和監管原則，證監會大幅修訂了《單位信託及互惠基金守則》，以採納一套全新的、更具靈活性的基金認可制度。為了回應市場投資需求，證監會在執行守則過程中，不斷對守則作出適當增補及細節上的修訂，透過通函向市場發出額外指引市場提供額外指引，藉此簡化監管程序，減低市場參與者的交易成本，提高市場效率，及促進新產品的引進和開發，推動了基金業的大發展。

這一時期，香港金融業的監管，強調在"政府直接監管及業界之律監管兩者之間，必須取得平衡"，重視建立"以公眾利益為依歸的自律監管機制"。這一監管模式，有利於監管當局在維持有效監管的同時，發揮行業和市場人士的積極性，保持市場的活力。

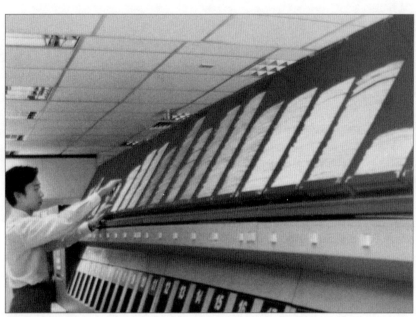

成立於 1997 年的香港中央結算有限公司一角。

第四，實施一套以維持和鞏固港元聯繫匯率制度為基石和核心的貨幣政策，以維持香港金融環境的穩定。

港元聯繫匯率制是 1980 年代初特殊政治、經濟危機下的產物。為了維持和鞏固聯繫匯率制度，回歸前香港政府進行了一系列金融體制改革，包括推出新會計安排、實施流動資金調節機制，建立即時支付結算系統等。回歸後，在亞洲金融危機期間，聯繫匯率制度受到空前的衝擊，特區政府又推出一系列完善聯繫匯率制度的改革措施，包括建立貼現窗制度，以及建立"兌換保證"，即以貨幣發行局制度的原理來進一步改善聯繫匯率制度的運作。及至 2003 年至 2005 年期間，由於美元疲弱和人民幣升值引致港元匯率不穩，金管局又推出了三項優化措施，包括強方兌換保證、改變"弱方兌換保證"的匯率水平、以及設立兌換範圍，目的是要消除跟港元升值潛力有關的不確定性，令港元利率更加貼近美元利率，以改善和優化聯繫匯率制度的運作。

從過去 30 年的實踐看，聯繫匯率制度自 1983 年 10 月實施以來，運作一直卓有成效，它的實施有效控制了港元貨幣供應量的增長，保持了港元幣值的基本穩定；提高了香港金融體系承受政治、經濟震盪衝擊的能力；高了香港作為國際金融中心的戰略地位。聯繫匯率制度已從初期一項應變危機的權宜之計發展成香港貨幣金融政策的基石和核心。不過，1997 年亞洲金融風暴衝擊香港，聯繫匯率制度的弊端開始明顯暴露。在聯繫匯率制度下，港元利率失去了自主性，只能被動地跟隨美元利率變動，利率工具的功能受到嚴重限制，導致了"資產通脹"和"泡沫經濟"的形成。在聯繫匯率制度下，港元匯率被鎖定，匯率工具的功能也受到嚴重限制，這成為 1997 年金融危機後香港經濟陷入長達數年的通縮的重要原因之一。

第五，高度重視金融業基礎設施的建設，以保持香港國際金融中心的競爭力。

香港特區和金融監管當局認為，金融基建對於香港維持和鞏固國際金融中心的地位具有極端重要意義，香港要發展具競爭力的國際金融中心，其中的關鍵性的條件之一，是建設安全、高效率及先進的金融基建。多年來，香港政府一直致力香港多幣種支付、結算及交收系統的建設，包括 1996 年推出港元即時支付結算系統（RTGS 系統），2000 年及 2002 年先後推出美元結算系統和歐元結算系統，2006 年又推出人民幣結算系統，並將這些系統連接。2006 年及 2010 年，美元結算系統又分別與馬來西亞的馬幣結算系統（RENTAS 系統）及印尼的印尼盾 RTGS 系統聯網。此外，又將支付系統與 1990 年推出的債券工具中央結算服務系統（CMU）聯網，從而建立國際一流水平的金融基建。

1.2 香港提升國際金融中心競爭力的策略和政策

香港政府發展國際金融中心的政策意圖，最早可追溯到 1970 年代。1973 年，香港總督麥理浩在其施政報告中第一次提出要發展金融 "區域中心"。同年，香港政府宣佈取消實施了 30 多年的外滙管制，翌年又開發黃金進口。1978 年 3 月，香港政府再 "解凍" 銀行牌照的發放，宣佈對那些信譽良好的外資銀行，若符合規模要求及背景條件者將考慮其呈遞的銀行牌照申請。1982 年，在香港政府的年報上，第一次出現 "國際金融中心" 的提法。

1995 年 5 月，香港金融管理局發表《香港作為國際金融中心的策略文件》（簡稱《策略文件》）的報告。《策略文件》認為，香港之所以崛起和發展成為國際金融中心，其優勢主要概括為自由開放的經濟政策，清晰健全的法律制度，比較完善的基礎設施和投資環境，高度發達的資訊業，高素質的人力資源以及與中國相聯繫的優越區位條件。

不過，《策略文件》也指出："在 1997 年前的過渡期內，我們可看到香港的某些優勢正受到侵蝕，例如在某些環節，其他金融中心正在迎頭趕上（如基礎設施的質素、公司進出的自由、財務機構齊全等）；而在某些環節，香港可能正逐漸落後（如政治轉趨不明朗，語言能力等）。"此外，投資者憂慮香港的自由開放政策會否受到任何侵蝕，香港會否改變其作為自由市場的特點，貨幣穩定性會否不復存在，法律制度會否有任何倒退等等。文件認為："上述政策的任何重大改變，將被視作極為不利"，"將難以維護香港的主要金融中心地位"。

《策略文件》認為，香港最直接的競爭對手是新加坡，原因是它擁有於香港相同的優勢，包括位於倫敦紐約之間的適當時區、毗鄰高增長地區，以及低稅率。而且，新加坡正在進行多項重大的政策改革，特別是在稅務方面，以圖取得領先地位。與新加坡相比，香港在金融產品方面的優勢主要是銀行業、股市、國際債券市場、黃金市場、資產管理及保險等。但在公債市場、外滙市場、期貨及期權市場，以及退休金管理等方面，香港則不如新加坡。

金管局認為，在九七回歸的重要關鍵時期，維持投資者對香港自由市場的信心至關重要。同時，應付來自新加坡的競爭及挑戰，是保持香港作為亞洲主要國際金融中心的整體策略中，不可分割的重要部分。為此，提出相應的策略性建議：

（1）鑒於其他區域性金融中心提供重大的稅務優惠計劃，香港要考慮將 "海外金融業務" 的適用稅率調低，務使競爭更趨平等。

（2）與私營機構合作發展若干金融產品，尤其是在債券市場的範疇。債券市場的發展可帶來外滙、銀行同業交易和衍生產品的關聯交易。為此，必須對金融基礎設施建設進行投資，例如在結算、交收及支付系統方面。

（3）通過健全和有組織的方式發展第二按揭市場；

（4）金管局將加強與其他監管機構的合組，共同推動若干範疇，如風險管理、衍生工具產品、股票、保險和再保險產品的發展。

（5）加強對其他相關範疇的改善，包括教育和培訓，英語應用能力，國際學校，以及其他設施等。

（6）成立一個專責諮詢委員會 —— 國際金融中心策略工作小組，負責對香港作為國際金融中心的相關策略問題作出探討，並對影響香港國際金融中心競爭力的規例作出監察和提出意見。

1997 年 10 月，香港首任特區行政長官董建華在其首份施政報告中指出，首屆特區政府的歷史使命，是將“一國兩制”構想的理論和基本法條文開始付諸實踐。特區政府將以長遠、發展和前瞻的思維方式制定政策，包括貨幣金融政策。為此，董建華在施政報告中宣導成立一個由他出任主席的策略發展委員會。2000 年 2 月，策略發展委員會公佈《共瞻遠景、齊創未來》的最終報告。報告認為，香港未來發展的戰略定位，是“亞洲的首要國際都會和中國的一個主要城市”。實現這一目標的關鍵所在，是要大力發展 7 個行業和領域。[2] 其中排首位就是金融和商業服務。

報告認為，紐約和倫敦是全球最突出的兩個金融和商業服務中心，兩地彙聚了各式各樣的金融商業服務，包括銀行、保險、銀團貸款、融資、證券買賣、基金管理、會計、法律、以及廣告和其他通訊服務。當前，科技發展一日千里，加上全球金融業不斷整合，世界金融中心的特質和角色正急速變動，香港要在變動中把握機會，必須充分利用內地的不斷開放，進一步發展資源基礎，不斷促進新的金融產品和服務的發展，確保香港金融及商業服務的規管制度和技術設施維持世界水平，確保基本制度配合香港作為區內首要金融中心的發展步伐，並維持超卓的效率，才可鞏固其國際主要金融商業服務中心的地位。

根據該報告建議，董建華在他的第二份施政報告中，特別強調了香港作為“國家主要集資中心”的作用。[3] 2003 年，董建華在施政報告中，提出要建立一個背靠內地、面向世界的國際金融中心，要提高香港作為亞洲主要金融中心和國家首選集資中心的地位。他表示：和紐約、倫敦這兩個大城市相比，香港已在相當程度上具備了很多類似的基礎條件，但仍有一段差距，尤其在人才和生活環境方面。香港具有獨特的優勢，是背靠發展蓬勃的中國內地，尤其是廣東珠江三角洲地區，香港將努力加強與珠三角地區的融合，推動經濟新的增長。

2003 年 6 月，香港特區與中央政府簽署《內地與香港關於建立更緊密經貿關係的安排》（簡

稱"CEPA"）。根據 CEPA 協定，香港與內地將建立
更緊密的經貿關係，加強在銀行、證券和保險領域的
合作，包括支持內地銀行將國際資金外滙交易中心移
至香港；支持內地銀行在香港以收購方式發展網路和
業務活動；發揮香港金融中介機構在內地金融改革中
的作用；支持內地保險企業以及包括內地民營企業在
內的其他企業到香港上市。此外，香港銀行、證券及
保險機構將獲得先於內地在世界貿易組織允許的開放
時間表進入內地金融市場的機會。

　　2008 年，中央政府批准廣東省對港澳服務業開放
先行先試。2009 年初，國務院批准的《珠江三角洲地
區改革發展規劃綱要（2008-2020）》提出："深化落實
內地與港澳更緊密經貿關係安排（CEPA）力度，做好
對港澳的先行先試工作。"當年，CEPA 補充協議六規
定對香港 9 項服務業開放先行先試措施。其中，在銀
行業，允許香港銀行在廣東開設的分行，可在廣東省
內設立"異地支行"；在證券業，允許符合條件的香港
證券公司與內地具備設立子公司條件的證券公司，在
廣東設立合資證券投資諮詢公司，香港證券公司持股
比例最高可達到三分之一；允許香港證券公司參與內

1990 年代末中環商業區有東移之勢。

地證券市場的發展及研究在內地加入港股組合"交易型開放式指數基金"。這些措施有力促進了
香港銀行業融入珠三角地區的步伐。

　　2010 年 4 月 6 日，香港與廣東省簽署《粵港合作框架協定》，協定規定粵港合作的 6 個發
展定位，其中就包括"金融合作區域"這一定位，並將金融業列為 8 個重點合作領域的首個領
域。協議首次明確提出："建設以香港金融體系為龍頭，廣州、深圳等珠江三角洲城市金融資源
和服務為支撐的具有更大空間和更強競爭力的金融合作區域"。協定還提出一系列深化粵港金
融合作的政策、措施，包括共同推進跨境貿易人民幣結算試點，逐步擴大香港以人民幣計價的
貿易和融資業務，支持香港發展離岸人民幣業務；支持香港保險公司進入廣東保險市場，加強
粵港保險產品創新合作；協議還准許香港金融機構深入珠三角腹地開設村鎮銀行和小額貸款公
司等。

　　鑒於一直以來，香港金融市場缺乏系統性推廣和發展金融服務業的部門，2008 年全球金

融海嘯後，香港金融業內人士對於設立專責推動香港金融市場發展的金融發展局的呼聲日漸高漲。2012 年，特區政府著手籌備金融發展局。2013 年 1 月，香港特區政府成立香港金融發展局，由曾經出任中國證監會副主席的香港金融界資深人士史美倫出任主席，主要職能包括：進行政策研究和業界調研，制訂建議供政府和監管機構參考；與監管機構和行業團體共同探討金融服務業持續多元發展的機遇和掣肘；與內地和海外相關機構保持溝通，支持香港金融服務業開拓新市場和新業務等。此外，金發局還會與教育培訓機構、行業團體和業界合作，提升從業人員的技巧和專業知識，以及通過舉辦研討會、路演、印發刊物以及積極參與國際活動，在內地和海外推廣香港的金融服務業和國際金融中心功能。

　　同年 11 月，金融發展局發表《鞏固香港作為全球主要國際金融中心的地位》的政策文件。根據該文件，香港國際金融中心發展的整體策略大綱包括四項元素：願景、市場機遇、促進因素及基本條件（圖 8.1）。[4]

　　第一，發展願景：香港應致力爭取成為扎根亞洲、首屈一指的國際金融中心。香港已成為公認的國際金融中心，與紐約、倫敦、東京、新加坡、法蘭克福、蘇黎世及上海等地區分庭抗禮。香港擁有地理優勢、世界級商業基建設施、充裕人才，以及龐大市場機遇，具備出類拔萃的先決條件。因此，香港應該矢志發展為全球國際金融重鎮，以及扎根亞洲、首屈一指的國際金融中心，提供頂級金融服務及產品，全面迎合全球投資者及工商企業的各種業務及投資需要。

　　第二，市場機遇：香港應致力把握中國及全球各地湧現的市場機遇，並以固有實力作為根基，拓展新領域。

　　（1）在內地市場湧現的機遇中爭取優越地位，成為投資資金進出中國市場的首選中心。具體包括：保持作為最重要離岸人民幣中心的主導地位；管理進出中國內地的投資資金；作為內地企業的集資中心；協助內地企業走向全球；成為內地相關企業的企業財資中心；以及為珠三角及長三角地區的財務需要提供服務。為求擴大以上業務的市場份額，香港應尋求在內地金融服務業的發展中發揮積極作用，特別是資本賬項的開放、人民幣國際化及增設企業融資管道等主要領域。

　　（2）加強核心競爭力，拓展新領域。具體包括：發展成為亞洲最具吸引力的資產管理中心；發展成為財富管理中心；擴大及進一步發展香港首次公開招股市場；擴大及更深入拓展債券市場；發展商品交易業務；以及拓展其他潛在的機遇，如海事融資、再保險、創投資金、證券化業務等。擴大及深化資產類別將減低對股票市場的依賴，提升金融業的整體抗逆能力。同時，拓展內地之外的市場，吸引不同地區的企業來港上市及在香港設立區域總部。

　　第三，促進因素：要把握湧現的機遇並在競爭對手之中脫穎而出，香港必須加強金融服務業的實力，繼而提升長遠競爭力。具體包括：制訂可持續發展的人才模式；改善香港的生活問

圖8.1 香港發展全球主要的國際金融中心策略

願景

成為扎根亞洲、
首屈一指的國際金融中心

市場機遇

在內地市場湧現的機遇中爭取優越地位
- 保持作為最重要離岸人民幣中心的主導地位
- 管理進出中國內地的投資資金
- 作為內地企業的集資中心
- 協助內地企業走向全球
- 成為內地相關企業的企業財資中心
- 為珠三角及長三角地區的財務需要提供服務

加強核心競爭力，拓展新領域
- 成為亞洲最具吸引力的資產管理中心
- 發展香港成財富管理中心
- 擴大及進一步發展香港首次公開招股市場
- 成為亞洲首選外滙交易中心
- 擴大及更深入拓展債券市場
- 發展商品交易業務

促進因素

制訂可持續發展的人才模式	改善香港的生活問題，並保持香港對人才的吸引力	在市場發展與金融穩定之間取得平衡	加強對香港品牌的市場推廣工作
• 提升專業技術培訓 • 建設中後台部門人才基礎	• 透過跨界別和政府決策局間的合作解決問題	• 檢討監管架構及方針 • 修訂法例、監管規定和稅務安排以推動發展（開放式投資公司、房地產投資信託基金、私募基金）	• 檢討現行市場推廣活動，制訂完整的市場發展計劃

基本條件

爭取政府、業界及社會的合作和支持

- 政府應積極與業界及社會各界接觸

資料來源：香港金融發展局，《鞏固香港作為全球主要國際金融中心的地位》，2013 年 11 月。

題，並保持香港對人才的吸引力；在市場發展與金融穩定之間取得平衡；加強對香港品牌的市場推廣工作。

第四，基本條件：特區政府、金融業界、金融監管機構及社會人士必須通力合作，共同謀求香港的長遠利益。特區政府的願景及行動計劃須在各決策局及部門之間取得協調，除財經事務及庫務局外，還需包括教育、環境及房屋等非金融服務相關部門。與此同時，爭取公眾及媒體支持，亦是順利通過及執行任何措施的關鍵。

根據金融發展局這份政策文件，香港國際金融中心的發展目標是要成為全球性的國際金融中心。應該説，香港是有條件實現這一發展目標的。香港的比較優勢包括其區位優勢；全球最自由經濟體、完善有效的司法體制和金融監管制度等方面的制度優勢；以及香港金融業在資本市場、資產管理和銀行體系方面的優勢和實力。不過，也應該看到，與紐約、倫敦等全球性國際金融中心相比，香港也存在不少差距，包括金融市場、金融機構的發展不平衡，存在眾多的"短板"；金融創新不足；金融業發展腹地比較狹小，總體規模仍然偏小等。因此，香港要發展成為全球性國際金融中心，必須揚長避短，其中的關鍵，是要加強與內地金融中心的合作與錯位發展，構建以香港國際金融中心為龍頭，以深圳和廣州為兩翼、珠三角地區其他城市為主要支點的大珠三角金融中心圈。[5]

2. 銀行業：建立以 "風險為本" 的監管制度

回歸以來，配合國際銀行監管制度的改革和發展，

適應香港銀行業的轉型和發展，

香港金融管理局積極推動銀行監管制度的改革，

包括致力改革和開放市場，

以及進一步提高銀行體系的安全性和穩健性等。

2.1 改革和開放市場：撤銷《利率協議》和 "一間分行" 政策

1998 年 3 月，面對亞洲金融危機對銀行業的衝擊，香港金融管理局委託顧問公司對銀行業未來 5 年的前景進行策略性評估。其後，顧問公司發表的《香港銀行業顧問研究報告》，提出了銀行業改革的一系列措施。1999 年 7 月，金融管理局以《香港銀行業顧問研究報告》為藍本，在公眾和業界諮詢的基礎上，發表了題為《就 "銀行業顧問研究" 的政策回應》，制定了一套為期 3 年的銀行業改革措施，其整體方向是：加強銀行基礎設施，以提高銀行業的安全和穩健程度；鼓勵開放市場和提高香港銀行業的競爭力，從而促進業內的效率和創新；逐步撤銷監管屏障，容許市場力量發揮更大作用，以決定銀行業內適當的機構數目。其中一個重點就是改革和開放市場，包括分兩階段撤銷《利率協議》、放寬 "一間分行" 規定，以及研究金融三級制改革的可行性等。[6]

（1）分兩階段撤銷《利率協議》

《利率協議》是 1964 年為了避免銀行之間惡性競爭而採取的一項臨時性利率管制協議。1994 年，香港消費者委員會在顧問報告《對香港銀行業政策和實務的估計 —— 對消費者的影響》基礎上，發表《銀行對存戶是否公平？》的報告，建議撤銷定期存款、儲備存款和往來存款的利率上限。有關建議得到金融管理局的積極回應。金融管理局在檢討《利率協議》後，開始分階段撤銷適用於定期存款的利率協定：1994 年 10 月撤銷了 1 個月以上定期存款的利率上限；1995 年 1 月撤銷 7 日以上至 1 個月定期存款的利率協定；同年 11 月撤銷餘下 7 日以下定期存

款的利率上限。由於 1995 年初墨西哥金融危機引發市場波動，加上當時香港回歸出現不明朗因素，金融管理局押後了進一步撤銷利率協議的行動。到 1998 年，餘下的利率協議涵蓋 6 日或以下的定期存款（主要為 24 小時通知存款）、往來帳戶和儲蓄帳戶，分別佔銀行體系港元存款總額的 0.1%、5.4% 和 25.1%。[7]

　　1999 年 7 月，金融管理局在《就"銀行業顧問研究"的政策回應》中指出："從全球銀行業發展方向來看，撤銷餘下的利率協議無可避免，而且最終會對香港有利。"但考慮到當時亞洲金融危機期間香港銀行業正面對不明朗因素，利率協議仍有助於維持銀行業穩定，金融管理局決定分階段撤銷餘下的利率協議，而不是採取"大革新"的方法。第一階段撤銷 7 日以下定期存款的利率上限，以及有關存款贈品的限制；第二階段撤銷所有往來和儲蓄帳戶。為了使經濟和金融環境有利於撤銷利率協議的行動，金融管理局制定了一套質與量兼備的客觀指標，包括香港整體經濟的表現、銀行業的盈利能力、利率波動水平、資本充足比率，以及重大的國際或地區性經濟動盪等。撤銷利率協議的兩個階段分別於 2000 年 7 月 3 日和 2001 年 7 月 3 日順利完成，期間沒有出現大規模的存款轉移，也沒有出現銀行之間競逐存款的現象。

　　（2）取消"一間分行"政策

　　1978 年，香港政府為了推動香港國際金融中心的發展，撤銷暫停發出銀行牌照的限制，以吸引更多跨國銀行到香港開設分行。不過，當時銀行業界擔心，銀行數量的增加會導致競爭更趨激烈，對香港本地註冊的中小銀行構成打擊。為此，香港政府推出"一間分行"政策，在香港獲發銀行牌照的境外金融機構，必須受到"一間分行"政策的限制，即這些金融機構只可在同一幢樓宇內開設辦事處，經營銀行業務 / 接受存款業務，或者進行和安排其他金融交易。1994 年 9 月，香港政府開始放寬"一間分行"政策，境外銀行除了可設一間分行外，還准許它們在其他樓宇開設最多一個地區辦事處和一個後勤辦事處，以應付運作需要和降低經營成本。到 1998 年，在香港開業的 144 家境外銀行中，只有 37 家開設多間分行，它們基本上都是在 1967 年政府"凍結"發放銀行牌照之前進入香港的，不受"一間分行"政策限制。

　　《香港銀行業顧問研究報告》在檢討香港銀行業時指出："'一間分行'規定為香港銀行製造了一個不公平的競爭環境，限制了銀行快捷有效地經營業務的能力。香港金融管理局經過諮詢，同意顧問報告的意見，認為"一間分行'政策已經不再適合香港。同時，電話銀行和網上銀行的發展也降低了這一政策的實際效用。"[8] 1999 年 11 月，金融管理局宣佈實施第一階段措施，將對境外金融機構的"一間分行"政策改為"三間分行"政策，同時准許金融機構自由開設任何數量的地區或後勤辦事處，但這些辦事處不得經營銀行或接受存款業務，不得進行或安排其他金融交易。2001 年第 1 季度，金融管理局在政策檢討中發現，境外金融機構根本無意增加分行，"一間分行"政策已無實際意義。金融管理局遂於 2001 年 11 月起，宣佈取消對境外銀行和有限牌照銀行開設分行數量的限制全部取消，使認可機構可以更加靈活地經營業務，以利於鞏固和提高香港國際金融中心的地位。

（3）檢討和改革金融三級制和市場准入

作為改革和開放市場的一個部分，《香港銀行業顧問研究報告》對香港的金融三級制也進行了檢討。報告認為："從市場發展形勢來看（如金融市場界限模糊、其他市場進行整頓的趨勢以及獨立的有限制牌照銀行和接受存款公司的市場佔有率已下跌至不足 2% 等），無須再區分有限制牌照銀行和接受存款公司。"〔9〕因此，報告建議，將金融三級制簡化為銀行和有限制牌照銀行兩級。香港金融管理局在回應顧問報告時表示，支持二級發牌制度。2001 年第 4 季度，金融管理局就金融三級制和市場准入標準進入了深入的檢討，並建議：對境外銀行申請人資產總額須達到 160 億美元的規定，改為實施本地銀行申請人所適用的的規定，即總資產額為 40 億港元和客戶存款為 30 億港元，將資產總額的規定大幅降低；縮短有限制牌照銀行和接受存款公司申請人的經營期限限制，從原來的 10 年改為 3 年，並撤銷"與香港有緊密聯繫"的限制，使本地註冊有限制牌照銀行及接受存款公司比較容易升格為持牌銀行；維持現行的三級發牌制度，留待建議的新政策逐步實施後再作檢討。

2.2 建立以風險為本的銀行監管制度

回歸以後，面對全球經濟環境的轉變和亞洲金融危機的衝擊，香港特區政府展開了一次前所未有的銀行業監管制度改革，改革的深度和廣度超過了香港銀行業發展史上的任何一次改革。改革最重要的內容，就是將 1988 年以來建立起來的以資本為基礎的監管制度，轉變為以風險為本的監管制度，從而使香港銀行業的監管制度出現了質的飛躍，達到了國際先進水平。

其實，早在 1990 年代初中期，巴塞爾委員會已開始關注這一問題，分別於 1993 年和 1995 年就控制市場風險的方法發出諮詢文件。1996 年 1 月，巴塞爾委員會正式發表《納入市場風險的資本協定修訂》，將銀行市場風險納入監管範圍，以確保銀行對其承受的市場價格波動風險，持有充足的資本。香港金融管理局積極回應巴塞爾委員會的建議，1994 年底發出了衍生金融工具買賣活動風險管理指引文件。1996 年 3 月，金融管理局根據巴塞爾委員會的建議，要求認可機構在計算資本充足比率時，要把市場風險納入其中。1997 年第 1 季度，金融管理局要求本地認可機構填寫市場風險申報表，使監管當局能夠及時掌握銀行交易帳戶和衍生工具交易有關風險情況。隨後，金融管理局在對本地認可機構就市場風險的相關情況展開調查，在此基礎上著手修訂《銀行業條例》，為在香港推行市場風險監管制度做好法律準備。1997 年 8 月，香港立法會通過《銀行業條例》修訂條文。同年 12 月 31 日，香港的市場風險資本充足比率監管制度正式實施。

根據《銀行業條例》修訂條文，認可機構必須使金融管理專員信納："如屬在香港成立為法團的公司，公司目前備有足夠資本，及如獲認可會繼續備有足夠資本，在顧及以下持倉量的價值波動所引致的可能虧損後，支持該公司所持有的任何以下持倉量：1. 作為自營買賣用途的債務證券、與利率聯繫的合約、股權及與股權聯繫的合約；2. 外滙、與滙率聯繫的合約、商品及與商品聯繫地合約。"否則，金融管理專員有權可撤銷該認可機構的認可資格。在新制度下，由於加入了市場風險因素，認可機構必須重新調整資本充足比率的計算方法。調整比率以資本基礎佔加權風險總值（包括信貸風險和市場風險）的百分比表示。其中，資本基礎與原來的相同，即為第一級和第二級資本的總和；信貸風險加權值是原來的淨風險加權總值減去自營買賣帳戶上資產負債表內債務證券和股權以及銀行資產負債表內商品的信貸風險加權；市場風險加權值是所有市場風險類別的資本要求的總和乘以 12.5（即巴塞爾協定最低資本充足比率 8% 的倒數）。

在新制度下，市場風險的計算方法可採取三種模式：一是巴塞爾標準計算方法，適用於複雜程度較低的認可機構；二是內部模式計算方法，適用於已經具備所需系統以計算市場風險的市場活動參與者，但採用該方法須徵得金融管理局事先批准；三是歐洲共同體的資本充足指引。考慮到香港大部分認可機構實際上並沒有大量從事衍生工具和自營買賣活動，為了減輕它們申報方面的負擔，金融管理局對那些只承受少量市場風險的認可機構，豁免其遵守新資本規定。但必須符合下列條件之一：1. 其市場風險持倉量通常不超過資產負債表內外項目總額的 5%；2. 其市場風險持倉量通常不超過 5,000 萬港元；3. 其資本充足比率不少於 10%；4. 納入市場風險規定後，調整資本充足比率低於未調整比率不多於 1 個百分點。

《香港銀行業新紀元 —— 香港銀行業顧問研究報告》封面

1998 年 3 月，金融管理局委託畢馬威會計師事務所（KPMG）和 Barents Group LLC 對香港銀行業的未來發展進行研究，主要目的是對銀行業未來 5 年的前景進行策略性評估，並研究金融管理局採用的銀行監管方法的成效。經過 9 個月的調查研究，1998 年 12 月，顧問公司發表《香港銀行業新紀元 —— 香港銀行業顧問研究報告》。該報告充分肯定了金融管理局致力建立以風險為本的監管制度，認為："金管局繼續修訂其風險為本監管措施，這種做法與其他用作比較基準的先進國家類似。"[10] 報告指出，金管局要先行作好準備，強化以風險為本的監管方法，以處理市場的風險和激烈的競爭。[11]

報告建議："金管局應該制定正式的風險評估制度，以便能主動地找出重大和醞釀中的機構或系統性問題。這樣能確保可以制定適當的監管策略以監察和處理這些風險，以及讓金管局能更有效地分配資源。"報告並認為："金管局採用的風險評估制度應與其 CAMEL 評級制度一起使用。尤其，風險評估制度應能辨別和評估 CAMEL[12] 評級制度並未明確處理的風險（如策略性和信譽風險）。金管局也應考慮制定一項獨立的 CAMEL 組成項目，以評定風險管理的級別，或擴充其現行的 CAMEL 指引，以便更明確地處理這個項目。金管局也應檢討其 CAMEL 評級制度，以及有關的程序，以便能清楚知道應如何在現行的評級架構內加入非傳統銀行業風險的因素。"

根據報告建議，金融管理局特別聘請一位美國聯邦儲備局專家顧問，協助制定正式的風險評估制度，並制定有關風險為本監管辦法的指引。1999 年底，金融管理局根據美國專家的建議，在香港正式實施以風險為本的監管制度，開始主要集中在本地銀行，2001 年以後擴展到境外銀行在香港的分行。該制度的重點，是評估認可機構所面臨的各種風險的風險管理系統，以及內部管控制度的素質。其中，主要的潛在風險，包括信貸、利率、市場、流動資金、業務操作、法律、信譽和策略風險等 8 個方面。金融管理局通過把認可機構的潛在風險與風險管理制度素質兩者綜合評估，給予風險管理評級，並將之併入 CAMEL 評級管理和其他有關組成項目最終形成。

在此制度下，金融管理局將根據一套內部制定的素質性因數和數量性衡量標準，對每一個認可機構作出一項綜合評級。該評級分為 1 至 5 級，評為 3 級的認可機構為欠佳者，評為 4 級或 5 級的認可機構為問題機構。該項綜合評級將會向認可機構的董事局（或外國銀行分行的總行）和管理層披露，並在需要時一併提交改善財務狀況和加強管理的建議。金融管理局會對 3 至 5 級級別的認可機構執行監管行動，包括提高最低資本充足比率、就其業務施加正式監管條件或規定等。

2.3 提高銀行安全和穩健性：最後貸款人角色與電子銀行監管

回歸以後，香港金融管理局致力推動銀行監管制度的改革，除了改革和開放市場之外，另一個重點就是提高銀行體系的安全性和穩健性，包括建立以風險為本的銀行監管制度，釐清金融管理局作為銀行體系最後貸款人的角色，設立存款保障制度，設立商業機構信貸資料庫，以及加強對電子銀行的監管等。

（1）釐清金融管理局作為銀行體系最後貸款人的角色

　　長期以來，香港社會對於銀行體系是否存在最後貸款人一直存有疑慮和分歧。1998 年《香港銀行業顧問研究報告》在對香港銀行業前景的策略性檢討中明確指出："香港的官方最後貸款人是金管局。可供金管局運用以履行這項職能的資源來自外滙基金，而外滙基金則由金管局代表財政司司長管理。金管局對是否以最後貸款人的身份提供援助擁有一般酌情權。" 1999 年 8 月，香港金融管理局根據顧問報告建議，發出了一份政策聲明，闡明了金管局作為銀行業最後貸款人的職能，澄清了金管局將在何種情況下以應急資金協助面臨短期資金困難的銀行，以及銀行可以取得援助資金的類別。在政策聲明中，金管局闡明最後貸款人的性質是為遇到短暫資金困難的銀行提供最後貸款人援助，使其在出現資金短缺的情況下得到喘息機會，採取補救措施。從整體上來說，援助的目的首先是防範該機構流動資金不足的情況演變成無力償債事件，其次是避免連鎖影響蔓延至其他銀行，引起整個體系出現危機。

　　在另一個場合，金融管理局總裁任志剛表示，是否提供最後貸款人援助，"避免令整個銀行體系受到影響，是最重要的考慮。這項考慮涉及金管局在發揮最後貸款人角色時的備用資源，以及金管局面對的法律和其他限制。"他指出："運用外滙基金必須是屬於系統性質的用途。換言之，在考慮是否向某家認可機構提供最後貸款人援助時須遵守的指導性原則，就是某家認可機構一旦倒閉，是否會因事件本身或擴散至其他機構的連鎖影響而損害滙率或貨幣金融體系的穩定。"他並強調："金管局發揮最後貸款人功能有一項限制，就是有關安排應能配合香港的貨幣發行局制度。"〔13〕

（2）設立存款保障制度

　　長期以來，是否設立存款保障制度一直是香港金融界一個頗具爭議的問題。1991 年"國商事件"爆發後，香港社會曾就是否設立存款保障制度再次展開爭論。"國商事件"及由此觸發的擠提風潮，暴露了香港銀行監管制度的漏洞。事件在香港再次引起應否建立"存款保險制度"的爭論。1998 年亞洲金融危機後，《銀行業顧問研究報告》再次提出了設立存款保障制度的問題。

報告認為：默示的保障一般屬於臨時性質，以默示方式向個別銀行提供保障，會令政府受到批評，被指為歧視或不公平。不過，"優先付還"這種明示的保障也可能會有某些不良後果，可能會引起重大的社會成本，包括道德風險增加和成本超過利益的。因此，報告建議"金管局（連同政府）詳細研究各種形式的明示存戶保障，考慮各項可行方案（如存款保險或改進優先索賠計劃）"，"改進明示存戶保障的形式，提高消費者

[計劃成員名稱]是存款保障計劃的成員。本銀行接受的合資格存款受存保計劃保障，最高保障額為每名存款人HK$500,000。

[Name of the Scheme member] is a member of the Deposit Protection Scheme. Eligible deposits taken by this Bank are protected by the Scheme up to a limit of HK$500,000 per depositor.

存款保障計劃
DEPOSIT PROTECTION SCHEME

存保計劃成員銀行必須於其營業地點展示成員標誌以便識別。

信心，從而鞏固銀行業的整體穩定，符合香港利益，並且能使香港與國際慣例看齊。"〔14〕

　　金融管理局原則上接受顧問報告的建議，並表示將對香港存款保險或其他形式的存戶保障的可行性和適用性進行全面研究。2000 年 4 月，金融管理局就加強香港存款保障，聘請安達信公司進行顧問研究。2000 年 10 月，金融管理局在顧問報告基礎上推出一份諮詢文件，就是否以及如何加強存款保障諮詢公眾意見。結果顯示，儘管大銀行仍然反對，但公眾卻廣泛支持實施存款保障制度。2000 年 12 月，立法會辯論通過支持實施存款保障計劃議案，促請政府 "儘快落實一套具成本效益、儲戶又易於理解的存保計劃，為小額儲戶提供有效保障，並制定適當的配套措施，以降低道德風險。"

　　2001 年 4 月，行政長官會同行政會議原則上通過在香港設立存款保障制度。2002 年 3 月，金管局發出第二份諮詢文件，就存保計劃的技術性事項進行諮詢，並根據諮詢意見，修改擬定了《存款保障計劃條例草案》，提交立法會討論。2004 年 5 月，立法會通過了《存款保障計劃條例》，為推行存保計劃和其中一些最重要的框架性安排奠定法律基礎。同年 7 月，存款保障委員會正式成立，負責推行、管理存款保障計劃的具體工作。2006 年 9 月 25 日，籌計 10 多年的存款保障制度正式實施。

　　該制度的主要內容是：除非獲得存款保障委員會豁免，否則所有持牌銀行均須參與存保計劃，成為計劃成員；補償上限設定為每家計劃成員的每名存款人 10 萬港元；港幣及外幣存款均受存保計劃保障；存保計劃保障存放於計劃成員的合資格存款，但年期超過 5 年的定期存款、結構性存款、用作抵押的存款、不記名票據、海外存款及非存款產品如債券、股票、窩輪、互惠基金、單位信託基金及保險單均不受存保計劃保障；存款保障委員會將向計劃成員收取供款，建立存保基金，基金的目標水平為有關存款總額的 0.3%；按個別計劃成員的監管評級評估供款。根據該項計劃，香港至少有 84% 的存戶受到保障，佔銀行體系整體存款的 14%。存款保障委員會主席陳志輝教授表示，香港存款保障制度正式投入運作，這是香港金融安全網發展的一個重要里程碑。

　　（3）成立商業機構信貸資料庫

　　2000 年第三季度，金融管理局就建立信貸資料庫進行公開諮詢，結果獲得銀行業和企業界廣泛的支持和認同。金融管理局隨即成立工作小組。該工作小組在進一步諮詢行業公會的意見後，認為鑒於認可機構似乎更願意通過信貸資料庫交換信貸資料，因此，以市場為本和自願參與的模式發展信貸資料庫計劃是可行的。工作小組建議推行一個由認可機構自願參與、以中小企業為目標的商業信貸資料庫計劃。2002 年 3 月，金融管理局根據這項建議，致函銀行公會和接受存款公司公會，建議成立一個工作組，儘快落實該項方案。

　　2004 年 11 月，香港銀行公會、香港接受存款公司公會、香港金融管理局與美國鄧白氏香銀行公會、存款公司公會及金管局印制的小冊子，解釋商業信貸資料庫的運作。

港（Dun & Bradstreet (HK) Ltd）合作，正式成立以配合中小企業對貸款的殷切需求及為貸款機構提供可靠的中小企業客戶信貸資料。商業信貸資料庫只涵蓋貸款機構的中小企業客戶，包括兩類：一是每年度營業額不超過 5,000 萬港元的非上市有限公司，但不包括年度營業額超過 5,000 萬港元的集團轄下成員公司；二是每年度營業額不超過 5,000 萬港元且未註冊人法團的企業。在資料庫成立初期，只涵蓋第一類企業。受行業內兩個公會委任，鄧白氏香港擔任資料庫的服務商，負責庫內資料的收集、存儲、交換和運作，包括收集中小型企業的整體欠款和信貸記錄，將這些資料提供給銀行公會及存款公司公會的會員，作為審批、檢討或延續中小企信貸之用。資料的使用則會受到金管局的監管，以及銀行公會、存款公司公會所制定守則的約束。

（4）加強對電子銀行的監管

1990 年代以來，隨著互聯網等技術的不斷發展，香港的電子銀行（虛擬銀行）業務大幅增長，銀行業對資訊科技的依賴越來越深。為此，有必要建立一套全面的電子銀行及科技風險的監管制度。

從 1997 年起，香港金管局陸續發佈了一系列通告及指引，表明對電子銀行及科技風險管理的監管方式，並就有關的風險管理提供建議予銀行界。1997 年 7 月 7 日，金管局發出《電子銀行業務指引》，其後，再陸續發出《在互聯網進行銀行交易的保安指引》、《有關網上銀行業發展的公開密匙基礎建設及法律環境指引》、以及《電子銀行服務的保安風險管理建議文件通告》等。2000 年 5 月，金管局發出《虛擬銀行的認可指引》，列載金管局決定是否給予電子銀行認可資格時所考慮的原則。2004 年 2 月 17 日，金管局發出《電子銀行監管指引》，列載金管局對認可機構的電子銀行服務的監管模式，以及向認可機構提供有關電子銀行風險管理一般原則的指引。

2.4 實施《巴塞爾協定二》和《巴塞爾協定三》

銀行業監管的國際標準由巴塞尔銀行監管委員會制定。1988 年，巴塞爾委員會制定《巴塞爾資本協定》（現稱《巴塞爾協定一》）。不過，自《巴塞爾協定一》推出以來，國際經濟環境已發生深刻變化，包括科技長足發展、金融產品不斷創新，加上全球化的發展日益加快，使得銀行業務的性質以及所承受的風險出現了重大變化。該協定所確立的監管框架已經變得過於粗疏，對風險的敏感度亦不足，未能顧及銀行所面對的許多其他風險。為了解決《巴塞爾協定一》的不足之處以及更直接地回應金融環境的最新發展，2004 年 5 月 11 日，巴塞爾委員會公佈《新巴塞爾資本協定》，全稱為《資本計量和資本標準的國際協定：修訂框架》（簡稱《巴塞爾協定二》），以取代 1988 年提出的架構。

《巴塞爾協定二》於 2007 年 1 月 1 日正式生效。該協議將國際銀行業的風險監控範圍由單一的信用風險擴大到信用風險、市場風險、操作風險和利率風險，並提出“三大支柱”，即最低資本規定、監管當局的監督檢查和市場紀律／資訊披露。2005 年 7 月，香港通過《銀行業（修訂）條例》，為實施《巴塞爾協定二》提供法律框架。2006 年 11 月，香港再通過《銀行業（資本）規則》和《銀行業（披露）規則》，訂明了在新制度下在香港註冊的認可機構資本充足比率的計算方法，以及需向公眾人士披露的有關其業務狀況、利潤與虧損、以及資本充足比率的資料。為確保有關規則可廣泛應用，金管局自 2004 年 8 月制訂政策階段直至其後的立法程序期間，一直廣泛諮詢銀行界和有關各方的意見。2007 年 1 月 1 日，香港根據巴塞爾委員會的《巴塞爾協定二》，正式實施新的銀行業資本充足制度。

鑒於 2008 年爆發的全球金融危機暴露出國際銀行體系的種種弱點和缺陷，2009 年 7 月，巴塞爾委員會公佈有關《巴塞爾協定二》的多項優化措施，作為應對全球金融危機的策略之一。這些優化措施包括：在市場風險框架加入遞增風險資本要求、運用受壓風險值以計算資本要求，以及規定記入交易帳的證券化產品須符合適用於銀行帳內的證券化風險承擔的較高資本要求；提出計算交易帳內遞增風險資本的指引，以進一步說明計算遞增風險資本的原則及指標；提出對三大支柱的優化措施，包括提高第一支柱下某些證券化風險承擔的資本規定、為第二支柱提供補充指引以應對銀行於管治及風險管理方法方面的不足之處、加強第三支柱下的披露規定以提高銀行資產負債表上有關其證券化業務及市場風險承擔方面的透明度等。為了落實巴塞爾委員會提出的優化措施，2010 年 6 月，金管局在發出有關實施第二支柱的框架及指引的修訂。2009 年 9 月及 2010 年 8 月，金管局就有關第一支柱及第三支柱的優化措施諮詢銀行業界，並於 2011 年 10 月，立法會三讀通過《2011 年銀行業（資本）（修訂）規則》及《2011 年銀行業（披露）（修訂）規則》。2012 年 1 月 1 日起，香港正式實施《巴塞爾協定二》的優化措施。

香港交易所集團是全球最大金融市場營運機構之一。

繼公佈《資本協定二》優化措施後，巴塞爾委員會繼續致力加強全球資本框架及銀行體系承受衝擊的能力。2010 年 12 月及 2011 年 1 月，巴塞爾委員會又先後發出旨在提升銀行資本基礎的質素、一致性及透明度的進一步資本規定，以及新的全球流動資金標準。這些規定及標準被統稱為《巴塞爾協定三》。《巴塞爾協定三》框架的主要元素包括：加強全球資本框架；減低經濟週期的影響；加入槓桿比率以強化風險為本的資本要求；加強風險涵蓋範圍；引入全球流動資金標準等。巴塞爾委員會要求成員地區由 2013 年起開始實施《巴塞爾協定三》，並於 2019 年 1 月 1 日達致全面實施。當時，香港金管局認為，香港銀行業的全面參與及準備，對《巴塞爾協定三》的實施至為重要。為此，金管局進行持續諮詢，以期分階段推行與優化資本、流動性和披露規定有關的政策和技術建議。

2012 年 1 月，金管局展開第一階段的業界諮詢，諮詢範疇包括資本的最新定義、最低資本規定、對手方信用風險框架的優化措施，以及有關流動性標準的適用範圍的初步構思等。銀行業普遍支持優化監管資本制度，以及採用《巴塞爾協定三》所訂的標準。業界並贊成金管局的建議，按照巴塞爾委員會的過渡時間表實施有關規定。2012 年 2 月 29 日，立法會通過《2012 年銀行業（修訂）條例》，為實施《巴塞爾協定三》訂立法律框架。2013 年 4 月，立法會通過《2013 年銀行業（資本）（修訂）規則》及《2013 年銀行業（披露）（修訂）規則》。根據金管局的時間表，香港將於 2019 年之前全面實施《巴塞爾協定三》。

3. 證券市場：實施"三管齊下"的
改革綱領

危機過後，特區政府意識到有需要整頓和改革香港證券及期貨市場，

以進一步提升證券期貨市場的競爭力和穩定性，並符合金融全球化的發展新趨勢。

1999年3月，香港特區政府發表《證券及期貨市場改革的政策性文件》，

推出一項重大的三管齊下的市場改革方案和改革綱領。

該項改革旨在使到香港的監管制度與最佳國際標看齊，同時促進市場創新和競爭，

更新技術基礎設施，使香港成為其中一處最有效率、最便捷及最能提供成本效益的營商地方。[15]

這三個改革方向是：交易所和結算公司實施股份化和合併；

全面改革證券及期貨市場的規管制度；改善金融市場基礎設施。

3.1 推動香港交易所和結算公司實施股份化、合併和上市

根據改革綱領，特區政府首先展開交易所和結算公司的股份化和合併工作。改革之前，香港證券及期貨市場的監管體系逐漸形成了三個層次的組織架構：第一層是香港證券及期貨監察事務委員會，負責整個證券及期貨市場的監管；第二層包括兩家交易所 —— 香港聯合交易所和香港期貨交易所，它們分別負責監管屬下證券及期貨兩個市場和各自的會員；第三層是三家結算公司 —— 香港中央結算公司、香港聯合交易所期權結算所有限公司和香港期貨結算算有限公司，分別負責各自結算市場的交易和風險管理。其中，聯交所為股份有限公司，法定股本 1,200 港元，分 1,200 股 A 股，每股均可獲分配一個會籍。到 1998 年底，聯交所已發行股份數目為 929 股，全部由註冊經紀持有。期交所亦為股份有限公司，股本為 7,000 萬港元，分為 641 股有投票權的普通股份、36 股有投票權的標準股份和 500 股沒有投票權的可兌現股份。到 1998 年 6 月底，期交所共發行 231 股股份，包括 196 股普通股份、34 股標準股份和 1 股可兌現股份。

三家結算公司中，香港中央結算公於 1989 年註冊成立，是聯交所的全資附屬公司，是《證券及期貨（結算所）條例》認可的聯交所的結算所。該公司主要負責香港的中央結算及交收系統的運作，公司的主要職責是負責在聯交所主板及創業板進行交易的符合資格證券的結算及交

收。公司董事局共同 22 名董事，其中 10 名由聯交所委任，5 名由中央結算公司的主要銀行會員，如滙豐銀行、渣打銀行、中國銀行（香港）、恆生銀行等委任，5 名由財政司司長委任，再加上聯交所和中央結算公司的行政總裁。其餘兩家結算公司中，香港期權結算有限公司是聯交所的全資附屬機構，1995 年 9 月註冊成立，是《證券及期貨（結算所）條例》認可的結算所。期權結算公司是聯交所會員所有期權交易的交易對手，並負責計算和收取保證金、支付和收取期權金，以及處理期權的行使和交收事宜。期權結算公司的董事局有 7 名成員，包括 3 名公司的結算會員代表、聯交所理事會 1 名理事和 1 名獨立董事、聯交所行政總裁，以及 1 名證監會提名人士。而香港期貨結算有限公司則是期交所的全資附屬機構，是《證券及期貨（結算所）條例》認可的另一家結算所。期貨結算公司是期交所所有期貨、期權合約交收對手，負責釐定結算會員的合約保證金，並實施相關風險監管措施。期貨結算公司由一個獨立於期交所的董事局管理。

　　亞洲金融危機衝擊香港期間，香港證券及期貨市場這種監管模式的弊端暴露無遺。1998 年8 月，特區政府為迎擊國際炒家行動，在股市和期貨市場兩條戰線上大舉入市，但期間聯交所和期交所卻各自為戰，兩家交易所之間存在立場與利益的矛盾，它們與特區政府之間在溝通上出現不協調。其後，特區政府儘管在股票和期指兩個市場上操作成功，但中央結算公司卻未能有效配合政府的行動，在結算日到底應該嚴格執行 T ＋ 2 還是 T ＋ 3 問題上模糊不清，最終給國際大炒家提供了脫身而逃的機會。[16]在這種模式下，從政策制定的層面看，政府部門和市場機構，包括財政司司長、財經事務局、證監會、金管局、聯交所和期交所等，在制定和執行市場監管政策方面職能重疊，缺乏統籌和協調機制。

　　1999 年 7 月 8 日，香港特區政府發表題為"香港交易及結算所有限公司：鞏固香港的環球金融中心地位"的改革諮詢文件，建議將現有的兩家交易所和三家間結算公司合併為香港交易及結算所有限公司。諮詢期間，業內一度出現反對改革之聲，兩家交易所在關於合併後所有權分配上也曾出現分歧。不過，7 月底，聯交所、期交所和結算所公司聯合發表聲明，表示合併磋商取得成果，它們一致認為財政司司長提出的市場改革建議，對香港金融服務業的未來發展是必要的，在競爭日趨激烈的國際證券和衍生工具市場中，使香港保持和進一步提高國際金融中心地位至為重要。9 月 27 日，聯交所和期交所各自舉行股東大會，分別以 98% 和 100% 的大比數，投票通過了合併方案。

　　2000 年 2 月，立法會三讀通過《交易所及結算所（合併）條例》。該條例為兩家交易所和三家結算公司合併提供了法律依據。條例規定，禁止任何人士直接或間接控制交易所或結算所，除非得到證監會確認為"認可控制人"；設置持股上限，限制一名"認可控制人"、一家交易所或結算所的持股量不得超過 5%，以防交易及結算所受到任何人士單獨或聯同任何有聯繫者一起操控；修訂相關條款，提供清晰的法律基礎和程序，把香港結算公司由擔保有限公司轉為股份有限公司；作出相應的修訂，以反映新的市場架構。

2000 年 3 月 6 日，根據《交易所及結算所（合併）條例》，香港交易及結算所有限公司（簡稱"香港交易所"）註冊成立，全資擁有香港聯合交易所有限公司、香港期貨交易所有限公司和香港中央結算有限公司三家附屬公司。財政司司長曾蔭權宣佈委任李業廣為交易及結算所籌備董事會主席，負責公司重組的具體事務。香港交易所屬營利機構，但同時負有法定責任維持一個有秩序、資訊靈通及公平的市場。以往由兩家交易所直接監察的經紀，在股份化完成後則由證監會負責監管。合併後的香港交易所，包括 3 家全資附屬成員機構 —— 香港聯合交易所、香港期貨結算有限公司和期權結算所有限公司，轉而實施一套嚴謹的風險管理制度，讓交易所參與者及其客戶能在一個高流通量和監管完善的市場，進行投資和對沖活動。

同年 6 月，香港交易所以介紹形式在其全資子公司聯交所掛牌上市。香港交易所擁有並營運香港唯一的股票交易所及期貨交易所以及相關的結算所（三家結算所分別為香港中央結算有限公司（香港結算）、香港期貨結算有限公司（期貨結算公司）及香港聯合交易所期權結算所有限公司（聯交所期權結算所））。合併和上市時的香港交易所，其法定股本為 20 億港元，分為 20 億股，每股 1 港元；已發行股數為 1,040,664,864 股。其中，聯交所股東共獲發747,845,000 股香港交易所股份。在原有的 929 股聯交所股份的基礎上，每名聯交所股東獲發805,000 股香港交易所股份。期交所股東則共獲發 320,505,000 股香港交易所股份。在原有的230 股期交所股份的基礎上，每名期交所股東獲發 1,393,500 股香港交易所股份。香港交易所在聯交所上市的過程中並無發行新股。

3.2 全面改革證券及期貨市場的規管制度

改革之前，香港證監會對證券及期貨市場進行監管的法律依據共有 9 條條例，包括 1989年制定的《證券及期貨事務監察委員會條例》、1974 年的《證券條例》和《保障投資者條例》、1976 年的《商品交易條例》、1981 年的《證券交易所合併條例》、1991 年的《證券（內幕交易）條例》和《證券（披露權益）條例》、1992 年的《證券及期貨（結算所）條例》，以及 1994 年的《槓桿式外滙買賣條例》。再加上 2000 年制定的《交易所及結算所（合併）條例》，證監會總共執行上述 10 條監管法例。過去 30 年來，隨著金融創新、金融衍生工具的不斷湧現、金融活動日趨多元化和複雜化，原有的法律監管框架已經與現實情況產生距離，部分監管方式不再適用，特別是作為核心法規的《證券條例》已經明顯過時，整個監管法律、法規體系已顯得零散而不連貫，無法適應香港作為亞太區主要國際金融中心的發展的需要。特別是 1997 年亞洲金融危機以後，這種不適應性更趨明顯。因此，根據香港證券及期貨市場發展的實際需要，全面改革有關的規管制度已經勢在必行。

　　1999 年 7 月，特區政府推出《證券及期貨條例草案大綱》，進行公開諮詢，先後收到來自市場機構、商會、專業團體和社團的 25 份意見書。同年 9 月，立法會成立證券及期貨條例草案小組委員會，與財經事務局和證監會代表就改革建議進行商討。2004 年 4 月，特區政府發表《證券及期貨條例草案》，宣佈以白紙條例草案形式，再進行為期 3 個月的公開諮詢。在多輪充分諮詢公眾和市場意見的基礎上，2000 年 11 月，特區政府正式將經修訂的《證券及期貨條例草案》提交立法會討論。2002 年 3 月，立法會三讀通過新的《證券及期貨條例》。為配合《證券及期貨條例》，立法會還通過了 2002 年《銀行業（修訂）條例》，以規管銀行所進行的證券業務。其後，為了補充《證券及期貨條例》所設定的監管架構，特區政府再訂立 38 條附屬法例。同年 12 月，證監會和金管局為了確保規管銀行的證券業務的合作，簽署了一份新的諒解備忘錄。兩機構其後發出各自的守則和指引。2003 年 4 月 1 日，《證券及期貨條例》及 2002 年《銀行業（修訂）條例》正式生效，標準著香港新的證券及期貨市場的監管制度全面實施。

　　新的《證券及期貨條例》共 17 部及 10 個附表，主要內容包括：對證監會的監管，對市場營辦者、投資者賠償公司和自動化交易服務的監管，對投資產品及集體投資計劃的監管，對中介人的監管，對中介人及其代表以及上市公司的監管及採取的紀律處分，對證監會決定的上訴機制，投資者賠償基金的設立及管理，對市場失當行為的處分，上市公司的權益披露，有關證監會權力的雜項條文（保密、收費及徵費、法定豁免及訂立規則的一般權力）等。

　　與原來的證券及期貨法律體系相比較，新條例的改革建議主要是：

　　（1）清楚釐定證監會的規管目標。根據 1998 年 10 月國際證券事務監察委員會組織訂立的證券事務規管目標，條例明確規定證監會的規管目標，包括維持和促進證券期貨業的公平性、效率、競爭力、透明度和秩序；向投資於或持有金融產品的公眾提供保障；減低在證券期貨業內的系統風險等。

　　（2）更有效的監管和調查權力。條例規定，證監會如果懷疑上市公司有欺詐、不法或其他失當行為，可要求有關人士交出並解釋文件、在會面中對提問作答、以及提供其他合理協助。條例還擴大證監會權力至可向有關公司有最緊密關聯人士或機構索取文件及要求解釋，條例並引入更有效及公平的制裁方案。

　　（3）設立市場失當行為審裁處。條例把原來的內幕交易審裁處更名為市場失當行為審裁處，並擴大該處的職責，把屬於市場操控性質的市場失當行為納入審裁處的審裁範圍。

　　（4）精簡市場中介機構的發牌制度。條例將原來的各類牌照合而為一，中介機構將獲發單一牌照，指明獲准經營業務的範圍；合夥人和獨立牌照將被逐步取締；引入負責人員概念，規定凡積極參與或監督商號的受規管活動的商號人員，必須在證監會註冊為負責人員，直接負責監察持牌法團的受規管活動。

（5）規管自動化交易服務。條例確保證監會有足夠權力，促進自動化交易設施的發展，並對其進入規管。規定任何人如果沒有獲得認可而向香港人積極推廣自動交易服務或提供有關要約，都被禁止。

（6）投資要約。條例將"投資安排"概念擴大至與任何財產有關的安排，並引入"集體投資計劃"概念，以堵塞以往的監管漏洞和不明確之處。條例授權證監會，當某一產品或其經營者不再符合認可的準則和條件時，可撤回投資安排的認可。

（7）披露證券權益。為了使香港達至國際披露和監管的準則，條例將須作披露的重大持股量的百分率由 10% 降至 5%，並將須作披露的通知期由 5 個營業日縮短至 3 個。

（8）投資者賠償公司。條例引入新的投資者賠償機制，以取代原有的賠償計劃。該機制由證監會認可一家投資者賠償公司，由行政長官會同行政會議發出命令，將有關賠償基金的規則內的職能，轉移到指定的認可投資者賠償公司，由該公司負責管理和執行賠償基金。新機制涵蓋的範圍擴大至更多的中介人，包括交易所參與者和非交易所參與者、銀行及證券保證金融資人。

（9）證監會的透明度和問責制。條例將原來的證券及期貨上訴委員會提升為證券及期貨上訴審裁處，並擴大該處的職能和權力，並建立新的行政檢討機制，通過獨立的程序覆檢委員會監督證監會的運作。

3.3 改善金融市場基礎設施

金融基建是指金融市場發展的基礎設施建設，主要包括市場交易體系、支付結算體系和支持保障體系。其中，市場交易體系主要由交易主體、交易平台、交易工具組成，為投資者提供交易場所；支付結算體系主要由支付服務機構、支付工具、運行設施、支付網路等構成，為投資交易者提供快捷、準確、安全的結算管道；支持保障體系由信用保障、科技保障、後台運作保障、資訊保障、規則規範保障等構成，是維護金融安全運行、提高資金流動效率的支持系統。

金管局認為，金融基建對於香港維持和鞏固國際金融中心的地位具有極其重要意義。回歸以來，香港特區、金管局一直致力促進金融體系尤其是支付和結算安排的效率、健全與發展。2003 年 6 月，財政司司長特別致函金融管理專員，釐清雙方的職能與責任分配。函件多處提及金融管理專員有關金融基礎設施建設的職能與職責：在維持金融體系的穩定與健全政策方面，財政司司長授權金融管理專員須負的職責包括：與其他有關機構及組織合作發展債務市場，通過發展涉及認可機構的本地大額及零售支付、結算及交收系統，以及在適當情況下負責操作有關系統，以促進金融基礎設施的安全與效率；在保持香港的國際金融中心地位的政策方面，與其他機構和組織合作，從而促進支付結算及交收系統的發展，促進國際及跨境金融活動以安全及有效率的方式在香港進行。

根據《香港的金融基建》，金融管理局策略性目標是："在發展本港金融基建方面擔當重要角色，其主要目標是建立以跨幣種、多層面平台為基礎，並符合安全及高效率要求的系統。這個平台有助維持貨幣及金融體系的穩定與健全，並且鞏固香港作為國際金融中心的地位。"其中的重點是，建設跨幣種平台和多層面平台。[17]主要包括：

（1）香港多幣種支付、結算及交收系統的建設

支付系統的作用是進行銀行同業資金轉撥，是金融基建不可缺少的組成部分。1996 年，香港金管局推出了港元即時支付結算系統（RTGS 系統），就港元銀行同業支付交易提供安全及高效率的交收。透過 RTGS 系統，香港的銀行同業支付交易在金管局所設的帳冊上以持續方式逐筆交收，而不是淨額處理。

1999 年，香港聯交所和美國納斯達克證券交易所建立了策略性聯繫，以提升香港作為亞洲時區主要的全球股票市場的地位。香港特區政府計劃，在香港建立美元資本市場的基礎上，進一步發展以其他外幣為本的資本市場。為此，必須建立被廣泛接受的外幣結算系統。1999 年10 月，金管局在獲得外滙基金諮詢委員會批准後，決定推行美元結算系統。11 月，金管局去信所有銀行，邀請它們參與投標，結果收到 4 份建議書。2000 年 3 月，由外滙基金諮詢委員會和金管局組成的遴選委員會經過評審，決定委任滙豐銀行為結算機構，滙豐則委任香港銀行同業結算有限公司為結算代理。

從 2000 年 8 月至 12 月，美元結算系統分三階段推出。該系統的功能主要包括：即時支付結算；通過與港幣結算系統聯網，為港幣／美元交易提供同步交收服務；通過與有關結算系統（如債務工具中央結算系統、證券、股票的中央結算及交收系統等）聯網，為美元債券和股票交易提供貨銀兩訖結算服務；美元支票結算。美元結算系統推出後，香港本地及海外銀行反應熱烈。到 2002 年底，該系統直接參與者共有 64 個，間接參與者 148 個，間接參與者中有 100個來自海外。2002 年第 4 季度，該系統平均每日處理 3,500 宗交易，涉及金額達 48 億美元。

2002 年，金管局在成功推出美元結算系統的基礎上，開始準備建立歐元結算系統，目標是根據已有的兩種貨幣結算系統模式，建立銀行同業之間的歐元結算系統、在香港買賣歐元證券的貨銀兩訖結算系統及歐元與美元之間的外滙交易同步交收系統，以提高結算效率並降低結算風險。2002 年 7 月，金管局宣佈，委任渣打銀行為香港歐元結算系統的結算機構，渣打銀行則委任香港銀行同業結算有限公司為結算代理。2003 年 4 月，歐元結算系統正式啟用，並與港元支付結算系統和美元結算系統聯網，以促進美元及歐元交易在亞洲營業時間內在香港有效率地進行交收。

2006 年 3 月，為了配合人民幣業務在香港的快速發展，金管局推出了人民幣結算系統，以提升銀行同業交易的結算效率。2007 年 6 月，金管局對該系統進行升級，成為全面的人民幣即時支付結算系統（RTGS）。人民幣 RTGS 系統由中國銀行（香港）擔任清算行，香港銀行同業結算有限公司則負責系統運作事務（表 8.1）。

（2）香港債務工具交收系統的建設

表8.1 香港RTGS系統發展概況

RTGS 系統	推出時間	結算機構或清算行	2016 年		截至 2016 年底的參與機構數目
			平均每日成交量	平均每日交易宗數	
美元	2000 年 8 月	香港滙豐銀行	272 億美元	22,833	直接參与：105 間 間接參与：112 間
歐元	2003 年 4 月	渣打銀行（香港）	334 億歐元	594	直接參与：38 間 間接參与：17 間
人民幣	2007 年 6 月	中國銀行（香港）	8,636 億元人民幣	16,232	直接參与：212 間

資料來源：香港金融管理局

進入 1990 年代，在香港政府的推動下，香港債券市場開始加快發展的勢頭。1990 年 2 月，為了配合外滙基金票據和債券的發行、推動債券市場發展，金管局推出了"債券工具中央結算服務系統"（CMU），為外滙基金票據及債券提供電腦化結算交收服務。1993 年 12 月，金管局將該系統的結算服務推擴至其他港元債券，為港元債券提供高效率、安全及方便的結算託管系統。經 CMU 系統進行交收的債券是最終及不可撤回的。1996 年 1 月，系統進一步擴大至為外幣債券服務。當年年底，該系統託管和結算的私營債務工具數量為 446 種，面值達 1,299 億港元。

1997 年 12 月，CMU 系統為私營機構發行的債券推出債務證券借貸計劃，該計劃的目的是設立一個有效率的債券借貸機制，讓長期投資者手上所持的債務證券轉借給較活躍的市場人士作短期用途，從而提高私營機構債券的流通性。1999 年 7 月，金管局分別與香港聯交所和中央結算公司簽訂協定，將外滙基金債券納為中央結算系統的合資格證券。同年 8 月，金管局將全部 57 期未償還外滙基金債券在聯交所上市，總值 341 億港元。這一舉措有力推動了香港債券市場和證券市場的發展。1999 年 10 月，香港按揭證券有限公司於 1999 年 10 月便效法此舉，將其發行的債券在聯交所上市。

CMU 系統的服務領域主要包括：1. 證券轉撥服務；2. 抵押品管理系統：如港元、美元及歐元的自動回購機制（即日及隔夜）；3. 證券借貸服務：為私營機構發行的債券提供證券借貸計劃；4. 外滙基金票據及債券的市場莊家制度；5. 外滙基金票據及債券發行計劃；6. 作為政府債券及公營機構發行的債券的經辦人、託管人、代理及營運機構；7. 為存放於 CMU 系統的所有港元、美元、歐元及人民幣債券提供即時及日終 DvP 結算服務；8. 透過區內中央證券託管機構及國際中央證券託管機構進行跨境 DvP 結算交收；9. 其他託管服務：包括支付代理、債券存放、投標配發等；10. 利息分配服務；11. 銀行與銀行之間之回購服務；12. 投資基金指令傳遞及交收服務。

2005 年，金管局進行香港金融基建發展檢討。根據檢討報告的建議，CMU 系統推出了

CMU 債券報價網站，方便零售投資者於網上查閱本港個別金融機構所提供的債券買賣參考價格。該網站於 2006 年 1 月推出，透過提供市場上債券產品及其參考價格的資料，增加各界對產品的認識及提高價格的透明度，協助促進零售債券市場的發展。2007 年 12 月，金管局推出債務工具的電子交易平台。

2009 年 8 月，金管局進一步推出 CMU 系統基金指令傳遞及交收服務，為香港及區內作為投資基金分銷商、託管人、經理人及機構投資者的 CMU 系統成員提供一個統一的平台，以處理投資基金交易。該服務的運作範圍包括：處理投資基金的認購、贖回及轉換指令；編制相應的確認及付款指示；提供定期報表；以及提供投資基金結算及託管服務。

（3）各個系統的聯網與流動資金優化機制

金管局在推動各個支付結算系統建設的同時，也致力推動各個系統之間的聯網，特別是與其他地區的支付及債券系統的聯網，從而建立跨幣種平台和多層面平台，以處理跨境經濟交易及金融中介活動。

① 支付系統的聯網

通過建立港元即時支付結算系統與美元結算系統、歐元結算系統及人民幣結算系統的聯網，使讓銀行能夠以同步交收方式交收美元與港元、美元與人民幣、歐元與美元、歐元與港元、歐元與人民幣，以及人民幣與港元的外滙交易。同步交收服務大大提高交收效率，並消除因交易的時間差距及不同時區所引起的交收風險（稱為“赫斯特風險”[18]）。

2006 年及 2010 年，美元 RTGS 系統又分別與馬來西亞的馬幣結算系統（RENTAS 系統）及印尼的印尼盾 RTGS 系統聯網。這是區內的 RTGS 系統之間首兩個外滙交易同步交收聯網，這些聯網使美元與馬幣及美元與印尼盾的外滙交易可以在亞洲營業時間同步交收，從而消除赫斯特風險。2007 年，香港的美元 RTGS 系統亦與 RENTAS 系統建立貨銀兩訖聯網，確保在馬來西亞交付美元債券的同時，在香港交付美元，從而有助消除在馬來西亞發行及買賣美元債券所涉及的交收風險。

② CUM 系統與其他區內及國際系統的聯網

為了進一步推動債券市場的發展，金管局還積極推動 CUM 系統與區內及國際系統建立聯網，藉此讓海外投資者參與港元債券市場，並向海外投資者推廣港元債券。1994 年 12 月，CMU 系統與全球兩個規模最大的國際中央證券託管機構歐洲結算及明訊建立單向對內聯網，讓國際投資者可透過這些國際結算所機構持有及結算港元債券。這兩項聯網分別在 2002 年 11 月（歐洲結算）及 2003 年 1 月（明訊）發展至雙向聯網，讓香港及亞洲其他地區的投資者在安全穩妥的環境下以 DvP 模式直接或間接持有及結算歐洲結算系統及明訊結算系統的債券。1997 年 12 月、1998 年 4 月及 1999 年 9 月，CMU 系統又先後與澳大利亞 Austraclear 結算

圖8.2 香港的多幣種支付及交收基建

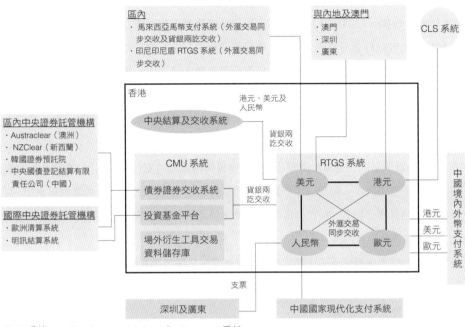

CLS 系統——Continuous Linked Settlement 系統
CMU 系統——債務工具中央結算系統
RTGS 系統——即時支付結算系統

資料來源：香港金融管理局，《香港的金融基建（第二版）》，2013 年

系統、新西蘭 Austraclear 結算系統（現稱 NZClear）及韓國證券預託院等中央證券託管機構建立聯網（圖 8.2）。

2004 年 4 月，金管局與內地的中央國債登記結算有限責任公司簽訂協定，同意在 CMU 系統與與中央國債登記結算公司負責操作的政府債券簿記系統之間建立聯網。2007 年，香港發行首批人民幣債券。自此，在香港發行及存放在 CMU 系統的人民幣債券數額不斷上升。經由 CMU 系統債券投標平台發行的人民幣國債總發行量，由 2010 年的 50 億元人民幣迅速上升至 2012 年的 155 億元人民幣，發行的國債年期類別亦有所增加。2012 年，CMU 系統設立 "金管局 CMU 央行配售統籌窗口"，藉此將人民幣國債配售的投資者基礎推廣至世界各地央行及貨幣管理機構。此舉有助推動香港人民幣債券市場的發展，並鞏固香港作為全球離岸人民幣業務中心的地位。

③ 流動資金優化機制

金管局還相繼推出多項流動資金優化機制，包括 "即時支付優化器"、"流動資金優化器"、

"即時支付系統中央結算優化器"，以及"跨貨幣轉滙即時支付優化器"，使支付流程暢順運作，以及讓銀行更有效率地運用流動資金。

2004 年金管局推出"即時支付優化器"，即以多邊抵銷方式同步結算支票及自動扣帳批量結算項目和結算所自動轉帳系統的大額支付項目的優化機制。它們在每個營業日指定時間以多邊抵銷方式進行批量淨額結算。若結算這些項目所需資金數目龐大，銀行在結算淨額點算完畢後，可以安排在批量結算期間利用即時支付優化器，以 CHATS 支付項目方式安排給予交易對手的資金與支票金額一同進行淨額結算。這項安排有助銀行更有效率地管理流動資金，使它們無需特別預留大量資金以應付在批量結算期間支付項目的交收。

2006 年，金管局就同一批量結算項目引入"跨貨幣轉滙即時支付優化器"。這優化器功能類似即時支付優化器的機制，但增設了外滙交易同步交收的功能。2008 年，金管局再推出"即時支付系統中央結算優化器"，模式與即時支付優化器相近，但是專為處理不同時段批量結算的中央結算及交收系統項目而設。

為進一步減低帳項積壓的風險，並協助銀行減低預留日間流動資金的需要，2006 年金管局推出"流動資金優化器"。這項系統處理器定時為積壓在 RTGS 系統內的帳項進行多邊抵銷，讓用戶可更有效率地管理流動資金。

3.4 香港證券及期貨業的監管架構

現階段，香港證券及期貨業的監管架構主要由作為監管機構的香港證券及期貨監察委員會，和作為市場運作機構的香港交易所兩級機構組成的。

目前，香港證券及期貨業的監管主要由香港證券及期貨監察委員會依據《證券及期貨條例》負責實施。《證券及期貨條例》及附屬法例賦予證監會廣泛的調查、糾正及紀律處分權力。證監會的監管目標是致力確保證券及期貨市場運作有序、投資者享有保障，並協助加強香港作為國際金融中心及中國主要金融市場的地位。具體包括：促進及維持證券期貨市場的競爭力、效率、公平性、秩序及透明度；協助公眾瞭解證券期貨業的運作；[19]保障廣大投資者；盡量減少市場罪行及失當行為；降低證券期貨業的系統風險；及協助政府維持香港在金融方面的穩定性。

根據《證券及期貨條例》，證監會須擔當多重職能，主要目的是平衡市場從業員、其他市場人士及社會整體的利益。具體包括：

（1）制定及執行市場法規，包括調查違規個案及市場失當行為，並採取適當的執法行動；

（2）向申請進行受證監會規管的活動的中介人（例如經紀行、投資顧問及基金經理）發牌及予以監管；

（3）監察交易所、結算所及另類交易平台等市場營運機構的運作，並協助優化市場基礎建設；

（4）預先審批擬向公眾發售的投資產品及／或其銷售文件；

（5）監督適用於公眾公司的收購合併規例，以及監察香港聯合交易所規管上市事宜的表現；

（6）與本地及海外的監管機構合作並提供支持；

（7）協助投資者瞭解市場運作、投資風險及本身的權利和責任。

證監會的組織架構主要由董事局、行政總裁和執行委員會組成。董事局主要負責制訂證監會的整體方向，並向高層管理人員提供策略性指引。證監會的監管對象包括從事證券及期貨活動的經紀行、投資顧問、基金經理及中介人，投資產品，上市公司，香港交易所，自動化交易服務提供者、認可股份登記機構，投資者賠償公司，以及行業及市場參與者。證監會的主要監管措施包括：

（1）辨識及評估風險：如發牌科採取若干措施來評定哪些牌照申請人或會為投資者帶來不能接受的風險；中介機構監察科要求持牌中介人每月提交財政資源申報表，並按一套指標來評估中介人的財務風險。

（2）監察或追蹤已確定的風險：如中介機構監察科進行桌面分析和實地稽核，以確定中介人是否有失當行為；法規執行部監察市場情況，以搜集有關市場失當行為的證據。

（3）防範或限制風險：證監會的附屬機構投資者教育中心推行教育活動，讓投資者更加瞭解本身的權益及認識保障自己的措施。

（4）打擊失當行為及處理投資損失的制裁或補救措施：如證實中介人作出失當行為，將實施紀律制裁。另外，若有投資者因中介人倒閉而蒙受損失，投資者賠償計劃可發揮補救作用。

香港交易所與證券會在監管職能方面有明確的分工。2001 年 2 月，證監會與交易所簽訂了一份諒解備忘錄，重新規範了證監會和交易所的監管，以及對交易所參與者的監管。香港交易所屬營利機構，但同時負有法定責任維持一個有秩序、資訊靈通及公平的市場。以往由兩家交易所直接監察的經紀，在股份化完成後則由證監會負責監管。

根據備忘錄，香港交易所是香港證券及衍生產品中央市場的營運者兼前線監管機構。交易所與證監會緊密配合，主要監管上市發行人；執行上市、交易及結算的規則；以及在機構層面向交易所及結算所的客戶 —— 包括發行人、以及投資銀行（或保薦人）、證券及衍生產品經紀、託管銀行及資訊供應商等直接服務投資者的中介機構 —— 提供服務。唯一例外是 "投資者戶口服務"，這項服務主要是提供予散戶及機構投資者的託管服務。交易所作為證券及期貨市場基礎設施的提供者，本質上是一家高度倚賴資訊技術的企業，所提供的交易、結算及交收服務、存管及代理人服務以至資訊服務，緊貼證券及衍生產品交易的整個核心流程。

在交易所的組織架構中，董事會是其真正的決策機構，負責擬定主要策略、財務、風險管理、商業與營運等方面的政策。為了確保在政策制定和決策過程中的效率，香港交易所的董事會設計精緻，它由兩類同等數量的董事組成，一類是從股東中選舉而來的董事，另一類是由財政司司長任命、代表公共和市場利益的董事。交易所董事會的這種構成，旨在維持股東代表和公共利益代表之間的適當平衡。香港交易與結算所的最初股東是股票和期貨交易所的前會員、通過在股票市場上市和股票交易，香港交易與結算所的所有權實現了多樣化，在董事會的股東代表也有所增加。

香港交易所的領導架構由董事會主席、行政總裁、營運總裁、執行委員會和管理委員會組成。董事會主席由董事會提名，由香港特區行政長官核准，但不具執行權力，在管理層以外獨立運作。行政總裁由董事會委任，向主席負責，並在平衡公司商業目標和公眾利益上扮演重要角色。營運總裁由董事會委任，向行政總裁負責，主要職責是將交易所建成一家以綜合商業考慮和贏利為本、協調緊密的公司。執行委員會由主席、行政總裁、營運總裁和兩名董事組成，每週檢討公司策略和營運方面的重要事宜，將討論結果呈交董事會或即時作出決策。管理委員會由行政總裁任主席，成員包括營運總裁、業務單位主管和主要行政部門主管。

香港交易所的業務及營運職能劃分為七個縱向功能的科，包括上市及監管事務科、環球市場、環球結算、資訊技術、企業事務、財務以及人力資源等。交易所並轄有 5 家全資附屬公司，包括兩家交易所和 3 家結算公司，均為《證券及期貨條例》所認可交易所或結算所。這 5 家公司均為獨立法人，設有由員工組成的董事會，執行法例規定的職能。其中，香港聯合交易所有限公司（聯交所）開設主板及創業板兩個市場，主板主要吸納較具規模及擁有營業和盈利記錄的公司，而創業板主要為高速增長但可能缺乏盈利記錄的公司提供上市交易的平台。聯交所是監管聯交所參與者交易事宜的主要監管機構，也是上市公司的主要監管機構。香港期貨交易所有限公司（期交所）開設香港期貨市場，是監管期交所參與者交易事宜的主要監管機構。此外，香港結算公司及聯交所期權結算所分別提供證券及股票認股證交易的結算及交收服務，包括在聯交所進行或須受聯交所的規則監管的買賣及交易；期貨結算公司則提供期交所交易產品的結算及交收服務。

2013 年香港交易所新一代數據中心啟用。（供圖：香港交易所）

2012 年 5 月，交易所註冊成立全資附屬公司 —— 香港場外結算有限公司，以作為於香港結算場外衍生產品的結算所。其後，交易所邀請包括農業銀行香港分行、滙豐、渣打及摩根大通等 12 間銀行和金融機構參與創始股東計劃及成為場外結算公司創始股東。所有創始股東合共持有場外結算公司 25% 已發行股本（以無投票權普通股方式持有），而香港交易所則持有餘下 75% 的無投票權普通股。香港交易所繼續全數擁有場外結算公司的具投票權普通股。2013 年 11 月，場外結算公司開始提供場外衍生產品結算服務，其場外結算及交收系統亦同時投入運作，成為所有結算會員結算場

2012 年 12 月 6 日，香港交易所完成收購 LME。（供圖：香港交易所）

外衍生產品的中央結算對手。2012 年 12 月，香港交易所收購倫敦金屬交易所（London Metal Exchange，簡稱 LME）。LME 自 1877 年創立以來一直是全球金屬交易所的翹楚。

根據香港交易所制定的《戰略規劃 2013-2015》，未來香港交易所將發展成為一家提供全方位產品及服務、且縱向全面整合的全球領先交易所，並做好準備以把握中國資本項下審慎、加速開放的種種機遇。在發展戰略方面，香港交易所將致力於建立一系列橫向整合的業務，覆蓋現貨股票、股票衍生產品、定息產品及貨幣以及商品等資產類別，同時就每個資產類別建立從產品至交易、及至結算的垂直整合業務模式。此外，平台及基礎設施戰略方面，香港交易所將整合及進一步推動現有各交易及結算平台的現代化，與本地、內地及國際市場業界建立更緊密聯繫。

4. 基金業監管制度的發展與改革

回歸以來，香港基金管理業獲得強勁發展，

其中一個主要因素是香港特區政府及證監會

對基金業的積極推動以及對監管制度的改革，

致力發展具寬度及深度的優質市場。

4.1 基金管理業監管制度的建立

香港政府對基金業的監管制度，是在 1970 年代以後逐步建立起來的。1974 年，為了加強對基金投資者權益的保障，香港政府制定了《保障投資者條例》（Protection of Investors Ordinance）。1978 年，香港政府制定《香港單位信託及互惠基金守則》，（Hongkong Code On Unit Trust and Mutual Funds），確立了零售基金業的基本監管架構。[20] 該守則是香港基金成立及運作的具體規範法規，它對基金的信託人、經理人資格作出規定，並規定基金的契約文件必須列明基金投資目標、政策、限制及投資風險，也必須列明所有成本和費用，每個財政年度至少編製兩份財務報告等。同年，香港政府成立信託基金委員會（Committee on Unit Trusts），專責執行該項守則。

1989 年 5 月，香港政府根據《戴維森報告書》成立了香港證監會，證監會取代了信託基金委員會，成為基金業的監管機構。證監會依據《證券條例》、《保障投資人士條例》和《香港單位信託及互惠基金守則》等法規，通過其屬下的投資基金委員會組織實施。根據《證券條例》第 15條的規定，證監會有權決定批准或撤銷基金的認可地位。任何基金在成立前都必須向證監會申請認可地位，並繳納 1 萬港元的申請費。有關申請先由投資基金委員會審核通過，再提交證監會正式批准。證監會在批准基金認可地位時，主要考慮基金信託人和投資管理公司的身份、素質和關係，以及信託契約的條文是否符合基金守則的有關規定。申請獲得批准後，還須另外繳交 5,000 港元的認可費，基金才可正式開始運作。為了加強對基金運作的監管，1991 年證監會制定新的《單位信託及互惠基金守則》，作為基金成立和運作的操守指引。

證監會還獲授權監管基金出售單位時所進行的廣告宣傳。根據《保障投資人士條例》，任何人未經批准不得刊登吸收投資的廣告，違者將會被起訴。因此，認可基金在進行廣告之前，必須將廣告和其他推銷宣傳的文件資料呈交證監專員批准。證監會對基金的廣告宣傳形式也有所限制，如不得使用廣播、電視、劇院作廣告，也不允許使用張貼海報和逐戶上門的推銷手段。1987 年 10 月股災後，證監會增訂了《基金廣告守則》，以避免基金用不實之詞誤導投資大眾，確保投資者從基金廣告中獲得準確和全面的資訊。

	2015 年
基金管理業管理的資產（億美元）	22,300
資產管理	15,720
顧問業務	1.630
私人銀行活動	4,700
房地產投資信託基金	260

資料來源：證券及期貨事務監察委員會 2015 年基金管理活動調查 2015 年香港基金業數據概覽。

　　1990 年，為了進一步規範基金投資公司的經營，作為基金業自律組織的香港單位信託基金公會（1993 年改名為"香港投資基金公會"）制訂了《香港單位信託基金公會執業守則》。該守則共 14 條，對會員提出了"必須依從及遵守所有有關的法例及規則"、"必須依從遵守《香港單位信託及互惠基金守則》的精神及規定"以及"必須與香港證券及期貨事務監察委員會和其他有關部門的通力合作"等要求，守則並對基金從業人員的素質及職業道德提出了明確具體的規定。《執業守則》作為基金業的自律文件，並無法律效力，但違反者受到紀律處分的最高級為取消會員資格。

4.2 致力發展具寬度及深度的優質市場

　　回歸以來，香港基金管理業獲得強勁發展，其中一個主要因素是香港特區政府及證監會對基金業的積極推動以及對監管制度的改革。

　　2007 年 1 月，香港證監會中介團體及投資產品部執行董事張灼華女士在題為《香港基金管理業的前景及監管挑戰》的演講辭中，曾談及證監會的監管角色和目標。她表示："監管者其實與業界抱有共同的目標，就是要確保我們的市場在面對全球競爭時，能成功取勝。""身為監管者，我們經常會問自己，我們的監管架構有否發揮應有的作用，從而持續吸引資金流入本地市場。我們認為，我們一方面當然不應監管過度，另一方面亦不應，甚至不得看來是以獨裁高壓手法監管業界，否則，不少基金便會因高昂的合規成本而卻步，而投資者亦會因太少可供選擇的基金產品而利益受損。另一方面，我們非常重視我們作為業界把關者的角色，矢志以堅定不移、公允持平的手法執行相關的守則及指引。要吸引資金流入的另一先決條件，是投資者獲得公平的對待及有關規則可妥為執行。"[21]

　　基於這一基本的理念，香港特區政府將對基金業的監管目標，定為"香港政府及監管當局均致力發展具寬度及深度的優質市場"，[22]目的是推動香港成為亞洲區內"一個主要的基金管理中心"。為此，監管當局將"提供穩健的規管架構，確保為市場參與者提供公平的競爭環境，和為投資者提供具充分透明度的市場，以便投資者作出有根據的投資決定"。為了保證監管架構的穩健性，政府對基金業監管的基本原則是：（1）基金經理必須在香港或在《單位信託及互惠基金守則》接納的司法管轄區領有牌照，具備所需的技術和能力；（2）基金必須分散投資，涉及單一發行商的投資額一般不可超越基金資產淨值的 10%；（3）基金資產必須由受託人 / 託管人分開持有，受託人 / 託管人的職責包括核實基金經理的投資決定沒有違反基金的投資規定，並確保基金經理不可動用基金的投資資產。[23]

根據新的監管目標和監管原則，1997 年 12 月，證監會大幅修訂了《單位信託及互惠基金守則》，以採納一套全新的、更具靈活性的基金認可制度。經修訂的《單位信託及互惠基金守則》除了訂明證監會認可基金必須具備的基本營運保障措施之外，沒有事先將基金分類，但是那些因為本質獨特而必須受到特定條文規限的專門性基金則屬例外。此外，該守則亦認可了一系列獲認許為大致上與香港證監會的監察機制具同等效力的投資經理監督制度（認可監察制度計劃），以便使有關經理符合資格成為證監會認可的零售基金的經理。這些計劃使由海外經理管理的海外基金得以在香港獲得認可，以擴充香港零售基金的體系，同時也推動香港基金管理業的迅速發展。

為了回應市場上越來越多類別的投資計劃以及投資大眾不同的投資需求，香港證監會在執行《單位信託及互惠基金守則》的過程中，不斷對守則作出適當增補及細節上的修訂，透過通函向市場發出額外指引市場提供額外指引，藉此簡化監管程序，減低市場參與者的交易成本，提高市場效率，及促進新產品的引進和開發。其中，如對沖基金、交易所買賣基金、房地產投資信託基金、保證基金、跟蹤指數交易所買賣基金等，都是證監會透過在《單位信託及互惠基金守則》內增補新章節後而向市場推出的產品。對於具有嶄新或創意特點的產品，證監會通過發出通函澄清《單位信託及互惠基金守則》內適用的條文，從而該類產品獲得認可或申請寬免。

2008 年，鑑於全球基金市場日新月異的變化和發展，證監會決定全面檢討和修訂《單位信託及互惠基金守則》、以及當時的認可司法管轄區計劃和認可監察制度計劃。這一時期，由於全球基金市場不斷推陳出新，海外地區的監管機構均已推行或正在推行種種改革和現代化措施，如歐盟地區的監管機構正致力使歐洲各國的規管法例趨向統一，先是於 2001 年 12 月採納全新的《可轉讓證券集體投資計劃 III 指令》（《UCITS III 指令》），以便讓市場人士可以利用先進的金融投資工具進行嶄新的投資活動，同時保持適當的風險監控機制。英國金融服務管理局也已於 2003 年中修訂集體投資計劃的規例，以提供更靈活的監管架構。日本金融廳亦大幅修訂其金融及資本市場規則，以配合全球金融市場一體化及金融科技的發展步伐。

修訂後的《單位信託及互惠基金守則》於 2008 年 7 月起實施。新修訂《單位信託及互惠基金守則》強調以下幾點：1. 新的守則以原則為本，藉以提高靈活性和調節能力，避免制定規範

國家"十三五"規劃:香港金融業的發展機遇與政策建議

香港金融發展局 2016年12月

國家"十三五"規劃的主要目標及對香港的定位

1. "十三五"規劃提出,到2020年全面建成小康社會,國內生產總值(GDP)和城鄉居民人均收入比2010年翻一番,GDP總量將達到92.7萬億元人民幣。要達到這一目標,中國經濟在"十三五"時期需保持中高速增長,預計實質GDP年均增長6.5%。國家為此提出了創新、協調、綠色、開放、共享的新發展理念,並提出大力推進國有企業改革,健全現代市場體系,完善對外開放體制,加快金融體制改革等一系列配套的改革目標。

2. "十三五"提出未來五年要構建全方位開放新格局:全面推進雙向開放,沿海地區包括珠江三角洲率先對接國際高標準投資和貿易規則;加快對外貿易優化升級,服務貿易佔對外貿易比重達到16%以上;擴大利用外資開放領域,放寬包括銀行、保險、證券等行業在內的准入限制;支持企業擴大對外投資,支持金融機構和企業在境外融資,推動個人境外投資;有序實現人民幣資本項目可兌換,穩步推進人民幣國際化,放寬境外投資匯兌限制;提高股票、債券市場對外開放程度,放寬境內機構發行境外債券,以及境外機構發行、投資和交易境內人民幣債券的有關規定;提高國內金融市場對境外機構的開放水平;推進"一帶一路"建設,推動多邊貿易談判進程,促進全球貿易投資的自由化和便利化。

3. "十三五"時期,國家將支持香港全面準確貫徹"一國兩制"的方針,發揮香港開放經濟及雙語司法制度的獨特優勢,促進內地的經濟及人民幣國際化的發展。支持香港鞏固和提升國際金融、航運、貿易三大中心地位,強化全球離岸人民幣業務樞紐地位和國際資產管理中心功能,推動服務業向高端高增值方向發展,培育新興產業,建設亞太區金融及商業糾紛國際仲裁中心。鼓勵香港協助國家雙向開放、"一帶一路"建設,加大內地對香港開放力度,深化內地與香港金融合作,加快兩地市場互聯互通。

"十三五"期間香港金融業面臨的機遇和挑戰

4. 中國經濟中高速增長將為香港經濟的繁榮提供穩健依托。香港與內地一脈相連,商貿交往頻繁,金融合作日益緊密。雖然中國經濟增速較過去幾年有所放緩,但仍是全球主要經濟體中增長最快的國家,經濟規模有望在十年內翻一番。中國經濟未來的持續中高速增長將為香港經濟的進一步

發展提供穩健依托。

5. 內地全面推進雙向及多邊開放為香港提供巨大機遇。"十三五"期間,中國要從貿易大國轉變為貿易強國,需要走出去的不僅是"中國製造",還有"中國資金",這將形成數額龐大的對外投資資金流。香港要致力於成為投資資金進出中國內地市場的首選中心,成為內地企業進行國際融資、走向全球、設立海外總部的首選地點。隨著中國中產階級的興起和高淨值客戶的迅速增加,人民幣財富管理的需求龐大,市場前景廣闊。香港要致力建設成為亞洲最具吸引力的資產管理中心,特別是培育成為人民幣財富管理中心。

6. 香港在"十三五"時期的地位和作用得到提升。"十三五"規劃把港澳發展作為專章納入綱要,"提升港澳在國家經濟發展和對外開放中的地位和功能"的表述,是中央首次正式提出,顯示了中央政府對香港發展的高度重視。未來五年中國GDP總值進一步逼近全球第一大經濟體,與全球經濟深度融合,香港應把握歷史機遇,服務國家發展戰略,在中國經濟發展的新階段中實現突破。

7. 香港擁有獨特優勢和條件。"十三五"期間,內地資本賬戶開放不會一蹴而就,未來幾年在部分項目上還會存在一定管制,人民幣國際化也是一個漸進的過程,市場體系和法律法規是一個逐漸和國際接軌的過程。而香港資金自由流動,市場完全開放,法律體系健全,金融基建扎實,還有文化和語言優勢,有助於聚集全球人才和各項資源,連接內地市場和國際市場。這些優勢使香港在促進中國經濟對外開放中發揮不可替代的作用。

8. 然而,在看到"十三五"期間香港機遇的同時,香港也面臨不少新的挑戰。這些挑戰既有外部環境的變化,也有本身內部的壓力。"十三五"期間,隨著內地擴大開放,香港也將面臨更多競爭。內地自貿區試點和成功經驗將在未來幾年推廣至更大範圍;上海在服務業開放、金融開放改革、投資貿易便利化的多項進展明顯增強了其作為國際金融中心的競爭力,香港與上海之間的競爭和合作會進入更具挑戰性及互相兼容的局面。同時,中國內地對外資將全面實行准入前的國民待遇加負面清單管理,更多的服務業和製造業准入門檻被降低,港資相對其他外資的政策優勢將明顯削弱。加之中國與其他主要經濟體的自貿協定逐漸突破、人民幣國際化落地國家/地區不斷增加,香港作為中國經濟貿易金融對外

開放窗口的重要性也面臨著競爭的壓力。

9. "十三五"時期是中國經濟轉型的關鍵階段，在舊的發展方式逐步失效，發展的新方式、新動力尚未完全建立的過程中，香港也面臨著各種的矛盾和風險增加的挑戰。國內經濟下行壓力明顯增大；企業和社會債務過大、產能過剩、槓桿率高企；人民幣滙率波動、資本外流壓力增大；美元利率上升預期帶來全球資本重新配置、新興市場波動國際金融危機深層次影響長期存在，全球經濟整體放緩，各國貿易保護主義抬頭。毫無疑問，這些因素都將對香港在受惠於中國經濟開放和增長的同時受到負面干擾，需要香港管理好增長預期和市場劇烈波動的風險。作為一個面向全球、背靠內地的國際金融中心，在繼續服務內地金融市場發展的同時，香港應該調整定位，投放更多資源，發展內地以外的其他市場，發掘新的增長動力。

10. 香港金融市場的發展受到眾多因素的影響。面對全球不斷增加的監管要求，作為國際金融中心之一，香港應在積極參與全球監管事務並嚴格遵守各項有關準則的同時，積極進行必要的制度和規則的創新，提升市場效率；香港股票及外滙市場的優勢眾所周知，但債券、商品及另類投資等市場發展相對緩慢。制定金融服務業的整體策略及發展多元化金融市場，尤其是債券市場，是香港的當務之急；此外，香港目前的社會問題、居住環境及高昂的經營成本等問題，也影響著香港市場的信心和吸引力，需要著力解決。

政策建議

11. 強化香港作為全球離岸人民幣業務樞紐的地位。現時，香港已經成為最大的離岸人民幣市場，有條件進一步強化其全球離岸人民幣業務樞紐的地位。我們為此提出以下的建議：

(i) 著力發展香港的人民幣債券市場。根據市場的需要，逐步放寬並擴大中央政府、地方政府和金融機構在香港發行人民幣債券的規模、品種和頻率，並在此基礎上推出債券正回購和逆回購工具，拓展市場容量和流動性。

(ii) 推動中國人民銀行在港發行票據，特別是三個月期的人民幣票據。有關額度應可循環使用，發行規模亦應逐步擴大，從而豐富香港的短期高信用等級人民幣金融產品。

(iii) 加快推動債市通。建立一個覆蓋內地與香港場外市場和交易所市場的有關跨境交易、託管、清算和結算的債市互聯互通機制。相關的機構，包括香港金融管理局、中國人民銀行、香港交易及結算所有限公司、上海清算所、中國證券登記結算有限責任公司、上海證券交易所、深圳證券交易所和內地與香港的銀行，均已就此重要計劃進行研究。此機制亦應在允許海外金融機構和機構投資者投資中國債市的基礎上，進一步擴大一般性企業和合條件的個人投資者投資中國債市。

(iv) 培育人民幣衍生品市場。隨著海外資金對在岸人民幣資本市場增加投資，其對沖風險的需求也相應增加。香港應及時大力開發人民幣定價的風險對沖金融產品，包括期貨、期權、利率衍生工具、滙率工具等多方面的產品，形成有特色優勢的，服務國際和國內市場主體的高效公平的市場，並與其他離岸人民幣中心合作，形成全天連續交易的平台，推進人民幣國際化。

(v) 進一步推動香港和內地交易所的合作。可以參考泛歐交易所的方式，研究通過包括股權合作的各種方式，建立以香港制度為準則，境內外資源互動，發行機制和交易制度通用的股票市場，為人民幣國際化發展和內地資本賬戶的開放奠定基礎。

(vi) 發展第三方使用香港人民幣服務平台，鼓勵外國政府和機構在香港以發行人民幣債券等方式進行融資，進一步推動人民幣國際化。同時鼓勵在香港設立人民幣主權投資基金和促進國內機構投資者參與人民幣產品的交易，以增加離岸人民幣市場的流動性和吸引力。

(vii) 加快國際人民幣財富管理中心的建設，發展以人民幣作為投資貨幣的基金管理和相關服務業。這包括人民幣清算、賬戶管理、投資理財、財富管理顧問服務等平台的建設。

12. 積極參與國家"一帶一路"建設。"一帶一路"倡議是國家在"十三五"時期推動經濟發展的重要策略。香港必須珍惜此一發展機遇，積極配合國家並採取有效的推動措施，以充分發揮香港的各項優勢。我們為此提出以下建議：

(i) 香港可憑藉其國際金融中心的優勢，爭取將與"一帶一路"有關的財資和市場營運部門設於香港；積極爭取香港成為亞洲基礎設施投資銀行（亞投行）的非主權成員；積極發展成為亞投行的發債平台和"一帶一路"沿線國家和地區的融資中心。

(ii) 香港可擔當"超級聯繫人"的角色，發揮作為"一帶一路"地區與中國內地之間的服務平台作用。香港亦可發揮在資金、技術、法律、信息、文化融合等方面的優勢，為中國企業的海外併購和直接投資提供融資、諮詢和行政支持，成為中國企業"走出去"的重要服務平台。

(iii) 建立"一帶一路"市場推廣機制。一方面香港可利用金融、會計、法律等專業人才豐富的優勢，為國家相關部門提供配套服務，將有關"一帶一路"的項目庫和內地企業的投資意向信息，與香港企業及"一帶一路"地區的需求進行配對。另一方面，特區政府可推動建立具有品牌效應的高端論壇和峰會，借鑒博鰲論壇、達沃斯年會的模式，建立香港在國際商業、金融、政策討論中的品牌，擴大香港的話語權。

(iv) 鼓勵香港的銀行、證券和保險機構研發有關"一帶一路"的金融產品，為中國企業投資"一帶一路"地區和"一帶一路"地區的融資需要提供服務。

13. 積極推動內地市場對香港進一步開放。

(i) 推進《內地與香港關於建立更緊密經貿關係的安排》(CEPA) 的政策全面升級，解決"大門開了、小門不開"的問題。鼓勵香港企業到內地銀行間債券市場發行熊貓債券，將《內地與香港基金互認安排》擴展到銀行、保險領域產品的雙向互認和市場聯通，落實香港中小證券商、保險機構在內地落地經營。

(ii) 加快香港與前海、南沙、橫琴等粵港澳合作平台的建設。在平台內大力發展現代服務業，實現服務貿易自由化，除少數極敏感領域外，其餘的領域都對香港開放。有關資產要求、持股比例、經營範圍等方面的門檻要求亦應予降低。

(iii) 推動內地自貿區提升金融開放力度。自貿區內逐步實現自貿區賬戶和離岸賬戶一視同仁。逐漸減少自貿區的負面清單，務求與離岸金融市場的監管方式看齊。

(iv) 發揮香港在泛珠三角區域中的重要作用，推動粵港澳和跨省區重大合作平台建設。在區域內建立金融協調發展機制，推動區域內金融機構整合，加強區域金融市場合作，建立一個在區域內完全開放、競爭、規範的市場。

14. 以金融服務支持香港產業轉型，培育經濟發展新動力

(i) 配合內地產業結構轉型，把握國內經濟全方位開放的機遇，培育新興產業，創造經濟發展新動力。推動擴大內地對香港風險投資基金的開放，鼓勵香港資金投資內地的創新產業；鼓勵金融業的創新，對資產證券化、互聯網、大數據金融、跨境投融資模式進行探索，增強香港金融體系的活力和競爭力；建立面向內地開放的創新產業園和孵化基地，進一步降低內地創新人才在香港註冊企業的成本；推動香港向知識型經濟體轉型，促進傳統產業和互聯網、信息技術的融合，建設數碼化經濟。

(ii) 加強金融業的基礎建設，增強香港金融市場的吸引力。加強金融創新人才的培養和引進，特別是同時具有金融服務能力和高新產業經驗的高端複合型人才，如擴大"優秀人才入境計劃"，以加大吸引內地人才流入香港的力度；完善和調整稅務政策，對創業、創新型企業在稅務、資金方面予以支持，優化創業環境，引導資本更多、更便捷的投入到創新、創業企業；支持資本市場改革，為內地創新企業赴港上市和香港上市公司在國際上進行高端領域的併購創造條件，吸引更多全球優秀企業赴港上市，保持香港資本市場的國際地位。

性措施，以迎接行業的未來增長。2. 新的守則將不會試圖硬性地把基金區分為特定的資產類別或限制其投資結構，但將提供與國際標準和常規一致的指引性投資原則。市場會自行決定某文件基金是否合適，有關決定將取決於恰當的披露、有否顯示其基金經理具備相關的技能、採取合適的估價準則、風險管理、履行受信責任以及實施營運保障措施。3. 保障投資者的基本原則將不會改變，包括對保管與管理職能必須劃分的要求。[24]

總體而言，證監會將在促進市場發展與保障投資者和市場的廉潔穩健之間取得平衡，並一如既往地採納與其他頂尖國際金融市場一致的標準，以及吸引和挽留高質素的市場參與者和投資者。同時，將加強對投資者教育，讓投資者知道，在投資複雜的新產品時，要瞭解自己的責任和產品的風險所在。

4.3 基金管理業監管制度的改革與完善

2008 年美國次貸危機引發香港雷曼"迷你債券"風波。事件發生後，香港證監當局集中主要精力處理雷曼迷你債券危機。雷曼兄弟在美國申請破產保護後的第二天，證監會便向雷曼旗下 4 家在香港營運的持牌公司發出限制通知，以保障這些公司及相關客戶的資產安全；同時，准許 Lehmen Brothers Futures Asia Ltd 有秩序地為未平倉的合約平倉，並批准美國雷曼兄弟資產管理亞洲有限公司在全面遵循《證券及期貨（財政資源）規則》的前提下繼續營運，但密切關注其營運合規情況。其後，香港出現大批投資者投訴的個案，證監會為了避免分散調查，採取"由上而下"的方式處理，即合併所有投訴，找出集中的訴求，然後採取主動出擊，對投訴對象進行全方面的調查。2008 年 9 月起，證監會以"由上而下"的方式處理證監會及香港金融管理局收到的大約 29,000 件涉及雷曼迷你債券不良銷售手法的投訴。截至 2009 年 12 月，證監會與 19 家迷你債券分銷商達成協議，使共約 24,400 名銀行客戶獲付逾 52 億港元，另有 366 名經紀行客戶獲付約 1.09 億港元。

針對雷曼迷你債券風波所暴露的監管漏洞，從 2008 年起，香港證監會著重從以下兩方面完善對基金業的監管制度：

第一，維持嚴格的市場標準，密切監察市場運作，提升基金業的風險管理水平。

2008 年爆發的全球金融風暴，不但給監管機構及市場從業員帶來前所未見的挑戰，同時亦突顯了妥善管理交易對手風險的重要性。這一時期，證監會採取了一系列措施維持嚴格的市場標準，密切監察市場運作。2008 年 10 月，證監會向零售投資產品的發行商發出通函，提醒它們有責任確保銷售文件載有最新及足夠的資料，讓投資者可因應當前情況作出有根據的投資決定，又提醒發行商確保文件載有清晰、顯眼和足夠的風險警告。其後，證監會再函認可集體投資計劃的發行商和認可基金的管理公司，提醒它們加強持續監控交易對手風險及採取更有效的措施減低有關風險，並提供實用的指引說明如何以持平的方式清晰而顯眼地作出披露。為加強對基金宣介材料的監管，證監會向業界發出了經修訂的《廣告宣傳指引》；同時加強對基金廣告的執法，對沒有遵守《廣告宣傳指引》的行為進行處罰。

2009 年 10 月，證監會發出諮詢文件，建議結構性產品的公開發售不再受《公司條例》的招股章程制度規管，轉而納入《證券及期貨條例》第 IV 部的投資要約制度內，依據新訂的《非上市結構性投資產品守則》，以加強非上市結構性投資產品的資訊披露及提高產品透明度。2010 年 4 月，證監會公佈落實這項建議，所有非上市結構性產品（不論屬於哪種法律形式）的公開發售都將受《證券及期貨條例》監管。2010 年 1 月，證監會發出另一份諮詢文件，就規管房地產基金的收購合併及上市集體投資計劃的市場行為提出建議，以加強保障少數股東和協助香港房地產基金市場進一步發展。其後，證監會推出《房地產基金指引注釋》，對《房地產投資信託基金守則》作出修訂，讓房地產基金與上市公司的控制架構趨向一致。

2012 年 12 月，由於市場日趨關注到歐洲主權債務危機及其他潛在市場風險，證監會向認可基金的管理公司發出通函，載述了認可基金投資逾基金資產淨值 10% 於信貸評級低於投資級別的單一主權發行人／或擔保的證券時需要遵守的披露及其他規定，以加強監察有關產品所承受的歐洲及主權發行人風險。同年 6 月，鑒於愈來愈多的香港投資者有意投資於可能提供定期收益或股息的投資產品，證監會刊發了一系列的常見問題，闡明有關可從資本派發股息的基金所須遵守的各項披露規定。

2014 年 3 月，因應美國《海外賬戶稅收合規法案》（Foreign Account Tax Compliance Act）的落實時間表，證監會向認可投資產品發行人發出通函，提醒發行人應審慎考慮及評估《海外帳戶稅收合規法案》對業務運作和產品的潛在影響，以及是否有需要執行任何必要程序和監控措施以確保遵從《海外帳戶稅收合規法案》。同年 4 月，為了保障投資者及促進香港零售投資產品市場穩健發展，證監會發出通函，闡述對產品提供者在嚴謹的內部產品監管及審批程序方面的要求並提供一系列指引，範圍涵蓋自推出產品至銷售後的整個產品週期。該通函提醒產品提供者，他們在產品設計的過程中有責任顧及投資者的利益。

第二，加強對投資產品的監管，保障投資者的權益，重建投資者信心。

2008 年全球金融海嘯期間，投資者大受打擊，開始對市場失去信心。及至雷曼集團倒閉後，投資者對包括基金在內的各類投資產品的信心變得更加脆弱。明顯的例子是 2008 年第 4 季度，證監會收到的基金認可申請顯著減少。據基金經理和分銷商的反映，投資者已將所有的基金標籤為高風險投資，不管基金實際涉及的風險如何。不少持有雷曼相關結構性產品的投資者在投訴中表示，他們不瞭解所購買產品涉及的風險、未能完全明白產品文件的內容及當中披露的風險，或存在不當銷售。雖然這些產品不涉及任何證監會認可基金，但證監會認為，基金經理應當在困難的投資環境下，特別留意投資者的需要；基金經理也應作出正面的回應，以顯示他們有顧及投資者的關注。[25]

2008 年 12 月，證監會向業界發出的通函，促請基金業進一步加強產品的資訊披露，以說明投資者瞭解他們實際投資的產品及主要風險所在。2009 年 9 月，證監會發表《建議加強投資者保障措施的諮詢文件》，提出改進對基金業監管的一系列措施，主要包括：推出一本產品手冊，以一系列共用的重要通則作為不同投資產品的監管標準；規定產品手冊規管的所有投資產品都必須附有產品資料概要，以協助投資者瞭解和比較不同的投資產品；要求預定投資期達一年以上的結構性投資產品，必須設有冷靜期，讓投資者可選擇退出投資；加強監管中介人在銷售投資產品方面的手法及操守。同年 10 月，證監會發出諮詢义件，建議結構性產品的公開發售不再受《公司條例》的招股章程制度規管，轉而納入《證券及期貨條例》第 IV 部的投資要約制度內，從而依據新訂的《非上市結構性投資產品守則》，加強非上市結構性投資產品的資訊披露及提高產品透明度。

2010 年 6 月，證監會推出《證監會有關單位信託及互惠基金、與投資有關的人壽保險計劃及非上市結構性投資產品的手冊》，同時修訂關於集體投資計劃的守則，加入新的監管規定，並從多方面協助業界妥善地實施《手冊》所訂立的措施。證監會並給予所有產品發行商享有一年的過渡期，以便向投資者提供產品資料概要及修訂銷售文件，以符合載於《手冊》內的新披露規定。2010 年 8 月，證監會成立產品諮詢委員會，成員包括具備市場知識及專長的業內人士、專業人員、學者及其他相關人士，以便證監會就《手冊》、《證監會強積金產品守則》及《集資退休基金守則》所涉及的各類事宜，以及整體市場環境、行業常規及新的產品特點，徵詢產品諮詢委員會的意見。

鑒於與投資有關的人壽保險計劃（投資相連壽險計劃）的特點和收費架構愈趨複雜，2013年 5 月，證監會為了提高對投資者權益的保障，向認可投資相連壽險計劃的發行商發出一份通函，述明加強披露要求和相關的實施與合規程序。同年 6 月及 11 月，證監會分別向認可基金的管理公司及投資相連壽險計劃的發行商發出通函，列載證監會認可基金或投資相連壽險計劃的計劃更改及銷售文件修訂申請的簡化措施。證監會亦發表了一系列的常見問題，並舉辦了簡介會，向業界人士就簡化措施的實施進行解釋及提供實用的指引。

第三，加強對投資者的教育。

證監會認為，讓投資者獲得充足的資料和對金融產品具備知識，是保障他們避免因詐騙和不良作業方式而招致損失的第一度防線。因此，將教育及保障香港證券市場的投資者作為證監會的重點工作之一。為此，證監會開展了多項活動，利用不同的形式與投資者溝通，包括網站、電台、電視台短劇、不同類型比賽、報章文章及證監會本身的《慧博士》教育專欄,向公眾講解他們作為證券及期貨市場上的投資者的權責。通過教育投資者,使他們能夠作出有根據的選擇,尤其是在新產品、結構性產品或可能出現潛在詐騙的範疇。證監會並提醒投資者需對其本身的投資決定負責,特別是他們應謹慎考慮其承受風險的能力,從可供選擇的產品中挑選最適合他們的財政狀況及風險承受能力的投資工具。證監會並與多家大學合作教育,向新一代灌輸有關負責任投資的知識。

5. 保險業：建立保險業監管局

回歸以來，特別是經歷1997年亞洲金融危機和2009年全球金融海嘯的兩次衝擊，

香港特區政府加快了保險業監管制度的改革，

其中，最重要的內容就是成立獨立的保險業監管局，

並為保險中介人設立發牌制度，取代現行自律規管制度。

5.1 保險中介人規管制度的檢討與改革

香港回歸以後，隨著長期保險即個人壽險業務蓬勃發展，從事保險代理的人數亦大幅上升。據統計，1997 年，從事保險代理的人數為 3.12 萬人，到 1999 年已增加到 4.85 萬人，兩年間增幅高達 55%。這些代理大部分都從事壽險業務的推介，而其中素質的參差不齊亦日見明顯。2001 年 7 月，香港保險業監理處推出一份名為《保險中介人規管制度檢討諮詢文件》，對自 1995 年以來實施的保險中介人自律規管制度進行了檢討。該文件指出，過去幾年，有關保險代理人及保險經紀的投訴不斷上升，例如，從 1998 年至 2000 年，有關對保險中介人的投訴從 208 宗增加到 459 宗，兩年間數字增加了一倍以上，這反映了市民對保險中介人的專業水平及操守日益關注。

該文件認為，有必要加強對保險中介人的監管，並以證監會的"投資中介人"的規管標準作為規管的參考。它指出："在香港，《證券及期貨條例草案》已在 2000 年 11 月 24 日刊登憲報，就投資中介人的規管架構作出規定。證監會會對中介人進行背景審查，以確保其為擔任該職位適當人選。……由於'證券'一詞的定義擬擴大至包括'集體投資計劃中的權益'，因此參與買賣屬集體投資計劃權益的保險產品或就這方面提供意見的保險公司及保險中介人，將被納入證監會的規管架構內，因而須領取照。保險公司及保險中介人的與投資有關的長期業務活動，便將受兩個規管當局規管。"

2000 年，為確保保險中介人有足夠的保險知識和服務水平，香港保險業監理處推出一項全新的素質保證計劃 ——"保險中介人素質保證計劃"。根據該計劃，香港所有保險中介人，包括保險代理、保險經紀及其行政總裁或負責

香港十大保險公司（以壽險*保單數量計算）	
保險公司	保單數目
1 友邦（國際）	2,088,979
2 保誠保險	1,098,558
3 宏利（國際）	966,997
4 恆生保險	669,944
5 安盛保險（百慕達）	582,541
6 安盛金融	427,329
7 滙豐人壽	387,029
8 富通保險	372,976
9 中銀集團人壽	372,834
10 中國人壽	343,078

* 上述數據不包括投資相連壽險保單

資料來源：香港保險業監理處 2014 年長期保險業務統計

人、業務代表，必須通過由香港職業培
訓局主辦的資格考試，才能符合登記
或獲得授權的資格。資格考試包括四部
分，即必考試卷（保險原理及實務）、
資格試卷（分一般保險、長期保險和投
資相連長期保險三類）、旅遊保險代理
人考試試卷和獨立試卷（強制性公積金
中介人考試）。所有保險中介人，必須
在 2000 年初至 2001 年底的兩年內，
通過資格考試，獲得牌照；而從 2000
年起所有新入職的保險中介人均需通過
資格考試。計劃並規定，保險中介人日
後必須參與持續的專業培訓計劃，以確
保中介人的專業水平和服務質素。[26]

保險中介人資格考試報名現場。

　　2002 年 1 月 1 日，保險中介人資格考試兩年過渡期結束，兩年前獲安排而仍然從事保
險代理業務的 10,663 名登記人士中，有 9,213 名代理通過資格考試，佔總數的 86%。根據
香港保險業監理專員提供的數據，過渡期間，約有 20 多萬人次參加三項資格考試，及格率為
47.3%，當中不少曾多次參加考試，估計僅有不足 1,500 人未能通過。當時，香港人壽保險從
業員協會會長李東江表示，在 2001 年的一年內，約有近萬名保險業中介人轉行"離場"。他認
為，資格考試的實施是使這些保險中介人"離場"的主要原因。不過，他相信，"離場"者以只
掛牌登記的"游離分子"居多。[27] 無疑，這項保險中介人考試發牌制度，對保證保險中介人的
質素起了積極的推動作用。

　　2010 年 3 月，為切合不斷轉變的市場需要和公眾的期望，保監處推出投資相連長期保險
試卷的提升版，以取代先前的版本。所有欲從事銷售投資相連長期保險產品的保險中介人（除
非獲得豁免），均須通過投資相連長期保險的提升版考試，以及符合其他規定。至於在職從
業員（即在緊接 2010 年 3 月前已登記從事投資相連長期保險中介業務者），只要在為期兩年
的過渡期內通過該提升版的考試，或完成額外 20 個投資相連長期保險持續專業培訓時數，便
可繼續銷售這類產品。據統計，截至 2012 年底，應考投資相連長期保險考試者共達 22.74 萬
人次，其中，應考先前版本的 16.66 萬人次，應考提升版本的有 6.08 萬人次，及格率分別為
58% 及 52%。

5.2 設立保單持有人保障基金

回歸以後，香港特區政府在對保險中介人規管制度進行檢討的同時，也開始考慮設立保單持有人保障基金的可能性。在此之前，香港已設有賠償計劃，主要是就非人壽保單提供保障的第三者汽車申索和僱員因工受傷事故提供賠償。根據有關法例，這類保單都是強制性的。如承保這類強制性保單的保險公司無力償債，該等賠償計劃便會在保單持有人或第三申索人根據保單索償給予賠償。除此之外，並沒有為人壽保險及其他類別的非人壽保險而設的賠償計劃。

2002 年，保險業監督委託顧問公司研究在香港設立保障基金的可行性，並於 2003 年 12 月至 2004 年 4 月期間曾進行第一輪的公眾諮詢。當時，香港社會對此存在不同意見，一些回應者贊成為保單持有人提供賠償基金，認為有助增強消費者的信心；但其他回應者尤其是保險業界人士，則對可能出現的道德風險問題及對保費的影響表示關注。有關考慮因而暫時擱置。[28]

及至 2008 年及 2009 年爆發全球金融危機期間，國際上多家大型金融機構包括保險機構出現財政困難。有關事件突顯了為保單持有人提供賠償基金的需要，香港保險界人士的立場和態度開始轉變。2008 年，香港保險業聯會表示原則上同意研究設立應變方案，為保單持有人在保險公司無力償債時提供保障。其後，保監處與保聯共同協商制訂了設立保障基金的概念綱領，並在 2009 年 7 月獲得立法會財經事務委員會支持。

2010 年，保險業監督再次委託顧問公司進行精算研究，評估擬設立的保障基金最適當的徵費率、預定的基金金額及其他細節安排。隨後，香港特區政府成立督導委員會，成員包括政府及保聯代表，負責監督顧問公司的研究。2011 年 3 月至 6 月，香港特區政府根據顧問公司的研究報告，就設立保單持有人保障基金再次進行為期 3 個月的公眾諮詢，諮詢文件載列擬設立的保單持有人保障基金的主要特點，保障範圍，賠償水平，徵費機制，以及管治安排等。[29]期間，還舉辦了兩次公眾諮詢會，以及和業界及其他持份者組織進行商討。

2012 年 1 月，財經事務及庫務局和保險業監理處聯合發佈諮詢結果，諮詢結果顯示，大部分回應者支持設立保障基金的建議，以期更有效保障保單持有人的利益，並在有保險公司無力償債時，維持市場的穩定性。隨後，保監處著手擬備賦權法例，並計劃向立法會提交有關的條例草案，原計劃是準備在 2013-14 年度正式推出。根據保監處的文件，計劃中的保單持有人保障基金的主要內容是：[30]

（1）目的和指導原則：保障基金應在加強對保單持有人的保障與盡量減少保險業界的額外負擔之間求取合理平衡；保障基金在提高市場的

梁志仁出任保監局行政總監，負責保監局的整體有效運作。

穩定性之餘，應同時盡量減少道德風險。

（2）保障範圍：保障基金下應設立兩項獨立運作的計劃，即人壽計劃及非人壽計劃，主要對象應為個人保單持有人。保障基金亦應涵蓋大廈業主立案法團和中小型企業。[31]

（3）賠償水平及賠償基礎：保障基金的賠償限額應為申索額港幣首 10 萬港元的 100%，加餘額的 80%，而可獲得的賠償總額最高為港幣 100 萬港元。人壽保險的賠償限額以每份保單計算，金額上限為每份保單港幣 100 萬港元；而非人壽保險的賠償限額則以每宗申索計算。

（4）徵費機制：保障基金採用建議的漸進式徵費模式，先行透過較溫和的徵費率，達到初期預定的基金金額，而一旦有保險公司無力償債時，則可視乎需要提高徵費率。人壽計劃初期預定的基金金額為 12 億港元，非人壽計劃初期預定的基金金額為 7,500 萬港元。計劃在 15 年內達到初期預定的基金金額。人壽和非人壽計劃初期的徵費率訂為適用保費的 0.07%。所有認可保險公司均須參加該保障基金計劃並按徵費率交納費用。一旦有保險公司無力償債，而申索人又獲保障基金賠償時，保障基金應就已賠償的部分取代申索人，從無力償債保險公司的資產討回該部分的款項。

（5）管治安排：設立保障基金管理委員會，成員包括保險、金融、會計、法律及消費者事務等界別的資深專業人員，以及政府代表。

5.3 推動成立獨立的保險業監管局

2008 年爆發的全球金融海嘯，對全球的金融業包括保險業都構成了重大的衝擊。危機過後，為了配合國際規管原則及促進保險業的發展，特區政府開始著手對保險業監管架構進行檢討，研究把保監處轉為獨立保險業監管局的可行性，以確保保險業的規管架構與時並進，促進保險業的穩健發展，為保單持有人提供更佳保障。

2010 年 7 月 12 日，特區政府發表諮詢文件，就成立保監局框架建議進行為期 3 個月的公眾諮詢。特區政府認為，擬議的保監局旨在為業界及公眾帶來的好處主要包括：加強規管保險公司及保險中介人，從而為保單持有人提供更佳保障，並促進保險業穩健發展；更靈活地應付新的規管挑戰，以及更有效地落實國際規管標準；在不降低規管標準的情況下，以便市場創新和維持業界競爭力；以及提高客戶對保險業的信心，從而有助鞏固香港的國際金融中心地位。諮詢期間，特區政府先後舉辦了四次公眾論壇，並出席了行業／專業團體所舉行的會議／論壇，向業界及持份者概述有關建議和收集意見。結果共收到 1,719 份由個人及公司／機構提交的書面意見。根據所收到意見，公眾普遍贊同成立保監局；但是也有部分回應者，特別是保險業中介人，對有關建議表示憂慮或提出反對。[32]

2011 年 6 月，特區政府財經事務及庫務局向立法會財經事務委員會提交《建議成立獨立保險業監管局諮詢總結及詳細建議》（簡稱《詳細建議》）。《詳細建議》認為：在檢討本港及國際間規管金融市場的做法及參考有關經驗後，特區政府建議成立保監局，並承擔一些新增的職能，具體包括：直接規管保險中介人的操守；舉辦公眾教育活動；進行有關保險業的專題研究和探討；以及採取與保險業有關的適當步驟，以協助財政司司長維持香港在金融方面的穩定性。在規管保險公司方面，建議賦予保監局明確權力，包括展開調查、出示手令以搜查及檢取有關資料、循簡易程序提出檢控，以及就保險公司的不當行為施加規管罰則等。

在規管保險中介人方面，《詳細建議》認為："我們完全肯定自律規管機構對保險業的平穩發展功不可沒。然而，現有的自律規管制度與本港或國際間規管金融市場的做法並不一致；更重要的是會導致表面上或實際上的利益衝突的問題。"[33]因此建議："保監局將負責發牌予保險中介人，並實行直接監管，以加強公眾對其專業水平的信心，並使保險業的發展與國際做法一致。"《詳細建議》並表示："為了盡量減少對現有保險中介人的影響，我們建議在法例訂明已和自律規管機構有效註冊的保險中介人，在保監局成立後及向其簽發新牌照前，會被當作已獲保監局發牌，為期三年，讓中介人在向保監局申領牌照期間可以繼續經營業務。

特區政府在參考了保險公司、自律規管機構及保險中介人團體的意見之後，擬訂了主要立法修訂。2012 年 10 月，特區政府就成立獨立保險業監管局的主要立法修訂再次展開為期 3 個月的公眾諮詢。結果政府共收到 558 份意見書。財經事務及庫務局表示："經考慮回應者的意見，政府在幾個方面的建議作出修訂，包括保監局組成的草擬條文、負責人員的委任、若干操守要求、指定的暫時禁止從事受規管活動的權力，以及相關的發牌和執法安排，以協助業界符合合規要求和達致有效執法。"該局發言人並指出："成立保監局是繼 1983 年通過《保險公司條例》以來，保險業界最重要的改革建議。我們根據回應者具建設性的意見及提議修訂了有關的立法建議，並預備將條例草案提交立法會。這標誌著向成立保監局邁出重要一步。"[34]

2013 年 10 月，特區政府成立保監局過渡安排工作小組，以協助由自律規管制度順利過渡至獨立保險業監管局（保監局）推行的新制度。2014 年 4 月，行政會議建議，行政長官指令向立法會提交《2014 年保險公司（修訂）條例草案》，就成立獨立保險業監管局和設立保險中介人法定發牌制度以取代現有的自律規管制度，訂定條文。2015 年 7 月 10 日，香港立法會三讀通過《2014 年保險公司（修訂）條例草案》，決定成立獨立的保險業監管局，並為保險中介人設立發牌制度，取代現行自律規管制度。香港特區政府財經事務及庫務局局長陳家強表示，保監局的成立是 1983 年《保險公司條例》通過以來，保險業最重要的監管制度改革，此舉符合國際保險監督聯會的規定，為保單持有人提供更佳保障，有利於促進保險業的穩健發展。同年 12 月，獨立的香港保險業監管局正式成立，鄭慕智出任主席。

注 釋

〔1〕 由於 2008 年金融危機的影響，2012 年 1 月 19 日，FSA 被拆分為兩個機構，一個為 FCA（Financial Conduct Authority），另一個為 PRA（Prudential Regulation Authority）。自此，FSA 不復存在。

〔2〕 香港發展策略委員會：《共瞻遠景，齊創未來——香港長遠發展需要及目標》，2000 年，第 8 頁。

〔3〕 香港特區行政長官董建華施政報告：《群策群力，轉危為安》，1998 年。

〔4〕 香港金融發展局：《鞏固香港作為全球主要國際金融中心的地位》，2013 年 11 月。

〔5〕 馮邦彥：《香港：打造全球性金融中心——兼論構建大珠三角金融中心圈》，香港：三聯書店（香港）有限公司，2012 年，第 105-159 頁。

〔6〕 香港金融管理局：《就 "銀行業顧問研究" 的政策回應》，1999 年 7 月，第 2-3 頁。

〔7〕 香港金融管理局：《就 "銀行業顧問研究" 的政策回應》，1999 年 7 月，第 8 頁。

〔8〕 香港金融管理局：《就 "銀行業顧問研究" 的政策回應》，1999 年 7 月，第 13 頁。

〔9〕 畢馬威會計師事務所和 Barents Group LLC：《香港銀行業新紀元——香港銀行業顧問研究報告》，1998 年 12 月，1.8.2 部分 .

〔10〕 畢馬威會計師事務所和 Barents Group LLC：《香港銀行業新紀元——香港銀行業顧問研究報告》，1998 年 12 月，1.9 部分。

〔11〕 畢馬威會計師事務所和 Barents Group LLC：《香港銀行業新紀元——香港銀行業顧問研究報告》，1998 年 12 月，1.10 部分。

〔12〕 CAMEL 是國際公認的制度，用作評估資本充足比率（C）、資產素質（A）、管理（M）、盈利（E）和流動資金水平（L）。以 1 至 5 來代表整體或綜合評級，數字越大，監管方面的憂慮便越多。

〔13〕 任志剛：《最後貸款人》，1999 年 6 月 29 日，載於金融管理局季報第 20 冊。

〔14〕 畢馬威會計師事務所和 Barents Group LLC：《香港銀行業新紀元——香港銀行業顧問研究報告》，1998 年 12 月，1.8.6 部分。

〔15〕 香港證券及期貨監察事務委員會：《1997 至 2007 年證券期貨市場大事回顧及監管發展概覽》，香港證監會網站，第 2-3 頁。

〔16〕 欣岩：《透視香港交易所合併》，《財經》雜誌，1999 年第 4 期，http://magazine.caijing.com.cn/1999-04-05/110056893.html。

〔17〕 香港金融管理局：《香港的金融基建（第二版）》，2013 年，第 5 頁。

〔18〕 赫斯特風險指外滙交易中的兩種貨幣在不同時區交收而引起的風險。

〔19〕 《2012 年證券及期貨（修訂）條例》頒佈後，證監會轄下附屬機構投資者教育中心正式成立，負責教育公眾認識廣泛的零售金融產品及服務，並在提升普羅大眾的金融理財知識方面擔當關鍵的角色。

〔20〕 張灼華：《新的〈單位信託及互惠基金守則〉——打造香港成為基金超級市場》，2008 年 4 月 16 日，第 2 頁，香港證券及期貨監察委員會網站。

〔21〕 張灼華：《香港基金管理業的前景及監管挑戰》，2007 年 1 月 18 日，第 1 頁，香港證券及期貨監察委員會網站。

〔22〕 同上。

〔23〕 張灼華：《金融危機對基金業的啟示》，2009 年 1 月 21 日，第 2 頁，香港證券及期貨監察委員會網站。

〔24〕 張灼華：《新的〈單位信託及互惠基金守則〉—— 打造香港成為基金超級市場》，2008 年 4 月 16 日，第 5-6 頁，香港證券及期貨監察委員會網站。

〔25〕 張灼華：《金融危機對基金業的啟示》，2009 年 1 月 21 日，第 3 頁，香港證券及期貨監察委員會網站。

〔26〕 The Office of the Commissioner of Insurance, *Review of the Regulatory System for Insurance Intermediaries*, Consultation Document, July 2001.

〔27〕 陳妍齡：《招聘門檻提高，保險經紀須中七畢業》，《香港經濟日報》，2002 年 1 月 11 日。

〔28〕 香港特區政府財經事務及庫務局：《建議設立保單持有人保障基金諮詢文件》，2011 年 3 月，第 5 頁。

〔29〕 香港特區政府財經事務及庫務局：《建議成立獨立保險業監管局諮詢總結及詳細建議》，2011 年 7 月 4 日，第 2-3 頁。

〔30〕 香港特區政府財經事務及庫務局和保險業監理處：《建議設立保單持有人保障基金諮詢總結》，2012 年 1 月 30 日，第 2-6 頁。

〔31〕 根據諮詢文件，中小企的定義為任何從事製造業而在香港僱用少於 100 人的企業，或任何從事非製造業而在香港僱用少於 50 人的企業。這定義亦為中小企業信貸保證計劃所採納。

〔32〕 香港特區政府財經事務及庫務局：《建議成立獨立保險業監管局諮詢總結及詳細建議》，2011 年 7 月 4 日，第 2 頁。

〔33〕 香港特區政府財經事務及庫務局：《建議成立獨立保險業監管局諮詢總結及詳細建議》，2011 年 7 月 4 日，第 3 頁。

〔34〕 香港特區政府財經事務及庫務局：《成立獨立保險業監管局的主要立法建議諮詢總結公佈》，2013 年 6 月 26 日，第 1 頁。

1970 年代初的港島中環金融商業區。

第九章
邁向全球性國際金融中心

1. 香港國際金融中心的發展演變

所謂國際金融中心，

是指一個在國際金融市場的跨境資產交易中扮演重要參與者角色的城市。

N.巴拉克里什南（1989）認為，作為國際金融中心，

首先其金融業規模要大、效率要高、穩定性要強；

其次金融業的國際化程度要高，這包括業務的國際化、

組織機構的國際化、金融信息的國際化和金融制度與法規的國際化。

1.1 香港國際金融中心的崛起與確立

根據美國學者李德（Reed H.C.）的研究，香港作為國際金融中心的起源，可追溯至 20 世紀初。李德在其關於國際金融中心的著作中，使用 9 個變數（可能是由於缺乏其他金融數據的

原因，9 個變數均為銀行變數）進行分析發現，從 1900 年至 1980 年這段時期中，香港除了 1970 年和 1980 年外其餘每隔 5 年香港都名列"十大國際銀行中心"之列。[1]

不過，香港作為亞太區國際金融中心的崛起，則是從 1960 年代末期開始的。1960 年代期間，香港作為地區性金融中心，經歷了兩次重大挫折：其一是 1960 年代的銀行危機，它一度動搖整個金融體系。當時，香港政府認為本地銀行數量太多，決定暫時凍結頒發銀行牌照，直至 1978 年才解凍，使得大批跨國銀行無法循正常途徑進入香港。其二是新加坡作為亞洲美元市場的崛起。1960 年代末，部分美資跨國銀行有意在香港設立亞洲美元市場，作為歐洲美元市場在亞洲時區的延伸。可惜的是，當時香港政府不願取消外幣存款利息稅，而新加坡政府則決定以免稅等各種優惠政策吸引外資銀行，結果成功建立起亞洲美元市場，新加坡作為亞太區國際金融中心乘勢而起。

1960 年代末期以後，隨著香港經濟的蓬勃發展和大量企業的崛起，香港的金融業開始邁向多元化、國際化。首先發展起來的是證券市場。1960 年代末 1970 年代初，遠東交易所（1969 年）、金銀證券交易所（1971 年）和九龍證券交易所（1972 年）相繼成立，與 1891 年成立的香港證券交易所一道，形成所謂的"四會時代"。這一時期，香港證券市場進入空前牛市，大批新興公司紛紛在香港掛牌上市，香港市民掀起投資股市的空前熱潮，反映股市走市的恆生指數從 1971 年底的 341.4 點攀升至 1973 年 3 月 9 日的 1774.96 點的歷史高峰，在短短一年多時間內升幅達 5.3 倍。

當時，為配合證券市場的發展，香港不同類型的金融機構，諸如投資銀行、商人銀行、國際資金銀行以至本地小型財務公司紛紛成立，改變了以往由單一銀行業主導的局面，這些金融機構經營的業務也與傳統的商業銀行迥然不同，包括多種貨幣存款、公司融資、股票認購包銷、銀團貸款、債券發行、策劃收購兼併、分期付款租購租賃等。直至 1980 年，香港在各類零售及大規模銀行業務方面，例如國際及本地銀行業務、外滙買賣、信用保證、以及其他不屬銀行系統的金融機構（如互惠基金等），成為獲利最豐的領域。[2]

這種發展態勢，吸引了大批跨國金融機構進入香港。當時，在政府凍結頒發銀行牌照的背景下，外國金融機構進入香港主要有兩個途徑：

第一，收購本地持牌銀行。1965 年銀行危機後，本地中小持牌銀行為求自保，以便在英資銀行與外資銀行的夾縫中生存，紛紛向外資銀行求援；在港府凍結頒發銀行牌照的條件下，一些有意進入香港的外資銀行也想方設法對香港本地持牌銀行進行資本滲透、控制和收購。1973 年，美國歐文信託公司收購永亨銀行 51% 股權，日本三菱銀行收購廖創興銀行 25% 股權，就是外資銀行透過這種途徑進入香港的先聲。據不完全統計，至 1987 年 10 月 12 日止，至少有 22 家本地持牌銀行被外資收購部分或全部股權。[3]

左圖為 1970 年代初的港島中環金融商業區。

表9.1 銀團貸款及歐洲票據融資中心（1980-1986年）

	簽訂都市	簽訂次數	貸款總額（億美元）
1	倫敦	2,216	2,213.4
2	紐約	886	2,193.4
3	巴黎	536	703.7
4	香港	665	357.2
5	東京	328	273.4
6	新加坡	239	181.6
7	法蘭克福	204	164.4
8	三藩市	189	133.2
9	巴林	162	127.7
10	布魯塞爾	157	118.4

資料來源：Euromoney，1987年7月號，轉引自香港華商銀行公會研究小組著、饒餘慶編：《香港銀行制度之現況與前瞻》，香港華商銀行公會，1988年，第9頁。

第二，在香港開設接受存款公司。由於通過收購本地持牌銀行進入香港金融業的成本越來越高昂，而且可收購的對象有限，不少跨國銀行改以財務公司（Finance Company）的形式來港設立附屬機構，參與毋須銀行牌照的商人銀行或投資銀行業務，從事安排上市、包銷、收購、兼併等業務。這一時期，一批商人銀行（Merchant Bank）先後在香港創辦，其中最著名的包括怡富（Jardine Fleming & Co., Ltd）、寶源投資（Schroders Asia Limited）、獲多利（Wardley Ltd）等。與此同時，財務公司如雨後春筍般湧現，主要從事與股票、地產有關的貸款活動，由於並非持牌銀行，它們不受"利率協定"的限制，可以高息吸引存款，因而獲得快速發展。

1978年3月，在跨國銀行的壓力及新加坡的競爭下，香港政府宣佈重新向外資銀行頒發銀行牌照，結果大批國際銀行湧入香港。1980年代初，香港政府又宣佈了一系列自由化政策，包括1982年2月撤銷外幣存款15%的利息稅，並將港幣存款利息稅減至10%；1983年10月完全取消港幣存款利息稅等。這些措施進一步吸引外資銀行的進入，並推動了香港作為亞太區國際金融中心的形成和確立。

到1980年代中期，就海外注冊銀行數量而論，香港已發展成為世界第4大金融中心；而就銀行體系的對外資產而論，香港亦是世界第11大金融中心；在亞洲，香港作為國際性金融中心的地位，則在東京和新加坡之後排名第3。[4] 這一時期，香港已成為亞太區的銀團貸款中心。根據Euromoney（1987年7月號）的統計，1980年至1986年間，香港簽定的銀團貸款及歐洲票據融資達665次，貸款總額達357.2億美元。以簽定次數計，僅次於倫敦（2,216次）和紐約（886次），而排名第3位，在亞太區超過東京（328次）和新加坡（239次）；若以貸款計，香港則在全球排第4位，僅次於倫敦（2,213.4億美元）、紐約（2,193.4億美元）和巴黎（703.7億美元），而超過東京（2,733.4億美元）和新加坡（181.6億美元）。（表9.1）

1.2 香港國際金融中心地位的演變和發展

1980年代初，受國際石油危機衝擊，香港經濟急劇惡化，資產價格下跌；而隨著美元的大幅升值，港元貶值壓力空前加大。1982年9月，英國首相撒徹爾夫人訪問北京，中英關於香港前途問題的談判拉開序幕。在其後一年裏，中英兩國談判陷入僵局，政治氣氛轉趨緊張，觸發

港人信心危機。1983 年 10 月 15 日，香港
政府宣佈改變港鈔發行機制，廢除自 1974
年以來實行的浮動滙率制度，改為實行與美
元掛鈎的聯繫滙率制度，以挽救急跌中的港
元滙率。該制度實施以後至 1997 年回歸，
香港先後經受了一系列嚴重的政治、經濟事
件的衝擊，然而，這一期間聯繫滙率表現出
相當強的穩定性，對維持和鞏固香港國際金
融中心的地位發揮了積極作用。

1980 年代初，就在香港經歷了空前的
港元危機的同時，香港金融業也經歷了兩次

1992 年香港中央結算有限公司推出中央結算及交收系統。（供圖：香港交易所）

重大的危機：一次是 1982 年至 1986 年香港財務公司和銀行連串倒閉的危機；另一次 1987 年
全球股災引發的香港聯合交易所停市事件和香港期貨交易所期頻臨破產危機。金融危機暴露了
香港在金融監管方面存在的問題，香港政府先是對銀行條例進行全面檢討，以英美等先進國家
的制度為藍本，制定頒佈 1986 年《銀行業條例》，進一步加強了對金融業的監管。其後，又成
立香港證券業檢討委員會，對整個證券體系進行全面檢討，並在此基礎上，對香港證券及期貨
市場展開大刀闊斧的改革。這些措施將香港的監管水平提高至國際標準，進一步推動香港國際
金融中心的發展。

到 1990 年代中後期，香港已形成門類齊全、發達的金融市場體系。香港金融市場體系
中，最早發展起來的是香港銀行同業拆息市場。長期以來，香港各認可機構之間及香港與海外
機構之間的銀行同業拆借非常活躍。1997 年平均每日成交額為 1,830 億港元。銀行同業拆息
市場以短期借貸為主，港元和外幣借貸均由 24 小時到期至 12 個月到期不等。港元的貸款機
構，傳統上以本地註冊銀行居多，而主要的借款機構是沒有強大港元存款基礎的外國銀行。香
港的外滙市場發展完善，買賣活躍，成為全球外滙市場不可或缺的一部分。根據國際清算銀行
的調查，1995 年 4 月時香港平均每日的成交額為 910 億美元，佔全球總額的 6%，在世界位列
第 5 位。

這一時期，香港的債券市場也獲得了進一步發展。1990 年，香港金融管理當局發行外滙
基金票據及債券，推動了債券市場的發展。外滙基金票據及債券市場催生了 1990 年 "債券工
具中央結算系統" 的產生，活躍了債券第二市場，並形成了可供其他機構發行債務工具的基準
孳息曲線，對債券市場的發展產生重要影響。1996 年，金融管理局發表《香港作為國際金融中
心的策略文件》，明確將 "建立一個蓬勃而高效的債券市場" 列為發展金融中心的重點目標。

表9.2　1987-1997年香港股市發展概況

年份	成交總額（億港元）	恆生指數		
		最高	最低	年底收市
1987	3,714.06	3,949.73	1,894.94	2,302.75
1988	1,994.81	2,772.53	2,223.04	2,687.04
1989	2,991.47	3,309.64	2,093.61	2,836.57
1990	2,887.15	3,559.64	2,736.55	3,024.55
1991	3,341.04	4,297.33	2,984.01	4,297.33
1992	7,005.78	6,447.11	4,301.78	5,512.39
1993	12,226.75	11,888.39	5,437.80	11,888.39
1994	11,374.14	12,201.09	7,707.78	8,191.04
1995	8,268.01	10,073.39	6,967.93	10,073.39
1996	14,122.42	13,530.95	10,204.87	13,451.45
1997	37,889.60	16,673.27	9,059.89	10,722.76

資料來源：香港聯合交易所編《股市資料》。

1995年香港股票期權首日交易慶祝儀式，左二是香港聯交所主席鄭維健。

1999年，認可機構債券發行額比上年增加超過1倍，本地公司發行額比上年增加接近3倍，非多邊發展銀行的海外發債體發行額增加2.4倍。[5] 到2000年底，未償還港元債券額達4,730億元，比1999年由增加7%，其中，外滙基金票據及債券佔23%。

香港最發達的金融市場是證券市場。1990年代，香港證券市場發展的一個標誌性事件，就是引入中國內地企業的H股。香港證券市場改革與H股的上市，刺激了國際機構投資者大舉湧入香港，推動了股市的發展。據統計，1987年香港股市全年成交總額為3,714.06億港元，到1997年已增加到37,889.6億港元，10年間增長9.2倍。從1995年起，在香港回歸及一系列利好因素的帶動下，香港股市進入新一輪的大牛市，恆生指數從1995年初的低位6,967.93點，逐步攀升至1997年8月7日的新高峰166,733.27點（表9.2）。1997年，香港的證券市場市值總額達32,030億港元，成為全球第6大股票市場，在亞洲區排第2位，僅次於東京。到2000年3月與期交所完成合併前，聯交所共有570家會員公司。

與此同時，香港金融期貨市場也得到了快速的發展。1987年全球股災爆發，香港期指市場一度面臨倒閉危機。不過，經過股災後的整頓、改革，到1990年代，香港的金融期貨市場再度取得迅速的發展。這一時期，香港期貨交易所相繼推出一系列新的金融期貨、期權產品，包括恆生分類指數期貨、恆生指數期權（HIS options）、股票期貨、日轉期滙（Rolling Forex）、長期恆生指數期權、恆生香港中資企業指數（Hang Seng China-Affiliated Corporations Index）期貨及期權，以及3個月港元利率期貨（3-momth HIBOR futures）等。香港的金融衍生工具市場已成為亞洲最大的市場之一。1997年買賣合約總數為810萬張，平均每日成交合約數目超過35,000張。在各類成交合約中，恆生指數期貨合約是最受歡迎的項目，佔成交總數近 90%。此外，香港還是區內的主要基金管理中心。1997 年，認可單位信託及互惠基金的數目達 1,356 個。在認可基金的資產總值中，股本基金所佔的比重超過一半，其次為貨幣市場基金及其他基金，如投資基金、債券基金等。

這一時期，香港金融業已成為香港經濟中僅次於進出口貿易業、房地產業的第三大產業。據統計，1997 年，香港金融業創造的增加價值達 1,245.05 億港元，比 1985 年的 142.78 億港元大幅增長 7.72 倍；同期，金融業佔本地生產總值的比重從 5.6% 上升到 10.1%，提高了 4.5 個百分點（表 9.3）。金融業為香港本地及海外資金提供了出路，推動了香港工商業及對外貿易的發展，並通過私人信貸促進社會消費，從而推動了香港經濟的發展。

根據香港大學饒餘慶教授的研究，到 1990 年代中期，綜合考慮各方面因素，香港作為國際金融中心的排名，在全球約居第 6、7 位，在亞太區居第 2 位，落後於東京，但領先於新加坡（表 9.4）。饒餘慶認為："香港之崛興為一國際金融中心，是第二次世界大戰結束以來，香港經濟的兩大成就之一"（另一成就是從一轉口阜轉變為一富裕的工業經濟體）。[6]

1.3 香港國際金融中心的鞏固和提升

回歸以來，香港金融業先後遭遇了亞洲金融危機、"9・11"事件及 2008 年全球金融海嘯的衝擊，並且受到來自東京、新加坡、上海的挑戰。不過，依托"中國因素"的支持，香港金融業仍然取得了長足的發展，香港作為國際金融中心的地位躍居至全球第 3 位。香港已成為全球第 8 大、亞洲第 3 大股票市場，

表9.3 金融業以當時價格計算在香港本地生產總值中的比重

年份	增加價值（百萬港元）	佔本地生產總值的比重（%）	年份	增加價值（百萬港元）	佔本地生產總值的比重（%）
1980	8,760	6.5	1989	29,781	6.0
1981	11,487	7.0	1990	34,600	8.6
1982	12,926	7.1	1991	54,142	9.5
1983	13,103	6.5	1992	69,602	10.0
1984	14,177	5.9	1993	83,272	10.0
1985	14,278	5.6	1994	88,785	9.3
1986	18,362	6.0	1995	94,487	9.4
1987	23,763	6.2	1996	112,300	9.9
1988	26,057	8.6	1997	124,505	10.1

資料來源：香港政府統計處

表9.4 香港作為國際金融中心的評估（1995年）

項目	亞太區排名	世界排名
銀行業		
外資銀行數目	1	2
銀行海外資產	2	4
銀行海外負債	2	5
越境銀行同業債權	2	6
越境銀行同業負債	2	4
越境對非銀行企業信貸	1	2
銀團貸款及承銷票據融資（1994 年）	1	4
外滙市場		
每日淨成交量	3	5
衍生工具市場		
每日淨外滙合約成交量	3	5
每日淨利率合約成交量	4	8
每日衍生工具總成交量	3	7
股票市場		
總市值	2	9
成交量	4	11
本地公司上市數目	7	16
黃金市場	1	4
保險業		
註冊保險公司	1	—
保費	5	27
合格精算師	1	—
基金管理	2	—

資料來源：饒餘慶著，《香港——國際金融中心》，商務印書館（香港）有限公司，1997 年 4 月，第 73 頁。

全球第 15 大、亞洲第 3 大國際銀行中心，全球第 5 大外滙交易中心，全球最開放的保險中心之一、亞洲保險公司最集中的地區，亞洲區內主要的資產管理中心。

2008 年 1 月，美國《時代》週刊（亞洲版）發表一篇由該雜誌副主編邁克爾·伊里亞德（Michael Elliott）所寫的題為《三城記》（A Tale of Three Cities）的署名文章。該文章創造了一個新概念 ──"紐倫港"（Nylonkong），即世界上三個最重要城市紐約、倫敦及香港的合稱。文章指出：現在大銀行都將其總部和關鍵的地區辦事處設於"紐倫港"三地，如花旗銀行集團、高盛公司、滙豐銀行和摩根公司。這三地也是那些雄心勃勃的公司前往融資或謀求上市的地方。特別是香港，成千上萬希望在全球市場籌資的中國公司帶來的業務使它獲益匪淺。香港股市資本總金額在 1996 年後的 10 年中幾乎增長了 3 倍。文章強調：在金融全球化時代，香港金融業的重要性正迅速提升，香港有可能成為金融全球化總體格局中的重要一級。然而，香港要成為與倫敦、紐約並駕齊驅的全球性金融中心，仍然受到經濟規模細小、經濟腹地有限等因素的制約。香港要發揮其金融業的比較優勢，躋身全球性金融中心行列，必須突破制度上的制約，有效拓展其龐大經濟腹地，特別是廣東珠三角地區。

2007 年 3 月，倫敦金融城公司（GFCI）聯手英國專業機構 Z/Yen 研究諮詢公司共同發表《全球金融中心排名指數 1》（Global Financial Center Index 1，簡稱"GFCI1"）報告，列出 46 個城市的金融中心排名。決定排名的 5 個方面包括：人力、商業環境、市場准入、基礎設施和總體競爭力。該報告對數百名金融機構主管進行網上調查並對另外 47 種單獨的競爭指數進行了綜合考察。按照 1 至 1,000 的得分範圍，倫敦得分最高，為 765 分；紐約其次，為 760 分；香港排名第 3 位，為 684 分。緊隨其後的是新加坡（第 4）、悉尼（第 7）和東京（第 9）。上海居第 24 位。該報告稱倫敦和紐約堪稱"全球"絕無僅有的兩個金融中心，而香港只能算是"國際"金融中心。香港在人力因素方面得分很高，在專業服務領域形成強大的專業特長。香港擁有的註冊金融分析師的數量排名全球第 4，僅次於美國、加拿大和英國。香港的註冊金融分析師有近 3,000 名，而 1995 年僅有 200 名。金融服務人群還包括精通法律人員，香港有 5,000 名訴狀律師和 1,000 名出庭律師。

從全球主要金融中心的特點看，美國及英國的金融體系均已進入證券化階段，屬於證券化金融體系（securitized financial system）。根據國際清算銀行的資料，目前這兩國企業融資的 70% 透過證券市場運作，個人金融資產的 80% 左右交由證券公司、基金、保險公司管理；相比之下，日本個人金融資產的 60% 以上存放銀行管理，企業融資亦主要利用銀行進行，屬於

2008 年 1 月美國《時代》周刊封面。

銀行主導型金融體系；德國及法國的投融資結構類似日本，亦屬於銀行主導型金融體系。香港的法律及金融體系深受英國的影響，較接近英美式金融中心，是金融業較先進的表現。GFCI1 將香港列為全球 46 個金融城市的第 3 位，其中一條理由便是認為香港近幾年資本市場規模與證券化水平（market access）獲得較大提升。

從 2007 年 3 月起，倫敦金融城公司與 Z/Yen 公司合作每半年發表一份《全球金融中心指數》報告，以連續反映全球金融中心城市競爭力的動態變化與排名。目前，"全球金融中心指數"已成為國際公認的全球金融中心排名的最權威指標。根據該指數，2007 年 3 月以來，除了 GFCI4 和 GFCI5 兩期（2008 年 9 月至 2009 年 3 月）外，香港一直排在第 3 位，僅次於倫敦和紐約，而居於新加坡之前。而在亞洲太平洋區，香港、新加坡的排名則一直領先於東京、首爾、悉尼。根據 2016 年 9 月倫敦城公司（GFCI）公佈的《全球金融中心排名指數 20》（Global Financial Center Index 20）報告，香港的總評分為 748 分，位居第 4，次於倫敦（795 分）、紐約（794 分）和新加坡（752 分）。這是 2007 年以來香港第 4 次被新加坡超越而屈居第 4 位。值得重視的是，上海和深圳的排名分別從 2013 年 3 月的第 24 名和 38 名上升至 2016 年 9 月的 16 位和 22 位（表 9.5）。值得重視的是，近年來，受到各種政治、經濟等主客觀因素的影響，香港國際金融中心受到新加坡的嚴峻挑戰，香港無論在排名還是得分都有下降的趨勢。2016 年，香港已經兩次在排名上被新加坡超過；而且，其所得分值已從前幾年的約 755-760 分逐步下降到 748 分。

《全球金融中心排名指數 20》報告指出：倫敦、紐約、香港、新加坡和東京，仍然是居領導地位的 5 大全球性金融中心。[7]《全球金融中心排名指數 19》報告根據"聯繫性"

表9.5 國際金融中心指數綜合得分及排名

金融中心	GFCI20	GFCI19	GFCI18	GFCI17	GFCI16	GFCI15	GFCI14	GFCI13
倫敦	795 (1)	800 (1)	796 (1)	784 (2)	777 (2)	784 (2)	794 (1)	807 (1)
紐約	794 (2)	792 (2)	788 (2)	785 (1)	778 (1)	786 (1)	779 (2)	787 (2)
新加坡	752 (3)	755 (3)	750 (4)	754 (4)	746 (4)	751 (4)	751 (4)	759 (4)
香港	748 (4)	753 (4)	755 (3)	758 (3)	756 (3)	761 (3)	759 (3)	761 (3)
東京	734 (5)	728 (5)	725 (5)	722 (5)	718 (6)	722 (6)	720 (5)	718 (6)
三藩市	720 (6)	711 (8)	712 (9)	708 (8)	719 (5)	711 (10)	697 (12)	695 (13)
波士頓	719 (7)	709 (9)	709 (12)	706 (10)	705 (9)	715 (8)	714 (7)	711 (8)
芝加哥	718 (8)	706 (11)	710 (11)	707 (9)	702 (12)	704 (15)	695 (14)	698 (11)
蘇黎世	716 (9)	714 (6)	715 (7)	719 (6)	717 (7)	730 (5)	718 (6)	723 (5)
華盛頓特區	713 (10)	712 (7)	711 (10)	703 (12)	704 (10)	706 (13)	689 (17)	692 (14)
上海	700 (16)	693 (16)	698 (21)	695 (16)	690 (20)	695 (20)	690 (16)	674 (24)
深圳	691 (22)	688 (19)	694 (23)	689 (22)	680 (25)	697 (18)	660 (27)	650 (38)

注：括弧內數字為當期的排名。

資料來源：The Global Financial Centres Index 13-20, The city of London

（Connectivity）、"多元化"（Diversity）和"專業性"（Speciality）三個指標，將全球金融中心劃分為不同的等級，其中，倫敦、紐約、香港、新加坡、蘇黎世、東京、波士頓、巴黎、多倫多、法蘭克夫、悉尼等 11 個金融中心，因為開展廣泛而專業的金融活動，並且與世界其他金融中心有密切的聯繫，均被評為"全球領先的金融中心"（Global Leaders）。從金融業的行業分類來看，香港在保險業排在第 2 位，僅次於紐約；在銀行業、財富管理 / 私人銀行、政府監管等方面排在第 3 位，僅次於倫敦和紐約；在資產管理排在第 4 位，僅次於倫敦、紐約和新加坡。在競爭力分類排名方面，香港在人才、商業環境、市場准入、基礎設施、一般競爭力等各個方面都排第 3 位，次於倫敦、紐約而居於新加坡之前。[8]

2. 香港國際金融中心的比較優勢與差距

從國際金融中心角度分析，香港的比較優勢主要表現在：

在金融全球化格局中的區位優勢及制度優勢；

香港金融業的比較優勢，包括資本市場、資產管理與銀行體系。

不過，香港要發展成為全球性國際金融中心，仍然存在不少主要差距：

金融市場、金融機構的發展不平衡，存在眾多的"短板"；

金融業發展腹地比較狹小，總體規模仍然偏小。

2.1 香港作為全球性金融中心的比較優勢

回歸以來，香港金融業取得了長足的發展，成為香港經濟中最具戰略價值的行業。據統計，1998 年，香港金融業創造的增加價值達 1,263 億港元，到 2014 年已增加到 3,659 億港元，16 年間增長了 1.90 倍；金融業佔香港本地生產總值的比重亦從 10.5% 上升到 16.6%，已超過房地產業而成為香港經濟中僅次於進出口貿易業的第二大產業。同期，金融業的就業人數從 17.52 萬人增加到 23.65 萬人，所佔比重從 5.6% 增加到 6.3%（表 9.6）。

從全球競爭的視角看，目前香港金融業的比較優勢主要集中在以下幾個方面：

（1）區位優勢和制度優勢

從區位優勢看，香港與紐約、倫敦三分全球，在時區上相互銜接，使全球金融業保持 24 小時運作。從東亞區位看，香港位於東亞中心，從香港到東亞大多數城市的飛行時間不超過 4 小時，而東京則位於東亞北端，新加坡位於東南端。從中國區位看，香港背靠經濟快速發展的中國大陸，與新加坡相比經濟腹地遼闊，且與廣東珠三角地區經濟正日趨融合。

制度優勢包括全球最自由的經濟體、完善有效的司法體制及金融監管制度等。目前，香港已連續 22 年被美國傳統基金會評為全球最自由的經濟體。根據該基金會發表 2016 年《經濟

表9.6 回歸以來香港金融業發展概況

年份	1998	2003	2007	2009	2011	2013	2014
金融業增加值（億港元）	1,263.0	1,540.0	3,226.0	2,599.0	3,068.0	3,460.0	3,659
金融業佔 GDP 比重（%）	10.5	13.1	20.1	16.2	16.1	16.5	16.6
金融業就業人數（萬人）	17.52	17.3	19.27	21.14	22.63	23.17	23.65
金融業佔就業總人數比重（%）	5.6	5.4	5.5	6.1	6.3	6.2	6.3

資料來源：香港特別行政區政府統計處

中國委託公證人（香港）制度已服務中港居民和企業多年。

自由度指數》報告，的香港的總分為 88.6 分（100 分為滿分），雖然較上個報告低 1 分，但依然遠高於全球平均的 60.7 分。《經濟自由度指數》報告每年由美國傳統基金會和《華爾街日報》聯合發佈，是全球權威的經濟自由度評價指標之一。該指數通過 10 項指標評定經濟自由度，分別是營商自由、貿易自由、財政自由、政府開支、貨幣自由、投資自由、金融自由、產權保障、廉潔程度和勞工自由。在《經濟自由度指數》報告用以評估的 10 項因素中，香港在其中 7 項取得 90 分或以上的佳績，並在"營商自由"、"貿易自由"、"金融自由"等方面，繼續獲評為全球首位。傳統基金會並讚揚香港執行穩健的經濟政策、市場高度對外開放、恪守財政紀律、擁有穩定和透明的司法制度，以及對產權的充分保障，令香港能夠保持國際商業樞紐和金融中心的領先地位。研究表明，香港作為國際金融中心的優勢包括：金融監管審慎而穩健，資金貨幣自由流通，稅制簡單且稅率低，擁有全球最自由的經濟體及完善有效的司法體制。

（2）資本市場

香港金融業中，資本市場一直是其強項，回歸以來在"中國因素"的支持下更取得快速的發展。據統計，到 2016 年 6 月底，香港在全球 10 大證券市場中位列第 8 位，居於紐約泛歐交易所（美國）、納斯達克 OMX（美國）、日本證券交易所集團、上海證券交易所、倫敦證券交易所集團、紐約泛歐交易所（歐洲）、深圳證券交易所之後。不過，若以市值佔 GDP 比重計算，香港股市市值佔 GDP 的比重，則在全球 10 大證券市場中高居首位。2016 年，香港證券市場共有 117 家公司首發上市，集資 1,961 億港元（約 253 億美元），集資額蟬聯全球第 1 名。

回歸以來，香港資本市場最重要的發展，就是成為中國內地企業的境外首要的上市及融資中心。這是香港資本市場最重要的戰略優勢。據統計，截至 2016 年底，在香港主板上市的紅籌股和 H 股就有 365 家，總市值達 102,151.06 億港元，2016 年全年成交額 55,476.50 億港元，分別佔香港股票市場的 20.78%、41.74% 及 50.17%。從全年成交額看，紅籌股、H 股已佔香港股市的"半壁江山"。更重要的，是香港彙集了上千名熟悉中國內地市場和經濟發展的經濟分析員，每年出版眾多的關於內地企業發展的研究報告，因而成為全球投資者瞭解、投資中國內地企業的最重要平台。

　　同時，香港已形成多層次的資本市場體系。除了股票市場外，金融衍生工具市場也獲得迅速發展。金融衍生工具市場主要包括股市指數期貨、股票期貨、黃金期貨、港元利率期貨、三年期外滙基金債務期貨等 5 類期貨產品和股市指數期權、股票期權等 2 類期權產品。2015 年，香港期貨及期權的總成交量為 18,982.44 萬張合約，比 1999 年的 852.9 萬張大幅增長 21.26 倍；其中，期貨合約 7,346.22 萬張，期權合約 11,636.22 萬張，分別比 1999 年大幅增長 12.2 倍和 38.2 倍。期貨合約中，主要是恆生指數期貨合約、H 股指數期貨合約，兩項共佔期貨合約的 75% 以上；期權合約中，主要是恆生指數期權合約、H 股指數期權合約和股票期權合約，三者共佔期權合約的 95% 以上。此外，在香港交易所上市的交易所買賣基金（簡稱 ETF）數量大幅增加，到 2015 年底，上市的 ETF 總數達到 133 隻。2015 年，交易所買賣基金成交總額達到 21,710 億港元，比 2014 年的 11,680 億港元大幅增長 85.9%。以成交額及市值計算，香港已成為亞洲（日本除外）最大的 ETF 市場。

　　（3）資產管理

　　離岸金融核心競爭力之一就是資產管理業務。經過 10 多年的發展，目前香港已成為亞洲區主要的基金管理中心和資產管理中心。這其中的原因是多方面的：

　　首先，回歸以後，香港進一步鞏固了其作為中國內地與國際經濟的橋樑和樞紐地位，成為了全球資金的重要集散地，既是國際資金進入中國內地和亞洲其他國家市場的跳板，又是內地資金進入海外市場的重要平台。這一時期，香港監管當局，連同香港特行區政府和香港金管局，積極利用內地更加開放的政策取向，先後與中央政府簽署了多種協定以建立更緊密經貿關係，包括合格內地機構投資者 QDII 及 RQFII 在港運作、以及 "滬港通" 與 "深港通" 的開通，吸引內地資產管理公司入駐香港、推動人民幣跨境結算業務擴大、人民幣離岸業務拓展等經貿合作。

　　其次，香港證監部門在加強對市場監管的同時，採取靈活而有彈性的積極推進市場發展措施，重視不斷推出新產品以滿足境外投資者的金融需要。香港證監會先後批准了對沖基金、房地產信託單位（REIT）、歐盟可轉讓證券集合投資計劃（Undertakings for Collective Investment in Transferable Securities）等產品進入市場發售，適時批准新的交易所交易基金（ETF）產品，涉及範圍包括內地的 A 股、越南股票、馬來西亞（伊斯蘭基金）、印度股票、商品期貨指數、黃金等產品，大大豐富了香港資產管理的產品。

　　第三，在發展過程中，香港資產管理業的專業能力不斷提高，專業隊伍日漸成熟。香港證監會最早於 2000 年 6 月公佈《基金管理業務調查》，在其管理的資產總量中，21.8% 的資金由香港本地機構管理，78.2% 的基金則由香港境外機構管理。然而，到了 2015 年末，香港本地管理的基金比例為 55.7%，而 2007-2010 連續 4 年穩居 60% 以上。目前，香港已形成一支多恆生指數期貨是香港最重要的金融衍生工具。

元化資產管理專業人才。據統計，截止 2015 年底，香港資產管理的持牌及注冊機構達 621 家，包括 555 家持牌法團、45 家注冊機構及 21 家保險公司，從業人員達 3.49 萬人，其中從事資產管理核心業務（包括資產管理、研究及買賣）的專業人才人數持續增長，達到 4,581 人。這標誌著香港資產管理業已日趨成熟。

2015 年 11 月，國際會計諮詢機構畢馬威（KPMG）發表一份題為《2020 願景：香港基金管理行業的未來》。該報告認為，香港在未來 5 年有望保持其亞洲主要資產管理中心的地位，主要原因是中國內地市場的發展機遇、人口老化與強積金改革所帶來的商機。報告指出，隨著滬港通和內地與香港基金互認的推出，大多數受訪的基金管理公司預計在未來五年內地將佔據它們的顧客和所管理資產的更大份額。但與此同時，受訪的投資專業人士均同意香港享有進入內地的獨特優勢將來可能會減退，上海和新加坡也在加強發展它們自己的金融中心。報告指出，不論香港與內地的關係如何發展，香港都必須繼續將自己與其他地區及全球基金管理中心進行對比衡量，並加強與其他市場的聯繫，包括雙邊關係和基金跨境互通計劃（fund passporting initiatives）。

（4）銀行體系

長期以來，銀行業一直是香港金融業的優勢所在。香港作為亞太區主要的國際金融中心，聚集了大量的國際銀行機構。根據 2015 年的資料，在全球排名前 100 位的大銀行中，有 74 家在香港營運業務，總共在香港設立 87 家持牌銀行、12 家有限牌照銀行、4 家接受存款公司及 10 家辦事處。而全球排名前 500 位的銀行中，則有 139 家在香港營運業務。依據香港金融發展局的資料，截至 2016 年，金融服務業對香港 GDP 直接貢獻約為 17.6%。此外，金融業間接創造了 10 萬個職位，也間接對本地 GDP 貢獻 6%。以金融服務業的增加值佔本地生產總值（GDP）的比重計算，銀行業大幅領先，達到 63.1%；保險業居次席，約佔 18.2%；包括證券經紀、資產管理、融資租賃公司和投資及控股公司在內的其他金融服務佔 18.6%。回歸以來，面對金融危機的衝擊，香港銀行業雖然經歷了艱難的業務轉型和發展，但目前仍然是香港金融業的主力軍。

回歸以來，伴隨中國加入世貿組織及內地銀行業逐步放開，香港各大銀行紛紛"北上"、"西擴"，進軍中國內地市場。根據香港貿易發展局的統計，截至 2010 年 12 月底止，已有 13 家香港銀行在內地開展業務，其中 8 家透過在內地註冊的附屬銀行經營。這 13 家銀行在內地透過附屬銀行或直接經營的分行及支行數目超過 300 家。香港銀行體系整體資產負債表內對中國內地非銀行類客戶的貸款總額相當於 1.4 萬億港元，佔總資產的 10%。[9] 其中，僅滙豐銀行就在北京、上海、廣州、天津、重慶、杭州等 20 多個城市設立了 29 間分行。2009 年，CEPA 補充協議九允許在廣東的香港銀行分行設立異地支行。這項新措施大大降低了香港銀行在廣東開設支行的資本金要求，進一步推動了香港銀行在內地特別是廣東珠三角地區的發展。截至 2013 年末，滙豐、東亞、恆生、永亨、南商和大新等 6 家香港銀行的 13 家分行已在廣東全省 19 個地級市，設立 61 家異地支行。廣東省銀監局資料顯示，2013 年香港銀行異地支行實現利潤 1.82 億元人民幣，同比增長 1.64 倍；2010 年至 2013 年，累計實現利潤 3.41 億元人民幣，異地支行已成為香港銀行在內地發展新的利潤增長來源。香港銀行業在內地的戰略佈局和發展，進一步拓寬了其經營空間，提升了國際競爭力。

2.2 香港金融發展存在的主要問題與差距

當然，與倫敦、紐約等全球性國際金融中心相比，香港金融業發展也存在不少問題，主要表現在：

第一，金融市場、金融機構的發展不平衡，存在眾多的"短板"。

誠然，香港作為全球日趨重要的國際金融中心，其市場發展並不平衡，包括債券市場、外滙市場規模與國際金融中心實力不相匹配；一些金融市場中創新型的交易工具，如指數期貨、期權交易等還遠遠沒有得到普及；同時幾乎沒有大宗商品期貨交易。這些方面甚至落後於亞洲地區其他主要的國際金融中心。

香港債券市場一直是金融業中較為薄弱環節，過去 10 年在多方努力下，配合低息等市場環境的轉變，債券市場出現了加速發展的良好勢頭。然而，與新加坡相比，香港的債市規模仍然較小，無論在上市債券的總市值還是成交額，都遠落後於新加坡。在外滙市場上，香港與新加坡一樣都是亞洲地區繼東京之後兩個主要的外滙交易市場，但香港一直落後於新加坡。不過，根據國際清算銀行發佈的最新調查報告顯示，2016 年 4 月，香港日平均外滙交易量（連同場外利率

2015 年 11 月 27 日香港與內地簽署《內地與香港關於建立更緊密經貿關係的安排》（CEPA）服務貿易新協議。

衍生工具計）達到 5,463 億美元，比 2013 年同期大幅上升 81%，首次超越新加坡而晉升第 4 位，僅次於倫敦、紐約和東京。原因之一是期內美元兌人民幣的交易額大幅增長 56.2%。

在全球急速增長的另類投資產品市場、商品期貨市場，香港也沒佔有足夠的份額。近年來香港在另類投資產品市場雖然有不俗的發展，例如，香港已成為亞洲第二大私募基金中心，但這個行業規模仍然偏小。在商品期貨市場方面，香港儘管早在 1977 年已開辦商品期貨市場，但發展一直不順利，已大幅落後於上海。不過，由於中國內地對期貨市場存在龐大的潛在需求，香港若能在這些業務中找到合適的定位，其潛力仍不容忽視。

在機構體系中，與高度發達的銀行體系相比，香港的非銀行金融機構發展不平衡。香港非銀行金融機構主要有保險公司、投資基金公司、租賃公司。而新加坡的非銀行金融機構則較為強大，種類繁多，包括投資銀行，從事抵押貸款、消費貸款、樓宇建築貸款、一般商業貸款、租賃、票據融資、代客收帳等業務的各種金融公司，保險業也相當活躍，還有從事貨幣經紀、證券經紀等業務的各種金融中介公司。

第二，香港金融業創新不足，特別是科技金融的發展已滯後於鄰近的深圳。

國際金融中心的競爭力主要表現在金融創新的競爭。過去主要集中在兩個方面，一是金融衍生產品的開發，二是金融資產證券化水平。目前，香港從事金融衍生產品開發的主要是歐美大型金融機構，它們以倫敦、紐約為基地，香港主要在其中扮演亞太區產品分銷中心的角色。近年來，資本市場的快速發展使香港開始聚集這方面的功能與人才，但遠未達到發展成為區域內金融產品創新中心的程度；而香港的債務市場不夠發達，以及欠缺根植本土的大型國際銀行，更成為提升金融創新水平的先天缺陷。另外，金融資產證券化的創新空間主要在二級市場。香港從事這類金融創新遇到兩個瓶頸，一是市場或投資者不足，二是金融機構與人才不足。

特別是近年來，全球及國內金融科技（FinTech）迅速崛起，正在成為金融行業未來發展的一個重要趨勢，通過金融科技的創新技術手段與模式重構傳統的金融產業鏈條並提升行業的整體運行效率，將可能成為傳統金融機構的發展趨勢。據花旗集團的研究報告顯示，近 5 年金融科技來吸引的投資額從 2010 年的 18 億美元增長至 2015 年的 191

2014 年香港貿易發展局、香港科技園公司及香港設計中心合辦 "設計及創新科技博覽 2014"。

億美元，增長超過 10 倍。從鄰近的深圳看，互聯網 + 金融發展迅速，湧現大批科技金融業態和企業，推動了金融業的快速發展，金融科技正在向傳統的保險、銀行、證券、風險管理以及財富管理等方向滲透。相比之下，香港在這方面顯得嚴重滯後了。

第三，金融業發展腹地比較狹小，總體規模仍然偏小。

與紐約、倫敦、東京相比，香港金融業的發展腹地明顯偏小。紐約、東京金融業的基礎是全球第一、第二大經濟體。紐約金融中心的基礎是佔據全球 GDP 三成左右的美國經濟；倫敦的腹地絕不僅僅是英國本土，歐洲不少大型企業的股票都在倫敦上市。但香港只是一個都會城市，香港與內地的經濟聯繫，還在相當程度上在受到彼此之間屬不同關稅區、不同市場的制約。香港要發揮其金融業的比較優勢，躋身全球金融中心行列，必須突破制度上的制約，有效拓展其龐大經濟腹地，甚至包括整個大中華經濟圈乃至東南亞諸國。

正因為如此，目前香港與紐約、倫敦兩大全球性金融中心的總體規模和實力仍有相當大的差距。根據 2011 年的資料，香港金融業對本地生產總值的增值貢獻為 390 億美元，僅為紐約（2,010 億美元）的 19.4%，為倫敦（930 億美元）的 41.9%。[10] 2007 年《香港金融管理局季報》的一份報告指出，根據所有金融市場的標準化得分的簡單平均數，香港整體金融活動集中度名列世界第 6 位。除新股上市集資額在全球市場所佔比重較大外[11]，相比其他國家或地區，香港國際債券市場已發行總額僅佔全球的 0.3%。香港股市成交額佔全球的 1.2%。外匯及衍生工具活動佔全球的比重與發達的經合組織國家相比仍有明顯差距（表 9.7）。由此可見，香港作為國際金融中心，其金融市場活動的集中度不夠，在全球金融市場活動中所佔的比重有限。

當然，倘若香港能夠有效推進其與中國內地的經濟融合，則香港有條件發展成為全球性金融中心。基於這一點，香港金融管理局提出，香港金融發展要立足五大戰略方向，包括：香港金融機構"走進"內地；香港作為內地資金和內地金融機構"走出去"的大門；香港金融工具"走進"內地；加強香港金融體系處理以人民幣為貨幣單位的交易的能力；以及加強香港與內地金融基礎設施的聯繫。其核心就是要打通香港與內地資金流通的經絡。

表9.7 傳統金融活動的全球集中情況

	金融活動集中程度（平均標準化得分）	在全球個別市場所佔比重（%）							
		股市成交額	新股上市集資額	國際債券市場 - 已發行總額	本土債券市場 - 已發行總額	銀行海外資產	銀行海外負債	外匯成交額	外匯 / 利率衍生工具市場成交額
美國	100.0	49.0	16.3	23.3	44.6	8.9	11.7	19.2	19.4
英國	90.6	10.9	16.9	12.6	2.4	19.8	22.5	31.3	38.1
日本	32.7	8.3	3.7	0.9	18.1	7.6	3.2	8.3	6.0
德國	23.0	3.9	3.6	10.6	4.4	10.6	7.3	4.9	4.1
法國	22.1	2.8	3.8	6.2	4.4	9.1	9.3	2.6	6.6
香港	13.2	1.2	12.9	0.3	0.1	2.3	1.4	4.2	2.7
荷蘭	10.9	1.3	3.7	7.1	1.5	3.8	3.7	2.0	2.0
瑞士	9.9	2.0	0.8	0.1	0.5	4.6	4.4	3.3	2.4
新加坡	9.9	0.3	1.5	0.3	0.2	2.4	2.6	5.2	3.2

資料來源：《評估香港的國際金融中心地位》，香港金融管理局季報，2007 年 12 月。

3. 邁向全球性國際金融中心的發展趨勢

香港作為亞太地區主要的國際金融中心，

具有資金流通自由、金融市場發達、

金融服務業高度密集、法制健全和司法獨立、

商業文明成熟等種種優勢，

最有條件發展成為全球性金融中心。

3.1 戰略定位：致力發展成為全球性國際金融中心

目前，能夠真正稱之為全球性金融中心的實際上只有紐約和倫敦。一個全球性金融中心必然會以一個巨大的經濟體作為後盾，紐約依託的是北美經濟體，倫敦依託的是歐盟經濟體。在全球 24 小時前全天候運作的金融體系中，紐約和倫敦分別各佔了一個 8 小時時區，換言之，剩餘的 8 小時時區即亞洲區需要第 3 個全球性金融中心，這樣的金融體系才能完整。而在亞洲特別是東亞的經濟體當中，剛剛超越日本的中國內地經濟、日本經濟和東盟十國經濟，分別位居前三位，依託這些經濟體的香港、上海、東京、新加坡等城市正在激烈角逐亞太時區的全球性金融中心的戰略地位。最近 10 年，由於"金磚四國"及其他新興市場的高速發展，國際上的投融資活動，均提高了對新興市場的興趣。中國內地企業在香港上市，更是佔了這類活動中的最大份額。因此，香港通過深化與內地、特別是廣東珠三角地區的金融合作，利用廣東乃至內地經濟社會發展的金融需求推動香港的金融創新，將可大幅提高香港金融資源的集聚程度，拓寬香港金融發展的腹地，提高香港國際金融中心的競爭力。香港若能與廣東珠三角的兩大中心城市 —— 廣州、深圳，甚至上海聯成一體、錯位發展，將有可能發展為僅次於紐約、倫敦的全球性國際金融中心。

第一，與深圳、廣州聯手共同構建以香港為龍頭的大珠三角金融中心圈。

香港在 GFCI 排名中，僅次於倫敦和紐約（個別年份落後於新加坡），但香港作為一個小型開放的經濟體，如果僅憑自身發展確定很難成為全球性金融中心的"第三極"，更受到東京、新加坡甚至上海等其他亞洲城市的嚴重挑戰。香港只有高度融入中國經濟體系中，加強與內地合作，才有可能發展成為世界極國際金融中心。香港與內地金融體系接通的最好、最理想的區域

無疑是毗鄰的廣東珠江三角洲地區。從廣東方面看，隨著經濟的持續快速發展，經濟總量的迅速擴大，金融發展滯後的情況日趨明顯。廣東要轉變經濟增長方式，構建現代產業體系，其中重要途徑之一，就是要借助香港金融體系的優勢，大力發展金融業，將廣州、深圳兩大中心城市建設成為與香港互補及錯位發展的區域性金融中心。

從廣東方面看，1997 年亞洲金融危機對廣東金融業造成嚴重衝擊，先是 1998 年廣東國際投資信託公司破產，香港粵海集團債務重組，其後又有上千家中小金融機構發生人民幣支付危機，影響了廣東金融業的健康發展。近年來，隨著經濟的持續快速發展，經濟總量的迅速擴大，廣東金融發展滯後的情況日趨明顯、突出。2005 年，廣東金融業佔第三產業增加值及 GDP 的比重分別為 7.02% 和 3.01%，大幅低於上海（14.61% 和 7.37%）、浙江（12.54% 和 5.02）和江蘇（8.67% 和 3.07%）。2007 年，廣東省召開金融工作會議，提出"金融強省"的戰略，大力發展金融業，金融業在第三產業和 GDP 的比重才有了較大幅度的提升。不過，直到 2015 年，廣東金融業在第三產業和 GDP 的比重才上升到 13.94% 和 7.08%，但仍低於全國平均水平的 16.83% 及 8.50%，低於上海 23.96% 及 16.23%，江蘇的 15.65% 及 7.61%，以及浙江的 14.30% 及 7.12%，總體發展滯後於客觀經濟發展的需要。

正是基於此，近年來粵港雙方對於加強兩地的金融合作都表現出較高的積極性。2009 年初國務院頒佈的《珠江三角洲地區改革發展規劃綱要（2008-2020）》就明確提出：要"發展與香港國際金融中心相配套的現代服務業體系"，並且授予廣東"在金融改革與創新方面先行先試，建立金融改革創新綜合試驗區"的許可權。2010 年 4 月粵港兩地政府共同簽署的《粵港合作框架協議》更首次提出，要"建設以香港金融體系為龍頭，廣州、深圳等珠江三角洲城市金融資源和服務為支撐的具有更大空間和更強競爭力的金融合作區域"。CEPA 補充協議六規定，允許香港銀行在廣東開設的分行，可在廣東省內設立"異地支行"。這項規定被認為是 CEPA 先行先試的重大突破。

2014 年，中央與香港政府在 CEPA 框架下簽署《關於內地在廣東與香港基本實現服務貿易自由化的協定》（簡稱《廣東協定》）。《廣東協定》是中國內地首份以准入前國民待遇及負面清單模式制訂的自由貿易協定，該協定除了列入負面清單的領域外，香港公司在廣東享有與內地公司同等的待遇。2015 年 1 月，中央批准廣東設立自由貿易試驗區，範圍為 116.2 平方公里，包括珠海橫琴片區（28 平方公里）、廣州南沙片區（60 平方公里）及深圳前海、蛇口片區（28.2 平方公里）。同年 4 月，廣東自貿區正式掛牌啟動建設。4 月 20 日，《中國（廣東）自由貿易試驗區總體方案》正式出台。其中，深化粵港澳金融合作的制度和政策集中在三方面：一是推動跨境人民幣業務創新發展；推動適應粵港澳服務貿易自由化的金融創新；及推動投融資滙兌便利化。

　　因此，香港應積極加強與廣東方面的合作，充分利用中央授予廣東 CEPA "先行先試" 的制度安排、授予建立 "金融改革創新綜合試驗區" 許可權，以及廣東自貿區建設等制度安排，推動廣東擴大和深化金融業對香港的開放，提高區域內金融要素的流動性，實現區域內金融資源的優化配置，通過深化粵港金融合作，推動形成以香港國際金融中心為龍頭，深圳和廣州為兩翼、珠三角地區其他城市為主要支點的大珠三角金融中心圈。

　　第二，與上海形成 "上港"〔12〕：中國的 "紐約和芝加哥"。

　　香港要發展成為全球性國際金融中心面臨的一個挑戰，是如何處理好與上海國際金融中心的關係。上海是一個中國的金融中心，上海背靠的是一個統一監管的、沒有內部壁壘的、基於人民幣的巨大金融市場，這是香港所沒有的優勢。有學者認為，將來誰是人民幣金融業務的中心，誰就是今後中國最重要的國際金融中心，也是將來世界的第三個全球金融中心。但是，上海與香港比較，最大的弱勢將是制度建設的滯後和開放度。可以説，上海和香港兩地各有各自的優勢：受腹地經濟的驅動，上海比香港更好一些；而香港的制度、法規及其他各項軟硬件配套設施更為完善。不過，從目前的情況看，即使不考慮中國仍會在較長時間內對資本帳戶進行管制等制度性因素，僅就市場本身的力量來看，上海在相當長的時間內仍不會成為香港作為全球性資源配置中心的強有力競爭對手。

　　根據上海交通大學安泰經濟與管理學院潘英麗教授的分析，亞洲國際金融中心的發展有四種可能的趨勢：一是東京成為全球性金融中心，上海、香港、新加坡、孟買、悉尼成為二線國際金融中心，前提條件是日本經濟強勁復甦；二是香港成為類似倫敦的全球金融中心，上海等大都市成為二線國際金融中心，前提是中國經濟持續高速增長，人民幣資本帳戶迅速開放，香港承擔起更多的國家責任；三是上海成為類似紐約的全球金融中心，香港成為類似芝加哥或法蘭克福式的金融中心；四是亞洲不存在全球性金融中心。潘英麗教授認為，中國的目標應是排除第一和第四種可能性，20 年以後在中國建成與紐約、倫敦齊名的第三個全球金融中心。她認為，在資本帳戶完全可兑換之前，香港的定位應該是中國的離岸國際金融中心，上海的定位是國內金融中心，並逐步增加國內金融中心的國際成份；而在人民幣完全可兑換之後，上海與香港完全是互補的，香港走倫敦模式，上海走紐約模式，中國大經濟體可以支撐兩個國際金融中心。

　　總體而言，香港若能打通與廣東珠三角地區的金融聯繫，利用廣東乃至內地經濟社會發展的金融需求推動香港的金融創新，與廣東珠三角地區的廣州、深圳，甚至華東地區的上海聯成一體、錯位發展，將可大幅提高香港金融資源的集聚程度，拓寬香港金融發展的經濟腹地，打通香港與內地的經濟、金融聯繫，大幅提高香港作為全球性國際金融中心的競爭力和影響力，發展為僅次於紐約、倫敦的全球性國際金融中心。

3.2 發展趨勢一：中國企業首要境外上市中心與 "走出去" 平台

從過去十多年的實踐來看，對於中國企業而言，香港、紐約、新加坡是最主要的境外上市市場。其中，香港作為亞太區國際金融中心，擁有除日本之外亞洲最大的證券交易所，資本市場規模龐大，市場成熟及規範，有著眾多包括國際基金、信託基金、財務機構、專業投資者、投資大眾等多元化投資者，參與性極高；特別是由於香港的眾多的股票分析員對中國瞭解較深，研究報告在品質和數量上遠勝其他市場，大部分在香港上市的公司，上市後都能夠再進行股本集資，有利公司長遠的發展。從法律的角度看，香港更是擁有強大的優勢，香港擁有廉潔的政府、健全的法制、簡單的稅制，還有自由的流動市場制度，對海外與中國的投資者均一視同仁；包括證券及期貨條例、上市規則、收購合併守則等資本市場法規如趨完善。與此同時，香港特別行政區政府、香港證監會及香港交易所，多年來均做了大量的工作，訂立確保市場能公平有效運作的法律和法規，為企業和投資者創造合適的法律和監管環境。2004 年，香港聯交所修訂了上市規則，放寬大型企業赴港上市在贏利與業績連續計算方面的限制，在大型國有企業赴港上市創造了更為便利的條件。香港證監會不僅對收購合併守則進行修訂，香港聯交所也修訂創業板的規則，保證監管架構能與時俱進，這其中就包括港交所對於主板上市實行預披露計劃的修改。[13]

2003 年以來，隨著中國人壽、交通銀行、中國建設銀行和神華能源等大型國企先後在香港上市，香港作為中國企業境外上市最重要的資本市場和境外融資中心地位得到了極大的提升。香港已發展成為內地最主要的境外上市集資市場，並有效引導國際資金投資於香港上市的內地企業。在香港努力鞏固提升這方面的功能外，也有優勢可以讓內地企業和機構在香港發行以外幣計價的債券。此外，香港高度市場化和國際化的金融體系，可為內地進行境外投資的機構和個人，提供豐富的投資產品、全面的服務及完善的風險管理，成為它們管理對外投資最有效的平台。因此，發揮香港發達的資本市場、國際資本聚集的優勢，推動廣東和內地企業赴港上市、發行債券，並鼓勵廣東企業以香港金融市場為平台開展境外投資，可將香港發展成為中國企業最重要的境外上市和投融資中心。

當然，從長期的眼光看，香港要真正成為中國企業首要的境外上市和投融資中心，在發展策略方面還需要加強以下幾方面：

第一，進一步完善對中國企業的上市監管制度。從實踐看，目前內地國企在香港上市仍存在不少值得關注和重視的問題，諸如一些國有企業上市後並未能真正與國際慣例接軌，在經營管理、會計審核制度、業務評估等方面同香港慣用的規則還存在著不少的距離；部分國企的公司治理不規範，管理水平低，盲目投資，導致經營虧損嚴重；部分國有企業在業務運作、政策變動及監管等方面的資訊披露不及時，投資者無法清晰、及時地獲得第一手資料，造成投資者信任危機，等等。因此，香港證監當局必須進一步完善對中國企業的上市監管制度，例如借鑒美國的做法，根據香港的實際情況推出更加透明的審計報表模式，致力推動兩地證監當局對跨境上市企業進行實地調研；加強香港審計機構和國內中介機構的合作，以便能夠更專業和準確地處理因兩地之間會計、稅法差異而產生的財務資料差異，避免出現申報資料與實際資料相差很大的情況。此外，要進一步完善在香港上市的中國內地企業的資訊披露制度，加強和完善 H 股在資訊披露方面的制度建設，提高 H 股上市公司的透明度，最大限度地保護投資者的合法權益。

第二，積極推動更多經營規範的大中型民營企業和科技型民營企業到香港上市。過去 10 年來，越來越多的民營企業到香港上市集資。從長遠角度看，內地民營企業到香港上市是未來發展的大趨勢。特別是內地經營較為規範的大中型民企和科技型民企業，目前正處於快速發展時期，可為香港主板市場和創業板市場提高源源不斷的優質上市證券。不過，民營企業到香港上市並不順暢，除了民企主自身經營的規範性問題之外，最大的問題是到香港上市的制度"瓶頸"。2012 年 12 月，中國證監會發佈《關於股份有限公司境外發行股票和上市申報文件及審核程序的監管指引》，取消了境內企業到境外上市的"456"條件和前置程序，不再設盈利、規模等門檻，同時簡化了境外上市的申報文件和審核程序。可以預料，未來一段時期，大中型民營企業將成為香港上市的重要動力。為了進一步推動更多經營規範的大中型民營企業和科技型民營企業到香港上市，香港證監會必須與加強中國監管合作，積極協助民企業解決好到香港上市的制度"瓶頸"問題，包括進一步簡化了民企境外上市的申報文件和審核程序，推動內地證券法的修訂以徹底取消審核程序等，使更多的企業能夠直接以 H 股形式在香港直接上市。

2008 年 5 月"香港伊斯蘭金融推介會"在杜拜及約旦舉行。

第三，隨著兩地證券市場的互聯互通等新發展，與時俱進地完善香港與中國內地證券監管合作的制度安排，堵塞監管漏洞，遏制跨境違法犯罪。從過去十多年的監管實踐看，目前香港與內地之間的證券監管合作制度本身，仍然存在著不少的問題。例如，最近，香港中文大學法律學院黃輝教授就指出："近年來，監管合作出現了一些挑戰，比如會計檔案資料請求中的問題。來香港上市的有些內地公司存在會計造假，2014 年 5 月 23 日香港證監會對安永華明會計師事務所提起了訴訟，要求其提供相關會計工作底稿，以協助相關調查，最終保護投資者。在會計資料的合作共用中，一個關鍵的問題是內地對於國家秘密的界定，如果是國家秘密，就要經過嚴格審批，不能擅自向境外機構提供。"[14] 投資者利益保護是證券市場發展的基石，如果這方面有問題，對於香港保持和提升其國際金融中心的地位將是一個重大的挑戰。因此，中國證監會與香港證監會需要就這些問題加強監管合作，完善相關制度安排。同時，隨著香港與內地證券市場的互聯互通，兩地金融市場的交叉、交融將越來越緊密，進行跨境市場操縱的案件將會時有發生。未來中國證監會與香港證監會的跨境執法協作將日益密切，在違法線索發現、調查資訊通報、協助調查取證等各個環節的協作數量和互助需求將不斷增加。而且，由於兩地在市場生態、交易規則、法律環境等方面存在諸多差異，如何加強合作、聯手遏制跨境違法犯罪等等，也需要更完善的制度安排。有學者就建議，可考慮香港與內地應建立聯合證券監管小組。種種諸如此類問題，需要深入研究，妥善處理。

3.3 發展趨勢二：亞太區首要的國際資產管理中心

目前，在亞太地區，作為國際資產管理中心，香港與新加坡可以說是旗鼓相當。據有關方面的統計，2010 年底，香港管理的資產規模達到 1.3 萬億美元，而同年新加坡資產的管理規模也達到 1.1 萬億美元的規模。香港稍微領先於新加坡，但並沒有取得很大的優勢。

從中長期看，東亞特別是中國內地，作為全球經濟增長最快的地區，將吸引大量區外資金到區內投資，資產與財富管理業務的增長潛力龐大。而香港金融市場高度成熟，擁有良好的發展基礎，得天獨厚，具備成為世界一流資產管理中心的潛質。國家 "十二五" 規劃綱要指出："支持香港發展成為離岸人民幣業務中心和資產管理中心。"資產管理業作為香港金融業未來重點發展的範疇之一，將佔有愈來愈大的比重，並且成為鞏固香港金融中心地位、增強全球影響力的一個重要支撐環節。因此，香港作為全球性國際金融中心，應該進一步鞏固和發展基金管理、私人銀行、財富管理以及企業資本性融資、金融衍生產品等方面的高附加值和資本市場業務，發展成為亞太地區（包括香港、台灣、澳門及中國內地等大中華地區）首要的資產管理中心。當前需要注意以下發展策略：

第一，加強在資產管理方面的軟硬件、監管及人才等方面的建設，優化香港資產管理的基礎設施，優化現行資產管理業的相關法律法規。毋庸置疑，在發展成為世界一流的國際資產管理中心方面，香港已具備一定基礎，擁有不少優勢，也迎來了 "十二五" 規劃的重大發展機遇。[15] 香港特區政府在這方面已推出不少政策措施去促進基金管理業發展，包括早幾年撤銷遺產稅及離岸基金利得稅，香港證監會公佈一套有關精簡海外基金經理發牌程序的措施，針對結構性產品公開發售、產品資料、從業人員手法和操守等方面做出更嚴格和明確的規範。不過,為了促進資產管理業的進一步發展,香港金融監管當局必須進一步完善有關的配套措施,加強在資產管理的軟硬件建設,改善營商環境,要盡量簡化審批程序,以方便市場推出新的投資產品;特別是要完善監管制度,提高監管水平,增強市場透明度。因應市場發展和金融創新,各類投資產品日新月異、愈趨複雜多元,給監管當局帶來巨大挑戰,資產管理業務亦不例外。如果對資產管理的監管水平跟不上,不單會削弱對投資者的保障,亦將增加投資機構的經營風險,影響金融市場穩定。金融監管當局應汲取全球金融危機時發生的"雷曼債券"事件的教訓,平衡監管及發展,優化現行資產管理業的相關規例,包括資產管理公司及中介人涉及佣金和獨立意見的操守、穩妥保管基金資產及流動性管理,為投資者提供健康穩定的市場環境。此外,加強風險管理方面與國際對接,特別是在在系統性風險、流通性及風險管理、加強託管規定、證券借貸及回購、利益衝突以及產品設計等方面。

第二,充分發揮"中國因素"的作用,致力發展成為大中華地區和亞洲區主要的資產管理中心。

香港之所以能成為全球重要的投資平台、國際資金的集散地,歸根究底,"中國因素"居功至偉。2008 年全球金融危機爆發以來,歐美等西方國家債台高築,經濟復甦緩慢,而以中國為代表的新興市場國家卻迅速崛起,對全球經濟的影響力愈來愈大,成為拉動全球經濟復甦的火車頭。近年來,中國經濟的持續、快速發展,個人儲蓄存款提高,大大增加內地對投資產品及財富管理的需求。根據胡潤富豪榜統計資料,2000 年至 2015 年,中國財富超過 5 億元人民幣的富豪數量由不到 40 人大幅上升 1.7 萬人,財富超過 20 億元的富豪數量則由寥寥 10 人擴大至 1,737 人;從全球範圍來看,中國富豪人數的增幅明顯超過其他國家。近 10 年的福布斯全球富豪榜中,中國的上榜人數增加了 205 人,增幅位居全球首位。同時,作為中國經濟與國際經濟的橋樑,香港越來越成為內地資金走出去和外來資金流入來的資金交流平台和國際資產管理中心。根據商務部等部委聯合發佈的《2015 年度中國對外直接投資統計公報》,2015 年中國對外直接投資流量創下 1,456.7 億美元的歷史新高,同比增長 18.3%,超過日本成為全球第二大對外投資國。其中,相當部分是投資到香港或經香港投資到全球各地的。香港已成為內地公司接觸全球金融市場的平台,越來越多內地相關金融機構來港開展業務。這種發展態勢,為香港的資產管理業帶來持續的龐大發展商機。香港應把握內地改革開放政策帶來的發展機遇,積極推動與內地的相關制度安排。2015 年 7 月 1 日,香港與內地基金互認安排正式展開。這項重大舉措無疑將進一步推動香港作為基金管理樞紐及基金註冊地的發展。為此,香港證監會應與中國證監會加強合作,致力建立共同基金監管標準。為了適應形勢的快速發展,目前香港證監會正致力制訂一套更有效率而又不會損害投資者權益及保障的審批程序,包括引入處理申請的

1979 年香港證券交易所會員合照。

雙軌模式，令標準申請能夠加快獲得處理。

　　第三，積極把握伊斯蘭金融帶來發展機遇。根據伊斯蘭金融服務委員會（Islamic Financial Services Board）發佈的報告，隨著亞洲出口導向型經濟與海灣國家石油收入的增長，穆斯林富裕階層的需求正逐步擴大，伊斯蘭金融資產可望從 2005 年的 7,000 億美元飆升至 2015 年的 2.8 萬億美元，獲得三倍擴張。而由於受世界金融危機影響，富有石油、美元和閒置資金的伊斯蘭國家投資歐美國家意願轉趨低迷，而願意更多與亞洲國家尋求合作，目前香港、新加坡、吉隆坡、東京等城市都在角逐成為“國際伊斯蘭金融中心”[16]。香港是全球最活躍的國際金融中心之一，具有完善的司法體系、穩定開放的社會環境，高效的服務體系、國際化的語言環境，優惠的稅率，以及富有管理經驗和專業化的團隊，這些都是香港發展資產管理業務得天獨厚的優勢條件。[17]更重要的是，香港毗鄰內地，而中國內地則是世界上最大的經濟體系之一，經濟持續快速增長，市場發展的潛力非常可觀，各地區的投資者都覷準這裡的機會。香港作為國際投資者投資中國的跳板，在吸引中東投資方面具備優勢。因此，香港應積極把握伊斯蘭金融帶來發展機遇，致力發展成為伊斯蘭金融資產的管理中心。

3.4 發展趨勢三：全球主要的人民幣離岸業務中心

近年來，隨著中國經濟貿易的發展和人民幣國際化進程的推進，人民幣離岸業務市場的規模越來越大，除了香港之外，新加坡、倫敦等金融中心都提出了建立人民幣離岸業務中心的要求。2011 年 4 月 20 日，英國《金融時報》頭條刊文《新加坡欲成首個人民幣離岸中心》，引發了市場對於人民幣國際化及中國佈局全球離岸中心的關注。2011 年 4 月，英國倫敦金融城榮譽市長白爾雅（Alderman Michael Bear）在上海接受《中國經濟週刊》採訪時表示："伴隨著中國全球貿易和金融的發展，（人民幣離岸）這個市場的蛋糕會越來越大，不是中國香港一個中心可以獨享這一市場的，多個人民幣離岸中心對人民幣的發展是更為有利的。"他認為："倫敦總有一天會成為另一個離岸人民幣中心。"[18]

在諸多爭取成為人民幣離岸業務中心的城市中，香港"一國兩制"的屬地特徵、"自由港"的金融運作與風險控制能力，使其當之無愧地成為人民幣離岸業務中心的首選之地。首先，香港背靠中國內地，長期以來一直與中國內地保持著經濟、文化以及社會發展方面的緊密聯繫。特別是在經濟上，香港雖是一個有別於中國內地的獨立關稅區，但其與中國內地總體關聯的深度與廣度是其他任何一個經濟體所無法比擬的。這種聯繫使香港最有資格充當人民幣國際流轉的中轉站，並滿足更廣闊範圍的非居民人民幣的融資與交易需求。其次，香港具有發展人民幣離岸市場的制度性先發優勢。人民幣清算制度安排已經運作了多年，QFII 等制度安排讓回流機制不斷拓寬。金管局曾多次路演，以推動中國企業走出去。第三，香港作為主要的國際金融中心之一，具備了良好的法律、資訊、人才和金融市場交易基礎，它可以設在全球任何國家、地區和城市。憑藉完善的基礎設施、極富吸引力的簡單稅制和高度的貿易便利化等優勢，香港一舉成為全球貿易中間商的集聚之地。在共同推進中國公司海外投融資過程中，香港金融市場在市場監管、風險管理以及資訊流通等方面都顯示了較強的實力。

香港交易所行政總裁李小加表示，人民幣國際化會為香港帶來變革性發展，在不遠的將來，香港金融市場將進入高收益、更大規模、品種更全、二級市場交易更加活躍的發展階段。

在此階段，香港的證券、資本市場將得到巨大發展，香港的整體經濟也會隨著金融市場的興旺而獲益。[19]不過，香港要真正發展成為全球最重要的人民幣離岸業務中心、亞洲人民幣債券市場，目前還存在不少問題和困難，突出表現在：（1）人民幣資金池的規模仍然總體偏小；（2）人民幣資產創造的進程仍然較緩慢。香港金融市場上的人民幣投資產品的相對匱乏，導致了香港人民幣持有收益非常低，背後隱藏了嚴重的供需失衡問題。人民幣產品在香港叫好不叫座，重要原因是缺乏對應投資產品及資金用途。（3）人民幣回流機制的建設仍剛起步發展，有待深化、完善。

針對上述問題，當前香港推動人民幣離岸業務中心的發展，還需加強以下幾方面的工作：

第一，進一步擴大人民幣資金池規模，建立多元化的人民幣交易市場，推出多元化的人民幣投資產品，拓寬人民幣投資管道。香港要在眾多的競爭者之中強化領先優勢，真正建設成為全球主要的人民幣離岸業務中心，當前需首先解決兩個問題：一是人民幣資金池的規模要進一步擴大；二是要有多元化的投資產品和交易市場。香港金融界應積極推動人民幣產品創新，大力發展人民幣投資產品，包括開發以人民幣計價或交割的貿易融資、保值避險等金融產品，提高人民幣投資收益，推進跨境貿易人民幣結算業務發展；支持境內機構在香港發行人民幣債券，進一步發展香港人民幣債券市場；積極參與並支持香港聯交所在香港股票市場上實行港幣與人民幣的雙幣種報價，允許投資者自由選擇幣種進行交易和交割。同時，要鼓勵粵港兩地銀行開展人民幣及港幣交易結算、票據交換、代理行、項目融資、銀團貸款和 QDII、QFII 等多種業務合作，開辦兩地銀行同業拆借市場；鼓勵境內金融機構參與香港的人民幣與外幣無本金遠期交易市場等，使香港在人民幣國際化進程中，發揮試驗田、突破口、排頭兵作用。當然，香港人民幣債券市場發展，還要解決二級市場交易問題，即人民幣債券在交易所掛牌買賣問題。

第二，進一步拓寬人民幣投資管道，完善和優化人民幣回流機制。目前，人民幣回流機制的建設才剛起步。正如有專家所指出，在人民幣回流機制建設中，最基礎的是利率市場化改革、滙率形成機制的完善和包括股票、債券和衍生品在內的人民幣金融市場的充分發展。目前，中國金融體系還比較脆弱，銀行體系缺乏競爭，股市炒作嚴重。資本項目開放後，金融體系可能難以有效抵禦境外金融市場大幅波動的衝擊。有業內人士擔心，人民幣境外合格機構投資者的資金具有相當高的流動性，它的快進快出可能會加大內地資本市場的流動性風險，也會加大通脹的壓力。因此，人民幣回流機制的建設，在制度安排上只能是循序漸進，逐步開放。在這方面，粵港可聯手"先行先試"，率先探索建立風險可控的人民幣回流機制，為進一步的開放積累經驗。

第三，加強港深金融創新合作，積極推動深圳前海發展成為人民幣國際化的境內橋頭堡以及香港的後援基地，支持香港人民幣離岸業務中心的發展。現階段，深圳前海金融發展最大的戰略價值，就是充分發揮前海保稅港和毗鄰香港的優勢，在人民幣國際化過程中發揮積極作用。中國人民銀行副行長杜金富公開表示，人民銀行支持前海金融創新和先行先試，鼓勵前海區域開展境內人民幣"走出去"和境外人民幣"流進來"兩個方向的跨境人民幣業務創新。人民銀行將通過若干人民幣跨境政策的新安排，來促進前海地區現代服務業合作的深化，只要市場需要、風險可控，不與國家既有法律法規相衝突，符合國家宏觀調控政策的各種政策需求和創新，人民銀行都將予以積極支持。對此，深圳有關方面提出了前海與香港合作共同發展人民幣離岸中心、探索資本開放以及在合作區內實施人民幣自由兌換的設想，建議前海與香港金融市場以及全球金融市場實施資金流通自由，不受現有金融政策的管制。

　　換言之，深圳前海地區的金融發展，可以考慮在中國尚未放開資本項目、人民幣尚不能自由兌換的總體宏觀背景下，通過中央政府和人民銀行的政策和制度創新安排，在前海"撕開一道口子"，積極試行人民幣有限度的自由兌換，探索人民幣國際化和資本項目的開放路徑及其風險防範措施，為人民幣國際化積累經驗、探索路徑。當然，亦有業界擔心在前海開放人民幣資本項目所帶來的風險。但是，由於放開是一個逐步的過程，在前海小範圍區域試點，影響有限。另一方面，隨著香港人民幣離岸業務中心的建設、發展，前海亦可擔當香港人民幣離岸業務的後台中心，為香港提供支持服務。目前，一些在港金融機構推出的人民幣產品銷售非常火爆，表明人民幣業務在香港市場非常受歡迎。隨著人民幣投資內地管道打通，企業在香港進行人民幣籌資或者在港人民幣能夠到內地投資，將極大地刺激港深兩地的金融融合，前海可在這方面發揮積極作用。

　　第五，處理好香港人民幣離岸業務與上海人民幣在岸業務之間的協議發展和錯位發展。在2010年倫敦金融城金融中心排名中香港和上海分別排在第三和第六位，可見兩地自身經濟金融基礎良好。同時，因為兩地背靠的都是中國經濟體，所以對於兩者之間的競爭與合作關係的討論尤為激烈。根據金融中心分工理論，任何一個國家都不局限於一個金融中心，像美國的以紐約為中心，輔之以華盛頓、新澤西、芝加哥相配合的金融中心格局，可見，只要明確各個金融中心的功能定位，各有側重，上海和香港就可以各施所長發揮各自的金融中心的功能。此外，香港與上海作為金融中心的輻射範圍也不同，一個主要以珠三角經濟圈為腹地，一個主要以長三角經濟圈為腹地，兩個金融中心的相互配合才可以最大程度的支持中國經濟的全面發展。正如香港交易所總裁李小加所説："香港和上海兩個金融中心的關係，10% 是競爭，20% 是合作，70%-80% 是要把各自的市場做好"。

　　展望未來，香港若能進一步充分發揮"中國因素"的作用，加強與中國內地特別是廣東珠三角地區的金融合作和錯位發展，加強金融創新，致力發展成為中國內地企業首要境外上市中心與"走出去"平台、亞太區首要的國際資產管理中心、以及全球主要的人民幣離岸業務中心，香港將最終發展成為與倫敦、紐約並駕齊驅的全球性國際金融中心。

3.5 結束語

過去 20 年，在"中國因素"的有力推動下，在香港特區政府和香港金融管理局的審慎監管下，香港金融業取得了長足的發展，成為當今香港經濟中最具戰略價值的產業。不過，香港要充分發揮金融業的比較優勢，克服其發展短板，真正邁向與倫敦、紐約等全球性國際金融中心之路，仍需要一系列宏觀經濟政策的配合，這些政策主要是：

第一，維持香港政治、經濟、社會的繁榮穩定，進一步改善投資營商環境。回歸之前，特別是進入過渡時期之前，香港是一個高度經濟化的城市。這是它經濟成功發展的奧密之一。然而，回歸以後，在中美兩大國全球角力的大背景以及在本土政黨政治迅速崛起的影響下，香港正快速發展成為一個高度政治化的地區。有跡象顯示，香港正成為各種矛盾交織的焦點。政治、經濟、社會的種種不穩定、不確定性，直接影響了香港特區政府的施政及其效率，影響了香港的投資營商環境，影響了投資者的投資意欲。因此，在"一國兩制"的框架下如何有效維持香港政治、經濟、社會的繁榮穩定，進一步改善香港的投資營商環境，是成功邁向全球性國際金融中心的重要政策前提。

第二，特區政府和香港社會轉變"積極不干預"的思維方式，制定和實施"適度有為"的產業政策，積極推動整體經濟轉型和金融業的進一步發展。長期以來，香港政府實行的是"積極不干預"政策。不過，"積極不干預"的前提是市場結構的高度競爭性，市場價格能夠發揮自動調節社會資源的作用。然而，時移世易，今天"積極不干預"的基礎已發生改變。香港回歸後，特區政府在面對金融風暴的衝擊時，已加強了對經濟的干預，典型例子是大規模入市干預。目前，全球的經濟大環境正發生極大的變化，新的科技、互聯網、大資料、新材料、3D 打印、生化科技等等都在衝擊著全球經濟，特區政府如果仍然抱著過去那套思維方式，無為而治，必將落伍。以金融業為例，長期以來，香港金融市場實行的是拿來主義，金融變革與創新大體是效仿紐約與倫敦的成功實踐。這種作法在香港只是一個區域性國際金融中心時，風險小，成效大。但是，香港倘若要發展為全球性國際金融中心，必須克服過去這些拿來主義的思維定式。特區政府和香港社會要真正有所作為，借鑒新加坡的經驗，制定金融發展的長遠戰略規劃，實施"適度有為"的產業發展政策。

第三，深化與中國內地特別是廣東珠江三角洲地區的經濟融合，重建香港在國際經濟中的戰略優勢。香港回歸後，其與中國內地的關係構建在"一國兩制"的框架下，香港與內地是不同的獨立關稅區，兩者之間的經貿交往受到"邊界"的限制。這是全球任何一個商業大都會都沒有的特例。在經濟全球化、區域經濟一體化的時代，這制約了香港的發展。從香港的角度看，香港要發展成為全球性金融中心，其中的關鍵，是要打通香港與中國內地特別是廣東珠三角地區之間金融的經脈聯繫，構建大珠三角金融中心圈。因此，香港特區政府的重要政策之一，就是如何深化與中國內地特別是廣東珠三角地區的經濟融合、金融聯繫，重建香港對中國內地尤其是廣東珠三角地區的戰略優勢，從而重建其在國際經濟中的戰略優勢。

注 釋

〔1〕　Reed, H.C.(1980), "The Ascent of Tokyo as an International Financial Center" Journal of International Business Studies, Vol.11,No.3, Winter,pp.19-35., 轉引自饒餘慶：《香港國際金融中心》，商務印書館，1997 年 4 月，第 37 頁。

〔2〕　SRI 國際公司項目小組：《共建繁榮：香港邁向未來的五個經濟策略》，SRI 國際公司。1989 年版，第 7 頁。

〔3〕　香港華商銀行公會研究小組著、饒餘慶編：《香港銀行制度之現況與前瞻》，香港華商銀行公會，1988 年，第 61 頁。

〔4〕　香港華商銀行公會研究小組著、饒餘慶編：《香港銀行制度之現況與前瞻》，香港華商銀行公會，1988 年，第 3 頁。

〔5〕　參閱《1999 年港元債務市場的發展》，《金融管理局季報》2000 年第 5 期，第 11-12 頁。

〔6〕　饒餘慶著：《香港——國際金融中心》，商務印書館（香港）有限公司 1997 年版，第 3 頁。

〔7〕　The Global Financial Centres Index 20, The city of London.

〔8〕　The Global Financial Centres Index 19, The city of London.

〔9〕　香港貿易發展局：《香港銀行業概況》，2012 年 3 月 15 日。

〔10〕　香港金融發展局：《鞏固香港作為全球主要國際金融中心的地位》，2013 年 11 月，第 12 頁。

〔11〕　2009 年香港新股集資額超逾紐約及倫敦，但上市後再集資額不及紐約和倫敦的四分之一及二分之一，創業板新股集資額佔本港新股總集資額不到 1%，創業板 / 主板集資比例遠低於紐約 (33%:66%) 及倫敦 (20%:80%)。綜合起來看，香港的集資功能與紐約及倫敦兩地仍存在一定差距。

〔12〕　美國耶魯大學管理學院教授傑佛瑞加滕：《經濟危機當中"上港"將崛起》，英國：《金融時報》網站，2009 年 5 月 10 日。

〔13〕　遠東貿易服務中心駐香港辦事處：《香港仍是中國企業境外上市首選》，新華網，2008 年 2 月 4 日，http://big5.xinhuanet.com/gate/big5/news.xinhuanet.com/fortune/2008-02/04/content_7564179.htm。

〔14〕　參閱《黃輝："一國兩制"下內地與香港證券監管合作的演變》，紫荊網，2016 年 12 月 27 日。

〔15〕　黃啟聰：《打造世界級資產管理中心》，香港商報，2011 年 8 月 1 日。

〔16〕　參閱《全球多城市爭建伊斯蘭金融中心，香港寧夏欲參與》，21 世紀經濟報導，2010 年 5 月 26 日。

〔17〕　劉柳：《港迎來國際資產管理中心大發展機遇》，香港：紫荊雜誌網路版，2011 年 5 月 6 日，http://

www.zijing.org。

〔18〕參閱《香港新加坡倫敦競爭，人民幣需要幾個離岸中心？》，中國經濟週刊，2011 年 5 月 10 日，
http://news.xinhuanet.com/fortune/2011-05/10/c_121400223.htm。

〔19〕參閱《人民幣離岸業務與香港金融中心的未來》，第一財經日報，2011 年 5 月 3 日。

香港金融業大事記

■ 1805 年　　　　　諫當保險行（Canton Insurance Society）在廣州創辦，成為外商在中國創
　　　　　　　　　辦最早的一家保險公司。

■ 1832 年　　　　　怡和公司在廣州創辦。

■ 1835 年　　　　　寶順洋行退出諫當保險公司，在廣州成立於仁洋面保安行。

■ 1841 年　　　　　諫當保險公司從澳門遷往香港，並於 1842 年在香港註冊，成為香港最早
　　　　　　　　　的保險公司之一。

■ 1842 年 3 月 29 日　香港首任總督璞鼎查宣佈香港貨幣的暫時使用辦法，規定西班牙本洋、墨
　　　　　　　　　西哥鷹洋、東印度公司所發行的盧比銀洋、英國鑄造的銀幣、以及中國的
　　　　　　　　　兩制銀錠銅錢等，均可在市面流通。

■ 1845 年 4 月　　　東藩滙理銀行在香港開設分行，成為第一家進入香港的外資銀行，該行於
　　　　　　　　　1884 年倒閉。

■ 1857 年　　　　　有利銀行在香港開設分行，該行於 1859 年起發鈔，1892 年暫停，1912
　　　　　　　　　年恢復發鈔，至 1974 年後停止，1958 年被滙豐銀行收購，1984 年轉售
　　　　　　　　　予萬國寶通銀行，1987 年再轉售給日本三菱銀行。

■ 1859 年　　　　　渣打銀行在香港開設分行，1862 年起發鈔至今。

■ 1862 年　　　　　呵加喇銀行在香港開業，該行從 1863 年起發鈔，1866 年倒閉。

■ 1863 年　　　　　港英政府宣佈銀元是香港唯一的法定貨幣，並於 1866 年開始在香港發行
　　　　　　　　　本身的銀元。
　　　　　　　　　印度東方商業銀行在香港開設分行，該行於 1866 年發鈔，同年倒閉。

■ 1865 年 3 月　　　滙豐銀行創辦，同年發鈔。

■ 1867 年　　　　　香港出現證券買賣活動。

■ 1868 年　　　　　怡和洋行在香港創辦香港火燭保險公司。

■ 1881 年　　　　　諫當保險根據第一部公司法正式改組為一家有限責任公司。

■ 1882 年 10 月 24 日　於仁保險根據 1865 年至 1881 年的《香港公司法》進行註冊，改組為一家
　　　　　　　　　股份有限責任制公司。

■ 1891 年 2 月 3 日　香港股票經紀會成立，1914 年易名為香港證券交易所。

■ 1891 年　　　　　香港第一家華資銀行中華滙理銀行創辦，1911 年倒閉。

■ 1895 年　　　　　法國東方滙理銀行在香港開設分行。

■ 1897 年　　　　　香港外滙銀行公會成立。

■ 1898 年　　　　　宏利保險在香港成立代理公司布蘭得利公司。

- 1901 年　　　　　日本正金銀行（東京銀行的前身）在香港開設分行。
- 1905 年　　　　　荷蘭小公銀行在香港開設分行。
- 1906 年　　　　　荷蘭安達銀行在香港開設分行。
- 1907 年　　　　　銀業聯安堂成立。
- 1910 年　　　　　金銀業貿易場創辦。
- 1912 年　　　　　廣東銀行創立。
- 1913 年　　　　　萬國寶通銀行在香港開設分行。
  　　　　　　　　　港英政府先後頒佈《禁止外幣流通條例》和《外國銀幣鎳幣條例》。
- 1917 年　　　　　工商銀行創立。
  　　　　　　　　　中國銀行在香港開設分行。
- 1918 年　　　　　華商銀行創立。
  　　　　　　　　　鹽業銀行在香港開設分行。
- 1919 年　　　　　東亞銀行創立。
- 1921 年 10 月 1 日　香港證券經紀協會成立。
- 1922 年　　　　　國民商業儲蓄銀行創立。
  　　　　　　　　　嘉華儲蓄銀行創立。
- 1923 年　　　　　美國大通銀行在香港開設分行。
  　　　　9 月 9 日　香港票據交換所成立。
- 1929 年　　　　　美國華爾街股市暴跌，觸發了 1930 年代的經濟大蕭條。
- 1931 年　　　　　廣東信託商業銀行創立。
- 1932 年 12 月 12 日 香港銀業聯安公會成立。
- 1933 年 3 月 3 日　恆生銀號創立。
  　　　　　　　　　永隆銀號創立，1960 年改組為永隆銀行。
- 1935 年 11 月 4 日 中國政府宣佈放棄銀本位制。
  　　　　11 月 9 日 香港立法局通過《貨幣條例》（Currency Ordinance），規定管理滙率及貨
  　　　　　　　　　幣的通則，禁止白銀流通，銀本位制宣告廢除。
  　　　　12 月 6 日 《貨幣條例》（後改稱《外滙基金條例》）正式生效。
  　　　　　　　　　華資銀行爆發擠提風潮，受影響的銀行包括嘉華銀行、廣東銀行、工商銀
  　　　　　　　　　行、國民儲蓄銀行等。
  　　　　　　　　　恆隆銀號創立，1965 年改組為恆隆銀行。

- 1937 年　　　　　　大生銀號創立，1961 年改組為大生銀行。
- 1938 年　　　　　　廣安銀號創立，1960 年改組為廣安銀行。
- 1939 年　　　　　　永亨銀號創立，1960 年改組為永亨銀行。
- 1941 年 12 月 29 日 佔領香港的日本當局發佈《滙兌行市公定措置要綱》，規定從 1942 年 1 月起廢除香港滙兌行市以英鎊、美元為基準的傳統裁定方式，改由日本政府直接決定各國貨幣對日元的滙率。
- 1945 年 8 月 30 日 英國重返香港，並成立軍政府，9 月 13 日軍政府宣佈廢用日本軍票，恢復戰前的港元紙幣為法定貨幣。
- 1946 年　　　　　　香港意外險公會成立。
  - 4 月 2 日　香港政府宣佈承認"迫簽紙幣"，並與滙豐共同制定"迫簽紙幣"合法化方案。
  - 大有銀號創立，1962 年改組為大有銀行。
- 1947 年 3 月　　　　香港證券交易所和香港證券經紀協會合併，仍稱為"香港證券交易所"。
  - 大新銀行創立。
- 1948 年 1 月 29 日 香港政府制定並正式通過第一部銀行法律 ——《銀行業條例》。
  - 中國聯合銀行創立。
  - 廖創興儲蓄銀行創立。
- 1949 年 4 月 14 日 香港政府根據國際貨幣基金（IMF）協定要求，頒佈法令，限制純金買賣。
  - 12 月 14 日 南洋商業銀行創立。
- 1950 年　　　　　　浙江第一商業銀行創立。
- 1951 年 11 月 9 日　香港政府批准頒佈實施《汽車保險（第三者意外）條例》。
- 1952 年 12 月 5 日 恆生銀號註冊為私人有限公司。
  - 集友銀行創立。
- 1953 年 12 月　　　香港政府頒佈實施《勞工因公受傷賠償法案》。
- 1955 年　　　　　　香港華人銀行創立。
- 1956 年　　　　　　海外信託銀行創立。
- 1958 年　　　　　　遠東錢莊創立，1960 年改組為遠東銀行。
- 1960 年 2 月 7 日　恆生銀號重組為恆生銀行。
- 1961 年 6 月　　　　怡和公司上市。
  - 廖創興銀行發生擠提風潮。
- 1962 年 4 月　　　　湯姆金斯向港府提交《關於香港銀行制度的報告及重訂銀行條例的建議》。
  - 華僑商業銀行創立。
- 1963 年　　　　　　銀行利率戰達到高潮。
- 1964 年 7 月 1 日　"利率協定"正式實施。
  - 11 月 16 日 香港政府在立法局通過 1964 年《銀行業條例》。

11 月	友聯銀行創立。
■ 1965 年	"貝齊颶風"衝擊香港,使香港保險業遭受有史以來的最大單項承保災難。
1 月	明德銀號發生擠提,4 月 30 日宣佈破產。
2 月 6 日	廣東信託商業銀行發生擠提,2 月 8 日被政府接管。擠提風潮迅速蔓延到恆生、廣安、道亨、永隆等銀行。
4 月	銀行擠提風潮再起,首當其衝的是恆生銀行,恆生以 5,100 萬元價格向滙豐售出 51% 控股權,風潮才告平息。
	香港政府暫停簽發銀行牌照。
■ 1966 年 9 月 15 日	根據港府財政司的命令,滙豐銀行接管有餘銀行。
12 月 23 日	香港出口信用保險局成立。
■ 1967 年 11 月 20 日	英鎊貶值 14.3%,與英鎊掛鉤的港元亦同時貶值 14.3%,但其後港府宣佈將港元對英鎊升值 10%。
■ 1969 年 11 月 24 日	恆生銀行公開推出香港股市指數 ── 恆生指數。
	李福兆與多位財經人士一起創辦遠東交易所。
■ 1970 年	英國商人銀行富林明公司與香港怡和集團合資創辦怡富。
■ 1971 年 3 月 15 日	金銀證券交易所有限公司創立。
	英國商人銀行施羅德與渣打銀行、嘉道理家族合資創辦寶源投資。
■ 1972 年 1 月 5 日	九龍證券交易所有限公司創立。
7 月 6 日	香港政府宣佈港元與英鎊脫鉤,改與美元掛鉤,價定為 1 美元兌 5.65 港元,允許在 2.25% 的幅度內上下波動。
10 月	置地宣佈將以換股方式收購牛奶公司。
11 月 26 日	港元與美元脫鉤,實行浮動滙率制度。
	滙豐銀行創辦獲多利。
■ 1973 年	太古集團與英國皇家保險集團合作創辦太古皇家保險公司。
2 月	馮景禧正式註冊成立新鴻基證券有限公司。
3 月 9 日	恆生指數攀上 1,774.96 點的歷史高位。
3 月 12 日	合和實業假股票被發現,股市開始暴跌。
	置地公司發行了香港第一隻股本認股權證。
■ 1974 年 2 月	港府正式頒佈《證券條例》及《保障投資人士條例》對證券行業加強監管。
	港府解除對黃金進出口的管制。
■ 1975 年 8 月	香港證券事務監察委員會頒佈《收購及合併守則》以加強對上市公司收購兼併活動的監管。
■ 1976 年 8 月	港府通過《商品交易條例》,同年 12 月 17 日香港商品交易所成立,隨後獲港府發出經營期貨市場的牌照。
	港府制訂《接受存款公司條例》。

- 1977 年 5 月 9 日　香港商品交易所首先推出棉花期貨合約買賣，其後相繼推出原糖、黃豆及黃金的期貨合約買賣。

　　　　　　12 月　　港府成立內幕買賣審裁處，專責審裁內幕人士的股票交易行為。

- 1978 年 3 月　　香港政府宣佈重新向外資銀行頒發銀行牌照。

- 1979 年 9 月 25 日　長江實業以每股 7.1 元價格向滙豐收購和記黃埔 9,000 萬股普通股。

- 1980 年 6 月　　九龍倉爭購戰爆發。

　　　　　　7 月 7 日　香港聯合交易所正式註冊成立。

　　　　　　　　　　滙豐收購美國海豐銀行。

- 1981 年　　　　粵海企業集團有限公司成立。

　　　　　　1 月　　香港證券事務監察委員會修訂《收購及合併守則》，將上市公司 "控股權" 定義修訂為 35%。

　　　　　　1 月　　港府成立香港銀行公會，以取代傳統的香港外滙銀行公會。

　　　　　　4 月　　港府修訂銀行業條例，建立金融三級制，該制度於 1983 年 7 月 1 日正式實施。

　　　　　　7 月 17 日　恆生指數攀上 1,810.20 點新高位。

　　　　　　12 月　　置地宣佈斥資 9 億元收購香港電話 34.9% 股權。

　　　　　　　　　　滙豐與香港銀行公會達成協定，出任票據交換所管理銀行。

- 1982 年 3 月　　新鴻基財務獲港府頒發銀行牌照，重組為新鴻基銀行。

　　　　　　4 月　　置地宣佈斥資 27.58 億元收購香港電燈 34.9% 股權。

　　　　　　9 月 6 日　謝利源金舖倒閉。

　　　　　　9 月　　英國首相撒徹爾夫人訪問北京，中英就香港問題談判拉開序幕。

- 1983 年 6 月　　香港政府頒佈實施《保險公司條例》。

　　　　　　9 月 24 日　港元對美元的滙價已跌至 9.6：1 的歷史最低位。

　　　　　　9 月 28 日　港府接管恆隆銀行，1989 年 9 月轉售予國浩集團。

　　　　　　10 月　　一度被稱為 "鐵股" 的佳寧置業罕有的宣佈取消派發中期息，暴露了佳寧的困境，其股價在一天內暴跌三成，最終破產。

　　　　　　10 月 17 日　香港開始實行港元聯繫滙率制度。

　　　　　　11 月 15 日　大來信貸財務公司無法償還債務，其控股公司在香港股市停牌。

- 1984 年 3 月 28 日　怡和宣佈將公司註冊地遷到英屬自治區百慕達。

　　　　　　9 月　　中英兩國經過 22 輪艱苦談判，草簽關於香港前途問題的聯合聲明。

　　　　　　12 月　　中英兩國正式簽訂關於香港前途問題的《中英聯合聲明》。

- 1985 年 1 月　　和記黃埔以 29.05 億元向置地收購香港電燈 34.6% 股權。

　　　　　　5 月　　中東阿拉伯銀行收購新鴻基銀行 75% 股權，該行易名港基銀行。

　　　　　　　　　　香港商品交易所改組為香港期貨交易所。

　　　　　　5 月 6 日　期交所推出亞洲首個指數期貨合約 —— 恆生指數期貨合約。

| 6 月 | 港府接管海外信託銀行，1993 年 7 月轉售予國浩集團。 |

■ 1986 年 3 月 27 日　香港、遠東、金銀、九龍四會宣佈停業。

4 月 2 日　香港聯合交易所正式開業，並透過電腦系統進行證券交易。

5 月　恆生銀行收購永安銀行 50.29% 股權。

香港立法局三讀通過 1986 年《銀行業條例》。

6 月　中信收購嘉華銀行。

新思想收購友聯銀行。

9 月　香港聯合交易所獲國際證券交易所聯會接納正式成為會員。

■ 1987 年 3 月　怡和宣佈發行 B 股計劃。

7 月 15 日　滙豐與香港政府金融事務科簽訂"新會計安排"。

9 月　長實系 4 家上市公司宣佈有史以來最龐大集資計劃，集資額高達 103 億元。

9 月 11 日　恆生指數期貨成交量創下 40,147 張的歷史紀錄。

10 月 1 日　恆生指數報收 3,949.73 點創下歷史新高。

10 月 19 日　美國股市急跌，杜瓊斯工業平均指數下跌 508 點，引發全球股災。

10 月 20 日　聯交所宣佈停市 4 天，期指市場面臨破產危機。

10 月 26 日　香港股市暴跌，恆生指數全日跌去 1,120.70 點，跌幅高達 33.33%。

10 月　中銀與滙豐、渣打共同組成 20 億元的備用信貸，支持期貨交易所度過期指危機。

12 月　滙豐銀行收購米特蘭銀行 14.9% 股權。

■ 1988 年 1 月　廉政公署拘捕前聯交所主席李福兆等人。

銀行公會公佈《利率及存款收費規則》，宣佈將實施負利率制度。

6 月　戴維森報告 ——《證券業檢討委員會報告書》發表。

8 月 8 日　香港保險業聯會成立。

9 月　百富勤集團創辦。

■ 1989 年 5 月　香港證券及期貨事務監察委員會成立。

9 月　美資證券索羅門兄弟首次將備兌認股權證這一投資工具引入香港。

■ 1990 年　香港保險業監理處成立

1 月　香港中信集團收購上市公司泰富發展，其後易名為中信泰富。

2 月　香港金融管理局推出"債券工具中央結算服務系統"。

3 月　香港金融管理當局首次推出為期 91 天的外滙基金票據。

12 月　發生了怡和附屬公司康樂投資有限公司違例回購股份事件。

12 月 17 日　滙豐銀行宣佈結構重組。

12 月 20 日　香港保險索償投訴局成立。

■ 1991 年 1 月　中信泰富與李嘉誠、郭鶴年等聯手收購恆昌企業。

2月	香港外滙基金管理局成立。
3月	香港聯合交易所首次發表衍生認股證指引，將備兌證納入監管。
7月	"國商事件"爆發，受此影響，道亨、港基、萬國寶通、渣打等先後遭到擠提。
10月	聯交所會員大會一致表決通過改組方案，同時修訂組織章程，轉為非牟利機構。
■ 1992年 3月	滙豐控股發表聲明，表示將向米特蘭銀行提出合併建議，其後成功收購米特蘭銀行。
6月	港府設立流動資金調節機制。 香港中央結算有限公司推行中央結算系統。
7月	招商局將其全資附屬企業海虹集團，以發行新股方式在香港公開上市，成為首家在中國以外交易所透過公開發行股票上市的中資企業。
9月	怡和控股在倫敦正式作第一上市。
■ 1993年 1月	滙豐控股將集團總管理處由香港遷往倫敦。
3月	香港期交所推出恆生指數期權。
4月	香港金融管理局成立。
6月	香港聯合交易所、中國證券監督管理委員會、香港證監會、上海證券交易所和深圳證券交易所的代表，在北京簽署監管合作備忘錄，正式打通國企在香港上市之路。
7月15日	青島啤酒在香港掛牌上市，成為首家在香港發行H股的中國企業。
10月15日	香港政府實施《職業退休計劃條例》。
■ 1994年	粵海集團從粵海投資中將廣南集團分拆上市。
3月	怡和宣佈從1994年12月31日起終止其股票在香港第二上市。
5月2日	中國銀行發行港鈔票，成為香港第三家發鈔銀行。
12月	香港金融管理局參考巴塞爾委員會和30人小組的建議首次制訂關於金融衍生工具的風險管理指引。
■ 1995年 3月	香港期交所推出上市股票期貨。
5月	香港銀行同業結算有限公司成立。 香港金融管理局發表《香港作為國際金融中心的策略文件》。
9月	香港期交所推出上市股票期權。
■ 1996年 12月	香港金融管理局建立即時支付結算系統。
■ 1997年 3月	香港按揭證券有限公司成立。
6月20日	國務院頒佈《關於進一步加強在境外發行股票和上市管理規定》。
7月1日	香港回歸，香港特區政府成立。
7月2日	亞洲金融風暴驟起泰國。

7 月 7 日　　香港金融管理局發出《電子銀行業務指引》。

8 月 7 日　　恆生指數攀上 16,673.27 點的歷史高位。

9 月　　　　香港期交所推出香港中資企業指數（紅籌）期貨、期權。

10 月 20 日　國際對沖基金衝擊港元聯繫滙率制度。

10 月 23 日　香港銀行同業拆息攀上 280 釐的歷史性水平。

12 月　　　　香港的市場風險資本充足比率監管制度正式實施。

■ 1998 年 1 月 10 日　百富勤集團倒閉。

1 月 16 日　　正達證券清盤。

4 月　　　　香港特區政府財經事務局向公眾提交《金融市場檢討報告》。

8 月 14 日　　香港特區政府入市干預。

9 月 5 日　　香港金融管理局推出 7 項改革措施。

9 月 7 日　　香港特區政府推出 30 項改革措施。

9 月　　　　香港期交所推出恆指 100 期貨、期權。

　　　　　　香港特區政府成立法定機構 —— 強制性公積金管理局。

12 月　　　　特區政府委託的顧問公司發表題為《香港銀行新紀元》的研究報告。

■ 1999 年 1 月　　廣信集團申請破產。

　　　　　　粵海集團債務重組。

3 月　　　　香港特區政府發表《證券及期貨市場改革的政策性文件》，推出一項重大
　　　　　　的三管齊下的市場改革方案和改革綱領。

7 月　　　　香港金融管理局發表了題為《就"銀行業顧問研究"的政策回應》，制定了
　　　　　　一套為期 3 年的銀行業改革措施。

11 月　　　　香港創業板市場推出。

11 月 12 日　盈富基金在港交所上市

■ 2000 年 2 月　　香港立法會三讀通過《交易所及結算所（合併）條例》。

3 月 6 日　　聯交所、期交所和結算公司合併成香港交易及結算所。

5 月 31 日　　美國納斯達克證券市場 7 家公司的股票在香港掛牌上市。

7 月 3 日　　香港金融管理局撤銷"利率協定"中 7 天以下定期存款利率的上限。

8 月　　　　香港金融管理局推出美元即時支付結算系統。

12 月　　　　粵海集團債務重組成功。

　　　　　　強制性公積金制度正式實施。

■ 2001 年 7 月 3 日　香港金融管理局最後撤銷"利率協定"。

10 月 1 日　　中國銀行（香港）有限公司成立。

■ 2002 年　　　　香港證監會先後發表《指數基金指引》、《對沖基金指引》及《對沖基金彙
　　　　　　報規定指引》，使香港的散戶投資者亦有機會投資於對沖基金。

3 月 6 日　　香港交易及結算所有限公司（簡稱"香港交易所"）註冊成立。

3 月	香港立法會三讀通過新的《證券及期貨條例》以取代以往眾多的證券條例，標誌著香港新的證券及期貨市場的監管制度全面實施。
7 月 25 日	中銀香港在香港聯合交易所主板掛牌上市。

■ **2003 年** 香港爆發 SARS 瘟疫，香港經濟跌至低谷。

    4 月 歐元結算系統正式啟用。

    6 月 29 日 香港特區政府與中央政府簽署關於建立更緊密經貿關係安排（CEPA）。

■ **2004 年** 香港證監會審批了首隻跟蹤中國 A 股市場的交易所買賣基金 —— iShares 安碩新華富時 A50 中國指數 ETF。

    4 月 工銀亞洲收購華比富通銀行的零售及商業銀行業務，華比富通銀行隨後改名為華比銀行，成為中國工商銀行（亞洲）的全資附屬公司。

    7 月 1 日 渣打銀行完成在香港註冊程序，並將銀行在香港分行的業務注入於在香港註冊的渣打集團全資附屬公司 —— 渣打銀行（香港）有限公司旗下。

    11 月 香港銀行公會、香港接受存款公司公會、香港金融管理局與美國鄧白氏香港（Dun & Bradstreet (HK) Ltd）合作，成立以配合中小企業對貸款的殷切需求及為貸款機構提供可靠的中小企業客戶信貸資料。

■ **2005 年 5 月 18 日** 香港金融管理局局推出了聯繫匯率制度的三項優化措施。

■ **2006 年** 香港金融管理局推出"流動資金優化器"。

    中國銀行、中國工商銀行先後在香港上市，其中工行股票的發行是首次以"A+H"的方式發行。香港新股融資額一舉超過美國，僅次於倫敦名列全球第二。

    3 月 6 日 香港金融管理局及中國銀行（香港）推出全新的人民幣交收系統。

    9 月 25 日 存款保障制度正式實施。

■ **2007 年** 香港發行首批人民幣債券。

    1 月 1 日 香港根據巴塞爾委員會的《巴塞爾協定二》，正式實施新的銀行業資本充足制度。

    4 月 香港滙豐銀行在中國內地註冊成立全資附屬公司 —— 滙豐銀行（中國）有限公司，總行設於上海。

    3 月 倫敦金融城公司（GFCI）聯手英國專業機構 Z/Yen 研究諮詢公司共同發表《全球金融中心排名指數 1》（"GFCI1"）報告。

    4 月 香港證監會與中國銀監會簽訂了《諒解備忘錄》，容許內地商業銀行代客進行境外理財（即"QDII"）時可以投資於香港的上市股票和認可基金。

    6 月 香港金融管理局推出人民幣即時支付結算系統（RTGS），由中國銀行（香港）作清算行。

    6 月 香港證監會發出《證監會採取務實的處理方法向基金經理發牌》通函，簡化及釐清了基金經理的發牌程序。

7月1日	《巴塞爾協定二》正式生效。
■ 2008 年	美國爆發空前的次貸危機，並引發 2009 年的全球金融海嘯。
	中央政府批准廣東省對港澳服務業開放先行先試。
1月	環球股災爆發。
1月	美國《時代》週刊（亞洲版）發表一篇由該雜誌副主編邁克爾‧伊里亞德所寫的題為《三城記》（A Tale of Three Cities）的署名文章。
5月	中國證監會頒佈《關於證券投資基金管理公司在香港設立機構的規定》，准許內地基金管理公司根據 CEPA 補充協議四申請批准來港設立機構。
5月	招商銀行以 193 億港元的價格收購伍氏家族的永隆銀行。
9月15日	美國第四大投資銀行雷曼兄弟控股公司因投資次級抵押住房貸款產品不當蒙受巨大損失，被迫申請破產保護。
9月	香港立法會引用《權力及特權法》，成立雷曼迷債事件小組委員會，對雷曼事件進行調查。
10月	中信泰富宣佈與銀行簽訂的澳元累計目標可贖回遠期合約，因澳元貶值而跌破鎖定滙價，導致損失約 147 億港元。
10月22日	香港立法會通過無約束力的動議，譴責香港特區政府在雷曼迷你債券事件中監管不力。
12月	中信集團注資 15 億美元拯救面臨破產的中信泰富。
■ 2009 年 1月	國務院批覆《珠江三角洲地區改革發展規劃綱要（2008-2020）》。
1月	香港交易所與上海證券交易所合作簽訂更緊密合作協定。
4月8日	國務院決定在上海，廣東的廣州、深圳、珠海、東莞等 5 個城市先行開展跨境貿易人民幣結算試點，而境外暫定範圍為港澳地區和東盟國家。
6月	CEPA 補充協議九允許在廣東的香港銀行分行設立異地支行。
7月7日	跨境貿易人民幣結算正式啟動。
■ 2010 年 2月1日	滙豐控股將集團行政總裁辦公室從倫敦遷回香港。
4月6日	香港特區政府與廣東省政府簽署《粵港合作框架協定》。
7月	中國人民銀行與香港人民幣業務清算行中國銀行（香港）簽署了新修訂的《香港人民幣業務的清算協議》。
11月22日	香港金融管理局與國家財政部簽訂《關於使用債務工具中央結算系統發行人民幣國債的合作備忘錄》。
■ 2011 年	香港連續三年成為全球最大的首次公開招股（IPO）市場。
1月	人民銀行發佈《境外直接投資人民幣結算試點管理辦法》，允許境內非金融類企業利用人民幣通過設立、併購、參股等方式進行境外投資。
3月27日	在香港金管局、證監會的干預下，16 家銷售雷曼迷你債券的銀行與大多數購買迷你債券的投資者達成回購和解協定。

8月17日	國務院副總理李克強訪港期間，宣佈了包括金融、經貿及粵港合作等方面的36項惠港措施。
■ 2012年 1月1日	香港正式實施《巴塞爾協定二》的優化措施。
1月	香港證監會認可全球首隻以人民幣計價及交易的黃金交易所買賣基金，該基金成為香港第一隻人民幣ETF。
6月28日	香港交易所與上海證券交易所和深圳證券交易所簽訂協定，在香港設立合資公司，從事金融產品開發和服務。
12月	RQFII機制正式啟動。
■ 2013年 1月	香港特區政府成立香港金融發展局。
4月	香港立法會通過《2013年銀行業（資本）（修訂）規則》及《2013年銀行業（披露）（修訂）規則》。根據金管局的時間表，香港將於2019年之前全面實施《巴塞爾協定三》。
10月	越秀集團宣布以116.44億港元價格收購廖創興家族的創興銀行。
11月	香港金融發展局發表《鞏固香港作為全球主要國際金融中心的地位》的政策文件。
■ 2014年	中央與香港特區政府在CEPA框架下簽署《關於內地在廣東與香港基本實現服務貿易自由化的協定》。
4月10日	中國證監會及香港證監會發佈聯合公告，決定原則批准上海證券交易所、香港聯合交易所、中國證券登記結算有限責任公司、香港中央結算有限公司開展滬港股票市場交易互聯互通機制試點（"滬港通"）。
11月17日	滬港通正式開通。
■ 2015年 1月	中央政府批准廣東設立自由貿易試驗區。
6月	滙豐宣佈業務重組計劃，大力整頓全球各項業務。
4月21日	廣東自貿區正式掛牌啟動建設，廣州南沙、深圳前海蛇口、珠海橫琴片區成為三大組成片區。
5月23日	中銀香港宣佈將所持南洋商業銀行的全部股權出售給中國信達資產管理股份有限公司。
7月10日	香港立法會三讀通過《2014年保險公司（修訂）條例草案》，決定成立獨立的保險業監管局，並為保險中介人設立發牌制度。
8月11日	中國人民銀行宣佈實施人民幣滙率形成機制改革。
12月	香港保險業監管局成立。
■ 2016年	香港證券市場共有117家公司首發上市，集資1,961億港元（約253億美元），集資額蟬聯全球第一名。
6月	香港在全球10大證券市場中位列第8位。
10月29日	香港保險公司全面暫停內地客戶銀聯刷卡繳納保費。

11 月	香港立法會通過《支付系統及儲值支付工具條例》，正式將儲值支付工具納入監管的範疇。
12 月 5 日	深港通正式開通。
■ 2017 年 1 月 1 日	香港正式實施經濟與合作組織（OECD）2014 年制定的 "共同申報準則"（Common Reporting Standard，簡稱 "CRS"），即 "金融帳戶涉稅信息自動交換標準"。
1 月	香港特區政府與香港貿易發展局共同在香港主辦 "2017 年亞洲金融論壇"。

主要參考文獻資料

（1）　姚啟勳著，《香港金融》，香港：泰晤士書屋，1940 年。

（2）　香港保險業聯會，*Lowe, Bingham & Matthews Notes on the history of the firm as secretaries of the Insurance Associations*，1962 年 8 月。

（3）　魯言著，《百年來香港幣制沿革》，載《香港掌故》，香港：廣角鏡出版社，1977 年。

（4）　柯立斯著、中國人民銀行金融研究所譯，《滙豐銀行百年史》，北京：北京中華書局，1979 年。

（5）　聶寶璋編，《中國近代航運史資料》第一輯（上冊），上海：上海人民出版社 1983 年。

（6）　戴維・萊思布里奇編著，《香港的營業環境》，上海：上海翻譯出版社，1984 年。

（7）　饒餘慶著，《香港的銀行與貨幣》，上海：上海翻譯出版公司，1985 年。

（8）　香港保險改革委員會，《香港保險改革委員會報告書》，1986 年 1 月 15 日。

（9）　胡漢輝遺著，《香港黃金市場》，香港：三聯書店，1986 年。

（10）　陳謙著，《香港舊事見聞錄》，香港：香港中原出版社，1987 年。

（11）　香港華商銀行公會研究小組著、饒餘慶編，《香港銀行制度之現況與前瞻》，1988 年。

（12）　香港證券業檢討委員會，《證券業檢討委員會報告書》（中文版），1988 年 5 月。

（13）　SRI 國際公司項目小組，《共建繁榮：香港邁向未來的五個經濟策略》，SRI 國際公司，1989 年。

（14）　呂汝漢著，《香港金融體系》，香港：商務印書館，1989 年。

（15）　T. K. Ghose 著，《香港銀行體制》，中國銀行港澳管理處培訓中心，1989 年。

（16）　簡達恆著，《銀行監理專員向香港總督提交的報告》，1991 年 7 月 30 日。

（17）　張仲禮等著：《太古集團在中國》，上海：上海人民出版社，1991 年。

（18）　霍禮義（Robert Fell）著，《危機與轉變》，三思傳播有限公司，1992 年。

（19）　費安道（Dr Andrew F Freris）、饒餘慶、任志剛著，《外滙基金職能的轉變及香港的金融管理》，香港銀行學會，1992 年。

（20）　呂汝漢著，《股票市場》，香港：商務印書館，1992 年。

（21）　中國人民銀行廣東省分行金融研究所等編，《銀海縱橫：近代廣東金融》，廣州：廣東人民出版社，1992 年。

（22）　羅拔・郭瞳著、丘經倫譯，《香港的終結 —— 英國撤退的秘密談判》，香港：明報出版社，1993 年。

（23）　饒餘慶著，《走向未來的香港金融》，香港：三聯書店，1993 年。

（24） 冼玉儀著，《與香港並肩邁進：東亞銀行 1919-1994》，東亞銀行，1994 年。

（25） 香港保險業聯會壽險總會，《壽險轉保守則》，1994 年 12 月。

（26） 余繩武、劉存寬主編，《十九世紀的香港》，香港：麒麟書業有限公司，1994 年。

（27） 香港金融管理局，《香港作為國際金融中心的策略檔》，1995 年 5 月。

（28） 薛俊豪編著，《香港金市錄》，Rosendale Press Limited ，1995 年。

（29） 香港金融管理局編，《香港的貨幣與銀行體系：回顧與前瞻》，1996 年。

（30） 祈保、劉國英、John Newson、李銘普著，《十載挑戰與發展》，香港聯合交易所，1996 年。

（31） 馮邦彥著，《香港英資財團（1841-1996）》，香港：三聯書店，1996 年。

（32） 陳元主編，《香港金融體系與一九九七》，中國金融出版社，1996 年。

（33） 聶俊安著，《外滙基金簡史》，載香港金融管理局《香港的貨幣與銀行體系：回顧與前瞻》，1996 年。

（34） 沈聯濤，《管理衍生工具市場風險》，香港《金融管理局季報》，1997 年第 8 期。

（35） 董建華，《共創香港新紀元》，香港特區施政報告，1997 年 12 月。

（36） 周亮全著，《香港金融體系》，載王賡武主編《香港史新編（上）》，香港：三聯書店，1997 年。

（37） 香港金融管理局，《金融市場檢討報告》，1997 年。

（38） 香港金融管理局，《香港金融體系的審慎監管》，1997 年。

（39） 鄭寶鴻著，《圖片香港貨幣》，香港：三聯書店，1997 年。

（40） 饒餘慶著，《香港 —— 國際金融中心》，香港：商務印書館，1997 年。

（41） 馮邦彥著，《香港華資財團（1841-1997）》，香港：三聯書店，1997 年。

（42） 餘德麟著，《香港保險業的發展》，香港：商務印書館，1997 年。

（43） 劉志強、沙振林著，《九十年代香港金融改革與發展》，香港：三聯書店，1997 年。

（44） 烏蘭木倫主編，《發展中的香港中資企業》，香港：香港經濟導報社，1997 年。

（45） 饒餘慶，《預算案外抗國際炒家，內增港人信心》，載香港《信報財經新聞》，1998 年 2 月 19 日。

（46） 畢馬威會計師事務所和 Barents Group LLC，《香港銀行業新紀元 —— 香港銀行業顧問研究報告》，1998 年 12 月。

（47） 香港聯合交易所編，《百年溯源》，1998 年。

（48） 任志剛著，《香港貨幣發行局制度之檢討》，香港金融管理局，1998 年。

（49） 香港金融管理局，《香港貨幣發行局制度之檢討》，1998 年。

（50） 香港保險業聯會，《十年歲月（10th Anniversary HKFI）1988-1998》，1998 年。

（51） 劉蜀永主編，《簡明香港史》，香港：三聯書店，1998 年。

（52） 吳越主編，《中國保險史》，中國金融出版社，1998 年。

（53） 鄭文華著，《衍生工具與股票投資》，香港：商務印書館，1998 年。

（54） 香港金融管理局，《就 "銀行業顧問研究" 的政策回應》，1999 年 7 月。

（55） Brian Blomfield 著，《十載耕耘 —— 證監會 10 年（1989-1999）》，香港證券及期貨監察委員會，1999 年。

（56） 蔣沼坪、鄭漢傑著，《剖析期貨期權》，香港期貨交易所有限公司，1999 年。

（57） 饒餘慶著，《亞洲金融危機與香港》，香港：三聯書店，2000 年。

（58） 香港發展策略委員會，《共瞻遠景，齊創未來 —— 香港長遠發展需要及目標》，2000 年。

（59） 香港金融管理局，《香港聯繫滙率制度》，2000 年。

（60） 香港金融管理局，《監管政策手冊：風險為本監管制度》，2001 年 10 月 11 日。

（61） 張曉輝著，《香港近代經濟史（1840-1949）》，廣州：廣東人民出版社，2001 年。

（62） 馮邦彥著，《香港地產業百年》，香港：三聯書店（香港）有限公司，2001 年。

（63） 馮邦彥著，《香港金融業百年》，香港：三聯書店（香港）有限公司，2002 年。

（64） 武捷思著，《粵海重組實錄》，商務印書館（香港）有限公司，2002 年。

（65） 趙蘭亮著，《近代上海保險市場研究（1843-1937）》，上海：復旦大學出版社，2003 年。

（66） 香港金融管理局，《金融基建發展檢討》，金融管理局季報，2005 年 12 月。

（67） 香港金融管理局，《香港金融管理局的授權及管治》，2006 年 12 月。

（68） 鄭宏泰、黃紹倫著，《香港股史：1841-1997》，香港：三聯書店（香港）有限公司，2006 年。

（69） 陳連華主編，《港金融理財產品手冊》，上海財經大學出版社，2006 年 12 月。

（70） 韋奕禮（Martin Wheatley）著，《香港基金管理業展望》，香港證券及期貨監察委員會，2007 年 2 月 1 日。

（71） 弗蘭克·韋爾什著，王皖強、黃亞紅譯，《香港史》，北京：中央編譯出版社，2007 年 5 月。

（72） 甘博文、何東、梁偉耀著，《港元聯繫滙率制度的三項優化措施實施兩周年的檢討》，香港金管局網站，2007 年 6 月。

（73） 郭國燦著，《回歸十年的香港經濟》，香港：三聯書店（香港）有限公司，2007 年。

（74） 香港證券及期貨監察事務委員會，《1997 至 2007 年證券期貨市場大事回顧及監管發展概覽》，香港證監會網站，2007 年。

（75） 香港金融管理局，《香港的儲備管理》，2007 年。

（76） 張灼華，《新的〈單位信託及互惠基金守則〉——打造香港成為基金超級市場》，香港證券及期貨監察委員會，2008 年 4 月 16 日。

（77） 方正，《證監會的監管理念和工作取向》，港證券及期貨監察委員會，2008 年 6 月 17 日

（78） 簡達恆著，《金管局維持銀行體系穩定工作的研究報告（翻譯本）》，香港金融管理局，2008 年 7 月。

（79） 香港金融管理局，《支付及結算系統之間的互系關係》，香港金融管理局季報，2009 年 3 月。

（80） 張灼華，《香港 —— 推動交易所買賣基金（ETF）市場發展的理想平台？》，香港證券及期

貨監察委員會，2009 年 10 月 5 日。

（81） 馮邦彥著，《厚生利群：香港保險史》，香港：三聯書店（香港）有限公司，2009 年。

（82） 香港金融管理局，《香港銀行業監理（第二版）》，2010 年 8 月。

（83） 香港金融管理局，《香港外滙及衍生工具市場》，香港金融管理局季報，2010 年 9 月。

（84） 香港金融管理局，《監管政策手冊：風險管理的一般措施》，2010 年 12 月 31 日。

（85） 香港特區政府財經事務及庫務局，《建議設立保單持有人保障基金諮詢檔》，2011 年 3 月。

（86） 香港金融管理局，《金融管理局的授權及管治》，2011 年 8 月 15 日。

（87） 香港特區政府財經事務及庫務局，《建議成立獨立保險業監管局諮詢總結及詳細建議》，2011 年 7 月 4 日。

（88） 香港金融管理局，《風險為本監管制度》，2011 年 10 月。

（89） 馮邦彥著，《在國家金融開放和金融安全總體戰略下推進粵港金融合作 "先試先行" 專題研究》，香港金融研究中心，2011 年。

（90） 香港貿易發展局，《香港銀行業概況》，2012 年 3 月 15 日。

（91） 香港特別行政區立法會，《研究雷曼兄弟相關迷你債券及結構性金融產品所引起的事宜小組委員會報告》，2012 年 6 月。

（92） 馮邦彥著，《香港：打造全球性金融中心 —— 兼論構建大珠三角金融中心圈》，香港：三聯書店（香港）有限公司，2012 年。

（93） 香港特區政府財經事務及庫務局，《成立獨立保險業監管局的主要立法建議諮詢總結公佈》，2013 年 6 月 26 日。

（94） 香港金融管理局，《香港的聯繫滙率制度》，2013 年。

（95） 香港金融管理局，《香港的金融基建（第二版）》，2013 年。

（96） 金融發展局，《鞏固香港作為全球主要國際金融中心的地位》，2013 年 11 月。

（97） 香港金融管理局，《銀行體系的穩定》，2013 年。

（98） 馮邦彥著，《香港金融與貨幣制度》，香港：三聯書店（香港）有限公司，2015 年。

（99） 香港政府，《香港年鑒》，歷年。

（100） 香港經濟導報社，《香港經濟年鑒》，歷年。

（101） 香港聯合交易所，《股市資料》，歷年。

（102） 香港金融管理局，《年報》，歷年。

（103） 香港保險業監理處，《年報》，歷年。

（104） 金銀業貿易場會刊。

（105） 香港證券及期貨監察委員會，《基金管理活動調查》，歷年。

（106） 香港證券及期貨監察委員會網站資料。

（107） The Manufacturers Insurance Company, *South China Hong Kong and Macau 1898-1976.*

（108） G. B. Endacott, *A History of Hong Kong*, Hong Kong Oxford University Press,1964.

（109） J. W. Matthews, B.Sc.(Econ.),F.C.A., Hong Kong, *"Hong Kong", form "Insurance Market of The World"*, Swiaa Reinsurance Company, 1964.

（110） C. F. Joseph Tom, *The Enterpot Trade and Monetary Standards of Hong Kong, 1842-1941,* Hong Kong: Graphic Press Ltd., 1964.

（111） Sir Philip Haddon-Cave, The Change Structure of the Hong Kong Economy, paper read to the XXII Association Cambiste Internationale Congress ,Singapore, June 6, 1980, paragraph 54.

（112） Maggie Keswick (ed.), *The Thistle and The Jade,* Jardine, Matheson & Co. Ltd., 1982.

（113） CLIVE A.BROOK-FOX, "Marketing Effectiveness in the Hong Kong Insurance Industry: A Study of the Elements of Marketing Strategy and Their Effect on Performance" , In partial fulfillment of the requirements for the degree of masters of business administration of the university of Hong Kong, March 1982.

（114） Y.C. Jao, "The Financial Structure", in David Lethbridge (ed.), *The Business Environment in Hong Kong, 2nd edition,* Oxford University Press, 1984.

（115） Alan Chalkley, *Adventures and Perils: The First Hundred and Fifty Years of Union Insurance Society of Canton, Ltd.,* Ogilvy & Mather Public Relations (Asia) Ltd., 1985.

（116） Yuen Tak Tim, Anthony. "A Study on The Popularity of Utilizing Insurance Brokers by Industrial Concerns in Hong Kong for Management of Their Insurance Programme " , MBA thesis, Department of Management Studies Faculty of Social Science University of Hong Kong, May 20, 1986

（117） T K Ghose, *The Banking System of Hong Kong*, Butterworth & Co (Asia) Ltd., 1987.

（118） Frank H. H. King, *The History of The Hongkong and Shanghai Banking Corporation Volume IV, The Hongkong Bank in the Period of Development and Nationalism, 1941-1984,* Hong Kong and Shanghai Banking Corporation,1988.

（119） Gillian Chambers, *Hang Seng : The Evergrowing Bank*, Hong Kong: Everbest Printing Company, Ltd., 1991.

（120） Robin Barrie and Gretchen Tricker, *Share in Hong Kong*, The Stock Exchange of Hong Kong Ltd., 1991.

（121） Hong Kong Monetary Authority, *Supervisory Guideline on Risk Management of Derivative*, Ouarterly Bulletin May 1996.

（122） Hong Kong Monetary Authority, *Banking Surver of Hong Kong*, Ouarterly Bulletin May 1996.

（123） Teter Pugh, "Absolute Integrity - The Story of Royal Insurance 1845-1995" , Royal Insurance

（124） Joseph Yam, *Review of Currency Board Arrangement in Hong Kong*, Hong Kong Monetary Authorty, 1998.

（125） Tsang Shu-ki, *A Study of Linked Exchange Rate System and Policy Options for Hong KONG*, Hong Kong Policy Research Institute Ltd., 1999.

（126） The Office of the Commissioner of Insurance, *Review of the Regulatory System for Insurance Intermediaries,* Consultation Document, July 2001.

（127） Martin Wheatley, *Hong Kong as a Leading Fund Management Centre in Asia*, Securities and Future Commission, 21 September 2007.

（128） Martin Wheatley, *Regulator's Role in Today's Fund Management Business,* Securities and Future Commission, 29 September 2008.

（129） The Global Financial Centres Index 20, *The city of London*, 2016.

（130） Adam Lynford, *Hong Kong Stocks Sky-High-Intense Activity on Hong Kong Stock Exchange,* Hong Kong Government Information Services, Feature Article 6004/2.